NOVO COMENTÁRIO BÍBLICO VIDA

O **NOVO COMENTÁRIO BÍBLICO VIDA**
está organizado em 15 volumes

1. Mateus 2. Marcos 3. Lucas
4. João 5. Atos 6. Romanos
7. 1 e 2Coríntios 8. Gálatas e Efésios
9. Filipenses e Colossenses
10. 1 e 2Tessalonicenses e Filemom
11. 1 e 2Timóteo e Tito 12. Hebreus
13. Tiago e Judas
14. 1 e 2Pedro, 1, 2 e 3João
15. Apocalipse

Ao adquirir os primeiros 14 volumes, ganhe um presente da Editora Vida.
Veja na página 575.

OBRAS DE PABLO DEIROS POR EDITORA VIDA

Dr. Pablo Deiros é autor de mais de 70 obras, entre elas:

História global do cristianismo
História do cristianismo na América Latina (no prelo)
O mundo religioso latino-americano (no prelo)
Editor geral da *Bíblia Nova Reforma*

PABLO A. DEIROS

NOVO COMENTÁRIO BÍBLICO VIDA

MATEUS: O EVANGELHO DO REINO

Vida

Editora Vida
Rua Conde de Sarzedas, 246 – Liberdade
CEP 01512-070 – São Paulo, SP
Tel.: 0 xx 11 2618 7000
atendimento@editoravida.com.br
www.editoravida.com.br

Editor responsável: Gisele Romão da Cruz
Tradução: Judson Canto
Revisão de tradução: Sônia Freire Lula Almeida
Revisão de provas: Josemar de Souza Pinto
Diagramação: Arte Vida e Claudia Fatel Lino
Projeto gráfico e capa: Arte Vida

©2021, Pablo Deiros

Todos os direitos desta obra reservados por Editora Vida.

Proibida a reprodução por quaisquer meios, salvo em breves citações, com indicação da fonte.
Todos os grifos são do autor.

Scripture quotations taken from Bíblia Sagrada, Nova Versão Internacional, NVI®.
Copyright © 1993, 2000, 2011 Biblica Inc.
Used by permission.
All rights reserved worldwide.
Edição publicada por Editora Vida, salvo indicação em contrário.

Todas as citações bíblicas e de terceiros foram adaptadas segundo o Acordo Ortográfico da Língua Portuguesa, assinado em 1990, em vigor desde janeiro de 2009.

1. edição: jan. 2021

Dados Internacionais de Catalogação na Publicação (CIP)
(Câmara Brasileira do Livro, SP, Brasil)

Deiros, Pablo A.
  Mateus : o evangelho do reino / Pablo A. Deiros ; [tradução Judson Canto]. -- São Paulo : Editora Vida, 2021. -- (Novo Comentário Bíblico Vida ; 1)

  Título original: Mateo.
  ISBN 978-65-5584-007-0

  1. Bíblia 2. Bíblia. N.T. Mateus - Comentários I. Título. II. Série.

20-37558   CDD-226.207

Índices para catálogo sistemático:
1. Mateus : Evangelho : Comentários 226.207
Cibele Maria Dias - Bibliotecária - CRB-8/9427

Esta obra foi composta em *Minion Pro*
e impressa por BMF Gráfica sobre papel
Offset 56 g/m² para Editora Vida.

SUMÁRIO

APRESENTAÇÃO DA SÉRIE 19

ABREVIATURAS 22

LIVROS DA BÍBLIA 23

APRESENTAÇÃO 24

INTRODUÇÃO 27

    Como é o livro?   28

    Quem foi Mateus?   29

    Por que ele escreveu esse evangelho?   32

    Quando escreveu esse evangelho?   34

    Quem foram seus primeiros leitores?   35

    Qual é o ensinamento de Mateus?   36

    Qual é a mensagem essencial de Mateus?   38

    Qual é o desafio permanente de Mateus?   39

    Como devemos ler o evangelho de Mateus hoje?   41

UNIDADE UM:
OS ANTECEDENTES DE JESUS

CAPÍTULO 1
GENEALOGIA E NASCIMENTO

A GENEALOGIA DE JESUS (1.1-17) 46

    Três grupos (1.2-16)   46

    Dois esclarecimentos (1.16)   47

    Duas versões (Mateus e Lucas)   48

    Um resumo (1.17)   49

NASCIMENTO DE JESUS (1.18-25) **50**

    A mãe (1.18)   51
    O pai (1.19-21)   54
    Um filho (1.21)   59
    A profecia (1.22,23)   61
    A obediência (1.24,25)   63

CAPÍTULO 2
IDENTIFICAÇÃO E INFÂNCIA

RECONHECIMENTO DE JESUS (2.1-12) **69**

    Uns sábios (2.1,2)   70
    Um rei (2.3)   75
    Um lugar (2.4-6)   76
    Um plano (2.7,8)   77
    Uma adoração (2.9-12)   79
    Um contraste (2.1-12)   81

INFÂNCIA DE JESUS (2.13-23) **82**

    O sonho de José (2.13)   82
    A fuga para o Egito (2.14,15)   84
    O massacre de Herodes (2.16-18)   85
    O retorno a Nazaré (2.19-23)   86
    Quatro profecias (2.5,15,17,23)   87

CAPÍTULO 3
PRECURSOR E BATISMO

O PRECURSOR DE JESUS (3.1-12; 11.1-15; 14.1-12) **93**

    João Batista e sua mensagem (3.1-3)   93
    João Batista e sua aparência (3.4-6)   99
    João Batista e sua denúncia (3.7)   101
    João Batista e seu desafio (3.8-10)   103
    João Batista e seu ministério (3.11,12)   104
    João Batista e Jesus (11.1-15)   106
    João Batista e sua morte (14.1-12)   110

O BATISMO DE JESUS (3.13-17) 111

    O batismo de Jesus (3.13-15)   111
    A unção de Jesus (3.16)   113
    A confirmação de Jesus (3.17)   114

CAPÍTULO 4
TENTAÇÃO E MINISTÉRIO

A TENTAÇÃO DE JESUS (4.1-11) 117

    A situação da tentação (4.1)   117
    As raízes da tentação (4.2)   120
    A natureza da tentação (4.3-10)   124
    A vitória sobre a tentação (4.11)   127

O MINISTÉRIO DE JESUS (4.12-25) 131

    Sua pregação (4.12-17)   132
    Seu convite (4.18-22)   134
    Seu ministério (4.23)   136
    O resultado (4.24,25)   137

UNIDADE DOIS:
OS DESAFIOS DE JESUS

CAPÍTULO 5
O SERMÃO DO MONTE (I)

A FELICIDADE DO DISCÍPULO (5.3-12) 146

    As virtudes (5.3-6)   147
    As atitudes (5.7-10)   149
    A recompensa (5.11,12)   152

A FUNÇÃO DO DISCÍPULO (5.13-16) 153

    Ser sal (5.13)   154
    Ser luz (5.14a,15,16)   155
    Ser uma cidade sobre uma colina (5.14b)   157

A OBRIGAÇÃO DO DISCÍPULO (5.17-20) 159

    Cumprimento da Lei (5.17)   160
    A validade da Lei (5.18)   160
    A obediência à Lei (5.19,20)   161

A CONDUTA DO DISCÍPULO (5.21-37) 162

    "Não matarás" (5.21-26)   162
    "Não adulterarás" (5.27-30)   166
    "Aquele que se divorciar" (5.31,32)   167
    "Não jure" (5.33-37)   167

O IDEAL DO DISCÍPULO (5.38—6.4) 168

    Renunciar ao mal (5.38-42)   168
    Amar o inimigo (5.43-48)   169
    Ajudar os necessitados (6.1-4)   170

CAPÍTULO 6
O SERMÃO DO MONTE (II)

A ESPIRITUALIDADE DO DISCÍPULO (6.5-18) 173

    A oração (6.5-15)   174
    O jejum (6.16-18; 9.14,15; 11.18,19)   181

OS VALORES DO DISCÍPULO (6.19-24) 183

    Tesouros verdadeiros no céu (6.19-21)   183
    Visão clara na terra (6.22,23)   185
    A lealdade exclusiva ao Reino (6.24)   185

A SEGURANÇA DO DISCÍPULO (6.25-34) 186

    Com o que não se preocupar (6.25-32)   187
    Com o que se preocupar (6.33,34)   190

CAPÍTULO 7
O SERMÃO DO MONTE (III)

AS OPÇÕES DO DISCÍPULO (7.1-27) 197

    Julgar ou não julgar (7.1-6)   198

Pedir ou não pedir (7.7-11)	199
Tratar bem ou tratar mal (7.12)	200
Entrar ou não entrar (7.13,14)	202
Ser ovelha ou ser lobo (7.15,16a)	204
Ser uma árvore boa ou uma árvore má (7.16b-23)	207
Ser prudente ou ser insensato (7.24-27)	210

O ESPANTO DO DISCÍPULO (7.28,29) 212

    O ensino de Jesus (7.28)   213

    A autoridade de Jesus (7.29)   213

A PRIORIDADE DO DISCÍPULO (8.18-22) 214

    Um discípulo (8.18-20)   215

    Outro discípulo (8.21,22)   216

UNIDADE TRÊS: O
MINISTÉRIO DE JESUS

CAPÍTULO 8
SEU MINISTÉRIO DE CURA

JESUS CURA UM LEPROSO (8.1-4) 222

    O terror da lepra (8.1,2a)   222

    A cura da lepra (8.2b-4)   223

JESUS CURA O SERVO DE UM CENTURIÃO (8.5-13) 224

    Um centurião romano (8.5a)   224

    Uma pessoa em necessidade (8.5b-9)   225

    Um exemplo de fé (8.10-12)   226

    Um poder universal (8.13)   227

JESUS CURA MUITOS DOENTES (8.14-17) 228

    Jesus cura a sogra de Pedro (8.14,15)   228

    Jesus cura todos os doentes (8.16,17)   229

JESUS CURA DOIS ENDEMONINHADOS (8.28-34) 230

    A situação (8.28)   230

    O significado (8.29-32)   **230**
    A sequência (8.33,34)   **231**

JESUS CURA UM PARALÍTICO (9.1-8) 232

    Um homem paralítico (9.1,2a)   **233**
    Um homem blasfemo (9.2b-6)   **233**
    Um homem curado (9.7,8)   **234**

JESUS CURA UMA MENINA MORTA (9.18,19,23-26) 235

    Um pai desesperado (9.18,19)   **235**
    Uma menina morta (9.23,24)   **236**
    Uma menina viva (9.25,26)   **238**

JESUS CURA UMA MULHER (9.20-22) 239

    Sua condição (9.20)   **239**
    Sua ação (9.21,22)   **240**

JESUS CURA DOIS CEGOS (9.27-31) 240

    A condição dos cegos (9.27a)   **241**
    A fé dos cegos (9.27b,28)   **241**
    A cura dos cegos (9.29-31)   **242**

JESUS CURA UM MUDO (9.32-34) 242

    Um endemoninhado (9.32)   **243**
    Uma multidão maravilhada (9.33)   **243**
    Uma oposição desconcertada (9.34)   **244**

JESUS CURA UM HOMEM COM A MÃO ATROFIADA (12.9-13) 245

    Um homem aleijado (12.9,10a)   **246**
    Uma oposição desconcertada (12.10b-12)   **246**
    Um aleijado curado (12.13)   **247**

JESUS CURA UM ENDEMONINHADO CEGO E MUDO (12.22,23) 248

    Um filho do Diabo (12.22)   **248**
    O Filho de Davi (12.23)   **249**

JESUS CURA UMA GRANDE MULTIDÃO (15.29-31) 249

    A multidão (15.29,30)   **250**
    As curas (15.31)   **250**

JESUS CURA DOIS CEGOS EM JERICÓ (20.29-34)..................251

    Uma grande multidão (20.29,31a)   252
    Uma dupla de cegos (20.30,31b)   253
    Um Jesus compassivo (20.32-34)   254

CAPÍTULO 9
SEU MINISTÉRIO DE MILAGRES

JESUS ACALMA UMA TEMPESTADE (8.23-27).....................257

    O barco (8.23)   257
    A tempestade (8.24,25)   258
    O milagre (8.26,27)   259

JESUS REALIZA MUITOS MILAGRES (11.20-24)....................261

    Indiferença (11.20,21)   262
    Juízo (11.22-24)   263

JESUS ALIMENTA 5 MIL (14.13-21)................................264

    A necessidade de Jesus (14.13)   264
    A necessidade das pessoas (14.14,15)   265
    A necessidade dos discípulos (14.16-18)   267
    A necessidade de todos é satisfeita (14.19-21)   267

JESUS ANDA SOBRE AS ÁGUAS (14.22-36)........................268

    O Reino em miniatura (14.22-24)   268
    O Reino em magnificência (14.25-31)   269
    O Reino manifesto (14.32-36)   270

JESUS CURA A FILHA DE UMA MULHER CANANEIA (15.21-28)......271

    Uma fé persistente (15.22,23)   271
    Uma ação paradoxal (15.24-26)   272
    Uma oração persistente (15.27,28)   273

JESUS ALIMENTA 4 MIL (15.32-39).................................273

    Um milagre de alimentação (15.32-36)   274
    Uma parábola dramatizada (15.37-39)   275

JESUS CURA UM MENINO ENDEMONINHADO (17.14-21) 275
   Um pai com o filho possuído por demônios (17.14,15)   275
   Alguns discípulos com pouca fé (17.16,19,20)   276
   Um Jesus com raiva e indignação (17.17)   277
   Um menino com um milagre de cura (17.18)   277

JESUS SECA UMA FIGUEIRA ESTÉRIL (21.18-22) 278
   Um fato estranho e surpreendente (21.18-20)   278
   Uma lição oportuna e necessária (21.21,22)   279

CAPÍTULO 10
SEU MINISTÉRIO DE CHAMADA E ENVIO

JESUS CHAMA MATEUS (9.9-13) 281
   Um homem chamado Mateus (9.10-12)   281
   Um cobrador de impostos (9.9)   283
   Um desafio para nós hoje (9.13)   283

JESUS PRECISA DE OBREIROS (9.35-38) 284
   O pastor e as ovelhas (9.35,36)   284
   A colheita (9.37,38)   285

JESUS ENVIA OS DOZE (10.1-42) 286
   O envio (10.1-16)   286
   As advertências (10.17-42)   292

JESUS COMISSIONA TODOS OS SEUS DISCÍPULOS (28.16-20) 298
   O dever de ir e pregar (28.18,19a)   298
   O dever de ensinar a Palavra (28.20)   299
   O dever de fazer discípulos (28.19b)   300

UNIDADE QUATRO:
O CARÁTER DE JESUS

CAPÍTULO 11
SEUS TÍTULOS E SUAS RELAÇÕES

SEUS TÍTULOS (2.23; 11.25-30; 12.1-8,10b-12,15-23; 13.53-58; 16.13-20).... 305

Jesus de Nazaré (2.23) 306
O Senhor (*Yahweh*) 306
O Filho do Pai (11.25-30) 309
O Senhor do sábado (12.1-8,10b-12) 312
O Servo escolhido (12.15-21) 313
Filho de Davi (12.22,23) 314
O filho do carpinteiro (13.53-58) 315
O Filho do homem (16.13-15) 316
O Cristo (16.16-20) 319

SUAS RELAÇÕES (12.14,24,30-50; 19.13-15) 322
Jesus e seus inimigos (12.14,24,30-45) 323
Jesus e sua família (12.46,47) 326
Jesus e seus discípulos (12.48-50) 327
Jesus e as crianças (19.13-15) 327

UNIDADE CINCO:
AS PARÁBOLAS DE JESUS

CAPÍTULO 12
A VINDA DO REINO

A REALIDADE DO REINO (9.16,17) 337
As parábolas 337
Seu significado 338

OS INIMIGOS DO REINO (12.25-29,43-45) 339
Um reino dividido (12.25-28) 341
O "homem forte" (12.29) 343
Uma casa vazia (12.43-45) 344

O PROPÓSITO DO REINO (13.1-23) 345
A parábola do semeador: a história (13.1-9) 345
A parábola do semeador: o motivo (13.10-17) 346
A parábola do semeador: a explicação (13.18-23) 347
A parábola do semeador: a lição 348

OS DESTINATÁRIOS DO REINO (13.24-30,36-43,47-50) 350

    O Reino vem a um mundo de pecadores (13.24-30,36-43)   351
    O Reino abrange todos os seres humanos (13.47-50)   354

A NATUREZA DO REINO (13.31-33).................................355

    O grão de mostarda (13.31,32)   356
    O fermento na massa (13.33)   358

CAPÍTULO 13
A EXPANSÃO DO REINO

OS CIDADÃOS DO REINO (13.44-46,51,52; 7.9-11; 10.16; 18.23-35) 362

    Os candidatos (13.44-46,51,52)   363
    As qualidades (7.9-11; 10.16; 18.23-35)   368

A GRAÇA DO REINO (20.1-16; 21.28-32; 22.1-14)......................373

    A bondade de Deus (20.1-16)   375
    A salvação de Deus (21.28-32)   382
    O convite de Deus (22.1-14)   387

CAPÍTULO 14
A CRISE DO REINO

JESUS DIZ: "ESTE É O TEMPO DA VISITAÇÃO DE DEUS"
(11.16,17; 24.26-28) 391

    Os meninos na praça (11.16,17)   391
    A vinda do Filho do homem (24.26-28)   393

JESUS DIZ: "ELES FORAM MAUS E SERÃO JULGADOS"
(24.45-51; 25.14-30) 395

    O servo mau (24.45-51)   396
    O servo mau e preguiçoso (25.14-30)   398

JESUS DIZ: "ESTEJAM PREPARADOS" (24.43; 21.33-46; 25.1-13,31-46) . 400

    O ladrão (24.43)   400
    As dez virgens (25.1-13)   403

Os lavradores (21.33-46) 405
As ovelhas e os bodes (25.31-46) 408

UNIDADE SEIS:
OS ENSINOS DE JESUS

CAPÍTULO 15
SEU ENSINO SOBRE O PECADO E SOBRE SEUS DISCÍPULOS

SEU ENSINO SOBRE O PECADO (15.1-20; 16.5-12) 416

    Tradição *versus* Palavra de Deus (15.1-6) 417
    Hipocrisia *versus* autenticidade (15.7-9) 419
    Impureza *versus* pureza (15.10-20) 420
    Doutrina falsa *versus* doutrina verdadeira (16.5-12) 422

SEU ENSINO SOBRE OS DISCÍPULOS
(17.24-27; 18.1-22; 19.1-12,16-30; 20.20-28) 424

    Devem ser bons cidadãos (17.24-27) 424
    Devem ser como crianças (18.1-6) 426
    Devem ser íntegros (18.7-9) 429
    Devem ser inclusivos (18.10-14) 430
    Devem ser perdoadores (18.15-17,20-22) 432
    Devem ser intercessores (18.18-20) 434
    Devem ser fiéis (19.1-12) 435
    Devem ser consagrados (19.12) 438
    Devem ser generosos (19.16-30) 439
    Devem ser servos (20.20-28) 441

CAPÍTULO 16
SEU ENSINO SOBRE QUESTÕES CONTROVERSAS E AS COISAS FUTURAS

SEU ENSINO EM QUESTÕES CONTROVERSAS (22.15-46) 445

    A questão dos impostos (22.15-22) 446

A pergunta sobre o maior mandamento (22.34-40)	449
O debate sobre o Cristo (22.41-46)	450
SEU ENSINO SOBRE AS COISAS FUTURAS (24.1-25,29-51)	**452**
Sinais do fim do mundo (24.1-22)	453
A vinda do Filho do homem (24.23-25,29-51)	459

UNIDADE SETE: A MISSÃO DE JESUS

CAPÍTULO 17
JESUS A CAMINHO DE SUA MISSÃO

O CARÁTER DE SUA MISSÃO (16.1-4)	**469**
A aliança da oposição (16.1)	469
A resposta de Jesus (16.2-4)	471
O PROGRAMA DE SUA MISSÃO (16.21-28)	**473**
O anúncio de Jesus (16.21)	473
A reação de Pedro (16.22)	474
A repreensão de Jesus (16.23-28)	475
A CONFIRMAÇÃO DE SUA MISSÃO (17.1-13)	**478**
O cenário da transfiguração (17.1)	478
Os acontecimentos na transfiguração (17.2-8)	479
Os efeitos da transfiguração (17.9-13)	482
O CENTRO DE SUA MISSÃO (17.22,23; 20.17-19)	**483**
Jesus prediz sua morte e ressurreição pela segunda vez (17.22,23)	483
Jesus prediz sua morte e ressurreição pela terceira vez (20.17-19)	484
A AUTORIDADE PARA SUA MISSÃO (21.23-27)	**485**
O contexto (21.23a)	486
As perguntas (21.23b)	486
As respostas (21.24-27)	487

CAPÍTULO 18
JESUS EM JERUSALÉM E EM BETÂNIA

JESUS ENTRA EM JERUSALÉM DE MANEIRA TRIUNFAL (21.1-11)....490

O episódio	490
Significado	491
Os resultados	493

JESUS PURIFICA O TEMPLO DE JERUSALÉM (21.12-17) 495

O relato do incidente	495
A aplicação do incidente	496

JESUS DENUNCIA OS LÍDERES DE JERUSALÉM (23.1-39)............. 499

Jesus denuncia os mestres da lei e os fariseus (23.1-12)	499
Jesus se entristece por causa dos mestres da lei e dos fariseus (23.13-36)	502

JESUS LAMENTA POR JERUSALÉM (23.37-39) 508

O sentimento (23.37a)	509
O suspiro (23.37b)	509
O abandono (23.38)	510
O silêncio (23.39)	511

JESUS FICA SABENDO DA CONSPIRAÇÃO EM JERUSALÉM (26.1-5) .. 511

O anúncio aos discípulos (26.1,2)	512
A conspiração contra Jesus (26.3-5)	513

JESUS É UNGIDO FORA DE JERUSALÉM (26.6-13)..................... 514

O gesto de Maria (26.6,7)	514
A reação dos discípulos (26.8,9)	515
A resposta de Jesus (26.10-13)	516

CAPÍTULO 19
JESUS EM SUAS ÚLTIMAS HORAS

A TRAIÇÃO DE JESUS (26.14-16; 27.1-10) 519

Judas trai Jesus (26.14-16; 27.1-10)	519
A última ceia de Jesus (26.17-30)	522

A NEGAÇÃO DE JESUS (26.31-35,69-75) 525

Jesus prediz a negação de Pedro (26.31-35)	525
Pedro nega Jesus (26.69-75)	527

A ORAÇÃO DE JESUS (26.36-46) 530
    O lugar (26.36)   530
    Os companheiros (26.37a,40,41,43,45,46)   530
    A situação (26.37b,38)   531
    A oração (26.39,42,44)   531

O JULGAMENTO DE JESUS (26.47-68; 27.11-31).......................532
    A prisão de Jesus (26.47-56)   532
    O julgamento de Jesus pelos judeus (26.57-68)   534
    O julgamento de Jesus pelos gentios (27.11-31)   537

CAPÍTULO 20
JESUS EM SUA MORTE E RESSURREIÇÃO

A CRUCIFICAÇÃO (27.32-44) 541
    O que os homens fizeram (27.32-44)   542
    A única coisa que Jesus não pôde fazer (27.42)   545

A MORTE (27.45-56) 551
    A realidade de sua morte (27.45-50)   551
    Os sinais de sua morte (27.51-53)   553
    As testemunhas de sua morte (27.54-56)   555

A SEPULTURA (27.57-66) 556
    O sepultamento de Jesus (27.57-61)   556
    A vigilância do sepulcro (27.62-66)   557

A RESSURREIÇÃO (28.1-15) 558
    A ressurreição de Jesus (28.1-10)   558
    O relatório dos guardas (28.11-15)   559
    A missão dos discípulos (28.16-20)   559

BIBLIOGRAFIA..563

APRESENTAÇÃO DA SÉRIE

Para alguém que pregou e ensinou Novo Testamento por mais de meio século, escrever um comentário exegético e expositivo sobre o assunto é coroar seu ministério profético e de ensino de maneira maravilhosa. Com esta série de comentários, não pretendo competir com as obras clássicas e eruditas de que, graças ao Senhor, já dispomos em nosso idioma. Mas é meu objetivo contribuir para a edificação da Igreja com o todo de meus estudos, meditações e comunicação da Palavra de Deus no Novo Testamento (1Coríntios 14.3). O Senhor tem me abençoado muito por meio de cada passagem dessa segunda parte da Bíblia, e é minha oração e meu desejo compartilhar com meus leitores os incalculáveis tesouros com que o Espírito Santo me agraciou por meio da leitura, do estudo, da pregação e do ensino da Palavra.

Assim como toda tradução do texto bíblico corresponde a uma interpretação, assim qualquer explanação desse texto consiste em um entendimento revestido da experiência pessoal de seu expositor. No meu caso, a maior parte do material que compartilho nesta série é resultado de minhas experiências como pastor e mestre da Palavra, mas também de tudo que aprendi com o ministério profético e de ensino de outros porta-vozes do Senhor. O leitor atento será capaz de detectar ambos os aspectos, que permeiam cada livro deste *Novo Comentário Bíblico Vida*.

Um elemento significativo de minha contribuição nesse campo bastante explorado é a perspectiva pela qual me aproximo do texto do Novo Testamento. Faço-o como cidadão latino-americano que vive e atua neste belo continente, bem imbuído de sua cultura e visão de mundo. Identifico-me com uma fé evangélica e com tudo que ela significa para mim como herdeiro da

Reforma Protestante, especialmente no contexto da tradição anabatista. Minha perspectiva é essencialmente missiológica, pois entendo que o eixo da vida e da ação do cristão e da Igreja é e deve ser o cumprimento da missão cristã no mundo de acordo com a vontade revelada de Deus. Além disso, meu compromisso é com a proclamação de um evangelho integral, que consiste em anunciar as boas-novas a respeito de Jesus a todos os homens, na totalidade do ser e dos relacionamentos de cada um. Minha abordagem exegética do texto bíblico procura seguir as pautas mais recentes da hermenêutica, e minha exposição tem por objetivo apresentar ferramentas úteis aos que têm hoje a responsabilidade de ensinar e pregar com diligência e clareza. Graças ao Senhor, hoje temos ferramentas extraordinárias e extremamente úteis para realizar essa tarefa com precisão.

Para esta série de comentários, escolhi aquele que me parece o melhor texto disponível em nosso idioma: a *Nova Versão Internacional*. Penso que essa tradução satisfaz plenamente a necessidade de ter à mão um texto claro e preciso que garante uma grande fidelidade ao significado e à mensagem dos escritores originais. Por isso, recomendo ao leitor e aluno que utilize este *Comentário* com o texto da *NVI* — em particular, com a *Bíblia Nova Reforma*, que tive a honra de editar em 2017. Em todo caso, a tarefa exegética foi realizada com base no texto original grego e apoiada nas melhores fontes secundárias disponíveis.[1] O leitor notará que, de vez em quando, introduzo na língua original (grego) uma palavra ou frase em letras latinas e a transcrição geralmente aceita. Faço isso para que o leitor com certo acesso instrumental ao grego do Novo Testamento disponha de mais um auxílio em sua compreensão e para que aquele que não teve oportunidade de estudar esse idioma seja de alguma forma introduzido nele.

Esta série de comentários exegéticos e expositivos do Novo Testamento consiste numa obra em vários volumes, escrita por um conhecido teólogo, historiador e biblista latino-americano, de nacionalidade argentina. Não tenho a pretensão de ser um estudioso nesse campo, apenas alguém que pregou e ensinou expositivamente com rigor exegético todo o Novo Testamento de uma perspectiva missiológica e segundo uma disposição homilética. Esta coleção enfatiza a compreensão e a exposição do texto bíblico a fim de fornecer

---

1. Barbara ALAND et al. (Org.), **The Greek New Testament**.

aos leitores materiais confiáveis que o ajudem a pregar e ensinar o Novo Testamento no contexto latino-americano atual. O mundo de fala hispânica sofre de um alarmante déficit de pregação e ensino expositivo do texto bíblico. A maioria dos que exercem esse ministério não possui a formação necessária à exegese ou à exposição adequada da Palavra. Este comentário espera preencher as seguintes necessidades:

- Contribuir de forma significativa e instrumental com materiais para uma comunicação fácil e clara.
- Oferecer ao leitor as melhores e mais recentes ferramentas para a compreensão do texto bíblico.
- Permitir que pregadores e mestres usem todo o Novo Testamento em suas exposições, não apenas as passagens mais conhecidas.
- Elevar o nível de compreensão do texto bíblico e melhorar a capacidade de exposição em nosso idioma.
- Ajudar o leitor da Bíblia a ter uma experiência mais satisfatória na leitura e na compreensão da Palavra de Deus.

O *Novo Comentário Bíblico Vida* foi escrito para pessoas com um nível médio de educação (secundária) e comprometidas com algum ministério na igreja (pastoral, docente, evangelístico, missionário, serviço etc.). Também será de valor para todo crente que deseje ler e estudar a Palavra de Deus com inteligência, sob a orientação do Espírito Santo. Este *Comentário*, por sua vez, apresenta uma abordagem singular do texto bíblico, de uma perspectiva hispano-americana e pastoral, com ênfase nos aspectos exegéticos e expositivos e com abundantes elementos homiléticos. Isso proporcionará aos pregadores e mestres da Palavra em nosso idioma ferramentas úteis no cumprimento da missão de proclamar "toda a vontade de Deus" (Atos 20.27).

— Pablo A. Deiros

ABREVIATURAS

O presente livro utiliza a *Nova Versão Internacional* (*NVI*), da Sociedade Bíblica Internacional, para todas as citações bíblicas. Em outros casos, segue-se o texto grego ou outras versões da Bíblia, indicadas pelas siglas correspondentes. As abreviaturas utilizadas são as seguintes:

BA	*Santa Biblia: La Biblia de las Américas*, 1986.
BJ	*Bíblia de Jerusalém*.
Gr.	*The Greek New Testament*. Deutsche Bibelgesellschaft, 2002.
BHS	*Bíblia Hebraica Stuttgartensia*.
NA	*El Libro de la Nueva Alianza: El Nuevo Testamento*, 1967.
NVI	*Nova Versão Internacional*.
RVR	*Santa Biblia*, versión Reina-Valera, revisión, 1960.
RV95	*Santa Biblia*, versión Reina-Valera, revisión, 1995.
VP	*Dios habla hoy*, Versión Popular, 1979.

LIVROS DA BÍBLIA

ANTIGO TESTAMENTO

Gênesis	Gn	2Crônicas	2Cr	Daniel	Dn
Êxodo	Êx	Esdras	Ed	Oseias	Os
Levítico	Lv	Neemias	Ne	Joel	Jl
Números	Nm	Ester	Et	Amós	Am
Deuteronômio	Dt	Jó	Jó	Obadias	Ob
Josué	Js	Salmos	Sl	Jonas	Jn
Juízes	Jz	Provérbios	Pv	Miqueias	Mq
Rute	Rt	Eclesiastes	Ec	Naum	Na
1Samuel	1Sm	Cântico dos Cânticos	Ct	Habacuque	Hc
2Samuel	2Sm	Isaías	Is	Sofonias	Sf
1Reis	1Rs	Jeremias	Jr	Ageu	Ag
2Reis	2Rs	Lamentações	Lm	Zacarias	Zc
1Crônicas	1Cr	Ezequiel	Ez	Malaquias	Ml

NOVO TESTAMENTO

Mateus	Mt	Efésios	Ef	Hebreus	Hb
Marcos	Mc	Filipenses	Fp	Tiago	Tg
Lucas	Lc	Colossenses	Cl	1Pedro	1Pe
João	Jo	1Tessalonicenses	1Ts	2Pedro	2Pe
Atos	At	2Tessalonicenses	2Ts	1João	1Jo
Romanos	Rm	1Timóteo	1Tm	2João	2Jo
1Coríntios	1Co	2Timóteo	2Tm	3João	3Jo
2Coríntios	2Co	Tito	Tt	Judas	Jd
Gálatas	Gl	Filemom	Fm	Apocalipse	Ap

APRESENTAÇÃO

A mensagem central do evangelho de Mateus é o Reino de Deus ou o Reino dos céus. O evangelho começa com o anúncio da proximidade desse Reino (3.2) e termina com a ordem divina de "fazer discípulos" ou cidadãos do Reino "de todas as nações" (28.19). Não há verdade mais central ou cardeal para a plena compreensão da fé cristã que o Reino de Deus. Nossa reflexão sobre a experiência cristã, nossa interpretação das Escrituras, a modelagem de nosso comportamento em obediência à vontade de Deus e o testemunho de nossa fé são o resultado de nosso conhecimento e vivência do Reino de Deus.

Seria tedioso buscar uma compreensão de Deus de uma perspectiva teológica racional e sistemática. Embora pudéssemos obter informações muito boas, correríamos o risco de perder a formação de que necessitamos para ser bons discípulos de Jesus e servos obedientes. É por isso que a consideração da natureza e das demandas do Reino de Deus são elementos essenciais não só para o conhecimento de sua pessoa e obra, mas também para a elaboração de uma identidade cristã adequada e de um serviço eficaz.

O Reino de Deus está relacionado basicamente com o próprio Deus, seu caráter, sua revelação de si mesmo, sua ação redentora na História, seu amor e seu desejo de iniciar um relacionamento significativo com cada um de nós. A palavra "Reino" enfatiza esse aspecto, atividade ou atributo específico de Deus, pelo qual ele se revela como Rei ou Senhor soberano de todo o Universo, de suas criaturas, de seu povo escolhido e de cada um de seus filhos em Cristo.

Deus é o Rei de tudo que ele criou, por direito de criação e sustentação. Mas também é o Rei de tudo que recriou. Assim, ele é o Rei de seu povo, Israel, e seu reinado se mostra eficaz à medida que Israel se mantém obediente à sua vontade, conforme revelada na *Torá*, a Lei. O Reino de Deus, por sua vez, é uma realidade que se manifestou de maneira plena na pessoa e obra de Jesus Cristo.

Nele e por meio dele, Deus recria todas as coisas, especialmente o ser humano pecaminoso que, pela fé, retorna arrependido para Deus e confia em seu amor perdoador. Dessa forma, cada pessoa que reconhece Jesus como seu Senhor é regenerada pelo Espírito Santo e passa a fazer parte do Reino de Deus.

Esse Reino não se orienta pela lógica de nosso mundo, e sim pela lógica de Deus. Não obedece aos critérios e valores da sociedade, mas aos critérios do Pai celestial. É por isso que o Reino de Deus vê o mundo de forma crítica e apresenta uma alternativa à realidade de nosso pecado e desobediência: um mundo de amor, reconciliação e perdão, de acordo com a vontade de Deus.

De todos os materiais do Novo Testamento, nenhum é tão eloquente em nos ensinar sobre o Reino de Deus quanto o evangelho de Mateus, especialmente pelo registro das parábolas de Jesus sobre o Reino. Nesse evangelho, Jesus ensina o que é o Reino de Deus. As parábolas coletadas por Mateus contrastam a realidade segundo Deus com a nossa realidade. Elas mostram a diferença entre nossos costumes, leis e normas e o amor abundante e redentor de Deus. Desse modo, nas parábolas o Reino de Deus está em confronto com o reino humano de pecado e desobediência.

Em Mateus, as parábolas do Reino colocam-nos diante de um novo e mais venturoso modo de viver. Elas nos interpelam com a proposta de uma alternativa de vida e nos desafiam a tomar uma decisão definitiva. As parábolas não são materiais para se especular ou opinar ou para eventual consideração. Antes, exigem que quem as lê e estuda emita algum juízo, tome uma decisão e declare de que lado está. Nas parábolas, não há um espectro de possibilidades: trata-se de luz ou escuridão, sim ou não, velho ou novo, pegar ou largar. Qualquer um que depare com o Reino de Deus de acordo com as parábolas deverá tomar partido entre a antiga vida do mundo não redimido e a nova realidade, que é esse Reino.

Além das parábolas do Reino, Mateus oferece-nos um quadro magnífico de Jesus como o Messias prometido, cuja obra redentora foi realizada conforme o testemunho da Escritura e pelo cumprimento das profecias do Antigo Testamento. Assim, a nova realidade do Reino de Deus está presente em Jesus. Por isso, podemos afirmar que Jesus, com seus ensinamentos e ações, é ele mesmo uma parábola do Reino. Em seu contato com os marginalizados e pecadores, Jesus manifesta e ilustra quem é Deus e de que maneira ele quer se relacionar com os seres humanos. Apresenta-nos ainda uma alternativa, a realidade do Reino, mas ao mesmo tempo se mostra profundamente crítico com respeito à realidade, seus costumes, convicções e ideias. Desse modo, provoca uma reação de nossa parte. Diante de Jesus, uma decisão deve ser tomada. Essa decisão é especialmente provocada pelas parábolas e ações libertadoras de Jesus.

Ao reagir à realidade do Reino de Deus, explicitada nas parábolas e nas ações redentoras de Jesus, o ouvinte se posiciona dentro ou fora do Reino. Jesus é uma parábola porque em tudo que ele faz ou diz mostra que Deus quer e pode estar presente neste mundo e em nossa história. O Reino de Deus não é apenas uma realidade do além; ele se apresenta como alternativa real para nós aqui e agora. As ações maravilhosas e libertadoras de Jesus como Salvador e Senhor continuam em operação por meio de seus discípulos, que as executam em seu nome e em obediência à missão da qual os incumbiu e que tem como destinatários seres humanos de todas as nações.

INTRODUÇÃO

Os evangelhos sinópticos não são os primeiros escritos do Novo Testamento. É provável que na época em que surgiu o primeiro evangelho na forma escrita (talvez o de Marcos), houvesse outros escritos cristãos em circulação nas comunidades palestinas judaico-cristãs, em outras áreas do Império Romano e fora dele, no Oriente. Além disso, antes de os evangelhos aparecerem na forma em que os conhecemos hoje, passou-se um tempo considerável durante o qual a transmissão da mensagem se fez de forma oral. Isso não representou grandes dificuldades com relação ao conteúdo do testemunho cristão, pois ainda havia testemunhas oculares dos acontecimentos e ensinamentos de Jesus, elementos que constituíam o querigma, ou seja, a pregação essencial da Igreja.

Muito antes de essas testemunhas desaparecerem, sentiu-se nas comunidades cristãs a necessidade de um registro dos fatos fundamentais que faziam parte da tradição comum das diferentes congregações. O evangelho de Lucas expressa esse estado de coisas quando afirma em seu prefácio: "Muitos já se dedicaram a elaborar um relato dos fatos que se cumpriram entre nós, conforme nos foram transmitidos por aqueles que desde o início foram testemunhas oculares e servos da palavra" (Lucas 1.1,2).

Portanto, os evangelhos foram surgindo para satisfazer a necessidade que as igrejas tinham de conhecer a vida e o ministério de Jesus com base num relato confiável e autêntico. Embora seja possível que a redação e a edição definitiva reflitam em parte situações específicas dessas congregações (o que hoje é conhecido como *Sitz im Leben*, "contexto vital"), não há razão para supor que, por causa dessa necessidade, o conteúdo do ensino ou da doutrina original foi adulterado. Em cada contexto, o ensinamento transmitido pela tradição era lembrado e aplicado de acordo com a situação.

COMO É O LIVRO?

A primeira palavra em grego nesse evangelho é *bíblos* ("livro"), que, embora não esteja acompanhada de artigo, é definida por uma série de genitivos que se seguem. A tradução literal seria "bíblia", embora o vocábulo para se referir a um livro seja o diminutivo *biblíon*, que designa um pequeno livro ou pergaminho (Lucas 4.17). Este consistia em folhas de papiro (gr. *papŷros*) ou papel, unidas para formar um rolo de comprimento variável, de acordo com a necessidade.

Ao analisar qualquer livro do Novo Testamento, é preciso levar em conta a diferença entre eles e os livros do Antigo Testamento. Nos livros da antiga aliança, procuramos entre as condições locais e situações históricas os valores permanentes contidos em sua mensagem. Em cada livro do Antigo Testamento, lidamos com o registro de uma revelação incompleta. Trata-se de uma biblioteca que aguarda com expectativa e esperança o cumprimento de profecias sobre o que Deus fará para redimir seu povo.

Quando chegamos ao Novo Testamento, deparamos igualmente com situações culturais e históricas, mas passamos a lidar com o registro de uma revelação completa, que registra o cumprimento das antigas profecias. A nova aliança foi cumprida em Cristo, que é a palavra definitiva de Deus para toda a humanidade (Hebreus 1.1,2). Essa boa notícia ("evangelho") é a palavra definitiva de Deus harmonizada em seu Filho. Ao abrir qualquer um dos livros do Novo Testamento, devemos procurar tal palavra e nos perguntar qual é a mensagem e o desafio que ela tem para nós hoje. E isso também se refere ao evangelho escrito por Mateus.

O livro que Mateus escreveu chegou a nós na língua grega. O grego desse evangelho é correto, porém não muito colorido ou dinâmico (como o de Marcos). No entanto, sua gramática e sua sintaxe demonstram um uso responsável da linguagem, especialmente quanto à capacidade de nos comunicar sua mensagem. Por exemplo, Mateus é o único autor do Novo Testamento que distingue corretamente *eis* ("para dentro de") de *en* ("em"), algo que Marcos parece ignorar (Marcos 1.39, lit. "pregar para dentro das sinagogas" — gr. *eis tàs synagōgás*).

É provável que Mateus tenha sido o evangelho mais citado pelos primeiros escritores cristãos. Em todo caso, algumas de suas passagens continuam a ser as preferidas para leitura e estudo de muitos crentes, talvez por sua narrativa mais concisa e ordenada, mais adequada à leitura pública e ao uso litúrgico. Contribui também para sua popularidade o fato de o evangelho conter ênfase e interesse messiânicos marcantes. A apresentação de Jesus como o cumprimento das profecias do Antigo Testamento é um elemento de grande interesse e serve de ponte temática entre a primeira parte da Bíblia e a segunda. Acrescente-se a isso um enfoque mais universal, a despeito de sua perspectiva particularista (judaico-cristã). Desde o início do livro, Mateus destaca a proeminência gentil com relação a Jesus (2.1-12) e até sua estada em um país gentio, o Egito (2.13-18). Na conclusão do evangelho, Mateus registra a Grande Comissão, que se estende a todas as nações (28.18-20). Há também no livro elementos eclesiásticos que o tornam atraente para a Igreja universal. Mateus é o único evangelho que registra ensinos específicos sobre a igreja (16.18; 18.17) ou talvez se refira a ela de maneira indireta (18.19,20). Finalmente, Mateus revela em seu livro um profundo interesse escatológico. A seção apocalíptica é mais extensa que a de Marcos (cap. 24—25), e seu interesse escatológico também é percebido em algumas parábolas, que somente ele registra (13.36-43; 25.1-13,14-30,31-46).

QUEM FOI MATEUS?

Nunca houve um homem menos propenso a se tornar apóstolo que Mateus. Seu evangelho designa-o como "Mateus", um homem "sentado na coletoria" (9.9; 10.3), enquanto Marcos (Marcos 2.14) e Lucas (Lucas 5.27) o chamam de Levi e informam que ele era cobrador de impostos. Assim, ao que parece, esse homem tinha dois nomes, como João Marcos. Como cobrador de impostos, estava a serviço do Império Romano, ou seja, era um publicano. Era chamado assim porque lidava com dinheiro e com fundos públicos. Os cobradores de impostos eram odiados por todos e estavam a serviço dos conquistadores do país e chegavam a acumular grandes fortunas à custa da desgraça dos compatriotas. Em termos modernos, eram traidores, corruptos e insensíveis. Sua desonestidade era notória, pois não só defraudavam os compatriotas, como também não poupavam esforços para escamotear o governo e as forças de ocupação romanas. Com isso, faziam fortuna com o suborno recebido dos ricos que queriam fugir de impostos excessivos. Os cobradores de impostos eram odiados em todos os tempos e lugares, mas o ódio que os judeus nutriam por esses servidores públicos chegava às raias da violência. Os judeus do tempo de Jesus eram nacionalistas fanáticos. Contudo, o que mais os deixava exasperados era a convicção religiosa de que só Deus era Rei. Desse modo, pagar imposto a um rei mortal era uma violação aos direitos exclusivos de Deus e um insulto à sua majestade soberana.

De acordo com a Lei judaica, todo cobrador de impostos devia ser excluído da sinagoga. Sua figura estava incluída entre os objetos e animais impuros, e as palavras de Levítico 20.5 aplicavam-se a ele: "[...] voltarei o meu rosto contra aquele homem e contra o seu clã e eliminarei do meio do seu povo tanto ele quanto todos os que o seguem, prostituindo-se com Moloque". Os publicanos eram proibidos de testemunhar em julgamentos, e era vedada a eles qualquer participação de caráter religioso. Ladrões, assassinos e cobradores de impostos eram considerados membros de uma única classe de pessoas, todas fortemente estigmatizadas pela sociedade.

Quando Jesus chamou Mateus (9.9), estava chamando um homem que todos odiavam. Não obstante, encontramos aqui um dos maiores exemplos no Novo Testamento do poder de Jesus e de sua maravilhosa capacidade de ver numa pessoa não só o que ela é, mas também o que ela pode se tornar pelo poder de seu amor transformador. Ninguém jamais demonstrou tanta fé nas possibilidades da natureza humana quanto Jesus. O caso de Mateus ilustra de forma eloquente esse fato. No relato de Mateus sobre o chamado feito por Jesus (9.9-11), vemos que o Senhor lhe fez três convites específicos.

Primeiramente, Jesus convidou Mateus a reconhecê-lo como o Messias, o que não era fácil para um homem "sentado na coletoria". O convite de Jesus foi claro: "Siga-me", disse ele. Mas a resposta foi custosa, porque para ser um seguidor de Jesus é preciso pagar o preço do discipulado (Lucas 9.23). Mateus sabia disso porque ele próprio se sentia pecador e sem dúvida era atormentado pela culpa. Ele havia traído seu povo e posto o material e o sensual acima do espiritual. É bem provável que ele já tivesse ouvido falar de Jesus e sabia que sua mensagem era dura e que suas exigências eram muito radicais. No entanto, quando Jesus lhe disse: "Siga-me", ele "levantou-se e o seguiu". Seguir Jesus significa deixar tudo para trás e ir para onde ele for (10.38).

Reconhecer Jesus como o Messias também significava para Mateus tomar uma grande decisão. E tinha de ser uma decisão rápida e imediata. Mateus, porém, não demorou. Jesus passava por ali ao acaso ("Saindo") e possivelmente pela única vez. A decisão de segui-lo não podia ser adiada

(Provérbios 27.1). Deve-se procurar a Deus enquanto ele pode ser achado (Isaías 55.6). Por isso, quando Jesus lhe disse "Siga-me", Mateus "levantou-se e o seguiu" (9.9). Além disso, tinha de ser uma decisão pública. Mateus era um homem público (publicano), mas não tentou esconder a nova fé. Não se envergonhou do evangelho que fora o poder de Deus operante para a transformação de sua vida (Romanos 1.16). Tinha de ser ainda uma decisão firme. E Mateus não voltou atrás: seguiu Jesus de coração, com a ajuda do Espírito Santo (Efésios 1.13,14).

Jesus também convidou Mateus a lhe apresentar os amigos. Convém lembrar que os fariseus não se associavam com cobradores de impostos ("publicanos") nem com pessoas que não cumpriam os preceitos da Lei ("pecadores"). Os que não tinham um conhecimento amplo nem uma prática consistente das leis religiosas, especialmente as cerimoniais, eram desprezados. Na mente do povo, a religião era apenas para gente culta e provida de recursos. No entanto, depois de encontrar Jesus e convidá-lo para jantar em sua casa, Mateus convocou aquela classe de gente que, como ele, estava excluída do sistema religioso (9.10). Os fariseus não conseguiam entender isso (9.11), e Jesus replicou-lhes com uma de suas memoráveis sentenças: "Não são os que têm saúde que precisam de médico, mas sim os doentes. [...] Pois eu não vim chamar justos, mas pecadores" (9.12,13).

Além disso, Jesus convidou Mateus a usar suas aptidões para o Reino. Sem dúvida, Mateus tinha talento para a escrita. Como cobrador de impostos, ele sabia ler e escrever, e essa capacidade foi usada para a glória do Senhor. Ele escreveu o evangelho que leva seu nome e é autor de passagens únicas do Novo Testamento (1.18-25; 2.1-23; 3.12-17; 4.23-25; 5.13-20,27-48; 6.1-4,16-18; 7.13-23; 9.27-38; 11.28-30; 12.15-21; 13.24-30,36-43; 16.5-12; 17.24-27; 18.15-35; 20.1-16; 21.28-32; 22.1-14; 25.1-26; 27.1-10,62-66; 28.11-20). Graças a seu trabalho, conhecemos algumas das mais belas parábolas de Jesus (o tesouro escondido e a pérola de grande valor, 13.44-46; a rede, 13.47-52, entre outras). Mateus ainda tinha a vantagem de acumular múltiplos contatos, tanto no âmbito do judaísmo (os que pagavam impostos) quanto entre as autoridades romanas, que o haviam contratado. Ele soube usar sua influência para divulgar a mensagem de Jesus desde o dia em que começou a ser seu discípulo. Para isso, valeu-se do mesmo método que utilizava para fazer seus negócios: organizou um jantar com Jesus. Muitas pessoas tiveram a oportunidade de conhecê-lo pessoalmente e, como o próprio Mateus, ficaram impressionadas com sua personalidade e suas palavras.

POR QUE ELE ESCREVEU ESSE EVANGELHO?

Mateus era um funcionário público habituado a manter registros de tudo que acontecia e a guardar documentos importantes em arquivos. É bem provável que ele tenha tomado notas das palavras (gr. *tà logía*) de Jesus tal como as ouviu de seus lábios. Seja como for, os ensinamentos de Jesus recebem boa atenção em seu evangelho. Percebe-se isso no espaço dedicado ao Sermão do Monte (5—7), às parábolas (cap. 13), às discussões com os fariseus (cap. 23) e aos ensinamentos escatológicos (cap. 24—25). Mateus era um homem bem-educado e estava longe de ser um judeu fanático, já que seu local de trabalho era exercido na Galileia, em contato permanente com os gentios. Em seu evangelho, procura demonstrar que Jesus era o Messias aguardado pelos judeus, o que se nota pelas repetidas citações do Antigo Testamento como forma de ilustrar e confirmar essa verdade. Portanto, para ele, Jesus era tanto o Messias dos judeus quanto o Salvador do mundo.

O evangelho de Mateus provavelmente surgiu da necessidade de dar uma resposta à situação dos primeiros cristãos palestinos (judeus), carentes de conhecimento dos detalhes da vida, do ministério e dos atos redentores de Jesus, o Messias, que veio cumprir as profecias do Antigo Testamento. O mais antigo testemunho da composição desse evangelho conservado até hoje é o de Papias, bispo de Hierápolis, do início do século II, conforme registrado por Eusébio de Cesareia. De acordo com Eusébio, Papias afirmou que "Mateus compôs as sentenças (gr. *tà logía*) no dialeto hebraico, mas cada um as traduziu da melhor maneira possível".[1] É provável que o próprio Mateus tenha escrito mais tarde seu evangelho em grego, quando seu uso se tornou necessário nas comunidades judaico-cristãs, que estavam abandonando seu idioma de origem (helenistas).

Na verdade, Eusébio acreditava que o evangelho de Mateus fora o primeiro a ser escrito, em hebraico ou em aramaico, e mais tarde traduzido para o grego. Com relação a isso, o primeiro historiador cristão acrescenta o detalhe de que

---

1. **História eclesiástica**, 3.39.

Introdução

fora levado para a Índia por Bartolomeu, que pregou o evangelho ali.[2] No entanto, a ideia da origem semítica do evangelho é totalmente rejeitada pelos estudiosos modernos, pois afirmam que, no geral, Mateus depende de Marcos e de modo algum aquele evangelho poderia ter sido escrito antes deste.

Uma tese interessante, embora não aceita por todos os estudiosos, é que o evangelho original era composto, a exemplo da Lei judaica, de cinco livros que constituiriam algo como o Pentateuco cristão. As divisões seriam indicadas por cláusulas de transição, como vemos no texto atual. Essas cláusulas seriam: "Quando Jesus acabou de dizer essas coisas [...]" (7.28); "Quando [Jesus] acabou de instruir [...]" (11.1); "Quando acabou de contar essas parábolas [...]" (13.53); "Quando [Jesus] acabou de dizer essas coisas [...]" (19.1); "Quando [Jesus] acabou de dizer essas coisas [...]" (26.1). De acordo com essa suposição, cada um desses livros, escritos em aramaico, tinha uma seção narrativa e uma doutrinária. Neste comentário, tentamos seguir essa estrutura e arranjo do material, porque nos pareceu apropriado.

> **José Ignacio González Faus:** "De Mateus foi dito muitas vezes que ele escreve para os judeus e que sua visão de Jesus gira em torno das dobradiças do Antigo Testamento: o novo Moisés, o verdadeiro Israel, o que cumpre as promessas. [...] Mateus é o autor que cita mais profecias cumpridas. Diz-se que ele estruturou seu evangelho em cinco grandes seções, que poderiam corresponder aos cinco livros do Pentateuco. Esse enquadramento veterotestamentário nos permite falar do Jesus de Mateus como o Desejado. Ao mesmo tempo, Mateus é o evangelista que apresenta as mais numerosas e contundentes polêmicas com os judeus. Seu evangelho não é uma mera 'adaptação' para o judaísmo. Todos os seus elementos de adaptação (como talvez a cláusula do divórcio) mostram-se concretos numa estrutura bem mais ampla, que é de ruptura: 'Vocês ouviram o que foi dito [...]. Mas eu digo [...]'; 'Ai de vocês, mestres da lei e fariseus'. Nessa ruptura, Jesus destruiu de fato as esperanças deles, e foi por isso que morreu de tal forma que o povo assumiu a responsabilidade pela sua morte: 'Que o sangue dele caia sobre nós [...]'. E foi justamente assumindo essa responsabilidade, que o povo acreditava ser capaz de assumir com tanta segurança e tranquilidade

---

2. Ibid., 3.24; 5.8,10.

(pois aquele homem estava destruindo suas esperanças), que acabou destruindo a si mesmo".[3]

QUANDO ESCREVEU ESSE EVANGELHO?

De acordo com Ireneu, bispo de Lyon (França) no final do século II, o evangelho de Mateus foi escrito quando Pedro e Paulo estavam em Roma pregando o evangelho e fundando a igreja naquela cidade, e isso antes da composição do evangelho de Marcos.[4] Como já foi dito, Eusébio de Cesareia estava convencido de que Mateus fora o primeiro evangelho a ser escrito. Segundo ele, o evangelista escreveu-o em hebraico (ou em aramaico). Já registramos sua citação de Papias, segundo a qual Mateus compilou as palavras de Jesus em aramaico, e estas eram traduzidas da melhor maneira que se podia.[5] Para apoiar sua conclusão, Eusébio cita Orígenes em seu comentário sobre Mateus: "Aceito o conceito tradicional dos quatro evangelhos, de que são os únicos inegavelmente autênticos na Igreja de Deus sobre a terra. O primeiro a ser escrito foi o daquele que outrora fora funcionário público e que se tornou apóstolo de Jesus Cristo: Mateus. Foi publicado para os crentes de origem judaica e composto em aramaico".[6]

É difícil datar um escrito cuja composição ainda está sujeita a debate — se foi o primeiro evangelho a ser escrito ou se é o resultado da edição de várias fontes anteriores. A maioria dos estudiosos concorda em que nenhum evangelho foi escrito e publicado antes do ano 70. Com toda a probabilidade, Mateus compôs seu evangelho após essa data, mas não muito para o final daquela década. O que se pode dizer com alguma certeza é que Mateus não foi o primeiro evangelho a ser escrito, embora contenha materiais que podem ter originalmente circulado em aramaico e sido registrados pelo próprio Mateus (principalmente as palavras de Jesus; gr. *tà logía*). Quanto à versão grega do evangelho (que é a que temos hoje), parece ser muito difícil estimar quando foi editada.

---

3. **Acceso a Jesús**, p. 155-156.
4. **Contra heresias**, 3.1-2.
5. **História eclesiástica**, 3.39.
6. Ibid., 6.25.

> **Donald Guthrie:** "Semelhante a essa linha de argumentação, há a ideia de que o material especial de Mateus demonstra interesses eclesiásticos e expositivos, que apontam para um tempo além do período primitivo. Mas, mais uma vez, a força desse argumento depende da interpretação e do valor que se dá às passagens a respeito da igreja. Se presumirmos que nosso Senhor não predisse nem poderia ter predito o surgimento da igreja, esse argumento seria forte. Mas o caráter de Jesus leva-nos a esperar que ele não só tivesse previsto o futuro da igreja, como até mesmo o preparasse".[7]

QUEM FORAM SEUS PRIMEIROS LEITORES?

A resposta a essa pergunta depende de como respondemos à dúvida anterior. Ireneu de Lyon diz: "Mateus publicou um evangelho escrito para os hebreus em sua própria língua".[8] Eusébio informa que "Mateus havia começado a pregar aos judeus e, quando decidiu ir também a outros, registrou por escrito seu evangelho em sua língua materna [aramaico], de modo que, para aqueles entre os quais ele já não estava presente, a lacuna deixada pela sua partida fosse preenchida pelo que havia escrito".[9] Além disso, Eusébio cita Panteno, que afirma ter constatado que o evangelho de Mateus precedeu sua chegada à Índia como missionário (c. 180), levado pelo apóstolo Bartolomeu e preservado lá "em letras hebraicas".[10] Finalmente, Orígenes de Alexandria concorda com a tradição de que Mateus compôs seu evangelho em letras hebraicas.[11] Portanto, ao que parece, os primeiros leitores de Mateus eram judeus cristãos, provavelmente da Palestina. A dúvida é se era o mesmo evangelho que conhecemos hoje (em grego), composto de palavras de Jesus compiladas por Mateus (gr. *tà logía*) ou de material próprio que Mateus (como Lucas) tomou de uma fonte anterior, que os estudiosos designam pelo nome Q.[12]

---

7. **New Testament Introduction**, p. 45.
8. **Contra heresias**, 3.1. Apud Eusébio de Cesareia, **História eclesiástica**, 5.8.
9. Ibid., 3.24.
10. Ibid., 5.10.
11. Willoughby C. Allen, A Critical and Exegetical Commentary on the Gospel According to St. Matthew, in: Christopher M. Tuckett; Graham Davies, (Org.), **The International Critical Commentary**, p. lxxxi.
12. A hipótese que sustenta a existência de uma fonte escrita antes dos evangelhos canônicos, designada pelo nome Q (do alemão *quelle*, "fonte") é sustentada principalmente por estudiosos protestantes que apoiam a crítica da forma mais que a crítica das fontes. Essa hipótese é fortemente apoiada pelos estudiosos do Novo Testamento (v. César Vidal Manzanares, **El primer evangelio:** el Documento Q).

É forte o matiz judaico desse evangelho. Seu relato do nascimento de Jesus gira em torno de sua ascendência davídica; o Reino é chamado de "Reino dos céus" (o plural é semítico: heb. *shāmayim*); o Sermão do Monte e o cap. 23 parecem ter como alvo os fariseus; nos ensinos de Jesus, a antítese geralmente são os ensinos dos judeus; Mateus mantém a ordem de os discípulos não irem aos gentios e que o Filho do homem deve primeiramente ir às cidades de Israel antes que seus discípulos cheguem.

No entanto, Mateus conclui o livro com uma nota fortemente universalista e vê os judeus como aqueles que perderam o direito ao Reino, agora entregue a um povo que produzirá "os frutos do Reino" — e esse povo é a Igreja.

Mesmo assim, o evangelho está relacionado com o judaísmo pelo menos de duas maneiras. Por um lado, entende a fé e a vida cristãs não como uma nova religião, mas como uma reconfiguração de Israel, na qual os últimos se tornam os primeiros, uma comunidade messiânica que é a legítima herdeira do Antigo Testamento e que após a exaltação de Jesus acolhe também os gentios. Por outro lado, suas raízes estão no judaísmo, mas de acordo com a recriação feita por Jesus, o Mestre de uma nova escola (não a sinagoga), cujos métodos de ensino e estudo são aplicados a uma nova causa. Um dos elementos de sua nova hermenêutica bíblica é a fórmula repetida "para se cumprir o que fora dito por meio do profeta".

QUAL É O ENSINAMENTO DE MATEUS?

A principal lição é que Jesus é o Messias prometido a Israel, o descendente da casa real de Davi e a semente do patriarca Abraão, o primeiro destinatário das promessas divinas e com quem começa a história sagrada da salvação. De fato, a confissão de que Jesus é o Messias foi o primeiro credo da Igreja cristã.[13] Em certo sentido, esse é o ensinamento dos evangelhos, como apontado por João: "Jesus realizou na presença dos seus discípulos muitos outros sinais milagrosos, que não estão registrados neste livro. Mas estes foram escritos para que vocês creiam que Jesus é o Cristo [Messias], o Filho de Deus" (João 20.30,31a). No entanto, Mateus submete seus argumentos aos leitores judeus, diante dos quais ele também apresenta Jesus como Deus. Como diz

---

13. John Knox, **The Early Church and the Coming Great Church**, p. 63-66.

certo comentarista bíblico, dos evangelhos sinópticos Mateus é o que apresenta mais informações, cenas e alusões a Cristo como Deus.

> **Luis H. Rivas:** "A imagem de Cristo que Mateus nos irá deixar é a do Enviado de Deus no qual se cumprem todas as expectativas do Antigo Testamento. Cristo é a realização de tudo que diz o Antigo Testamento. Ou seja, Mateus examinará todas as personagens do Antigo Testamento como figuras de Cristo, ao passo que Cristo será a realidade em quem tudo será cumprido. É como se tudo que a Escritura tinha dito até então fosse uma moldura vazia que agora é preenchida ou um esboço que agora é preciso acabar de pintar".[14]

Além disso, Mateus é o evangelho que dá maior ênfase ao Reino de Deus e o que melhor apresenta Jesus como o fundador, legislador, soberano e consumador desse Reino. O eixo em torno do qual gira todo o evangelho é a declaração de João Batista e depois do próprio Jesus: "O Reino dos céus está próximo" (3.2; 4.17). Esse é o ensino principal de todo o evangelho, e, ao examiná-lo, descobrimos três valores.

Primeiro: é o evangelho da proclamação do Reino. O tema fundamental em suas páginas é o Reino. A palavra "reino" aparece cerca de 50 vezes e em muitas expressões, como: "o Reino dos céus" (exclusiva de Mateus, 31 vezes); "o Reino de Deus" (5 vezes); "o Reino" (11 vezes); "teu Reino" (uma vez com referência a Deus e uma vez com referência a Jesus); "seu Reino" (duas vezes com referência ao Filho do homem e duas vezes com referência a Deus); "o Reino de meu Pai". Como o evangelho se apresenta ao Rei, sua mensagem é a do Reino. Essa palavra contém dois valores complementares, que devemos reconhecer. Esses valores podem ser expressos em duas palavras: "majestade" (enfatiza o fato de que Deus é o Rei) e "reino" (refere-se ao domínio sobre o qual Deus reina). Quando falamos do Reino de Deus, geralmente enfatizamos o segundo. Mateus, no entanto, enfatiza a majestade ou soberania de Deus.

Segundo: é o evangelho da interpretação do Reino. Ou seja, vai além da mera afirmação da existência do Reino de Deus, pois explica a ordem desse Reino. Paulo define o Reino de Deus em Romanos 14.17. Observemos seu princípio: justiça. As palavras do Rei constituem a lei do Reino e proclamam o

---

14. **Qué es un evangelio**, p. 30.

princípio da justiça. Mateus usa muito o termo "justiça" com relação ao Reino (6.33). Observemos sua prática: paz. As obras do Rei manifestam o poder do Reino, que opera em prol do estabelecimento da paz. Observemos seu propósito: alegria. A vontade do Rei é revelada na palavra inaugural do manifesto do Reino, que são as Bem-aventuranças ("ditosos"). Esse é o propósito final do Reino, isto é, alegria, felicidade e ventura.

Terceiro: é o evangelho da administração do Reino. Por um lado, Mateus descreve o modelo de administração do Reino de Deus e aponta três questões importantes. O Reino é governado pelo Rei no papel de Rei. Aqui a ênfase recai sobre a pessoa do Rei. Ele é o Soberano e o Senhor (1Timóteo 6.14,15). O Reino é estendido pelo Rei no papel de Profeta. Aqui a ênfase recai sobre a proclamação do Rei. Ele é o portador da mensagem de Deus (João 1.18). O Reino é confirmado pelo Rei no papel de Sacerdote. Aqui a ênfase recai sobre o sacrifício do Rei. Ele é o único mediador entre Deus e os seres humanos (1Timóteo 2.5). Por outro lado, Mateus apresenta a base bíblica do modelo de administração do Reino de Deus. Todo o Antigo Testamento aponta para esta realidade: a Lei exige o sacerdote; a História procura o rei; os Profetas revelam o Profeta. Mateus demonstra que toda a expectativa do Antigo Testamento é satisfeita em Jesus, que é Rei, Profeta e Sacerdote. É por meio desse triplo ministério que o Reino de Deus se estabelece. Como Rei, ele tem plena autoridade; como Profeta, proclama a palavra da verdade; como Sacerdote, resolve o problema do pecado.

Por fim, à semelhança dos demais evangelhos, Mateus apresenta Cristo como aquele que oferece sua vida na cruz, a fim de possibilitar a realidade da participação do ser humano pecador na nova comunidade que Deus está formando no mundo. Como observa Luis H. Rivas: "A principal preocupação de Mateus será mostrar que o Reino dos céus (a boa-nova) se dá na pessoa de Jesus. O Reino dos céus anunciado e preparado no Antigo Testamento já está presente entre nós, porque Jesus é o cumprimento de todas as profecias".[15]

QUAL É A MENSAGEM ESSENCIAL DE MATEUS?

Os quatro relatos dos evangelhos constituem a literatura fundamental do cristianismo, uma vez que apresentam a pessoa de Jesus, registram seus

---

15. Ibid.

ensinamentos e descrevem seu trabalho entre os homens. Quando lemos o evangelho de Mateus, encontramos em suas páginas a mensagem central da fé cristã. E qual é essa mensagem essencial que vemos despontar, segundo Mateus? Nesse ponto, não ficamos flutuando na atmosfera de especulação. A mensagem essencial desse evangelho está contida numa breve declaração, pronunciada em duas ocasiões. Na primeira, foi pela voz do precursor, que antecipou a vinda do Rei. Mais tarde, foi repetida pelo próprio Rei, quando começou seu ministério. A mensagem é: "O Reino dos céus está próximo". Essa é a voz do precursor (3.2) e a palavra do Rei (4.17). A mensagem essencial, portanto, é: "O Reino dos céus está próximo".

De certo modo, as mensagens do precursor e do Rei tinham uma aplicação local e imediata. João Batista pregou-a especialmente para o povo judeu. Quando Jesus começou seu ministério, pregou-a na condição de Messias dos judeus, e sua prédica consequentemente era dirigida de maneira especial ao povo da antiga aliança. Embora isso esteja correto, não devemos nos esquecer de que nos planos de Deus o povo judeu existia não para si, mas para o mundo. É preciso ter isso em mente se quisermos entender os planos de Deus, tanto com relação a seu povo Israel quanto no caso do Novo Israel, que é a Igreja.

Por conseguinte, tanto a palavra do precursor como a palavra do Rei constituem a grande e essencial mensagem do evangelho de Mateus. Mas essa não é a mensagem definitiva do Senhor. Com isso, não quero sugerir que Jesus tenha trocado ou alterado sua mensagem mais tarde, e sim que ele tem muito mais a dizer do que o que lemos no evangelho de Mateus. A mensagem apresentada por Mateus não é a última nem a única palavra de Jesus. De fato, precisamos considerar os quatro evangelhos para ter uma visão mais completa da personalidade de Jesus, assim como precisamos das mensagens dos quatro evangelhos para compor a mensagem cristã que devemos proclamar ao mundo hoje.

QUAL É O DESAFIO PERMANENTE DE MATEUS?

O desafio permanente que, segundo Mateus, acompanha a mensagem essencial é: "Arrependam-se" (3.2; 4.17). Em torno disso, devemos observar três questões.

Em primeiro lugar, observemos o significado fundamental: consideração. "Arrependam-se" (gr. *metanoeîte*) não significa sentir remorso ou pena de algo.

Para entender o significado fundamental do termo, é preciso fazer uma dupla consideração. Por um lado, devemos entender seu significado bíblico. No Antigo Testamento, a palavra "arrependimento" (heb. *shuv*) significa "dar meia-volta", "voltar" ou "retornar". Isso é mais que mudar de ideia: é uma reorientação total da vida e da personalidade, que inclui a adoção de uma nova linha ética de conduta, um esquecimento do pecado, uma renúncia à sua prática e um redirecionamento para a justiça. Esse foi o desafio fundamental e permanente dos profetas. No Novo Testamento, a exigência profética de que o arrependimento seja sincero é aprofundado e estabelecido como condição indispensável para entrar no Reino de Deus. O verbo grego *metanoéō* significa literalmente uma mudança de mente, mas sua utilização envolve reorientação completa da personalidade, ou seja, trata-se de uma conversão de vida (arrepender-se, mudar de atitude, abandonar o pecado, mudar o modo de vida). É nesse sentido que o arrependimento não é a mesma coisa que remorso.

Por outro lado, devemos entender seu significado teológico. Há dois aspectos a considerar quando falamos de arrependimento: o negativo e o positivo. O lado negativo do arrependimento corresponde ao passado e envolve a constatação de uma situação anormal, um caminho errado ou um estado pecaminoso. A pessoa que se arrepende reconhece que errou o caminho, lamenta e admite seu erro e passa a detestar seu pecado, que considera prejudicial e destrutivo. O lado positivo do arrependimento é orientado para o futuro e abre um novo caminho para o pecador. Para entrar nesse caminho, o pecador precisa orientar seus passos pagando o preço da conversão, isto é, do retorno, de se voltar para Deus. A conversão ou meia-volta, para os que reconhecem o erro cometido e os perigos de uma situação irreal, equivale a entrar com um movimento que envolve todo o ser numa situação nova e justa. O arrependimento, portanto, envolve uma confissão e o abandono do pecado, bem como a determinação e o início de uma nova vida.

Em segundo lugar, observemos a consequência inevitável: convicção O resultado lógico de se assumir o arrependimento será a convicção de pecado e o consequente sentimento de dor e tristeza. Embora a palavra não contenha essas ideias etimologicamente, elas são o corolário inevitável de quem se arrepende de seus pecados.

Em terceiro lugar, a ação resultante: conversão. Não devemos confundir conversão com regeneração. Regeneração é o ato redentor de Deus pela operação do Espírito Santo. Conversão é o ato do ser humano por meio de sua entrega confiante a Cristo. A conversão é o ato de abandono da rebelião resultante da convicção de pecado que se segue ao arrependimento como reconsideração da vida como um todo. A conversão, porém, deve ser um voltar-se para Cristo a fim de confiar a vida inteiramente a ele. A pessoa pode se considerar pecadora e, ao tentar sair de seu pecado, acabar entrando em outro reino (especialmente o religioso, o filosófico, o ideológico ou o psicológico), não no Reino de Deus. O desafio permanente de Mateus é o arrependimento, mas com relação ao Reino de Deus, que "está próximo" e acessível a todos os seres humanos por meio da obra de Cristo.

COMO DEVEMOS LER O EVANGELHO DE MATEUS HOJE?

A mensagem essencial e o desafio contínuo do evangelho de Mateus permanecem válidos. No entanto, há uma dupla aplicação da mensagem e do desafio desse evangelho para nossos dias.

Por um lado, devemos observar a aplicação dessa mensagem à Igreja. A Igreja de Jesus Cristo é agora o Novo Israel, a nação santa, o povo adquirido por Deus e sob seu governo soberano. Sua função é concretizar e manifestar os princípios, as práticas e os propósitos do Reino de Deus no mundo até que o Rei volte para buscar os seus (16.19; 13.52). O mundo de hoje pode e deve compreender o significado da majestade e do Reino de Deus pela vida e pelo testemunho da Igreja, que tem a responsabilidade de manifestar plenamente o Reino de Deus ao mundo. Na medida em que ela falhar nesse objetivo, também precisará responder ao desafio contínuo do arrependimento. Seus membros estão sujeitos a Cristo e concretizam na própria vida o fato de sua soberania. Por meio de uma vida transformada, portanto, manifestam aos outros a graça e a glória do Reino. O fracasso da Igreja em revelar o Rei significa que fracassou em obedecer a ele em tudo (Apocalipse 2.5).

Por outro lado, devemos observar a aplicação dessa mensagem ao mundo. A mensagem de Deus para o mundo só pode ser transmitida por meio da Igreja. Deus não tem outra forma de fazê-lo. A primeira nota nesse processo deve ser a insistência na permanente soberania de Deus. Ninguém pode escapar a essa soberania. É por isso que todos os seres humanos devem se arrepender e se voltar para ele. A mensagem de Deus para o mundo só pode ser recebida pelo mundo. Deus trouxe seu Reino ao mundo na pessoa de seu Filho e convocou um povo — seguidores que, submetidos a seu senhorio, proclamam seu evangelho de arrependimento ao mundo. Mas cabe ao mundo reconhecê-lo como Rei e único Senhor.

É por isso que o objetivo principal deste comentário é ajudar o leitor a se concentrar na consideração das passagens em estudo do ponto de vista do discipulado cristão e à luz do Reino de Deus que se aproximou em Cristo. Além de legítimo, é algo oportuno, pois hoje, como sempre e talvez com mais urgência que em outros tempos, está fazendo falta o testemunho de verdadeiros discípulos de Jesus Cristo na América Latina. As igrejas e o mundo precisam de homens e mulheres que sejam autênticos discípulos do Senhor, que levem a sério seu senhorio na própria vida, testifiquem com suas palavras e ações que aceitaram Cristo como Salvador e o reconheceram como Senhor e sejam imitadores do exemplo deixado por Jesus a seus seguidores — um exemplo de pureza, de vigor espiritual, de absoluta confiança no Pai e de total lealdade à vocação celestial.

UNIDADE UM

OS ANTECEDENTES DE JESUS

A mensagem central de Mateus está relacionada com um Rei e seu Reino. O anúncio fundamental do evangelho é que há um reino que está se aproximando, e quem proclama essas boas-novas não é outro senão o próprio Rei, que o manifesta. Não há reino sem rei. O advento do Reino de Deus, proclamado primeiramente por João Batista e depois por Jesus, é evidenciado pelas poderosas palavras e ações do Rei, que é Jesus.

A expressão "Reino de Deus" ou "Reino dos céus" é a mais importante nesse evangelho, porque enfatiza a ideia de que Deus é Rei e se refere ao Reino sobre o qual ele reina. Há casos em que a expressão é limitada pelo contexto, mas considerada isoladamente é a mais eloquente de todas as expressões similares e a mais ampla em significado. A expressão "Reino dos céus" ocorre apenas em Mateus e merece nossa consideração por causa de sua relação com a mensagem do evangelho. Para entendê-la, é importante começar descobrindo o que significava para os que a ouviram pela primeira vez. Não deixa de chamar a atenção o fato de que Jesus jamais explicou essa expressão, nem seu antecessor, João Batista, talvez porque todos os que a ouviram sabiam exatamente o que significava. No livro do Êxodo, que trata da fundação da nação de Israel, encontramos a seguinte afirmação: "[...] vocês serão para mim um reino de sacerdotes e uma nação santa" (Êxodo 19.6). A peculiaridade de Israel consistia no fato de ser uma teocracia, isto é, um povo governado não por um rei humano, mas pelo próprio Deus como Rei. Era uma nação santa e um reino de sacerdotes — o Reino dos céus. Portanto, quando os israelitas ouviram João Batista e Jesus proclamando: "Arrependam-se, pois o Reino dos céus está próximo" (3.2; 4.17), entenderam que não estavam vivendo de acordo com o princípio fundamental da vida nacional e que precisavam se arrepender para restaurar o ideal perdido.

O significado essencial e mais simples dessa expressão é que ela se refere ao estabelecimento de uma ordem e de um governo celestial no mundo, o destronamento de qualquer monarca humano e a exaltação do único Rei, Deus. A vinda do Reino dos céus é o estabelecimento de uma ordem divina na terra, a supremacia da vontade de Deus nos assuntos humanos, a soberania divina em todas as esferas do mundo criado. O ensino de Mateus é que a única esperança para a humanidade encontra-se no estabelecimento do Reino dos céus e que isso só pode ocorrer se houver submissão ao governo de Deus. O Reino dos céus é o Reino de Deus sobre a humanidade. E esse evangelho proclama esse fato.

Contudo, o Reino não vem sozinho, mas se torna presente por meio do próprio Rei. Jesus, o Messias, é esse Rei. Rei e Reino são a mesma coisa como expressão da ação redentora de Deus na história humana. Onde estiver o Rei, ali se manifestará o Reino. No relato de Mateus, é a realidade do Rei que endossa a vigência do Reino. Por isso, considerar os antecedentes desse Rei (Jesus) é fundamental para entender as manifestações de seu Reino por meio de seus ensinos, ações, relacionamentos e obra redentora.

A vinda de Jesus ao mundo foi prevista ao longo de muitos séculos por meio dos profetas de seu povo, acompanhada de episódios maravilhosos e únicos, reconhecida por sábios e pessoas importantes e desenvolvida em fatos históricos únicos, mas cuja transcendência era eterna. Um Rei como ele não pode surgir do nada nem se apresentar sem antecedentes dignos de sua realeza. Parece que Mateus compreendeu esse fato, por isso dedica boa parte do material introdutório a seu evangelho ou testemunho de Jesus, o Rei, à síntese de alguns elementos importantes, de acordo com sua perspectiva, que servem de antecedentes para o Rei-Messias Jesus.

CAPÍTULO 1

GENEALOGIA E NASCIMENTO

1.1-25

Como explicado na Introdução, a primeira palavra desse evangelho é *bíblos*, "livro". Mas nesse contexto Mateus não a aplica ao Antigo Testamento, nem mesmo a seu Evangelho, e sim ao "registro da genealogia de Jesus Cristo" (gr. *bíblos genéseos Iesoû Christoû*). Não temos como saber onde Mateus conseguiu as informações para compor essa tabela genealógica, mas está claro que difere da de Lucas 3.23-38. Só se pode especular sobre o motivo dessa diferença. Ao que parece, em Mateus temos a genealogia tradicional de José, que aponta para a descendência legal de Jesus, de acordo com o costume judaico. Em Lucas, aparentemente temos a genealogia de Maria, que enfatiza a descendência real de Jesus como filho carnal de Maria (não de José), o que está mais em conformidade com o costume gentio.

De qualquer forma, o primeiro nome da lista é "Jesus Cristo", que Mateus designa como "filho de Davi, filho de Abraão". O primeiro nome ("Jesus") foi dado pelo anjo a Maria (1.21) e descreve qual será a missão da criança (Salvador). O segundo nome ("Cristo") era originalmente um adjetivo verbal que significa "ungido" (do verbo gr. *chríō*, "ungir"). Na versão grega do Antigo Testamento (*Septuaginta* ou *LXX*) é usado com frequência como adjetivo ("sacerdote ungido", 1Reis 2.10) e também como substantivo para traduzir a palavra hebraica "Messias" (v. João 1.41). Assim, Mateus quer mostrar que Jesus Cristo é o filho de Davi pelo lado humano, como se esperava que fosse o Messias, e filho de Abraão, não apenas como verdadeiro judeu e herdeiro das promessas, mas também como o cumprimento da própria promessa feita a Abraão.

Na língua hebraica (e também em aramaico), a palavra "filho" é *ben* e indica a qualidade ou o caráter de alguém. Mas aqui a ênfase recai sobre a descendência. Os cristãos são filhos de Deus, porque Cristo nos deu essa dignidade (Romanos 8.14; 9.26; Gálatas 3.26; 4.5-7). O v. 1 é a descrição da lista que se segue (v. 2-17).

A GENEALOGIA DE JESUS (1.1-17)

O primeiro versículo desse capítulo nos dá o título da seção em estudo, e o último versículo resume seu conteúdo. Mateus usa uma genealogia para nos apresentar sua personagem central: Jesus. Os beduínos do deserto usavam genealogias para comunicar seus complicados laços de parentesco. Na Bíblia, as genealogias são destinadas a mostrar a continuidade do trabalho de Deus na história.

Três grupos (1.2-16)

Note-se que na genealogia de Jesus os nomes são listados em grupos de três: de Abraão a Davi (v. 2-6a); de Davi à deportação para a Babilônia (v. 6b-11); de Jeconias a Jesus (v. 12-16). Nos v. 2-6a, a menção dos irmãos de Judá (v. 2), de Perez e de Zerá (v. 3) pode ser evidência de que Mateus não está seguindo ou copiando uma genealogia familiar, mas construindo ele mesmo uma tabela genealógica (Rute 4.18-22). No caso dos v. 7-11, Mateus parece estar seguindo 1Crônicas 3.10-17, mas de forma incompleta. A deportação para a Babilônia é mencionada no final do v. 11, no início do v. 12 e duas vezes no resumo do v. 17, de modo que esse trágico acontecimento é usado enfaticamente como delimitador de época nas duas últimas divisões. Parece claro que essa tabela cronológica procede de um judeu cristão de fala grega bastante influenciado pela *Septuaginta* (a versão grega do Antigo Testamento), embora não tenha utilizado de forma direta essa versão em sua composição. Contudo, não há motivos para duvidar de sua historicidade, a despeito de certas contradições, acréscimos e omissões. Mesmo assim, a tabela genealógica de Jesus é muito interessante e rica em significado.

Ulrich Luz: "A árvore genealógica pertence à genealogia do tipo 'linear' (sem ramificações), que muitas vezes exercia uma função legitimadora na Antiguidade. Sua função original na comunidade pré-mateana pode ter sido essa. Jesus descende do patriarca Abraão pela linhagem real de Israel. Ele não é apenas um verdadeiro judeu, mas um descendente de Davi. O evangelista acrescenta diferentes matizes à tradicional árvore genealógica. O título (1.1) ilustra dois deles: Jesus é filho de Davi e filho de Abraão. Mais compreensível é o significado da *filiação davídica*. A árvore genealógica a interpreta mediante a linhagem real. Jesus é inserido como o Messias de Israel em união com a história de Israel. Ele aparece como rei de Israel, por isso o v. 6 apresenta Davi como rei. Já em 2.1-12, Jesus passa a ser o contraponto do rei Herodes. Ele entrará em Jerusalém, de acordo com o texto de 21.5, como outro rei, o rei 'humilde e pacífico'. Desse modo, Mateus, preludia um importante lema de seu evangelho: Jesus é o Messias de Israel. Mais difícil é a interpretação da *filiação abraâmica* de Jesus. A árvore genealógica seria muito mais compreensível se começasse com Davi. Estaria a filiação abraâmica de Jesus expressando algo além do fato óbvio de que ele é judeu? Talvez as quatro estirpes de linhagem que aparecem nos v. 3, 5 e 6 contenham uma indicação interpretativa. A escolha delas é impressionante. As grandes figuras femininas judaicas desaparecem: Sara, Rebeca e Rachel. Qual é o denominador comum dessas quatro mulheres?".[1]

Dois esclarecimentos (1.16)

No v. 16, Mateus faz um duplo esclarecimento. Por um lado, em toda a tabela, exceto com relação a José, marido de Maria, é utilizado o verbo grego *egénnesen* ("gerar"). Essa palavra aparece regularmente até o v. 16a, como em alguns capítulos de Gênesis. Quando a lista genealógica chega a Jesus, há uma mudança abrupta: não é dito que ele "gerou", mas que ele era "marido de Maria, da qual nasceu Jesus, que é chamado Cristo". A diferença é significativa. O verbo não é necessariamente uma indicação de parentesco imediato, e sim de uma descendência direta. A sintaxe de toda a oração destaca os nomes próprios pelo uso do artigo (gr. *tòn Iōsèf tòn ándra Marías*). Além disso, essa leitura respaldaria a convicção do nascimento virginal de Jesus, ou seja, sem

---

1. **El evangelio según San Mateo**, v. 1, p. 120, grifo do autor.

a intervenção física de José, seu pai adotivo. Por outro lado, em 1.1 é usado o vocábulo *genéseōs*, ao passo que em 1.18 a palavra usada é *génesis*. Isso é interessante, porque o evangelista não vai descrever a gênese dos céus e da terra, e sim a gênese daquele que fez os céus e a terra e que será o criador de um novo céu e de uma nova terra.

Para os cristãos evangélicos, a confissão do nascimento virginal de Jesus nasce da evidência bíblica. O fato de Mateus repetir duas vezes a palavra *génesis* (1.1,18) não é casual. Ele está escrevendo um novo livro de Gênesis, que descreve a gênese de Jesus Cristo, o novo Adão, a nova criação. Os cinco cumprimentos de tudo que "aconteceu para que se cumprisse o que o Senhor dissera pelo profeta" (1.22) ressaltam a verdade de que as coisas previstas pelos profetas estavam começando a acontecer. "Maria [...] achou-se grávida pelo Espírito Santo" (1.18), e "o que nela foi gerado procede do Espírito Santo" (1.20).[2] É provável que essa convicção não faça parte do querigma apostólico original, mas logo encontrou seu lugar nas primeiras confissões de fé da Igreja e, de fato, Mateus e Lucas a registram.

Duas versões (Mateus e Lucas)

Mateus mostra como Jesus, por meio de José, que o adotou legalmente como filho, pôde demonstrar sua ascendência davídica. Isso era importante no contexto judaico, especialmente com relação às profecias messiânicas (João 7.41-43). Mateus organiza a família de Jesus em três listas descendentes de 14 ancestrais, ao contrário de Lucas, que o faz de maneira ascendente, de Jesus a Adão (Lucas 3.23-38). O propósito de Mateus é destacar o caráter messiânico de Jesus e traçar a genealogia legal do herdeiro do trono de Davi mediante a enumeração da linhagem dos reis de Davi a Jeconias. O propósito de Lucas é destacar a descendência física de Jesus pela família de sua mãe, Maria. Lucas quer apresentar Jesus como um ser humano, enquanto Mateus o faz como Rei.

Pela construção de genealogias particulares de Jesus, Mateus e Lucas expressam sua compreensão do significado universal do Messias para as nações, não apenas para os judeus. É por isso que os gentios estão presentes em tais quadros genealógicos. Tanto Mateus quanto Lucas registram genealogias singulares de Jesus. Lucas indica a universalidade da relevância de Jesus ao traçar

---

2. Alan RICHARDSON, **An Introduction to the Theology of the New Testament**, p. 174.

sua origem até "Adão, filho de Deus". Mateus faz o mesmo seguindo a origem de Jesus até Abraão, o homem a quem Deus prometeu sua bênção para todas as nações. Mateus, no entanto, vai além: ele inclui quatro mulheres em sua lista de antepassados (1.3,5,6). Isso por si só chama a atenção, uma vez que nomes de mulheres geralmente não aparecem nas genealogias judaicas. Mas todas essas quatro mães eram gentias: Tamar (cananeia), Raabe (cananeia), Rute (moabita) e Bate-Seba (hitita). Jesus, o Messias de Israel, tinha também sangue gentio.

> **Ulrich Luz:** "A árvore genealógica apresenta assim uma nuance universalista: o texto sugere tacitamente que o filho de Davi, o Messias de Israel, traz salvação aos pagãos. Daí também uma indicação interpretativa do termo 'filho de Abraão', em 1.1, aparentemente tão óbvio e ainda assim tão notável: o texto evoca a vasta tradição judaica que vê Abraão como o pai dos prosélitos. A virada da salvação que tem origem em Israel para os pagãos, tema dominante do evangelho de Mateus, já é sugerida em seu primeiro texto".[3]

Um resumo (1.17)

O v. 17 é uma espécie de resumo dos três blocos, que somam 14 nomes cada, se contarmos Davi duas vezes e omitirmos vários outros, o que é uma espécie de recurso mnemônico. De fato, Mateus não pretende afirmar que havia apenas 14 personagens em cada grupo genealógico. Na verdade, os nomes das mulheres (Tamar, Raabe, Rute e Bate-Seba) não são contados, o terceiro grupo contém apenas 13 nomes e no segundo grupo três gerações são omitidas, de acordo com a evidência de 1Crônicas 1—3, que o evangelista parece estar usando como fonte. Ao que parece, a mentalidade judaica de Mateus está ligada ao modo rabínico de pensar, segundo o qual é sempre necessário encontrar certa simetria no uso dos números.

> **Donald Guthrie:** "A mente metódica do autor também é vista no grande número de vezes em que ele agrupa declarações e acontecimentos similares. Seu número favorito é o três, embora o cinco e o sete também ocorram. Alguns exemplos de agrupamentos 'a três' são a divisão tripla da genealogia

---

3. **El evangelio según San Mateo**, v. 1, p. 123.

(1.17), as três tentações (4.1-11), as três ilustrações da justiça, as três proibições e os três mandamentos (6.1—7.20), os três agrupamentos dos três tipos de milagres — cura, poder e restauração (8.1—9.34) — e várias ocorrências de três parábolas, perguntas, orações e negações. Isso não implica que Mateus atribua alguma importância simbólica ao número três, mas ilustra vividamente como sua mente operava, bem como sua metodologia, que se destaca entre os demais evangelistas. Pode ser que Mateus geralmente cite três ou mais exemplos de um tipo de declaração ou de acontecimento em razão de estar influenciado pelo princípio mosaico de que a evidência é estabelecida por duas ou três testemunhas. Para ele, a multiplicação de exemplos seria considerada uma autenticação do material incorporado".[4]

Além disso, é provável que o significado encontrado por Mateus no número 14 corresponda ao fato de que o valor numérico das consoantes hebraicas do nome de Davi somem esse número. Outros estudiosos observaram implicações mais ocultas no cálculo numérico do evangelista ou em sua aritmética sagrada judaica.

J. H. Ropes: "A aritmética sagrada judaica considerava necessário calcular o futuro com a ajuda da profecia de Jeremias sobre a salvação de Deus depois de setenta anos; e em Daniel encontramos sua interpretação como 70 semanas de anos, ou seja, 490 anos. Aqui em Mateus são usados os métodos dos rabinos, e o período desde a promessa inicial feita a Abraão — pela qual a religião judaica foi realmente fundada — até o nascimento do Messias é calculado como três vezes 70 semanas de anos, ou seja, três vezes 14 gerações, o que é a mesma coisa. Assim, no tempo exato fixado pela profecia e ainda pela linhagem de Davi — na verdade, o filho de Davi — 'nasceu Jesus, que é chamado Cristo' ".[5]

NASCIMENTO DE JESUS (1.18-25)

Apenas dois evangelhos — Mateus e Lucas — dão-nos um relato do nascimento de Jesus. Marcos e João não mencionam esse acontecimento

---

4. **New Testament Introduction**, p. 32.
5. The Synoptic Gospels, p. 46-47.

simplesmente porque o propósito deles ao escrever seus evangelhos não o tornava necessário. O relato de Mateus é mais breve que o de Lucas e escrito de uma perspectiva diferente. As duas histórias são complementares. Mateus, no entanto, oferece sua versão, que considera definitiva: "Foi assim [gr. *hoútōs*] o nascimento de Jesus Cristo". Ao olhar para a antiga e conhecida história do nascimento do Rei, nosso coração se enche de adoração a ele. Naturalmente, as duas pessoas mais envolvidas com o nascimento de Jesus foram seus pais, Maria e José.

A mãe (1.18)

Esse versículo, em geral, faz a conexão entre a narrativa subsequente e a genealogia apresentada e, em particular, com a descrição do nascimento de Jesus no v. 16. Observe-se o duplo uso da palavra "nascimento" no título da genealogia (v. 1; gr. *genéseōs*) e no v. 18 (gr. *génesis*), que se une com as últimas palavras do v. 16.

Seus antecedentes. Nada sabemos sobre a família de Maria e não muito sobre a própria Maria. É provável que ela pertencesse à tribo de Judá e à linhagem de Davi. As experiências relacionadas com a concepção e com o nascimento de Jesus mostram-na como uma jovem devota, consagrada, piedosa e humilde. Maria conhecia bem o Antigo Testamento, como se percebe em seu cântico (Lucas 1.46-55). Presumimos que era uma jovem de boa saúde, atraente e de coração puro. Deus só teria escolhido para ser a mãe do Messias uma mulher de caráter sólido e da mais alta nobreza de espírito.[6]

Os termos utilizados nos v. 18-20, como "prometida em casamento", "marido", "expô-la à desonra pública" e "anular o casamento" podem parecer estranhos para nós. Entre os judeus, como em outras culturas do Oriente Médio, geralmente eram os pais que arranjavam o casamento dos filhos. Muitas vezes, isso ocorria quando eles ainda eram crianças. Mais tarde, quando o rapaz e a moça se conheceram melhor, então fizeram os votos formais. Esse passo era conhecido como desposório (noivado) ou compromisso. No contexto judaico, o compromisso era algo sério. Não se entrava nele precipitadamente nem

---

[6]. Para um estudo aprofundado das evidências do Novo Testamento referentes a Maria, v. R. E. Brown et al., **María en el Nuevo Testamento**. Sobre seu lugar no evangelho de Mateus, v. p. 79-106.

era rompido de maneira leviana. O homem que se comprometia com uma mulher era considerado legalmente seu marido (Gênesis 29.21; Deuteronômio 22.23,24), e o cancelamento informal de tal compromisso era impossível. Embora o casal não vivesse junto como marido e mulher, antes de chegar ao casamento formal, a quebra da lealdade por parte de qualquer um deles era considerada adultério e punível com a morte.

Portanto, o desposório judaico desenvolvia-se em duas etapas. Primeira: o consentimento mútuo perante testemunhas. Segunda: a transferência da esposa para a casa do marido. A primeira etapa era um compromisso formal, porque a partir desse momento o marido detinha todos os direitos conjugais sobre a mulher (em geral, com 12 ou 13 anos de idade), de modo que uma possível infidelidade por parte dela era tida como adultério, como já foi dito. Entretanto, enquanto aguardava a transferência para a casa do marido, a esposa continuava morando na casa dos pais. Ou seja, o casal não morava junto como marido e mulher até depois do casamento formal. No entanto, o compromisso era um contrato sério que só podia ser anulado com o divórcio. Durava cerca de um ano, depois do qual eles se casavam formalmente. Foi nesse período de transição antes de conviverem que Maria "achou-se grávida pelo Espírito Santo" (gr. *ek pneúmatos hagíou*).

Sua situação. A gravidez de Maria era impossível de esconder, e evidentemente a jovem não havia dito nada a José, seu noivo. A questão é que ela "achou-se grávida" (lit., "estava com uma criança"), o que não poderia ser menos que um golpe terrível para José quando descobrisse o fato. Mais difícil de aceitar foi o argumento teológico, de elaboração posterior, de que isso havia ocorrido "pelo Espírito Santo", não por intervenção humana.

> **Archibald Thomas Robertson:** "O problema do nascimento virginal de Jesus tem sido um fato perturbador para alguns através dos tempos e ainda hoje para os que não acreditam na preexistência de Cristo, o Filho de Deus, antes de sua encarnação na terra. Esse é o fato primário em torno do nascimento de Jesus. A encarnação de Cristo é claramente afirmada por Paulo (2Coríntios 8.9; Filipenses 2.5-11; assumida em Colossenses 1.15-19) e por João (João 1.14; 17.5). Quem admite francamente a real preexistência de Cristo e sua verdadeira encarnação deu o passo maior e mais difícil

na questão do nascimento sobrenatural de Jesus. Assim, os fatos não podem ser explicados meramente como um nascimento humano, sem levar em conta o elemento sobrenatural. A encarnação é muito mais do que a morada de Deus por meio do Espírito Santo no coração humano. Admitir uma encarnação real e ao mesmo tempo um nascimento humano pleno, com pai e mãe, cria uma dificuldade bem maior que admitir o nascimento virginal de Jesus concebido pelo Espírito Santo e nascido da virgem Maria, como é dito aqui em Mateus".[7]

De acordo com Lucas (1.35), o anjo Gabriel se antecipara a Maria: "O Espírito Santo virá sobre você, e o poder do Altíssimo a cobrirá com a sua sombra". A glória da *shekinah*, a presença pessoal de Deus envolveu (gr. *episkiásei*) Maria (Lucas 1.35) e preparou-a para conceber Jesus, assim como a glória da *shekinah* envolvia ou cobria o templo quando Deus manifestava sua presença. De acordo com Mateus, o resultado dessa ação divina foi que Maria ficou grávida por obra (gr. *ek*, "de", "a partir de") do Espírito Santo (v. 1.20). Isso não significa que o Espírito tenha criado de si mesmo uma substância de Jesus, mas indica que o Espírito foi a causa eficiente de seu nascimento.[8]

> **K. P. Donfried:** "Na intenção mateana, portanto, a narrativa reforça e especifica [o fato de que] na linhagem de Jesus aparece Maria, depois de quatro outras mulheres do Antigo Testamento terem sido mencionadas. As circunstâncias de seu casamento não são normais: José tinha o direito de ter sua noiva levada virgem para casa — ela o era de fato, embora estivesse grávida e pudesse dar margem a um escândalo. Essas anomalias e a ocasião do escândalo fazem que a situação conjugal de Maria evoque Tamar, Raabe, Rute e Bate-Seba. Além disso, Deus se serviu da situação de cada uma dessas mulheres para executar seu propósito messiânico; agora ele faz que Maria conceba o próprio Messias e cria uma situação ainda mais estranha que as anteriores. Esse Messias é filho de Davi, em virtude do nome que lhe foi imposto por José, de descendência davídica, mas, em virtude da concepção por

---

7. **Word Pictures in the New Testament**, v. 1, p. 7.
8. Gerald F. Hawthorne, **The Presence and the Power:** The Significance of the Holy Spirit in the Life and Ministry of Jesus, p. 71.

obra do Espírito Santo, o Messias é o Emanuel, 'Deus conosco'. A criança que Maria carrega em seu ventre é o Filho de Deus (2.15)".[9]

O pai (1.19-21)

Se pouco sabemos de Maria, a mãe de Jesus, menos ainda se sabe a respeito de seu pai legal, José. Ao que parece, ele era carpinteiro em Nazaré, e mais tarde Jesus, como era o costume entre judeus e outros povos, aprendeu o ofício do pai.[10] A responsabilidade do pai judeu era instruir o filho na Lei e nos costumes de seu povo. José provavelmente morreu antes de Jesus atingir a idade adulta, já que não é mencionado em nenhum momento durante seu ministério, e em Marcos 6.3, em contraste com o costume judaico, Jesus é chamado "filho de Maria" em vez de "filho de José".

José, o marido ofendido (v. 19a). A delicada situação de deparar com o fato óbvio de que sua noiva estava grávida constituía um sério problema para José. Ele estava formalmente comprometido com Maria. Havia a possibilidade de um grande escândalo, uma vez que nada parecido acontecera a uma jovem (estar "grávida pelo Espírito Santo"), e seria algo muito difícil de explicar. O relato de Mateus sobre essa situação complicada pressupõe os costumes nupciais dos judeus, como os conhecemos nos escritos rabínicos.

> **K. P. Donfried:** "Havia duas etapas. a) Um intercâmbio de consentimentos perante testemunhas (Malaquias 2.14), chamado *'erûsîn*, geralmente traduzido por 'noivado', embora constituísse um casamento legalmente ratificado, pois dava ao noivo determinados direitos sobre a noiva, que a partir de então era sua esposa (observe-se em Mateus 1.20,24 o termo *gyné*, 'mulher'). Se os direitos conjugais do noivo fossem violados, cometia-se adultério, o que era punido como tal. Mesmo assim, a noiva ainda morava na casa do pai cerca de um ano. b) Depois a noiva era levada para a casa do noivo (Mateus 25.1-13). Esse traslado chamava-se *nisû'în*, e a partir daí o noivo assumia o sustento de sua esposa. De acordo com Mateus, José e Maria estavam entre

---

9. María en el evangelio de Mateo, in: R. E. Brown et al., **María en el Nuevo Testamento**, p. 90.
10. Chester Charlton McCrown, *Ho téktōn*, in: Shirley Jackson Case (Org.), **Studies in Early Christianity**, p. 173-189.

essas duas etapas. Portanto, a gravidez de Maria, que não concebera de José, parecia fruto de adultério".[11]

Não sabemos se Maria discutiu o assunto com José. Mas é óbvio que José sabia de alguma coisa, já que "pretendia anular o casamento secretamente" (v. 19b). Qualquer homem pode entender os sentimentos de José. Ele poderia acusar Maria publicamente perante as autoridades e assim expô-la à vergonha ou, na presença de duas testemunhas, dar-lhe carta de divórcio. No primeiro caso, Maria teria sido exposta sem nenhuma possibilidade de defesa. A convicção de que engravidara "pelo Espírito Santo" não iria convencer ninguém e apenas agravaria sua situação. José preferiu a segunda opção, que com certeza parecia a mais misericordiosa para com ela. Antes que executasse seu plano, porém, Deus interveio para torná-lo ciente dos planos eternos (v. 20). Essa segurança era tudo que a fé de José precisava naquele momento de provação e incerteza.

José, um homem justo (v. 19b). De acordo com o v. 19b, José era "um homem justo" (gr. *díkaios*). Em que sentido era "justo"? Ele era um homem correto e respeitador da Lei, por essa razão queria deixar Maria e dissolver o casamento. O mesmo adjetivo é usado com relação a Zacarias e Isabel (Lucas 1.6) e Simeão (Lucas 2.25). A lei em questão pode ser a de Deuteronômio 22.20,21, que condenava ao apedrejamento a mulher que perdesse a virgindade antes de ser entregue ao marido. Mas ele era também um homem bom e magnânimo e não queria infamar ou expor a esposa (lit., torná-la um exemplo público). Ao querer deixá-la "secretamente", ele tentava expressar ambos os aspectos de sua justiça: sua obediência à Lei e a magnanimidade de seu amor. Num sistema legal menos severo, a ordem de punir esse pecado poderia ter sido satisfeita com o divórcio, em lugar do apedrejamento. Talvez tenha sido esse o caminho que José escolheu. Mas também é possível que, como fiel guardião da Lei, José quisesse terminar seu casamento com uma mulher suspeita de adultério não porque alguma lei assim o determinasse, mas por se recusar a casar-se com uma mulher que o havia ofendido.

Além dessas conjecturas, parece evidente ainda que, ao saber do que estava acontecendo, o próprio José parece ter interpretado a gravidez da esposa

---

11. *María en el evangelio de Mateo*, p. 88-89.

como uma intervenção de Deus e achou que o melhor a fazer era ficar à margem. Por isso, resolveu "anular o casamento secretamente". Isso significava livrar-se dela de maneira discreta, ou seja, dar-lhe carta de divórcio, conforme estabelecido pela *Mishná*, sem julgamento público, e pagar uma multa (Deuteronômio 24.1). Seu plano era fazer tudo em segredo, para evitar escândalo. Não há dúvida de que José amava Maria e sentiu-se ferido por sua suposta infidelidade. Então, esse "homem justo" experimentou um forte conflito interior entre sua consciência legal e seu profundo amor.

José, um homem providencial (v. 20,21). Esse homem teve um papel muito importante no plano redentor de Deus. Mas a intervenção do anjo do Senhor foi necessária para conscientizá-lo de que ele tinha uma missão a cumprir em tudo aquilo: dar um nome à criança e assumir a paternidade legal. É interessante que o anjo o tenha chamado "filho de Davi", ao passo que Maria é mencionada apenas como "esposa" (em contraste com o v. 16). Geralmente, as mensagens ou manifestações angelicais ou epifanias são precedidas de uma proibição: "Não tema". Nesse caso, o anjo usa a expressão para incentivar José a trazer para seu lado (gr. *paralabeîn*) a mulher que pensara afastar de si por meio de uma carta de divórcio. Ele havia planejado o que lhe pareceu o mais justo e nobre; Deus, porém, lhe revelou o que considerava mais necessário e glorioso: o advento do Salvador. Assim, na visitação angélica em sonhos, José recebeu o anúncio do nascimento do filho de Maria e de sua responsabilidade pessoal de dar um nome à criança. O menino deveria chamar-se Jesus (que significa "o Senhor salva" ou "salvador"). Esse nome indica a principal característica da missão de Jesus e o propósito fundamental de sua vinda ao mundo. Portanto, ao dar esse nome ao filho de Maria, José também estava profetizando sobre ele: essa criança "salvará o seu povo dos seus pecados" (v. 21).

José, o pai de Jesus (v. 21). Quatro coisas se destacam em José como o pai de Jesus.
Ele era um homem como qualquer outro. Lucas 1.27 descreve-o simplesmente como "certo homem chamado José". Não sabemos seu lugar de origem nem conhecemos seus antecedentes familiares, exceto que ele era descendente de Davi. José era carpinteiro, um artesão que trabalhava em madeira, um construtor (gr. *téktōn*), portanto alguém de condição humilde. A tradição diz que ele era um homem mais velho, provavelmente viúvo, comprometido em

matrimônio com uma donzela, Maria, quando ela engravidou. No v. 18, a palavra "prometida" parece aludir aos dois atos do casamento judaico: compromisso com a promessa formal de casamento e casamento em si, com a condução da mulher à casa do marido para que começassem a viver juntos. O mais provável é que José e Maria estivessem desposados (formalmente noivos), mas não casados, quando o anjo anunciou a José que sua noiva estava grávida.

Ele era um homem com um problema muito sério. Quando Maria regressou de sua visita a Isabel, já estava grávida de três meses (Lucas 1.56). José ficou surpreso com o fato, porque eles ainda não viviam juntos, mas, como era "um homem justo, e não querendo expô-la à desonra pública, pretendia anular o casamento secretamente" (v. 19). O que aconteceu na mente de José naquele tempo? A infidelidade de Maria quando foi visitar Isabel; a violação de contrato de Maria, que ela manteve em segredo; a última coisa que ele poderia pensar era que se tratava de um ato sobrenatural de Deus com propósito redentor. Incapaz de conciliar a gravidez de Maria com sua virgindade, José preferiu o silêncio, a fim de tranquilizar sua consciência e manter sua atitude de homem correto e obediente à Lei. Em vez de expor sua prometida a um julgamento público perante o Conselho (ou Sinédrio), optou por deixá-la em segredo rompendo o compromisso matrimonial diante de duas testemunhas, sem explicar o motivo de sua decisão. Como já foi dito, José devia amar muito Maria para satisfazer sua consciência correta, causando o mínimo de dano à honra de sua noiva.

Foi um homem com uma missão especial. Deve ter sido muito difícil para José entender o que estava acontecendo e encontrar sentido naquilo ("depois de ter pensado nisso", v. 20; do gr. *enthyméomai*, "pensar"). Enquanto José estava pensando sobre o que acontecera, o Senhor revelou-lhe o mistério e incentivou-o a receber Maria em casa como esposa, sinal de que havia um propósito divino por trás dos acontecimentos. Em sua visão, José recebeu claras orientações de Deus a respeito da missão que ele teria de cumprir como pai humano do Messias (v. 20-25). Ele devia assumir a responsabilidade de marido legal de Maria e ser o pai legal de Jesus. Devia aceitar pela fé o mistério da encarnação e reconhecer que o ser gerado em Maria era do "Espírito Santo". Como pai legal, tinha de dar um nome ao filho, mas não um nome escolhido por ele, e sim o que lhe foi revelado: Jesus, Salvador. Devia estar ciente de que, por meio de seu filho, Deus iria cumprir seu propósito eterno de salvar seu povo de seus pecados. Devia reconhecer que cada detalhe de todas aquelas experiências misteriosas cumpria as antigas profecias sobre o Messias e expressava o desígnio de Deus de habitar com seu povo. Devia seguir rigorosamente as orientações de Deus para que o Messias pudesse cumprir sua missão.

Foi um homem que soube ser um bom pai. Era um bom marido (gr. *anér*, "varão") para a mãe de Jesus, porque a recebeu em casa e cuidou dela. Era um pai responsável e presente para Jesus. Os evangelhos evidenciam fortemente a paternidade de José (seu papel como pai de Jesus). Há cerca de 20 testemunhos a respeito dela (11 em Lucas, 5 em Mateus, 1 em Marcos e 1 em João). José é chamado 5 vezes "pai de Jesus" explicitamente em união com Maria, sua mãe, 3 de forma direta e 2 de forma indireta. Jesus é chamado "filho de José" outras tantas vezes. José foi um pai presente, participou e atuou nas experiências fundamentais da infância e da formação de Jesus.

Ele era um homem que respeitava a Lei e a segurança jurídica de sua família. Por essa razão, foi alistar-se em Belém, provavelmente sua cidade natal, com Maria. Ele não deixou Maria sozinha em Nazaré: levou-a com ele para cuidar dela, protegê-la e dar-lhe cobertura legal (Lucas 2.4,5). Ele teve o cuidado de dar a Maria o maior conforto possível, assistiu-a no parto e ficou do lado dela o tempo todo. Os pastores "encontraram Maria e José e o bebê deitado na manjedoura" (Lucas 2.16). José agiu como chefe e sacerdote de sua família ao circuncidar Jesus aos oito dias de idade (Lucas 2.21). Cumpridos os dias da purificação prescritos na lei cerimonial, ele e Maria levaram Jesus ao templo para apresentá-lo ao Senhor (Lucas 2.22). Ele e Maria ficaram maravilhados com tudo que foi dito a respeito de Jesus (Lucas 2.33) e receberam com fé e alegria as profecias, a bênção e as congratulações relacionadas com seu filho. Ele agiu com coragem, determinação e entusiasmo quando a vida de seu filho foi seriamente ameaçada (Mateus 2.13,14). Da mesma forma, depois que a ameaça passou, ele retornou para sua terra (Mateus 2.19-21).

Como pai de Jesus, José sempre agiu em obediência à revelação divina e protegeu seu filho do perigo (Mateus 2.22,23). Ele se preocupava com seu filho a ponto de angustiar-se, como na ocasião da visita ao templo quando Jesus tinha 12 anos de idade (Lucas 2.48) e ensinou a Jesus seu ofício, o de carpinteiro. Jesus ficou conhecido como "o filho do carpinteiro" (Mateus 13.55). Acima de tudo, José estava preocupado com a formação integral de Jesus (Lucas 2.40,52). Ele foi um bom pai para Jesus: presente, responsável, cuidadoso, provedor, protetor, professor de vida, sacerdote, pastor, guia espiritual, motivador, instrutor, exemplo e amigo. É provável que tenha morrido pouco depois da visita ao templo em Jerusalém, quando Jesus tinha 12 anos de idade. Sem dúvida, Jesus teve de assumir a carpintaria de Nazaré muito jovem, para ajudar no sustento de sua mãe e de seus outros irmãos.

Um filho (1.21)

O anúncio do anjo a José foi que sua noiva havia concebido do Espírito Santo e que ela daria à luz "um filho". Em torno desse filho em particular, três coisas merecem destaque.

O nome ("você deverá dar-lhe o nome de *Jesus*"). Nomear um recém-nascido é sempre uma ocasião feliz. Muitos dão aos filhos os nomes de parentes ou de pessoas famosas. Outros dão nomes de acordo com as circunstâncias do nascimento, de acordo com o santoral da Igreja católica romana ou por sugestão de terceiros. Entre os judeus da Antiguidade, o nome era escolhido com muito cuidado. Ele podia expressar algo relacionado ao nascimento, como no caso de Isaque, cujo nome significa "riso" (Gênesis 18.10-15). Podia expressar o caráter que a criança supostamente teria, como no caso de Jacó, cujo nome significa "enganador" ou "suplantador" (Gênesis 25.22,23). Podia expressar uma profecia a respeito do que se esperava que a criança viesse a ser, como no caso de Israel, cujo nome significa "ele luta com Deus" (Gênesis 32.28). O mesmo ocorreu com o primogênito de Maria e José, a quem ele deveria chamar "Jesus".

Qual o significado do nome "Jesus"? É o equivalente grego à palavra hebraica *Yoshua* ou *Yeshua*, que significa "o Senhor é ajuda" ou "o Senhor é salvação". O nome *Yahweh* ("Jeová", RVR; "o Senhor", NVI) é o mais aplicado a Deus no Antigo Testamento e é seu nome exclusivo e pessoal. A palavra *Yahweh* é o futuro do verbo "ser" (Êxodo 3.14, "Eu Sou o que Sou"). O nome "Jeová" *(RVR)* traduz uma expressão semítica que significa "serei tudo o que for necessário conforme a ocasião" (Salmos 23). Em Êxodo 3, o Senhor se propõe a libertar Israel da escravidão no Egito. Assim, ele será tudo que for necessário para alcançar esse propósito. Mas em Mateus 1.21 seu propósito é muito maior. Em Jesus, o Senhor (*Yahweh*) é uma salvação completa e universal. Convém lembrar que o nome Jesus, à diferença de *Yahweh*, não foi cunhado exclusivamente para a divindade, uma vez que muitos outros seres humanos carregavam e carregam esse nome. Contudo, o nome Jesus refere-se na história apenas a uma Pessoa, que sobressai a todas as outras: Jesus de Nazaré, que é Deus em ação na História para a salvação da humanidade.

A notícia ("ele salvará o seu povo *dos seus pecados*"). Para entender essas palavras, devemos mencionar Isaías 7—9. Sob o governo do rei Acaz (735-715 a.C.), o reino de Judá foi atacado por Israel e pela Síria. Deus, por meio do profeta Isaías, prometeu ao povo ameaçado um Messias e ofereceu um sinal (Isaías 7.14), porém Acaz não confiou em Deus. Mateus diz que Deus prometeu salvar os seres humanos por intermédio de alguém que, em cumprimento à profecia de Isaías, nasceria de uma virgem e se chamaria Emanuel ("Deus conosco"). Ao vir ao mundo, Jesus foi também rejeitado pela incredulidade de pessoas que, como Acaz, buscavam outras fontes de salvação, outros "messias" ou salvadores ungidos. Jesus veio à terra para salvar a humanidade de seus pecados, ou seja: "Veio para o que era seu, mas os seus não o receberam" (João 1.11).

A palavra que Mateus usa para "pecado" (gr. *hamartiōn*) refere-se tanto aos pecados de omissão quanto aos de comissão. O substantivo (gr. *hamartía*) vem do verbo *hamartánō* ("pecado", "fazer o mal") e significa "errar o alvo com uma flecha". Nossa vida como um todo erra o alvo da santidade e da vontade de Deus, por isso estamos perdidos e carentes de um Salvador. Deus conhece nossa necessidade e, por esse motivo, tratou de providenciar o remédio. Ele deu seu Filho unigênito como expressão de seu amor redentor (João 3.16). Assim, é importante observar a força dessa declaração. Ele está literalmente dizendo: "Ele mesmo salvará" (gr. *autòs gàr sōsei*), ou, melhor dizendo: "Ele, não outro"; ou: "Ele, e só ele, salvará". Assim, Deus contrapõe Jesus a todas as falsas promessas de salvação que os seres humanos inventaram ou nas quais confiaram. Se nosso texto fosse separado do evangelho de Mateus, ficaríamos perplexos, mas, lendo o restante do livro, entenderemos o que Deus fez pela nossa salvação por meio de Jesus. Pedro tem razão quando afirma: "Não há salvação em nenhum outro, pois debaixo do céu não há nenhum outro nome dado aos homens pelo qual devamos ser salvos" (Atos 4.12).

A necessidade ("ele salvará o *seu povo* dos seus pecados"). O que devemos entender por "seu povo"? Alguns pensam que a expressão se refere aos judeus, e esse foi exatamente o erro que os próprios judeus cometeram. Eles se consideravam o povo exclusivo de Deus, em virtude de seu nascimento no seio do povo de Israel e de serem participantes da antiga aliança. Por isso, não buscavam a salvação espiritual, mas uma libertação política. A Bíblia não justifica essa posição. Até mesmo o Antigo Testamento considera verdadeiro povo de Deus aquele que lhe pertence em virtude de uma relação espiritual com ele e de acordo com a nova aliança que ele estabeleceu por intermédio de Cristo. Esse foi precisamente o aviso dramático de João Batista aos judeus de sua época: "Não pensem que vocês podem dizer a si mesmos: 'Abraão é nosso pai'. Pois eu digo que destas pedras Deus pode fazer surgir filhos a Abraão" (3.9).

A expressão "seu povo" (gr. *tòn laòn autoû*) significa literalmente "o povo dele". Agora, "dele" refere-se a Jesus. Não é o povo ao qual Jesus pertence, mas o povo que pertence a ele. Todo o texto ressalta que só pertencem a "seu povo" aqueles que chegaram a sê-lo mediante a aceitação da salvação que Deus operou por meio de Jesus (1Pedro 2.9,10). Em Cristo, Deus convida os seres humanos a um novo relacionamento, que não é genético, nem religioso, tampouco político, mas espiritual. Alguém só se torna cristão, ou seja, o povo do Senhor, quando se arrepende de seus pecados, confia em Cristo como Salvador e lhe obedece como Senhor.

A profecia (1.22,23)

O evangelho de Mateus foi escrito para leitores judeus e apresenta o cristianismo como o cumprimento das promessas feitas a Israel (v. 22,23) desde os tempos antigos.

O cumprimento da profecia (v. 22). Encontramos aqui a primeira menção da fórmula que Mateus usará ("o que o Senhor dissera pelo profeta") ao introduzir passagens do Antigo Testamento que funcionam como um comentário a seu relato ou quando sua narrativa pretende ser o cumprimento de alguma delas (cf. 2.15,17,23; 4.14; 8.17; 12.17; 13.35; 21.4; 27.9). Assim, o nascimento de Jesus foi o cumprimento do que foi dito pelo profeta Isaías (Isaías 7.14). Não obstante, os primeiros cristãos citavam o Antigo Testamento geralmente em seu "sentido pleno", mais que no "sentido literal". Por exemplo, o texto hebraico de Isaías não se refere a uma virgem. O vocábulo hebraico *almah* designa uma mulher jovem, casada ou não.

O nascimento de um rei (v. 23a). Em sua profecia, Isaías faz referência ao nascimento de um rei, que ocorreria antes da invasão assíria (na época do rei Ezequias). Esse seria o sentido literal e histórico da profecia. Podemos definir o significado literal como aquele que deveria estar na intenção consciente do autor sagrado no momento em que ele escreveu sua narrativa. Mateus, porém, não cita o texto profético no sentido literal ou histórico, mas faz referência a esse escrito em seu sentido pleno. E o que é sentido pleno? É o sentido não pretendido conscientemente pelo autor original, mas tencionado por Deus na letra do texto, tornado possível por meio dela e descoberto *a posteriori* pelo povo de Deus à luz dos acontecimentos e revelações subsequentes. Nesse sentido, de acordo com a tradução da *Septuaginta* (a versão grega do Antigo Testamento datada do séc. III a.C.), a igreja viu em Cristo a plena realização da visitação de Deus por intermédio do rei que nasceu. Ele é aquele que merece, com total propriedade, ser chamado Emanuel (Isaías 7.14), que traduzido é "Deus conosco".

> **Roger Nicole:** "O contraste não deve ser buscado tanto entre o 'não cumprido' e o 'cumprido' quanto entre o 'parcialmente cumprido' e o 'plenamente cumprido'. Por conseguinte, esse tipo de linguagem salienta que algo que foi parcialmente revelado nas Escrituras e no contexto do Antigo Testamento se tornou evidente de forma plena; ou, em outros casos, que o que foi simplesmente anunciado na era do Antigo Testamento se cumpriu agora, na história atual".[12]

O nome do menino (v. 23b). Para os hebreus, os nomes eram determinantes quanto à identidade da pessoa. Os nomes não eram escolhidos de forma aleatória nem por seu som agradável, mas principalmente pelo seu significado com relação a Deus, por um dom recebido ou para expressar uma esperança. Ou seja, os nomes podiam ter elevado significado profético e envolver o caráter e o destino da pessoa.

---

12. Citas del Antiguo Testamento en el Nuevo Testamento, in: Rodolfo G. TURNBULL (Org.), **Diccionario de la teología práctica:** hermenéutica, p. 31.

Nesse sentido, os três nomes da criança por nascer, já apresentados em Mateus, apresentam uma riqueza de significado. 1) Jesus: significa "o Senhor é salvação", confirmado na declaração profética: "[...] porque ele salvará o seu povo dos seus pecados", tanto no âmbito pessoal quanto social (v. 21). O menino Jesus será alguém capaz de perdoar pecados, providenciar os recursos para vencer o mal e restaurar o ser humano a um relacionamento correto com Deus. 2) Cristo: significa "ungido". É o Rei designado por Deus. Ele irá salvar a todos os que esperam nele e que o seguem, será um tropeço para os malfeitores e estabelecerá um reino eterno. Para ingressar em seu Reino, é preciso arrepender-se e crer no evangelho. Além disso, está profetizado que os reinos e os poderosos deste mundo passarão, mas seu Reino jamais perecerá (Salmos 2; 18). 3) Emanuel: significa "Deus conosco" e expressa a origem divina de Jesus, o mistério da encarnação, a condescendência e a boa vontade de Deus em querer habitar entre os seres humanos e se tornar um conosco. "Deus conosco" é o milagre do Natal, o encontro da terra com o céu, da pobreza humana com a glória divina (a "glória como do Unigênito vindo do Pai, cheio de graça e de verdade", João 1.14).

A obediência (1.24,25)

O anjo deu a José uma ordem acompanhada de palavras de segurança ("não tema", v. 20), mas isso não deixa de surpreender a obediência desse homem, apanhado por circunstâncias inesperadas e impensáveis.

Obediência positiva: o que ele fez (v. 24). "José fez o que o anjo do Senhor lhe tinha ordenado". José obedeceu literal e imediatamente à ordem do anjo e "recebeu Maria como sua esposa". Sua obediência é ainda mais surpreendente porque foi o resultado de um sonho, não de um fato concreto. Ele poderia muito bem ter interpretado a ordem divina de mil maneiras diferentes, a fim de evitar cumpri-la. E sua ação não foi de simples compromisso, mas uma atitude plena e extrema, já que "receber" aqui (gr. *parélaben*, de *paralambánō*) significa que ele a recebeu em casa, ou seja, que a reconheceu como legítima esposa. Pode-se imaginar o alívio e a alegria de Maria quando José ficou nobremente a seu lado e assim a reconheceu como esposa.

Obediência negativa: o que ele não fez (1.25a). José "não teve relações com ela". Do ponto de vista gramatical, no Novo Testamento a construção grega usada aqui sempre implica que a ação negada ocorreu ou irá ocorrer mais tarde, no momento do tempo indicado pela partícula. Ou seja, José não teve relações sexuais com Maria até Jesus nascer, mas teve depois. A frase contém fortes conotações teológicas e vai além de uma simples informação sobre a intimidade do casal José e Maria. Da forma em que aparece no original (gr. *egínōsken*, de *ginóskō*, "conhecer"), não pode significar outra coisa nesse contexto senão ter relações sexuais (v. Lucas 1.34). Essa frase, portanto, lança por terra a teoria da virgindade perpétua de Maria. Depois que Jesus nasceu (embora Maria ainda fosse virgem até o nascimento), José passou a manter relações sexuais normais com a esposa. Prova disso é que Maria teve outros filhos e filhas com José (13.55,56; Marcos 6.3). Acrescente-se a isso a qualificação de Jesus como "seu primogênito", ou seja, o primeiro a ser gerado, embora essa afirmação não apareça nos melhores manuscritos do v. 25 (v. *NVI; BA; NA; BJ*). É provável que a expressão tenha sido adicionada aqui mais tarde, com base em Lucas 2.7.

Obediência transcendente: o que significou (1.25b). Conforme ordenado pelo anjo do Senhor, José "pôs o nome de Jesus" no filho recém-nascido de Maria. A transcendência desse fato ultrapassa sua estrutura espaçotemporal. Não é propósito de Mateus satisfazer a curiosidade dos historiadores narrando em detalhes os acontecimentos em torno do nascimento de Jesus. O evangelista quer apenas chamar a atenção dos leitores para determinados fatos, nos quais as profecias do Antigo Testamento tiveram seu cumprimento e demonstram que Jesus é o verdadeiro Messias, que tem autoridade e poder para salvar. O nascimento de Jesus foi único pelo menos em três aspectos.

Foi a encarnação de Deus. O milagre insondável daquele que, sendo Deus desde o princípio, se esvaziou e se tornou humano sem deixar de ser Deus (Filipenses 2.1-11). O mais importante nesse fato histórico é que o filho nascido de Maria é ninguém menos que o Emanuel: "Deus conosco" (v. 23b). Esse é o eixo central da fé cristã. Como J. S. Whale salienta: "A encarnação é o coração de nossa fé e o nervo vivo de nossa adoração".[13] Com isso, estamos confessando

---

13. **Christian Doctrine**, p. 115.

a própria presença de Deus. O Deus que se revelou na História de múltiplas maneiras agora se manifesta de forma plena no meio de seu povo com o mais inquestionável e óbvio dos argumentos: a própria humanidade. Contudo, essa intervenção do divino na história humana é também uma introdução do humano na experiência divina. Assim, ao entrar num relacionamento com a matéria mutável e perecível, Deus, para usarmos uma linguagem bem humana, consentiu em expandir a própria experiência. Algo inteiramente novo acontece no relacionamento entre Deus e o ser humano. Não há mais mediações nesse relacionamento. Agora é o próprio Deus que, na pessoa de Jesus, desafia o ser humano para a salvação. E o ingresso de Deus na experiência humana não é momentâneo ou passageiro.

Foi obra do Espírito Santo. Esse nascimento também é único, pois o que nasceu foi concebido pelo Espírito Santo. A referência de Mateus a esse fato é singular, porque sua narrativa é ao mesmo tempo simples e sóbria. Nesse sentido, seu relato contrasta com a beleza da narrativa de Lucas (Lucas 2.1-20). Após a frase do v. 18a, que se conecta a 1.1, o v. 18b menciona a gravidez supostamente milagrosa de Maria "pelo Espírito Santo". O estilo predominante sugere que Mateus não está interessado em discutir os detalhes, apenas em ressaltar determinados pressupostos, que se parecem mais com declarações de fé que com fatos concretos. É por isso que a declaração do v. 18b parece ir além de mera indicação situacional ou de uma referência a um fato verificável. O evangelista limita-se a oferecer apenas as informações mais essenciais para sustentar o que para a época em que ele escreveu já fazia parte do credo cristão: Jesus foi concebido por obra do Espírito Santo. O autor pressupõe que seus leitores já sabem o que José soubera pouco antes, no v. 20, e isso por revelação divina. Seja como for e além de qualquer possível explicação racional, José não era o pai carnal de Jesus, e Maria era virgem quando deu à luz o menino. Essa tem sido a fé da Igreja ao longo dos séculos.

Nasceu de uma virgem. Jesus nasceu de uma virgem (José "não teve relações com ela enquanto ela não deu à luz um filho"). Não era o filho de José nem de outro homem, mas o Filho de Deus. Portanto, o nascimento "virginal" de Jesus não só é único, como de importância inestimável. Convém observar que todos os grandes credos cristãos — católicos romanos, protestantes e ortodoxos — afirmam essa doutrina. E por que a aceitamos? A prova documental oferecida por Mateus e Lucas não pode ser questionada. Em nenhuma parte do Novo Testamento o fato do nascimento virginal é posto em dúvida. A situação em si é única, diferente de qualquer outra na História. Visto que Jesus era o Filho de Deus, era de esperar que circunstâncias milagrosas ocorressem com seu advento. Jesus nunca chamou José de pai, nem a qualquer outro homem. Sempre se referiu a Deus como seu Pai.

O nascimento virginal de Jesus é o eixo central do v. 25, embora a frase "não teve relações com ela enquanto ela não deu à luz um filho" seja entendida de várias maneiras. No entanto, como já foi dito, José e Maria tiveram relações sexuais após o nascimento de Jesus, e eles tiveram outros filhos, que os evangelhos sinópticos e João mencionam (12.46-48; Marcos 3.31-33; Lucas 8.19,20; João 7.3,5,10). Diferente é a interpretação dos que afirmam de maneira dogmática a perpétua virgindade de Maria (como os católicos romanos). Segundo eles, o vocábulo "primogênito" (de acordo com a variante do texto; v. *RVR*) não implica necessariamente o nascimento de outras crianças. Diz-se que a frase "deu à luz seu filho primogênito" não tem outro significado, exceto "não tinha união com ela quando ela deu à luz um filho, seu primogênito". Não obstante, como já foi dito, fortes evidências documentais antigas justificam a omissão da expressão "seu filho primogênito", como faz a *NVI*. Alguns estudiosos também omitem a frase "não teve relações com ela", por julgá-las excedentes ou desnecessárias, e que talvez tenham sido acrescentadas para evitar qualquer dúvida com respeito ao nascimento virginal.[14]

---

14. R. V. G. Tasker, **The Gospel According to St. Matthew:** An Introduction and Commentary, p. 36.

CAPÍTULO 2

IDENTIFICAÇÃO E INFÂNCIA

2.1-23

Esse capítulo registra material sobre a vida do infante Jesus, que só aparece no evangelho de Mateus. O capítulo apresenta três fatos dramáticos. O primeiro (v. 1-12) narra a visita dos sábios ("magos") do Oriente, com a qual Mateus se propõe a mostrar que tanto pagãos como judeus podiam conhecer Jesus. Os pagãos são avisados do nascimento de Jesus por uma estrela (v. 2b), ao passo que os judeus sabiam do acontecimento pela leitura das Escrituras (v. 4,5). Aliás, isso fica evidente na cena que se desdobra diante de Herodes, o Grande, com os sábios de um lado e os chefes dos sacerdotes e mestres da lei do outro. Cada um tem seu argumento, mas todos se referem a Jesus como o "rei dos judeus" ou Messias (Cristo). O segundo (v. 13-18) narra a fuga para o Egito por causa do massacre de crianças ordenado por Herodes e parece estar associado aos relatos de Êxodo 1 e 2 com relação a Moisés, que também seria o salvador de seu povo. A frase do v. 20 reproduz as palavras de Êxodo 4.19 e convida os leitores a fazer essa associação. O terceiro é o retorno a Nazaré (v. 19-23), que situa Jesus geograficamente no lugar onde passou sua infância e juventude.

A visita dos sábios do Oriente e a fuga para o Egito, os dois relatos mais importantes deste capítulo, são histórias simples. Mas uma consideração cuidadosa de ambas as narrativas nos ajudará a vê-las como verdadeiras obras de arte e de grande beleza literária, cujo significado é muito mais amplo que o que se pode extrair de uma leitura superficial. Entre outras coisas, é interessante notar que Mateus descreve o significado internacional de Jesus começando por registrar como os sábios vieram do oriente para adorá-lo e como José levou Maria e o menino para o Egito, no ocidente.

No caso dos sábios, o que mais se destaca na narrativa é que esses homens estavam à procura do menino Jesus. Como pessoas de grande conhecimento que eram, haviam chegado à conclusão de que um rei nascera na Judeia e se dispuseram a encontrá-lo para dar a ele as honras merecidas por sua posição. Os sábios de hoje, a exemplo dos de antigamente, sabem como procurar Cristo. E nossa sabedoria, como a deles, pode ser uma sabedoria tríplice. Eles sabiam quem estavam procurando: o divino Rei do povo de Deus. Sabiam como procurá-lo: por meio de uma investigação profunda de fé e depois seguindo uma estrela no céu. Eles sabiam o que fazer quando o encontrassem: prostrar-se diante dele em humilde adoração e oferecer seus presentes como prova de reconhecimento e reverência.

Quanto à fuga para o Egito, Mateus a interpreta como o cumprimento da profecia de Oseias, relacionada com o povo de Israel (Oseias 11.1). A mensagem do profeta contemplava o declínio e o fracasso de Israel em cumprir a vontade de Deus, considerado adultério espiritual. Há três ciclos na profecia de Oseias. No primeiro ciclo, o profeta trata da corrupção e de sua causa; no segundo ciclo, trata da corrupção e de seu castigo; no início do terceiro ciclo, o profeta entoa a canção de amor do Senhor. Quando analisamos essa canção de amor, percebemos três movimentos. Em primeiro lugar, a condição atual do ser humano à luz do amor de Deus no passado (Oseias 11.1-4). Em segundo lugar, a condição atual do ser humano à luz do amor de Deus no presente (Oseias 11.5-9). Em terceiro lugar, a condição atual do ser humano à luz do amor de Deus no futuro (Oseias 11.10,11).

Mateus cita Oseias com respeito ao primeiro movimento da canção de amor de Deus, em seu terceiro ciclo, e aplica-o a Jesus. O que isso significa? Ao narrar a história de seu amor por Israel, Deus diz: "[...] eu o amei, e do Egito chamei o meu filho". O que aconteceu com eles? Não demoraram para que se esquecessem do grande ato redentor de Deus, fossem atrás de deuses estranhos e desobedecessem a seu Libertador. Geração após geração, os profetas denunciaram a corrupção. E fizeram isso por mais de quatrocentos anos, até o nascimento de um Filho, que tão logo nasceu teve de enfrentar a oposição de todas as forças do mal, mas em quem e com quem as esperanças de libertação foram renovadas. Mais uma vez, Deus interveio na História para suscitar um

Redentor, o qual, como seu povo fracassado da Antiguidade, também foi chamado da terra do cativeiro, mas, na condição de Filho de Deus e Rei, cumprirá o propósito eterno de Deus de maneira definitiva

A Sagrada Família dever ter permanecido no Egito por um curto período de tempo, apenas até mudar a situação de terror criada por Herodes, o Grande, em seus últimos anos de governo. Seu sucessor, Arquelau, também não era garantia de muita segurança para o menino Jesus, por isso José achou prudente não continuar vivendo na Judeia (talvez em Belém), mas ficar longe daquela esfera de governo, de modo que foi para o norte, a Galileia. Na verdade, ele fez isso por expressa orientação divina, como sugere a linguagem dos v. 22 e 23, e retirou-se para Nazaré.

RECONHECIMENTO DE JESUS (2.1-12)

O relato da visita dos sábios do Oriente soa mais como uma história infantil que como um fato histórico. Em grande medida, isso ocorre porque, a exemplo da própria história do nascimento de Jesus, está tão profundamente incorporada à cultura do Ocidente e foi tão contextualizada e hibridizada através dos séculos por meio da arte, da literatura, da música e de outras expressões humanas que acabou imbuída de imagens lendárias de todos os tipos. No entanto, a imagem convencional de uma estrela que guiou os sábios ao longo do caminho pelas terras do Extremo Oriente baseia-se no que parece ser um erro de tradução dos v. 2 e 9. O texto diz: "Vimos a sua estrela no oriente". A menção de "sua estrela" refere-se a uma crença generalizada na Antiguidade, segundo a qual o aparecimento de uma nova estrela no céu era indicação de que alguém importante havia nascido ou estava para nascer. Por sua vez, a tradução da expressão grega *en tē anatolē* (ao levantar-se) dá a ideia de como se fosse "no oriente" (gr. *en taîs anatolaîs*), que define a origem desses sábios ou magos (astrólogos). A tradução da *NVI* parece ser mais correta, sem reduzir ou obscurecer o fato histórico em si.

> **R. V. Tasker:** "Esses astrólogos, treinados com a insaciável curiosidade característica dos cientistas, haviam presenciado um notável fenômeno astrológico, cuja natureza exata não é revelada; e, estando familiarizados com a crença conhecida e comum de que o tempo estava maduro para o

> aparecimento de um rei que nasceria na Judeia e que reivindicaria homenagem universal e traria um reino de paz, eles partiram para aquele país a fim de provar a veracidade de sua conjectura".[1]

No entanto, é notável que, diferentemente de outros desenvolvimentos fundamentais sobre a vinda do Messias, Mateus não menciona o episódio da visita dos sábios do Oriente como o cumprimento de antigas profecias. Em vez disso, parece que o próprio fato da peregrinação deles é uma profecia que aguarda cumprimento, talvez como o chamado e a reunião dos gentios à assembleia dos filhos de Deus, a Igreja. Nessa observação, porém, devemos ter cuidado para não transportar antigas tradições cristãs, como a manifestação de Cristo aos gentios (epifania), para o fato histórico em si. Há sempre a possibilidade de que os sábios do Oriente, longe de serem gentios, fossem judeus da Diáspora. Também não devemos permitir que o alto conteúdo devocional e emocional do relato nos leve a afirmar o que o texto bíblico não diz, como ocorre com o grande número de lendas populares que cercam a história (como serem essas personagens três em número!).

Uns sábios (2.1,2)

Por toda a América Latina, comemora-se em maior ou menor grau de entusiasmo o Dia de Reis. É uma grande oportunidade para presentear as crianças e reacender a memória de um dos episódios mais populares da história do evangelho. No contexto de Mateus, porém, o relato é revestido com um alto grau de significado simbólico e estabelece de modo especial o contraste de atitudes entre pessoas poderosas e importantes (Herodes e os sábios do Oriente) e particularmente entre cada um deles e o humilde Rei que acaba de nascer em Belém. A introdução que faz Mateus desses peregrinos vindos do outro lado do deserto da Arábia suscita várias questões.

Quem eram eles? A palavra "sábio" (gr. *mágoi*; lit., "magos") é incerta. Pode vir da raiz indo-europeia (*mégas*) *magnus*, embora alguns apontem uma origem babilônica. O historiador grego Heródoto fala de uma tribo de magos entre os medos. Entre os persas, havia uma casta sacerdotal de magos ou

---

1. **The Gospel According to St. Matthew:** An Introduction and Commentary, p. 37.

sábios, como os caldeus da Babilônia (Daniel 1.4). Daniel tornou-se um líder desse Estado (Daniel 2.48). O termo "magos" tem fundo persa. A versão grega mais antiga de Daniel 2.2,10 usa a palavra para traduzir o termo hebraico por "astrólogos" (Daniel 4.7; 5.7). A palavra hebraica também pode ser traduzida por "magos", e o Novo Testamento expressa essa ideia, como no caso de Simão, o Mago (Atos 8.9,11), e de Elimas Barjesus (Atos 13.6,8). Mas em Mateus a ideia parece ser a de astrólogos. De fato, a Babilônia era conhecida como um centro de astrologia oriental. Assim, os "magos" (v. 7,16) eram sacerdotes e astrólogos do Oriente, especialistas na interpretação de sonhos e outras habilidades consideradas "artes mágicas". Se eram da Babilônia, com certeza sabiam das esperanças messiânicas judaicas pelos muitos judeus que residiam naquela cidade.[2]

O que parece certo é que eles não eram "reis". Pelo menos, o evangelista não diz que eram. Os antigos escritores cristãos e os monumentos dos primeiros séculos não os representam dessa maneira. De fato, se fossem reis, sua presença iria destoar das origens humildes de Jesus. É provável que o primeiro autor a se referir a eles como "reis" tenha sido Cesário de Arles, no século VI.

Mateus não menciona o número deles, nem seus nomes ou posição. No final do século II, Tertuliano chamou-os "reis". Essa versão dos sábios como reis surgiu de uma interpretação de Isaías 60.3 e de Apocalipse 21.24. A ideia de que eles eram três em número deve-se à menção de três tipos de presentes (ouro, incenso e mirra), mas isso não prova nada. Por volta do ano 600, o *evangelho armênio da infância de Jesus* deu-lhes nomes: Melcon (depois Melquior), Baltasar e Gaspar. Um século depois, o Venerável Beda repetiu esses nomes, e de lá para cá foram incorporados às lendas e à arte ocidental, que os popularizou. Também é lendária a representação desses três homens como Sem, Cam e Jafé. Muitos templos da Europa estão cheios de relíquias (ossos e objetos pessoais), que se alegam pertencer a essas lendárias personagens. Mais importante é o fato de que Mateus provavelmente introduz o relato da visita dos magos para indicar o reconhecimento internacional, por parte de líderes de outras religiões, de que Jesus era o Rei esperado.

---

2. Edwin M. YAMAUCHI, **Persia and the Bible**, p. 467-491.

De onde vieram? O texto diz que eles eram "do oriente" (gr. *apò anatolōn*; lit., "de onde nasce o sol"), o que aponta para um lugar indefinido. Eles podem ter vindo da Babilônia, da Pérsia ou do deserto da Arábia. A última possibilidade parece a mais aceitável. A palavra grega *mágoi* ("magos") é de origem persa e, nesse caso, poderia designar os sacerdotes dos cultos iranianos mais ou menos helenizados ou adivinhos e astrólogos que abundavam na Mesopotâmia e perpetuavam as antigas tradições babilônicas fortemente influenciadas pelo iranismo. Se for o segundo caso, então eles vieram do norte seguindo a rota das caravanas ao longo da meia-lua do Crescente Fértil. Mateus, porém, se mostra seguro ao informar que eles eram "do oriente" (v. 2), ou seja, da Transjordânia e da península Arábica. Isso parece se confirmar também pelo tipo de presentes que trouxeram (v. 11), produtos característicos da Arábia do Sul que eram transportados pelas caravanas do Iêmen. Alguns veem em Salmos 72.10,11 a profecia que antecipa a origem desses peregrinos e suas ofertas.

> **Alfred Edersheim:** "Várias sugestões foram apresentadas sobre o país 'do Oriente' de onde eles vieram. No período em questão, a casta sacerdotal dos medos e dos persas estava dispersa por várias partes do Oriente, e a presença naquelas terras de uma grande diáspora judaica, pela qual eles poderiam ter obtido conhecimento da grande esperança de Israel, e provavelmente o fizeram, é bem atestada pela história judaica. A opinião mais antiga remete os magos — embora parcialmente e em bases insuficientes — à Arábia. E a favor disso está o fato de que não só houve um intercâmbio estreito entre a Palestina e a Arábia, como de cerca de 120 a.C. até o século VI de nossa era os reis do Iêmen professavam a fé judaica. Se, por um lado, parece possível que magos orientais espontaneamente relacionaram um fenômeno celestial com o nascimento de um rei judeu, por outro lado a evidência parece relacionar o significado ligado ao aparecimento de 'sua estrela' naquele momento em particular com a expectativa judaica do Messias".[3]

De qualquer forma, é interessante notar que os sábios do Oriente chegaram ao berço de Jesus, enquanto os sábios do Ocidente (os gregos) vieram à

---

3. *The Life and Times of Jesus the Messiah*, v. 1, p. 203-204.

cruz de Cristo (João 12.20-23,32,33). Desse modo, havia gentios sábios em seu nascimento e em sua morte.

Como vieram? Parece que eles viajaram guiados por uma estrela que apareceu no céu. Nesse caso, a interpretação da posição da estrela levou-os à Palestina para procurar e honrar a Jesus, o Rei que acabara de nascer. A estrela apareceu como um sinal de Deus de que um acontecimento extraordinário estava para acontecer (v. 2). A natureza em si não poderia permanecer inabalável diante do nascimento do Rei dos reis. Alguns acreditam que o que esses homens viram foi um cometa. O astrônomo alemão Johannes Kepler, do início do século XVII, inferiu que seria a conjunção dos planetas Saturno, Júpiter e Marte calculada por volta do ano 7 a.C. No entanto, a palavra que Mateus usa é "estrela" (gr. *astér*), não constelação (gr. *ástron*). Além de toda especulação científica, o autor parece aludir a um evento milagroso, observado por esses sábios em algum lugar do Oriente e que os levou a viajar na direção do Ocidente. Ali, "sobre o lugar onde estava o menino", eles a viram outra vez (v. 9,10). Os magos entenderam que a estrela era o anjo de um grande homem. Nos povos antigos e no judaísmo tardio, há muitas histórias estelares anunciando nascimentos importantes (Isaque e Moisés). Os judeus identificavam a estrela de Jacó (Números 24.17) com o Messias. Assim, o sinal da estrela no horizonte anunciava o Messias. Convém observar que a palavra para "oriente" (gr. *apò anatolōn*) significa "do levantamento" do sol, o que não indica um lugar específico para o surgimento da estrela.

Além disso, os sábios afirmam ter visto a estrela em questão "quando se levantava" (*NVI*, nota) no Oriente, ou seja, eles estavam no Oriente quando a estrela surgiu e então iniciaram sua jornada em direção ao Ocidente. Pode ter sido uma estrela brilhante ou um cometa. Seja como for, para eles, como especialistas em observar o céu, era um fenômeno novo e, de acordo com suas crenças tradicionais, a indicação de um acontecimento muito importante, como o nascimento de um rei. O deslocamento da estrela em direção ao Ocidente foi para eles indicação suficiente do rumo que sua busca teria de tomar. No entanto, devemos ter cuidado para não dar mais importância à estrela que se elevou no Oriente que à Estrela ("o sol da justiça", Malaquias 4.2) que se levantou e começou a brilhar no Ocidente: Jesus.

O que estavam procurando? Eles estavam procurando o recém-nascido "rei dos judeus". Foi por isso que se dirigiram diretamente à capital do país, Jerusalém, mais especificamente ao palácio real. Mas Herodes, o Grande, não era o rei que eles procuravam. Eles esperavam encontrar um bebê, um menino recém-nascido. O surgimento de uma nova estrela no céu era para eles sinal bastante do recente nascimento de um príncipe. A informação perturbou o rei e toda a cidade. O Rei da justiça nasceu, e todo o reino da injustiça foi abalado em suas fundações. Mais uma vez, os gentios foram os primeiros a reconhecer Jesus como o "rei dos judeus" em seu nascimento, assim como foram gentios os últimos a reconhecer Jesus como o "rei dos judeus" em sua morte (27.37; Marcos 15.26; Lucas 23.38; João 19.19). Além disso, a razão de sua busca era uma só e bem clara: "Viemos adorá-lo". Na presença do Rei dos reis e Senhor dos senhores, os sábios fizeram o que deveriam e queriam fazer. Eles estavam à procura do "rei dos judeus" e o buscavam para "adorá-lo". Suas ações confirmam o significado de sua busca.

Diante de Jesus, os sábios se prostraram. O texto diz: "[...] prostrando-se, o adoraram" (v. 11a). Eles reconheceram a criança como o Rei que estavam procurando. Herodes também era rei, mas deste mundo. Em Jesus, eles viram o Rei cujo Reino ultrapassa todas as fronteiras, porque não é deste mundo (João 18.36). Todo ser humano deve prostrar-se na presença de Cristo, porque ele é o Senhor (Filipenses 2.9-11).

Diante de Jesus, os sábios o adoraram. Diz o texto que eles "o adoraram" (v. 11b). Eles reconheceram a sacralidade de Jesus e seu poder. Adoração significa reconhecer a Deus como o valor supremo. Adorar a Deus é abrir o coração e a mente para ele como o valor supremo e absoluto da vida. Quando reconhecemos Cristo como nosso Salvador e soberano Senhor, não cabe outra coisa senão a total dedicação da vida a ele.

Diante de Jesus, os sábios apresentaram presentes. O texto diz que eles "abriram os seus tesouros e lhe deram presentes: ouro, incenso e mirra" (v. 11c). Segundo a tradição, Gaspar trouxe o ouro, que pelo seu valor representa nossos dons de subsistência. Os bens materiais usurparão o lugar da vida, a menos que esta seja totalmente dedicada a Deus. A maioria de nossos problemas provém de nosso apego às coisas materiais (6.25). Segundo a tradição, Melquior trouxe o incenso, que por causa de sua fragrância representa o tesouro interno de nosso pensamento e de nossas influências. O saber ou o conhecimento não consagrado a Deus logo se transforma em orgulho ou erro. A influência que não é entregue ao Senhor logo se torna estagnada e perde sua fragrância (Filipenses 4.8,9). Segundo a tradição, Baltasar trouxe a mirra, que por causa de seu uso funerário representa nossa dor ou sofrimento. Esse presente amargo é o mais difícil de levar a Cristo. Preferimos silenciar nossa dor em vez de quebrar nosso orgulho e compartilhá-lo com os outros. É importante notar que os sábios trouxeram o melhor que possuíam para oferecer ao Senhor.

Um rei (2.3)

Não é de estranhar que a notícia de um acontecimento tão importante quanto o nascimento de um rei, acompanhado do fato curioso da presença de visitantes internacionais para participar e comemorar a ocasião, tenha chegado até o palácio do rei Herodes, o Grande, em Jerusalém.

Rei Herodes, o Grande. Para um autocrata como ele, um fato como esse não poderia passar em branco. Ainda que considerasse apenas mais uma das múltiplas expressões das expectativas messiânicas populares e de fantasias que alimentavam as esperanças de libertação de sua tirania por parte das massas oprimidas, eram rumores que mereciam sua atenção real. Para esse fim, ele convocou o Conselho dos judeus (Sinédrio) e começou a investigar o assunto. Note-se que ele não perguntou a respeito dos muitos sediciosos e rebeldes que pululavam em seu reino, mas especificamente sobre "o Cristo", isto é, o Messias. Por isso, a missão que deu a "todos os chefes dos sacerdotes do povo e os mestres da lei" foi a de investigar nas Escrituras "onde deveria nascer o Cristo".

Quem foi Herodes, o Grande? Mateus é claro ao apontar que Jesus nasceu "nos dias do rei Herodes" (v. 1), um odiado usurpador edomita do trono de Davi. Esse monarca nasceu em 73 a.C. Era filho do edomita Antípatro e obteve o título de "rei da Judeia" graças ao respaldo do senado romano e ao apoio político de Antônio e Otávio, por volta do ano 40 a.C., fato este que quebrou a sucessão da dinastia dos macabeus, que detinha o poder por quase um século. Herodes teve dificuldade para tomar o controle do reino e viveu num ambiente de intrigas e assassinatos.

O autocrata Herodes, o Grande. Em seus últimos anos de vida, foi dominado por uma grave paranoia, que fez dele um assassino temível. O historiador judeu Flávio Josefo observa que Herodes, o Grande, morreu no ano 4 a.C. Ele havia sido governador da Galileia, mas governou a Judeia a partir do ano 40 a.C. Era um homem perverso e pervertido, conhecido por sua corrupção e crueldade, mas que desfrutava o favor do imperador romano. A história de sua vida contada por Josefo é atormentada pela tragédia. Não admira que esse homem vil tenha se perturbado com a notícia do nascimento de um possível concorrente ao trono, uma vez que ele já havia mandado assassinar dois de seus filhos (Aristóbulo e Alexandre, que teve com Mariamne, sua primeira esposa), sua mãe, Antípatro e outro filho, herdeiro do trono, além de liquidar o irmão e a mãe de Mariamne e seu avô, João Hircano, de origem macabeia.[4] Ele já havia mudado seu testamento algumas vezes e agora estava furioso com a visita dos sábios do Oriente e sua busca por um suposto "rei" recém-nascido. Sua perturbação foi tão grande que arrastou "com ele toda Jerusalém". A cidade não só ficou perturbada com a notícia do nascimento de uma criança, mas também teve medo de sofrer as consequências da ira do usurpador e tirano Herodes.

Mateus não indica quanto tempo antes da morte de Herodes Jesus nasceu, mas sem dúvida nossa data tradicional está errada em pelo menos quatro anos. As informações de Lucas (Lucas 2.1,2) provavelmente situam a data do nascimento de Jesus um pouco mais atrás, no ano 6 ou 7 a.C.

Um lugar (2.4-6)

Toda a passagem refere-se a dois lugares relacionados com o menino Jesus: o local de seu nascimento e o local onde os sábios do Oriente foram visitá-lo, isto é, "o lugar onde estava o menino" (v. 9).

O local onde nasceu o menino. Mateus é claro em afirmar que Jesus "nasceu em Belém da Judeia", de acordo com a profecia de Miqueias 5.2, citada também pelos estudiosos da religião judaica. "Belém" significa "casa de pão", "luta" ou "Lajamu" (nome de um deus) e está situada cerca de 8 quilômetros a sudoeste de Jerusalém (v. 5,6). Havia também uma Belém na Galileia, situada cerca de 11 quilômetros a noroeste de Nazaré. Na época de Jesus, Belém da Judeia era uma pequena aldeia, mencionada várias vezes no Antigo Testamento (Gênesis 35.19; Juízes 17.7-13; 19.18; Rute 1.1,2,19,22; 2.4; 4.11;

---

4. **Antiguidades dos judeus**, p. 15-17.

1Samuel 16.1-13; 17.12,15; 2Samuel 2.32; 23.14,24; 2Crônicas 11.6; Esdras 2.21; Jeremias 41.17). Foi o lugar onde Rute viveu com Boaz (Rute 1.1,2; Mateus 1.5) e da casa de Davi, descendente de Rute e ancestral de Jesus (Mateus 1.5). Davi nasceu e foi ungido rei por Samuel nesse lugar (1Samuel 17.12), por isso a pequena cidade passou a ser conhecida como a "cidade de Davi" (Lucas 2.11). De acordo com Miqueias 5.2, o Messias, como Davi, nasceria em Belém, não em Jerusalém. Mateus (2.1-12), Lucas (2.4-20) e João (7.42) relatam que Jesus nasceu nessa humilde aldeia.

É interessante que Jesus, que nasceu na Casa de Pão, mais tarde se intitulasse "o pão da vida" (João 6.35), o verdadeiro maná do céu. Mateus parece conhecer os detalhes do nascimento de Jesus em Belém informados em Lucas 2.1-7, mas não os considera necessários à sua história. Por Lucas, sabemos que José e Maria foram a Belém de Nazaré, porque a pequena cidade do sul era o lar original de ambos. O primeiro recenseamento feito pelo imperador Augusto, como mostram os papiros, foi feito por família (gr. *kat' oikían*). É possível que José tenha atrasado a viagem por algum motivo, de modo que chegou a hora do nascimento do menino. O único dado cronológico que Mateus oferece a respeito da data é que o nascimento ocorreu "nos dias do rei Herodes" (v. 1). Lucas, como indicado, oferece uma data mais precisa em seu evangelho (2.1-3).

O local onde a criança estava. Ao que parece, a visita dos sábios não ocorreu na data do nascimento de Jesus nem no lugar exato onde ele nasceu. De acordo com Lucas (2.7), Jesus nasceu em uma pousada, e seu primeiro berço foi uma manjedoura. Mateus 2.11, porém, informa que os sábios encontraram e viram a criança com sua mãe numa "casa" (v. 11). Evidentemente, havia se passado algum tempo entre o nascimento na estalagem e a adoração dos sábios na "casa". Na verdade, Herodes, com base nas informações que coletou após muita insistência (gr. *epynpháneto*, verbo imperfeito, v. 4), ordenou o massacre de "todos os meninos de dois anos para baixo, em Belém e nas proximidades, de acordo com a informação que havia obtido dos magos" (v. 16).

Um plano (2.7,8)

Herodes, quando ficou sabendo que o lugar indicado pelas Escrituras como o local de nascimento do Messias era "Belém da Judeia", passou para a segunda fase de seu plano macabro de se livrar do recém-nascido.

Um plano secreto. Note-se que Herodes convocou "secretamente" os sábios para determinar o "tempo exato em que a estrela tinha aparecido", ou seja, a data do nascimento da criança, e enviou-os (também em segredo) a Belém com a ordem de investigar, encontrar a criança e informá-lo de todos os detalhes. No momento em que Herodes se reuniu em segredo com os sábios, ficou evidente que ele já havia elaborado seu plano sinistro de assassinar o menino nascido em Belém. Tudo que precisava era saber dos sábios o "tempo exato" em que a estrela indicadora de seu nascimento havia aparecido. Note-se a mentalidade supersticiosa e ocultista do rei e a frieza de seu cálculo criminoso. Sem desconfiança, os sábios transmitiram a Herodes a informação que ele exigia deles, assim como haviam se apresentado ingenuamente no palácio real de Jerusalém para perguntar a respeito da criança. Era óbvio que ainda não sabiam o local preciso do nascimento, mas isso era algo que Herodes já descobrira consultando em segredo os chefes dos sacerdotes e os mestres da lei (v. 4,5).

Um plano hipócrita. Herodes volta a demonstrar sua eminente hipocrisia quando de forma ardilosa pede aos sábios que se informem cuidadosamente a respeito do menino e digam onde ele está hospedado, para que também possa ir adorá-lo. Então, ele os envia a Belém, apenas 8 quilômetros ao sul de Jerusalém. A falsidade e a hipocrisia desse monarca não tinham limite. Todo o seu plano consistia em identificar o recém-nascido e acabar com a vida dele, na dúvida de que estivesse destinado a ser rei e, como consequência disso, a competir com ele. Na presença deles, seu plano macabro e cruel se disfarçou de piedade, a ponto de afirmar que sua intenção era adorar o menino.

O curioso é que provavelmente na mente de Herodes o menino não só fora concebido para ser rei, mas também poderia ser o Messias prometido. Daí sua persistente investigação nas Escrituras. Isso é ainda mais grave do que apenas querer se livrar de um concorrente político, porque significaria a intenção de se opor ao plano redentor do próprio Deus e tentar eliminar o Messias libertador. O argumento hipócrita de que procurava o menino para "adorá-lo" parece prova suficiente de que Herodes acreditava mesmo que a criança nascida em Belém era o Messias prometido. A partir desse primeiro ataque e durante toda a sua vida, Jesus foi exposto a perigo de morte por parte daqueles que, reconhecendo-o como o Messias, queriam-no fora da cena humana e desejavam pôr fim à sua missão redentora.

Identificação e infância

Uma adoração (2.9-12)

A adoração dos sábios. Ao sair rumo a Belém, a estrela que tinham visto no início reapareceu inesperadamente e de maneira milagrosa conduziu-os até onde Jesus estava (v. 10). Isso os encheu de alegria, porque confirmou que sua primeira visão do fenômeno fora legítima e correta (v. 1,2) e agora porque os havia guiado com êxito a seu destino (v. 9). A devoção dos sábios está em nítido contraste com a crueldade de Herodes e a aparente apatia dos líderes judeus.

Guiados pela estrela, os magos foram parar "na casa" (note o artigo definido) onde estava o menino com Maria, sua mãe. É impressionante que Mateus não mencione José. Parece evidente que no período de tempo (quase dois anos, v. 16) transcorrido entre o nascimento do menino e esse momento, a Sagrada Família tivesse deixado o abrigo emergencial e temporário da "manjedoura" (Lucas 2.7) e se estabelecido numa casa. Note-se que o interesse dos sábios está no menino Jesus, não na mãe dele, Maria. Sua adoração é dirigida a ele. Essa adoração foi mais que um tributo a alguém de posição elevada. O verbo grego *pesóntes* ("prostrando-se") significa apenas que se ajoelharam em atitude submissa a um rei ou a um senhor (v. 18.26), mas o verbo grego *prosekýnesen* ("adoraram") só se aplica a Deus (v. 4.9). Ou seja, os sábios reconheceram o menino Jesus como Senhor e Deus, a maior declaração cristológica do Novo Testamento (v. João 20.28). A cristologia dos sábios foi a primeira cristologia gentia e extremamente correta.

Depois de adorar a Jesus, os magos abriram seus tesouros (6.19-21; 19.21) e deram ao menino presentes digno de um rei: ouro, incenso (Êxodo 30.34-38; Levítico 2.1,2,14-16; 6.14-18; 24.7; Neemias 13.5,9; Isaías 60.6; Jeremias 6.20) e mirra (Gênesis 37.25; Êxodo 30.23; Ester 2.12; Salmos 45.8; Cântico dos Cânticos 1.13; 3.6; Marcos 15.23; João 19.39). Incenso e mirra eram resinas aromáticas extraídas de árvores e arbustos e importadas do Oriente. Os comentaristas bíblicos, de Orígenes até o presente, percebem um significado simbólico nesses presentes: ouro indica a realeza de Jesus; incenso, sua divindade; mirra, sua morte. É mais provável que o v. 11 faça alusão a algumas passagens bíblicas (Salmos 72.10-12; 110.3; Isaías 60.1-6). Salomão recebeu muitos presentes de visitantes estrangeiros, e os profetas previam dias gloriosos, em que os gentios trariam tributos valiosos para Sião (Apocalipse 21.24-26).

Nossa adoração. Os sábios do Oriente ofereceram presentes ao menino Jesus, mas ele mesmo foi o dom de Deus para eles e para todos os seres humanos. Hoje damos e recebemos muitos presentes no Natal ou no Dia de Reis, mas devemos considerar seriamente o inefável Dom de Deus para todos nós: Cristo Jesus como Salvador e Senhor de todos os que creem (2Coríntios 9.15). Que significado tem esse dom divino para nós?

Jesus é o Dom inefável porque concede alegria inefável. O anjo que cantou naquela noite memorável disse: "Estou trazendo boas-novas de grande alegria para vocês, que são para todo o povo: Hoje, na cidade de Davi, nasceu o Salvador, que é Cristo, o Senhor" (Lucas 2.10,11). Um dos primeiros a seguir e aceitar Jesus como Salvador foi Pedro, que anos mais tarde exclamou: "Vocês [...] exultam com alegria indizível e gloriosa" (1Pedro 1.8).

Jesus é o Dom inefável porque concede paz inefável. O canto dos anjos (Lucas 2.14) e o testemunho de Simeão (Lucas 2.29) anunciam essa paz. Paulo, que tinha a mente analítica e era um escritor eloquente, foi capaz de usar o vernáculo para expressar com clareza as verdades mais sublimes. Mas, quando quis descrever a paz que Cristo dá, só conseguiu dizer: "excede todo o entendimento" (Filipenses 4.7). Essa paz é tão profunda que é impossível analisá-la ou descrevê-la.

Jesus é o Dom inefável porque concede uma salvação inefável. O anjo disse a José: "Ele salvará o seu povo dos seus pecados" (Mateus 1.21). E os anjos cantaram: "Hoje [...] nasceu o Salvador, que é Cristo, o Senhor" (Lucas 2.11). A salvação é o dom supremo de Deus, porque o pecado, a culpa, o medo e a morte constituem a pior maldição que aflige a humanidade. Essa salvação abrange todas as eras da história humana, alcança os abismos mais profundos do coração e é tão imensa e sublime que o autor da carta aos Hebreus simplesmente a denomina "tão grande salvação" (Hebreus 2.3).

Jesus é o Dom inefável porque é um amor inefável. Ele é a maior expressão do amor incompreensível de Deus. Os presentes de Natal nem sempre são uma expressão de amor. Às vezes, representam apenas um compromisso social, o pagamento de favores recebidos ou uma forma de obter algo em troca. Mas o amor de Deus é imensurável, porque "Deus tanto amou o mundo que deu o seu Filho Unigênito" (João 3.16). É por isso que, com razão, João exclama: "Vejam como é grande o amor que o Pai nos concedeu" (1João 3.1). É impossível analisá-lo, descrevê-lo ou medi-lo: podemos tão somente contemplá-lo.

Jesus é o Dom inefável porque é uma presença inefável. Ele permanece conosco para sempre (Mateus 28.20b). Grande parte de nossos presentes dura pouco tempo. Os pais ficam chateados porque os presentes dados aos filhos no Natal não duram até o ano-novo. Traça, ferrugem e até mesmo ladrões ocupam-se de encurtar a duração e o prazer dos presentes, ou então o próprio tempo os consome e desgasta. Mas isso não acontece com o Dom inefável de Deus. Ele promete aos que o recebem sua permanência eterna e todos os dias: "Eu estarei sempre com vocês". Isso significa durante todas as etapas da vida, durante todos os trabalhos e problemas, e até além da morte e por toda a eternidade. "Jesus Cristo é o mesmo, ontem, hoje e para sempre" (Hebreus 13.8).

Jesus é o Dom inefável de Deus para todos os seres humanos de todas as épocas. Só Deus poderia dar tal presente. O ser humano só pode fazer o mesmo que os anjos, os pastores e os sábios do Oriente, ou seja, adorá-lo.

Um contraste (2.1-12)

Quando a primeira seção desse capítulo é considerada como um todo, o contraste entre dois reis se torna evidente: o falso rei (Herodes, o Grande) e o verdadeiro Rei (Jesus de Nazaré).

O falso rei: Herodes, o Grande. À luz desses versículos, é possível apontar alguns elementos de sua falsidade e de sua condição de antirrei. 1) O falso rei procura poder. Herodes, o Grande, governou quarenta anos até sua morte e usou de todos os meios para consolidar seu poder. Ele se vestiu de magnificência usando os que o rodeavam como meios de cumprir seus propósitos pessoais e apelava para o crime. 2) O falso rei é cruel. O episódio relatado nos v. 16-18 destaca a crueldade de Herodes. O massacre de um punhado de crianças com menos de 2 anos de idade na aldeia de Belém veio a se somar a outros crimes que praticara contra a própria família a fim de eliminar os competidores ao trono. A citação do v. 18 (Jeremias 31.15) refere-se a Raquel, mãe de Benjamim, cujo túmulo, segundo se acreditava, ficava em Ramá, "junto do caminho de Efrata, que é Belém" (Gênesis 35.19,20). De lá, os benjamitas foram levados para o exílio na Babilônia. Jeremias faz Raquel "sair" de seu túmulo para lamentar os filhos exilados. Esse choro é apresentado de modo figurativo no relato de Mateus para retratar o choro das mães de Belém pela morte de seus filhos por causa da crueldade de Herodes. 3) O falso rei é um ditador. Herodes reduziu a influência do Conselho dos judeus e usava-o conforme lhe convinha. Os chefes dos sacerdotes, cargo único e vitalício, eram substituídos como ele bem desejava, e, à semelhança deles, muitos outros líderes foram vítimas de seu autoritarismo. O povo tinha pavor de Herodes.

O verdadeiro Rei: Jesus de Nazaré. Ao contrário do falso rei, que é usurpador, o verdadeiro Rei é designado por Deus, e seu caráter é totalmente diferente. 1) O verdadeiro rei é humilde. A citação de Miqueias 5.2 (v. 6) expressa essa humildade. O texto hebraico diz: "Belém Efrata, [...] pequena entre os clãs de Judá". A ideia é que Jesus nasceu numa pequena aldeia, ou seja, era de origem humilde. Desde o início até o fim, ele foi identificado com os humildes, os pequenos, os pobres, os necessitados, os marginalizados e os discriminados. 2) O verdadeiro rei é um pastor. O texto citado diz: "[...] de ti virá o líder que, como pastor, conduzirá Israel, o meu povo". Jesus é o Rei, mas não de acordo com os padrões comuns de conduta dos reis terrenos. Ele é o Rei-Pastor, que cuida de suas ovelhas (Salmos 23; João 10.1-18). Ele ensina e guia seu povo não de maneira autoritária e tirânica, mas num clima de liberdade, proteção e cuidado.

INFÂNCIA DE JESUS (2.13-23)

Os evangelhos sinópticos trazem muito pouca informação sobre a infância de Jesus e o material que cada um deles oferece é único. Isso ocorre provavelmente porque as fontes orais e escritas que usaram não continham muita informação sobre o assunto, ou o interesse deles estava voltado para os ensinamentos e o ministério de Jesus, especialmente os acontecimentos da última semana de sua vida. Aliás, essa falta de informações mais detalhadas deu origem a uma grande abundância de histórias e lendas de circulação mais popular, que tentavam preencher as lacunas. Mas de forma alguma elas têm a autoridade espiritual reconhecida pelos escritos inspirados. Os poucos detalhes que Mateus oferece sobre a infância de Jesus, porém, são muito significativos.

O sonho de José (2.13)

Os sábios do Oriente estavam procurando Jesus para prestar-lhes as homenagens dignas de um bebê real. O rei Herodes, o Grande, procurou o menino Jesus para se livrar dele como potencial concorrente ao trono real.

Mas as intrigas humanas não podem atrapalhar os planos eternos de Deus. Assim como o faraó no Egito não pôde destruir o povo de Israel porque Deus interveio para libertá-los, assim Herodes não pôde eliminar Jesus porque o Senhor, em sonhos, avisou José do perigo. Mais especificamente, por meio de um anjo, deu-lhe instruções precisas sobre como livrar a criança do perigo iminente que pairava sobre ele. É interessante aqui a relação entre os avisos divinos de perigo potencial a seus filhos e servos e o método sobrenatural de fazê-lo por meio de sonhos. Foi o caso com os sábios do Oriente (v. 12) e agora com José (v. 13). O terceiro sonho, de advertência, por meio de um anjo do Senhor ocorreu mais tarde, no Egito (v. 19). Em todos esses casos, é possível que os sinais ou impressões tenham sido percebidos em vigília, mas se fizeram claros em sua interpretação por meio dos sonhos. Assim, os sábios entenderam que não deviam voltar a Herodes e "retornaram a sua terra por outro caminho". José percebeu que deveria fugir com a família para o Egito, província romana fora da autoridade de Herodes.

Note-se a ênfase sobre "o menino e sua mãe" e a prioridade da criança sobre a mulher (v. 13). Desde o instante de seu nascimento, Jesus é mencionado sempre em primeiro lugar, acima de qualquer outro ser humano, até mesmo sua mãe. Note-se também a responsabilidade de José como agente de sua proteção e livramento. Deus sempre usa instrumentos humanos para levar a cabo seu plano de salvação. Agiu assim com Moisés para libertar seu povo da escravidão no Egito. Agiu assim com José para livrar Jesus e Maria do perigo de morte na Palestina. No primeiro caso, o perigo estava no Egito e o livramento, na Palestina; no segundo caso, o perigo estava na Palestina e o livramento, no Egito. O Egito foi a terra da opressão, mas agora se tornou lugar de refúgio. Nos dois casos, tratava-se de "fugir" do perigo. Há momentos no plano redentor do Senhor em que é melhor "fugir" das emboscadas do Inimigo, recuperar as forças e confrontá-lo outra vez, como aconteceu com Jesus. Além disso, as instruções divinas contemplavam não só questões espaciais ("fuja para o Egito"), mas também temporais ("Fique lá até que eu diga a você"). O perigo concreto era que "Herodes vai procurar o menino para matá-lo".

O verbo grego traduzido por "voltar", "fugir" e "partir" (*anachōréō*, v. 12-14) ocorre em outras partes desse evangelho para expressar igualmente a ideia de se afastar do perigo. Por exemplo, quando Jesus soube que João estava na prisão e que não era mais seguro permanecer na Judeia, ele "voltou" para a Galileia (4.12). Quando os fariseus começaram a se mobilizar para matá-lo após a cura do homem com a mão atrofiada, ele "retirou-se" da região onde realizou o milagre (12.15).

A fuga para o Egito (2.14,15)

Seguindo as instruções divinas ao pé da letra, José tomou a criança e sua mãe e fugiu com eles para o Egito, onde permaneceu até a morte do monstro perseguidor. O Egito tem sido o refúgio preferido de muitos israelitas (1Reis 11.40; Jeremias 26.20-23; 41.16-18; 43.5-7; 2Macabeus 5.8,9).[5] De fato, segundo Josefo, havia na época cerca de 1 milhão de judeus no Egito, distribuídos em numerosas colônias. O Egito abrangia a península do Sinai, e suas fronteiras chegavam perto de Belém. Mateus, no entanto, parece estar pensando no Egito do Nilo. A viagem de Gaza a Pelúsio durava oito dias através do deserto, que somados aos que demoraram para ir de Belém a Gaza, totalizariam entre 12 e 14 dias. Não sabemos onde eles se estabeleceram, mas estima-se que sua permanência no Egito não excedeu dois anos. A travessia do deserto, com falta de água, de acomodação e descanso, representou um grande desafio para José, Maria e o pequeno Jesus.

No entanto, nada disso foi incidental ou o resultado de uma ação improvisada e emergencial. Mateus tem o cuidado de esclarecer que por trás de todos esses fatos estava em operação o cumprimento do propósito divino. Para comprovar isso, o evangelista cita Oseias 11.1: "Do Egito chamei o meu filho". Mateus provavelmente julgou necessário esse esclarecimento, por causa de algumas lendas populares e de uma menção no *Talmude*, segundo as quais Jesus havia aprendido artes mágicas no Egito e as trouxera consigo. E teria sido por meio delas que mais tarde realizou seus milagres ao longo de seu ministério.

> **R. V. Tasker:** "A citação descritiva de Oseias 11.1 no v. 15 — 'Do Egito chamei o meu filho' — parece ter o propósito de sugerir ao leitor que o Messias, ele mesmo a personificação do verdadeiro Israel, repetia em sua experiência de vida a experiência do antigo Israel; e também que ele foi um segundo e

---

5. Robert H. GUNDRY, **Matthew:** A Commentary on His Handbook for a Mixed Church under Persecution, p. 33; Joachim JEREMIAS, **Jerusalén en tiempos de Jesús:** estudio económico y social del mundo del Nuevo Testamento, p. 86-87.

maior Moisés. Sua suprema obra de salvação teve como protótipo o poderoso ato de salvação que Deus operou por meio de Moisés a favor de seu povo escolhido. E, assim como Moisés foi chamado para ir ao Egito e resgatar Israel, o filho de Deus, seu primogênito (v. Êxodo 4.22), da servidão física, assim Jesus foi 'chamado' do Egito na infância, por meio da mensagem divina comunicada a José, para salvar a humanidade da escravidão do pecado".[6]

O massacre de Herodes (2.16-18)

Herodes, o Grande, que ordenou a matança de todos os meninos com menos de 2 anos de idade de Belém, fora nomeado rei da Judeia pelo senado romano por causa de sua amizade com Marco Antônio. Na condição de monarca, ele construiu e embelezou o templo de Jerusalém e erigiu vários outros edifícios importantes. Tinha dez esposas, das quais Mariamne parecia ser a favorita. Contudo, ele a assassinou com seus dois filhos, sob a suspeita de que estavam tentando destroná-lo. Com a morte de Herodes, o Grande (v. 19), seu reino foi dividido entre seus filhos Arquelau, Herodes Antipas e Filipe. O primeiro governou a Judeia, Samaria e a Idumeia e foi tão cruel e arbitrário quanto seu pai. Acusado pelos judeus, foi destituído por Augusto, que o desterrou para a Gália, no ano 6 a.C. Herodes Antipas foi mais apático, embora vicioso e corrupto, e governou a Galileia e a Pereia até 39 d.C. Filipe, seu irmão, governou a Itureia e Traconites (Lucas 3.1).

O assassinato não foi o ato mais cruel cometido por esse homem doente de ódio. O crime não vitimou mais de 15 ou 20 crianças, e talvez por causa disso Josefo nem mencione o fato em sua enumeração dos horrores do reinado de Herodes. Mateus, porém, destaca no v. 18 que o massacre era o cumprimento da profecia de Jeremias 31.15. A citação parece ter sido retirada da *Septuaginta* e um pouco modificada. Originalmente, referia-se ao cativeiro babilônico, mas funciona como uma ilustração dramática desse assassinato. Macróbio (*Saturnália*, II.4.11) observa que Augusto afirmou que era preferível ser a porca (gr. *hyós*) de Herodes a ser seu filho (gr. *huiós*), porque a porca tinha mais chances de sobreviver.

De fato, a menção de Mateus a esse episódio terrível não visa tanto a nos dar um fato importante e dramático relacionado com a primeira infância de Jesus.

---

6. **The Gospel According to St. Matthew:** An Introduction and Commentary, p. 42.

Seu propósito parece ser mostrar o conflito entre dois reinos: o dos reis deste mundo (o antirreinado) e o Reino de Deus.[7] Jesus é o descendente e herdeiro legal do trono de Davi. Ele é o Messias que traz o Reino de Deus, enquanto Herodes, o Grande, o usurpador do trono, é o primeiro a se insurgir contra tal projeto (2.13-23). Mateus aponta tal conflito de modo evidente nessa passagem, mas já o antecipa em seu registro da genealogia de Jesus (1.1-17, em que Jesus é o Rei herdeiro de Davi), no nascimento de Jesus (1.18-25, em que ele é o Rei concebido pelo Espírito Santo) e na adoração dos sábios do Oriente (2.1-12, em que Jesus é o Rei das nações). Esse conflito entre os dois reinos (o deste mundo e o eterno, o dos seres humanos e o de Deus) cobre toda a história da humanidade.

> **Daniel Steffen:** "Esse antirreino pode ser um sistema político-social-econômico ou pode ser um indivíduo com poder sobre outros seres humanos. Pode ser uma família nuclear com um pai machista que controla todos os outros com mão forte. Pode ser uma igreja evangélica local com um ancião ou pastor poderoso que exige lealdade à sua pessoa e à tradição da igreja a todo custo. Pode ser uma instituição de ensino teológico com um presidente ou reitor enérgico que toma todas as decisões e dispensa os que não concordam com seu governo. Pode existir em uma nação sob ditadores militares que controlam tudo e eliminam ou expulsam qualquer opositor. Na América Latina, não há fim para os exemplos de antirreinos em todos os níveis da sociedade".[8]

O retorno a Nazaré (2.19–23)

O único rei que realmente buscou a morte do menino Jesus foi Herodes, o Grande. A frase "estão mortos os que procuravam tirar a vida do menino" é uma declaração geral, que pode ter sido extraída de Êxodo 4.19, que diz:

---

7. Alguns autores reconhecem esse conflito entre dois reinos em Mateus: Craig L. BLOMBERG, **Matthew: An Exegetical and Theological Exposition of Holy Scripture**, in: **The New American Commentary**, v. 22, p. 52; Warren CARTER, **Mateo y los márgenes:** una lectura sociopolítica y religiosa (Estella: Editorial Verbo Divino, 2007); Ulrich LUZ, **El evangelio según San Mateo**, v. 1, p. 129; Emilio Antonio NÚÑEZ, La misión de la iglesia, in: Israel ORTIZ (Org.), **Teología y misión:** perspectivas desde América Latina, p. 238-239.
8. El Reino de Dios y los reyes de la tierra: hacia una contextualización de Mateo 1—2, in: Oscar CAMPOS (Org.), **Teología evangélica para el contexto latinoamericano**, p. 179.

"Volte ao Egito, pois já morreram todos os que procuravam matá-lo". A morte de Herodes encorajou José a voltar com sua família para sua terra ("a terra de Israel"), mas a ascensão de Arquelau ao trono da Judeia fez que preferissem ir para Nazaré, no norte (v. 22). Além disso, o Senhor orientou José outra vez a encontrar um destino mais seguro na Galileia por meio de um sonho. Mateus não fala a respeito da morada anterior de José e Maria em Nazaré. Sabemos disso por Lucas, que não diz nada sobre a fuga para o Egito. As duas histórias se complementam e não são contraditórias.

Arquelau foi o pior dos filhos sobreviventes de Herodes, o Grande. Esse monarca foi deposto pelo imperador Augusto no ano 6 d.C., por causa das queixas dos judeus. Herodes Antipas, que se tornou o tetrarca da Galileia e da Pereia, foi o Herodes que executou João Batista (Mateus 14.10) e que ainda reinava por ocasião da morte de Jesus. Esse Herodes repudiou a esposa para se casar com Herodias, esposa de um de seus meios-irmãos, motivo pelo qual foi repreendido por João Batista (Mateus 14.3,4). Por fim, o imperador Calígula baniu-o em 39 d.C. Filipe, o filho de Herodes, o Grande, mencionado no Novo Testamento apenas em Lucas 3.1, era o tetrarca da região oriental da Galileia (Itureia e Traconites).

Mateus vê no estabelecimento da família de José em Nazaré (v. 23) o cumprimento das Escrituras proféticas: "Assim, cumpriu-se o que fora dito pelos profetas: 'Ele será chamado Nazareno' ". Note o plural genérico ("profetas"), uma vez que não há uma única profecia registrada dizendo que o Messias seria um nazareno. É provável que esse termo seja pejorativo (João 1.46; 7.52) e também o resultado de várias profecias combinadas (Salmos 22.6,8; 69.11,19; Isaías 53.2,3,4). A palavra "nazaré" significa "broto" ou "ramo", mas não é certo que Mateus estivesse pensando nisso. No entanto, apesar de ser uma localidade desprezada, Jesus tornou-a famosa, a ponto de se tornar conhecido na história como Jesus, o Nazareno.

Quatro profecias (2.5,15,17,23)

O cap. 2 de Mateus pode ser interpretado à luz de quatro profecias, que funcionam como colunas que sustentam sua pretensão de ser o Rei do Reino dos céus. Essa realidade torna esse capítulo um material não apenas histórico, mas também profético. A narrativa dos acontecimentos gira em torno dessas quatro profecias e indica o cumprimento de suas intenções mais profundas na arena da História. O capítulo mostra que o advento do Rei era o cumprimento das profecias do passado.

Primeira profecia (Miqueias 5.2). Seu contexto geográfico original é Belém. A mensagem central dessa profecia é sobre autoridade. Miqueias denunciou os falsos "reis de Judá" de seus dias e antecipou a manifestação de um verdadeiro "líder". É a voz de um profeta da ordem e da autoridade; a voz de um profeta que anunciava um Rei que conduzirá seu povo como um "pastor" (isso Mateus acrescenta à profecia original). Mateus aplica essa profecia a Jesus, não nascido em Jerusalém, mas na pequena Belém, como Miqueias tinha previsto.

Os fatos que deram cumprimento a essa profecia mostram duas forças em conflito. Por um lado, o reconhecimento e a homenagem prestada ao Rei pelos sábios do Oriente; por outro lado, o ódio e a crueldade manifestados contra o Rei pelo rei Herodes, o Grande. Assim, de Belém vem o Rei, o Pastor, que irá ocupar seu trono e empunhar seu cetro, a quem alguns irão honrar e outros odiar. Estão ali aqueles que percorreram um longo caminho seguindo uma estrela para lhe oferecer preciosos presentes e também aqueles que são capazes de viajar de uma extremidade a outra guiados pela própria loucura e cegueira e motivados pelo único desejo de destruí-lo.

Segunda profecia (Oseias 11.1). Seu contexto geográfico original é o Egito. A mensagem central dessa profecia é sobre o fracasso de Israel em cumprir sua missão no mundo. A questão é conduzida em termos que retratam o comportamento infiel do povo (fornicação e adultério) para com Deus. É provável que nos tempos de Oseias a deterioração espiritual do povo tenha atingido seu ponto culminante. A crise interna não poderia ser pior: os inimigos atacando de fora e a corrupção corroendo por dentro. O profeta passou a entender a gravidade das circunstâncias depois de sofrer com a infidelidade da esposa e sentir a dor de um amor não correspondido. Foi em ambos os contextos — o social e o particular — que, inspirado pelo Espírito Santo, Oseias escreveu uma canção de amor do Senhor. A canção começa com a confissão do amor original de Deus na fundação de seu povo, depois que o chamou da opressão no Egito.

Agora, em Jesus, Deus volta a expressar seu amor, porém não só a seu povo cativo, Israel, mas a toda a humanidade, por meio de seu "Filho". É por meio dele que Deus libertará a humanidade da escravidão e da opressão e conduzirá todos os que o seguirem à terra prometida do cumprimento de seu propósito redentor. Novamente, o motivo é o amor, mas dessa vez expresso de maneira superlativa, embora sua primeira manifestação tenha sido por meio de uma criança frágil, vulnerável, perseguida e humilde. No entanto, esse menino chamado do Egito para ser o Libertador da humanidade será o Salvador ("Jesus") de seu povo e os conduzirá à verdadeira liberdade.

Terceira profecia (Jeremias 31.15). Seu contexto geográfico original é Ramá. A mensagem central dessa profecia é sobre a morte da nação. Trata-se de uma mensagem trágica e expressa como lamento. Alguém maior que Jeremias viria e mais tarde emitiria um lamento semelhante (Mateus 23.37). No entanto, apesar das lágrimas e da dor, há um raio de esperança na profecia de Jeremias. A começar do cap. 30, até o cap. 33, o coração de seu livro, há uma mensagem de conforto, de encorajamento e mesmo de alegria, já antecipada em 31.16,17. Nesses capítulos, o profeta remonta-se às alturas e percebe um novo amanhecer para o povo com o advento do "Renovo justo", alguém que "fará o que é justo e certo na terra" (Jeremias 33.15,16).

Não costumamos ler a profecia citada por Mateus no contexto do profeta Jeremias, a qual se situa entre promessas de perdão, restauração, prosperidade e cura. Ficamos presos à "voz em Ramá" e ao choro de Raquel e não avançamos até a impressionante nota de esperança dos v. 16 e 17. Para entender por que Mateus cita essa profecia, temos de considerá-la no todo: com sua nota de lamento e sua canção de consolo. Sim, houve lamento e choro quando Jesus foi ameaçado de morte logo que nasceu e precisou ser levado para o Egito e quando dezenas de crianças foram massacradas por Herodes em Belém. Muitas mães, como Raquel, lamentaram "seus filhos" que "já não existem". Uma dessas crianças, porém, conseguiu sobreviver, e sua vida e ministério trouxeram verdadeiro conforto e esperança a todas as crianças e mães do mundo de todos os tempos.

Quarta profecia. Não se conhece uma profecia em particular relacionada com a referência em 2.23, mas há várias possíveis alusões proféticas a Nazaré e ao adjetivo qualificativo "nazareno". O contexto geográfico original dessa profecia é Nazaré. Sua mensagem central é sobre o desprezo pelo Messias. Qual é o significado da palavra "nazareno" nessa profecia? Nos dias de Mateus, chamar alguém de "nazareno" era indicativo de rejeição (João 1.46). Há duas interpretações desse fato. Por um lado, a palavra significa "broto" ou "ramo"; por outro lado, significa "protetor" ou "guarda". É provável que o nome da cidade (Nazaré) tenha vindo do hebraico *netzer*, que significa "broto" ou "talo". Nesse sentido, a pequena aldeia situada nas alturas da Galileia era como uma pequena prole, comparada com as populações mais desenvolvidas dos vales e à beira do mar da Galileia. Na verdade, não havia estradas nem caminhos importantes que passassem por Nazaré. Ser chamado de "nazareno" era como ser classificado como "provinciano", "caipira", "roceiro", ou mesmo ser considerado ralé.

No entanto, em Isaías 11.1 lemos: "Um ramo [heb. *netzer*] surgirá do tronco de Jessé, e das suas raízes brotará um renovo". Esse "nazareno" haveria de brotar da árvore caída de Israel. E, apesar de sua insignificância e pequenez, "o Espírito do Senhor repousará sobre ele, o Espírito que dá sabedoria e entendimento, o Espírito que traz conselho e poder, o Espírito que dá conhecimento e temor do Senhor" (Isaías 11.2). Em Jeremias 33.15, lemos: "Naqueles dias e naquela época farei brotar um Renovo justo da linhagem de Davi; ele fará o que é justo e certo na terra". Mais uma vez, é mencionado o "broto" e o "Renovo justo", e algo pequeno e desprezível transforma-se em algo de importância vital: o "nazareno" governará com justiça e retidão. O minúsculo torna-se majestoso em Jesus, o Nazareno.

CAPÍTULO 3

PRECURSOR E BATISMO

3.1-17; 11.1-15; 14.1-12

As passagens acima, que serão analisadas neste capítulo, dizem respeito a João Batista, que foi o precursor do Messias e batizou Jesus antes de este iniciar seu ministério. Chama-nos a atenção o número e a variedade de passagens em Mateus que falam de João. Sem dúvida, esse homem que Jesus considerava "o maior" dos profetas (11.11a) não se caracterizava apenas por sua personalidade singular, mas por ser portador de uma mensagem muito importante no plano redentor de Deus por meio de Cristo. De fato, uma de suas realizações mais significativas foi como pregador dessa mensagem, bem como o impacto que causou sobre a população judaica, especialmente em Jerusalém e em toda a Judeia.

João falou claramente sobre o pecado e ensinou a necessidade de arrependimento. Ele pregava que o arrependimento devia ser evidenciado por seus frutos, ou seja, por uma vida transformada (3.8). Assim, ele advertia seus contemporâneos a não confiar em privilégios externos para ganhar o favor de Deus, como, por exemplo, ser descendentes de Abraão, nem na relação formal e legalista com a instituição religiosa de seus dias, especialmente o templo.

João Batista falou claramente a respeito do Messias Jesus e não teve nenhum problema em reconhecer que havia alguém muito maior e mais poderoso que ele, que veio para seu povo na condição de Messias. Também não teve dificuldade em reconhecer sua identidade e seu lugar no plano redentor de Deus como aquele que iria preparar o caminho para esse Salvador, de quem não era mais que um humilde servo. Ele estabeleceu muito bem a diferença entre seu ministério (batizar com água) e o do Messias (batizar com o Espírito Santo e com fogo). A razão do sucesso de seu ministério foi justamente apontar para Cristo e incentivar seus seguidores a fazer o mesmo reconhecendo-o como "o Cordeiro de Deus, que tira o pecado do mundo" (João 1.29).

João Batista falou claramente sobre o Espírito Santo. Foi ele quem antecipou uma forma de batismo muito superior a seu batismo com água para arrependimento. Esse batismo de conversão com o Espírito Santo (3.11) não seria administrado por ele, mas por aquele que viria "depois de mim", ou seja, o Messias. Só ele, pela ação regeneradora do Espírito Santo, poderia produzir uma nova vida, como o trigo digno de ser armazenado em seu celeiro (3.12) em vez de destinado ao fogo. Desse modo, o Espírito que regenera a pessoa arrependida de seus pecados é o mesmo que o ajuda a crescer em Cristo e a amadurecer para alcançar a estatura dele.

João Batista falou claramente da condenação dos perdidos. Sua mensagem, cheia de esperança e de desafios a uma mudança de vida, era também uma mensagem dramática, que jamais minimizou a desgraça que aguarda os que não se arrependem de seus pecados. A linguagem usada pelo pregador do deserto era terrível. Ele falava da "ira que se aproxima", de um corte profundo até a raiz de "toda árvore que não der bom fruto", de um "fogo que nunca se apaga", e assim por diante. Em tempos como o nosso, em que a pregação sobre o inferno e a condenação eterna é considerada de mau gosto, o exemplo de João é instrutivo. Hoje os púlpitos parecem monotemáticos, abundantes em referências ao amor e à misericórdia de Deus, e são poucas as vozes que advertem do real perigo da condenação eterna.

João Batista falou claramente da salvação dos crentes. Da mesma forma que há um inferno, há também um paraíso; assim como existem aqueles que por sua rebeldia serão consumidos como palha inútil "com fogo que nunca se apaga", há também os que entrarão e serão mantidos como o bom trigo no celeiro do Senhor.

Por pregar essa mensagem, João foi parar na cadeia. No entanto, o próprio Jesus confirmou a autenticidade de seu ministério profético e deu indicações de que seu primo era o maior dos profetas (11.11) e o precursor "que havia de vir" (11.14). Jesus começou seu ministério público depois de ser batizado por ele e identificado como o Messias que estava por vir. Por fim, seu compromisso profético com o Reino de Deus levou-o a denunciar o pecado, mesmo nas esferas mais elevadas das elites dominantes, o que lhe custou a vida. Observe-se que João Batista morreu por causa de Jesus. Herodes Antipas, seu cruel assassino, mais tarde confundiu Jesus com João ressuscitado (14.2). Ele foi fiel à sua missão como precursor do Messias e fiel ao Messias até a morte. Não é de estranhar que Jesus tenha sentido profundamente sua partida e buscado na solidão o consolo do Pai celestial (14.13).

O PRECURSOR DE JESUS (3.1-12; 11.1-15; 14.1-12)

O Novo Testamento apresenta João Batista cumprindo duas importantes funções: preparar o caminho para o Messias e batizar os que se arrependiam de seus pecados. Quando João começou seu ministério, a Palestina enfrentava uma crise muito grave. Os altos impostos cobrados pelos romanos pressionavam a cidade. Muitos já haviam tentado se rebelar, e todos aguardavam um grande líder nacional que libertasse o povo do jugo do governo romano e unisse Israel como uma nação sob o domínio da Lei judaica. As Escrituras (o Antigo Testamento) ensinavam que um dia Deus iria enviar um Messias, e esperava-se que ele viesse logo e os libertasse. Foi quando João apareceu. Alguns chegaram a pensar que ele era o Messias, mas João replicava: "Não, eu não sou. Estou aqui para preparar o caminho para o Messias". E a maneira de fazer isso era por meio do batismo, realizado no rio Jordão, na região desértica da Judeia.

João Batista e sua mensagem (3.1-3)

Esses versículos falam da pregação de João Batista, profeta descendente de uma família sacerdotal que pregou uma mensagem de arrependimento, anunciou a vinda do Messias, batizou a Jesus e foi decapitado por Herodes Antipas. Seu nascimento (à semelhança do de Isaque) foi anunciado pelo anjo Gabriel a seu pai, Zacarias, que era sacerdote da divisão de Abias. Sua mãe, Isabel, era descendente de Arão. João não deveria beber vinho nem nenhuma bebida forte. Ele seria cheio do Espírito Santo e, como profeta, teria o espírito e o poder de Elias. Sua função era preparar o povo de Deus para a chegada do Messias.

Seu ministério (v. 1a). Mateus concorda com a tradição dos evangelhos sinópticos ao iniciar seu relato do ministério de Jesus relacionando-o com o batismo de João (Marcos 1; Lucas 3). O apóstolo Pedro faria o mesmo mais tarde, em Atos 1.21,22: "O Senhor Jesus viveu entre nós, desde o batismo de João até o dia em que Jesus foi elevado dentre nós" (v. Atos 10.37-43). No entanto, à diferença de Lucas (Lucas 3.1,2), Mateus não dá uma data precisa para o início do ministério de João. Tudo que informa é: "Naqueles dias [...]" (v. 1). Seja como for, João teria "naqueles dias" uns 30 anos de idade. O nome João significa "dom do Senhor" e é uma forma abreviada de Joanã. Ele é apresentado como "o batista" ou "aquele que batiza", porque esse rito era o mais característico de seu ministério. Mateus o introduz na narrativa utilizando o verbo grego *paragínetai* ("apresentou-se", ou seja, "entrou em cena"). Os judeus praticavam o batismo, mas geralmente o aplicavam aos gentios que tivessem se convertido ao judaísmo. O batismo de João tinha algo de provocativo para eles porque, ao batizar os crentes judeus, estava tratando-os como gentios convertidos. E, como se isso não bastasse, ainda os desafiava a se arrepender de seus pecados.

Sua pregação (v. 1b,2). Além da prática do batismo, o segundo elemento marcante do ministério de João era sua pregação. O texto situa o cenário dessa pregação "no deserto da Judeia". Era uma região inóspita composta por colinas arredondadas e áridas que se estendiam na direção do rio Jordão e do mar Morto. Pouca gente habitava o lugar, onde era muito difícil a sobrevivência. É surpreendente que João Batista tenha escolhido um cenário tão ermo e perigoso como local de reunir o povo para sua pregação e batismo. Os que vinham ouvi-lo sem dúvida o faziam por ter uma motivação bem alta e porque já estavam dispostos a responder aos desafios de João. Muitos pregadores de hoje começam com grandes multidões em locais estratégicos e acabam perdendo seu público. João começou com muito poucas pessoas no deserto, aonde ninguém queria ir, e acabou com uma enorme multidão que ouvia sua mensagem e reagia a ela com o batismo de arrependimento.

A pregação de João Batista era clara, direta e firme. Cheio do Espírito Santo, o precursor do Messias trovejava com uma mensagem totalmente inédita aos ouvidos de seu público: "Arrependam-se, pois o Reino dos céus está próximo" (Mateus 3.2). Embora a demanda por arrependimento não fosse novidade, as razões de sua urgência o eram. A proximidade do governo soberano de Deus era apresentada como uma realidade não só iminente, mas também imediata.

No v. 2, o evangelista introduz pela primeira vez em seu evangelho um termo que repetirá em várias ocasiões e cujo significado é de grande importância em todo o Novo Testamento: arrependimento. O que é arrependimento? É tristeza pelo pecado cometido e abandono desse pecado, o afastamento sincero de tudo que é ruim. Isso é mais que sentir remorso ou pesar, atitudes que indicam tristeza pelo pecado, e nada mais. O arrependimento era uma exigência dos profetas nos tempos do Antigo Testamento (Ezequiel 14.6; 18.30-32). Foi o tema prioritário na pregação de João Batista (3.1,2), de Jesus (4.17) e dos apóstolos (Marcos 6.12; Atos 2.38). O arrependimento por si só não é suficiente para o perdão: é preciso ter fé. Mas o arrependimento é indispensável. O pecado deve ser abandonado de maneira definitiva. O pecador deve deixar o pecado, voltar-se ou converter-se para Deus e fazê-lo com fé, para que haja remissão de pecados. O arrependimento é a principal mensagem que a Igreja deve proclamar ao mundo (Lucas 24.47). Trata-se de uma característica da vida da Igreja e um dos principais objetivos de sua missão. No Antigo Testamento, duas palavras hebraicas são usadas: *naham* e *shubh*. A primeira contém a ideia de gemer e lamentar. A segunda fala de passar do pecado para a obediência (2Crônicas 7.14). A missão de Israel como povo de Deus era chamar as nações ao arrependimento. No Novo Testamento, são usados os termos gregos *metamélomai*, *metanoéō* e *epistréfō*. O primeiro enfatiza o aspecto emocional do cuidado, da preocupação e do remorso e pode se referir ao genuíno arrependimento (Mateus 21.29,32) ou a um remorso não necessariamente acompanhado do abandono do pecado (Mateus 27.3). O segundo chama a atenção para a necessidade de uma mudança de mentalidade, que resulta da mudança de opinião e de propósitos (Mateus 3.2; Marcos 1.15; Atos 2.38). A ideia predominante em *epistréfō* é uma transformação da mente que resulta em novas emoções e numa mudança de comportamento.

Seu objetivo (v. 3). O objetivo de João era confrontar seus ouvintes com a mensagem transformadora do evangelho, tal como apregoava no advento iminente do Messias prometido. A chegada do Ungido de Deus e sua obra redentora eram boas notícias, o que por si só exigia uma mudança radical de atitude moral e espiritual por parte dos que eram o objeto da ação salvífica do Senhor. Em sua metodologia e mensagem, João Batista citava os profetas do Antigo Testamento como base de sua principal proclamação.

Ele mesmo se considerava uma voz a proclamar: "No deserto preparem o caminho para o Senhor; façam no deserto um caminho reto para o nosso Deus" (Isaías 40.3). Isaías previu que alguém viria preparar o caminho para o Senhor, e Mateus diz que esse alguém era João e que "o Senhor" era Jesus, de modo que a profecia de Isaías se cumpriu. Isaías sabia que João Batista seria o precursor do Senhor? É bem provável que ele não soubesse quem viria, mas tinha certeza de que Deus mandaria alguém, porque sabia que Deus nos ama. A preparação para a chegada de Deus era necessária, e João era o preparador. Sua mensagem predispôs muita gente a receber os ensinamentos de Jesus.

João cumpriu o ministério de preparar o terreno para a chegada do evangelho na pessoa de Jesus. Era como o camponês que arranca as ervas daninhas para que o agricultor venha e semeie as sementes. Hoje há também pessoas como João. Na África, havia um crente humilde, que ficou conhecido como Profeta Harris. Sua contribuição para a causa do evangelho foi preparar milhares de pessoas na Costa do Marfim para a fé em Cristo, embora ele mesmo soubesse muito pouco sobre Jesus e tivesse ficado com elas por um curto período de tempo. Mas, depois de um intervalo de dez anos, um missionário chegou ao local e descobriu que o povo estava positivamente preparado para receber a mensagem.

Seu conteúdo. O precursor tinha uma mensagem muito simples e contundente: "O Reino dos céus está próximo". João Batista proclamou a chegada do Reino de Deus para incentivar mudanças substanciais e gerar transformações importantes na vida e no comportamento de seus interlocutores. Esse Reino, à diferença de qualquer outro reino deste mundo, estabelecia exigências morais e espirituais com base num relacionamento pessoal e coletivo com Deus, o Criador e Redentor de seu povo. A mensagem requeria sérias decisões éticas e espirituais. O simples fato de estarem expostos a um severo anúncio punha os ouvintes à beira de uma decisão transcendente pelo resto da vida. O povo de Jerusalém e de toda a Judeia que ouvia a mensagem de João confessava seus pecados. Eles eram batizados no rio Jordão como forma de expressar sua disposição em mudar radicalmente a orientação de sua vida e de assumir um compromisso pessoal com o Senhor.

Alan Richardson: "De repente, João Batista surpreendeu o país com sua aparição dramática no papel de Elias, o esperado precursor do 'grande e temível dia do SENHOR' (Malaquias 3.1; 4.5,6; Mateus 11.14; Marcos 9.11-13; Lucas 1.17), proclamando que o julgamento messiânico estava prestes a começar (Mateus 3.10-12). O dia do Senhor, o 'grande e temível' dia (Joel 2.11,31; Sofonias 1.14; Judas 6; Apocalipse 6.17) ou o 'dia da ira' (Sofonias 1.15,18; 2.3; Romanos 2.5; Apocalipse 6.17) estava próximo. Outra maneira de dizer a mesma coisa era declarar que o Reino de Deus era iminente, e assim é como Mateus de fato resume a proclamação de João (Mateus 3.2). (Note-se que a expressão 'Reino dos céus' de Mateus é sinônima de 'Reino de Deus'. A frase é uma elusão reverente do uso da palavra 'Deus'.) No pensamento judaico, o 'dia do SENHOR' significava o tempo em que Deus estabeleceria em definitivo seu Reino, julgaria seus adversários e salvaria seu povo. João Batista reviveu a antiga compreensão profética de que o dia do Senhor seria um tempo de julgamento não apenas para os gentios, mas também para os próprios judeus e seus líderes religiosos. Portanto, 'Arrependam-se [...]. Deem fruto que mostre o arrependimento!' (Mateus 3.2,8,11)".[1]

Seus ouvintes. De acordo com o v. 5, o povo que ia até João para ouvir sua mensagem e ser batizado provinha de diferentes lugares e das mais diversas classes sociais. O texto identifica três lugares de origem: a cidade de Jerusalém, a região da Judeia a oeste do rio Jordão e a região a leste do mesmo rio, ou seja, a Transjordânia. Além disso, todos os tipos de pessoas foram expostos a um tremendo anúncio. Entre os que ouviam a mensagem joanina estavam os fariseus e os saduceus, proeminentes líderes religiosos da época. Eles se consideravam os administradores e responsáveis pela religião estabelecida e, consequentemente, eram tidos como os representantes oficiais de tudo que estivesse relacionado com Deus. Talvez por essa razão, foram os que mais tiveram dificuldade para aceitar o desafio do profeta. No entanto, antes da pregação do evangelho do Reino, pessoas de diferentes origens religiosas e de vários setores políticos e sociais do país responderam positivamente. A proclamação e a recepção do evangelho na comunidade produziram resultados evidentes e imediatos.

---

1. **An Introduction to the Theology of the New Testament**, p. 84-85.

Seu significado. Como João Batista havia antecipado, o anúncio do evangelho do Reino teve sua expressão máxima na vida e no ministério de Jesus. A mensagem de Jesus deixou claro que a pregação do evangelho de Deus é para toda a humanidade, não apenas para um povo em particular. Embora fosse necessário começar em algum lugar, de acordo com as próprias palavras de Jesus o pleno cumprimento da vontade redentora de Deus para a humanidade exige que "antes o evangelho seja pregado a todas as nações" (Marcos 13.10). Na verdade, essa foi a expressa vontade de Jesus para todos os seus discípulos de todos os tempos: "Vão pelo mundo todo e preguem o evangelho a todas as pessoas" (Marcos 16.15). Portanto, o objetivo a alcançar é "que o restante dos homens busque o Senhor, e todos os gentios sobre os quais tem sido invocado o meu nome" (Atos 15.17).

Desse modo, o objetivo é alcançar todas as nações e todas as esferas da sociedade com a mensagem do Reino de Deus. O mesmo anúncio radical de João Batista, proclamado por Jesus em toda a sua magnitude, e que seus seguidores imediatos tomaram como ponto principal de sua tarefa missionária, deve ser levado até os confins da terra e a todos os povos.

Essa mensagem provém de Deus, não é resultado de pesquisa ou de especulação humana (Gálatas 1.11,12). As pessoas devem crer para receber os benefícios do evangelho. Na própria proclamação de Jesus, o chamado ao arrependimento é acompanhado de um convite ao exercício da fé: "Arrependam-se e creiam nas boas-novas!" (Marcos 1.15). Portanto, o evangelho deve ser proclamado aos outros. É impossível mantê-lo como um tesouro escondido para o prazer pessoal. É apropriado que a natureza do evangelho se alastre como fogo de um lugar para outro (Romanos 15.19). Essa expansão espontânea das boas-novas é livre e gratuita (1Coríntios 9.14,18; 2Coríntios 10.14; 11.7).

Assim, o evangelho foi delegado aos crentes para que possam compartilhá-lo com toda a humanidade. É um legado e uma responsabilidade que provêm diretamente do Senhor para os que se consideram seus seguidores (1Tessalonicenses 2.4). Portanto, o anúncio dessa mensagem é mais um privilégio que um motivo de orgulho; mais uma obrigação que uma opção; mais uma responsabilidade inexorável que uma possibilidade condicional. Paulo interpreta essa realidade quando fala de sua experiência pessoal: "[...] quando prego o evangelho, não posso me orgulhar, pois me é imposta a necessidade de pregar. Ai de mim se não pregar o evangelho!" (1Coríntios 9.16). O evangelho em questão é o evangelho do Reino.

> **Carlos Mraida:** "O Reino é precedido de arrependimento, ou seja, de *metanoia*, mudança de mentalidade. Se a Igreja, no nosso continente, quer viver em permanente reforma, deve também viver em arrependimento contínuo, em constante mudança de mentalidade. Deve verificar o tempo todo se a cultura está mudando a Igreja ou se a Igreja está mudando a cultura. Temos de nos arrepender do pseudoevangelho escolarizado, poluído pela busca de poder humano, político e numérico. Não é o poder político que transformará a realidade urbana nem o poder numérico que causará impacto em uma cidade. Tampouco o poder econômico posicionará a Igreja como uma cidade edificada sobre um monte. É o poder do Reino de Deus que fará isso. Este é o poder de uma Igreja que vive de maneira diferente: o poder da pregação da verdade eterna, o poder espiritual de uma Igreja que vê nas ruas os sinais e milagres que respaldam a Palavra, o poder de uma Igreja unida que vive com autenticidade o amor que proclama, o poder redentor de uma Igreja que encarna o evangelho por meio do serviço. Ou seja, uma Igreja que vive, estabelece e expande o Reino de Deus".[2]

A mensagem de João era esta: "Arrependam-se, pois o Reino dos céus está próximo" (v. 2). A menos que as pessoas se arrependam, não poderão acatar os ensinamentos de Jesus nem viver no novo caminho que ele ensinou. Muita gente hoje sabe que sua vida não é o que deveria ser. Mas essas palavras ensinam que qualquer pessoa pode ter uma vida nova. O caminho para alcançá-la passa pelo arrependimento. Arrependimento significa: 1) reconhecer que o pecado está arruinando a sua vida; 2) confessar o pecado; 3) dar meia-volta, abandonar o caminho antigo e desejar com sinceridade viver no novo.

João Batista e sua aparência (3.4-6)

Há muitas maneiras de definir e classificar as pessoas hoje. Em geral, elas são postas num nicho de acordo com o montante de sua riqueza, o grau de seu

---

2. Por uma Igreja que vive, estabelece e expande o Reino de Deus, in: **Bíblia Nova Reforma:** edição de estudos e referência, p. 1409.

conhecimento ou o número de honrarias e títulos que receberam. Contudo, esses parâmetros nem sempre são evidentes o bastante para serem levados em conta. No nível popular, parece prevalecer o critério expresso no ditado: "Diga-me como você se veste e o que come, e eu direi quem você é". De acordo com esse padrão, João Batista não seria catalogado nem mesmo num apêndice. Sua aparência era deplorável. No entanto, sua popularidade e sua influência sobre a sociedade de seus dias é surpreendente.

Vestimentas e alimentação (v. 4). Seu jeito de se vestir e seu cardápio eram estranhos (Marcos 1.6; v. 2Reis 1.8). Por causa de sua vida no deserto, de suas origens sacerdotais, de sua pregação sobre o arrependimento de Israel e de sua prática do batismo, alguns estudiosos o identificam com a seita religiosa dos essênios de Qumran. Os essênios, conhecidos pela descoberta dos manuscritos do mar Morto (1947), eram ascetas, e seu modo de viver assemelhava-se à vida monástica da Idade Média. Em suas comunidades isoladas, esses "piedosos" ou "santos" tentavam alcançar uma pureza ideal e a comunhão com Deus pela prática da autonegação, do domínio próprio, do trabalho (agricultura e artesanato) e da contemplação (v. Atos 5.17; 15.5; 26.5). Eles se dedicavam ao estudo da Lei e à cópia de seus manuscritos e eram mais rígidos que os fariseus na maneira de interpretá-la. Esses monges do deserto também se vestiam de maneira austera e muito peculiar e eram caracterizados por suas refeições moderadas e pela frequência de seus jejuns. Além disso, praticavam abluções rituais como forma de se purificar ritualmente e eram muito rigorosos na disciplina. Alimentavam ainda uma forte expectativa messiânica e apocalíptica. Não obstante, parece que João imitava mais o estilo e a aparência de Elias que propriamente a dos essênios. Seu modelo de profeta era Elias.

Antecedentes e relações pessoais. Tem havido muita especulação sobre a possível relação de João Batista com a comunidade essênia de Qumran, perto do mar Morto. De fato, existem muitos elos possíveis com essa seita judaica. Convém lembrar que João iniciou seu ministério perto de Qumran (Lucas 1.80). Ele era de ascendência sacerdotal (Lucas 1.8,9), o que pode tê-lo ajudado a ser aceito entre os essênios, pois esta era uma seita dirigida por sacerdotes e cujos membros se identificavam como "filhos de Zadoque" (*1QS* 8.4-10). À semelhança dos essênios, João insistia na importância de o batismo ser acompanhado de arrependimento (Lucas 3.7-9; v. *1QS* 3.6-11) e, como eles, tinha a base de seu ministério em Isaías 40.3, o texto fundamental de Qumran (João 1.23; v. *1QS* 8.13-15).

À luz de tudo isso, é possível que João tenha pertencido a essa comunidade, pelo menos por algum tempo, e dessa experiência tenha derivado sua maneira de pensar e seu modo de viver. No entanto, o ministério básico de João era independente de Qumran e, na verdade, contrastava com ele. O ministério de João era essencialmente profético, ao passo que o da seita essênia era esotérico e alienado do mundo. João fazia um chamado público ao arrependimento, ao passo que os essênios se retiravam para o deserto a fim de demonstrar que estavam arrependidos. A mensagem de João estava livre do viés legalista que caracterizava a religião de Qumran. João convidava qualquer pessoa a se arrepender, enquanto a comunidade de Qumran odiava seus inimigos e os discriminava. João batizava apenas uma vez os que se arrependiam, ao passo que o batismo de Qumran era um rito repetitivo de purificação.

Sua popularidade e práticas (v. 5,6). A popularidade de João atraía multidões para as águas do Jordão. Ali ele batizava os que sinceramente arrependidos confessavam seus pecados. O batismo era uma prática comum entre os judeus antes do advento de João. Seu propósito era admitir não judeus na comunidade da aliança. Era assim que se integravam à religião judaica. O aspecto realmente original do batismo de João é que ele o administrava apenas aos judeus. O candidato entrava na água do rio e mergulhava todo o corpo na presença de João. Era o sinal de que fora purificado de todos os pecados passados e de que agora estava em harmonia com Deus. O ato de imersão na água simbolizava mais que limpeza ritual. O batismo simbolizava (não causava) o início de uma nova vida e de um relacionamento com Deus. Era a representação de uma experiência espiritual interior de reconciliação com o Senhor por meio do autêntico arrependimento e da confissão dos pecados. Nesse sentido, o batismo de João Batista é um bom antecedente do batismo cristão (Romanos 6.1-14; Colossenses 2.11,12).

João Batista e sua denúncia (3.7)

O extraordinário sucesso de João Batista em seu ministério de pregar o arrependimento e a prática do batismo pode ser medido pelo fato de que até mesmo "fariseus e saduceus vinham para onde ele estava batizando" (v. 7). Essa é a primeira menção do evangelista a essas duas importantes seitas judaicas, e vale a pena fazer uma pausa para considerá-las em mais detalhes. O judaísmo do Novo Testamento não era monolítico: estava dividido em várias seitas ou facções.

Os fariseus. Os fariseus ("os separados") constituíam o maior grupo, e nos evangelhos são mencionados como opositores de Jesus (Mateus 3.7; 15.1; 16.1; 19.3; 23.2; Lucas 7.30; 18.10; Atos 5.34; 23.6). Eles controlavam as sinagogas e tinham muita influência sobre o povo. Eram zelosos observadores da Lei, especialmente das normas cerimoniais, e proselitistas (Mateus 23.15). Paulo era fariseu (Filipenses 3.5). Os fariseus eram a seita judaica que detinha maior poder religioso na Palestina na época do ministério de Jesus. Eram conhecidos por acreditar que suas descrições detalhadas de como obedecer à Lei eram equivalentes em autoridade à própria Lei mosaica e que sua adesão meticulosa a essas tradições os convertia nos únicos judeus justos.

Os saduceus. Os saduceus, que alegavam ser descendentes do sumo sacerdote Zadoque, eram aristocratas, ricos e ligados ao clero do templo (Mateus 3.7; 16.6; 22.23,34; Atos 4.1; 5.17; 23.8). Eram conservadores e tradicionalistas e se opunham à lei oral: só aceitavam o Pentateuco como autoridade. Ao contrário dos fariseus, negavam a vida após a morte e a existência de anjos e demônios. Apoiavam o governo da situação e só estavam interessados em sua posição e riqueza. A seita judaica dos saduceus era constituída principalmente de sacerdotes. Eram conhecidos como "os justos" (saduceus) porque acreditavam que a Lei mosaica era a autoridade suprema e que nenhuma lei ou tradição oral podia ser equiparada à Escritura. Em contraste com os fariseus, não acreditavam na ressurreição, nem em anjos, nem em espíritos (Atos 23.8).

A associação ilícita. O texto afirma que "muitos" fariseus e saduceus vinham ao lugar onde João estava batizando. É justo perguntar se a presença dos representantes dessas seitas judaicas adversárias no deserto atendia a um desejo sincero de arrependimento ou, como aconteceria mais tarde com relação a Jesus, se estavam ali para julgar e opor resistência ao servo de Deus. O texto não menciona uma atitude de arrependimento, apenas diz que eles vinham para o batismo (gr. *erchoménous epì tò báptisma*). Se for assim, a única coisa que os interessava era o ritual, não a confissão de seus pecados. Eles foram ao deserto a fim de julgar o batismo de João. De fato, esses partidos rivais nunca se uniam numa causa comum, a menos que fosse contra o plano redentor de Deus (16.1). Os fariseus agiam com sua hipocrisia supersticiosa, já os saduceus o faziam por causa de sua descrença racionalista. Não é estranho que João tenha detectado suas intenções e reagido com veemência contra eles, a ponto de chamá-los "raça de víboras!". Jesus usou a mesma linguagem contra eles (12.34; 23.33). Dessa forma, a "ira" de Deus não se abaterá apenas sobre os gentios, como afirmavam esses líderes religiosos, mas sobre todos os que não estiverem preparados para participar de seu Reino (1Tessalonicenses 1.10).

João Batista e seu desafio (3.8-10)

O desafio de João Batista era claro: "Deem fruto que mostre o arrependimento!" (v. 8). Portanto, o arrependimento vem antes do batismo. O batismo é um rito religioso inútil se não for expressão e símbolo de uma transformação interior por ação do Senhor. O "fruto" não é a vida transformada, mas o resultado de uma vida transformada. A associação ilícita de fariseus e saduceus não os qualificava para que fossem batizados por João, por mais que argumentassem com o credo oficial de que tinham Abraão como pai, ou seja, que eram judeus autênticos (v. 9; v. João 8.33-41). O orgulho religioso desses hipócritas era tão grande que os impedia de ter uma atitude sincera de arrependimento e submissão ao batismo como expressão de obediência ao Senhor. Nesse sentido, não há esperança de redenção para eles, por isso o machado do julgamento divino está prestes a sentenciá-los (v. 10).

> **Frank Stagg:** "O batismo de João é descrito como 'batismo de arrependimento para o perdão dos pecados' (Marcos 1.4). Ele negou o batismo a muitos porque não mostravam sinais de arrependimento (Mateus 3.8; Lucas 3.8). Esse fato é uma evidência conclusiva de que o perdão dos pecados estava ligado ao arrependimento, não ao batismo com água. Se João tivesse visto algum poder salvador no batismo, teria sido criminosamente negligente em negar isso à 'raça de víboras', que mais precisava dele. João afirmava que a confissão dos pecados (Marcos 1.5) e a justiça social (Lucas 3.10-14) eram evidência de uma mudança radical no caminho da vida. João não estava

pregando uma reforma: estava proclamando a vinda do Senhor (gr. *kýrios*), que batizaria 'com o Espírito Santo e com fogo' (Mateus 3.11; Lucas 3.16)".³

João Batista e seu ministério (3.11,12)

O ministério do Batista foi exercido quase exclusivamente entre os judeus do sul da Palestina (Jerusalém, Judeia e a região do rio Jordão). Esse ministério consistia em três ações significativas.

Batismo com água (v. 11a). "Eu os batizo com água para arrependimento" (v. 11a). Os pecadores aproximavam-se de João confessando publicamente seus pecados. Quando John Wesley, o fundador do metodismo, iniciou suas famosas reuniões de estudo da Bíblia e oração, os participantes se confessavam diante dos demais (Tiago 5.16). Isso pode ser uma coisa boa, mas nem sempre é aconselhável fazê-lo, especialmente se alguns dos presentes não souberem ficar calados a respeito do que ouviram. A confissão diante do padre é a norma para a maioria da Igreja católica romana. Em nossos dias, há cristãos que jamais confessam seus pecados, de forma alguma. Não seria essa uma das razões pelas quais a Igreja se mostra enfraquecida?

Ministério humilde (v. 11b,12). João nos surpreende com sua humildade: "Mas depois de mim vem alguém mais poderoso do que eu" (v. 11b). João fala de alguém "mais poderoso" (gr. *ischyróterós*) que ele e que virá depois (gr. *opísō*) dele. Assim, declara o caráter paradoxal dessa situação aos judeus que o escutavam, já que para eles quem vinha mais tarde era geralmente um subordinado, servidor daquele que o precedia. Mas nesse caso o que vem "depois" não só é mais poderoso, como também está revestido de um poder divino maior (v. Apocalipse 5.12).⁴ Com isso, João está dizendo que não se considera bom o bastante nem mesmo para ser escravo de Jesus. O Batista era humilde, porque se comparava com Jesus. Ele tinha consciência de sua missão com respeito ao Messias e de forma alguma pretendia ocupar o lugar dele, que era único (João 3.30). Mesmo assim, seu humilde ministério teve três qualidades importantes: era cativante (v. 5), convincente (v. 6) e condenatório (v. 7-10).

---

3. **Teología del Nuevo Testamento**, p. 213.
4. Oscar Cullmann, **Cristología del Nuevo Testamento**, p. 40.

É assim que o ministério cristão deve ser hoje. E, em contraste, Jesus era supremo em sua pessoa ("mais poderoso do que eu") e supremo em sua obra ("Ele os batizará com o Espírito Santo e com fogo").

Além disso, esse humilde ministério foi parcial e incompleto. João representa apenas metade da mensagem do evangelho. Sua palavra condenava o pecado, e seu chamado era para o arrependimento. Não há em seu discurso uma nota de graça ou de perdão, como a que encontramos em Jesus. A linguagem joanina é muito dura: ele fala da "ira" vindoura, de um "machado" preparado para cortar (v. 10), de uma "pá em sua mão" para limpar e de "fogo" consumidor (v. 12). Em contraste, o trabalho do Messias também é de julgamento, mas não destrutivo, e sim construtivo. Ele exige arrependimento, mas redime; denuncia o pecado, mas o perdoa; julga o pecador, mas o justifica (torna-o justo) e o transforma em "trigo", que recolhe "no celeiro" (v. 12). Portanto, João reconhece que ele "é mais poderoso do que eu" e que traz consigo um batismo muito mais completo e definitivo: "Ele os batizará com o Espírito Santo e com fogo".

O batismo com o Espírito Santo e com fogo (v. 11c). Um dos temas frequentes de discussão teológica entre os evangélicos nos dias de hoje diz respeito ao batismo com o Espírito Santo. Os evangelhos sinópticos parecem falar de um duplo batismo. Essa ação foi antecipada por João Batista. O Espírito operou nele, e ele anunciava que Jesus batizaria seus seguidores com o Espírito Santo e com fogo (v. 11; v. Lucas 3.16). Com essas palavras, João está fazendo referência a dois batismos na experiência dos futuros discípulos de Jesus.

Por um lado, o texto menciona o batismo "com o Espírito Santo". Aqui a ênfase recai sobre quem batiza e com o que batiza. Quem batiza é Jesus e ele imerge os seus não em "algo", mas em "alguém" — o Espírito Santo. Essa imersão no Espírito refere-se à maravilhosa experiência de sua plenitude, de acordo com sua promessa (Lucas 24.49; v. Atos 1.4,5,8).

Por outro lado, o texto menciona que o Senhor batizará "com fogo". Aqui, a ênfase recai sobre algo, e a pergunta apropriada é: "O quê?". Com o que Jesus batizará seus seguidores? O texto responde: "Com fogo". O fogo produz luz, calor e pureza, tudo que o Espírito Santo produz na vida do crente controlado por ele. A partida de Jesus teria terminado em desastre se ele não tivesse deixado uma promessa, que o Pai cumpriu fielmente poucos dias depois.

O Senhor prometeu a seus discípulos: "[...] dentro de poucos dias vocês serão batizados com o Espírito Santo" (Atos 1.5b). Com isso, selou o destino glorioso do testemunho cristão no mundo até o dia em que ele voltará. Desse modo, a primeira seção de Atos poderia muito bem ser intitulada "O batismo com o Espírito Santo prometido pelo Pai".

João Batista e Jesus (11.1-15)

Nessa passagem, Jesus se apresenta como Mestre ("Quando acabou de instruir seus doze discípulos [...]", v. 1) em três aspectos fundamentais do discipulado: confiança, autoridade e compaixão. Na resposta a João Batista, percebemos o desejo de fortalecer a confiança deste no Messias. A dura crise pela qual o profeta do deserto estava passando tornara-o impaciente diante dos fatos. Sua fé enfraquecera, e suas esperanças pareciam um tanto abaladas. Jesus, por sua vez, mandou que os discípulos de João lhe contassem o que ele estava fazendo e o que realmente estava acontecendo. É assim que o Senhor eleva a confiança de seus seguidores.

O uso da palavra "Cristo" no v. 2 é impressionante. Ao utilizá-lo, Mateus expressa ter conhecimento de algo que João Batista apenas suspeitava ou esperava, isto é, que Jesus era o Messias. Esses versículos mostram João e Jesus: a pergunta do primeiro e a resposta do segundo (v. 1-6). Em seguida, mostram Jesus e João: a confirmação do primeiro ao ministério do segundo (v. 7-15).

João Batista pergunta a Jesus (v. 1-3). Parece contraditório que João não soubesse que Jesus era o Messias. Portanto, é melhor entender sua pergunta como uma expressão de dúvida ou perplexidade, não de falta de fé ou de confiança. João está se questionando a respeito de Jesus, e perplexidade não é o mesmo que deslealdade ou infidelidade. O que havia na mente de João eram questionamentos, não algo vazio de significado. Depois de tudo, teria ele se enganado quanto ao caráter e ao ministério do Messias? Sem dúvida, Jesus era o Messias, mas talvez não o que João esperava. Seu messianismo estava de acordo com o que as Escrituras previam (v. 5), não com o que a tradição havia elaborado e a expectativa popular inventara. Qualquer um que seguisse essas interpretações equivocadas com certeza "se escandalizaria", ou tropeçaria, em Jesus, já que ele não classificava seu messianismo por essas vertentes de pensamento.

Em contrapartida, quem entendesse a pessoa e a missão de Jesus com base no modelo bíblico do Messias poderia ser considerado "feliz".

A incerteza de João é explicada pelo fato de ele estar isolado da realidade depois de Herodes, o tetrarca da Galileia, ordenar sua prisão. Nessas circunstâncias, a informação que lhe chegava sobre o ministério de Jesus era parcial e, de certa forma, filtrada pelos pressupostos de seus informantes — seus discípulos. Por isso, enviou dois deles para interrogar Jesus e assim se atualizar sobre os acontecimentos. O que João parece desejar conhecer melhor e entender mais plenamente é o método de Jesus em seu ministério. Ele se havia declarado precursor de um Rei majestoso e implacável em seu julgamento, que sem dúvida levaria seu ministério de denúncia do pecado e de chamado ao arrependimento ao nível seguinte de condenação do pecado e execução do juízo divino (3.7-12). Mas parecia que Jesus não havia feito nada disso até o momento. Ele havia reunido alguns discípulos, ensinado alguns princípios éticos, contado algumas parábolas e realizado algumas curas e milagres, nada mais. Sua missão parecia ser de misericórdia, não de juízo. Não é de estranhar que João estivesse perplexo, mesmo sendo leal à causa, e perguntasse: "És tu aquele que haveria de vir ou devemos esperar algum outro?".

Jesus responde a João (v. 4-6). Em sua resposta a João, percebemos a intenção de Jesus de fortalecer a confiança do primo nele como o Messias. A grave crise pela qual o profeta do deserto estava passando deixara-o impaciente diante dos fatos, sua fé enfraquecera e suas esperanças pareciam um pouco abaladas. Mas, acima de tudo, João precisava de esclarecimentos sobre o ministério messiânico de Jesus. Então, Jesus mandou que os discípulos de João lhe contassem o que ele estava fazendo e o que realmente estava acontecendo. É assim que o Senhor eleva a confiança de seus seguidores. Desse modo, sua resposta se baseou não em palavras, mas em ações de poder (v. 4,5). Entre essas ações (também realizadas por outros profetas da Antiguidade), destaca-se o fato singular e novo de que "as boas-novas são pregadas aos pobres".

A proclamação das boas-novas aos pobres é a essência do evangelho cristão e tem sido um obstáculo para a Igreja ao longo de sua história. Os mais importantes movimentos eclesiais, inclusive a própria igreja neotestamentária, iniciaram a proclamação do evangelho entre os pobres. Infelizmente, em muitos casos ao longo da história de seu testemunho, a Igreja de Jesus Cristo se esqueceu de suas raízes e de sua vocação germinal. Tentada pelos poderes deste mundo, a Igreja tentou mais de uma vez escalar os degraus do institucionalismo a fim de se tornar uma entidade respeitável e poderosa. Esse é o cerne do paradigma do cristianismo inaugurado com o imperador Constantino (séc. IV) e ainda em vigor. Entretanto, de tempos em tempos na história do testemunho evangélico a teologia cristã é redefinida a partir de baixo. Foi o que aconteceu em certa medida durante a Reforma Radical e a Revolução Inglesa, no metodismo inglês e na corrente do reavivamento evangélico da América do Norte. Sem dúvida, essa tem sido a contribuição mais notável do pentecostalismo latino-americano ao longo do século XX.

> **Guillermo Cook:** "A igreja evangélica hoje na América Latina pode assumir a liderança nessa redescoberta de suas raízes 'radicais'. No entanto, para isso terá também de 'descobrir' os pobres, que estão em todos os lugares a seu redor — e encontrar o verdadeiro significado do testemunho da comunidade nas bases da sociedade latino-americana. A igreja evangélica na América Latina será capaz de fazer isso? Talvez não por vontade própria. A História parece mostrar que só quando é forçada — muitas vezes pensando mais em sua autopreservação institucional — a defender os oprimidos em seu meio a Igreja começa a redescobrir a Palavra de Deus 'a partir de baixo'. Na verdade, foi o que aconteceu com a Igreja católica romana na América Latina e pode estar começando a acontecer em alguns setores do evangelicalismo na América Central. Essa descoberta é, de fato, um ato de graça divina, às vezes doloroso, mas necessário".[5]

Na mensagem de Jesus, há também uma admoestação para o deprimido e duvidoso João (v. 6). Jesus lembra-o de que ele estava fazendo exatamente o que Isaías havia profetizado que o Messias faria (Isaías 35.5; 61.1). Por essa razão, João não deveria ficar em dúvida com relação a ele, mesmo que não fizesse nada para tirá-lo da cadeia. Sem dúvida, quando a resposta de Jesus chegou a João, ele encontrou uma nova interpretação para a missão do Messias, baseada no programa básico já anunciado em Isaías 61.1,2 (v. Lucas 4.18,19).

---

5. **The Expectation of the Poor:** Latin American Basic Ecclesial Communities in Protestant Perspective, p. 232-233.

E a isso Jesus acrescentou uma palavra de encorajamento e advertência a João: "Feliz é aquele que não se escandaliza por minha causa". Com isso Jesus estava dizendo a seu predecessor: "Se você está perplexo com meu método messiânico, pelo menos confie em mim".

Jesus confirma o ministério de João (v. 7-15). Quando os discípulos de João se retiraram, Jesus declarou, diante dos que o acompanhavam, a importância de João e de seu ministério. Ele o fez diante da multidão que ouvira a pergunta de seu precursor. De fato, se ele era o Messias, então João tinha de ser o Elias anunciado (v. 14; Malaquias 4.5; Mateus 17.10-13). Por isso, Jesus fez uma série de perguntas ao povo (v. 7-10), cujo propósito era reavaliar o ministério de João e afirmar a condição de Messias dele próprio.

João era um profeta, muito mais do que parecia, e, de acordo com Jesus, "mais que profeta" (v. 9), porque os outros profetas de Israel haviam feito previsões a respeito do Messias, embora jamais o tivessem visto com os próprios olhos, ao passo que João era contemporâneo do Messias e podia dar testemunho do que via e ouvia. De certo modo, com ele a profecia havia alcançado sua expressão máxima e seu ponto culminante. João era um arauto divino, enviado para introduzir o povo na era messiânica e anunciar o advento do Reino de Deus (Malaquias 4.5). Mas estava destinado a morrer como mártir e não aproveitar os benefícios desse Reino, motivo pelo qual "o menor no Reino dos céus é maior do que ele" (v. 11).

Há várias interpretações da frase "o Reino dos céus é tomado à força" ("sofre violência", *RVR*) no v. 12: 1) Os que lutam são aqueles que se esforçam para entrar ("os que usam de força se apoderam dele", ou seja, entram no Reino). 2) Os que lutam são aqueles que fazem sofrer os mártires e os crentes de quem tentam arrebatar o Reino. 3) Os que lutam são aqueles que se amontoavam ao redor de Jesus buscando algo dele e tentando "tomá-lo para si". 4) Os que lutam são os zelotes, membros de uma seita que aspiravam a um reino terrenal e estavam dispostos a fazer tudo para alcançá-lo. Mas o Reino tem progredido, apesar dos esforços dessa gente que pretende mudar o caráter do Reino dos céus. Nesse caso, "tomado à força" seria resistir àqueles que tentam tomar e converter os crentes e o Reino em algo que não é. A palavra é mais negativa que positiva e significa "arrebatar para si" — não no bom sentido.

De alguma forma, João reconheceu a transitoriedade de seu batismo e o advento de uma ordem nova e superior. João, à semelhança dos profetas do Antigo Testamento, lembrava o povo das leis de Deus que eles estavam violando e advertia-os severamente do juízo divino que estava por vir. Jesus, embora também advertisse com veemência o povo de estar preparado para o juízo, falava muito mais da generosidade e da misericórdia de Deus. Ele dizia que Deus nos daria sempre seu Espírito Santo para nos ajudar a viver um novo estilo de vida. Jesus não veio só trazer uma mensagem sobre o Espírito, mas também ofereceu o dom do Espírito Santo para nos fortalecer. Assim, podemos dizer que João veio com uma advertência, e Jesus, com um dom (v. 11).

João Batista e sua morte (14.1-12)

Os v. 3-12 falam da morte de João Batista por decapitação. Algumas personagens são mencionadas nessa passagem: João Batista, Herodes e Herodias. Essa história é apresentada aqui pela luz que lança sobre o caráter de Herodes e porque explica sua atitude naquele momento com relação a Jesus (cf. v. 1,2,13).

Quem foi Herodes? (v. 1,2). Ele era tetrarca, ou seja, governava a quarta parte de um reino, mas fingia ser rei. Estava sob a autoridade de outro, mas era insubmisso e estabeleceu uma corte e regime reais. Era ambicioso, corrupto e politicamente rebelde. Era idumeu (descendente de Esaú), mas reinou sobre uma porção dos descendentes de Jacó. Era um homem dissoluto, dado a todos os tipos de excessos, e atormentado por uma consciência culpada. Havia escutado João Batista com atenção e admiração e não queria matá-lo, mas acabou fazendo isso por ceder ao homem lascivo e cruel em seu interior. Foi incapaz de fugir aos juramentos (o gr. *hórkous* no v. 9 é plural) que fez enquanto intoxicado e imerso na luxúria. A soma de seus pecados (prisão e tortura de João, o adultério com Herodias, desejos criminosos, luxúria, juramentos precipitados) mais tarde levou à eclosão de sua animalidade diabólica, que culminou no assassinato de João.

Por que Herodes matou João? (v. 3-12). Herodes viu em João dois perigos contra ele: era muito benquisto pelo povo (segundo Josefo) e dizia a verdade (segundo Mateus). João havia condenado o adultério de Herodes, pois o tetrarca vivia com Herodias, esposa de Filipe, seu irmão (Marcos 6.17). Salomé era filha de Herodias, talvez com 16 ou 17 anos de idade. Como já foi dito, Herodes Antipas era tetrarca ou governador da quarta parte da Palestina (Galileia e Pereia). Era um homem com uma consciência culpada. A atitude de Herodes foi típica de um homem fraco. Manteve um juramento insensato e quebrou uma lei importante. Seu comportamento criminoso levou-o à ruína definitiva, quando foi deposto pelo imperador Calígula e enviado para o exílio. No entanto, suas ações insanas acabaram afetando o ministério público de Jesus. Quando Herodes "ouviu os relatos a respeito de Jesus", foi como se tivesse projetada em sua mente a memória do ministério de João, a ponto de ele pensar que o profeta decapitado havia ressurgido dos mortos (v. 1,2). Isso obrigou Jesus a um retiro estratégico, a fim de evitar a repressão de Herodes, pois as multidões queriam coroá-lo rei (v. 13). Note-se que Jesus decidiu se retirar não por causa da morte de João, ou seja, quando seus discípulos lhe contaram o que aconteceu (v. 12), mas depois, quando Herodes "ouviu os relatos a respeito de Jesus" (v. 1,2). Os v. 3-12 são como uma nota marginal para explicar por que Herodes ficou alarmado quando ouviu falar do ministério de Jesus.

O BATISMO DE JESUS (3.13-17)

Até a idade de 30 anos (Lucas 3.23), Jesus viveu em Nazaré. Então, chegou àquela pequena cidade da Galileia a notícia de que João Batista estava reunindo um grupo de pessoas que estavam se preparando para a vinda de Deus como Rei. Não sabemos o que passou pela mente de Jesus quando ele recebeu essa informação, mas é evidente que ele sentiu a necessidade de se juntar ao grupo. Desse modo, por volta do ano 27 d.C. ele percorreu os cerca de 130 quilômetros que o separavam de João, o que significava uma caminhada de cinco ou seis dias. Nesse lugar inóspito, ocorreram três fatos importantes relacionados com a história da salvação: o batismo de Jesus (v. 13-15), a unção de Jesus (v. 16) e a confirmação de Jesus (v. 17).

O batismo de Jesus (3.13-15)

O rio Jordão tem uma profundidade maior no vale que rodeia Jericó e ao longo de uma área predominantemente desértica. O rio corre dos contrafortes do monte Hermom até o mar da Galileia e depois se estende por mais de 160 quilômetros, até desembocar no mar Morto. Durante quase todo o percurso, corre abaixo do nível do mar. Em geral, não é muito profundo. Essa passagem fala-nos da submissão de Cristo (v. 13), desde que ele entendeu que seu batismo era da vontade de Deus (v. 15); da humildade de Cristo (v. 14; Lucas 3.21), que se sujeitou a ser batizado por João; da perfeição de Cristo, reconhecida por João Batista (v. 14) e demonstrada em sua conduta (v. 15; Hebreus 5.9); da justiça de Cristo (v. 15), profetizada (Jeremias 23.5) e cumprida (Apocalipse 19.11); do exemplo de Cristo (v. 16), que seguramente atraiu a atenção de alguns discípulos de João, que mais tarde se tornaram discípulos dele; da divindade de Cristo (v. 17; João 1.1), atestada nesse ato. Todo esse episódio fundamental faz surgir algumas questões.

O que Jesus aprendeu com o batismo? Naturalmente, é impossível responder a essa pergunta com absoluta certeza. Talvez o que ele pode ter aprendido foi que era o Messias, o verdadeiro e único Filho de Deus, e que teria de sofrer para cumprir sua missão. Além disso, durante o batismo ele também pode ter tomado ciência de que Deus estava dando a ele todo o poder necessário para realizar seu trabalho. No entanto, ninguém pode dizer o que Jesus sabia sobre si mesmo antes de seu batismo. Praticamente, a única informação disponível a nós sobre essa questão é Lucas 2.49. Por isso, podemos dizer tanto que Jesus adquiriu esse conhecimento pela primeira vez por ocasião de seu batismo quanto que descobriu isso de maneira mais profunda quando foi batizado.

Por que Jesus pediu o batismo? Note-se que a iniciativa do batismo foi de Jesus ("veio [...] para ser batizado por João"). Obviamente, ele não fez isso por ser um pecador que necessitava de arrependimento. Ele fez isso porque havia pecado na humanidade e ele era um ser humano, com plena humanidade. Era como se estivesse dizendo: "Sou mais um nesta cidade. Suas lutas são minhas lutas, e sua vergonha é minha vergonha". Foi sua total identificação com a humanidade pecadora que o levou a essa decisão (2Coríntios 5.21). Ao mesmo tempo, ele podia se tornar um com a humanidade, porque de fato era um ser humano completo (Isaías 53). Não se trata de querer ser: ele realmente era. Além disso, Jesus considerou o batismo de João uma oportunidade de dedicação ao cumprimento da obra do Pai na terra. João não queria de modo algum aceitar os argumentos de Jesus, mas este finalmente o fez entender que o batismo era necessário, em virtude de um propósito divino, e, como tal, era um passo importante em sua carreira redentora. João foi mais um instrumento nesse caminho, que culminou na cruz.

A unção de Jesus (3.16)

Esse versículo afirma que, quando Jesus saiu da água, "o céu se abriu". Mas o céu se abriu de fato? Ouviu-se mesmo uma voz? Uma pomba real desceu sobre ele? Marcos 1.10 não diz que o céu se abriu, mas que "Jesus viu o céu se abrindo". Mateus não diz que uma pomba desceu, mas que Jesus "viu o Espírito de Deus descendo como pomba". Deus poderia ter feito uma pomba descer, mas não o fez, de acordo com o que diz o texto bíblico. Mateus, portanto, está descrevendo o que Jesus sentiu em seu coração, em seu íntimo, no momento do batismo. Era como uma espécie de visão. Marcos enfatiza ainda que a voz só foi ouvida por Jesus (Marcos 1.11). Não foi a única visão que Jesus teve em sua vida (v. Lucas 10.18). Essa foi uma unção especial que Jesus recebeu no início de seu ministério. O interessante é que, se Mateus foi capaz de registrar essas percepções e experiências íntimas de Jesus, é porque em algum momento o próprio Jesus as compartilhou em detalhes com seus discípulos. Não há ensinamentos mais impactantes do que o recebido de um bom professor, que "do seu bom tesouro tira coisas boas" (12.35) e abre sua intimidade para abençoar os demais.

Também é interessante notar que, na simbologia hebraica, tanto o cordeiro quanto a pomba representam o caráter manso e humilde (v. Mateus 10.16). Esses animais também são elementos-chave no sacrifício pelos pecados. Assim, a pomba significa paciência, mansidão e humildade e era o tipo de sacrifício acessível aos pobres (Levítico 12.8; Lucas 2.24). Dessa forma, Jesus, que havia sido "sepultado" na água pelos pecados do mundo, agora é ungido pelo Espírito "como pomba", que o representa como o sacrifício que pode salvar todos os seres humanos, até mesmo os mais pobres e desprezados.

Ao mesmo tempo, essas palavras ensinam que Deus não está encerrado num céu distante, mas permanece em contato conosco. Não há barreira entre o céu e a terra (Gênesis 28.12). Jesus também viu a descida do Espírito Santo. Com isso, soube que Deus estava derramando sobre ele o poder necessário para realizar seu trabalho. Esse fato também lhe deu a certeza de que ele era o Messias. Os judeus ensinavam que o derramamento do Espírito de Deus era um sinal de que o Messias havia chegado (Isaías 61.1). Geralmente, o Espírito Santo evidencia a operação de seu poder por meio de sinais, prodígios e maravilhas.

A confirmação de Jesus (3.17)

Jesus ouviu uma voz que lhe deu a certeza de que ele era o "Filho amado" de Deus e o Messias (v. Salmos 2.7; quando os judeus cantavam esse salmo, pensavam no Messias que viria). Essa é uma das referências mais gloriosas do Antigo Testamento ao Filho de Deus. O conceito de que o Messias é o Filho de Deus está presente em toda a Escritura hebraica. Mas a voz acrescentou: "[...] de quem me agrado". Essa declaração lança luz sobre os anos obscuros em Nazaré, sobre os quais não temos informação (dos 12 aos 30 anos de idade). Nas águas do Jordão, Jesus parece pronto para se oferecer como o Cordeiro de Deus sem defeito que tira os pecados do mundo.

Contudo, estaria ele sem mancha? O que aconteceu durante o período de sua infância, adolescência e juventude? Imagine um sacerdote examinando o cordeiro para o sacrifício, que tinha de ser sem defeito. Jesus era assim? O próprio Deus afirma que estava muito satisfeito com ele. O Pai pôs seu selo de aprovação declarando que naqueles trinta anos de experiência humana seu Filho fora perfeito e, portanto, estava apto a se oferecer como sacrifício pelos pecados da humanidade. Mas há outra coisa. O próprio Jesus declarou: "Por isso é que meu Pai me ama, porque eu dou a minha vida para retomá-la" (João 10.17). E, quando o Pai, por ocasião do batismo e unção de Jesus, diz: "[...] de quem me agrado", está dando a confirmação divina, que indica a perfeita união com Deus em seu propósito redentor.

CAPÍTULO 4

TENTAÇÃO E MINISTÉRIO

4.1-25

O cap. 4 pode ser facilmente dividido em duas seções. A primeira trata da tentação de Jesus antes de iniciar seu ministério terreno (v. 1-11); a segunda, do início desse ministério (v. 12-25).

Na primeira parte, devemos considerar Jesus em seu relacionamento com o reino das trevas e seu líder, "o príncipe deste mundo" (João 12.31; 14.30; 16.11). O Rei chegou não apenas para reinar, mas também para estabelecer seu Reino. Ele não encontra um reino já em operação, que o aguarda pronto para lhe obedecer, mas depara com uma ordem caracterizada pela rebelião, pela desobediência e pela anarquia. Nos planos de Deus para seu Reino, um Homem (o Filho do homem) tem de ser o Rei. Mas, se esse Homem irá de fato estabelecer o Reino e reinar sobre ele, deve se mostrar pessoalmente vitorioso sobre as forças de oposição, por meio da vitória sobre seu inimigo por excelência, o Maligno (o Diabo). O Rei já provou estar em plena harmonia com a ordem e a beleza dos céus. Seu caráter e seu ministério foram aprovados pelo próprio Deus, por ocasião de seu batismo: "Este é o meu Filho amado, de quem me agrado" (3.17). Mas agora ele deve enfrentar a desordem e o caos do abismo. Ele é a bondade por excelência e a expressão perfeita da vontade de Deus para os seres humanos. Mas deve enfrentar o Maligno e derrotá-lo.

Na segunda parte, devemos considerar Jesus com relação ao início de seu ministério. Parece evidente que entre os v. 11 e 12 há um salto cronológico.

Mateus omite algumas coisas registradas pelo evangelista João. É interessante e surpreendente que os evangelhos sinópticos omitem uma importante seção do ministério público de Jesus, que cobre pelo menos oito meses. Não há dúvida de que esse período de tempo corresponde à lacuna entre os v. 11 e 12, de acordo com Mateus, onde lemos: "Então o Diabo o deixou, e anjos vieram e o serviram" (v. 11). E logo em seguida: "Quando Jesus ouviu que João tinha sido preso, voltou para a Galileia" (v. 12). Para preencher essa lacuna no tempo e saber o que aconteceu, devemos recorrer ao evangelho de João.

Parece que, depois de regressar do deserto e da tentação, Jesus passou algum tempo (pelo menos três dias) na região em que João exercia seu ministério. No primeiro dia, esteve entre a multidão sem ser reconhecido por ninguém, mas foi descoberto por João Batista. Naquele dia, João disse: "Entre vocês está alguém que vocês não conhecem" (João 1.26b). No segundo dia, por algum motivo, Jesus passou pelo meio da multidão e aproximou-se de João, que o viu chegando e exclamou: "Vejam! É o Cordeiro de Deus, que tira o pecado do mundo!" (João 1.29). No terceiro dia, João viu Jesus novamente, agora se retirando, mas enquanto ele se afastava João gritou outra vez: "Vejam! É o Cordeiro de Deus!" (João 1.36b). Dessa vez, dois de seus discípulos o abandonaram e passaram a seguir Jesus. É interessante que no primeiro dia João falou do Profeta perfeito: "[...] não sou digno de desamarrar as correias de suas sandálias" (João 1.27b). No segundo dia, falou da Propiciação perfeita: "É o Cordeiro de Deus, que tira o pecado do mundo!" (João 1.29). No terceiro dia, falou da Pessoa perfeita: "É o Cordeiro de Deus!" (João 1.36b).

Logo depois disso, Jesus voltou-se para os dois discípulos de João que o seguiam e perguntou: "O que vocês querem?". Um deles respondeu com uma pergunta: "Rabi [...], onde estás hospedado?". E Jesus respondeu: "Venham e verão". E eles o seguiram (João 1.38b,39a). Um deles era André; o nome do outro não é informado, mas é bem provável que fosse João. André imediatamente encontrou Simão, seu irmão, e apresentou-o a Jesus. E Jesus se encontrou com Filipe. Se o conhecia antes, não sabemos, mas ele o procurou e o encontrou, e Filipe, por sua vez, fez o mesmo com Natanael. Esse grupo constituiu o primeiro núcleo dos discípulos, que acompanhou Jesus durante seu ministério.

A TENTAÇÃO DE JESUS (4.1-11)

O confronto com o Maligno foi para Jesus um verdadeiro encontro com a realidade do mal e do pecado. Só assim, sua vitória seria real e definitiva. Jesus não era ator nem alguém que simulava uma realidade. No deserto, além do Jordão, ele se encontrou com o inimigo no real campo de batalha da tentação, não num cenário de paródia ou de fantasia lendária com conotações religiosas. A experiência do salmista foi semelhante (Salmos 107.2). Se Jesus não tivesse dado seu testemunho pessoal, não teríamos um relato tão vívido da experiência da tentação. Ele é a única fonte possível do que aconteceu ali. A atitude de compartilhar com os outros o que ele viveu em sua luta contra a tentação ensina-nos sobre a necessidade e o valor de termos nossas lutas e vitórias pessoais. O próprio Jesus sentiu-se fortalecido pelas vitórias que Deus concedera a outros no passado. E agora ele deseja fortalecer seus discípulos relatando sua experiência diante da tentação.

Mateus, por sua vez, provavelmente ouviu o testemunho de Jesus e em seu relato compartilhou com a Igreja o que recebeu, com o mesmo propósito. Nós, hoje, também podemos construir com nossa experiência pessoal uma ligação espiritual nessa rede de compartilhamento de lutas e vitórias. O povo de Deus sempre vence o inimigo "pelo sangue do Cordeiro e pela palavra do testemunho que deram" (Apocalipse 12.11). No início de seu ministério, Jesus enfrentou o Maligno e triunfou sobre ele. E, ao fazê-lo, estabeleceu um modelo de vitória para todos os seus seguidores.

A situação da tentação (4.1)

A situação da tentação de Jesus era semelhante à de qualquer outro ser humano, mas com matizes muito particulares, tratando-se de quem ele era. Note-se que não é Jesus quem se dirige voluntariamente para o lugar da tentação. De acordo com Mateus, ele "foi levado pelo Espírito ao deserto". Isso significa que, ao estar cheio do Espírito Santo (ungido) depois de seu batismo, o mesmo Espírito o impeliu a rumar para a solidão do deserto. Marcos expressa a ação do Espírito com uma linguagem mais forte: ele diz que o Espírito "o impeliu" (gr. *ekbállei*; Marcos 1.12). Então, há três coisas a serem levadas em conta aqui.

A pessoa tentada. É importante ressaltar que a experiência da tentação foi real. Não foi um estado de consciência abstrato, imaginário ou inventado, mas uma experiência profunda vivida por um ser humano de carne e osso, num momento crucial de sua peregrinação por este mundo. Isso nos leva a fazer as duas afirmações a seguir baseadas em fatos concretos, de acordo com o relato de Mateus.

A pessoa tentada era um ser humano. Na história da tentação, o Rei é apresentado como um homem totalmente humano (perdão pela redundância). Se a pessoa ignorar o Diabo e suas manobras e concentrar sua atenção na pessoa de Jesus, poderá ver o quadro completo da realidade do ideal de Deus para a humanidade. Jesus se manifesta como ser humano por excelência, e a tentação ataca numa sequência precisa cada área que torna a vida humana. A precisão cirúrgica de cada tentação mostra que não foram golpes desferidos no ar pelo Diabo nem ataques improvisados. Pelo contrário, pretendiam demolir a humanidade de Jesus em sua essência. Em primeiro lugar, o Diabo apelou para a natureza física (pão para o corpo); em segundo lugar, apelou para a natureza espiritual (confiança em Deus para o espírito); em terceiro lugar, apelou para a natureza emocional (poder para a alma). Desse modo, todo o complexo humano de Jesus (corpo, espírito e alma, v. 1Tessalonicenses 5.23) foi afetado. Em Jesus, a pessoa humana total foi tentada pelo Diabo. Não houve nenhuma área de sua pessoa que não tenha passado por ataque.

A pessoa tentada era o Messias. É paradoxal pensar e dizer isso, mas é assim. Alguém poderia supor, de acordo com as expectativas messiânicas tradicionais dos judeus, que o Messias seria alguém blindado a qualquer tipo de tentação do Diabo. No entanto, o messianismo do povo judeu demonstrou seu fracasso por não saber como resistir à tentação e por ter caído no pecado de quebrar a aliança com Deus. Em termos bíblicos, o messianismo tem um preço, e o Messias tinha de estar disposto a pagá-lo. A história de Israel mostra que, em muitos casos, o povo escolhido pagou (e continua a pagar) esse preço. O messianismo envolve dores de morte pelo velho mundo (morto "em suas transgressões e pecados", Efésios 2.1) e dores de parto ou de vida por um novo mundo que está nascendo (Reino de Deus). Então, o que Israel não conseguiu por causa de sua desobediência, o Messias Jesus alcançou com sua obediência. Jesus rejeitou a proposta de Satanás de evitar pagar o preço de sua vocação messiânica e estava disposto a se entregar não a um mistério transcendente ou a uma causa abstrata, e sim ao mistério imanente e histórico de sua morte na cruz.[1]

> **Rudolf Schnackenburg:** "Satanás tentou remover Jesus no último momento da senda do messianismo que o Pai havia estabelecido para ele, ou seja, trabalhar na escuridão do sofrimento e da morte como 'Servo de Deus' e persuadi-lo a ingressar num messianismo político e marcado pela busca de poder. Ao fazer isso, o Diabo esperava enganá-lo e subjugá-lo. Jesus, no entanto, rejeitou-o e permaneceu fiel à sua vocação".[2]

O ambiente da tentação. Nesse aspecto, devemos considerar o ambiente externo. A tentação aconteceu no deserto da Judeia, não muito longe do local de seu batismo e onde João Batista estava exercendo seu ministério de pregação. Jesus foi tentado no "deserto" entre Jerusalém e o mar Morto. Todos os evangelhos sinópticos (Marcos 1.12,13; Lucas 4.1-13) destacam a rapidez com que a tentação se seguiu ao batismo. A palavra "deserto" (gr. *erēmon*) indica meramente um lugar desabitado ou inóspito. Como informa William Barclay: "No deserto, Jesus poderia estar mais sozinho que em qualquer outra parte da Palestina. Jesus foi ao deserto para ficar só. Sua tarefa iria começar. Deus lhe havia falado, e ele devia pensar em como assumiria a tarefa de que Deus o incumbira. No entanto, ele precisava desembaraçar as coisas antes disso e para isso tinha de ficar sozinho".[3] A solidão do deserto era seu ambiente externo.

Contudo, é preciso também considerar o ambiente interno. Jesus estava numa situação de necessidade, ou seja, estava passando por um deserto interior. Ele estava sozinho e tinha profunda necessidade emocional ou afetiva. Sentia fome, o que era uma necessidade física. Tinha de tomar decisões sérias, o que implicava uma profunda necessidade volitiva. E estava prestes a iniciar seu ministério messiânico, que era uma grande necessidade espiritual.

O tempo da tentação. Todos os evangelhos sinópticos informam que as tentações ocorreram logo após o batismo. Em Mateus, a primeira palavra do v.

---

1. Jürgen MOLTMANN; Laënnec HURBON, **Utopía y esperanza**: diálogo con Ernst Bloch, p. 165-168.
2. **The Moral Teaching of the New Testament**, p. 112.
3. **The Gospel of Matthew**, v. 1, p. 63.

1 é o adjetivo *tóte*, que se traduz por "então, naquele tempo", ou por "então", "imediatamente depois", "logo após" (Marcos 1.12). As tentações chegaram no momento em que se podiam apresentar como a prova mais severa de sua missão messiânica. Em seu batismo, Jesus recebeu a gloriosa confirmação de sua vocação e de seu ministério messiânico (3.17). Mas, da glória do batismo, Jesus foi para a vigília do deserto. Do auge da segurança e da confirmação, transportou-se para o fosso da provação e do conflito. A peregrinação na vida real do crente também é assim. Depois de todo momento glorioso da vida, vem uma contrapartida negativa. Foi o que aconteceu com Elias, que não temia os profetas de Baal, mas caiu temeroso diante de Jezabel (1Reis 19.1-3).

Note-se que a palavra "tentar" (gr. *peirázō*) aqui e no v. 3 originalmente significa "provar", "pôr à prova", "testar". Esse é o significado geral no grego clássico e na *Septuaginta*. A palavra grega *ekpeirázō* tem sentido negativo (v. 7; Deuteronômio 6.16) e é traduzida por "teste" ou "tentação". No v. 1, apresenta o significado mais predominante no Novo Testamento, que é o de instigar ou seduzir para o pecado. O sentido negativo do verbo vem de seu uso com um mau propósito. Além disso, quem está tentando nesse caso é o "Diabo" (gr. *toû diabólou*, "caluniador", "acusador"). Esse termo se aplica também a Judas Iscariotes (João 6.70), a alguns homens (2Timóteo 3.3) e a algumas mulheres (Tito 2.3; 1Timóteo 3.11) que fazem o trabalho do Diabo, o caluniador ou acusador por excelência.

As raízes da tentação (4.2)

À luz da experiência de Jesus, podemos identificar as quatro raízes principais, que também nos afetam, uma vez que, como ele, somos seres humanos.

A fraqueza humana. O texto diz que, antes de ser tentado, Jesus havia jejuado (gr. *nēsteúsas*) "quarenta dias e quarenta noites". Não foi um jejum religioso (cerimonial), mas um meio de facilitar a comunhão com o Pai por meio da abstenção de comida, como fez Moisés, também durante quarenta dias e quarenta noites (Êxodo 34.28). O resultado físico inevitável foi que ele "teve fome" ao final de quarenta dias. Sem dúvida, ele estava em situação de grande fraqueza física, com os efeitos colaterais de natureza mental e emocional. Desse modo, cabem aqui duas questões.

O que é jejum? É a abstinência total ou parcial de alimentos praticada como disciplina religiosa. Nas religiões primitivas, geralmente funcionava como preparação para uma cerimônia de iniciação ou para limpeza espiritual. No judaísmo e no cristianismo, é sinal de contrição ou de arrependimento pelo pecado. Também é praticado com frequência como meio de obter clareza de visão e percepção mística e êxtase. No Antigo Testamento, é prescrito por lei como parte do Dia da Expiação ("jejuarão", nota da *NVI*; Levítico 16.29; 23.27; Números 29.7; Atos 27.9). Também era observado quatro vezes por ano para recordar a queda de Jerusalém (Zacarias 7.3,5; 8.19). No período posterior ao cativeiro babilônico, um judeu zeloso jejuava duas vezes por semana (Lucas 18.12). Os discípulos de João Batista também jejuavam (Lucas 5.33). A prática do jejum é complementar à da oração (Lucas 2.37) e era comum na igreja primitiva (Atos 13.2,3; 14.23). Paulo fala de seus frequentes jejuns (2Coríntios 6.5; 11.27). O jejum é a abstenção de comida e, em alguns casos, de líquidos, do sono ou mesmo de relações sexuais (hoje também poderia haver jejum de televisão ou de Internet), para se dar prioridade às disciplinas espirituais e à comunhão com o Senhor (Êxodo 34.28; Deuteronômio 9.18; Atos 27.33). O jejum é geralmente acompanhado da oração (Salmos 35.13) ou de certos compromissos assumidos com Deus (1Samuel 14.24-30). Jesus ensinou que o jejum exibicionista não tem valor espiritual, mas, pelo contrário, indica o pecado da hipocrisia (Mateus 6.16-18).

Por que Jesus jejuou? Certamente, ele não fez isso como um ato de penitência ou como obra meritória. Jesus sabia muito bem que o valor do jejum depende da intenção e de como é realizado. Nem todos entendem de maneira correta o significado do jejum religioso. No antigo Israel e por toda a história do testemunho cristão, muitos praticaram e praticam o jejum como uma espécie de obra meritória ou de sacrifício para atrair a misericórdia de Deus ou obter dele alguma bênção. Muitas vezes, o jejum torna-se um meio de exaltação pessoal e de atrair a atenção de outros para a própria piedade. Os profetas condenavam essa atitude hipócrita e diziam que o jejum seria inútil se não estivesse acompanhado do desejo sincero de ordenar a vida de acordo com a vontade de Deus (Isaías 58.3-7; Jeremias 14.12). O jejum também é infrutífero quando praticado apenas para exaltar a pessoa humana (Mateus 6.16). Os profetas do Antigo Testamento e o próprio Jesus não condenavam o jejum, mas sua prática hipócrita. O jejum é um exercício que contribui para a saúde espiritual e para a disciplina cristã. Jesus nunca revogou o jejum. Pelo contrário, ele o praticou quando se preparava para exercer seu ministério (Mateus 4.2) e adiantou que seus discípulos jejuariam (Mateus 9.15) pela mesma razão. Mas o efeito de um jejum tão severo sobre ele foi uma situação de grande necessidade e fraqueza, porque ele era um ser humano pleno no sentido físico.

A liberdade humana. A liberdade implica sempre a capacidade que em princípio todos temos para dispor de nós mesmos, a fim de construir uma comunhão e uma participação que irão se plasmar em realidades definitivas, sobre três planos inseparáveis: a relação com o mundo como senhor, com os seres humanos como irmãos e com Deus como filho. A liberdade é impossível sem a prática da verdade (João 8.32). É o direito inalienável de todo ser humano e o maior valor de sua existência como tal. É a capacidade que cada ser humano tem de viver e agir de forma plena como pessoa, sem imposições arbitrárias. Essa capacidade se estende até o ponto em que os semelhantes têm o direito de ser pessoas plenas também.

Jesus era totalmente humano e sabia que o objetivo de sua vida deveria ser a proclamação e a manifestação do Reino de Deus. Mas qual método escolheria para alcançar esses propósitos? Como ser humano, tinha a liberdade de escolher. Se não aceitarmos esse fato, não podemos aceitar sua plena humanidade. A liberdade humana é a oportunidade que Satanás aproveita para nos tentar. Não haveria tentação sem a liberdade de escolha entre o bem e o mal. Estaria Deus errado em nos criar como seres livres? Não, porque só sendo livres podemos ser seres à sua imagem e semelhança. Liberdade significa responsabilidade, e isso implica o exercício da vontade, que por sua vez exige uma escolha. Se não houvesse opção moral, não haveria escolha e, portanto, não haveria responsabilidade e, consequentemente, não haveria liberdade. Somos tentados, como Jesus foi, porque somos livres para escolher como seres humanos morais. Jesus também teve de aprender o exercício da liberdade como ser humano pleno e em conformidade com a vontade de Deus.

O poder humano. O poder é a aptidão ou a capacidade de fazer ou decidir algo. Assim, a ideia de poder está associada com a força ou energia geradora de atos. Ajustando mais o conceito, pode-se dizer que poder é a capacidade de direcionar uma ação e coordenar as ações de outros. Mais precisamente, poder é a faculdade consciente de mover a realidade. O poder implica a energia e a vontade que dá propósito à ação. O poder não é representável separado de um objeto sobre o qual recaia a capacidade de ordenar ou sobre o qual esta seja exercida. Portanto, pode-se dizer que o poder implica uma relação. Também não é possível sem que seja assumido mediante uma iniciativa que se proponha alguns fins. Assim caracterizado, é evidente que se trata de uma iniciativa livre, responsável e tipicamente humana. Por trás de cada decisão, que implica um exercício de poder, existe um ser humano ou um grupo de seres humanos.

O grande poder humano de Jesus representava uma tentação real. Durante seu ministério, ele sempre resistiu aos que queriam explorar seu poder para obter benefícios políticos ou pessoais. Jesus rejeitou o uso indevido do poder e o aplicava corretamente no âmbito do Reino de Deus. Não nos devemos esquecer de que ele foi tentado apesar de ser poderoso, mas também porque era poderoso. Quanto mais poder tem a pessoa, tanto mais tentada será, especialmente quando se trata de poder espiritual. O ser humano foi criado por Deus, que o dotou com poder (Gênesis 1.28-30). Como ser humano completo, Jesus teve de aprender a usar de maneira responsável o grande poder humano que Deus lhe concedera, principalmente depois de seu batismo e da unção do Espírito Santo.

O acusador dos humanos. O termo "diabo" (gr. *toû diabólou*) só aparece no Novo Testamento. Significa "caluniador", "difamador", "acusador". Também chamado Satanás, é a raiz do pecado, segundo as Escrituras. Como uma figura sombria, o espírito diabólico percorre as páginas do Livro Sagrado. Ele utiliza vários disfarces e se apresenta de diferentes maneiras para manter o ser humano longe dos destinos ordenados por Deus. É mentiroso e pai da mentira, segundo as Escrituras (João 8.44,45). É perda de tempo elaborar uma imagem do Diabo a fim de estar alerta para a presença dele, porque ele é enganador por natureza (2Coríntios 11.14). Devemos ficar atentos a suas ações, não à sua aparência. É perda de tempo elaborar uma explicação sobre sua origem para conhecê-lo mais a fundo, porque, além de mentiroso, ele é misterioso. Enquanto passamos o tempo criando teorias, o Diabo está mais ativo do que nunca. É perda de tempo desenvolver uma estratégia humana para lutar contra o Diabo, porque ele é poderoso e astuto. O poder da dimensão demoníaca é reconhecido tanto por pessoas de fé quanto por aqueles que não têm fé. Todos sabem, como diz Paulo, que, quando vêm as horas mais escuras, percebemos que "nossa luta não é contra seres humanos, mas contra os poderes e autoridades, contra os dominadores deste mundo de trevas, contra as forças espirituais do mal nas regiões celestiais" (Efésios 6.12).

O Diabo é o poder do mal personalizado, o líder das forças espirituais e demoníacas que se opõem a Deus. É considerado a fonte de todo mal, e seu objetivo é opor-se à vontade de Deus. Por esse motivo, ataca o ser humano, que é a coroa da criação. Foi ele quem tentou Jesus no início de seu ministério e liderou as forças demoníacas que se opunham a ele. É o "príncipe do poder do ar" (Efésios 2.2), a quem Paulo remete o fornicador de Corinto, para disciplina na carne (1Coríntios 5.5). Ele é o responsável pela sangrenta perseguição prevista pelo autor de Apocalipse. Sua autoridade é estritamente subordinada à de Deus, uma vez que a fé cristã não permite o dualismo. De modo geral, acredita-se que o Diabo é um anjo caído e que não foi criado por Deus como um ser mau. A morte de Jesus e sua ressurreição asseguraram a derrota definitiva do Diabo. Não obstante, ele continua tentando seduzir e destruir os crentes sempre que pode, como fez com Jesus. É por isso que se recomenda aos cristãos uma atitude de vigilância e militância (1Pedro 5.8,9).

A natureza da tentação (4.3-10)

Como já foi dito, esse capítulo apresenta a tentação de Jesus e o começo de seu ministério de pregação. O verbo "tentar" (gr. *peirázō*) significa "provar" (Gênesis 22.1). Num sentido positivo, o que chamamos "tentação" não é para nos fazer pecar, mas nos capacitar a vencer o pecado. Como também já dissemos, a única testemunha do que ocorreu no deserto foi o próprio Jesus, de modo que o encontramos relatando sua experiência. Em certo sentido, essa é a história mais sagrada, porque nela o próprio Jesus abre o coração e a alma e nos conta o que aconteceu e como pode ajudar aos que são tentados. De acordo com o v. 3a, as tentações de Jesus não foram experiências externas, mas lutas travadas em seu interior (coração, mente, alma). Prova disso é que não há montanha tão alta de onde possa ver "todos os reinos do mundo e o seu esplendor" (v. 8).

O ataque do Diabo concentra-se na mente e pode ser tão real que quase é possível vê-lo. Pelos v. 3b e 4, percebemos que as tentações só podem atingir um ser humano normal (Jesus era totalmente humano). No entanto, em geral se aproveitam de necessidades ("teve fome") e/ou apelam para habilidades especiais ou poderes sobrenaturais ("manda que estas pedras se transformem em pães"). Somos tentados tanto por nossos defeitos quanto pelos dons e talentos que Deus nos deu. É precisamente nas áreas em que nos sentimos mais fortes que somos mais vulneráveis e tentados. A tentação não vem, portanto, para nos fazer o mal, mas para o bem e para o melhor que há em nós. Um exame cuidadoso das tentações de Jesus mostrará a força sutil e oculta da tentação moral.

Transformar as pedras (v. 3,4). A primeira tentação que Jesus sofreu foi dupla: usar seus poderes de maneira egoísta em benefício próprio e usar o pão para arrebanhar o povo para sua causa. Mas isso resultaria em um duplo erro: estaria enganando o povo para ganhar seguidores e removendo os sintomas sem curar a doença, porque a escassez ocorre por causa do pecado humano. Desse modo, Jesus foi tentado a transformar pedras em pão para satisfazer sua fome. Foi a tentação de usar seu poder de maneira egoísta, para beneficiar apenas a si mesmo. Essa tentação também estava relacionada com a decisão de Jesus sobre como estabeleceria seu Reino. Iria fazê-lo com demagogia, para dar às pessoas o que ele não ganhara? Era a política de "pão e circo" (lat. *panem et circenses*), que os imperadores romanos adotaram para se manter no poder.[4] Mas isso era equivalente a oferecer ao povo o oposto do que ele pretendia. Sua missão era convocar as pessoas a viver uma vida em que a felicidade consistia mais em dar do que em receber (Atos 20.35).

A primeira tentação corresponde à esfera terrena e mostra que Jesus pertence à ordem material e está consciente dos fatos materiais da vida humana, de suas limitações e necessidades. Ele depende do material para o sustento do aspecto físico de sua natureza. É totalmente humano, um indivíduo que jejua e tem fome e que não pode deixar de se alimentar. É um homem perfeito, mas não um super-homem. É igual a qualquer outro ser humano no físico, mas diferente moral e espiritualmente. Todos os seres humanos são pecadores (Romanos 3.3-18,23), mas Jesus é um ser humano sem pecado (Isaías 53.9; João 8.46; 2Coríntios 5.21; 1Pedro 2.22). Estamos "destituídos da glória de Deus",

---

4. A frase em latim foi cunhada por Juvenal (*Sátiras*, 10.81) como palavras de amargo desprezo dirigidas aos romanos decadentes, que só exigiam no Fórum romano trigo e espetáculos livres.

mas ele vive na glória de Deus (1Coríntios 2.8; Tiago 2.1). No deserto, ele era Jesus de Nazaré; ao mesmo tempo, porém, o amado Filho de Deus.

Lançar-se no vazio (v. 5-7). A segunda tentação que Jesus sofreu tinha base bíblica (v. 5-7). O pináculo do templo talvez ficasse perto do ângulo do espaço fechado original do templo, a 51 metros acima do vale do Cedrom, de onde, segundo o historiador judeu Flávio Josefo, "quem olha para baixo sente vertigens". O Diabo tentou-o à presunção, mas Jesus o rejeitou, porque atrair as pessoas daquela forma envolvia a necessidade de dar a elas sensações cada vez maiores no futuro e porque essa não é a forma correta de usar o poder de Deus (Deuteronômio 6.16). Satanás pressionou Jesus a seguir o caminho do sensacionalismo. Os falsos profetas costumavam fazer promessas ousadas, que não podiam cumprir. Jesus podia pular do monte para o átrio do templo enquanto o sacerdote tocava a trombeta ao amanhecer. Mas ele não fez isso, porque teria baseado todo o seu ministério no sensacionalismo, como alguns falsos apóstolos fazem hoje. Jesus sabia muito bem que esse não era o caminho para usar e manifestar o poder de Deus.

A segunda tentação corresponde à esfera espiritual e mostra que Jesus pertence à ordem celestial e está consciente de sua gloriosa vocação. Na esfera espiritual, Jesus tem consciência de Deus, procura conhecer a vontade de Deus, submete-se à ordem espiritual e se rende à lei de Deus. Na esfera material, ele pertence à terra e precisa dela para sobreviver (pão). Mas, na ordem espiritual, ele participa do celestial e do infinito, e é isso que o sustenta. Nas tentações, portanto, vemos um homem, material e espiritual, mas o aspecto fundamental de sua vida é o segundo, como na vida de qualquer ser humano. O material é temporário; o espiritual permanece e é supremo.

Adorar o Diabo (v. 8-10). A última tentação (v. 8-10) mostra a ousadia do Diabo em pretender ser adorado pelo Filho de Deus. Jesus não tinha por que adorá-lo, pois toda a terra havia sido criada nele, por ele e para ele (Colossenses 1.16; Hebreus 1.2,10) e pertencia a ele (Salmos 2.8). De qualquer forma, o Diabo desafiou Jesus a transigir, a fazer um acordo com ele. Juntos, poderiam conquistar o mundo. Essa tentação representa o esforço de Satanás para fazer Jesus admitir que os fins justificam os meios. Jesus sabia que assumir compromisso com o Diabo sempre significa ser conquistado por ele.

A terceira tentação corresponde à esfera da vontade e mostra que Jesus tinha uma missão transcendente a cumprir neste mundo. Ele não nasceu para ser servido, mas para servir, pela redenção da humanidade (Marcos 10.45). Para esse fim, estava preparado e sabia muito bem que esse trabalho era para a glória de Deus, ou seja, estaria adorando a Deus enquanto servia dessa maneira (Deuteronômio 6.4,5,13). Aqui podemos ver mais uma vez o homem perfeito, a quem Deus designou Rei, que entendia a essência de sua vocação humana: adorar somente a Deus. Desse modo, as três experiências de tentação mostram sua essência. As tentações de Jesus encerram o antigo problema sobre fins e meios. Os propósitos não justificam os meios, mas os determinam. Não há um caminho para a justiça: a justiça é o caminho.

A vitória sobre a tentação (4.11)

Na batalha contra o Maligno, Jesus saiu-se vencedor. Ele o venceu no deserto da Judeia, mais tarde no jardim de Getsêmani, depois no monte Calvário e por fim em todos os "vales escuros" entre esses picos. Mateus fecha sua cota das tentações, dizendo: "Então o Diabo o deixou". Lucas acrescenta que o Diabo deixou Jesus "até ocasião oportuna" (Lucas 4.13).

> **Archibald Thomas Robertson:** "A vitória foi conquistada, apesar do jejum de quarenta dias e das repetidas investidas do Diabo, que tentara por todos os meios alcançá-la. Os anjos puderam encorajá-lo na inevitável reação nervosa e espiritual à tensão do conflito e provavelmente também o fizeram com comida, como no caso de Elias (1Reis 19.6-8). As questões em jogo eram de grande importância, enquanto os campeões da luz e da escuridão lutavam pelo controle dos seres humanos".[5]

Como Jesus alcançou a vitória? Podemos apontar cinco questões relacionadas com ele como pessoa.

Jesus era o protagonista de uma missão divina. Ele se considerava um embaixador do Reino de Deus (v. 2Coríntios 5.20). Esse pensamento ocupava sua mente. Essa atitude permeava todas as suas ações (6.33). Os especialistas

---

5. **Word Pictures in the New Testament**, v. 1, p. 34.

na "ciência do sucesso" dizem que o primeiro passo na direção de qualquer objetivo é ser claro sobre qual seja esse objetivo. Jesus sabia o caminho que sua vida estava tomando. Ele tinha plena consciência de sua missão no mundo e se entregou totalmente a ela. Essa entrega ajudou-o a superar a tempestade da tentação. Quando percebeu isso, o Diabo deu-se por vencido e imediatamente deixou o campo de batalha. A frase "então o Diabo o deixou" é eloquente nesse sentido (*tóte afíēsin autòn ho diábolos*). Note-se o uso de "então" (gr. *tóte*) mais uma vez (característica de Mateus) e o presente histórico. O movimento foi imediato e rápido, porque o Diabo ficou sem argumentos diante da convicção de Jesus com respeito à sua missão.

Quando temos certeza da missão que Deus espera que cumpramos em seu nome no mundo, contamos com uma arma poderosa para vencer os ataques de Satanás. Saber para onde estamos indo e o que queremos é fundamental para enfrentar as ameaças do Diabo, resistir a ele e expulsá-lo de nossa área de serviço ao Senhor.

Jesus era fiel à Palavra divina. O fato de Jesus ter respondido a todas as tentações com a Palavra de Deus não era um simples recurso para neutralizar os ataques do Diabo, como se fosse mágica ou fórmulas supostamente milagrosas. De fato, o próprio Diabo tentou Jesus citando a Palavra de Deus, mas com a intenção de distorcê-la e confundi-lo. Em contrapartida, toda vez que retrucava ao Diabo, dizendo: "Está escrito", Jesus estava afirmando sua plena convicção no poder da Palavra como espada de dois gumes (Hebreus 4.12) para se defender dos ataques e, por sua vez, atacar o inimigo (Efésios 6.17). A tentativa do Diabo de confundir Jesus com a Palavra de Deus fracassou, porque Jesus se manteve fiel à Palavra divina, que conhecia muito bem (Salmos 119.11).

Assim, Jesus reagiu a todas as tentações citando a Palavra de Deus ("está escrito"). Sem dúvida, o Diabo montou uma estratégia de ataque baseada na Palavra de Deus, embora não a cite de maneira explícita. Na primeira tentação (v. 3), ele parece ter em mente as próprias palavras de Deus por ocasião do batismo de Jesus (3.17: "Este é o meu Filho amado"). Na segunda tentação, parece estar citando as palavras de confirmação do Pai, às quais acrescenta uma citação direta de Salmos 91.11,12. Na terceira tentação, parece estar evocando a imagem de Moisés no monte Nebo, quando este contempla a terra de Canaã (Deuteronômio 34.1-3). Nos três casos, ao usar a Bíblia, o Diabo distorce a

Palavra para confundir Jesus e dobrar sua vontade. O Messias, no entanto, responde usando também a Bíblia, só que interpretando "corretamente a palavra da verdade" (2Timóteo 2.15).

> **Dietrich Bonhoeffer:** "[Na] primeira tentação de Jesus (Mateus 4.1-11), [...] o Diabo tenta atraí-lo para um desencontro com a Palavra de Deus, e [...] Jesus o derrota em virtude de sua unidade essencial com a Palavra de Deus. E essa tentação de Jesus, por sua vez, tem seu prelúdio na questão com a qual a serpente no paraíso enganou Adão e Eva e causou a queda deles: "Foi isto mesmo que Deus disse [...]?". Essa é a pergunta que implica toda aquela discordância contra a qual o ser humano é impotente, porque constitui seu caráter essencial; é a pergunta que pode ser superada (ainda que não respondida) apenas a partir desse desacordo. Por fim, todas essas tentações se repetem nas perguntas que nós mesmos fazemos sempre a Jesus quando apelamos a ele diante de uma decisão num caso de conflito — em suma, quando o introduzimos em nossos problemas, conflitos e divergências e exigimos dele uma solução".[6]

Jesus possuía a sabedoria divina. Jesus tinha grandes reservas de sabedoria espiritual para as horas de necessidade. A herança espiritual de seu povo, a quem Deus se havia revelado, estava a seu alcance para nutrir sua mente e fortalecer sua vontade contra os ataques de Satanás. Sozinho no deserto, ele se sentia acompanhado de seus nobres ancestrais, uma "grande nuvem de testemunhas" (Hebreus 12.1), o que lhe garantiu a vitória. As referências de Jesus a Deuteronômio podem ter lhe soado como ecos de batalhas distantes, quando o adversário da alma humana se viu confrontado e derrotado pelos guerreiros do antigo Israel. Jesus respondeu ao Diabo com a sabedoria divina registrada na Palavra de Deus.

Jesus era participante da comunhão divina. Para passar no teste, Jesus retirou forças de sua permanente comunhão com Deus Pai. Mais tarde, ele diria: "Eu e o Pai somos um" (João 10.30). Ele deve ter sentido mais profundamente

---

6. **Ethics**, p. 28-29.

essa unicidade e unidade quando, longe dos ruídos do mundo lá fora, apagou as chamas ameaçadoras da tentação. Nesses momentos de realidade crua e desesperadora, ou a pessoa cai ou se ergue para uma comunhão mais plena com Deus. Jesus demonstrou, nos termos da mais elevada matemática espiritual, que Deus mais um é um e sempre suficiente. Essa comunhão divina é bastante para vencer Satanás, manter a integridade da alma humana e fazer brilhar uma luz que as trevas não conseguem extinguir.

Jesus era alvo da assistência divina. O v. 11b informa que, uma vez o Diabo removido da cena da tentação, "os anjos vieram e o serviram". O testemunho bíblico sobre a existência e o ministério de seres angélicos é abundante. Eles são mencionados em vínculo com a parte final da Criação (Jó 38.7), com a entrega da Lei (Gálatas 3.19), com o nascimento de Jesus (Lucas 2.13), com as tentações de Jesus no deserto (Mateus 4.11; Lucas 22.43), com a ressurreição (Mateus 28.2), com a ascensão (Atos 1.10) e com o juízo final (Mateus 25—31). Um aspecto fundamental de seu ministério é servir aos servos de Deus e atender a suas necessidades. Esse serviço é ocasional e sempre ocorre em resposta à ordem de Deus, ou seja, os anjos não agem por conta própria nem fazem o que bem desejam. Deus os envia para "servir" (gr. *diēkónoun*) em situações especiais. Eles não são mediadores entre Deus e os seres humanos e não devem ser adorados. Participam como assistentes de Deus e de seus servos humanos no cumprimento de sua missão redentora. No entanto, convém esclarecer que os anjos não ajudaram Jesus a derrotar o Diabo: só o ajudaram depois que ele o derrotou.

> **Archibald Thomas Robertson:** "A vitória foi obtida, apesar do jejum de quarenta dias e das repetidas investidas do Diabo, que experimentou todas as vias de ataque. Os anjos puderam encorajá-lo na inevitável reação nervosa e espiritual causada pela tensão do conflito e provavelmente também com comida, como no caso de Elias (1Reis 19.6,7). As questões em jogo eram de grande importância no momento em que os campeões da luz e das trevas se cruzaram numa luta pelo controle dos seres humanos. Lucas 4.13 acrescenta que o Diabo deixou Jesus apenas 'até ocasião oportuna' (gr. *áchri kairoû*)".[7]

---

7. **Word Pictures in the New Testament**, v. 1, p. 34.

O MINISTÉRIO DE JESUS (4.12-25)

Como já foi dito, Mateus omite boa parte do ministério de Jesus, que é registrada por João em seu evangelho (o casamento em Caná, a purificação do templo, o encontro com Nicodemos, o tempo que passou na região da Judeia, onde João Batista continuou ministrando e onde ele mesmo pregou e batizou, João 2.1—3.36). Isso significa que Jesus não começou seu ministério oficial como o Messias até o ministério de João Batista haver terminado, quando ele foi lançado na prisão. Jesus começou seu ministério como Rei proclamando seu Reino, antes de promulgar suas leis e mostrar seus benefícios.

Nessa parte de seu evangelho, Mateus começa com um resumo do ensino público de Jesus na Galileia durante a primeira parte de seu ministério (v. 17) e termina com uma visão geral de seu ministério galileu (v. 23-25). Entre as duas sínteses, o evangelista situa a história do chamado de dois pares de irmãos, que constituíram o núcleo do círculo apostólico. Três deles (Pedro, Tiago e João) eram bem íntimos de Jesus e estiveram com ele em algumas ocasiões especiais (Marcos 5.37; Mateus 17.1; 26.37).

O ministério de Jesus, embora realizado por "toda a Galileia" (v. 23), como indicado por Mateus, era especialmente orientado para os judeus. O evangelista ressalta que Jesus ensinou "nas sinagogas" deles. Mas logo sua fama ultrapassou as fronteiras e chegou a lugares como a Síria, situada ao norte-nordeste da Palestina. Não havia doença que Jesus não pudesse curar. Entre os muitos enfermos que levavam a ele, estavam pessoas atormentadas pelas formas mais agudas de deterioração física, mental e espiritual — endemoninhados, epilépticos e paralíticos. De acordo com Mateus, aonde quer que ele fosse "grandes multidões o seguiam" (v. 25).

É interessante a maneira pela qual Mateus destaca o alcance internacional do ministério de Jesus. Ele o faz por meio de breves resenhas redacionais sobre esses episódios. Embora possamos ser tentados a descartar essas breves notas de Mateus (e dos outros evangelistas), por serem particularidades geográficas, é mais provável que sejam exemplos intencionais do impacto mais amplo causado por Jesus. Seu ministério, na verdade, não ficou confinado às fronteiras de Israel, mesmo que essa fosse sua intenção. Sua fama espalhou-se por toda a região, e representantes de várias nações vinham conhecer o seu ministério e se beneficiar dele. Em Mateus 4.24,25, encontramos uma dessas notas (como em Marcos 3.7,8; Lucas 6.17,18). A extensão geográfica das regiões listadas é significativa.

Sua pregação (4.12-17)

Ao ler esses versículos, é preciso lembrar que Mateus está escrevendo a igrejas que estavam experimentando o ingresso cada vez maior de gentios em seu meio. Não foi fácil para os judeus aceitar esse fenômeno. Como poderiam receber os gentios sem que eles primeiro passassem pelo processo de se tornar prosélitos judaicos? Provavelmente, foi essa situação que motivou Mateus a registrar o ministério de Jesus entre os gentios e a sugerir as razões que o levaram às regiões habitadas por eles.

O contexto (v. 12-16). As tentações ocorreram no sul da Palestina, mas, de acordo com Mateus, Jesus iniciou seu ministério de pregação no norte, na Galileia.

O contexto histórico. A ocasião da viagem foi o encarceramento de João Batista e o perigo que ela representava para Jesus também. O relato do aprisionamento de João só aparece no evangelho de Mateus em 14.1-12. Como já foi dito, o evangelho de João atribui a Jesus um ministério relativamente extenso antes da prisão e morte de João Batista. De acordo com esses relatos, Jesus havia estado em Jerusalém e na região da Judeia. Os que tentam harmonizar os quatro evangelhos para reconstruir a biografia de Jesus entendem que os fariseus da Judeia estavam muito aborrecidos com o fato de os discípulos de Jesus serem mais numerosos que os de João Batista (João 4.1,2). Por isso, estavam dispostos a aproveitar qualquer oportunidade para pôr as mãos em Jesus e submetê-lo ao julgamento de Herodes. Essa é a principal razão pela qual Jesus deixou a Judeia e regressou para a Galileia passando por Samaria (Mateus 4.12,13; João 4.1-4). Assim, Jesus voltou para sua casa em Nazaré e de lá desceu para Cafarnaum, junto ao mar da Galileia, onde residiu por algum tempo. A pergunta que precisa ser feita é: por que ele escolheu esse lugar?

O contexto espiritual. Duas questões se destacam aqui. Por um lado, trata-se do cumprimento de profecias. Mateus, que procura sempre uma conexão entre o ministério de Jesus e as mais importantes profecias do passado, vê nesses movimentos o cumprimento dessas profecias do Antigo Testamento (v. 13—16; Isaías 9.1,2) Nesse aspecto, é bem interessante o uso de textos escriturísticos focados nos gentios ou que chamam a atenção para eles (v. 15). O uso que Mateus faz das citações das Escrituras com relação a Jesus é incisivo. Dois deles em particular — e não é de surpreender que tenham sido extraídos de Isaías — vinculam Jesus a profecias sobre a inclusão de nações gentias no propósito redentor de Deus, o que seria cumprido por meio do Messias. Assim, nos v. 15 e 16 Mateus cita Isaías 9.1,2 com relação ao fato de Jesus ter ido viver na "Galileia dos gentios". Mais adiante (12.18-21), ele cita Isaías 42.1-4 em conexão com o ministério do Servo de Deus, que seria estendido às nações.

Por outro lado, a profecia citada não é meramente de importância geográfica ou étnica: está baseada também num princípio missiológico fundamental. Quando Deus visita seu povo para redimi-lo, ele se apresenta onde a escuridão é maior, onde as pessoas "vivem nas trevas". A região da Galileia, onde ficava Cafarnaum, havia sofrido inúmeras invasões ao longo dos séculos por parte de todos os impérios gentios da Antiguidade, a tal ponto de ser conhecida como "terra da sombra da morte". Essa realidade também se aplicava num sentido espiritual mais profundo. Para Jesus, Cafarnaum, "o povo que vivia nas trevas", representava um desafio maior, por isso seu ministério público começou por lá. Assim, os que viviam "nas trevas" e na "terra da sombra da morte" puderam ver "uma grande luz", que "raiou" sobre eles.

A mensagem (v. 17). A mensagem de Jesus era semelhante à de João Batista na primeira parte ("Arrependam-se", v. 17a), mas original na segunda parte ("o Reino dos céus está próximo", v. 17b). Mateus usa a expressão "Reino dos céus" em vez de "Reino de Deus" (Marcos 1.14), porque os judeus, a quem ele escreve, não usavam o nome de Deus. Em vez de *Yahweh*, diziam Senhor (heb. *Adonai*). Duas coisas se destacam no v. 17.

O fato: "o Reino dos céus está próximo". Ele mesmo, em pessoa, palavra e ação, era um testemunho vivo dessa realidade. A presença do Reino dos céus se fazia evidente toda vez que a "grande luz" de sua presença brilhava no meio das sombras da confusão humana. A obra redentora do Messias é interpretada nessa passagem como uma tarefa de iluminação, que afasta a escuridão e vence as trevas na vida das pessoas. À medida que os seres humanos perdidos se aproximam dele arrependidos de seus pecados, a luz começa a brilhar em seu interior e a iluminar tudo à volta deles.

O desafio: "Arrependam-se". O verdadeiro arrependimento abrange vários elementos: intelectual, emocional e volitivo. Intelectualmente, o arrependimento envolve uma mudança de mentalidade (gr. *metanoéo*) com relação a Deus, ao pecado, a Cristo e a si mesmo. A mudança de mentalidade que resulta daí concebe a Deus como bom e santo; entende o pecado como ruim e ofensivo a Deus e ao próximo; percebe a Cristo como perfeito, necessário e suficiente para a salvação; e a pessoa vê a si mesma como culpada e carente de salvação. O arrependimento é um componente essencial na proclamação do evangelho (Marcos 1.14,15). Como mudança emocional, significa uma alteração de conceito, sentimentos e propósito na vida. O elemento emocional é ilustrado no choro de Davi por seu pecado (Salmos 51.1,2,10,14) e do testemunho de Jesus sobre o sentimento de remorso dos publicanos e das meretrizes, o que levou à fé (Mateus 21.32). Contudo, o sentimento de remorso por si só não constitui o autêntico arrependimento (Mateus 27.3; Lucas 18.23; v. 2Coríntios 7.9,10). A dor que leva ao arrependimento é a tristeza pelo pecado, não só por suas consequências. O elemento volitivo é visto na atitude de se converter a Deus pela fé (1Tessalonicenses 1.9) e é o resultado antecipado da missão da Igreja entre as nações.

Seu convite (4.18-22)

Depois de começar a pregar e apresentar sua mensagem essencial, Jesus se deu conta de um detalhe muito importante. Seu ministério precisava de auxílio e de medidas que garantissem sua continuidade depois que ele já não estivesse presente. Portanto, já no início de seu ministério, convidou quatro homens a acompanhá-lo em seu empreendimento messiânico. Nessa passagem, percebemos três coisas: o chamado dos primeiros discípulos; o propósito para o qual Jesus os chamou; a resposta deles a Jesus.

O chamado de Simão e André (v. 18-20). Esses homens (ou pelo menos André) haviam sido discípulos de João Batista. Eram irmãos e na época do chamado já eram discípulos de Jesus (v. João 1.35-42), portanto não foi seu primeiro contato com o Rei. Já o haviam acompanhado algumas vezes durante seu ministério na Judeia (João 1.29-51), antes de ele ir para a Galileia, mas sem deixar em definitivo sua ocupação como pescadores. Antes desse chamado, talvez tenham sido amigos, admiradores ou mesmo discípulos de Jesus, mas agora se tornariam seus companheiros de caminhada, para aprender com ele e por fim se tornar seus apóstolos para levar a cabo sua missão no mundo (4.18,19). A profissão deles era a de pescador. Seu local de trabalho era o mar da Galileia, rico em várias espécies de peixes. Além da pesca, eles provavelmente se dedicavam à conservação do peixe com sal. O peixe era o alimento básico na Palestina e a principal atividade econômica na região, de modo que a empresa dos dois irmãos deve ter sido próspera. No entanto, Jesus chamou-os para um empreendimento muito maior: ser "pescadores de homens". O chamado que lhes fez era para que se juntassem a ele em sua obra redentora e fossem seus companheiros em seu ministério messiânico. Jesus chamou-os para um novo emprego, para abandonar tudo e dedicar-se a ele e ao trabalho dele.

A resposta de Simão e André parece ter sido muito rápida (v. 20), mas convém lembrar que eles já haviam tido contato com Jesus (João 1.35). Eles deixaram seu trabalho e suas ferramentas para seguir Jesus, mas isso não é obrigatório para todos os cristãos. Há coisas mais difíceis de abandonar que nosso trabalho, se quisermos de fato ser seguidores de Jesus. Ao seguir Jesus, eles correriam alguns riscos, mas mesmo assim o fizeram.

O chamado de Tiago e João (v. 21,22). Quanto à sua condição, eles não eram homens ociosos. Não estavam desocupados quando o Senhor os chamou. Achavam-se num barco de seu pai "preparando as suas redes" e cuidando das tarefas diárias de sua vocação. É possível que eles tenham sido chamados para um relacionamento mais pessoal com Jesus de antemão, mas agora ele os está chamando para se comprometerem como parceiros em seu ministério e em seu trabalho. O Rei está prestes a anunciar o grande projeto de seu Reino e para isso precisará de um grupo de homens leais reunidos em torno dele e dispostos a segui-lo. Ele irá declarar as leis de seu Reino, mas só poderá fazê-lo a homens que já sejam cidadãos. Quando Deus chama pessoas ocupadas em suas tarefas cotidianas e lhes atribui uma nova vocação, ele as chama com infinita simplicidade e com grandes expectativas, de modo que o que faziam para si agora farão para ele e seu Reino. Esses homens continuarão sendo "pescadores", mas a partir de agora serão "pescadores de homens", uma tarefa muito mais sublime.

Jesus precisa de gente ativa, não de parasitas do evangelho. Simão e André estavam pescando; Tiago e João estavam se preparando para pescar. Eles eram trabalhadores, pessoas muito ocupadas. Quanto à entrega deles, Simão e André "deixaram as suas redes", mas Tiago e João deixaram "seu pai e o barco".

A entrega deles foi bem mais difícil e custosa. Muitos hoje precisam decidir se irão obedecer a Cristo ou ficar presos à família, aos negócios, aos gostos pessoais ou aos próprios sonhos e desejos. Jesus sabia muito bem quão difícil era essa decisão (Marcos 10.29; Lucas 14.26). Mas também devemos nos lembrar de nosso dever de cuidar dos pais, especialmente quando são mais velhos. Os filhos de Zebedeu tomaram providências para que o pai deles não ficasse sozinho, e sim "com os empregados" (Marcos 1.20).

Seu ministério (4.23)

Os v. 23-25 sintetizam a primeira das três viagens de Jesus pela Galileia ensinando, pregando nas sinagogas e nas aldeias e curando "entre o povo" nas praças e nas estradas (v. 23). Os dois cenários eram diferentes, já que no primeiro o espaço era limitado e fechado e se prestava mais ao ensino e à pregação, enquanto o segundo podia acomodar multidões. Além disso, era difícil que pessoas com todos os tipos de "enfermidades e doenças" tivessem permissão para entrar no prédio da sinagoga, por motivos cerimoniais. Ao que parece, nessa primeira viagem, Jesus estava acompanhado dos quatro homens que havia chamado em Cafarnaum para serem seus assistentes. Na segunda viagem, levou os Doze (9.35-38). Na terceira, enviou-os de dois em dois adiante dele (10.1-42).

De toda forma, o ministério de Jesus nessa primeira etapa foi integral. A luz de Jesus brilhou em seu triplo ministério de pregação, cura e ensino. Esses três aspectos visam à integralidade do ser humano, à restauração do ser humano como um todo em seu contexto pessoal e social. Por esse motivo, Jesus ensinava, pregava e curava.

Ensino (v. 23a). Jesus ensinava nas sinagogas, clara indicação de que viera satisfazer as expectativas que a própria fé de Israel alentava. Mateus faz referência às "sinagogas deles" ou às "sinagogas de vocês" (gr. *en taîs synnagōgaîs autōn*; v. 23; 9.35; 10.17; 12.9; 13.54; 23.34) porque na época em que escreveu seu evangelho a diferenciação entre judaísmo e cristianismo havia se tornado mais distinta. É provável que até então, pelo menos na Palestina, os cristãos já tivessem sido expulsos das sinagogas. Nas reuniões da sinagoga, lia-se uma passagem da Lei e uma passagem dos Profetas. Em seguida, aquele que presidia o culto convidava um dos presentes para explicar as Escrituras. Todo judeu tinha o direito de ensinar e pregar na sinagoga, e os visitantes geralmente eram convidados a fazê-lo. Jesus e também os apóstolos aproveitavam essas oportunidades para anunciar a presença do Reino de Deus e ensinar que todos são chamados a participar desse Reino e a viver de acordo com suas leis, andando no caminho do Senhor.

Pregação (v. 23b). Jesus pregava "as boas-novas do Reino". Ele proclamava o evangelho de que o Reino de Deus se havia aproximado dos seres humanos chamando-os ao arrependimento. É interessante que Jesus pregava sobre o Reino, não sobre a Igreja. Seu propósito não era o crescimento da Igreja ou a plantação de igrejas, mas a manifestação do Reino e sua expansão. A Igreja é fruto do Reino, não o contrário. A Igreja foi criada pelo Reino, deve se conformar ao Reino e é chamada para proclamar o Reino. Jesus pregou sua mensagem nas sinagogas, mas também fora delas. A Igreja deve pregar o Reino tanto dentro das quatro paredes do templo quanto fora, tanto em seus cultos quanto nas ruas. Além disso, não é fácil estabelecer uma clara distinção entre pregar e ensinar, uma vez que o evangelho do Reino se prega ensinando e se ensina pregando. Não obstante, na pregação a ênfase recai sobre a comunicação do querigma, que é o anúncio dos atos redentores de Deus para a humanidade com uma chamada ao arrependimento e à fé.

Cura (v. 23c). A cura integral dos enfermos foi uma importante ação redentora no ministério cotidiano de Jesus. Mateus destaca o fato de que muitos "que sofriam de vários males e tormentos" não eram judeus, mas gentios. Note-se que a mensagem do evangelho do Reino era acompanhada da cura de "todas as enfermidades" (gr. *pāsan nóson*, todas as enfermidades crônicas ou graves) e "todas as doenças" (gr. *pāsan malakían*, todas as enfermidades ocasionais ou não graves) "entre o povo", até mesmo possessões demoníacas e problemas mentais (v. 24). Jesus se preocupava com as pessoas como um todo, o que incluía a mente e o corpo, e era movido pela compaixão diante da necessidade e do sofrimento humanos. Seus milagres de cura eram sinais de que o Reino de Deus já operava entre os seres humanos.

O resultado (4.24,25)

Todas essas ações ministeriais renderam uma reputação a Jesus, que se estendeu além dos limites da Galileia e chegou a Decápolis, a Jerusalém, à

Judeia e à "região do outro lado do Jordão" (v. 25). Note-se que as referências geográficas incluem territórios de maioria gentílica (como Galileia, Síria e Decápolis). O resultado disso foi que Jesus se tornou uma espécie de hospital de campanha entre os gentios, especialmente aqueles que os médicos consideravam casos perdidos ("os que sofriam de vários males"; gr. *toùs kakōs échontas* — lit., "os que tinham mal") e os que sofriam tormentos (gr. *poikílais nósois kaì basánois synechoménous* — lit., "os que tinham enfermidades diversas e tormentos"). Ou seja, Jesus curou doenças incuráveis, casos crônicos e pessoas desenganadas dos médicos. Os "endemoninhados, loucos [lunáticos] e paralíticos" pertenciam à ordem dos casos incuráveis e irreversíveis, em parte porque se desconhecia sua etiologia.

"Grandes multidões o seguiam" pode significar que nunca se havia reunido tal quantidade e variedade de pessoas. Note-se o plural (gr. *óchloi polloì*): não se tratava de uma multidão, mas de uma multidão de multidões. Nenhuma campanha política poderia competir com a quantidade de pessoas que se reuniam para ouvir o ensino e a pregação do Rei Jesus e ser alvo de seu poder curador. Na verdade, isso é o que ocorre toda vez que se ensina, prega e cura em nome de Jesus e no poder de seu Reino. Sem dúvida, muitos o seguem por mera curiosidade ou interesse egoísta. Mas também é certo que não são poucos os que veem nele o advento do Reino de Deus, se arrependem de seus pecados e o reconhecem como Rei de sua vida.

UNIDADE DOIS

OS DESAFIOS DE JESUS

De acordo com Mateus, Jesus desafiou seus discípulos com a proposta de uma nova realidade: o Reino de Deus. E o que é o Reino de Deus? O Reino de Deus é a totalidade do reinado de Deus no Universo. A Bíblia costuma se referir ao Reino de Deus de três maneiras. Algumas passagens o mencionam num sentido universal, como o governo de Deus sobre todas as coisas criadas. Outras falam do reino espiritual de Deus na vida dos crentes na terra. Outras se reportam a um reino futuro, no qual os céus, a terra e os seres humanos serão reunidos para experimentar a plenitude do Reino de Deus no final dos tempos. Num sentido mais restrito, o Reino de Deus representa seu domínio particular sobre os seres humanos, que o reconhecem voluntariamente como Rei. Isso inclui o efeito de sua ação na História, a influência para o bem daqueles que são obedientes a ele e sua soberania geral sobre o Universo. Particularmente, é o Reino da salvação, no qual os seres humanos ingressam pela rendição a Jesus Cristo como Senhor, por meio da fé. Os cristãos devem orar e trabalhar para que o Reino de Deus venha e para que a vontade do Rei seja feita na terra. A plena consumação do Reino de Deus ocorrerá por ocasião do retorno do Senhor Jesus Cristo, no fim dos tempos.

> **Declaração de Quito:** "Com a chegada de Jesus Cristo, o Reino de Deus se fez presente entre nós, cheio de graça e verdade. O Reino está em constante conflito com o poder das trevas; a luta ocorre nas regiões celestiais e se expressa em tudo que foi criado, nos níveis pessoal, coletivo e estrutural. No entanto, a comunidade do Reino vive sustentada pela confiança de que

a vitória foi conquistada e que o Reino de Deus se manifestará plenamente no final dos tempos. Com o poder e a autoridade delegados por Deus, ela assume sua missão nesse conflito para ser agente na redenção de tudo que foi criado. O Rei Jesus Cristo encarnou e convida sua comunidade a fazer o mesmo no mundo. Segui-lo na condição de seus discípulos significa assumir sua vida e missão".[1]

Identificamo-nos com a vida e a missão de Cristo quando proclamamos o evangelho de seu Reino. As boas-novas dizem respeito a um Rei e a um Reino. Essa realidade está bem expressa num dos blocos mais importantes dos ensinos de Jesus em todo o Novo Testamento: o Sermão do Monte (Mateus 5.1—7.27; Lucas 6.20-49). Precisamente por causa de sua representação detalhada do Reino de Deus, o Sermão do Monte pode ser considerado sua Carta Magna. Nesse documento fundamental para a vida e o ministério dos discípulos de Jesus, o Senhor contrasta a lei da antiga aliança com a lei da nova aliança. E mais uma vez ouvimos Jesus dizer: "Vocês ouviram o que foi dito aos seus antepassados [...]" (Mateus 5.21,27,33,38,43); ou: "Foi dito" (Mateus 5.31), em contraste com: "Mas eu digo [...]" (5.22,28,32,34,39,44).

Em Mateus 5—7, Jesus ensina os requisitos para se receber o Reino de Deus e fazer parte dele. O Sermão do Monte é o ensino que Jesus usou para comunicar essa verdade. Ao considerar esses requisitos, percebe-se claramente que o Reino deve ocupar o primeiro lugar em nossa vida. Com clareza, Jesus recomenda: "Busquem, pois, em primeiro lugar o Reino de Deus e a sua justiça, e todas essas coisas serão acrescentadas a vocês" (Mateus 6.33). O Reino é de natureza radical e tem metas que exigem tudo de nós (Hebreus 12.2; Filipenses 3.8; 2Coríntios 4.7-18).

Há um preço a ser pago para ficar sob o senhorio de Cristo e estabelecer seu Reino em nosso meio (Mateus 11.12; Atos 14.22). Jesus ensinou que os indecisos, que olham para trás, não estão aptos para o Reino de Deus (Lucas 9.62). Portanto, devemos nos perguntar: que evangelho estamos pregando? Devemos pregar o evangelho do Reino, porque até que preguemos esse evangelho o fim que esperamos não virá (Mateus 24.14). Nossa tarefa é pregar o governo de Deus, ou seja, o senhorio de Cristo (Hebreus 12.28,29).

---

1. CLADE III, **Todo el evangelio para todos los pueblos desde América Latina**, p. 856.

Em virtude de sua natureza fundamental, o Sermão do Monte contém material que devemos conhecer e aplicar à nossa vida e ao nosso ministério como discípulos de Jesus e cidadãos de seu Reino. Os desafios propostos por Jesus nesses capítulos de Mateus são cruciais para o desenvolvimento da fé cristã de acordo com a vontade de Deus revelada em Jesus. O Sermão do Monte pode ser dividido em três partes. Cada seção ocupa um capítulo do evangelho, da maneira que se acha dividido hoje. O cap. 5 apresenta as leis que devem reger a relação entre os seres humanos. O cap. 6 trata basicamente da relação entre o ser humano e Deus. O cap. 7 consiste em advertências e palavras de encorajamento.

CAPÍTULO 5

O SERMÃO DO MONTE (I)

5.1—6.4

O conhecido Sermão do Monte está registrado em dois evangelhos: Mateus (5.1—7.27) e Lucas (6.20-49). O segundo situa-o "num lugar plano" (Lucas 6.17). O primeiro coloca-o num "monte" (v. 1). Na verdade, não há contradição, porque poderia ser a parte plana de uma montanha, cuja localização é desconhecida. De qualquer forma, não sabemos exatamente onde ficava o "monte" mencionado no v. 1. O artigo definido "o" (não "um"; gr. *tò óros*) indica que o local era bem conhecido dos leitores. Mateus dedica 107 versículos ao Sermão, enquanto Lucas o resume a 30 versículos. Os destinatários desse ensino são os discípulos (v. 1b,2), mas é possível que outros estivessem ouvindo (Lucas fala de "uma imensa multidão", 6.17). Durante seu ministério, Jesus esteve cercado por grandes multidões. Seu objetivo era que o maior número de pessoas possível ouvisse sua mensagem e tivesse a vida transformada. Os rabinos ensinavam sentados, enquanto seus discípulos o rodeavam. O Sermão, na forma em que o temos hoje, provavelmente não constitui um único discurso de Jesus, e sim uma série de fragmentos reunidos de vários pronunciamentos. Jesus era um mestre, e os mestres ensinavam conceitos fáceis de reter por meio da memorização.

O Sermão do Monte pode ser dividido em três partes. Cada seção ocupa cerca de um capítulo do evangelho. O cap. 5 apresenta as leis que devem reger a relação entre os seres humanos. O cap. 6 trata basicamente da relação entre o ser humano e Deus. O cap. 7 consiste em advertências e palavras de encorajamento.

O Sermão começa com as Bem-aventuranças (v. 3-12) e termina com a parábola dos dois construtores, o prudente e o tolo. Mateus deve ter ordenado dessa forma o material extraído de outras fontes para orientar os catecúmenos que ingressavam na Igreja a respeito dos padrões morais pelos quais eles deveriam se conduzir.

O estilo do Sermão é poético. Se tivéssemos de imprimi-lo da maneira correta, ele estaria disposto em versos (linhas) e estrofes. A maior parte do Sermão é poesia hebraica, semelhante à que foi escrita ao longo dos séculos por salmistas, profetas e videntes. É por isso que encontramos no texto bíblico o paralelismo típico da poesia hebraica, que é a principal característica formal da poesia semita. Também se pode perceber certo ritmo e rimas. Nesse sentido, é uma mina de pensamentos positivos que se correspondem verso a verso. Na verdade, o Sermão surpreende com essa correspondência de sentido de um verso para outro. Mateus 7.6 é um exemplo de paralelismo sinonímico; já 7.17 segue o modelo do paralelismo antitético. Mateus 7.7 é um verso extraordinário, assim como a oração de Jesus (6.9-13), que é muito fácil de memorizar.

O Sermão também é pictórico. Não só as histórias (parábolas), mas também a linguagem do próprio discurso, são elementos vívidos e concretos, com ilustrações extraídas do cotidiano e da natureza. Elas são excelentes e apresentam um número significativo de exemplos e de personagens. A propósito, as ilustrações são apresentadas de maneira muito simples, elementares. Convém lembrar que a forma mais simples de uma parábola é a figura de linguagem, seja uma metáfora, seja um símile. É o caso de frases como: "Não se pode esconder uma cidade construída sobre um monte" (5.14), ou: "Os olhos são a candeia do corpo" (6.22). A força ilustrativa dessas máximas é notável.

> **A. M. Hunter:** "Relacionado com tudo isso está a maneira em que o Sermão se mantém ligado à vida humana e à realidade cotidiana em suas ilustrações. Pense na variedade de 'personagens' que fazem sua breve entrada nas frases do Sermão, evocadas para nós às vezes por uma única palavra. Elas passam por todos os níveis da sociedade, de 'Salomão, em todo o seu esplendor' até o mendigo à beira da estrada (5.42). Temos um vislumbre do oficial romano 'forçando' alguém da etnia conquistada a carregar sua bagagem por um

quilômetro (5.41); do juiz no tribunal com o 'guarda' à espera de lançar o culpado na prisão (5.25,26); do religioso 'hipócrita' na esquina de uma praça exibindo sua piedade com um rosto que desaparece rapidamente sob a maquiagem de um pó sagrado (6.5,16); do construtor local que inicia uma casa e procura com cuidado um pouco de rocha firme para servir de alicerce (7.24); do ladrão que está a postos com sua ferramenta para romper uma parede de barro na noite escura (6.19). Tudo isso e muito mais serve para 'ilustrar' o Sermão: as mulheres da aldeia que aquecem o forno com 'a erva do campo' (6.30); os filhos que pedem um pedaço de pão ou um pouco de peixe (7.9,10). E tudo isso com as imagens e com os sons da natureza: sol e chuva, vento e inundações, espinheiros e ervas daninhas, uvas e figos, além de pássaros e traças, cães e porcos, ovelhas e lobos. A 'divindade da ordem natural' é uma premissa importante no ensino de nosso Senhor. E, já que a natureza e a supernatureza representam para ele uma única ordem, o Senhor pode ver nessas coisas uma revelação de Deus e seus caminhos e usá-las a serviço de sua verdade celestial".[1]

Por fim, o Sermão é proverbial. Os provérbios são fáceis de lembrar e têm uma forma geral. Expressam verdades de maneira vívida, incisiva e hiperbólica. O Sermão apresenta paradoxos, e é preciso ficar atento para entender o princípio que sustenta o provérbio. A verdade está por trás do paradoxo (p. ex.: "Se o seu olho [...] arranque-o e lance-o fora", 5.29,30). O que vale aqui é o princípio, não o sentido literal. No entanto, os princípios apresentados de maneira proverbial no Sermão têm o caráter de imperativos morais (especialmente em 5.21-48).

A interpretação desses imperativos categóricos tem confundido muita gente, porém tudo ficará mais claro se conseguirmos distinguir os mandatos divinos das ilustrações humanas. Mandamentos são imperativos que declaram princípios profundos e amplos. Ilustrações são exemplos desses princípios na prática. Dessa forma, "não resistam ao perverso" (5.39) é um imperativo que declara um importante princípio moral, que é não buscar vingança nas relações pessoais. Isso não significa ausência de oposição ou de resistência aos

---

1. **Design for Life:** An Exposition of the Sermon on the Mount, Its Making, Its Exegesis and Its Meaning, p. 21-22.

malfeitores ou ao mal em quaisquer circunstâncias (como no caso da repressão policial ou da condenação de crimes). O Sermão apresenta quatro ilustrações vívidas do princípio de não procurar vingança por conta própria, quando diz: "ofereça-lhe também a outra [face]"; "deixe que leve também a capa"; "vá com ele duas [milhas]"; "não volte as costas" (5.39-42). Se alguém aplicar essas ilustrações de maneira literal e adotá-las como princípios de conduta, cairá no absurdo e estará em grande perigo.

Da mesma forma, quando Jesus diz: "Não jurem de forma alguma" (5.34), ele está pedindo sinceridade absoluta em nosso discurso, não está proibindo os juramentos em quaisquer circunstâncias (p. ex., em um tribunal, o juramento à bandeira, o cumprimento de certas funções públicas ou como código profissional). Da mesma forma, quando ele pede aos discípulos: "Não acumulem para vocês tesouros na terra" (6.19), não está proibindo qualquer tipo de poupança ou de investimento, nem está reprovando o sistema bancário ou financeiro, e sim advertindo contra os perigos da devoção ou do amor ao dinheiro (1Timóteo 6.10).

Além disso, ao ler o Sermão do Monte, é preciso ter em mente quatro coisas. Em primeiro lugar, o Sermão foi proferido para ser obedecido, e é assim que seu valor se mantém. Um ar de seriedade sopra por todo o Sermão. Portanto, o arrependimento deve ser nossa primeira reação, mas não a única. A última reação deve ser a obediência. Em segundo lugar, no caminho da obediência as especificidades do Sermão devem ser aplicadas ou traduzidas em princípios gerais, do contrário seu ensino se tornará irrelevante para nossa vida diária. Em terceiro lugar, a menos que exista uma harmonia absoluta entre o ato e a disposição interior (a atitude pessoal), a simples obediência externa não tem valor algum. Em quarto lugar, no Sermão temos a proclamação da vontade incondicional de Deus para o ambiente a que estamos condicionados. Ali encontramos seu desejo definido para um mundo complexo. Nossa resposta revalida a autoridade do Sermão, mas também é certo que com frequência o cumprimos de maneira indireta e, às vezes, de forma tortuosa. É como o explorador que mantém os olhos na bússola, porém muda a direção dos passos de acordo com a topografia do terreno. De igual modo, o cristão deve seguir a vontade de Deus revelada no Sermão do Monte enquanto ajusta os passos conforme as circunstâncias.

A FELICIDADE DO DISCÍPULO (5.3-12)

Os v. 3-12 apresentam as famosas Bem-aventuranças, que servem de introdução a todo o discurso de Jesus O nome dessas frases deriva do latim *beatus*, que significa "feliz" e que, por sua vez, deriva de um verbo que significa "abençoar". Dessa forma, o Sermão do Monte é a declaração das leis do Reino de Deus feitas por Jesus, e as Bem-aventuranças definem ou descrevem os cidadãos do Reino. Nesse sentido, constituem uma das peças bíblicas que melhor descrevem o discípulo de Jesus. A. M. Hunter chama-as de "a alma do Sermão do Monte".[2] Elas são importantes porque foram modeladas na vida do próprio Jesus e são o retrato do cidadão do Reino dos céus. A propósito, "não devemos tentar dividir os bem-aventurados em grupos distintos, de acordo com as Bem-aventuranças".[3] Trata-se do mesmo grupo e das mesmas pessoas, descritas de um ponto de vista ligeiramente diferente em cada caso. Essa descrição é expressa por meio de um paradoxo, ao qual corresponde uma promessa.

Existem oito bem-aventuranças em Mateus e quatro em Lucas. O final de cada um delas expressa o que Jesus quer dizer com sua promessa de bênção. A palavra grega *makários*, com a qual inicia-se cada bem-aventurança e dá nome a toda a passagem, significa literalmente "ditosos" ou "felizes". Também pode ser traduzida por "bem-aventurado", "oh, a felicidade de" ou "devem ser felicitados". A felicidade é uma emoção agradável que resulta de determinada circunstância. Há uma diferença entre felicidade e felicidade verdadeira. A última é uma profunda satisfação espiritual experimentada além ou apesar das circunstâncias. É esse tipo de felicidade que Jesus tem em mente quando diz: "Bem-aventurados os [...]". Bem-aventurado ou feliz, de acordo com Jesus, é aquele que possui uma fonte de alegria interior, que nenhuma condição externa pode afetar.

Então, quem são esses que podem ser considerados dessa maneira? Que características especiais lhes permitem ser discípulos felizes de Jesus? Essas são as perguntas cujas respostas encontramos nessa lista de bem-aventuranças.

Cada bem-aventurança é uma descrição de como é o Reino dos céus e, consequentemente, como são seus cidadãos. Por isso, elas são messiânicas,

---

2. Ibid., p. 33.
3. José Míguez BONINO, **El mundo nuevo de Dios:** estudios bíblicos sobre el Sermón del Monte, p. 24.

embora Jesus não seja mencionado como o Messias, mas é o que se deduz do que ele diz e promete. Ao mesmo tempo, elas contêm uma ética da graça, não só uma ética da obediência.

As Bem-aventuranças podem ser classificadas de diferentes maneiras. Existem as de caráter passivo, que enfatizam o que se é ("pobres em espírito"; "humildes"; "misericordiosos"; "puros de coração"). A pessoa é pobre, humilde, compassiva ou limpa. Mas há também as de caráter ativo, ou mais dinâmico, que enfatizam o que se faz ("os que choram"; "os que têm fome e sede de justiça"; "os pacificadores"; "os perseguidos"). Se alguém sofre, está com fome, trabalha pela paz ou é perseguido, ele certamente fará alguma coisa. As Bem-aventuranças podem também ser classificadas em dois grupos, uma vez que as quatro primeiras falam de virtudes e as outras quatro falam de atitudes.

As virtudes (5.3-6)

A felicidade é uma emoção agradável que resulta de certa circunstância na experiência humana. No entanto, como já foi dito, há uma diferença entre felicidade e felicidade verdadeira. A última é aquele tipo de felicidade que a Bíblia qualifica como "bem-aventurança". Abençoado ou feliz é aquele que tem uma fonte de felicidade e paz interior que nenhuma condição externa pode alterar. Quem são os afortunados que podem ser considerados assim?

Primeira bem-aventurança (v. 3). Os "pobres em espírito" (gr. *hoi ptōchoi tō pneúmati*) são os "mendigos espirituais", aqueles que não têm vergonha de pedir a Deus o que precisam. "Pobre" e "piedoso" no livro de Salmos são sinônimos. Em Mateus, são aqueles que clamam a Deus por riquezas espirituais. Em Lucas (6.20), são os social e economicamente indefesos e oprimidos, aqueles para quem os poderosos consideram impossível ter a felicidade. Jesus declara, no espírito dos profetas (Sofonias 2.3), que as bênçãos de Deus também se destinam a eles. Não é a condição econômica que os torna os preferidos do Senhor, e sim sua virtude ou matriz moral, explicitada na expressão "em espírito". Essas pessoas são os humildes, que nada esperam e nada temem, porém são os mais aptos a serem integrados no Reino de Deus. Esse espírito de pobreza ou necessidade espiritual vale tanto para os ricos quanto para os pobres, mas geralmente com essa expressão Jesus se refere nos evangelhos a uma pobreza efetiva e integral. Em suma, Jesus está dizendo que quem é consciente de sua total pobreza, de sua necessidade absoluta, não apenas física, mas também espiritual, é uma pessoa feliz.

Segunda bem-aventurança (v. 4). "Os que choram" (gr. *hoi penthoûntes*) são preferíveis a "os que estão de luto" (*RVR*). Estes são os que choram porque o Diabo, que está operando no mundo, os submete a sofrimento contínuo (Isaías 61.2). Os ricos e os poderosos carecem de motivos para chorar, talvez porque se sintam satisfeitos ou sejam autossuficientes. Já o oprimido e a vítima da injustiça são livres apenas para deixar fluir suas lágrimas de dor. Para eles, a promessa de Jesus é que haverá consolo. Desse modo, são felizes também aqueles que estão de luto por sua necessidade espiritual. Sua principal característica é o arrependimento profundo. Era comum entre os judeus pensar que a vinda do Reino seria precedida de um grande arrependimento (v. Mateus 3.1-6; 4.17). Nesse sentido, essa bem-aventurança poderia ser interpretada como "os que choram pelos seus pecados e pelos de seu povo".

> **José Míguez Bonino:** "Talvez devêssemos interpretar esse 'luto' mais como dor pelo estado atual do mundo, sujeito a injustiças, doenças, morte e pecado (Salmos 126). Lutero traduz essa expressão por 'aqueles que suportam dor' (*Leidtragen*). Talvez assim tenha captado a ênfase principal da declaração de Jesus. 'Porque a ênfase', diz Bonhoeffer, 'recai sobre tomar sobre si a dor. A comunidade dos discípulos não sacode a dor de si mesma como se não lhes dissesse respeito, mas voluntariamente a toma sobre si. E dessa maneira mostra quão estreitos são os laços que a unem ao restante da humanidade'. A segunda parte esclarece um pouco melhor o significado: 'pois serão consolados'. Por quem? Quando? Comparemos primeiro a bem-aventurança com Isaías 61.2 (cuja ordem é seguida pelas Bem-aventuranças). [...] Jesus aplica a si mesmo essas palavras: é ele quem vem trazer consolo (v. Lucas 2.25). O Messias é o Consolador, uma vez que anuncia o fim do reino do mal e proclama o Reino e a vida permanente (Salmos 126.5; Apocalipse 7.17). Desde agora, os que pertencem a Cristo são consolados (Mateus 9.14,15). Essa consolação será definitiva no Reino, onde não haverá mais morte nem doença (Apocalipse 21.4)".[4]

---

4. Ibid., p. 18-19.

Terceira bem-aventurança (v. 5). É uma referência a Salmos 37.11. Os "mansos" ou "humildes" (gr. *hoi praeîs*) são os que não defendem sua causa pelas próprias forças, mas isso não quer dizer que não se defendam. Sua mansidão e humildade não são sinais de fraqueza ou de covardia, mas de confiança numa justiça superior e numa defesa mais nobre. Eles não procuram o que é deles, mas confiam em Deus e acreditam que ele finalmente os defenderá. São aquelas pessoas que sofrem o mal sem amargura ou desejo de vingança. São os que diante da injustiça não cedem à tentação de agir com injustiça ou que diante da violência não escolhem a via rápida da violência. É um tipo de pessoa que neste mundo está sujeita ao perigo de ser enviada para o pelotão de fuzilamento sem protestar. O manso ou humilde supera com alegria a opressão dos que se creem donos da terra (os poderosos deste mundo), porque sabe que no fim ele é quem receberá "a terra por herança". Então, bem-aventurados os submissos, os de caráter brando. Eles se caracterizam pelo total abandono nas mãos de Deus. Essa bem-aventurança não tem paralelo em Lucas.

Quarta bem-aventurança (v. 6). Essa bem-aventurança celebra "os que têm fome e sede de justiça" (gr. *hoi peivõntes kaì dipsõntes tēn dikaiosynēn*). "Justiça" é sinônimo de "salvação" (Isaías 2.3,4). Podemos reformular essa bem-aventurança desta maneira: "Bem-aventurados os que desejam ardentemente a vindicação dos justos, o triunfo da boa causa". Essa palavra não tem apenas significado individual (salvação ou justiça pessoal), mas também coletiva, como justiça social. Descreve os oprimidos pela sociedade que aguardam a solução de Deus para sua triste situação (Isaías 55.1,2). Quanta injustiça há no mundo e na América Latina em particular! Essa situação cria uma desesperada "fome e sede de justiça", que só em Deus pode ser saciada. Jesus está dizendo aqui: "Bem-aventurados os famintos e sedentos de justiça". Sua principal característica é que não anseiam nada além da libertação integral que só pode vir de Deus.

As atitudes (5.7-10)

As atitudes dizem respeito à orientação para certos alvos (outras pessoas ou para si mesmo) ou situações condicionadas emocionalmente e de relativa persistência. As atitudes humanas são formas aprendidas de respostas simbólicas associadas a objetos, pessoas ou situações. Em geral, são favoráveis ou desfavoráveis e refletem seu caráter emocional ou motivador. Elas traduzem formas complexas de opiniões e crenças com referência à própria pessoa, a outras pessoas, ao lugar, à família, à escola, ao trabalho, e assim por diante. As atitudes são aprendidas e podem ser consideradas a expressão mais específica de um valor ou de uma crença (como a fé), pelo fato de que resultam da aplicação de um valor geral a alvos ou situações específicas. As atitudes implicam uma avaliação positiva ou negativa e disposição mental (Efésios 4.23) para reagir ou uma tendência a agir com relação a certos alvos e situações de maneira consistente, característica e previsível. Desse modo, as atitudes são avaliações cognitivas duradouras de um tipo positivo ou negativo de uma pessoa, de seus sentimentos e das tendências de ação diante de um alvo ou de uma ideia. A atitude, portanto, é uma disposição mental que pode ser positiva ou negativa. Nessa passagem, o Sermão enfatiza atitudes positivas.

Quinta bem-aventurança (v. 7). Ser "misericordioso" (gr. *hoi eleēmones*) não consiste em fazer algo para conseguir alguma coisa, como ações de misericórdia entendidas como obras meritórias, mas agir como Jesus, ou seja, como diz o ditado: "Como é sua majestade, assim é sua misericórdia". Os que têm misericórdia ou compaixão merecem receber a mesma coisa (Provérbios 11.17). Na verdade, eles obtêm misericórdia desde já, e isso se verá no dia do juízo. Mais importante que fazer obras de misericórdia é ser misericordioso, porque ser misericordioso irá resultar em obras de misericórdia. Mais vital é ser compassivo com todos do que demonstrar compaixão, porque apenas demonstrar misericórdia pode resultar em hipocrisia, mas ser compassivo se traduz em ações concretas a favor do próximo que está sofrendo. Enquanto aumenta o número dos que destroem a natureza e o ser humano, a pessoa compassiva ou misericordiosa empenha-se em semear amor e cura. A promessa para essa pessoa é que ela colherá o que semeou: será tratada com compaixão e misericórdia. Ou seja: "Bem-aventurados os que têm compaixão e têm o coração atraído pela miséria alheia". Sua principal característica é que os misericordiosos se importam com as demandas da ética social cristã.

Sexta bem-aventurança (v. 8). Os "puros de coração" (gr. *hoi katharoì tē kardía*) não são os que foram purificados de todo pecado, ou seja, possuem uma pureza ou moralidade perfeita. A expressão "coração puro" significa pureza interior.

Na época de Jesus, o coração era considerado o ser interior, o centro dos pensamentos mais profundos e o eixo de toda a condição humana. Os puros servem a Deus de todo o coração, um coração inteiramente dedicado à vontade dele. Por isso, eles "verão a Deus", o que não constitui um fenômeno ótico, e sim amizade e comunhão espiritual (Salmos 24.4). A pessoa de "coração puro" é a que tem pensamentos nobres e consequentemente não se deixa dominar pela visão secularista, materialista e sensualista que governa as mentes do mundo pós-moderno e globalizado. É aquele que luta para se manter dentro de uma cosmovisão cristã da realidade e com base nisso assume seu compromisso com a fé. Não é profano. Por essa razão, não é estranho que sua promessa será "ver a Deus". Ou seja, no v. 8 Jesus está dizendo: "Bem-aventurados os que estão concentrados num único propósito, que têm o coração totalmente entregue à vontade de Deus". Sua principal característica é que vivem e praticam a religião verdadeira.

Sétima bem-aventurança (v. 9). A expressão "os pacificadores" (gr. *hoi eirēnopoioí*) tem dois significados. Nesse caso, expressa o sentido ativo: "aqueles que promovem a paz", não os que são passivos: "aqueles que se mantêm em paz". Não se trata do pacifismo ou da impotência contra a agressão. Aqui se fala de um grande lutador, que é ativo como promotor da paz. Ele é um criador de paz. É alguém que, tendo encontrado a paz com Deus e consigo mesmo, agora faz todo o possível para difundi-la, mesmo correndo o risco que isso implica num mundo de violência crescente. Os pacificadores são as testemunhas que realizam um trabalho pessoal a favor da paz e que, por causa disso, são "chamados filhos de Deus". E por que são chamados assim? Porque a paz, em seu sentido mais profundo, só é conhecida daqueles que receberam o Senhor (João 14.27). É como se Jesus estivesse dizendo: "Bem-aventurados os que são pacíficos e procuram a paz". Sua principal característica é que são autênticos agentes de reconciliação, e sua maior preocupação é a evangelização, ou seja, a comunicação do evangelho da paz.

Oitava bem-aventurança (v. 10). A bem-aventurança do v. 10 diz respeito aos que sofrem perseguição "por causa da justiça", ou seja, por causa de Cristo (gr. *hoi dediōgménoi héneken dikaiosynēn*). Eles receberão o Reino dos céus. É a bem-aventurança dos perseguidos e dos mártires, que encontra eco em 1Pedro 3.14. Nos v. 11 e 12, a segunda pessoa do plural substitui a terceira. As versões de Mateus e Lucas apresentam variantes. Mateus menciona três tipos de perseguição; em Lucas, são quatro. Em Mateus 5.11, lê-se "por minha causa"; em Lucas, lê-se "por causa do Filho do homem" (Lucas 6.22). Essas variantes não afetam o significado original. As perseguições aos cristãos figuram na horrenda crônica contemporânea em vários lugares do mundo. Por causa de sua fé em Cristo e de seu compromisso com a justiça, centenas de milhares de seres humanos estão padecendo e morrendo. É precisamente essa vocação de lutar pela justiça a qualquer custo que lhes garante a participação no Reino dos céus e direitos de propriedade sobre ele ("deles é"). Essa bem-aventurança celebra os que sofrem por causa da justiça, ou seja, por causa de Cristo. Sua principal característica é que estão dispostos a dar tudo por Jesus, até mesmo a própria vida, se necessário.

Felizmente, não nos faltam orientações para conhecer o perfil do verdadeiro discípulo de Jesus. O paradigma oferecido pelas Bem-aventuranças deve nos animar, com a ajuda do Senhor, a um esforço para incorporar à nossa personalidade cada uma das virtudes e atitudes que adornam e caracterizam o discípulo do Reino. O primeiro passo deve ser uma atitude de humilde reconhecimento perante o Senhor, pois sem a ajuda dele não conseguiremos nos ajustar a seu modelo. Com ele e por ele, tudo é possível. O segundo passo é adotar, com base no poder do Senhor, um novo modo de vida. À medida que avançamos nesse propósito, sentiremos que ele nos acompanha e nos capacita.

A recompensa (5.11,12)

As Bem-aventuranças estão estreitamente relacionadas com a doutrina das recompensas. As recompensas oferecidas por Jesus aos justos são simplesmente o resultado inevitável da bondade num mundo governado por um bom Deus. A doutrina das recompensas de Jesus não é mercenária em nenhum sentido. Jesus não está dizendo: "Faça isso, e receberá uma recompensa", mas: "Mantenha certa disposição, e isso lhe trará felicidade aqui e no além". As recompensas de Jesus são qualitativas e iguais para todos. E, em última análise, dizem respeito ao Reino dos céus (Mateus 20.1-16). Jesus claramente repudiou a doutrina do mérito. As recompensas são dons da graça de Deus. Jesus ensinou que o que garante a salvação é o serviço. Quando servimos e abençoamos os outros, garantimos nossa salvação e nossa bênção. Se pusermos os outros em primeiro lugar, seremos os primeiros. Jesus promete uma recompensa para os que obedecem a ele sem pensar numa recompensa.

O v. 11 bem poderia ser intitulado "A vergonha da cruz". Para o ser humano de hoje, o evangelho da cruz continua a ser motivo de escândalo e ocasião para insulto, perseguição e calúnia. A escuridão não pode suportar o brilho da luz, assim como a mentira não resiste ao fio da verdade. Portanto, quem assume compromisso com o estilo de vida de Cristo deve esperar resistência e oposição.

Jesus ordenou algumas coisas e proibiu outras, mas acima de tudo estabeleceu princípios morais e espirituais. Seus seguidores devem agir e decidir não por obediência cega a uma lista de ordens precisas, mas pela aplicação inteligente desses princípios. É por isso que os mandamentos do Sermão do Monte não são negativos, mas positivos. Nas Bem-aventuranças, Jesus não adverte contra certos males, mas enfatiza algumas virtudes e atitudes. Ele nos diz que os cidadãos do Reino são pobres de espírito e capazes de sofrer e de serem humildes e puros. Com essa introdução, Jesus também nos ensina em seu Sermão o que fazer para ser justo de acordo com sua vontade em vez de nos perguntarmos o que temos de evitar para escapar do pecado. Portanto, as Bem-aventuranças definem a natureza e o caráter dos que entram no Reino de Deus como discípulos de Jesus.

A FUNÇÃO DO DISCÍPULO (5.13-16)

Que papéis ou funções os cidadãos do Reino desempenham no mundo? Para Jesus, seus discípulos eram o núcleo do Novo Israel. Esse Novo Israel era o herdeiro da missão que o antigo Israel deixou inacabada. E o que seus seguidores deveriam fazer para consumar tal missão? Para responder a essas perguntas, Jesus contou várias parábolas relacionadas com sal e luz e com as funções que desempenham na vida cotidiana.

Nos v. 13-16, Jesus apresenta três símiles para descrever como é o crente: sal, luz e uma cidade no topo de uma colina. Se você perder a paixão e o compromisso ilustrados por esses três elementos, então o mundo está condenado a se estragar e se perder, caindo na decadência espiritual e na escuridão.

Ser sal (5.13)

Devemos ter em mente que essas palavras de Jesus não foram dirigidas à multidão, mas a seus discípulos. O pronome "vocês" aponta para eles. Depois de saber, após tomar conhecimento das Bem-aventuranças, que o mais importante no Reino é o caráter, agora o Rei lhes mostra como expressar esse caráter como súditos do Reino e como influenciar os que estão fora do Reino.

A parábola. A parábola do sal (gr. *tò hálas*) aponta para o dever do seguidor de Jesus como sal da terra (Mateus 5.13). Essa parábola faz parte do Sermão do Monte, em que Jesus descreve seus discípulos como o sal da terra e incentiva-os a funcionar como tal. Como o sal dá sabor e conserva os alimentos, assim Jesus espera que seus seguidores ajam da mesma forma no mundo como emissários do Reino. Não nos é oferecido nenhum esclarecimento sobre o que significa ser sal da terra na prática, embora no contexto haja alguma referência às "boas obras" (v. 16), de tal calibre que levem as pessoas a enaltecer "ao Pai de vocês, que está nos céus". Mas não há dúvida de que Jesus tem em mente um estilo de vida de acordo com seus ensinos em todo o Sermão do Monte.

O ensino. O Novo Israel tem a missão de ser sal, ou seja, fazer o que sabe fazer bem: preservar e dar sabor. Nossa missão no mundo é preservá-lo da corrupção, dar sabor à vida humana (tornar a vida humana mais humana) e com isso atuar como agentes de reconciliação. É interessante que no evangelho de Marcos há uma declaração semelhante de Jesus a respeito do sal, à qual acrescenta um comentário: "O sal é bom, mas, se deixar de ser salgado, como restaurar o seu sabor? Tenham sal em vocês mesmos e vivam em paz uns com os outros" (Marcos 9.50). A salinidade do Reino é *shalom* e reconciliação. João 13.35 apresenta-a desta forma: "Com isso todos saberão que vocês são meus discípulos, se vocês se amarem uns aos outros".

> **Carlos Van Engen:** "O sal nos dias de Jesus servia tanto para purificar quanto para preservar. Jesus está falando então de uma igreja-saleiro, uma comunhão de discípulos que são o sal da terra. Mas o sal deve ser sacudido no saleiro e em seguida aspergido sobre a comida, para que ela possa ser purificada e preservada. O sal desaparecerá na comida, *mas não deve perder sua salinidade*, mesmo quando inteiramente absorvido. O sal não tem valor,

a menos que seja *espalhado* pelo mundo. No entanto, uma vez espalhado, cada grão deve preservar sua qualidade peculiar".[5]

Portanto, o "sal" tem duas funções: dar sabor e preservar. Para ser útil, o sal deve estar em contato com a coisa que se pretende salgar ou preservar. O sal refere-se ao zelo e à devoção investidos na grande tarefa do Reino. Se esse zelo se perder, então o mundo está a caminho da decadência e da decomposição espiritual.

Deus nos colocou na terra para temperar e purificar as relações interpessoais na sociedade humana, onde quer que estejamos, e para testificar do Reino. No entanto, se não nos apresentarmos ao mundo como o tipo de pessoas descritas nas Bem-aventuranças, ou seja, nos versículos precedentes, e se nossas atitudes e ações não forem como as descritas nos versículos seguintes, então nossa vocação para ser sal e o efeito que deveria produzir se perderão e nos tornaremos insípidos, carentes de sentido.

Ser luz (5.14a,15,16)

É interessante notar que a parábola da luz do mundo (Mateus 5.14-16) é paralela à anterior, e sua aplicação é similar. Nesse caso, a imagem é a de uma lâmpada que ilumina uma casa ou um quarto escuro. O efeito da luz é visível, assim como sua natureza invasiva, que elimina a escuridão.

A parábola. Há mais duas coisas que convém observar na declaração sobre a luz. Por um lado, chama a atenção o ensino paralelo que encontramos no evangelho de João, no qual Jesus fala de si mesmo como "a luz do mundo" (João 8.12). O chamado do Senhor a seus discípulos no Sermão do Monte para ser "a luz do mundo" é outro exemplo de que ele está convocando seus seguidores para ser e fazer o que o próprio Jesus fazia no mundo. Devemos ser a luz do mundo como ele era.

Por outro lado, o contexto dessa declaração no Antigo Testamento é interessante. Ali, a obra redentora de Deus é descrita no tempo futuro, como a chegada da luz no meio das trevas. Isaías 9 é um exemplo dessa ideia, bem difundida no Antigo Testamento, especialmente em passagens de natureza

---

5. **God's Missionary People:** Rethinking the Purpose of the Local Church, p. 134. Grifo do original.

messiânica. "O povo que caminhava em trevas viu uma grande luz; sobre os que viviam na terra da sombra da morte raiou uma luz" (Isaías 9.2). E essa promessa de uma maravilhosa irrupção de luz num mundo escuro segue-se ao anúncio da vinda do Messias (Isaías 9.6,7). Em Isaías 60.1-3, encontramos a mesma associação entre a luz e o Messias.

> **David Wenham:** "Passagens como essas proporcionam um contexto importante para a descrição que Jesus faz de si mesmo e de seus discípulos como 'a luz do mundo', uma vez que a vinda do Reino é o cumprimento da promessa do Antigo Testamento. O contexto do Antigo Testamento também pode explicar a referência de Mateus 5.14 aos discípulos como 'uma cidade construída sobre um monte', que 'não se pode esconder'. A ideia pode ser a do luminoso monte Sião (i.e., Jerusalém) de Isaías 60, para o qual acorrem as nações. Esse é o destino e o chamado dos que participam da revolução".[6]

Ensino. Note-se que a "luz" (gr. *tò fõs*) brilha, mas não atrai a atenção para si. É um exemplo de humildade para nós. A luz é a luz da revelação divina, ou seja, uma luz que pode ser vista por todos (1Coríntios 4.9). Portanto, nos v. 15 e 16, Jesus está dizendo: "Quando a noite cai e você acende a lâmpada, não a coloca debaixo de uma panela, certo?". Pelo contrário, seu lugar é na candeia, de onde seu esplendor beneficia a todos os que se encontram no recinto. A "vasilha" (gr. *tòn módion*; "almude", *RVR*) era um recipiente usado como medida da capacidade, enquanto a candeia era pequena e feita de cerâmica. Por muitos anos, perguntei-me o que seria o tal "almude". A ignorância durou até eu fazer o que precisa ser feito nesses casos: consultei um dicionário. Lá somos informados de que "almude" é uma palavra que deriva do árabe e designa uma medida de secos equivalente a 8,75 litros, mais ou menos. Por extensão, a palavra é aplicada a qualquer recipiente que permita medir um almude de sólidos ou líquidos. Nesse sentido, pode ser uma caixa, um balde, uma bacia, uma lata ou qualquer outro recipiente usado em medições.

De acordo com Mateus, parece que "todos" são os que "estão na casa", ou seja, os judeus. Já de acordo com Lucas (11.33), são "os que entram", ou seja,

---

6. **The Parables of Jesus:** Pictures of Revolution, p. 173.

os gentios (v. Lucas 8.16-18). Esse é um bom exemplo de como os evangelistas adaptaram e aplicaram as declarações e as histórias de Jesus a seu público e conforme as necessidades missiológicas e pastorais de cada um. De acordo com o v. 16, o evangelho deve ser expandido, não oculto. "A luz de vocês" é a mesma luz que nos foi confiada (o evangelho do Reino). Os seres humanos devem ver a luz do evangelho, não a lâmpada (gr. *lýchnos*), que somos nós.

Desse modo, a parábola da luz aponta para o dever que tem todo seguidor de Jesus de ser luz, uma fonte de iluminação para um mundo mergulhado na escuridão. O Novo Israel é chamado para ser a luz do mundo (Isaías 42.6). Os escribas escondiam a luz da revelação de Deus (a *Torá*) embaixo de uma bacia ou de uma caixa, desde que não pudesse irradiar seu resplendor. Uma lâmpada acesa deve estar onde seu esplendor possa chegar a todos, ou seja, na candeia, e onde todos possam vê-la. Portanto, o dever de todo seguidor de Jesus é fazer as trevas fugirem, seja de que tipo forem. Caso contrário, seremos como o pavio de uma vela apagada, que apenas fumega e exala mau odor.

> **Juan Driver:** "É importante destacar que os verbos nos v. 13 e 14 estão no indicativo. Jesus não envia seus discípulos para serem sal e luz, mas simplesmente indica que as pessoas descritas nas oito bem-aventuranças anteriores são sal e luz. Se somos, pela graça de Deus, o tipo de pessoas que Jesus descreve nas Bem-aventuranças e se, no poder do seu Espírito, fazemos boas ações, como indicado abaixo, nossa presença servirá para temperar e purificar as relações interpessoais na sociedade humana da qual fazemos parte. Mas, se não somos o tipo de pessoa que as Bem-aventuranças descrevem e se nossas obras não são como as listadas abaixo, então, para todos os efeitos, perderemos nossa qualidade de sal e nos tornaremos insípidos".[7]

Ser uma cidade sobre uma colina (5.14b)

"Não se pode esconder" a luminosidade de uma cidade sobre uma colina, ao contrário da luz que brilha na candeia, que pode ser coberta com "uma vasilha". É possível que o segundo caso se refira mais especificamente ao

---

7. **Militantes para un mundo nuevo**, p. 64-65.

testemunho individual, enquanto o primeiro está relacionado com o testemunho coletivo do evangelho do Reino.

A parábola. Uma parábola nesse texto, que aponta para os papéis ou funções desempenhados pelos cidadãos do Reino, é a parábola da cidade construída sobre um monte (Mateus 5.14b). O v. 14b ilustra a força do testemunho cristão. O contexto do Antigo Testamento pode explicar também essa referência aos discípulos como "uma cidade construída sobre um monte", que "não se pode esconder". A ideia pode ser a do luminoso monte Sião (Jerusalém) de Isaías 60, para o qual acorrem as nações. Como David Wenham disse: "Esse é o destino e o chamado dos que participam da revolução" do Reino, que está chegando. De acordo com um manuscrito antigo, o texto deveria ser o seguinte: "Uma cidade construída sobre uma colina não pode ser derribada ou escondida". Inexpugnabilidade e visibilidade são as principais ideias extraídas dessa expressão. Com a imagem de uma cidade bem plantada numa colina, Jesus enfatiza a firmeza e a visibilidade missionária do povo de Deus, reunido em torno de seu Senhor e vivendo de acordo com as diretrizes do Reino (Mateus 5.3-12).

O ensino. A parábola representa uma palavra de ânimo e também de desafio para os discípulos. Jesus está dizendo: "Você é o pequeno rebanho de Deus (Lucas 12.32), mas, como cidadãos da inexpugnável cidade de Deus (Isaías 2.2-4; Mateus 16.18), são o alvo do olhar do mundo inteiro, por isso devem agir como verdadeiros servos do Senhor". O testemunho da presença e das obras no meio da sociedade humana é importante. Deus nos chamou e nos colocou na vitrine da sociedade, para que todos nos vejam, sintam-se atraídos pela comunidade de fé que integramos em torno de Cristo e desejem fazer parte dela. Retirar-se do mundo e isolar-se nos negócios religiosos é totalmente oposto à estratégia do Reino que Jesus propõe nessa parábola. Os crentes devem viver a nova vida do Reino de maneira muito visível no meio da sociedade humana, como antecipação da vinda do Reino em seu cumprimento definitivo. Nessa parábola, temos a cidade de Deus da era do Reino inaugurada pelo Messias. O Senhor que habita em seu meio é a fonte de sua luz (João 8.12).

> **Juan Driver:** "Como resultado desse testemunho altamente visível, que inclui toda a vida e atividade dos discípulos entre os seres humanos, espera-se que Deus seja glorificado (v. 16). Glorificar a Deus é reconhecê-lo como o único Deus verdadeiro. Os judeus não concebiam um conhecimento de Deus anterior à sua glorificação. Glorificá-lo, portanto, é conhecê-lo de verdade. E essa glorificação do Deus de Israel por todos os seres humanos ou nações tinha de ser uma das características mais sólidas dos tempos messiânicos da esperança judaica. Assim, a vida e as obras próprias do Reino messiânico são o testemunho mais evidente de que Deus de fato interveio na História para estabelecer seu reinado de forma antecipada.
>
> "A presença vital da comunidade do Reino no meio da sociedade humana contribuirá para sua transformação não por meio de coerção ou de violência revolucionária, mas pelo penetrante e eficaz poder do amor. A melhor contribuição que o povo de Deus pode fazer para a sociedade é com vidas e obras que já participam da 'era futura' e que ressaltam a qualidade das relações que caracterizam o Reino de Deus. Com sua maneira de ser e de fazer, torna-se um instrumento da ação salvadora de Deus".[8]

A OBRIGAÇÃO DO DISCÍPULO (5.17-20)

Os v. 17-20 apresentam o princípio geral da relação do Messias com a Lei: não extinção, mas cumprimento. Os versículos que se seguem (v. 21-48) são ilustrações dessa realidade. As palavras de Jesus parecem contraditórias e, no geral, a passagem é difícil de interpretar. O melhor guia para compreendê-la é o conhecimento da tendência geral do ensino de Jesus. É possível que alguns naquele momento achassem que ele tinha vindo revogar a Lei. Jesus quis corrigir esse conceito. As Escrituras ("a Lei ou os Profetas") são fundamentais para a manutenção de uma ordem moral estável. O Messias veio para dar ao registro da Palavra divina seu significado definitivo. Por meio de sua vida e ministério, Jesus cumpriu — realizou na teoria e na prática — um ideal revelado nas instituições e revelações do Antigo Testamento, mas que não encontrou plena expressão ali. Jesus começou com esse ideal no ponto em que estava e levou-o à sua plena realização. Dessa forma, ao penetrar os

---

8. Ibid., p. 66.

princípios fundamentais subjacentes à estreiteza da letra, conseguiu expressar o espírito da Escritura.

Cumprimento da Lei (5.17)

De acordo com os v. 17-20, o Antigo Testamento tem sua importância e não precisa ser removido de seu lugar. A nova ordem é o cumprimento da antiga. É improvável que esses versículos, da forma em que estão, sejam palavras de Jesus, porque a doutrina da permanência da Lei é rabinismo puro, e o próprio Jesus "desobedecia" à lei do sábado e a outras ainda, especialmente as leis cerimoniais. Ele veio cumprir a verdadeira intenção da Lei, que era o desejo de Deus com relação a ela, de modo que o propósito de Deus ao outorgar a Lei fosse cumprido. Nesse sentido, há três possibilidades de interpretação da atitude de Jesus para com a Lei: 1) às vezes, Jesus diz a mesma coisa que a Lei; 2) às vezes, Jesus diz mais que a Lei; 3) às vezes, Jesus anula a Lei. Mesmo nesses casos, ele nada fez além de declarar o verdadeiro propósito de Deus ao outorgar a Lei. O cap. 5 fala da justiça extraordinária ou superior entre os cidadãos do Reino e os fariseus. Fala também da justiça oculta dos cidadãos do Reino.

A validade da Lei (5.18)

No Sermão do Monte, Jesus irá apresentar a nova lei do Reino, mas essa nova lei não anula a anterior — na verdade, aperfeiçoa-a. A nova lei é muito superior, mas isso significa que o cumprimento da antiga é quase um requisito indispensável para seu cumprimento. Não se pode acessar o segundo andar sem passar pelo primeiro, assim como não se pode chegar ao quinto degrau da escada sem escalar os quatro anteriores. Nesse sentido, os regulamentos morais do Antigo Testamento não devem ser desconsiderados e estão em vigor, embora devam ser superados por regulamentos que expressem ideais mais elevados.

A declaração de Jesus não é mera expressão de vontade própria, mas uma proclamação universal. No entanto, devemos nos perguntar: o que Jesus quer dizer com a frase: "Enquanto existirem céus e terra"? Pode ser uma figura de linguagem, uma maneira indefinida de dizer que a Lei não perderá sua validade. No entanto, parece ser uma declaração transcendente, não uma frase descuidada. Ou seja, a ordem moral que Deus estabeleceu no Universo e registrou em sua Palavra durará tanto quanto o próprio Universo ou mais

(Mateus 24.35; Marcos 13.31; Lucas 21.33). As leis de Deus continuarão vigentes "até que tudo se cumpra", quer deste lado da eternidade quer do outro. A Lei estará em vigor até que a justiça do Reino — o objetivo final da Lei — seja plenamente cumprida.

A obediência à Lei (5.19,20)

Parece claro que, com seus ensinos, o que Jesus pretende abolir são as falsas interpretações da Lei e dos Profetas. É interessante Jesus declarar que a quebra dos mandamentos não exclui ninguém do Reino de Deus, e sim que quem o fizer "será chamado menor no Reino" (v. 19). No entanto, Jesus condena os que interpretam mal os mandamentos, como faziam os mestres da lei e os fariseus, que serão excluídos (v. 20). A lei cerimonial e os ritos, aos quais os fariseus eram especialmente apegados, foram resumidos e conjugados em Jesus de modo que deixassem de ser necessários. Jesus aceitava a Lei do Antigo Testamento em princípio e a considerava a revelação de Deus, que não perde sua validade. Ele também subordinou os mandamentos rituais aos deveres morais. Jesus opunha-se à proliferação astronômica de regras e regulamentos sobre purificação e não se conformava às exigências exageradas dos fariseus com relação à observância do sábado. Sua ênfase no espírito da Lei e sua prática de contrastar uma passagem da Lei com outra implica necessariamente um novo conceito da *Torá* (Lei). Quando o cristianismo alcançou o mundo gentio, seu ensinamento foi levado às últimas consequências lógicas por Estêvão, Paulo e os primeiros missionários cristãos gentios.

Por que Jesus veio ao mundo? Ele veio para ensinar o significado do autêntico relacionamento com Deus. Essa relação é nova, porque tem sua base na própria pessoa de Cristo e em seu trabalho redentor. Isso, porém, não contradiz os termos dos contatos redentores de Deus com os seres humanos ao longo da História, conforme registrado no Antigo Testamento.

É por isso que o ensino de Jesus não contradiz a Lei mosaica, embora ele se opusesse à religião legalista que os mestres da lei e fariseus construíram sobre ela. Para Jesus, o Antigo Testamento tinha validade permanente, mas também está claro que o ensino que traz agora é imperativo. Seis vezes em Mateus 5, Jesus apresenta uma antítese entre o que a Lei de Moisés afirmava e os princípios do Reino apresentados por ele. Essas antíteses não neutralizam a vigência do propósito da Lei. O que Jesus faz com seu ensino é ampliar a visão desse propósito e dar-lhe nova relevância conforme os novos termos de relacionamento no Reino de Deus inaugurado por ele.

A CONDUTA DO DISCÍPULO (5.21-37)

Quais princípios orientadores da conduta dos seguidores de Jesus se destacam no Sermão do Monte? Com respeito à relação entre o discípulo e a antiga ordem, já vimos que é necessária uma justiça superior à dos mestres da lei e fariseus (v. 20). A demanda por essa justiça superior é ilustrada nas quatro antíteses desenvolvidas nos v. 21-37. Nessa passagem, há quatro casos de justiça introduzidos com a cláusula: "Vocês ouviram o que foi dito [...]. Mas eu digo". Em cada caso, Jesus deixa claro que o pecado não reside apenas no ato em si, mas no pensamento ou propósito que se tem ao praticá-lo. Com isso, ele faz uma distinção entre o pensamento e o ato em si. Esses versículos declaram o ideal moral do cristão e o convencem de pecado em todas as dimensões. Desse modo, a passagem menciona assassinato (v. 21-26), adultério (v. 27-30), divórcio (v. 31,32) e juramento (v. 33-37).

"Não matarás" (5.21-26)

As antíteses que Jesus apresenta com relação à Lei judaica mostram que existem certos graus de contraste. Assim, é possível distinguir duas classes ou grupos de antíteses. No primeiro grupo, a exigência da Lei é aceita, e a antítese a intensifica. É o caso das declarações sobre homicídio, ira (v. 21-26) e adultério (v. 27-30). No segundo grupo, a Lei é negada com base em sua mitigação por concessões à fraqueza humana, e na antítese o mandamento divino é estabelecido. É o caso das declarações sobre os juramentos (v. 33-37), porém de forma mais clara e significativa quanto ao divórcio (v. 31,32), e de maneira radical nas declarações sobre a vingança (v. 38-42) e o amor aos inimigos (v. 43-48).[9]

O crime de ira (v. 21,22). A ira é um dos pecados mais devastadores. É também um pecado que todo ser humano pode cometer. O filho pequeno fica com raiva,

---

9. Rudolf Schnackenburg, **The Moral Teaching of the New Testament**, p. 75.

tem a digestão prejudicada e perde o que comeu. O menino fica emburrado e perturba a boa ordem da família. A mãe se encoleriza até chegar ao ponto de ficar com dor de cabeça. O pai se enfurece, perde o apetite e se torna violento. Qualquer membro da família está sujeito a cair nesse pecado. Ninguém está naturalmente imune ao crime de ira. A ira gera remorso no coração, discórdia no lar, amargura na comunidade e distúrbios no país. O turbilhão da ira doméstica pode pôr a casa abaixo. O caráter irascível rompe as relações comerciais quando a razão cede diante do veneno da ira. Afiada na pedra da ira, a lâmina aguçada da indignação corta as melhores amizades. Mas por que a ira é um crime?

A ira é um pecado que Deus abomina. Isso é afirmado em várias passagens bíblicas (Salmos 37.8; Provérbios 16.32; Tiago 1.19). Por um lado, a ira revela a natureza animal do ser humano. Pessoas amáveis e compreensivas tornam-se repulsivas e irracionais quando levadas pela ira. Essa atitude é própria do "insensato" (Provérbios 12.16). Por outro lado, a raiva impede o testemunho cristão. Irritado com os soldados romanos, Pedro desembainhou a espada e cortou a orelha do servo do sumo sacerdote. Jesus repreendeu-o: "Guarde a espada! Pois todos os que empunham a espada, pela espada morrerão" (26.52). Além disso, a ira faz a pessoa perder a alegria da vida. Foi o que aconteceu com Caim (Gênesis 4.6). A desvantagem de perder a compostura é que quase sempre se perde outras coisas ao mesmo tempo, como boas maneiras, reputação, amizades, oportunidades e, acima de tudo, o bom testemunho cristão. A ira é também a mãe do homicídio e da loucura humana (Provérbios 14.17). Caim deixou-se levar pela ira, por isso matou seu irmão Abel. A ira sempre resulta em crueldade (Provérbios 27.4).

A ira é um pecado que pode ser vencido. Se a ira não pudesse ser superada, Deus não teria ordenado: "Evite a ira e rejeite a fúria" (Salmos 37.8). Deus nunca exige algo impossível de realizar. Há vitória em Cristo sobre a ira. Mas como podemos dominá-la?

O primeiro passo é querer vencer esse pecado. Isso significa deixar de buscar justificativas e reconhecer a ira como um pecado detestável e venenoso. O segundo passo consiste em confessar esse pecado. Devemos confessar a Deus pedindo perdão, porque ele é a primeira vítima da nossa ira (1João 1.9). Deus, com seu amor e sua misericórdia, prometeu perdoar-nos o pecado da ira e nos purificar dele. Isso não significa que iremos nos tornar seres débeis e invertebrados, sem coragem nem valor. Significa que o temperamento antes aliviado pela ira agora se torna um meio de bênção. É exatamente o que Jesus pretende expressar quando diz: "Bem-aventurados os humildes [os mansos, RVR]".

O mandamento da reconciliação (v. 23,24). Essa é a única passagem na Bíblia em que essa forma verbal aparece (gr. *diallágēthi*), pois a palavra grega mais comum para reconciliação no Novo Testamento é *katallássō* ("pôr alguém em paz com Deus", "reconciliar"). No original, essa palavra mostra a necessidade de uma concessão mútua quando há hostilidade mútua. É a dimensão horizontal da reconciliação. Essa passagem faz parte do Sermão do Monte, e aqui Jesus dá instruções sobre como restaurar o relacionamento entre irmãos, quando este é interrompido. Note-se que o contexto é a relação do ser humano com Deus no ato da adoração e da oferta. Jesus está dizendo que Deus prioriza a necessidade de reconciliação prática entre os cristãos, não uma amostra de dedicação a ele por meio de ofertas. Note-se também que a passagem indica que a pessoa que se acredita inocente tem a responsabilidade de tomar a iniciativa na busca da reconciliação. A exortação de Jesus é: "vá primeiro reconciliar-se". A reconciliação mútua é uma prioridade em qualquer outro exercício de piedade ou de ministério. Essa reconciliação significa muito mais que não ser inimigo. É uma experiência positiva e envolve a prática do amor cristão, o reconhecimento mútuo e a ação cristã conjunta. Note-se ainda que a advertência dos v. 23 e 24 não é dirigida apenas aos judeus, mas a nós.

A parábola do adversário (v. 25,26). Essa parábola aparece em Lucas 12.57-59 no contexto dos sinais dos tempos, mas aqui se refere ao sexto mandamento: "Não matarás" (Êxodo 20,13; Deuteronômio 5.17). Jesus eleva a exigência do mandamento no que se refere ao respeito pela vida humana. Não se trata apenas de não tirar a vida do próximo, mas de não o desrespeitar como pessoa humana, ou seja, não o chamar "Racá" (palavra aramaica), que era um insulto ou uma expressão de desprezo (como "idiota"). Hoje, "mata-se" o próximo quando ele é abortado, coisificado, prostituído, manipulado, traficado, torturado ou condenado à morte. O ponto-chave da parábola do adversário (v. 25,26) nesse contexto é semelhante.

No entanto, a parábola apresenta algumas dificuldades de interpretação. Mateus situa a parábola no Sermão do Monte como uma advertência para que o cristão resolva seus conflitos com os oponentes antes que se transforme em litígio. Lucas, por sua vez, situa-a num contexto de crise, como uma parábola de crise, talvez mais fiel à situação original, quando foi contada por Jesus pela primeira vez. Talvez seja a melhor alternativa para sua interpretação. Nesse sentido, a parábola diz: "Nenhuma pessoa em seu perfeito juízo, sabendo que inevitavelmente terá sua causa perdida no tribunal, desejará levar o caso a julgamento. Em vez disso, tentará um acordo com seu adversário". Jesus diz: "Para vocês que estão agora a caminho de um tribunal muito mais importante, é conveniente que se aproximem de Deus em penitência enquanto ainda há tempo". A vida é uma viagem de curta duração, e depois da morte vem o juízo (Hebreus 9.27). Todos nós faríamos muito bem em consertar as coisas entre nós e Cristo antes de chegar ao fim da estrada, para que nosso caso nunca chegue ao tribunal.

Cristo não é o oponente legal de nenhuma pessoa, que é o significado da palavra grega *antídikos* ("adversário num julgamento", "inimigo"), traduzida na NVI por "adversário" no v. 25. "Adversário", nesse sentido, é o que se diz ser o Diabo (1Pedro 5.8). Além disso, Cristo não irá acusar ninguém, judeu ou gentio, diante do Pai (João 5.45), como o Diabo faz o tempo todo (Apocalipse 12.10). No entanto, Cristo dá testemunho de que há um caso contra nós: nossas ações são más (João 7.7). Contudo, ele nos apresenta sua salvação. Se entrarmos em disputa nessas coisas com ele ou as ignorarmos e nosso caso for a julgamento no juízo final, ele nos adverte de que o veredicto não será outro senão "culpado", e a sentença não será menos que eterna (João 3.18,19,36). Portanto, ele nos incentiva a julgar nosso caso por nós mesmos e tentar resolvê-lo ainda nesta vida, para que nunca chegue à corte do juízo final.

Dietrich Bonhoeffer: "Existe [...] apenas uma maneira de seguir Jesus e adorar a Deus, que é nos reconciliando com nosso irmão. Se chegarmos a ouvir a Palavra de Deus e receber o sacramento sem antes nos reconciliarmos com o próximo, faremos isso para nossa condenação. Aos olhos de Deus, somos assassinos. Portanto, 'vá primeiro reconciliar-se com seu irmão; depois volte e apresente sua oferta'. É uma maneira difícil, mas é a maneira que Jesus requer, se quisermos segui-lo. É uma maneira que resulta em bastante humilhação pessoal e em insulto, mas sem dúvida é o caminho para ele, nosso

> irmão crucificado, e, portanto, um caminho para que a graça seja abundante. Em Jesus, o serviço a Deus e o serviço ao menor dos irmãos é um só. Ele percorreu seu caminho, reconciliou-se com seu irmão e ofereceu a si mesmo como o único sacrifício verdadeiro ao Pai. Ainda vivemos na era da graça, porque cada um de nós tem um irmão. Ainda estamos 'com ele no caminho'. O tribunal do juízo nos aguarda, contudo ainda temos a oportunidade de nos reconciliar com nosso irmão e pagar a dívida que temos para com ele. Chegará a hora em que nos encontraremos face a face com o juiz, e então será tarde demais. Nesse momento, receberemos nossa sentença e pagaremos até o último centavo. Mas estamos cientes de que neste momento nosso irmão não está vestido de lei, mas de graça? É a graça que nos permitirá agradar a nosso irmão e pagar nossa dívida para com ele. É a graça que permitirá que nos reconciliemos com ele. Em nosso irmão, encontramos graça diante do trono do julgamento".[10]

"Não adulterarás" (5.27-30)

No segundo caso, Jesus refere-se ao sétimo mandamento ("Não adulterarás", Êxodo 20.14; Deuteronômio 5.18). Jesus tem em mente a tentativa deliberada de pecar, não as pulsações do instinto sexual. Jesus não está condenando o desejo sexual natural e legal. O que ele exige no v. 29 é apenas figurativo e hiperbólico, porque tal ação não removerá o mau pensamento, mas indica que o comportamento do ser humano pode depender de uma rigorosa disciplina pessoal.

Mais uma vez, Jesus eleva o nível de exigência de sua nova lei e vai além da relação sexual ilegítima para explorar a intimidade do ser humano e suas intenções ("no seu coração"; gr. *en tēi kardía autoû*). No conceito grego, o coração não era apenas o centro da circulação sanguínea e era mais que a esfera emocional da natureza humana. Aqui ele se refere ao ser interior, que inclui o intelecto, os sentimentos e a vontade. A palavra é muito comum no Novo Testamento. Vem de uma raiz que significa pulsar. Jesus situa o adultério em dois órgãos muito importantes do corpo: os olhos ("Qualquer que olhar [...]") e no "coração", mais do que no ato carnal. De acordo com Jesus, os olhos e o coração são os dois principais agentes do pecado. Sem dúvida, o que ele diz nos v. 29 e 30 são hipérboles,

---

10. **El costo del discipulado:** la dicotomía entre gracia barata y gracia sublime, p. 146-147.

cujo propósito é chamar a atenção para a gravidade e a seriedade desse pecado — seria insensato interpretar literalmente essas exigências de Jesus.

"Aquele que se divorciar" (5.31,32)

Jesus também menciona o divórcio (v. 31,32). Um homem podia se divorciar de sua esposa se ela "queimasse a comida". Era muito simples e fácil: dava-se uma "certidão de divórcio" (gr. *biblíon apostasíou*; Mateus 19.7; Marcos 10.4), ou seja, uma carta de repúdio. Na verdade, essa certidão era para proteger a mulher contra a raiva ou a violência do marido, que poderia jogá-la na rua sem nenhum tipo de documento que a identificasse ou explicasse sua situação. Isso geralmente resultava em desgraça para a repudiada, quando não acabava na prostituição ou algum tipo de exploração. Foi à luz desse contexto do divórcio que os fariseus perguntaram a Jesus se era lícito divorciar-se. Em resposta a essa pergunta, Jesus interpretou a lei mosaica como uma concessão à dureza do coração humano, reafirmou o ideal divino do matrimônio como união indissolúvel e condenou o novo casamento após o divórcio. De acordo com Jesus, a única justificativa possível para o divórcio era a "imoralidade sexual" (lit., "exceto com base na corrupção ou infidelidade"; Mateus 19.9). Marcos e Lucas não mencionam essa exceção.

"Não jure" (5.33-37)

Os juramentos (v. 33-37) entram na lista. O juramento consistia numa solene invocação a Deus como testemunha da verdade de uma declaração. Jurar pelos céus, pela terra ou por Jerusalém era o mesmo que jurar por Deus. O que está em jogo por trás de um juramento é a verdade. De acordo com Jesus, nenhum tipo de juramento é necessário em seu Reino, porque o novo caráter de seus cidadãos tornará supérfluas as antigas juras, porque eles falarão e agirão sob o império da verdade. A verdade pura e simples sempre valerá mais que qualquer juramento feito por um ser humano mentiroso. Os juramentos são feitos com base na suspeita de ausência da verdade ou para forçar a verdade, mas, quando a verdade prevalece, qualquer recurso humano para garanti-la "vem do Maligno". Quando alguém segue a Jesus, que é a Verdade, nenhuma garantia da verdade inferior a ele fará falta ("céus", "terra", "Jerusalém", "sua cabeça" etc.). A palavra do discípulo deve ser "sim" quando é sim e deve ser "não" quando é não.

O IDEAL DO DISCÍPULO (5.38—6.4)

Jesus deixa de considerar a verdade o eixo do comportamento do discípulo e agora põe a justiça no lugar dela. A justiça, porém, precisa ter um novo centro e uma nova motivação. Deve ser assegurada aos outros por um amor superlativo. A economia antiga procedia do centro dos direitos pessoais, mas a nova procede do centro de uma generosidade não merecida nem necessária da parte do próximo. Ninguém tem direito sobre a bochecha do outro, nem sobre sua túnica ou um quilômetro de seu esforço. Mas para quem age conforme a justiça do Reino o dever é oferecer-lhe a outra face, entregar-lhe também a capa e premiá-lo com um quilômetro extra. Esta é a justiça do Reino: ela sempre vai além do que é esperado ou exigido, sempre vai além da medida de amor requerida, sempre vai além do necessário e faz o que ninguém tem o direito de esperar dela.

Renunciar ao mal (5.38-42)

Jesus considera pecado a lei de talião ou o desejo de vingança (v. 38-42). A palavra "por" (gr. *antí*) encerra a ideia de troca ou substituição ("olho por olho, dente por dente"; v. Êxodo 21.24; Deuteronômio 19.21; Levítico 24.20). Como no caso do divórcio, a lei de talião (lat. *jus talionis*) é uma medida restritiva contra o uso de violência indiscriminada. De alguma forma, estabelecia um limite à compensação por danos recebidos. Na *Mishná*, um pagamento em dinheiro é estabelecido com o mesmo propósito. Em alguns países muçulmanos do Oriente Médio, essa lei ainda está em vigor. A proposta de Jesus é superior e propõe ao discípulo o caminho da não violência ("Não resistam [...]") e a conquista do próximo com a melhor boa vontade. Essa passagem será mais bem compreendida à luz de Romanos 12.17-21. Como discípulos do Rei, fomos chamados para fazer o bem, não para ceder ao mal, especialmente quando expresso de forma violenta.

> **John R. W. Stott:** "O mandamento de Jesus de não resistir ao mal não será usado apropriadamente se for para justificar a fraqueza temperamental, a transigência moral, a anarquia política ou mesmo o pacifismo absoluto. Em vez disso, o que Jesus está exigindo aqui de todos os seus seguidores é uma atitude pessoal com relação àqueles que praticam o mal inspirada na

> misericórdia, não na justiça, que renuncia tão completamente à vingança que arrisca maior sofrimento e mais custoso e que nunca é dominada pelo desejo de prejudicá-los, mas sempre pela determinação de lhes proporcionar o sumo bem".[11]

Amar o inimigo (5.43-48)

Por fim, e em contraste, Jesus aponta para a lei do amor (gr. *agápē*, v. 43-48). A nova justiça atinge seu ponto culminante com o chamado para amar os inimigos. A antiga ordem exigia que o judeu amasse os compatriotas e correligionários. A nova ordem do Reino exige o dever de amar sem distinções de nenhum tipo. Desse modo, todos os que pertencem ao Reino inaugurado pelo Rei tornam-se filhos do Pai, cuja misericórdia é infinita e contempla igualmente os bons e os maus. Contudo, não é suficiente o "amor" que fingem os cobradores de impostos e gentios, que são movidos por interesse e conveniência. O que Jesus exige de seus seguidores é um amor verdadeiramente universal, um amor como o amor de Deus.

Para Jesus, "amor" significa uma boa vontade prática e persistente para com todas as pessoas. Significa cuidar dos outros e buscar o bem deles. A frase "odeie o seu inimigo" não aparece no Antigo Testamento. Pode ter sido um acréscimo ao texto. Retribuir o bem com o mal é a forma diabólica. Retribuir o bem com o bem é a forma humana. Retribuir o mal com o bem é a forma divina. A conclusão de Jesus é contundente (v. 48). Mateus diz que devemos ser "perfeitos", e Lucas, "misericordiosos" (Lucas 6.36). Alguns afirmam que a versão de Lucas é a original. Devemos ser amplos, universais, como é Deus na experiência do amor.

> **William Hendriksen:** "O Senhor está dizendo a seus ouvintes, portanto, que ao imitar os publicanos e os gentios em seu exclusivismo eles estão simplesmente demonstrando não serem melhores que aqueles que consideram inferiores em valor moral e espiritual. Não estão fazendo nada de excepcional, que se destaque ou se mostre extraordinário. No entanto, para receber

---

11. **El Sermón del Monte**, p. 117.

uma recompensa, a justiça dos que desejam ser discípulos de Cristo deve ser 'muito superior' à dos mestres da lei e fariseus".[12]

Ajudar os necessitados (6.1-4)

A passagem de 6.1-18 menciona várias práticas religiosas e expressões da espiritualidade cristã: a esmola (v. 1-4), a oração (v. 5-15) e o jejum (v. 16-18). Para um bom judeu, as três principais obras de uma boa vida religiosa eram justamente a esmola, a oração e o jejum. Jesus reinterpreta essas expressões de piedade da mesma forma que fez com a Lei. Ele propõe uma piedade diferente da dos fariseus, a qual era caracterizada principalmente pela hipocrisia, e da dos gentios, que não passava de formalismo mecânico. Jesus apresenta essas práticas como legítimas se forem levadas a cabo com a motivação correta, não para fingir algo que não é. A passagem anterior (5.21-48) trata das relações do ser humano com seus semelhantes. O que se segue é sobre as relações do ser humano com Deus. Isso inverte a ordem do Decálogo. Cada ponto tem dois refrões, e os três constituem um sermão completo sobre adoração. A ênfase em toda a seção é a indispensável sinceridade na adoração. A adição de certos elementos por Mateus (v. 7-15) é indicação suficiente de que o mais importante é a sinceridade no culto.

Os v. 1-4 apresentam uma dessas expressões de piedade e adoração, que são as esmolas. "Não anuncie isso com trombetas" é metafórico e significa "não publique sua piedade". A hipocrisia sempre significa atuar com exibicionismo. A genuína caridade, porém, é um ato de justiça, o que está longe de ser a atitude dos hipócritas. E essa atitude generosa vai além das ações e das palavras concretas que se ofereçam, porque nasce do coração e da mente e expressa motivações corretas. Essa justiça não exige apenas uma sincera devoção ao Pai celestial, mas também uma confiança ilimitada nele em todas as circunstâncias. O relacionamento profundo com Deus expresso nas esmolas ou na ajuda aos necessitados manifesta profundo interesse pela vida na prática cotidiana.[13]

---

12. **Comentario al Nuevo Testamento:** exposición del evangelio según San Mateo, p. 331.
13. Ibid., p. 358.

CAPÍTULO 6

O SERMÃO DO MONTE (II)

6.5-34; 9.14.15; 11.18,19

Em todo o cap. 6, o Sermão do Monte apresenta a relação do ser humano com Deus. De acordo com Mateus, a ordem dos meios de graça é esta: esmola, oração e jejum (6.1-18), quando, na realidade, o lógico seria jejum, oração e esmola, ou seja, uma ação piedosa conduz a outra até terminar se expressando de maneira prática. No entanto, seguiremos a ordem inversa de Mateus. Tendo já considerado a esmola, resta discorrer sobre a oração e o jejum. Quanto a este, acrescentaremos aqui o comentário de outras passagens concernentes ao mesmo assunto nesse evangelho (9.14,15; 11.18,19). A isso Mateus acrescenta algumas reflexões de Jesus sobre a função pública das pessoas em matéria de dinheiro, posses, comida, bebida, vestuário e ambição (6.19-34).[1]

Na última passagem, várias questões são apresentadas para consideração. A primeira diz respeito ao desafio de Jesus de acumular "tesouros nos céus" (v. 20). A questão dos bens é aqui contrastada com o caráter perecível e efêmero deles, em contraposição ao que é imperecível e eterno, como os tesouros celestes. Com isso, Jesus nos manda cuidar para que o coração não se torne prisioneiro dos tesouros ou bens terrenos, que podem ser legítimos, mas perecíveis. Em contrapartida, seu sábio conselho é que dediquemos toda a atenção possível aos tesouros celestes, que não serão corrompidos pelos fatores que tornam a vida humana volátil e incerta e seus interesses ("a traça e a ferrugem").

---

1. **El Sermón del Monte**, p. 159.

> **John R. W. Stott:** "Só depois de captar com a mente a durabilidade comparativa dos dois tesouros (corruptíveis e incorruptível), a utilidade comparativa das duas condições oculares (luz e escuridão) e a dignidade comparativa de dois mestres (Deus e Mamom), estaremos prontos para fazer nossa escolha. E só depois de ter escolhido (os tesouros nos céus, a luz, Deus) entenderemos o 'portanto eu digo' que é assim que se deve conduzir: 'Não se preocupe com sua própria vida, [...] nem com seu próprio corpo [...]. Busquem, pois, em primeiro lugar o Reino de Deus e a sua justiça' (Mateus 6.25-33). Ou seja, nossa escolha básica sobre a qual dos dois senhores nos propomos servir afetará radicalmente nossa atitude com relação a ambos. Não nos preocuparemos com um (porque o rejeitamos), mas concentraremos nossa mente e nossas energias no outro (porque o escolhemos); nos recusaremos a permanecer absortos em nossos interesses e, em vez disso, 'buscaremos primeiro' os interesses de Deus".[2]

São palavras que têm uma dimensão espiritual profunda para a vida de todos os discípulos de Jesus. O resumo de todo esse ensino do Mestre está no v. 33: "Busquem [...] em primeiro lugar o Reino de Deus e a sua justiça, e todas essas coisas serão acrescentadas a vocês". Parece evidente que Jesus ensina o que deve ser prioridade na vida de um verdadeiro seguidor dele. Se o primeiro ocupa o "primeiro lugar", então o segundo (necessidades materiais) será substituído pelo Pai e virá como acréscimo. Ele sabe de que precisamos. A essa declaração é adicionado um elemento muito importante, que é "a sua justiça".

> **John A. Broadus:** "Isso significa a justiça pessoal exigida pelo nosso Pai nos assuntos do reinado messiânico e dos quais eles devem ter fome e sede (5.6); que deve ser maior que a dos mestres da lei e fariseus (5.20) e se estender não apenas a atos externos, mas à vida interior de propósito e desejo (5.21-48); que deve ser praticada não para obter louvores dos homens, mas, sim, a aprovação e as recompensas do Pai que está nos céus (6.1-18)".[3]

Desse modo, "a justiça do Reino é uma dádiva de Deus que permite aos homens viver em relacionamentos harmoniosos e corretos de acordo com a

---

2. Ibid., p. 167.
3. **Comentario sobre el evangelio según Mateo**, p. 197.

intenção de Deus para seus filhos".[4] Esse princípio é claro em Mateus. Viver de acordo com a justiça de Deus significa fazer a vontade dele. Essa vontade deve ser expressa num relacionamento pessoal renovado com Deus e com os semelhantes e na atitude para com os bens materiais. O princípio da autêntica adoração cristã a Deus baseia-se numa vida piedosa, caracterizada por uma espiritualidade do tipo que Jesus esboça nesse capítulo de Mateus.

A ESPIRITUALIDADE DO DISCÍPULO (6.5-18)

Quando falamos de espiritualidade nessa passagem, referimo-nos a ela num sentido mais estrito. Na tradição cristã, a espiritualidade envolve um relacionamento pessoal com Cristo, por meio de disciplinas espirituais, e está sempre relacionada com um contexto histórico específico. A espiritualidade cristã parte da experiência da fé, não de sua racionalização. Além disso, essa espiritualidade implica o cultivo de um estilo de vida consistente com o Espírito do Cristo ressuscitado no interior do crente e com a condição de membro do Corpo de Cristo. Isso significa que a espiritualidade cristã diz respeito ao nosso modo de ser cristão, em resposta ao chamado de Deus feito por intermédio de Jesus Cristo e no poder do Espírito Santo. É a vida no Espírito Santo, que incorpora o cristão no Corpo de Jesus Cristo e por meio de quem o cristão tem acesso a Deus, o Criador, numa vida de fé, esperança, amor e serviço. A espiritualidade cristã, portanto, é trinitária, cristológica, eclesiológica, pneumatológica e escatológica. Está arraigada à vida do Deus trino, centrada em Jesus Cristo, localizada na igreja, respondendo permanentemente ao Espírito Santo e sempre orientada para a vinda do Reino de Deus em sua plenitude no final da história humana. A espiritualidade cristã é também visionária, sacramental, relacional e transformadora. É precisamente a linha que traça esse duplo compromisso — tanto para a interioridade do ser como para a exterioridade da fé compartilhada com os outros — que dá direção e significado à autêntica espiritualidade cristã. A espiritualidade cristã autêntica é um verdadeiro diálogo criativo e redentor entre o crente e seu Criador, do qual também participam ativamente o eu pessoal, o próximo e o restante do mundo criado. A verdadeira espiritualidade, longe de nos alienar de um

---

4. Juan DRIVER, **Siguiendo a Jesús:** comentario sobre el Sermón del Monte, Mateo 5—7, p. 99.

mundo em necessidade, envia-nos de volta a ele num compromisso total com a missão que nos foi confiada. Quais os elementos dessa espiritualidade, de acordo com Jesus?

A oração (6.5-15)

Em Mateus 6, encontramos a versão completa da oração de Jesus. Geralmente, é chamada Oração do Pai-nosso ou Oração do Senhor, e é certo chamá-la assim, porque é a oração que devemos fazer na companhia de nosso Senhor. Quando fazemos essa oração, contamos com sua presença pessoal. É ele quem põe as palavras em nossos lábios. Não que ele faça essa oração conosco, porque ele não pode orar: "Perdoa as nossas dívidas". O grande milagre de toda a vida de Jesus era que ele não tinha pecado. No entanto, por seu poderoso sacrifício, ele se aproxima de nós e nos une a ele. E isso é possível porque o Pai "tornou pecado por nós aquele que não tinha pecado, para que nele nos tornássemos justiça de Deus" (2Coríntios 5.21). Com respeito a essa oração, há duas questões a serem consideradas.

O dever de orar. À luz dessa passagem, há sete questões que surgem do ensino de Jesus sobre a oração. Se queremos, de fato, que nossa oração seja uma expressão autêntica de nossa comunhão com o Senhor, faremos bem em levar em conta essas sete questões.

Jesus presume que vamos orar. Jesus não está nos mandando orar. Sua linguagem não é exortativa nem imperativa. Com essas palavras, Jesus não ordena a oração como um exercício obrigatório de nossa fé. O apóstolo Paulo várias vezes nos deixou o imperativo de orar: "Orem continuamente" (1Tessalonicenses 5.17); "Orem no Espírito em todas as ocasiões" (Efésios 6.18); "Quero [...] que os homens orem em todo lugar, levantando mãos santas, sem ira e sem discussões" (1Timóteo 2.8). Pedro exorta-nos: "[...] sejam criteriosos e estejam alertas; dediquem-se à oração" (1Pedro 4.7). Tiago aconselha: "Orem uns pelos outros para serem curados" (Tiago 5.16). Jesus, porém, nunca nos mandou orar, porque a oração tem de ser a expressão natural de nossa fé. Como diz Emil Brunner: "A fé vive pela oração, e pode-se dizer que, no fundo, crer é o mesmo que orar".[5]

Portanto, ele não diz: "Você tem de orar", ou: "É seu dever orar". Também não está dizendo: "Se você orar..." ou: "Caso você venha a orar...". O que ele

---

5. **Nuestra fe**, p. 92.

está dizendo é: "quando vocês orarem..." (v. 5). Ele supõe que vamos orar todos os dias, porque há petição que dura apenas um dia. Cada dia requer a oração desse dia. E essa oração deve ser *diária*: não podemos deixar passar um dia sem orar. Precisamos da oração todos os dias. Essa oração deve ser *pelo dia*: não é necessário nem sábio adicionar as preocupações de hoje às de amanhã. Como diz Alexander Soljenítsin: "Você não precisa pedir um pacote ou uma porção extra de sopa em oração. O que as pessoas põem no lugar mais alto é abominável aos olhos do Senhor. Devemos rogar pela alma, para que o Senhor afaste nosso coração do mal". Essa oração deve ser *singular*, irrepetível: o Senhor nos exorta a evitar a repetição (v. 7). Diz Ramón Gomez de la Serna: "Na oração, a eloquência se retrai, e a retórica é uma lâmpada sem óleo. Caem sobre nós como pedras pesadas as palavras excedentes, e se tivermos consciência nos sentiremos abatidos de tê-las dito". Jesus disse: "Vocês, orem assim [...]". Se seguirmos o modelo de Jesus, oraremos todos os dias, apenas pelo dia e sem repetições. Com isso, haverá um extraordinário frescor em nossas orações.

Jesus criou uma oração para seus discípulos. A Oração do Senhor não é para o mundano. Ela faz parte do Sermão do Monte e é uma das peças magistrais do ensino de Jesus sobre o Reino, destinada a seus seguidores. Jesus não pregou o Sermão do Monte para a multidão (4.25—5.1). Ele se afastou da multidão para ensinar seus discípulos: "[...] Jesus subiu ao monte e se assentou. Seus discípulos aproximaram-se dele, e ele começou a ensiná-los [...]" (5.1,2). Há certos ensinos de Jesus que são exclusivos de seus discípulos. O ensino sobre a oração é um deles.

Assim, a Oração do Senhor é apenas para seus discípulos. São os discípulos que acorrem a ele até o cume do monte. Jesus se dirige a eles, não à multidão. Por isso, quando ele diz: "Vocês, orem assim [...]", está falando com seus discípulos, não à multidão. Na verdade, se analisarmos o conteúdo da oração-modelo, perceberemos que só um fiel seguidor de Jesus pode fazer uma oração como essa. José Míguez Bonino afirma: "A oração não tem por objetivo convencer Deus a nos escutar (como acreditavam os pagãos), e sim apresentar-nos diante do Deus que nos ouve, porque é nosso Pai por Jesus Cristo, tal como somos, com nossas necessidades".[6]

---

6. **El mundo nuevo de Dios:** estudios bíblicos sobre el Sermón del Monte, p. 47.

Jesus criou uma oração para o tempo presente. É uma oração pertinente com o agora de nossa vida. Alguns pensam que não se trata de uma oração para hoje, para o tempo em que vivemos. Creem que seja para um tempo que já passou ou que é a oração a ser feita depois que o Reino de Deus estiver estabelecido na terra. Nosso Senhor ensinou-nos a orar em todo tempo, e essa oração é válida para todos os tempos. Portanto, é uma oração pertinente com o "aqui" de nossa existência. Note-se que essa oração deve ser feita no monte. O Senhor subiu ao monte e, depois que se sentou, seus discípulos aproximaram-se dele, e ele os ensinou a orar. A única maneira de fazer essa oração é subindo ao monte com o Senhor e ficar com ele numa comunhão relaxada e silenciosa.

Jesus criou uma oração para qualquer hora. Essa é a oração da manhã. Pela manhã, oramos para planejar o dia que começa. Pela manhã, oramos para dedicar cada hora desse dia à glória de nosso Senhor. Dietrich Bonhoeffer orava: "Oh, Deus!/ No início da manhã, clamo a ti./ Ajuda-me a orar,/ E a pensar só em ti./ Não posso orar sozinho".[7] Mas essa também é a oração da noite. Para os judeus, o dia começava às 6 horas da tarde. Podemos imaginar o Senhor subindo ao monte ao entardecer, ao começar um novo dia, e orar: "Dá-nos hoje o nosso pão de cada dia". Cada hora do dia deve ser ocasião e oportunidade de orar, submetendo cada minuto da vida ao senhorio amoroso e providencial do Senhor. Søren Kierkegaard dizia: "Se você não respira, morre. Da mesma forma, se você não ora, morre espiritualmente. A oração é o meio para a renovação e a multiplicação da vitalidade espiritual do ser humano".

Jesus criou uma oração simples. Por um lado, chama-nos a atenção sua simplicidade. A Oração do Senhor é muito simples: uma criança pode aprendê-la e repeti-la. Mas também pode ser feita por um ancião. É uma oração acessível a todos: ricos e pobres, cultos e incultos. É uma oração muito pessoal, que pode ser expressa com nossas palavras e em linguagem não rebuscada. Benito Pérez Galdós ressalta: "Sei o que é a oração: uma súplica grave e reflexiva, tão pessoal que não prescinde de fórmulas memorizadas. É uma expansão da alma que se atreve a estender-se até encontrar sua origem". Por outro lado, chama-nos a atenção sua brevidade. A oração é muito curta: não é como a dos fariseus ou a dos pagãos (v. 7,8) A verdadeira oração vai direto ao ponto e não é permeada por expressões vazias ou modismos ineficazes.

---

7. **Letters and Papers from Prison**, p. 167.

Há duas razões pelas quais uma oração pode ser curta: ou porque estamos muito longe ou porque estamos muito perto.

Jesus criou uma oração de adoração. A adoração é um componente fundamental da oração. Esta é a finalidade da oração: adorar ao Senhor. "Adoração" vem de latim *ad oratio* e significa "à oração", isto é, "convite à oração". A verdadeira adoração é uma oração, e toda oração deve ser uma adoração ao Senhor. Não oramos para informar o Senhor de nossa lista de necessidades (como a lista que levamos para o supermercado). Oramos para dizer: "Santificado seja o teu nome". Portanto, devemos orar adorando ao Senhor. "Clamamos: '*Aba*, Pai'" (Romanos 8.15; Gálatas 4.6). "Clamar" significa "orar", e "*Aba*, Pai" dirige nossa atenção à Oração do Senhor, o Pai-nosso. Quando o Espírito Santo controla nosso coração, ele nos ensina a orar, dizendo: "*Aba*, Pai". Ele nos leva a orar a Oração do Senhor, isto é, a orar como o Senhor quer que oremos. Não conseguiremos orar de maneira correta, a menos que o Espírito de adoção, aquele que nos torna filhos de Deus, nos ensine a fazê-lo.

Jesus criou uma oração inacabada. Pode-se ver que não há nada de extraordinário nessa oração. Não há doxologia, nada de especial ou relacionado com algum acontecimento espetacular ou sobrenatural. O motivo é que a oração está inacabada. Na verdade, é apenas a introdução à oração. A Oração do Senhor é aberta. E está aberta para que adicionemos nossos louvores e ações de graças. Está aberta para que acrescentemos nossos pedidos pessoais e nossas intercessões. A igreja primitiva entendeu isso e a enriqueceu com a adição das seguintes palavras finais: "[...] porque teu é o Reino, o poder e a glória para sempre. Amém". Cada geração de crentes deve retornar à Oração do Senhor para enriquecê-la com os próprios pedidos e louvores.

A prática da oração. Os judeus (e também os muçulmanos) oravam em público e a certas horas do dia. De acordo com Jesus, isso era hipocrisia, porque eles não oravam a Deus, mas para o público. O segredo da oração (ainda de acordo com Jesus) é a oração em segredo. O "muito falar" (v. 7) resulta em oração vazia e desprovida de sentido. Alguns pensam que Deus deve ser "vencido pelo cansaço"; por isso, quanto mais repetição, melhor ("não fiquem sempre repetindo a mesma coisa"). A oração não é para informar a Deus o que está acontecendo conosco, mas para convencer nosso coração e nossa mente de que ele já sabe tudo (v. 8). Isso nos leva a fazer três perguntas.

Como orar (v. 5-8)? Jesus praticava a oração solitária (Marcos 1.35; 6.46; Lucas 5.16 etc.). Contudo, ele não condena a oração pública, como a oração na igreja, uma vez que ele mesmo a praticava (Mateus 11.25; Lucas 11.1 etc.). O que o Senhor está condenando nesses versículos são as orações particulares feitas em lugares públicos. É bem possível fazer da oração privada um espetáculo religioso, não tanto para os outros, mas para nós mesmos.

> **Dietrich Bonhoeffer:** "Sem dúvida, ainda há um perigo aqui. Uma oração desse tipo pode buscar a autoexposição, pode tentar trazer luz ao que está oculto. Isso pode acontecer na oração pública, que às vezes (embora não seja tão comum nos dias atuais) degenera em ruído vazio. Contudo, não há diferença; é ainda mais pernicioso se eu mesmo me tornar um espectador de minha oração encenada, se der um espetáculo em meu próprio benefício. Posso me divertir como um espectador satisfeito ou posso me descobrir orando e me sentir estranho e envergonhado. O público da praça contribui apenas de uma forma um tanto ingênua, que é a publicidade que proporciono a mim mesmo. Mas posso me apoiar numa bela demonstração para mim mesmo, ainda que na privacidade de meu quarto. Até esse ponto, podemos distorcer a palavra de Jesus. A publicidade que procuro, então, é proporcionada pelo fato de que sou ao mesmo tempo aquele que ora e o que observa. Ouço minha oração e, portanto, respondo à minha oração. Não nos contentamos em esperar que Deus responda às nossas orações e nos mostre, no tempo dele, que nos ouviu. Em vez disso, nós mesmos damos a resposta. Observamos que oramos de maneira adequada, e isso substitui a satisfação da resposta à oração. Já temos nossa recompensa. E, já que ouvimos a nós mesmos, Deus não nos ouvirá. Depois de receber nossa recompensa pública, não podemos esperar que Deus nos dê muita recompensa a mais".[8]

A quem orar (v. 9a)? Não oramos a uma estátua de mármore, gesso ou madeira, que tem ouvidos, mas não ouve (Isaías 44.6-23), nem a um ser espiritual superior distante no cosmo, cuja mente está ocupada com outras coisas e não pode atender às insignificâncias humanas (como acreditavam os deístas do séc. XVIII). Também não oramos a um Deus insensível ou tão perfeito

---

8. **El costo del discipulado:** la dicotomía entre gracia barata y gracia sublime, p. 185.

que torna o acesso a ele impossível. De acordo com Jesus, oramos a nosso "Pai" celestial. Essa cláusula expressa quanto Deus pode estar próximo de nós sem nos deixar perceber sua transcendência. Ter Deus como nosso Pai é aceitar uma familiaridade santa e amorosa, ao mesmo tempo que reconhecemos sua grande majestade ("que estás nos céus"). Nesse sentido, oramos a alguém que se declara nosso Pai, mas que é muito diferente de nossos pais na carne. O conceito de paternidade divina é o que aprendemos com o próprio Cristo e é único. Portanto, é a esse Pai — que conhecemos e que chega a ser "nosso" em Cristo e por meio dele — que oramos.

> **Emil Brunner:** "Deus é o Pai, e isso significa que ele ouve. E há uma relação recíproca entre ele e nós, entre nós e ele. Deus espera nossa oração e não quer fazer isto ou aquilo sem que o peçamos. Por quê? Simplesmente porque ele não quer agir sem contar conosco, e sim por meio de nós como seus instrumentos. Ele quer nos estender seu Reino. Por esse motivo, nossa oração torna possível no céu o que antes não era. Acreditar nisso e orar assim é sem dúvida a ação mais ousada de um ser humano".[9]

O que orar (v.9b-15)? Os v. 9-13 apresentam a oração dos discípulos, mais conhecida como Oração do Pai-nosso ou oração-modelo. É possível que essa oração contenha a ideia dos Dez Mandamentos. Se for assim, as três primeiras petições referem-se a Deus, ao passo que as outras três dizem respeito ao próximo. De todo modo, a versão de Mateus é diferente da de Lucas (11.1-4). Há diferenças nas palavras e em algumas expressões. Mateus diz: "Pai nosso, que estás nos céus!"; Lucas apenas diz: "Pai" (gr. *patér*); Mateus diz: "Dá-nos hoje o nosso pão de cada dia"; Lucas diz: "Dá-nos cada dia o nosso pão cotidiano". Mateus fala de "dívidas"; Lucas fala de "pecados". Além disso, há uma diferença entre o tempo grego utilizado por Mateus ("Dá-nos [...]") e o utilizado por Lucas (lit., "Continua a nos dar [...]"). No v. 9a, a invocação "nosso" indica que se trata de uma oração coletiva, não individual.

Seis petições se seguem à invocação: três para a glória de Deus (v. 9b,10) e três pelas necessidades humanas (v. 11-13). De acordo com os v. 9b e 10, os judeus criam na chegada do Reino de Deus. Jesus disse: "O tempo é chegado".

---

9. **Nuestra fe**, p. 94.

Oramos para que a obra iniciada por Jesus seja concluída, e concluída por meio de nossa obediência à sua vontade revelada. No v. 11, o que significa "o nosso pão de cada dia"? Há várias respostas. Pode ser o necessário para nossa subsistência; o necessário para o dia seguinte; o necessário para nossa nutrição espiritual, não material; o necessário para o dia, ou seja, para o que pertence ao dia. O dar é seguido pelo perdoar (v. 12). "Dívidas" aqui se referem a pecados. Mas há uma condição: devemos perdoar nossos irmãos. A palavra "como" em Mateus dá margem a certa confusão, pois sugere que Deus só nos perdoa na medida em que perdoamos os outros. A cláusula "pois também perdoamos" de Lucas (11.4) é mais clara.

A palavra "tentação" (gr. *peirasmós*), do v. 13a, tem dois sentidos: um neutro e um ruim. No primeiro caso, é igual a "prova". No segundo caso, seria "tentação para o mal". Só o primeiro caso pode ser usado aqui. O significado seria: "Livra-nos do mal ou do que é ruim". Deus não pode nos tentar a fazer algo ruim. Alguns dizem tratar-se de uma expressão semítica que significa "Não nos permita cair na tentação". Alguns salmistas costumavam pedir tentações para que sua justiça pudesse ser provada. Jesus talvez esteja dizendo que não devemos pedir esse tipo de prova. A doxologia (v. 13b) não figura como parte da oração. Qual das duas versões (Mateus ou Lucas) é a original? Difícil dizer, mas a Igreja sempre preferiu a versão de Mateus. Quase toda a oração tem suas raízes em outras orações judaicas. Dessa forma, valendo-se de material da tradição, Jesus elaborou uma oração perfeita e singular. Sua originalidade reside em sua brevidade, ordem e universalidade.

Os v. 14 e 15 são um complemento à petição do v. 12, no qual se destaca a importância do perdão (v. 5.6,38-42). Note-se que não se trata de uma condição para obter o perdão de Deus. Perdoar o próximo é sinal de que o perdão de Deus de fato nos alcançou. Martinho Lutero, em seu *Catecismo maior*, expressa-o nestes termos: "Se você perdoar, terá o consolo e a garantia de que será perdoado no céu. Não será por você ter perdoado, pois Deus o faz completa e gratuitamente, pela mera graça, por haver prometido, como ensina o evangelho; porque ele queria nos dar isso para fortalecimento e segurança, como indicativo da verdade, ao lado da promessa que concorda com essa oração".[10]

---

10. Martín LUTERO, **Obras de Martín Lutero**, v. 5, p. 124; v. tb. Martín LUTERO, **El Padrenuestro**, p. 96-99.

O jejum (6.16-18; 9.14,15; 11.18,19)

Os fariseus consideravam o jejum uma obra meritória e jejuavam duas vezes por semana (Lucas 18.12). Até mesmo os discípulos de João Batista faziam o mesmo (Marcos 2.18). Jesus condenava a prática ostensiva dos fariseus, mas aceitava o jejum de seus discípulos, assim como presumia que eles iriam orar, mas os instruiu a jejuar "em secreto" e discretamente (Mateus 6.16-18). Ele mesmo praticou o jejum em pelo menos uma ocasião muito importante (Mateus 4.2) e, em conjunto com a oração, recomendou-o como preparo no ministério de libertação (Marcos 9.29). No entanto, não parece ter estabelecido nenhuma regra para o jejum e até justificou o fato de seus discípulos não jejuarem, como faziam os discípulos de João Batista e os fariseus (Marcos 2.18-20).

Um jejum secreto (6.16-18). Após o acréscimo dos v. 14 e 15, retornamos à terceira ilustração da adoração verdadeira, que é o jejum (v. 16-18). Jesus não condena o jejum, mas diz que quem jejua com o coração contrito fará seu jejum conhecido apenas por Deus. O jejum é um sinal de arrependimento e conversão (Marcos 1.4), mas é preciso distinguir entre o falso jejum e o verdadeiro (Isaías 58.5-9). Quando o jejum expressa um autêntico retorno a Deus, resulta em mudança de vida. Qualquer outra coisa é falsa. Valer-se de uma "aparência triste" ou "mudar a aparência do rosto" (lit., "alterar o rosto" cobrindo-o com cinzas ou com pó) são típicas ações dos "hipócritas" e não têm nenhum valor. João Batista já havia denunciado esse mimetismo religioso hipócrita (3.8; Lucas 3.10-15). Jesus, porém, vai mais longe ao salientar que o arrependimento deve produzir alegria ("arrume o cabelo e lave o rosto", sinais de alegria que haviam sido proibidos nos dias de jejum e de penitência). O jejum cristão é uma expressão de alegria por causa de Cristo (Marcos 2.18-20; Lucas 7.10; 19.6-10), porque nele Deus nos converte e nos perdoa. O arrependimento cristão (e o jejum que o expressa) não é um ato mórbido de autoflagelação ou de mortificação, e sim uma entrega confiante ao Pai nos céus, que por meio de Cristo nos oferece o perdão e a vida abundante. Por isso, é como a alegria de uma festa de casamento.

Um novo jejum (9.14,15). Os v. 14 e 15 apresentam o questionamento de alguns discípulos de João sobre o jejum e a resposta de Jesus a eles. Muitos acreditavam que o jejum devia ser parte do estilo de vida de Jesus, se ele era mesmo o Messias, como alegava. Obviamente, era o caso dos discípulos de João Batista com relação à sua expectativa. Era também o caso dos fariseus, que se destacavam precisamente por sua fidelidade e meticulosidade em todos os tipos de jejum (Lucas 18.11,12). No entanto, em ambos os casos o jejum que praticavam e esperavam que Jesus praticasse era o tradicional e religioso. Esse jejum era sinal de lamentação e dor, de contrição e remorso. Jesus, porém, afasta-se da tradição dos fariseus e de João Batista e passa a se destacar mais por sua disposição para festas que por uma inclinação ao jejum. Ele se definiu assim: "Veio o Filho do homem comendo e bebendo" (Mateus 11.19), e seus críticos o acusavam de ser "comilão e beberrão" (Mateus 11.19; Lucas 7.34). De acordo com Jesus, o tempo do Reino não é de lamento, mas de celebração. A era do Reino inaugura um tempo de celebração e de alegria, uma época de tanta alegria quanto a que acompanha uma festa de casamento.

Um jejum desnecessário (11.18,19). Nesses versículos, Jesus parece estar se referindo à atitude dos fariseus com relação ao jejum. Tem-se a impressão de que eles não entendiam que o valor do jejum depende da intenção e da forma em que era realizado. Nem todos entendem corretamente o significado do jejum religioso. No antigo Israel e ao longo da história do testemunho cristão, muitos praticaram o jejum como uma espécie de obra meritória ou sacrifício para atrair a misericórdia de Deus ou obter dele alguma bênção. Com muita frequência, o jejum tornou-se um meio de exaltação pessoal e de atrair a atenção dos outros para a piedade pessoal. Os profetas condenavam esse tipo de atitude hipócrita e diziam que o jejum seria inútil se não fosse acompanhado de um desejo sincero de ordenar a vida em conformidade com a vontade de Deus (Isaías 58.3-7; Jeremias 14.12). O jejum também é inútil quando praticado apenas para exaltar a pessoa humana (Mateus 6.16). Mas nem os profetas do Antigo Testamento nem o próprio Jesus condenam o jejum, e sim sua prática hipócrita. O jejum é um exercício que contribui para a saúde espiritual e a disciplina cristã. Jesus nunca revogou o jejum. Pelo contrário, ele mesmo o praticou como preparação para seu ministério (Mateus 4.1-11) e antecipou que seus discípulos jejuariam (Mateus 9.15).

Por isso, é necessário ter em mente que Jesus, com essas palavras, não pretende discutir a validade do jejum na vida da Igreja e dos crentes. Não era propósito de Jesus ensinar sobre o jejum, mas ilustrar a alegria que ele proporciona com o anúncio do Reino de Deus. Suas palavras não são a base para a piedade e espiritualidade cristãs. Seu propósito é descrever vividamente o Reino e o papel de Jesus nele.

A vinda de Jesus corresponde à chegada de uma alegre revolução, da grande festa de Deus para os últimos tempos. A festa era uma ocasião mais importante para o palestino mediano do século I que para nós, que vivemos no influxo bem alimentado do século XXI (pelo menos no Ocidente). Era algo realmente esperado e desfrutado. A vinda do Reino no ministério de Jesus foi uma ocasião semelhante, porém muito mais em razão de que a festa anunciada por Jesus era a grande e definitiva festa de Deus, que porá fim a todas as outras e que ninguém deve perder, custe o que custar.

OS VALORES DO DISCÍPULO (6.19-24)

Depois de ilustrar a qualidade da "justiça" requerida pelo Reino de Deus, tanto nas relações com o próximo (5.21-48) quanto na adoração e na espiritualidade cristãs (6.1-18), Jesus mostra nessa passagem o que significa receber Deus como Senhor também das coisas exteriores e comuns da vida humana. Com isso, completa-se todo o aspecto do ensino de Jesus sobre a verdade de que tudo deve estar sob a soberania de Deus e subordinado a ele. Os parágrafos que Mateus reúne aqui (como Lucas mostra) foram declarações feitas por Jesus em várias ocasiões. No entanto, elas constituem uma unidade. Os v. 22 e 24 apresentam duas breves parábolas sobre o mesmo tópico. Toda a passagem trata da posse de riquezas e parece destinada a pessoas ricas.

Tesouros verdadeiros no céu (6.19-21)

O primeiro parágrafo (v. 19-21) poderia ser intitulado "Tesouros verdadeiros" ou "Ricos para com Deus". A vida que se condena aqui é aquela semelhante à do jovem rico (19.16-22). A raiz de todos os males não é o dinheiro, e sim o amor ao dinheiro (1Timóteo 6.10). Jesus ilustra esse fato no parágrafo seguinte com duas parábolas: a visão clara (v. 22,23) e a lealdade exclusiva (v. 24), ou o olho sincero e o serviço sincero. A palavra traduzida por "ferrugem" indica apenas a ação de "comer" ou "corroer" (gr. *Brōsis* — da raiz de *Bibrōskō* — forma prolongada e reduplicada de um termo primário arcaico) e pode se referir à ação da ferrugem ou de um inseto ("traça"). No primeiro caso, diz respeito aos metais acumulados; no segundo, talvez se refira a vestes caras. Os ladrões, por sua vez, abrem buracos nas frágeis paredes de adobe.

Os v. 19 e 20 parecem proibir qualquer posse de riqueza. No entanto, não parece que Jesus esteja exigindo tal coisa de seus discípulos. Na verdade, havia alguns discípulos ricos que o ajudavam em suas necessidades (Lucas 8.3; 10.38), e homens ricos, como Mateus e Zaqueu, não parecem ter renunciado a suas posses (Marcos 2.15; Lucas 19.8). A história do jovem rico não pretende ser um modelo obrigatório para todos os cristãos; trata-se de um caso específico (Marcos 10.21-23). O v. 20 esclarece o significado do v. 19. Jesus usa uma ideia comum entre os judeus de sua época. Dizia-se que quem praticava a justiça (no sentido de obras de caridade) acumulava "tesouros no céu", uma espécie de capital que estaria à disposição dele ali. Mas ele usa a expressão e a contrapõe aos "tesouros na terra". E, ao contrário do que pensavam os fariseus, que acreditavam num investimento terreno adequado com vistas a um generoso reembolso celestial, Jesus tinha uma proposta diferente (cf. v. 1-18). No pensamento dele, tudo que possuímos na terra está sujeito à corrupção e é transitório. Qual é a única coisa que resta (Hebreus 10.34) e que não pode ser tirada de nós (v. 20)?

O v. 21 contém uma resposta implícita: o coração (o ser interior). Para os hebreus, o coração representava o todo da personalidade, o conjunto de impulsos humanos e a soma dos melhores desejos e propósitos da vida. Jesus então pergunta: "Para onde está orientado o coração humano?". Porque o importante é para onde o coração se inclina (Mateus 5.8; Marcos 7.21). Se a vontade e o coração estiverem direcionados para Deus, para o céu, encontrarão o melhor e o mais seguro dos tesouros. O coração procurará seu tesouro e sua possessão no céu, e a vontade irá acompanhar essa busca. Desse modo, a pessoa acabará possuindo o mais precioso dos tesouros, porque é eterno (13.44-46; Lucas 16.1-12). O tesouro no céu não é outra coisa senão o Reino de Deus. A grande questão nesses versículos é se somos governados por Deus ou dominados pelas riquezas. Os ais de Jesus contra os ricos (Lucas 6.24; 16.25) e as sérias alegações de Tiago (Tiago 5.1-6) seguem o mesmo raciocínio: quem fizer das riquezas seu senhor e lhe prestar obediência estará excluído do Reino de Deus. É por isso que Paulo considera a avareza "idolatria", porque se trata de adoração a um falso deus (Colossenses 3.5).

Visão clara na terra (6.22,23)

Não se pode olhar para o céu e para a terra ao mesmo tempo. É preciso olhar para um único ponto. É a isso que se refere a parábola da lâmpada do corpo (Mateus 6.22,23; v. Lucas 11.34-36). Jesus contou essa parábola aos líderes do povo, que eram tão ou mais cegos que o povo com relação ao juízo divino iminente. Mais de uma vez, Jesus acusou os mestres da lei e os fariseus de cegueira espiritual (Mateus 23.16-24). A parábola condena a miopia desses líderes. Era de esperar que, como tal, eles fossem pessoas esclarecidas. Mas "o pior cego é aquele que não quer ver". Os mestres da lei e os fariseus eram assim: não queriam ver. A medida de suas "trevas" era tal que, quando os sinais da visitação suprema de Deus em Jesus, o Messias, tornaram-se patentes, eles se mantiveram obstinadamente cegos diante das evidências. De acordo com Jesus, o caso deles era o do "cego guiando outro cego" (Mateus 15.14; Lucas 6.39). O desfecho não poderia ser outra coisa senão o desastre.

A cegueira interna ou espiritual é indício de dureza de coração. Não se trata de mera ignorância dos fatos ou de falta de recursos intelectuais para interpretar a realidade. Essa cegueira expressa uma forma de rebelião e indica a ausência de uma disposição adequada para crer em Deus e acreditar nele. O povo, especialmente os líderes religiosos da nação, estava celebrando e dançando em cima de um vulcão prestes a explodir. O que estava por vir era tão terrível quanto a catástrofe que soterrou Sodoma e Gomorra (Lucas 17.28,29). O Dilúvio que estava se formando destruiria tudo que na época parecia oferecer segurança e estabilidade (Mateus 24.37-39; Lucas 17.26,27).

A lealdade exclusiva ao Reino (6.24)

Também não é possível servir a dois senhores. "Servir" aqui significa "ser escravo". Como o escravo só pode servir a um senhor, é melhor ser escravo de alguém (Deus), não de algo ("Dinheiro", as riquezas). A ilustração do v. 24 é simples. A lei que regia as relações entre escravos e senhores permitia que um escravo, em certos casos, tivesse dois senhores, e esse costume gerava situações de infidelidade. Pela perspectiva de Jesus, só se podia ter um único senhor. As duas situações previstas em caso contrário ("odiará um e amará o outro, ou se dedicará a um e desprezará o outro") na verdade significam a mesma coisa, ou seja, a inclinação para que um deles ocupe o primeiro lugar e relegar o outro a segundo plano, em termos de lealdade.

"Dinheiro" (gr. *mamōnāi*) remete a um vocábulo caldeu, sírio e púnico equivalente ao *Plutus* (Plutão) latino, que designa o deus do dinheiro. Nesse caso, a palavra é uma simples referência aos bens materiais, tudo que alguém poder ter como sua propriedade. Essa palavra nem sempre é usada em sentido negativo, mas aqui sim, pelo fato de as riquezas serem nocivas quando disputam com Deus o direito sobre o coração do ser humano. O significado da comparação é claro: os discípulos já têm um Senhor, que não são as riquezas, e sim Deus, e não se pode servir a dois deuses. É preciso escolher entre o único Deus verdadeiro, que conhecemos em Jesus, e as riquezas, que podem se tornar um ídolo e escravizar.

A SEGURANÇA DO DISCÍPULO (6.25-34)

Toda essa passagem trata da preocupação e do cuidado, e parece estar dirigida aos pobres. O texto enfatiza que de nada serve se preocupar. Os v. 25-34 falam de confiança e tranquilidade. Nossa preocupação deve ser a causa de Deus. O resto deve ficar nas mãos dele. Na época de Jesus, a situação econômica não era boa na Galileia. Contudo, ele não está dizendo que os discípulos devem esperar que Deus lhes dê comida na boca. O que Jesus questiona aqui não é a atitude sábia da provisão, e sim a ansiedade nervosa e inútil pelo futuro. É por isso que Jesus fala da inutilidade da ansiedade. A ansiedade nasce da rendição a algo menor que Deus, seu Reino e sua justiça.

> **Dietrich Bonhoeffer:** "As posses terrenas nos deslumbram os olhos e nos incitam a pensar que elas podem proporcionar segurança e nos libertar da ansiedade. No entanto, em todos os momentos são a fonte de toda a nossa ansiedade. Se nosso coração está nelas, nossa recompensa é uma ansiedade cujo peso é intolerável. A ansiedade cria os próprios tesouros que, mais cedo ou mais tarde, gerarão ainda mais preocupação. Quando buscamos segurança nos bens materiais, tentamos remover a preocupação com preocupação, e o resultado é exatamente o oposto de nossas expectativas. Os laços que nos unem às nossas possessões provam ser preocupações em si mesmos".[11]

---

11. *El costo del discipulado*, p. 200-201.

É por isso que, ao considerar essa passagem, é preciso compreender bem o que Jesus está proibindo e exigindo. Ele não está incentivando uma atitude negligente nem um comportamento irresponsável ou negligente, ou improvisado e inconsciente com relação à vida. O que ele faz aqui é banir o medo irracional e perturbador que nos faz perder o prazer da vida. A palavra usada no v. 25 é o verbo grego *merimnáō*, que significa "preocupar-se com ansiedade". Essa é a palavra que se usava para indicar ansiedade, preocupação e cuidado com alguma coisa. Os próprios judeus conheciam bem essa atitude diante da vida. Os rabinos mais conceituados ensinavam que a pessoa tinha de encarar a vida com uma combinação de prudência e serenidade. Eles insistiam, por exemplo, em que cada pessoa ensinasse ao filho um ofício, porque não fazê-lo significava ensiná-lo a roubar. Desse modo, pensavam na conveniência de dar todos os passos necessários para conduzir a vida com prudência. Ao mesmo tempo, porém, diziam: "Aquele que tem pão em sua cesta e diz: 'O que vou comer amanhã?' é uma pessoa de pouca fé".[12]

Com o que não se preocupar (6.25-32)

As coisas irrelevantes (v. 25). É inútil preocupar-se com coisas de pouca importância (v. 25). A preocupação com coisas irrelevantes é resolvida quando percebemos que Deus nos deu a vida e assim podemos confiar que ele também nos irá conceder as coisas menos importantes. Se Deus nos deu a vida, ele proverá o necessário para vivermos essa vida. Se alguém nos der um presente muito caro, presumiremos que ele não se mostrará mesquinho em nos oferecer coisas de menor valor. A justiça de Deus é muito mais elevada e perfeita que a justiça humana.

> **José Míguez Bonino:** "Isso nos mostra a estreita relação dessa passagem com a precedente, como indica a palavra 'portanto' (v. 25). 'Preocupar-se' significa 'afobar-se', o desconforto que surge do medo de uma possível necessidade futura. Inicia-se imediatamente o argumento 'do menor para o maior' com relação aos lírios do campo e às aves do céu ('muito mais', v. 25,26,30). Somos facilmente induzidos a pensar que Jesus cita os pássaros e as flores

---

12. William BARCLAY, **The Gospel of Matthew**, v. 1, p. 256.

como exemplo. Pensava assim, entre outros, o agnóstico francês Ernest Renan, quando descreveu Jesus percorrendo os campos e discorrendo de forma romântica sobre pássaros e flores. Mas essa imagem é estranha ao propósito de nosso Senhor. Não se trata de usar as flores e os pássaros como exemplo, e sim de chamar a atenção para o Criador. Deus criou o Universo e, ao criar os pássaros, os lírios e todas as criaturas, revelou seu propósito, que é criar uma existência que viva em total dependência dele, livre de qualquer ansiedade. Mas o ser humano, por causa de seu pecado ('pequena fé', v. 30 — desconfiança da misericórdia divina) encheu sua vida de ansiedade e angústia. Ao fazer isso, deixa de desfrutar a liberdade e a segurança que Deus concede à criação, que permanece na total dependência dele ('nem Salomão', v. 29). É natural que quem não conhece o verdadeiro Deus, o Criador e Sustentador do céu e da terra (os 'pagãos', v. 32; v. 1Tessalonicenses 4.5), viva aprisionado por esses cuidados. Mas os que foram libertos por Cristo da escravidão de Satanás, que receberam o Reino pela promessa e podem chamar Deus de Pai, devem viver de forma diferente (v. 32,33). As referências ao Deus Criador são comuns em todo o Antigo Testamento (Salmos 104.1-35; 36.7; 147.9; Isaías 40.25-31), e todas ressaltam a fidelidade do Criador que sustenta sua criação. A ansiedade é condenada de maneira constante no Novo Testamento como um pecado grave, porque implica desconfiar da fidelidade ou do poder de Deus (Marcos 4.19; Lucas 21.34; 1Coríntios 7.32-34)".[13]

As coisas imutáveis (v. 27). É inútil a preocupação com coisas irremediáveis, que não podemos mudar (v. 27). Isso pode ter dois sentidos: ou se refere à estatura física ou ao tempo de vida. No primeiro caso, por mais que se esforce ou se preocupe, ninguém poderá acrescentar meio metro à própria altura (*RVR*). No segundo caso, por mais que se esforce ou se preocupe, ninguém poderá nem mesmo acrescentar "uma hora" à sua vida. Em suma, a ansiedade é inútil porque não pode afetar o passado, já que o passado é passado. Não que se deva esquecer inteiramente o que passou, mas não podemos permitir que o passado paralise nossas ações futuras. Além disso, a ansiedade é inútil porque não pode afetar o futuro ("o amanhã", v. 34).

---

13. **El mundo nuevo de Dios**, p. 54-55.

A isso convém acrescentar que a ansiedade é nociva. As doenças mais letais da vida moderna estão diretamente relacionadas com altos níveis de estresse e com a ansiedade com que convivemos. A ansiedade afeta nossa capacidade de julgamento e de decisão e nos torna incapazes de aproveitar a vida. Como se não bastasse, ela também nos cega. Torna-nos resistentes a aprender a lição da natureza (v. 26). As aves não têm ansiedade nem se preocupam em acumular bens para um futuro imprevisível. Os pássaros trabalham, mas sem se fatigar, e não parecem ter preocupações. O ansioso também resiste a aprender a lição da História (Salmos 42.6), segundo a qual Deus não muda e está sempre atento às nossas necessidades. E o pior: o ansioso resiste a aprender a lição mais importante da própria existência humana, ou seja, que a vida é mais valiosa que qualquer coisa neste mundo (v. 25).

Talvez o mais prejudicial na ansiedade seja sua conotação pagã (v. 32). Jesus diz que a preocupação ansiosa é característica dos pagãos, não dos que conhecem Deus. A ansiedade não é causada por fatores externos, porque diante das mesmas circunstâncias as pessoas reagem de forma diferente: podem sentir paz ou viver dominadas pela ansiedade. A ansiedade, pelo contrário, parece gerada no coração humano, em seu interior. Em suma, ela resulta de nossa desconfiança com Deus. Mas, quando Cristo reina no coração da pessoa, ela é liberta da ansiedade (Isaías 26.3).

Coisas que dependem de Deus (v. 26,28-32). É inútil preocupar-se quando se pode contar com a providência de Deus (v. 26,28,32). Isso não quer dizer agir de maneira irresponsável: significa não ser puxado para duas direções ao mesmo tempo. O conflito ocorre não pelo fato de não nos preocupamos, mas porque o fazemos sem a suficiente confiança em Deus de que não seremos derrotados pelas circunstâncias. É inútil trabalhar pelo "amanhã" (v. 34).

> **Rudolf Bultmann:** "Deus é para Jesus o criador, no sentido da tradição veterotestamentária, aquele que governa o mundo com seu cuidado, que alimenta os animais e ornamenta as flores; aquele sem cuja vontade nem uma folha cai ao chão; aquele que contou todos os cabelos de nossa cabeça (Mateus 6.25-34; 10.29,30). A preocupação e a pressa em adquirir bens para garantir a vida não fazem sentido — constituem, até mesmo, impiedade. O homem está à mercê da vontade do criador: não pode aumentar a própria estatura

nem tornar branco ou preto um único fio de cabelo da cabeça (Mateus 6.17; 5.36). Quando ele pensa ter obtido alguma segurança por meio dos bens que alcançou e que é capaz de desfrutar tranquilidade, esquece-se de que pode morrer na mesma noite (Lucas 12.16-20). Exige-se do homem, portanto, não só confiança em Deus, como também a consciência de que depende dele".[14]

Com o que se preocupar (6.33,34)

Com o eterno (v. 33). Quando Deus está em primeiro lugar (v. 33), a ansiedade desaparece. É preciso buscar primeiramente o governo de Deus e sua salvação ("justiça" aqui é sinônimo de salvação). Jesus oferece uma alternativa muito mais eficaz e proveitosa. Para pregar o senhorio de Cristo com maior eficácia, é necessário que o vivamos primeiro. É aqui que estas palavras de Jesus se tornam fundamentais: "Ponham toda a sua atenção no Reino de Deus e façam o que Deus exige" (*VP*). Com isso, Jesus apresenta-nos três desafios.

Jesus exige uma mudança: "Busquem [...] em primeiro lugar". De modo imperativo, ele indica uma mudança quando ordena: "Busquem [...] em primeiro lugar". O verbo "buscar" (gr. *zētéō*) é sem dúvida um vocábulo muito forte. Tem como sinônimos "inquirir", "indagar", "explorar", "sondar", "querer possuir" e "exigir". O advérbio "primeiro" (gr. *prōton*) indica não tanto uma questão temporal quanto uma ordem de importância (primeiramente; em primeiro lugar; antes de tudo). No v. 32, a *NVI* traduz o verbo composto (gr. *epizētéō*, "procurar", "desejar", "pedir", "buscar") por "correr atrás", o que indica a direção da busca. No v. 33, Mateus usa o verbo simples para indicar basicamente duas coisas.

Primeira: precisamos de uma mudança de atitude, já que são duas as atitudes possíveis com relação à demanda de Cristo. Por um lado, temos a velha e carnal atitude da natureza humana: esperar "para ver o que acontece". É a atitude do espectador da obra de Deus no mundo. A renovação e o reavivamento não são para os que se acomodam numa atitude passiva ou que se acovardam num quietismo insensível. Deus sempre se revela "na estrada", nunca "na varanda", para usar a clássica metáfora de Juan A. Mackay.[15] Há muitos

---

14. **Teología del Nuevo Testamento**, p. 61-62.
15. **Prefacio a la teología cristiana**, p. 37-38.

crentes e igrejas com mania de "varanda", ou seja, são observadores da obra de Deus, que a criticam, analisam, medem e estudam, mas não participam dela. É a atitude de querer receber em vez de dar, semelhante à conduta rebelde do filho pródigo (Lucas 15.12). No nível espiritual, é a atitude do neófito, ou seja, do bebê espiritual, o crente imaturo.

Por outro lado, existe a atitude espiritual da nova criatura cheia do Espírito Santo. De acordo com Jesus, essa atitude caracteriza-se por ser dinâmica, porque ela se move, faz alguma coisa, busca. Deus não usa cadáveres em seu Reino, e sim crentes e igrejas que desejam ser usados e se esforçam por isso: eles procuram por ele. Deus se associa com cristãos que não esperam receber coisa alguma, mas que, em vez disso, começam a viver alguém: Jesus. O senhorio de Cristo não é algo a ser recebido, e sim uma experiência que se vive com Cristo. De acordo com Jesus, essa atitude se caracteriza pela obediência e pela resposta positiva ao imperativo divino. É a obediência que nos transporta para a esfera do senhorio de Cristo.

Em segundo lugar, precisamos de uma mudança de prioridades. Jesus estabelece que busquemos o Reino "em primeiro lugar". Nesse caso, "primeiro" significa fazê-lo antes de qualquer outra coisa, mas também pôr o Reino em primeiro lugar. Implica situá-lo no topo da lista. O termo refere-se à prioridade do Reino tanto com relação ao tempo da busca quanto com respeito à ordem dos valores que se buscam (2Coríntios 8.5).

Nesse sentido, há três perguntas que nos devemos fazer. Primeira: "O que tem a primazia em minha vida?". O Senhor e sua causa devem ocupar o primeiro lugar. Toda a nossa preocupação deve estar em obedecer ao Senhor. Segunda: "O que está no centro de minha vida?". Os psicólogos fazem distinção entre o focal e o marginal em nossa mente. A pessoa que lê um livro numa sala cheia de livros tem sua atenção focal nas páginas diante dos olhos e sua atenção marginal no restante dos livros. Nossa vida deve ser como um sistema solar, no qual Cristo ocupa o lugar central como foco pessoal do Reino, e tudo o mais deve girar em torno dele. Terceira: "Qual é a melhor coisa em minha vida?". Não se trata do bem, mas do melhor, porque "buscar em primeiro lugar" significa desejar o melhor na vida cristã (Filipenses 3.12-14).

Jesus lança um desafio: "o Reino de Deus e a sua justiça". De acordo com ele, esse desafio consiste no dever de buscar "o Reino de Deus e a sua justiça". Se quisermos participar do Reino de hoje, devemos tornar pessoal o desafio de concentrar nossa atenção nele e em fazer o que o Senhor exige. A palavra "reino" pode se referir tanto a uma jurisdição ou divisão quanto a um reino ou domínio, dependendo do contexto. No presente caso, são evidentes a soberania, a autoridade real e o domínio. E a referência aqui é à autoridade real, ao poder ou ao domínio de Deus. O reinado ou pleno exercício da autoridade ainda está por vir (Hebreus 2.8), o que suscita duas questões.

Primeira: o que é o Reino de Deus? Já tentamos dar uma resposta a essa pergunta. Como vimos, o tema do Reino de Deus é central tanto no Antigo quanto no Novo Testamentos e é o eixo em torno do qual gira o relato de Mateus. Na verdade, é a ideia mais importante de toda a Bíblia. No Antigo Testamento, o conceito fundamental é que Deus governa o mundo e todas as coisas criadas por ele. No Novo Testamento, Jesus proclama a vinda do Reino de Deus e ressalta que com ele foi inaugurada uma nova era, evidenciada em suas obras de poder (milagres, sinais, prodígios, e assim por diante).

De acordo com Jesus, a vinda do Reino de Deus marca o fim de tudo que deturpa o que Deus criou como bom. Onde o Reino de Deus está presente, há reconciliação em todos os sentidos e dimensões: com a natureza, com o próximo, consigo mesmo e com Deus. O Reino de Deus significa uma nova ordem de coisas sob o controle e a soberania divinos. O ser humano ingressa no Reino de Deus quando reconhece o senhorio de Cristo em sua vida. Não pode haver participação no Reino se Cristo não for reconhecido como Senhor, ou seja, se ele não estiver no controle. O que distingue os cidadãos do Reino de Deus é sua submissão obediente ao senhorio de Cristo.

Segunda: qual é a justiça do Reino de Deus? "Justiça" (gr. *dikaiosýnē*) significa "retidão", "integridade", e indica conformidade com a vontade divina em propósito, pensamento e ação. Nesse caso, é a causa primordial para a condução da própria existência, o que esclarece o chamado à santidade do coração e da vida. A justiça denota simplesmente as características de uma pessoa reta e justa. Aplica-se primeiramente a Deus ("sua justiça") e depois ao ser humano. É uma qualidade do ser que se desenvolve ou se traduz num código de conduta moral.

Quando Deus reina, quando Jesus Cristo é o Senhor da vida, então a justiça reina, ou seja, pode-se fazer o que ela exige. Jesus inaugurou o Reino de Deus porque estabeleceu a justiça e a paz sobre a terra (Isaías 42.1,4). O Reino de Deus se faz presente sempre que alguém reconhece e pratica a justiça de

Deus da forma em que se tornou conhecida na vida e obra de Jesus. Vivemos a justiça do Reino quando fazemos a vontade de Deus e lhe obedecemos em tudo. Buscar primeiro a justiça do Reino de Deus é render-se incondicionalmente a fim de viver como Jesus viveu — uma vida de amor altruísta, de compaixão, de serviço, de verdade, de não agressão e, acima de tudo, de disposição para sofrer pelos outros. Só estamos de fato buscando o Reino de Deus em primeiro lugar quando tudo isso acontece em nossa vida.

Jesus faz uma promessa: "[...] *e todas essas coisas serão acrescentadas a vocês"*. O contexto (v. 19-34) indica que a expressão "todas essas coisas" (gr. *taûta pánta*) se refere aos bens materiais necessários à existência humana. "Dinheiro" (v. 24; gr. *mamōnāi*) não é uma palavra ou expressão má em si mesma. Indica os bens ou riquezas que podem não ser necessários ou essenciais para viver uma vida plenamente humana. No entanto, comida, bebida e roupas constituem bens materiais básicos para uma plena existência humana de acordo com a vontade de Deus. Por isso mesmo, eles são necessários (v. 32). A expressão "serão acrescentadas" (gr. *prostethēsetai hymîn*) implica que "todas essas coisas" (comida, bebida e roupas) serão adicionadas a algo que já possuímos. Ninguém pode servir a Deus e aos bens desnecessários (propriedades, investimentos etc.) ao mesmo tempo. Portanto, o crente não vive ansioso nem preocupado por causa de bens materiais. Contudo, isso não quer dizer que ele não possa usar e usufruir esses bens ou riquezas. Não é pecado ser rico: pecado é "servir" às riquezas (v. 24) ou nelas depositar esperança (1Timóteo 6.17). A "raiz de todos os males" não é o dinheiro, e sim o "amor ao dinheiro" (1Timóteo 6.10).

Duas coisas devem ser observadas aqui. Em primeiro lugar, observe que Jesus não nos propõe renúncia. A promessa de Jesus não exige voto de pobreza, de castidade ou de obediência. Não é seu propósito nos fazer monges privados de todas as bênçãos. Sua ordem não é: "Renuncie à comida, à roupa e à bebida". De acordo com Jesus, o Pai reconhece "todas essas coisas" como necessidades humanas legítimas e não as nega.

Em segundo lugar, Jesus nos propõe uma hierarquia. Ele sugere que ponhamos "todas essas coisas" em segundo plano, mas sem com isso renunciar a elas. Orígenes de Alexandria, um dos pais da Igreja do século III, escreveu: "Busquem grandes coisas, e as pequenas coisas serão acrescentadas a vocês; busquem as coisas celestiais, e as coisas terrenas serão acrescentadas a vocês". Henry Drummond, notável pregador inglês, ensinava a seus alunos de seminário: "Não sejam como os anfíbios, com metade da vida em um mundo e metade em outro". Sempre haverá algo ocupando o primeiro lugar em nossa vida. Então, que seja o Reino de Deus e o que ele quer! Não poderemos fazer parte do Reino de Deus, a menos que façamos nossa a promessa de Jesus e coloquemos tudo no devido lugar.

Com o cotidiano (v. 34). O v. 34 não aparece em Lucas. Deus conhece cada uma de nossas necessidades. Quando o crente põe o Reino de Deus em primeiro lugar com relação à sua atenção e seus desejos, a consequência disso é surpreendente, porque "todas essas coisas" vêm ao crente como resultado natural. Os incrédulos, no entanto, desejam e buscam essas coisas ("correm atrás"), mas com angústia e ansiedade, preocupados "com o amanhã" — e o pior, sem Deus. O crente, com Deus em primeiro lugar, possui a presença e a paz divinas e também "todas essas coisas". Essa realidade lhe dá segurança quanto ao futuro, mesmo que o tempo presente, como normalmente ocorre, seja caracterizado por "preocupações" e "males" cotidianos.

Assim, é necessário obter a capacidade de viver apenas um dia de cada vez. Se vivermos todos os dias como se apresenta a nós, se cada tarefa for realizada no momento oportuno e necessário, descobriremos que o resultado será mais feliz. O conselho de Jesus é que enfrentemos as demandas diárias quando surgirem, sem nos preocupar com o futuro desconhecido e com coisas que podem jamais acontecer.

Além disso, convém lembrar que ninguém pode servir a Deus e às coisas materiais ao mesmo tempo, mas, se pusermos Deus e seu Reino em primeiro lugar, ele nos ajudará a viver sem preocupações e suprirá tudo que nos faltar. Mas para isso é preciso ter em mente as exigências do Reino. Por um lado, a exigência de prioridade: o Reino de Deus e sua justiça em primeiro lugar. Por outro lado, a exigência de interesse: o cristão deve buscar o Reino de Deus assim como os pagãos perseguem as riquezas. É necessário também ter em mente as recompensas do Reino. E quais são essas recompensas? Por um lado, segurança em vez de angústia, que não se traduz numa solução milagrosa, mas em ajuda efetiva. A angústia é irracional, desnecessária e inútil. Quando o Reino de Deus e sua justiça são postos em primeiro lugar, a angústia é deslocada, e a confiança em Deus reina em seu lugar. Por outro lado, satisfação em vez de necessidade. Fora do Reino, "todas essas coisas" são necessárias e estão em falta; dentro do Reino, "todas essas coisas" são prometidas e providenciadas.

> **José Míguez Bonino:** "A melhor palavra para descrever a atitude do cristão com relação aos bens da vida é 'desapego'. As outras religiões ensinam que o religioso deve abandonar tudo e abraçar a pobreza absoluta: renunciar ao amor e ao casamento, a ter domicílio próprio, a qualquer manjar agradável etc. Às vezes, no cristianismo, constata-se um ascetismo semelhante. Mas o cristianismo não condena nenhuma dessas coisas. Na verdade, sustenta que sejam usufruídas, pois são parte da criação de Deus e, portanto, boas (Mateus 11.16-19), embora devam ser mantidas em sujeição; além disso, devemos estar sempre prontos para perdê-las ou renunciar a elas, se necessário. A questão fundamental não é: 'O que tenho?', e sim: 'Estou disposto a deixar tudo quando for essa a vontade de Deus?'. A grande regra para a vida de 'desapego' do cristão com respeito a todos os bens (materiais, culturais ou familiares) é a que Paulo lembra aos coríntios: ter 'como se não tivessem' (1Coríntios 7.29-31)".[16]

---

16. **El mundo nuevo de Dios**, p. 57.

CAPÍTULO 7

O SERMÃO DO MONTE (III)

7.1-29; 8.18-22

O cap. 7 de Mateus apresenta a parte final do Sermão do Monte. Trata-se de uma coletânea de declarações cuja unidade não é muito óbvia. De modo geral, podemos dividi-lo em sete parágrafos: 1) sobre julgar os outros (v. 1-5); 2) sobre lançar pérolas aos porcos (v. 6); 3) a resposta à oração (v. 7-11); 4) a Regra de Ouro (v. 12); 5) a porta estreita (v. 13,14); 6) a prova do discipulado e os falsos profetas (v. 15-23); 7) a advertência sobre como ouvir Jesus (v. 24-28). Na passagem paralela de Lucas (6.46-49), encontramos as mesmas parábolas que Mateus apresenta no final do Sermão. Também estão incluídos três dos sete parágrafos de Mateus (a proibição de julgar, Lucas 6.41,42; a árvore boa e a árvore má e seus frutos, Lucas 6.43-45). Desse modo, é evidente que essas declarações pertenciam originalmente ao Sermão (a forma de Lucas varia muito pouco, em comparação com Mateus). No entanto, permanece a questão quanto ao lugar dessas declarações no Sermão.

Não é fácil encontrar uma conexão com os v. 13-18, a segunda parte do capítulo. Trata-se de uma série de símiles e parábolas breves que induzem o ouvinte a tomar uma decisão inexorável, ou seja, a se posicionar a favor do Reino ou contra ele. Em Jesus, o Reino chegou mais perto, passou a exercer pressão sobre o ser humano e apresentou-se com uma promessa maravilhosa. Agora, é preciso tomar uma decisão. O Sermão termina com a solene advertência contida na parábola dos dois construtores, o prudente e o insensato. E quanto aos v. 1-12? Os cap. 5 e 6 definem o discípulo, põe-no diante da maravilhosa promessa do Reino, mostra o novo caminho em que deve andar e o separa de seus antigos laços e costumes (a nova justiça, a nova espiritualidade). Mas agora surge a pergunta: que relações tem o discípulo com o mundo? O seguidor de Jesus é alguém que vive separado do mundo porque não é do mundo. Mas essa condição lhe dá algum direito especial sobre as demais pessoas? Torna o cristão juiz do próximo? Dá-lhe o direito de obrigar alguém a aceitar o que ele recebeu pela graça de Deus? O problema da relação dos discípulos de Jesus com os que não são discípulos é provavelmente o fio que une as diferentes advertências dos v. 1-12. A resposta resume-se à misericórdia que o discípulo experimenta em Cristo e à promessa que recebeu. Ou seja, o próprio Reino condiciona todas as relações do discípulo com o mundo.

AS OPÇÕES DO DISCÍPULO (7.1-27)

O cap. 7 contém a última seção do Manifesto do Rei e pode ser descrito como um resumo dos princípios da ação cristã. Sua luz, em retrospecto, esclarece o ensino do Senhor e, adiante, mostra a obediência de seus discípulos. Os primeiros versículos falam das atitudes dos súditos do Reino com relação aos de fora. Nos v. 1-6, o Rei descreve essa atitude. Nos v. 7-11, fala do poder com o qual eles podem cumprir seu mandato. No v. 12, ele retorna ao ensino original e associa-o com a verdade que havia declarado sobre o poder que estava disponível a eles.

Martinho Lutero ensinava que "não são as boas obras que tornam o homem bom, mas é o homem bom que faz as boas obras". Essa frase resume a ideia central desses versículos e traduz a própria essência do evangelho, que exige dos crentes a atitude de ser e fazer a coisa certa. Ser e fazer são duas realidades que se fundem de modo inseparável no verdadeiro discípulo de Jesus Cristo. Essas mesmas condições oferecem uma base sólida para se avaliar o autêntico seguidor de Cristo.

Ao mesmo tempo, a vida humana é uma série inevitável e recorrente de opções. Somos continuamente confrontados com a necessidade de decidir. Quase sempre, a escolha precisa ser feita entre dois extremos. Por exemplo, há duas portas e dois caminhos. O mesmo se aplica ao Reino de Deus. Há uma exigência que devemos satisfazer para entrar pela porta certa ou seguir o caminho certo, e isso é uma decisão. Mas estamos dispostos a tomar a decisão certa, a fazer a opção pelo que melhor corresponde à vontade revelada de Deus? O discipulado cristão tem um custo, que é começar a andar (agindo) após Jesus depois de tomar sua cruz para seguir seu caminho (Lucas 9.23,24). Aventurar-se nessa peregrinação implica perigos, entre eles o de ser enganado. Mas vale a pena.

Julgar ou não julgar (7.1-6)

O cap. 7 é diferente do restante do Sermão. Nos capítulos anteriores (5—6), Jesus inicia um tema e o desenvolve, e é possível seguir o fio da argumentação. Mas no cap. 7 as ideias parecem dispersas, embora, apesar da aparente confusão, possamos distinguir certa unidade. Mesmo assim, nesse parágrafo fica claro que Jesus está se referindo à atitude que deve caracterizar os súditos do Reino com relação aos que não pertencem a ele. Trata-se de uma dupla atitude.

Não julgar ninguém (v. 1-5). Nos v. 1-5, Jesus diz: "Não julguem". A frase em grego (*mē krínete*) indica o hábito de agir como censor do próximo de forma indiscriminada e com críticas ácidas e injustas. A palavra "crítica" de nosso idioma provém desse termo grego, que contém a ideia de separar, distinguir, discriminar. Essas ações podem ser necessárias, mas o prejulgamento (preconceito) é injusto e expressa uma opinião ardilosa e pouco digna. Não se trata de um julgamento público, mas de algo privado, feito sem o exame apropriado que nos mostraria que poderíamos estar cometendo a mesma falha. A única maneira de evitar isso e ter uma atitude positiva para com o próximo é "ver claramente". A expressão grega é *diablépseis* (que só aparece aqui no v. 5, em Lucas 6.42 e em Marcos 8.25) e significa "olhar através de", "olhar de modo penetrante", em contraste com *blépeis*, que indica contemplação ou fixação (v. 3). A única maneira de ajudar os que estão fora do Reino a se livrarem do cisco que os impede de enxergar é remover a "viga" que não nos permite ver claramente uma forma de ajudá-lo.

A passagem aponta para o perigo de que os discípulos se tornem juízes arbitrários dos demais. Ao apresentar a mensagem, não devemos julgar. O juízo indiscriminado pode ter um efeito bumerangue, ou seja, pode se voltar contra o juiz. Quando apontamos com um dedo as faltas dos outros, devemos ter em mente que três outros dedos apontam para nós. Jesus, sendo perfeito, nunca agiu dessa forma, ainda que pudesse fazê-lo. Contudo, devemos exercitar nosso julgamento. Temos de escolher o tempo, o caminho e as melhores circunstâncias para apresentar a mensagem. Convém lembrar que nós mesmos podemos ser julgados por Deus.

"Não deem o que é sagrado aos cães" (v. 6). Não está claro a que se refere o termo "sagrado" (gr. *tò hágion*). De acordo com Richard C. Trench, a referência por trás desse provérbio ou dito popular é a carne oferecida em sacrifício, ou seja, a carne consagrada não devia ser dada como alimento aos cães, porque isso seria sacrilégio (v. Êxodo 22.31).[1] Já a figura da pérola (gr. *margarítas*) atirada aos porcos pode evocar o fato de as pérolas serem semelhantes a ervilhas e outras leguminosas que costumam servir de comida para os porcos.

Aqui Jesus nos adverte de sermos cuidadosos quanto a quem comunicamos a mensagem do Reino. Há pessoas que não são dignas de receber a mensagem sagrada ("cães" e "porcos"). Jesus havia feito uma convocação ao Reino, um ministério mais tarde confiado aos apóstolos (Marcos 4.11), e o comparado a uma pérola de grande valor (Mateus 13.45,46). "Cães" e "porcos" são aqueles que não dão valor às coisas sagradas. Significa que não devemos forçar o evangelho aos que o desprezam. Não devemos obrigar ninguém a aceitar a mensagem do Reino.

Pedir ou não pedir (7.7-11)

Diante do desafio de não julgar e não dar o sagrado a pessoas indignas, como traçar uma linha divisória? Como distinguir as coisas que Jesus não aceita daquelas que ele ordena? Em suma, como fazer a escolha certa como discípulos do Reino? Para isso, o Senhor não estabelece uma regra, mas diz: "Peçam [...]; busquem; [...] "batam [à porta]" — ou seja, devemos orar.

Responsabilidade humana: orar (v. 7,8). Aqui Jesus apresenta três metáforas sobre a oração: pedir, buscar e bater. A primeira palavra ("peçam", gr. *aiteîte*) significa orar com um senso de dependência. É usada pela pessoa que chega de mãos vazias e diz: "Não tenho com que comprar". Jesus nunca orou dessa forma, ou seja, como alguém muito pobre. Mas é assim que devemos pedir ao Pai, como indigentes e necessitados de tudo. A segunda palavra ("busquem",

---

1. **Exposition of the Sermon on the Mount**, p. 136.

gr. *zēteîte*) encerra a ideia de cuidado ou preocupação e caracteriza a autêntica ansiedade, ou seja, devemos orar sob a urgência de um grande desejo ou expectativa. A terceira palavra ("batam", gr. *kroúete*) envolve as ideias de dependência e esforço que as outras duas comunicam. É a melhor expressão do ditado popular: "Fé em Deus e mãos à obra".

A ação divina: responder (v. 9-11). Se as palavras anteriores designam a responsabilidade humana, esses versículos apresentam afirmações que revelam a ação divina. Jesus garante a seus discípulos que Deus responderá às orações deles, porém apenas se perseverarem. As "coisas boas" não significam riquezas, como prega o evangelho da prosperidade, e sim pão diário, perdão diário, luz diária e orientação e proteção de Deus todos os dias. Note-se que, nesse contexto, em que Jesus parece ressaltar o direito do cidadão do Reino de pedir ao Rei o que precisa, é introduzido o mais alto grau de responsabilidade do cristão, que é amar o próximo e fazer o melhor por ele.

Tratar bem ou tratar mal (7.12)

Esse versículo apresenta a famosa Regra de Ouro, a síntese de todos os deveres do cidadão do Reino. Nosso relacionamento com o próximo deve estar fundamentado numa atitude de amor. A Regra de Ouro é a pedra angular de todo o Sermão do Monte. Em Lucas (6.31), é apresentada uma versão mais breve e possivelmente a original.

A Regra de Ouro (v. 12a). A ideia da Regra de Ouro aparece entre os seguidores de Confúcio, entre os estoicos gregos e especialmente na literatura rabínica, porém de modo negativo: não fazer o mal ou não tratar mal o próximo. Hillel diz: "Não faça a ninguém aquilo que desagrada a você. Essa é toda a Lei. O resto é comentário". Jesus apresenta o lado positivo: fazer o bem ou tratar bem o próximo. Com isso, ele vai muito além em suas exigências.

> **José Míguez Bonino:** "A Regra de Ouro diz: se quiser saber como deve se comportar com relação aos homens, pense em como você gostaria de ser tratado. Para os discípulos, nenhuma lei é dada, tampouco um conjunto de orientações para cada caso. Apenas o dever é considerado mais profundamente, na consciência: ponha-se no lugar do próximo, e assim saberá o que fazer.

> Mas, quando nos lembramos do tema geral do Sermão, a Regra de Ouro adquire um significado ainda maior. O discípulo é objeto da misericórdia divina. Ele não foi tratado como merecia, mas com infinito amor. A partir daí, que outro tratamento desejará receber além do que recebeu em Cristo? Assim, Jesus está dizendo: 'O tratamento que você recebeu de meu Pai e que gostaria de receber também do próximo é o mesmo que deve dispensar a este'. Jesus usa um dito popular para ensinar a mesma lição de 6.14,15, agora relacionando-o com toda a vida do discípulo e suas relações com o próximo".[2]

É interessante que Jesus insiste no que o discípulo deve fazer sem mencionar uma recompensa. Trata-se, portanto, de um instrumento adequado para vencer o egoísmo ou o individualismo egocêntrico. Note-se também o contexto plural da ordem, com a qual ele apela não só à pessoa individualmente, mas a toda a comunidade de fé. Buscar o bem comum é a responsabilidade prioritária da Igreja. Ela deve servir ao povo em suas necessidades para o bem deles, não para obter o favor ou a aprovação deles ou para evitar oposição e perseguição. A lei suprema do Reino é fazer o bem ao próximo (Gálatas 6.9,10). Desse modo, a Regra de Ouro amplia o escopo do Sermão do Monte.

> **Juan Driver:** "Como descrição do comportamento geral do discípulo de Jesus, o Sermão do Monte é um documento incompleto. De fato, ele não se propõe cobrir todas as situações da vida do cristão. No entanto, é inclusivo e concreto o bastante para indicar com clareza a forma e a direção que o discipulado cristão deve assumir. A Regra de Ouro oferece um princípio que abrange situações não abordadas especificamente no Sermão do Monte".[3]

A Lei e os Profetas (v. 12b). De acordo com Jesus, obedecer à Regra de Ouro é entender e obedecer à Lei e aos Profetas. A frase "esta é a Lei e os Profetas" não aparece na versão de Lucas, mas é o princípio que encerra o verdadeiro espírito do Antigo Testamento. Isso porque agir dessa maneira conduz o crente no rumo da plena intenção de Deus para a vida de seu povo (Mateus 5.17). Isso também

---

2. **El mundo nuevo de Dios:** estudios bíblicos sobre el Sermón del Monte, p. 65.
3. **Militantes para un mundo nuevo,** p. 127.

leva a uma conduta coerente com o "maior mandamento" e seu complemento: "Ame o Senhor, o seu Deus, de todo o seu coração, de toda a sua alma e de todo o seu entendimento. [...] Ame o seu próximo como a si mesmo" (Mateus 22.37,39).

Entrar ou não entrar (7.13,14)

Os v. 13-29 tratam da profissão e prática do caminho da vida e podem ser considerados textos de advertência (v. 13-23) e de juízo (v. 24-29). A admoestação de Jesus não deixa dúvidas. O Sermão está chegando ao fim, e cabe uma séria advertência a que se ingresse na vida cristã evitando falsos guias e falsas profissões de fé. Os v. 13-23 contêm três pares de opções. Desse modo, Jesus encerra o Sermão com três comparações, que incorporam dois caminhos, duas árvores e dois alicerces. Os dois caminhos (v. 13,14) são o largo e o apertado; as duas árvores são a ruim e a boa (v. 15-20); os dois alicerces são a rocha e a areia (v. 24-27).

A porta estreita e o caminho apertado (v. 13a,14a). Nos v. 13 e 14, Jesus faz a primeira advertência contra alguns perigos que ameaçam a vida dos crentes. O tom é dramático e de urgência e se trata de um perigo que afeta os crentes de dentro e de fora da comunidade de fé. Não é uma ameaça impessoal ou abstrata, mas diretamente relacionada com uma opção de vida fundamental.

A porta estreita (v. 13a). No v. 13, "a porta estreita" (gr. *tēs stenēs pýlēs*) denota a entrada no Reino. Jesus incentiva seus seguidores a entrar por essa porta, pois é a que conduz ao Reino e à vida. Desse modo, ele retorna ao pensamento com o qual iniciou o Sermão do Monte: a admissão ao Reino (5.3). A expressão é apropriada aos crentes que pensam que quem está fora da comunidade de fé não tem problemas e parece levar uma vida fácil e confortável, sem o ônus e a responsabilidade que implica ser discípulo de Jesus e cidadão do Reino. Esse estilo de vida mais leve, com sua correspondente escala de valores, representa uma tentação para muitos crentes. No entanto, o que não se vê por trás da fachada de felicidade são os problemas que atormentam quem não conhece a Cristo nem faz parte de seu Reino. Os cristãos precisam entender que, embora seja desconfortável e até mesmo difícil cruzar a "porta estreita" que conduz ao Reino, vale a pena fazê-lo pela qualidade da vida humana plena decorrente (vida eterna; João 10.10).

O caminho apertado (v. 14a). No v. 14, "o caminho estreito" (gr. *tethlimménē hē hodòs*) indica a vida a ser vivida depois de se passar pela porta estreita. Na metáfora empregada por Jesus, o "caminho" é do tipo comum, mas o termo se refere a um estilo de vida. A comparação é um pouco obscura, e Jesus não especifica nem explica o que seja o caminho certo, embora observe que o caminho largo "leva à perdição". Isso contradiz a lógica humana, segundo a qual, quanto mais apertado o caminho, mais perigoso ele se torna. Em todo caso, podemos presumir por contraste que, se o caminho largo leva à destruição, o caminho apertado deve conduzir à plenitude da vida, a despeito de sua estreiteza.

Note-se que a "vida" é apresentada como a meta para quem transita pelo caminho "apertado" e que é possível alcançar essa meta depois de entrar pela porta "estreita". Também deve ser observado que essa vida é a verdadeira, a única digna de ser vivida, na qual o ser humano realiza plenamente o propósito de sua existência. Trata-se então da "vida eterna", ou a vida que é realmente vida, mais tarde descrita pela literatura judaica como "a vida na era vindoura" e que hoje podemos considerar como a vida plenamente humana. Em suma, o caminho estreito é aquele que conduz à vida e que, no sentido simbólico, é o Reino dos céus (v. 21).

A porta larga e o caminho amplo (v. 13b). Com essas comparações, Jesus inverte a equação e seus resultados. Se a porta estreita e o caminho apertado levam a uma vida plena e abundante, a porta larga e o caminho amplo levam à "perdição" (gr. *apōleian*, "ruína total", "destruição"; é a palavra da qual deriva o nome Apoliom ou Destruidor, Apocalipse 9.11). Essa porta generosa seduz as pessoas para longe da graça de Deus. Com seu canto de sereia, promete todo tipo de satisfação material e hedonista, sem pagar preço algum. Desse modo, os envolvidos nesse estilo de vida, que se desenvolve em oposição à vontade revelada de Deus, introduzem seus desavisados foliões no caminho largo, que os orienta ao apetite insaciável por dinheiro, ao acúmulo viciante de poder, à confusão absurda entre a verdade e a mentira, à perda de valores e de limites no comportamento pessoal e social, ao descontrole emocional, à alienação mental, ao vazio interior, à perda do sentido da vida, ao esquecimento de Deus, a uma inclinação mórbida em direção à morte, ao desespero, à depressão — e a lista continua enquanto aqueles que percorrem o caminho amplo se embrenham nele cada vez mais.

No entanto, tem-se a impressão de que com o uso dessas comparações Jesus está se referindo mais especificamente às propostas de vida piedosa apresentadas pelos fariseus e pelos mestres da lei. A diferença entre Jesus e o ensinamento judaico tradicional era que a vida não é obtida de outro modo senão pela justiça nesta vida, que é sempre um dom de Deus. Ser descendentes de Abraão, como afirmavam os religiosos judeus, não tinha valor algum quando se tratava de conduzir "à vida".

Além disso, a natureza única e radical dessa vida plena é ressaltada pelo fato de que "são poucos os que a encontram" (gr. *hoi heuriskontes autēn*). O verbo "encontrar" aqui é importante: o bom caminho é tão estreito e tão pouco percorrido que pode facilmente passar despercebido. Por isso, deve ser procurado com esforço e atenção. Em termos simples, a questão é: que caminho estamos percorrendo na vida e por qual porta estamos passando? "Esses versículos são um chamado para seguir Jesus, o Messias, com todas as consequências éticas e espirituais que essa obediência implica. [...] Desse modo, destaca-se a oposição fundamental entre a ética da porta estreita e do caminho apertado e a da porta larga e do caminho amplo".[4]

Ser ovelha ou ser lobo (7.15,16a)

Se quisermos encontrar o caminho certo e passar pela porta "que leva à vida", devemos ter cuidado com os guias que seguimos.

A advertência: "Cuidado". Essa palavra (gr. *proséchete apò*, "ter cuidado", "cuidar-se de", "guardar-se de") é típica de Mateus para apontar a necessidade de estar alerta contra desvios ou perversões na vida da comunidade messiânica (6.1; 10.17; 16.6). No presente caso, o cuidado não se refere tanto aos que entraram pela porta larga e transitam pelo caminho amplo. Jesus não está advertindo os perdidos ou os que marcham rumo à própria destruição, e sim aqueles que afirmam ter entrado pela porta estreita e dizem andar pelo caminho apertado, que leva à vida. Aquilo com que precisamos ter cuidado está dentro da igreja, entre nós. A mesma ideia aparece nas parábolas do prudente

---

4. Ibid., p. 130.

e do insensato (7.24-27), do joio (13.24-30), do servo impiedoso (18.21-35), das dez virgens (25.1-13) e dos talentos (25.14-30).

Note-se que essas pessoas perigosas não estão fora da comunidade de fé, mas dentro dela: "Eles vêm a vocês [...]". Eles se insinuam e despontam no meio da comunidade, e é difícil distingui-los dos verdadeiros discípulos. Geralmente, os perigos que mais ameaçam as igrejas são os que surgem no meio dela. A história ensina que as instituições humanas tendem a se corromper internamente. Em alguns círculos eclesiásticos, existe a ideia de que a igreja evolui rumo a uma fidelidade e a uma unidade crescentes e cada vez mais maduras. Isso não é verdade, e a história do cristianismo está pronta para refutar com muitos exemplos esse pensamento. O próprio Jesus adverte contra esse grave perigo e nisso se mostra tão realista quanto os profetas do Antigo Testamento e como foram, mais tarde, os apóstolos do Novo Testamento.

O perigo: "falsos profetas". Os "falsos profetas" são literalmente pseudoprofetas (gr. *pseudoprofētōn*). No Novo Testamento, vários termos estão ligados ao prefixo *pseudo*: "falsos irmãos" (2Coríntios 11.26; Gálatas 2.4); "falsos apóstolos" (2Coríntios 11.13); "falsos mestres" (2Pedro 2.1); "falsas testemunhas" (Mateus 26.60; 1Coríntios 15.15); até mesmo "falsos cristos" (Mateus 24.24). O fenômeno dos falsos profetas tem sido recorrente na vida do povo de Deus. Foi motivo de preocupação no Antigo Testamento (Isaías 9.15; 28.7; Jeremias 6.13; 8.10; 23.11; Ezequiel 13.3) e tem incomodado a Igreja quase desde o início (Mateus 24.11,24; Marcos 13.22, Lucas 6.26; Atos 13.6; 2Pedro 2.1; 1João 4.1; Apocalipse 16.13; 19.20; 20.10).

Nos dias de Jesus, a pregação era uma prática profissionalizada a cargo de pessoas que se apresentavam com o título de profeta. O problema com os "falsos profetas" era que sua falsidade consistia no fato de projetarem a própria personalidade para obter fama e prestígio ou de pregarem por pura ganância — ludibriavam o povo para enriquecer. Isso não mudou em dois mil anos, e hoje a América Latina é afligida por falsos profetas.

O engano: "ovelhas" e "lobos devoradores". Jesus adverte sobre a existência de "falsos profetas" que se apresentam como belas ovelhas, mas na realidade são "lobos devoradores". É bem provável que ao fazer essa advertência

Jesus estivesse pensando nos mestres da lei e nos fariseus. A expressão, porém, é mais ampla e talvez se aplique melhor aos zelotes. A aparência destes era inofensiva, mas não passava de um disfarce para um propósito maligno. Eram "lobos devoradores", ou seja, extremamente violentos (Ezequiel 22.27; Sofonias 3.3).

A alusão à comunidade messiânica como um rebanho de ovelhas é tradicional. A figura do rebanho de ovelhas é usada no Antigo Testamento para se referir ao povo de Deus (Salmos 78.52; 80.1; 100.3; Ezequiel 34.23) e no Novo Testamento é uma metáfora amplamente utilizada para a Igreja como a continuação de Israel. A imagem dos "lobos devoradores" também descreve o inimigo no Antigo Testamento quando se refere aos perigos enfrentados pelo rebanho de Deus (Isaías 11.6; 65.25; Jeremias 5.6; Ezequiel 22.27; Habacuque 1.8; Sofonias 3.3). O mesmo ocorre no Novo Testamento (Mateus 10.16; Lucas 10.3; João 10.12; Atos 20.29,30). Esses indivíduos operavam o engano de maneira muito sutil dentro da comunidade de fé. Pareciam pertencer de fato ao rebanho e eram muito hábeis em se apresentar dessa forma: "Eles vêm a vocês [...]".

O termo traduzido na NVI por "devoradores" (gr. *hárpages*) tem o sentido de "voraz", como é o caso do lobo, mas também significa a pessoa que cobiça o que é do outro, ou seja, o avarento. Assim, não há dúvida de que esses falsos profetas eram motivados pela ganância ou se esforçavam para dissociar as ovelhas da autoridade de seu Pastor, a fim de exercer controle e poder sobre elas. João usa o mesmo termo para explicar que o lobo "ataca o rebanho e o dispersa" (João 10.12). Os falsos profetas de hoje também se caracterizam por espoliar os crentes com suas mensagens espúrias e, como se não bastasse, cobram quantias abusivas para fazê-lo.

O desmascaramento: "Vocês os reconhecerão por seus frutos". É possível desmascarar por completo os falsos profetas se observarmos com cuidado o que a vida deles produz como um todo ("seus frutos"). Há uma estreita relação entre o que se é e os frutos que se produzem. O que precisa mudar é o caráter do ser humano, porque se ele não mudar os frutos nunca poderão ser bons. Cada árvore produz frutos de acordo com sua condição e natureza. Portanto, os "frutos ruins" dos falsos profetas denunciam a falsidade de sua condição moral e espiritual. Eles não são ovelhas, e sim lobos.

Ser uma árvore boa ou uma árvore má (7.16b-23)

No v. 16, a narrativa de Mateus apresenta outra figura, agora sobre o plantio de Deus (outra metáfora relacionada com o povo de Deus; Isaías 61.3; Jeremias 2.21; Mateus 15.13). A mesma figura é usada por João Batista (Mateus 3.10). O significado é claro: se a árvore é boa, o fruto será bom. Ou seja, a pessoa e suas obras são uma coisa só, assim como a árvore e seus frutos são inseparáveis. Mas também se percebe no texto o contraste entre as duas árvores (boa e ruim), o que por sua vez diz respeito ao futuro do Novo Israel (do qual os discípulos são o núcleo). Nesses versículos, Jesus antecipa perigos e faz advertências.

Os falsos profetas (v. 16b-20). Os v. 16b-20 constituem uma extensão, em estilo parabólico, da advertência de Jesus sobre a necessidade de testar ou avaliar as pessoas de acordo com os frutos que produzem. Nesse contexto, os frutos são provavelmente o comportamento concreto desses "profetas" como um todo (3.8,10; 12.33; 21.43), mas também podem designar a classe de adeptos que eles conquistam e o comportamento moral destes. Assim, no longo prazo, a autenticidade ou a falsidade do profeta será reconhecida pela vida da comunidade que surge com base em seus ensinamentos. Em duas ocasiões (v. 16a,20), somos informados de que é possível saber se o profeta é autêntico ou espúrio observando o tipo de fruto que ele produz.

A pergunta de Jesus (v. 16b) parece inclinar-se para o absurdo ou pelo menos para algo normalmente considerado impossível. Jesus usou esse tipo de argumento e de ilustração em mais de uma oportunidade (12.33; v. Tiago 3.11,12). Desse modo, o teste não se aplica apenas aos falsos profetas: é válido para todas as pessoas. A situação pode estar bem disfarçada e o engano muito bem engendrado, mas ao menos pelos frutos, se não houver outros meios disponíveis, é possível reconhecer e denunciar o falso profeta. Em todo caso, a avaliação não é fácil, e o v. 22 explica por quê. Em essência, o falso profeta é um egoísta; só pensa em si mesmo. Já o verdadeiro profeta, como Jesus, está interessado apenas na verdade, na justiça, na humanidade e nas necessidades do próximo. O verdadeiro profeta não pensa em si mesmo, nem no próprio bolso, nem em sua posição ou em sua vida.

Se quisermos encontrar o caminho certo, devemos ter cuidado para não seguir falsos profetas ou guias infiéis. Entre eles, estão os mestres da lei e os fariseus dos dias de Jesus. Mas a expressão é ampla e talvez seja mais bem aplicada aos zelotes, como já foi dito. A aparência destes era inofensiva, mas não passava de um disfarce para um propósito maligno. Eram como "lobos que despedaçam suas presas" (Ezequiel 22.27; Sofonias 3.3). Nos dias de Jesus, a pregação era uma prática profissional. O problema com os falsos profetas era que a falsidade deles consistia em projetar a própria personalidade para obter controle sobre as pessoas ou sua pregação visava a ganhos pessoais. Esses falsos guias continuaram com seu comércio enganoso ao longo dos séculos até hoje. No entanto, é possível desmascará-los se analisarmos com cuidado o que a vida deles produz como um todo.

Na verdade, em toda a história do testemunho cristão surgiram homens e mulheres fingindo ser verdadeiros profetas de Deus ou clamando: "Senhor, Senhor", mas sem produzir frutos bons ou apenas produzindo frutos podres. Os falsos profetas, falsos apóstolos, falsos mestres, falsos evangelistas e falsos pastores são abundantes em toda a América Latina, e não são poucos os crentes enganados por eles e que têm a vida arruinada por viver uma mentira. A *Didaquê* ou *Ensino dos doze apóstolos*, um documento anônimo do final do século I que desfrutava de grande autoridade como manual de eclesiologia, apresenta uma síntese moral, litúrgica e disciplinar que com notável atualidade adverte sobre os falsos apóstolos e falsos profetas.

> ***Didaquê***: "Quanto aos apóstolos e profetas, proceda de acordo com o preceito do evangelho: Todo apóstolo que vem até você deve ser recebido como o próprio Senhor. Ele não deve ficar mais que um dia ou dois, se necessário. Se ficar três dias, é um falso profeta. Ao partir, o apóstolo não deve levar nada, a não ser o pão necessário para chegar ao lugar onde deve parar. Se pedir dinheiro, é um falso profeta. Não ponha à prova nem julgue um profeta que fala tudo em espírito, pois todo pecado será perdoado, mas esse não será perdoado. Nem todo aquele que fala em espírito é profeta, a não ser que viva como o Senhor. Pois é pelos costumes que você reconhece o falso e o verdadeiro profetas. Todo profeta que, em espírito, manda preparar a mesa não deve comer dela. Caso contrário, é um falso profeta. Todo profeta que ensina a verdade, mas não pratica o que ensina, é um falso profeta. Todo profeta comprovado e verdadeiro, que age pelo mistério terreno da Igreja, mas que não ensina a fazer como ele faz, não deverá ser julgado por você; ele será julgado por Deus.

> Assim fizeram também os antigos profetas. Se alguém disser em espírito: 'Dê-me dinheiro' ou qualquer outra coisa, não o escutem. No entanto, se ele pedir para dar a outros necessitados, então ninguém o julgue".[5]

A falsa fé (v. 21-23). A advertência de Jesus também diz respeito às falsas profissões de fé, que em alguns casos podem ser mais nocivas que os falsos profetas. É possível que a versão de Lucas (13.24) do v. 21 seja a original. "Nunca os conheci" (v. 23) em termos rabínicos significa: "Não quero nenhum relacionamento com você". Essa deve ser nossa atitude hoje diante dos comerciantes do evangelho, agora emboscados por todo o continente à espera de vítimas inocentes para devorar.

A falsidade das ações mencionadas (v. 22) reside no fato de não terem sido feitas no espírito de amor, sem o qual toda profissão de fé, por mais eloquente que seja, é vã. Atribuir honra externa a Cristo é de pouco valor, se não existir também lealdade interna à sua vontade. A expressão "Senhor, Senhor" não está errada e parece muito ortodoxa. Mas a ortodoxia sem amor e sem o desejo de fazer a vontade do Pai de nada vale. Mais que a ortodoxia (uma doutrina correta), devemos tentar desenvolver a ortocardia, ou seja, um coração correto diante do Senhor. Além disso, o amor verdadeiro não se traduz em uma ortodoxia saudável, mas numa ortopraxia eficaz, ou seja, em ações corretas. O problema com os falsos discípulos é que eles não possuem as características essenciais reconhecíveis pelo Senhor nos que são verdadeiramente dele. "Afastem-se de mim", portanto, é uma sentença final dos lábios do Senhor. A punição para os que "praticam o mal" não é outra senão a separação dele e de sua glória (Romanos 3.23).

A exigência de viver os princípios do Reino é inevitável para quem afirma ser um seguidor de Jesus. O Sermão do Monte é a Constituição do Reino de Deus. Nele, Jesus formula os princípios que devem governar o estilo de vida de seus discípulos e a comunidade do Rei.

> **Carlos Mraida:** Devemos substituir a *(cosm)ética* evangélica, muitas vezes legalista, religiosa e de formas externas por uma *ética* do Reino de Deus. O Sermão do Monte ainda está em vigor! A distinção entre a Igreja e o

---

5. 11.2-12.

restante do mundo tem de ser evidente. Deve-se manifestar a contracultura do Reino. Precisamos enfatizar outra vez a necessidade de sermos um povo distinto, de modo que haja opção para o mundo. O cristianismo, como verdadeira contracultura, é viver o evangelho e a fé cristã como a verdade pela qual se articulam todas as áreas da nossa vida. Tudo deve estar permeado pelo Reino e submisso a ele. Isso é muito mais que adotar um dogma ou algumas práticas padronizadas. Trata-se de uma cosmovisão diferente com base na verdade de Deus, pois toda transformação ocorre por meio da renovação do entendimento de um povo que não se (con)forma com este mundo (Romanos 12.2,3). A razão disso é que nossa verdade não é uma verdade entre muitas, mas é *a* verdade — Jesus Cristo, a verdade que nos torna livres.[6]

Ser prudente ou ser insensato (7.24-27)

Jesus sempre confrontou seus seguidores com a necessidade de se envolver com ele por meio de uma decisão pessoal. Isso é ilustrado com clareza no final do Sermão do Monte, onde Jesus propõe seu plano para a vida no Reino ao contar a parábola dos dois construtores ou dos dois alicerces. Mateus e Lucas registram a parábola (Mateus 7.24-27; v. Lucas 6.47-49) em formatos um pouco diferentes, porém com os mesmos pontos principais. Esses versículos falam do julgamento que aguarda os cidadãos do Reino. O bem ou a ruína de cada um dos que ouvem a mensagem do evangelho dependerá de obedecer a ela ou não. "Ouvir" e "praticar" são duas realidades inseparáveis no evangelho cristão (Tiago 1.22-25).

A parábola. A versão de Mateus enfatiza o caráter dos construtores, ao passo que Lucas enfatiza os alicerces escolhidos. Mas será que, de acordo com a versão de Lucas, tudo que é dito no Sermão do Monte pode ser cumprido por nós? Sim, mas apenas se tivermos a Rocha como alicerce. O segredo da construção de uma casa segura está na qualidade de sua fundação. O caráter construído sobre a palavra e a pessoa de Jesus é fundamental. Esse é o padrão para uma vida boa. Se cremos em Jesus como a expressão da vontade divina,

---

6. Mateus: por uma Igreja que vive, estabelece e expande o Reino de Deus, in: **Bíblia Nova Reforma:** edição de estudos e referência, p. 1409.

então devemos ser guiados por esse padrão. A versão de Mateus, no entanto, parece melhor que a de Lucas.

> **David Wenham:** "As tempestades são, com frequência, imagens do juízo divino no Antigo Testamento, o que não é de surpreender, uma vez que quase nada se iguala ao poder de uma tormenta, mesmo para quem vive em climas mais moderados e em casas mais sólidas que as do povo da Palestina dos tempos bíblicos. Por exemplo, em Ezequiel 13.13,14 Deus adverte: '[...] na minha indignação chuva de pedra e um aguaceiro torrencial cairão com ímpeto destruidor. Despedaçarei o muro que vocês caiaram[...]' (v. tb. Isaías 28.17,18). Esse é o tipo de imagem que Jesus utiliza no final do Sermão do Monte quando fala do dia vindouro do juízo de Deus".[7]

O significado. A interpretação da parábola é simples: a casa construída sobre a rocha significa ouvir e praticar as palavras de Jesus. A casa construída sobre a areia significa ouvir suas palavras e não pô-las em prática. A tempestade pode ser o juízo final ou qualquer momento de provação severa na vida do discípulo. Nessas horas, o segredo da segurança está na vida construída sobre a obediência ativa ao ensino de Jesus. Ele diz a cada um de seus seguidores: "Obedeça-me e você vencerá a tempestade; esqueça as minhas palavras e atrairá o desastre". Dessa forma, a história aponta para a atitude correta que o Senhor espera de seus discípulos com relação a suas palavras.

> **A. M. Hunter:** "Os estudiosos descobriram uma parábola rabínica que diz algo parecido. Um homem cujo conhecer excede seu fazer é como uma árvore com muitos galhos e poucas raízes. A diferença entre a parábola do rabino e a de Jesus é que Jesus faz tudo depender de suas palavras. 'Minhas palavras', diz ele ['quem ouve estas minhas palavras', v. 26]. Nenhum profeta falava assim. Que afirmação tremenda! O Carpinteiro de Nazaré está diante dos seres humanos afirmando que estabeleceu princípios de ação, que, se forem ignorados, implicarão uma perda eterna. Seu plano para a vida é o único que perdurará".[8]

---

7. **The Parables of Jesus: Pictures of Revolution**, p. 202.
8. **Interpreting the Parables**, p. 74.

Desse modo, o construtor prudente é aquele que não só ouve as palavras do Senhor, mas também "as pratica". Assim, a parábola dos dois construtores, o prudente e o insensato, constitui um aviso severo contra os que não praticarem a nova lei do Reino ensinada por Jesus no Sermão do Monte. O relato deixa claro que Jesus espera que seus ensinamentos sejam postos em prática por seus seguidores, não apenas acumulados, admirados ou discutidos. Suas indicações precisas no Sermão são dirigidas a quem já conhece a alegria do Reino e vive de acordo com as orientações descritas nas Bem-aventuranças.

Por essa razão, pretender militar pelo Reino sem praticar os ensinos de Jesus é loucura e atrairá desastres ilustrados na parábola. Diante da realidade de muita religião e pouca fé, da hipocrisia religiosa e da falta de obediência, de viver de qualquer maneira, não de acordo com as leis do Reino, vale a pena perguntar: onde estão os que constroem a casa sobre a rocha?

Em tudo que Jesus diz no epílogo do Sermão do Monte (v. 13-27), percebe-se a clara divisão que ele faz entre dois tipos de pessoas: as que são a favor dele e as que são contra ele. A parábola dos dois alicerces (ou dos dois construtores) ilustra com clareza essa verdade. Quando alguém constrói uma casa, faz isso para ter uma morada permanente, não transitória, e segura, não vulnerável. Portanto, o construtor pondera muito bem sobre o que fará e toma as medidas que melhor o ajudem a alcançar seu objetivo. Cada um de nós é o construtor do próprio caráter, e o dilema consiste entre fazer o certo ou o errado. Construir bem é fazê-lo em Cristo, de acordo com sua vontade revelada.

O ESPANTO DO DISCÍPULO (7.28,29)

O Sermão do Monte encerra com graves advertências, que são um convite a tomar uma decisão. Nessa última seção, Mateus volta a coincidir com Lucas (Lucas 6.43,44,46-49), mas intercala alguns provérbios que em Lucas aparecem pela primeira vez no cap. 13 (Lucas 13.23,24,26,27). Os v. 28 e 29 são um pós-escrito para toda a segunda parte do capítulo, na qual se destaca a autoridade de Jesus, e é isso que deixa os discípulos espantados. E quais são os motivos desse espanto?

O ensino de Jesus (7.28)

As palavras finais descrevem com maior intensidade a impressão que o ensino de Jesus causou nas multidões. Não é fácil determinar se "essas coisas" se referem a todo o Sermão ou à última parte. Em todo caso, o v. 28 indica que as multidões "estavam maravilhadas com o seu ensino". Devemos ter em mente que o Sermão tem dois públicos distintos: os discípulos e as multidões. No presente caso, as multidões ficaram atônitas com as palavras de Jesus, ou seja, perceberam a presença de Deus no que Jesus estava falando (Marcos 1.22; 7.37; Lucas 9.43). Era a palavra do Filho de Deus, do Messias, do Juiz e do portador do Reino de Deus. Como tal, expressou autoridade divina e evocou respeito e temor reverente. Sua palavra era ao mesmo tempo de juízo e de promessa. As multidões tinham a impressão de que Deus estava falando outra vez a seu povo na montanha (Êxodo 19.1-25). A experiência não poderia ser mais incrível.

> **Archibald T. Robertson:** "Eles já tinham ouvido muitos sermões por parte dos rabinos comuns nas sinagogas. Temos exemplos desses discursos preservados na *Mishná* e na *Guemará*, as partes que formam o *Talmude*, essa coleção ressequida e tediosa de comentários desarticulados sobre todos os problemas imagináveis na história da humanidade. Os mestres da lei citavam os rabinos que vieram antes deles e temiam expressar uma ideia sem o apoio de algum antecessor. Jesus falava com a autoridade da verdade, com a realidade e o frescor da luz da manhã e com o poder do Espírito de Deus. Esse Sermão, que causou uma impressão tão profunda, encerra com a queda trágica da casa construída sobre a areia, como o tombo de um carvalho gigante na floresta. Não houve fator atenuante no resultado".[9]

A autoridade de Jesus (7.29)

O espanto dos discípulos também é determinado pela autoridade com que Jesus se expressou. A palavra "autoridade" (gr. *exousía*) significa "autoridade", "potestade", "direito", "liberdade de escolha", "poder", "habilidade", "capacidade", "poder sobrenatural", "poder governamental" e "governo" — como se pode perceber, é um termo muito rico em significado. Pode se referir também ao poder

---

9. **Word Pictures in the New Testament**, v. 1, p. 63.

de um monarca (Mateus 28.18), que tem autoridade para perdoar (Mateus 9.6). Essa autoridade é oposta à dos mestres da lei (mestres da lei), que ministravam ensinamentos, mas não podiam corroborá-los com ações concretas (21.28-32; 23.4). Eles ensinavam a Lei pela razão; Jesus registrou a vontade de Deus no coração (Jeremias 31.31-34). Eles exigiam o cumprimento da Lei; Jesus primeiramente cumpriu a Lei e depois convidou seus discípulos a imitá-lo (Mateus 5.17). As palavras finais do Sermão confirmam que essa obra-prima de Mateus é do começo ao fim nada menos que a palavra do Messias a seus seguidores.

Podemos avaliar todo o Sermão do Monte perguntando-nos de que forma ele é original. Pode-se dizer que é original no sentido de tomar com poder e autoridade (Jesus ensinava "como quem tem autoridade", v. 29) antigas verdades, transformá-las e aperfeiçoá-las fazendo delas novos desafios. É como pegar um pedaço de carvão mineral e transformá-lo num diamante. Com isso, Jesus utilizava muitos elementos secundários, transitivos ou temporários para destacar a verdade, como Deus queria que fosse conhecida dos seres humanos.

Nesse sentido, a originalidade do Sermão manifesta-se em três aspectos. 1) Uma moralidade essencial, porque, embora muito do que Jesus ensinasse constasse do *Talmude*, ele foi original ao reformular a massa caótica da interpretação rabínica em verdades simples, eternas e de fácil compreensão. 2) Um estado interior, porque há uma diferença entre o legalismo farisaico e a originalidade na forma em que Jesus considerava o pecado um problema interno para o ser humano, não apenas circunstâncias externas. Para Jesus, o pecado nasce no coração humano (seu ser interior), não vem de fora. O que faz o fruto bom é a boa árvore. O importante não é o que a pessoa faz, mas o que ela é. 3) Um alcance universal, porque o Sermão está livre de qualquer exclusivismo, preconceito ou discriminação. Jesus concentrava seu interesse não nos judeus como tais, mas no ser humano como humano.

A PRIORIDADE DO DISCÍPULO (8.18-22)

Essa seção do evangelho consiste num parágrafo breve, que não faz parte do Sermão do Monte, mas revela certos efeitos produzidos pelas palavras e ações previamente registradas. Os v. 18-22 discutem a atitude dos que se mostravam entusiasmados com os poderosos milagres de Jesus e queriam segui-lo. O Senhor foi para o "outro lado" do mar da Galileia (margem oriental), a fim de descansar um pouco e ficar longe da "multidão" (gr. *óchlon*). De certo modo, a atitude de querer "escapar" da multidão nos surpreende, pois qualquer um pensaria que a ambição de todo líder carismático é estar o tempo todo cercado de gente. Jesus, porém, ainda precisava de espaço e de tempo para preparar seus discípulos com relação ao Reino, e as multidões representavam uma agenda diferente e oposta a seu programa redentor. Duas ilustrações pessoais expressam o entusiasmo que as palavras e as ações de Jesus causaram no povo.

Um discípulo (8.18-20)

Um "mestre da lei" (Lucas descreve outro cenário), atraído pelo ensinamento de Jesus (que não apelava apenas à gente comum), queria segui-lo como discípulo (v. 19). Jesus, porém, respondeu que o discipulado cristão consiste em mais que concordar com seus ensinamentos e que há um preço a pagar (v. 20). O homem pertencia ao segmento mais culto da população. Era um escriba (gr. *grammateùs*), ou seja, sabia ler e escrever, conhecia a Lei e tinha capacidade para ensiná-la. Já havia escutado Jesus e testemunhado suas ações. Então, quando este se afastou da multidão, aproveitou a oportunidade para se aproximar e expressar sua admiração, ainda que de forma impulsiva e exagerada ("Mestre, eu te seguirei por onde quer que fores"). Em resposta, Jesus propôs-lhe uma análise mais cuidadosa da realidade de pobreza, indigência e ascetismo em que vivia. Sem dúvida, o mestre da lei, deslumbrado com as sábias palavras de Jesus e seus poderosos milagres, não podia imaginar que o caminho seguido por Jesus ("onde quer que fores") era de renúncia e entrega totais para redimir os seres humanos. Jesus fez uma entrega plena na cruz (sua vida), porém durante todo o seu ministério também sacrificou seu legítimo direito humano de ter uma casa, uma esposa, filhos, um emprego decente e o respeito da comunidade. Mas estaria ele disposto a seguir Jesus por esse caminho quando declarou: "Eu te seguirei por onde quer que fores"?

É interessante notar que as palavras de Jesus não se referem apenas à sua situação de pobreza pessoal. Ele faz também uma afirmação que revela um grande ideal de vida. Ele era chamado "Filho do homem", e essa era a descrição favorita que Jesus fazia de si mesmo. Esse título é uma afirmação eloquente de sua plena condição humana. Era isso que Jesus queria que o deslumbrado mestre da lei — que parecia vê-lo como um super-homem — entendesse. Na verdade, Jesus era um super-homem, o Homem ideal, o Filho do homem, mas sua humanidade perfeita não residia na força de suas palavras nem no poder de seus milagres, e sim em sua fragilidade, vulnerabilidade e pobreza. De fato, ele alcançou o ápice de sua condição humana quando nu, flagelado, sangrando, insultado e ferido morreu numa cruz. E essa foi também a expressão superlativa de sua grandeza humana. Estaria o mestre da lei disposto a tomar a própria cruz todos os dias e seguir Jesus (Lucas 9.23)?

Outro discípulo (8.21,22)

Se o primeiro discípulo era um entusiasta, o segundo era muito cauteloso. Ele pediu permissão para sepultar o pai antes de seguir Jesus (v. 21). De acordo com Lucas, tal solicitação foi em resposta a um convite de Jesus, que lhe dissera: "Siga-me" (Lucas 9.59,60). A maneira em que o homem fez seu pedido pode significar: 1) que o pai já estava morto e ele queria prestar o devido respeito e honrar seus restos mortais; 2) que ele queria ficar com o pai até que este morresse. O último caso parece o mais provável, já que no antigo Oriente Médio os sepultamentos eram imediatos, ao passo que a espera pela morte do pai poderia representar um longo tempo. O significado do provérbio do v. 22 depende do duplo significado da palavra "morto" (gr. *nekroùs*), que pode ser um morto físico ou uma pessoa espiritualmente morta. Havia algo nesse discípulo que provocou a dura repreensão de Jesus. Ele fora chamado para realizar obras vivas e estava preocupado com obras mortas. Os dois relatos que se seguem (v. 23,34) aparecem juntos nos Sinópticos; Marcos e Lucas, porém, situam-nos após as parábolas apresentadas por Mateus no cap. 13.

> **J. C. Ryle:** "Nada tem prejudicado tanto o cristianismo quanto a prática de aumentar as fileiras do exército de Jesus Cristo com qualquer voluntário que se mostre disposto a fazer uma profissão de fé e a expressar em profusão seus sentimentos religiosos. Não é o número que constitui a força, e pode ocorrer de haver muita religião externa e muito pouca graça. Lembremo-nos disso e não ocultemos a realidade aos jovens que queiram fazer sua profissão de fé. De maneira prosaica, digamos que no final da peregrinação eles encontrarão uma coroa de glória, mas terão de levar uma cruz nas costas durante todo o percurso".[10]

---

10. **Los evangelios explicados**, v. 1, p. 66-67.

UNIDADE TRÊS

O MINISTÉRIO DE JESUS

A palavra "ministério" tem significados diferentes. No vocabulário evangélico, indica as variadas tarefas pelas quais a Igreja cumpre sua missão no mundo (1Coríntios 12.5; Efésios 4.11,12). Trata-se dos ofícios, deveres e funções do ministro (servo) e de todos os que realizam tais serviços na comunidade de fé (Colossenses 4.17; 1Timóteo 1.12; 2Timóteo 4.5). O vocábulo também se refere a uma área de ação em particular no conjunto de serviços com que a Igreja cumpre sua missão (p. ex., ministério de oração, ministério de adoração, ministério de evangelismo, ministério da palavra; v. Atos 6.4). Na América Latina, o termo é usado com frequência para nomear organizações ou instituições paraeclesiásticas que giram em torno da atividade de um evangelista ou de um pregador autônomo. A igreja exerce um tríplice ministério: adoração e louvor a Deus, proclamação em palavras e atos do evangelho da graça de Deus, e cultivo, instrução e discipulado dos que receberam Jesus Cristo em sua vida.

Todos os ministérios cristãos e todos os significados da palavra "ministério" no âmbito da igreja têm seu centro e sua inspiração no ministério de Jesus no mundo. Ele é o modelo ministerial por excelência. Como diz H. J. Carpenter: "O ministério cristão deriva sua natureza essencial diretamente da pessoa e obra de Cristo, e só indiretamente de algo do judaísmo, embora certos elementos de sua organização e formas externas tenham sido tomados dessa fonte".[1] Dessa maneira, o ministério da Igreja sempre foi considerado

---

1. Minister, Ministry, in: Alan RICHARDSON (Org.), **A Theological Word Book of the Bible**, p. 146.

um com o de Cristo, e o ministério dentro da Igreja como o órgão da continuação de seu ministério na terra, e suas características fundamentais, conforme expressas no Novo Testamento, são: autoridade, missão, serviço, pregação, ensino e supervisão. Portanto, não se pode entender o ministério da igreja se não compreendermos com clareza o ministério que Jesus desenvolveu quando serviu entre os seres humanos.

Nesta unidade, iremos considerar Jesus agindo com poder nas várias esferas de seu ministério messiânico. No curso de seu Manifesto no Sermão do Monte, ele apresenta seu grande ideal de vida a seus discípulos. Mas esses ideais permanecerão no nível dos sonhos e das boas intenções se não aterrissarem no campo da realidade e não encontrarem expressão em ações concretas. O ser humano não pode viver apenas contemplando visões, por mais sublimes que sejam, como a visão do Reino de Deus, a qual pode ser atraente e cativar, mas, a menos que se traduza em vitória e em atos de redenção, não será muito benéfica para as pessoas em necessidade. Portanto, uma vez que o Rei estabeleceu a ética de seu Reino em seu Manifesto real, agora que suas surpreendentes palavras encontraram lugar nos ouvidos atentos de seus discípulos e das multidões, a pergunta natural e inevitável é: o que esse Homem pode *fazer*? Seriam suas ações equivalentes a seus altos ideais? Será possível para ele alcançar uma vitória redentora por meio de seus atos, da mesma forma que consegue projetar uma visão redentora por meio de suas palavras?

Nos próximos três capítulos deste comentário, veremos Jesus agindo poderosamente no exercício de seu ministério de cura e de milagres entre o povo e também na tarefa de chamar e enviar discípulos. Com essas ações concretas, o Rei confirmou a autoridade de sua visão, expressa em cada um dos ideais éticos e espirituais do Reino inaugurado por ele. Nos cap. 8 e 9 (e em várias outras passagens de Mateus), encontramos nove manifestações de seu poder organizadas naturalmente em três grupos de três. No primeiro grupo, temos três ilustrações de poder na esfera física (8.1-17: um leproso, o servo do centurião e a sogra de Pedro) e o efeito imediato que provocaram nas pessoas que testemunharam os fatos (8.18-22). No segundo grupo, temos três ilustrações de poder na esfera espiritual (8.23—9.7: a tempestade, dois endemoninhados e um paralítico) e, mais uma vez, a impressão que esses acontecimentos causaram nas pessoas (9.8). No terceiro grupo, temos outras três ilustrações de poder (9.18-34: uma criança morta, uma mulher doente e um cego e mudo) e de novo o impacto dessas ações sobre as pessoas (9.33b).

Comentaremos a maior parte do material desses dois capítulos de Mateus, mas não todas as passagens, e organizaremos as perícopes submetendo-as aos temas dos dois capítulos deste comentário e acrescentando passagens que abordam os mesmos temas.[2] Perderemos em parte a sequência em que Mateus organizou seu material, mas teremos uma análise mais sistemática do ministério de cura e de milagres de Jesus e de sua tarefa de chamar e enviar discípulos. No entanto, nenhuma passagem do evangelho em estudo ficará sem a devida consideração, no lugar que, no meu entendimento, melhor corresponda ao tema analisado.

---

2. Perícope é uma seção ou passagem da Bíblia que deve ser lida como uma unidade de pensamento e significado. Geralmente, são lidas assim nas celebrações litúrgicas ou em determinados momentos ou circunstâncias.

CAPÍTULO 8

SEU MINISTÉRIO DE CURA

8.1-17,28-34; 9.1-8,18-34; 12.9-13,22,23;
15.29-31; 20.29-34

A situação sanitária da Palestina nos tempos de Jesus era deplorável. Todas as doenças orientais pareciam pulular por toda parte e tornavam a expectativa de vida extremamente baixa. As taxas de mortalidade eram elevadas, a maior parte de mulheres durante o parto e homens em acidentes de trabalho, mas é interessante notar o número frequente de crianças e jovens mencionados nos evangelhos como doentes ou mortos. Acrescente-se a isso a vulnerabilidade total da população a doenças infectocontagiosas, pragas e problemas gastrointestinais. Em geral, as doenças eram provenientes de três fontes principais: má alimentação, clima e falta de higiene.

A dieta regular na época era pouco balanceada e não raro carecia de elementos fundamentais como proteínas, carboidratos e minerais, bem como de outros nutrientes. Além disso, os níveis de contaminação da água e dos alimentos eram bem elevados. A abundância de leis cerimoniais relacionadas com a comida é um testemunho da necessidade de prevenção nesse aspecto. O clima também contribuía como fator causador de doenças. As mudanças abruptas de temperatura ambiente causavam problemas respiratórios, febre, hipotermia e insolação, principalmente em razão da falta de vivendas adequadas. As condições dos olhos e ouvidos são mencionadas com frequência (talvez por causa das tempestades de areia, das secas, dos insetos e outros fatores). A pior das doenças era a lepra, que se manifestava de duas formas: como inchaço nas articulações e como feridas que se decompunham e supuravam.

Jesus apresentou-se como o Messias num contexto em que a doença era a expressão mais concreta e difundida do mal. Acrescente-se a isso o fato de que na mentalidade popular toda doença era resultado do pecado. Sem dúvida, esse aspecto da realidade contribuiu para a elaboração da agenda redentora do Senhor. Seu ministério de cura não era estranho à sua tarefa de salvar a humanidade do pecado e de suas consequências. Ao expressar o grande amor de Deus pela humanidade, Jesus não se limitou a dar a própria vida para perdoar os pecados do mundo: ele também curava os doentes para demonstrar esse mesmo amor. É interessante que no grego o verbo para "curar" e "salvar" é o mesmo (*sōzō*, "salvar", "resgatar", "libertar", "pôr a salvo", "resguardar", "curar", "sanar").

Emil Brunner, grande teólogo do século XX, declarou: "O amor é o grande milagre, graças ao qual deixamos de viver para nós mesmos e nos pomos à disposição do outro oferecendo-lhe tudo que possuímos e convidando-o carinhosamente a entrar em nós".[1] Os atos de cura e outros milagres realizados por Jesus, aos quais fazem referência as passagens analisadas neste capítulo, destacam precisamente a grandeza do amor compassivo de Jesus. Mais que seus atos de cura, de multiplicação de alimentos e de outros tipos, o milagre mais extraordinário foi seu amor inesgotável. Por sua ligação com Cristo, o crente é alguém que conheceu e apreciou esse amor, que agora vive e do qual se alimenta. Daí o desafio de viver seu discipulado seguindo as mesmas diretrizes. O discípulo de Jesus é alguém que simpatiza com o sofredor e com o necessitado e no poder de Cristo trabalha de acordo com isso.

O interesse que Jesus demonstrou pela saúde integral do ser humano foi maior que o de qualquer outro líder ou sistema religioso na história da humanidade. Uma leitura superficial dos evangelhos sinópticos mostra claramente que Jesus entendia seu ministério numa dimensão tripla: pregação, ensino e cura. Quase um quinto dos evangelhos é dedicado às curas que Jesus realizou e às discussões que elas provocaram. Aonde quer que ele fosse, agia como curador, e não há dúvidas de que, quando enviou seus discípulos para continuar seu ministério básico (Mateus 10.5-10; Marcos 6.7-13, Lucas 9.1-6), as

---

1. **Nuestra fe**, p. 74.

curas eram uma parte fundamental. O livro de Atos registra a maneira pela qual os discípulos cumpriram essa comissão.

JESUS CURA UM LEPROSO (8.1-4)

Talvez seja mais correto considerar o v. 1 a conclusão do Sermão do Monte e iniciar a série de três curas que se seguem (v. 2-17) no v. 2, encabeçando com a expressão idiomática "e eis que" (*RVR*), destinada a chamar a atenção para o que irá acontecer.

O terror da lepra (8.1,2a)

Os leprosos eram os párias mais temidos da Palestina nos dias de Jesus. Quando eles passavam por uma estrada, tinham de fazer soar um pedaço de madeira enquanto gritavam: "*Tamé, tamé!*" (aram., "impuro, impuro"). A lepra era considerada um golpe do chicote divino em castigo por algum pecado. De fato, a palavra "lepra" no hebraico é *tzara'at* ("golpe de chicote"). Portanto, a lepra era a doença por excelência e a mais alta expressão do juízo divino sobre o pecado humano. Havia leis bíblicas sobre a lepra (Levítico 13—14; Deuteronômio 24.8) que cobriam diversas infecções cutâneas. O ensinamento rabínico identificava-a como um castigo por vários pecados. Por isso, os doentes eram isolados não só por medo de contágio, mas também por serem considerados impuros (Levítico 13.45-59).

Desse modo, os leprosos padeciam de um duplo sofrimento ou castigo: pela doença e pela sociedade. A doença matava-os pouco a pouco, ao passo que a sociedade os marginalizava completamente. Eram mortos-vivos. Algumas pessoas compassivas lhes traziam comida, mas a maioria, para mantê-los a distância, jogava pedras neles. Eles não eram autorizados nem mesmo a beber água dos poços públicos e dos córregos, por medo de contágio. Eram homens e mulheres sem esperança e destinados a uma quase morte.

Jesus surgiu nesse contexto e rompeu com todos os preconceitos, foi além da Lei e dos ensinamentos rabínicos e os curou. O leproso que encontrou Jesus quando este desceu do monte após seu famoso sermão fez algo impensável e merecedor da pena de morte: "Aproximando-se, adorou-o de joelhos" (v. 2).

A cura da lepra (8.2b-4)

O leproso quebrou todas as leis e, com sua ação, expôs Jesus e as "grandes multidões" que o acompanhavam ao contágio, à contaminação cerimonial e ao caos social. Surpreendente em suas palavras é a fé que ele tinha em Jesus como alguém capaz de curá-lo: "Senhor, se quiseres, podes purificar-me!". Sem dúvida, ele já sabia algo a respeito de Jesus, embora essa seja a primeira cura de lepra registrada por Mateus. Também surpreendente foi a resposta de Jesus, que "estendeu a mão" e "tocou nele". Com esse gesto, Jesus também violou a Lei e ofendeu o preceito rabínico. Além de se arriscar ao contágio por uma doença terrível, Jesus tornou-se impuro ao tocá-lo (e possivelmente tocou as próprias feridas). Com esse toque, Jesus estava não só carregando a doença do leproso aos olhos de todo o mundo, mas também seu pecado, enquanto o leproso recebia de Jesus a saúde e a graça. O gesto de redenção e de cura é reforçado pela declaração de Jesus: "Quero. Seja purificado!". E o leproso foi curado da lepra "imediatamente".

> **José Luis Martín Descalzo:** "Que Jesus não violou a Lei pelo prazer de quebrá-la, é demonstrado ainda pelo que ele diz em seguida, quando ordena ao recém-curado que se apresente ao sacerdote para que este confirme oficialmente a cura. E essa ordem foi dada por duas razões: para cumprir o prescrito [na Lei] e para simbolizar algo mais elevado: o que o pecador não podia oferecer a Deus por méritos próprios, poderá apresentá-lo agora por intermédio de Cristo".[2]

A ordem de não contar a ninguém sobre a cura, dada por Jesus ao leproso, era impossível de ser cumprida. Em primeiro lugar, porque o milagre foi realizado em público, e de imediato muita gente ficou sabendo. Em segundo lugar, porque o leproso era conhecido de todos, e seu corpo saudável atrairia a atenção. Em terceiro lugar, porque, quando comparecesse saudável ao templo para fazer uma oferta pública, todos iriam descobrir o que acontecera com ele. Em quarto lugar, quem pode permanecer em silêncio depois de ter sido contemplado com tão tremenda demonstração da graça divina? De fato, o homem curado não podia esconder sua alegria e tratou de propagá-la.

---

2. **Vida y misterio de Jesús de Nazaret**, v. 2, p. 116.

JESUS CURA O SERVO DE UM CENTURIÃO (8.5-13)

Os centuriões eram a espinha dorsal do exército romano. Uma legião romana era composta por 6 mil homens. Cada legião era dividida em 60 centúrias, cada uma com 100 soldados, sob o comando de um centurião. Os centuriões eram soldados regulares, com maior tempo de serviço no exército. Tinham maior experiência em combate e eram responsáveis pela disciplina do regimento. Eram o cimento que mantinha a tropa unida. Tanto na paz quanto na guerra, o moral do exército romano dependia deles. Em sua descrição do exército romano, Políbio diz como devia ser um centurião: "Eles não devem aventurar-se demais em busca de perigo, como homens que podem comandar, ficar firmes na ação e ser confiáveis; não devem estar ansiosos para correr à peleja, mas quando em perigo devem estar dispostos a manter sua posição e a morrer em seu posto". Os centuriões eram os melhores homens do exército romano.[3] Curiosamente, todos os centuriões mencionados no Novo Testamento são citados com alguma honra (27.54; Marcos 15.39,44,45; Lucas 23.47; Atos 10.1,22; 21.32; 22.25,26; 23.17,23; 24.23; 27.1,6,11,31,43; 28.16). O centurião dessa passagem do evangelho de Mateus, porém, destaca-se de todos os outros por nos deixar uma lição sobre o que significa ter fé. Uma palavra abstrata como "fé" só pode ser entendida com um bom exemplo. A experiência desse centurião demonstra a natureza e o significado de uma fé autêntica.

Um centurião romano (8.5a)

Esse centurião era uma figura singular. Os centuriões em geral eram homens cruéis e severos com os escravos. No Império Romano, os escravos não tinham importância alguma. Eram objetos para servir. A única diferença entre um escravo, um animal e um carro era que o escravo falava. Mas esse centurião estava interessado na saúde de seu servo (v. 5,6), a quem ele "estimava muito" (Lucas 7.2). Ele também chama a atenção porque os centuriões, como representantes do Império Romano, desprezavam os judeus, mais ainda se eram escravos. Mas esse militar era o oposto (Lucas 7.4,5). O centurião era gentio e talvez judeu prosélito, pois construiu uma sinagoga em Cafarnaum (Lucas 7.5). Talvez o tenha feito seguindo a política de Augusto, que publicara um edital

---

3. William BARCLAY, **The Gospel of Matthew**, v. 1, p. 300-301.

complementar sobre as sinagogas por saber que para preservar a paz era bom manter os judeus felizes do ponto de vista religioso. É provável que esse centurião tenha não só construído, mas também financiado o prédio. Ainda hoje suas ruínas estão em Tell-Hum. Na época, Cafarnaum era um destacamento de soldados de Herodes Antipas, que guardavam o porto e a rota comercial que atravessava a cidade. Era organizado ao estilo romano e composto por soldados estrangeiros. É bem possível que o centurião fosse romano.

Seja como for, o centurião era um homem bom, como geralmente são os soldados mencionados nos evangelhos. Sua sensibilidade para com o servo moribundo é uma boa indicação de sua generosidade e humanidade. Deve-se ter em mente que, assim como os judeus desprezavam os gentios, estes odiavam os judeus. Os romanos qualificavam os judeus como uma raça suja e o judaísmo como uma superstição bárbara. Os judeus eram acusados de odiar a humanidade, de adorar a cabeça de um asno e de sacrificar anualmente um gentio a Deus. Mas a atmosfera dessa história de Mateus implica um estreito vínculo de amizade entre o centurião e os judeus. Os centuriões não tinham outro deus além de César, mas esse romano conhecia o verdadeiro Deus. É preciso estar mais que superficialmente interessado para construir uma sinagoga. O centurião não era um cínico, e sim um religioso sincero.

Uma pessoa em necessidade (8.5b-9)

É provável que o centurião já tivesse ouvido falar de Jesus, embora sua popularidade fosse suspeita para o estamento militar. É quase certo, porém, que o centurião estivesse convencido de que Jesus não era um rebelde ou um homem perigoso. Assim, diante da situação do servo, não vacilou em procurar Jesus em busca da cura. É provável que ele tivesse conhecimento do caso do oficial de Herodes, a quem Jesus salvara o filho. Por isso, não hesitou em sair ao encontro dele para pedir ajuda.

O centurião estava convencido de que Jesus tinha poder e autoridade de Deus, como expresso em sua atitude de humildade: "Senhor, não mereço receber-te debaixo do meu teto" (v. 8a). Ele sabia muito bem que um judeu era proibido pela Lei de entrar na casa de um gentio, porque a *Mishná* ensinava claramente: "As moradas dos gentios são impuras" (v. Atos 10.28). Talvez por causa disso, de acordo com a versão de Lucas, ele não foi o primeiro a se encontrar pessoalmente com Jesus, mas enviou alguns líderes religiosos dos judeus para estabelecer o primeiro contato com ele (Lucas 7.3). Em seguida, enviou alguns amigos (Lucas 7.6,7). Esse homem acostumado a comandar demonstrou uma humildade surpreendente diante da presença da verdadeira grandeza e majestade.

Para Jesus, o centurião era uma pessoa em necessidade. Seu diálogo com o soldado romano girou em torno da questão da autoridade. Note-se que o centurião trata Jesus como "Senhor" (gr. *kýrios*; v. 6). Como já vimos, mostrou-se humilde diante dele (v. 8a) e reconheceu sua autoridade (v. 8b). O v. 9 destaca a questão da autoridade. Acima de tudo, sua fé no poder e na autoridade de Jesus é surpreendente: "[...] dize apenas uma palavra, e o meu servo será curado". Não admira que Jesus tenha se surpreendido com essa atitude de fé (v. 10-12). Aqui falou a voz da fé, e Jesus estabeleceu a fé como o único passaporte para a bênção de Deus. A fé desse gentio foi uma antecipação da fé de todas as nações, que resultaria na expansão universal do Reino dos céus.

> **José Luis Martín Descalzo:** "O milagre ocorreu assim: já não era mais apenas a cura real do servo — o que aconteceu instantaneamente. Era também o anúncio de que o Reino se ampliava. O centurião era o símbolo da grande colheita, as primícias dos gentios, o poder de Deus direcionado primeiramente ao judeu, mas que se abria para o grego, para o romano e para o Universo (Romanos 1.16)".[4]

Um exemplo de fé (8.10-12)

O destaque de toda a passagem é a fé do centurião, incomparável em todo o evangelho de Mateus. O centurião entendeu a diferença entre o poder de Roma e o poder de Deus. O poder de Roma era dominado pela ganância e pela crueldade. Um escravo paralítico e moribundo era inútil e não tinha valor algum. Melhor matá-lo, pois assim pelo menos se economizaria sua comida e alojamento. Mas o poder de Deus era dominado pelo amor e pela compaixão por toda a humanidade, especialmente pelos desamparados e necessitados, como o servo do centurião.

A incrível fé do centurião permitiu que Jesus estabelecesse um contraste com a vívida e vigente tradição judaica. Os judeus acreditavam que, quando

---

4. **Vida y misterio de Jesús de Nazaret**, v. 2, p. 118.

o Messias viesse, haveria um grande banquete, do qual participariam todos os judeus na companhia dos ancestrais de seu povo (Abraão, Isaque e Jacó) no Reino dos céus (v. 11). O banquete seria apenas para os judeus, porque os gentios estariam destruídos. Jesus, porém, comovido pelo exemplo de fé do centurião, declarou que os gentios é que iriam participar do banquete celeste ("muitos virão do oriente e do ocidente"), enquanto os judeus ("os súditos do Reino") seriam lançados "nas trevas". Ali a situação deles seria a mesma que eles desejavam para os gentios ("haverá choro e ranger de dentes") (v. 12). Os judeus tinham de aprender que o passaporte para a presença de Deus não é a cidadania ou a religião de um povo, e sim a fé. Os judeus precisavam entender que a única aristocracia no Reino de Deus é a aristocracia da fé, ou seja, uma fé incrível como a do centurião gentio. Cristo não é possessão de uma raça ou de alguma religião, mas de todo ser humano, de qualquer raça ou religião, em cujo coração brilhe a fé nele.

Um poder universal (8.13)

É interessante os evangelhos registrarem que Jesus, de forma deliberada, limitou seu ministério itinerante e o de seus discípulos principalmente "às ovelhas perdidas de Israel" (Mateus 10.6; 15.24). No entanto, revelam também um compromisso significativo com os gentios e a consciência de que a vinda do Reino de Deus por meio de Jesus também iria afetá-los. O milagre de cura do servo do centurião romano é evidência suficiente para demonstrar a falsidade da afirmação de que Jesus não tinha outro interesse no mundo senão os judeus, seu próprio povo. O poder do Senhor não está circunscrito a um grupo de pessoas, mas disponível a todos os seres humanos. A expressão redentora de Jesus em resposta à fé do centurião romano é universal: "Vá! Como você creu, assim acontecerá!" (v. 13).

> **Christopher Wright:** "Jesus responde com admiração à fé determinada do centurião e afirma que era maior que a encontrada em Israel. Podemos supor que o significado da fé do centurião não era que ele acreditava no poder de Jesus para realizar milagres de cura. Antes, era que ele, um gentio, acreditava que a compaixão e a cura de Jesus superavam a divisão entre judeus e gentios e podiam alcançar o servo de um gentio. Era algo que nem os vizinhos de Jesus em Nazaré podiam tolerar. Então, Jesus aproveita a fé do gentio para

revelar a esperança escatológica da reunião das nações para o banquete messiânico no Reino de Deus. Talvez Jesus aqui esteja combinando passagens que falam do regresso dos judeus espalhados pelos quatro cantos do mundo (v. Salmos 107.3; Isaías 49.12) com o tema da peregrinação e da adoração das nações (Isaías 59.19; Malaquias 1.11). Com certeza, isso mostra que, embora Jesus tenha limitado sua missão terrena em grande parte ao povo judeu, o horizonte final de sua missão era muito mais amplo".[5]

JESUS CURA MUITOS DOENTES (8.14-17)

O ministério de cura de Jesus não discriminou ninguém e rompeu com todos os preconceitos. Ele não tinha nenhum problema em tocar um leproso (v. 3), em permitir que um romano se aproximasse dele (v. 5) ou em tocar uma mulher (v. 15), o que era estritamente proibido para um rabino como ele. Em todos esses casos, as pessoas curadas eram consideradas cerimonialmente impuras, contaminadoras e marginalizadas. O amor curativo de Jesus, porém, superou essas barreiras religiosas e humanas. Foi assim que ele curou a sogra de Pedro e na noite do mesmo dia "muitos endemoninhados" e "todos os doentes".

Jesus cura a sogra de Pedro (8.14,15)

De acordo com o evangelho de João, Pedro e André eram naturais de Betsaida (João 1.44). Como se explica que Mateus situe a casa deles em Cafarnaum? É possível que Pedro tenha nascido em Betsaida e mais tarde, já adulto, se transferido para Cafarnaum. Também é possível que, por causa da profissão de pescador, ele tenha desenvolvido sua atividade no mar da Galileia dessa cidade pesqueira, cujo porto era o mais importante. Alguns sugerem que Pedro ocupasse essa casa durante a temporada de pesca, mas provavelmente a casa era dele. De fato, os evangelhos sinópticos em particular parecem indicar essa casa como propriedade de Pedro. Os arqueólogos encontraram as ruínas de Cafarnaum e sua sinagoga, mas Betsaida ainda não foi localizada. Por isso, há quem suponha que Betsaida era um bairro de Cafarnaum. É interessante que Betsaida significa "casa de pesca", porque é um lugar onde os pescadores viviam.

---

5. **La misión de Dios:** descubriendo el gran mensaje de la Biblia, p. 672.

Também é interessante que, na presença da sogra de Pedro, Jesus a tenha tomado "pela mão" como sinal de afeto e que "a febre a deixou" imediatamente (v. 15). A febre é um mecanismo de defesa contra problemas orgânicos ou emocionais. A ideia aqui é que a mulher foi completamente curada. Não só a febre diminuiu (como quando um antipirético é tomado), como também "ela se levantou e começou a servi-lo [a Jesus]". A cura foi instantânea e total, o que permitiu à mulher servir a Jesus e a seus discípulos. Ela recuperou suas forças e sua capacidade de trabalho. Saúde é mais que ausência de sintomas: é também a capacidade de trabalhar, amar, criar e servir aos outros. O serviço que a sogra de Pedro ofereceu a Jesus e aos que o acompanhavam foi um gesto de gratidão. Somos salvos e curados para servir a Jesus. Na casa de Pedro, Jesus demonstrou possuir poder para vencer o pecado e todos os poderes do mal que tentam destruir o ser humano.

Jesus cura todos os doentes (8.16,17)

O v. 16 apresenta um quadro dramático. Após um longo dia de serviço, quando chegou a hora de repousar, Jesus tornou a se envolver num ministério integral de cura que, além de todos os tipos de pessoas com doenças físicas, incluía doentes mentais, emocionais e espirituais ("endemoninhados [...] todos os doentes"; v. 4.24). Convém lembrar que nos dias de Jesus e já no período intertestamentário a doença em geral era considerada uma punição pelo pecado, muitas vezes atribuída à atividade de espíritos malignos ou demônios. Incluímos os casos de possessão demoníaca no campo da cura porque, independentemente de como interpretamos a etiologia de certas doenças hoje, devemos ter cuidado em não negar a realidade da ação dos demônios interpretando-as como meros problemas psiquiátricos ou psicológicos. Ao mesmo tempo, não devemos presumir que toda desordem mental e emocional seja obra de Satanás. Precisamente para saber diferenciar entre uma esfera e outra (ou a combinação delas) é que o Espírito Santo concede aos crentes o dom de discernir espíritos (1Coríntios 12.10; Hebreus 5.14; 1João 4.1). Isso significa que, à semelhança de Jesus, somos responsáveis por curar "todos os doentes", com base na fé e em obediência a seu mandato (10.1; Marcos 16.15-18; Lucas 9.2; 10.9,17,18).

Mateus vê na palavra e no toque de cura de Jesus para todos os tipos de doenças e males o cumprimento da palavra profética com relação ao Messias: "Ele tomou sobre si as nossas enfermidades e sobre si levou as nossas doenças"

(Isaías 53.4). A cura que ministrou a todos os doentes foi uma expressão de seu trabalho redentor integral. Ele deu a própria vida para nos salvar de nossos pecados e curar nossas doenças (Isaías 53.5). Ele entregou sua vida para que pudéssemos ter uma vida plena, saudável e abundante (João 10.10). É seu sofrimento vicário que nos permite estar livres de nossos sofrimentos deste lado da eternidade. Pedro compreendeu isso quando declarou: "[...] por suas feridas vocês foram curados" (1Pedro 2.24).

JESUS CURA DOIS ENDEMONINHADOS (8.28-34)

Os v. 28-34 relatam a experiência dos endemoninhados gadarenos, com os quais o contexto da guerra espiritual continua. Em Mateus, os registros dos discursos são intercalados com os dos milagres. Jesus veio pregar e curar (4.23) porque ele é Mestre e Senhor. Assim, ao lado do poder de sua palavra (gr. *exousía*) aparece o poder de seus atos (gr. *dýnamis*). Além disso, note-se que a decisão de cruzar o mar da Galileia partiu do próprio Jesus, embora ele soubesse muito bem que o outro lado do lago era território gentio.

A situação (8.28)

Ele depara ali com uma quádrupla situação de impureza, do ponto de vista da religião judaica. Em primeiro lugar, nas vizinhanças havia um rebanho de animais impuros: "A certa distância deles estava pastando uma grande manada de porcos" (v. 30). Em segundo lugar, os dois homens que o encontraram viviam no mundo impuro dos mortos, pois "vinham dos sepulcros". Em terceiro lugar, ambos estavam "endemoninhados" e "tão violentos que ninguém podia passar por aquele caminho". Em quarto lugar, os endemoninhados em questão eram gadarenos (gergesenos ou gerasenos) e viviam em território gentio. Diante desses fatos, suficientes para que nenhum judeu piedoso, muito menos um rabino, se atrevesse a tal risco de contaminação, Jesus não teve medo de entrar e agir nessa poluição gentia, que ele transformou com sua presença e com suas palavras.

O significado (8.29-32)

À semelhança de outros relatos, o texto é esquemático (o relato de Marcos é mais detalhado, Marcos 5.1-20) e apresenta vários tópicos: apresentação e súplica, cura, constatação, temor reverente, encontro redentor. O triplo clamor dos demônios (v. 29,31) declara uma grande verdade teológica ("Filho de Deus") e expressa duas superstições comuns. Por um lado, de acordo com a crença popular, os demônios encontravam certo alívio enquanto viviam numa pessoa e temiam mais que qualquer coisa ver-se confinados ao inferno. Por isso, imploraram a Jesus que não os expulsasse do local e que não lhes antecipasse a tortura infernal do fim dos tempos. Por outro lado, os demônios parecem estar implorando por uma saída: entrar em um rebanho de porcos. Há nesse pedido uma mistura de superstição e ironia. Ao pedir para entrar nos porcos, eles estavam renunciando à possessão de humanos e pretendiam chantagear Jesus ao implorar que os enviasse àquelas criaturas, que para ele, como bom judeu, eram desprezíveis. Era como se dissessem: "É um lugar adequado para um demônio, pois não são animais impuros?". Talvez por causa dos gritos dos demônios, os porcos tenham se assustado e corrido para o mar. Além de alguns detalhes desconcertantes, o resultado deixa claro que o mal é sempre destruidor de si mesmo.

A sequência (8.33,34)

O relato encerra-se (v. 33,34) com os endemoninhados livres e saudáveis, com os proprietários de porcos fugindo aterrorizados e com toda a cidade pedindo a Jesus "que saísse do território deles". Parece que os seres humanos preferem o Diabo, com os "porcos" (sua fonte de renda), a Deus, sem eles. Vale a pena destacar os três resultados desse episódio.

Os endemoninhados foram libertos. Mateus, ao resumir os acontecimentos da região dos gadarenos, não nos dá essa informação, mas ela consta das passagens paralelas (Marcos 5.15,16; Lucas 8.35,36). De acordo com esses testemunhos, os endemoninhados (um endemoninhado em Marcos e Lucas) estavam quietos (sentados aos pés de Jesus), vestidos e "em perfeito juízo". Mateus não relata, mas Lucas registra que o homem liberto dos demônios suplicava a Jesus "que o deixasse ir com ele". O Senhor não concordou e, em vez disso, o mandou de volta para casa, ordenando-lhe contar tudo que Deus tinha feito por ele (Lucas 8.38,39). A isso Marcos acrescenta que "aquele homem se foi e começou a anunciar em Decápolis quanto Jesus tinha feito por ele" (Marcos 5.18-20).

Os que cuidavam dos porcos ficaram com medo (v. 33). Foi o medo do desconhecido e uma atitude supersticiosa que levaram esses homens a correr para a aldeia (Gerasa ou Gadara). Eles exerciam o ofício mais baixo e desprezível de todos. A vida deles não valia muito mais que a dos porcos, já que provavelmente eram escravos e não tinham como responder pela perda do rebanho, muito menos como explicar o que acontecera. Não obstante, percorreram a cidade e a região (v. Marcos 5.14; Lucas 8.34) e "contaram tudo, inclusive o que acontecera aos endemoninhados", já que ambos eram bem conhecidos de todos. De modo inconsciente, eles se tornaram os primeiros "evangelistas" do outro lado do mar da Galileia, pois relataram a todos o que ouviram e o que viram Jesus fazer. De certo modo, com essa história, diante de seus senhores eles insinuaram que Jesus fora o responsável pela perda do rebanho de porcos. Em comparação com outros cidadãos, justificaram sua perda pela mudança radical na vida de quem estivera possuído por demônios e fora um problema para a população (Marcos 5.15,16; Lucas 8.35,36).

O povo da cidade ficou aflito (v. 34). O medo visceral e o espanto diante do ocorrido levaram-nos a tomar uma decisão errada. Acharam melhor que Jesus fosse realizar seus milagres em outro lugar. A perda dos porcos e o impacto do sobrenatural tinham para eles mais importância que a possibilidade de serem redimidos e curados por Jesus. Também nos dias de hoje, muitos consideram Jesus mais problemático que os problemas que ele pode resolver. A incapacidade ou indisposição para perceber e experimentar o poder redentor de Jesus acaba produzindo situações mais graves. A rejeição a Jesus em muitas sociedades modernas é uma evidência eloquente de onde se acha a raiz da maioria dos males que sofremos. Como os líderes de Gadara (ou Gerasa), muitos líderes políticos, sociais, econômicos e culturais de hoje, em vez de "atirar no precipício" os demônios da injustiça e da corrupção, preferem afastar Jesus de seus domínios e continuar alimentando os porcos de seus múltiplos pecados.

JESUS CURA UM PARALÍTICO (9.1-8)

Nos v. 1-8, encontramos o relato da ocasião em que Jesus cura e perdoa um paralítico. Mais uma vez, a narrativa de Mateus é mais breve que a de

Marcos (2.3-12) e de Lucas (5.17-26). No entanto, com grande habilidade, o evangelista consegue dar destaque às principais personagens.

Um homem paralítico (9.1,2a)

Como já foi dito, as condições sanitárias do povo judeu nos tempos de Jesus era lamentável. Todas as doenças orientais pareciam concentrar-se na Palestina e eram provenientes de quatro fontes principais: má nutrição, clima hostil, falta de higiene e traumas físicos. A maioria das deficiências físicas, especialmente motoras, devia-se a situações traumáticas. O paralítico trazido a Jesus pelos amigos estava "deitado em sua maca". Esse incidente provavelmente ocorreu enquanto Jesus pregava ou ensinava numa residência (casa de Pedro?) em Cafarnaum (8.14). Na imaginação popular, era muito comum a identificação desse tipo de doença com o pecado (do doente ou de seus pais). As enfermidades eram interpretadas como consequência e castigo do pecado (João 9.3; Lucas 5.21). O local estava cheio de gente (discípulos, amigos do paralítico, fariseus, mestres da lei) que estava ouvindo os ensinos de Jesus havia alguns dias (Marcos 2.1,2; Lucas 5.17) e que agora testemunhava os acontecimentos.

Um homem blasfemo (9.2b-6)

Depois que o paralítico foi apresentado a Jesus e à multidão, o Senhor fez duas coisas: perdoou os pecados do homem e depois o curou da paralisia. Portanto, Jesus salva e cura. Na verdade, como já foi dito, o verbo "salvar" também significa "curar". Jesus demonstrou essa identificação, segundo a qual sua tarefa de Médico divino era parte e símbolo de sua função de Redentor (Lucas 7.50; Marcos 5.34). Em contrapartida, a ação curadora-redentora de Jesus tornou evidente sua condição de Messias divino. Foi por isso que os fariseus e os mestres da lei o acusaram de blasfêmia. O que a maioria dos leitores de Mateus se lembra desse texto é que Jesus mais uma vez curou um doente. No entanto, a cura não foi a coisa mais importante naquele momento. O fato principal foi que algumas das pessoas que testemunharam a cura o acusaram de blasfêmia: "Este homem está blasfemando!" (v. 3).

Era uma acusação extremamente grave. Blasfêmia é toda palavra, ação ou pensamento contra Deus. E os líderes judeus concluíram que o próprio Jesus era um blasfemador. Mais tarde, o Sinédrio (ou Conselho dos judeus) considerou suas reivindicações messiânicas blasfêmia contra Deus (Mateus 26.62-65; Lucas 22.67-71), punível com a morte (Mateus 26.66,67; Marcos 14.63-65). No entanto, de acordo com o Novo Testamento, os blasfemos são aqueles que negam o messianismo de Cristo e rejeitam sua divindade (Marcos 15.29-32; Lucas 22.65; 23.39).

Por que Jesus foi considerado blasfemo? Porque se atreveu a dizer ao paralítico: "Os seus pecados estão perdoados", e o único que podia perdoar pecados era Deus. O que Jesus estava dizendo à multidão era que ele tinha autoridade e poder divinos para perdoar. E, para provar esse poder e autoridade, em seguida curou o paralítico milagrosamente. Perdoar pecados e curar os enfermos são operações exclusivas da Divindade. Daí a pergunta a seus interlocutores: "Que é mais fácil dizer: 'Os seus pecados estão perdoados', ou: 'Levante-se e ande'?" (v. 5). Parecia impossível curar uma pessoa de paralisia, mas, se Jesus pudesse fazer tal milagre, isso daria credibilidade à sua pretensão de perdoar pecados. E o que aconteceu? O homem ficou totalmente curado, pegou sua maca e foi para casa, como Jesus lhe ordenou (v. 6,7). Enquanto isso, a multidão "ficou cheia de temor e glorificou a Deus" pelo ocorrido.

Com esse ato, Jesus virou o jogo: de acusado de blasfêmia, passou a ser denunciante da blasfêmia de seus acusadores. Do ponto de vista judaico, a pessoa blasfemava: 1) quando se recusava a dar a *YHWH* o devido louvor; 2) quando o insultava; 3) quando rebaixava Deus ao nível da humanidade ou exaltava a humanidade ao nível de *YHWH*. Os mestres da lei eram blasfemos porque, diante do milagre divino, não deram o devido louvor a Deus, como fez a multidão (v. 8). Em vez disso, "maldosamente" insultavam seu nome em "seu coração" (v. 4b) e, ignorando a autoridade divina do Filho do homem, consideravam-se moral e espiritualmente superiores a ele (v. 3,6).

Um homem curado (9.7,8)

Exercendo o dom da palavra de conhecimento (v. 4), Jesus expôs os pensamentos deles e dobrou a aposta (v. 5,6), mais uma vez combinando o poder de sua ação curadora-redentora com sua messianidade. O resultado foi que a multidão que ouviu suas palavras e testemunhou o milagre "ficou cheia de temor e glorificou a Deus" (v. 8). Além disso, ela pôde reconhecer o que os mestres da lei não puderam, ou seja, que em Jesus operava uma autoridade desconhecida dos seres humanos. A multidão "glorificou a Deus, que dera tal autoridade aos homens". Este foi o resultado do que Jesus fez e disse: "Sim, Deus tem poder para perdoar pecados. De fato, só Deus tem esse poder. Portanto, se eu perdoar os pecados e curar o que parece não ter cura, então sou Deus". Desse modo, Jesus elevou-se ao nível de *YHWH*. O paralítico curado e a multidão viram nisso motivo suficiente para glorificar a Deus. Para os mestres da lei, foi razão suficiente para continuar acusando Jesus de blasfêmia, punível com a morte.

E como ficamos diante de tudo isso? Ou Jesus é um blasfemo, como pensavam os fariseus e os mestres da lei, e deveríamos crucificá-lo como tal, ou as reivindicações que faz a respeito de seu poder e autoridade são verdadeiras, e nosso dever é glorificar a Deus por isso.

JESUS CURA UMA MENINA MORTA (9.18,19,23-26)

A passagem que compreende os v. 18-38 apresenta a terceira parte do relato dos milagres de Jesus. Os v. 18-26 registram a cura de uma mulher com hemorragia e a ressuscitação de uma menina aparentemente morta. Desse modo, Mateus apresenta Jesus como o Senhor e o Doador da vida, que exerce seu poder restaurador em resposta à fé.

Um pai desesperado (9.18,19)

O "dirigente da sinagoga" que se aproximou de Jesus em desespero demonstrava uma firme determinação. Sem dúvida, ele ouvira da fama de Jesus, e talvez o próprio Senhor tenha ensinado na sinagoga que ele liderava, provavelmente em Cafarnaum. A questão é que ele se apresentou a Jesus com uma atitude de humildade e reverência, a tal ponto que "ajoelhou-se diante dele" (gr. *prosekýnei autō*). O verbo "ajoelhar-se" é muitas vezes traduzido por "adorar" ("prostrar-se em adoração"). Essa atitude expressa o grau de desespero do homem (Marcos e Lucas chamam-no Jairo; Marcos 5.22; Lucas 8.41) e, ao mesmo tempo, sua grande fé em Jesus. Longe de se isolar em sua angústia, ele fez o que sempre se deve fazer nessas situações: recorrer a Jesus com o problema, qualquer que seja. Nesse caso, o homem informou Jesus de que sua filha havia acabado de morrer (v. 18). Mateus resume os acontecimentos ao mínimo, ao passo que Marcos e Lucas indicam que Jairo, ao se encontrar com Jesus, declarou que sua filha "estava à morte". Mas, enquanto Jesus se dirigia à casa dele e depois de ser interrompido no caminho por uma mulher doente de hemorragia, alguém (Lucas 8.49) ou algumas pessoas (Marcos 5.35) vieram da casa dele avisar que a menina já estava morta e que não havia mais motivo para incomodar o Mestre.

Embora a situação fosse desesperadora e terminal, Jairo contou a Jesus o que aconteceu: "Minha filha acaba de morrer". Tinha esperança de que o Senhor ainda pudesse fazer algo, talvez ressuscitá-la. Sua convicção era muito firme e concreta: "Vem e impõe a tua mão sobre ela, e ela viverá" (v. 18b). Era o que se podia esperar de um verdadeiro profeta ou do Messias, e o homem sabia disso muito bem, porque conhecia as Escrituras. Jairo esperava um milagre de ressuscitação. Ressuscitação significa o retorno de uma pessoa a esta vida depois que a deixou com a morte. Alguns casos semelhantes estão registrados no Antigo Testamento, diretamente relacionados ao ministério dos grandes profetas. Por exemplo, o filho da viúva, por Elias (1Reis 17.17-24); o filho da sunamita, por Eliseu (2Reis 4.18-37); o homem cujo corpo tocou os ossos de Eliseu (2Reis 13.20,21).

Até então, Jesus nunca havia levantado um morto, mas depois ressuscitou o filho da viúva de Naim (Lucas 7.11-17) e Lázaro (João 11.1-44). Note-se como Jesus transitava livremente e sem reservas por todos os setores da sociedade. Ele podia ministrar e interagir com cobradores de impostos (publicanos), leprosos, uma mulher com hemorragia, pessoas endemoninhadas e agora com Jairo, um líder religioso de certa influência. Livre de preconceitos, ele não discriminava as pessoas e atendia às necessidades de todos os que, por alguma razão, estavam desesperados.

Uma menina morta (9.23,24)

Já se discutiu à exaustão se a menina estava morta ou, como Jesus afirma, apenas dormia. A conclusão desse debate depende de como as palavras de Jesus forem interpretadas e do contexto em que as pronunciou.

As palavras de Jesus. "A menina não está morta, mas dorme." Quanto às palavras de Jesus, essa frase podia muito bem ser um eufemismo comum entre os judeus e cristãos da época para se referir à morte (v. 1Coríntios 11.30; 15.6,18,20,51; 1Tessalonicenses 4.13-15; 5.10). No presente caso, Jesus parece estar enfatizando a natureza temporária da morte. O mesmo jogo de palavras é encontrado em João 11.11-15. Contudo, as palavras de Jesus podem ser entendidas literalmente. A expressão do Senhor pode ser entendida de forma literal, não como uma metáfora, uma vez que não há muitos exemplos no Novo Testamento em que o verbo grego *katheúdō* ("dormir") seja usado com referência à morte. No entanto, Mateus associa esse milagre com casos de cegueira e surdez, o que pode indicar que não se trata necessariamente da perda de vida, mas de uma ausência temporária de sinais vitais. Em todo caso, isso não significa que Jesus não poderia ter ressuscitado a criança, uma vez que ele era o Messias e tinha o poder divino de ressuscitar mortos (11.5), o que também fazia parte da missão confiada a seus discípulos (10.8).

No contexto do funeral. Quanto ao contexto, Jesus fez essa declaração durante o funeral judaico de uma menina pertencente a uma notória família da cidade. O povo da época vivia sob constantes ameaças de morte e sabia muito bem como diagnosticar quando uma pessoa estava morta, catatônica ou viva. O servo e os enviados da casa de Jairo que foram informar o estado de sua filha deram a ele um diagnóstico preciso: "Sua filha morreu". O próprio Jairo chegou à mesma conclusão "Minha filha acaba de morrer". Além do mais, as pessoas que participavam do velório já tinham uma ideia bem clara: "Sabiam que ela estava morta" (Lucas 8.53). Quando Jesus chegou à casa, o funeral já estava organizado e em curso, com "os flautistas e a multidão agitada". Havia ainda "gente chorando e se lamentando em alta voz" (Marcos 5.38). Na verdade, "todo o povo estava se lamentando e chorando por ela" (Lucas 8.52), e todos "sabiam que ela estava morta" (Lucas 8.53). Além do mais, por que zombariam de Jesus quando ele afirmou que a menina dormia, se não fosse evidente que ela estava morta? Na casa, estavam velando uma pessoa morta, e em Israel, de acordo com o *Talmude babilônico*, em todo bom funeral judaico até os mais pobres deveriam contratar pelo menos dois flautistas e uma carpideira.[6]

Em todo caso, devemos cuidar para não sermos enredados numa discussão improdutiva só para tentar descobrir se a menina estava morta (literalmente) ou se apenas dormia (metaforicamente). O importante é que a menina

---

6. **Ketubá**, 4.4.

"se levantou", "começou a andar" (Marcos 5.42) e foi alimentada (Lucas 8.55). E tudo isso graças a Jesus, que ministrou sobre ela com seu amor poderoso.

Uma menina viva (9.25,26)

É interessante que nesse caso, à semelhança do que aconteceu nos relatos sobre Elias e Eliseu e também no caso de Pedro e Tabita (Atos 9.40), a multidão alvoroçadora e debochada foi expulsa da casa, e Jesus entrou sozinho (de acordo com Mateus) ou com os pais da menina e três de seus discípulos (Marcos e Lucas) no quarto dela. Ele fez isso provavelmente porque a incredulidade manifesta dos curiosos podia perturbar a fé firme de Jairo e de sua esposa. Além disso, o diagnóstico definitivo de Jesus era diferente: "A menina não está morta, mas dorme" (v. 24). É possível que tenha dito isso para incentivar a fé dos pais da menina ali presentes.

Uma vez diante dela, Jesus literalmente fez o que o pai havia pedido e "tomou a menina pela mão" (cf. v. 18b). A imposição de mãos é uma prática bem exemplificada na Bíblia. No Antigo Testamento, configura-se um método para conceder a bênção e a graça divinas. No Novo Testamento, a expressão está relacionada com a bênção e a cura de doentes (Marcos 16.18; Atos 9.12). Jesus usou essa "terapia de toque" muitas vezes e o fez como um gesto que comunicava amor e fé. Além disso, com o gesto de tomar a mão da menina morta Jesus despertou a curiosidade das pessoas que testemunhavam a cena, porque o fato de tocar em um cadáver o deixaria contaminado com alto grau de impureza cerimonial. Mas Jesus não temia nenhuma contaminação. Pelo contrário, transmitia cura e pureza. O Autor da vida (Atos 3.15), ao tomar a jovem pela mão, deu-lhe vida, a vida abundante que prometia a todos (João 10.10). Desse modo, Jesus demonstrou sua autoridade sobre o último inimigo da humanidade, que é a morte (1Coríntios 15.26). Mais tarde, o próprio Jesus diria a João Batista que essas evidências eram provas de que ele era o Messias (11.5). A ressurreição da filha de Jairo, como a de Lázaro, foi uma antecipação espetacular e simbólica do dia em que todos os crentes serão ressuscitados para nunca mais morrer. De todos os atos miraculosos realizados por Jesus até o momento, esse foi sem dúvida o mais impressionante. Jesus "deu ordens expressas para que não dissessem nada a ninguém" sobre o ocorrido (Marcos 5.43; Lucas 8.56), mas "a notícia deste acontecimento espalhou-se por toda aquela região" (v. 26).

JESUS CURA UMA MULHER (9.20-22)

O espaço ocupado pelas curas milagrosas nos evangelhos sinópticos é surpreendente. Quase um quinto de todos eles é dedicado ao ministério de cura de Jesus e às discussões geradas. Em seus relatos, nenhum outro tipo de experiência recebe maior realce. É interessante a comparação entre esse destaque à cura física, emocional e espiritual e a pouca ênfase na cura moral.[7] Em Mateus, Jesus destaca-se como curador e, acima de tudo, como alguém que resolve casos incuráveis ou inacessíveis por causa da marginalização e das leis cerimoniais (como os leprosos, os cobradores de impostos e os gentios). Tal era a situação da mulher mencionada nesses versículos. Vamos observar sua condição e sua ação.

Sua condição (9.20)

O texto apresenta a situação de uma mulher sobrecarregada de fraqueza e dor. Mais uma vez, Mateus nos dá muito pouca informação a respeito dela, mas o suficiente para entendermos sua condição. O diagnóstico era que ela "havia doze anos vinha sofrendo de hemorragia". Esse tipo de doença era consequência de um mau funcionamento orgânico, provavelmente por causa de um desequilíbrio hormonal. Em termos mais específicos, essa condição patológica é conhecida como menorragia, isto é, sangramento excessivo ou abundante durante o período menstrual. Em todo caso, a ênfase de Mateus não incide tanto sobre a gravidade da doença, e sim sobre a improbabilidade de a mulher ser curada por Jesus (um rabi), em razão de seu estado de impureza (Levítico 12.1-8; 15.19-33). Essa situação a desqualificava para fazer o que fez: "Chegou por trás dele e tocou na borda do seu manto".

Mateus e Lucas concordam com Marcos ao relatar que a mulher tocou a "borda" do manto de Jesus. Pode ser mera coincidência, ou talvez Lucas tenha copiado Mateus aqui. Se a referência não é só à ponta do vestuário, mas à franja ou às borlas que o adornavam e que serviam a quem vestia o manto de lembrete da Lei sagrada (Números 15.38; Deuteronômio 22.12), então é bem provável que um escritor judeu como Mateus, à diferença de um gentio como Lucas, queria chamar a atenção para sua importância e significado. Esse detalhe

---

7. Morton T. KELSEY, **Healing and Christianity:** A Classic Study, p. 42.

acrescentado por Mateus aumenta a audácia da mulher ao tocar no manto de Jesus e contaminá-lo totalmente.[8] Na época, tal ação por parte de alguém na condição física em que ela se encontrava era considerado um ato de contaminação absoluta. A mulher estava incapacitada para todo tipo de interação social e, o pior, para qualquer atividade religiosa. Ela estava proibida de ir ao templo e de entrar nas sinagogas. A mesma lei a obrigava a se divorciar do marido, caso tivesse um, e a se afastar dos filhos. Além disso, pelos registros de Marcos e Lucas (Marcos 5.25-34; Lucas 8.43-48), sabemos que a mulher havia gastado todo o seu dinheiro com os médicos em busca de uma solução para sua doença, mas ninguém conseguira curá-la. Seu ostracismo social era completo.

Sua ação (9.21,22)

A ação da mulher ao tocar Jesus tornou-a quadruplamente culpada. Em primeiro lugar, porque ela sabia muito bem que, do ponto de vista religioso, uma mulher com menstruação crônica estaria impura e excomungada (Levítico 12.7; 15.9-27). Em segundo lugar, ela sabia que, à semelhança dos leprosos, deveria evitar o contato com outras pessoas. Em terceiro lugar, sua ofensa foi agravada pelo fato de contaminar um rabino, um mestre da sinagoga, ou seja, alguém de quem se esperava o maior grau de pureza. Em quarto lugar, ela agiu maliciosamente ao tocar e contaminar Jesus "por trás dele", sem que ele pudesse evitar. No entanto, convém observar que foi ela quem tomou a iniciativa de se aproximar e "tocar" em Jesus. Era tudo que ela precisava para ter contato com o poder de cura do Senhor. Sua ação imprudente revelou sua fé, embora a cura estivesse envolta numa concepção supersticiosa: "Se eu tão somente tocar em seu manto, ficarei curada". Mas foi o suficiente para Jesus se voltar, olhar para ela e declará-la saudável. Nesse caso, como em muitos outros, o milagre da cura foi instantâneo, uma vez que "desde aquele instante a mulher ficou curada".

JESUS CURA DOIS CEGOS (9.27-31)

Algo que caracteriza Mateus é certa inclinação para o plural, especialmente o número dois. Muitas das histórias que em outros evangelistas mencionam

---

8. R. V. G. Tasker, **The Gospel According to St. Matthew:** An Introduction and Commentary, p. 102.

uma única pessoa, em Mateus se tornam duas (dois endemoninhados, 8.28; dois cegos, 20.30).

A condição dos cegos (9.27a)

No mundo oriental da Antiguidade, os cegos eram parte natural do cenário cotidiano. Sozinhos, em pares ou em grupos, os cegos ou pessoas com problemas oculares (glaucoma) enchiam as estradas, as portas das cidades e as praças ou fontes de água. Quase todos eram mendigos e dependiam da caridade pública para sobreviver. Não é estranho, então, que uma das metáforas bíblicas mais populares para descrever a vinda do Messias é que os cegos verão (Isaías 29.18; 35.5; 42.7). Daí também que os milagres de cura dos cegos realizados por Jesus preencham as páginas dos evangelhos.

> **Morton T. Kelsey:** "A cegueira era outra maldição do mundo romano, como tem sido em toda cultura não alcançada pela medicina moderna e pela higiene. Por ser uma das grandes tragédias que podiam acontecer a um ser humano naquele mundo, não é de surpreender que existam muitos exemplos de sua cura. Há, em primeiro lugar, o elaborado relato do homem que nasceu cego, em João 9, que ocupa todo o capítulo. Na sequência, temos os relatos do cego Bartimeu, em Marcos 10.46-52 e Lucas 18.35-43; dos dois cegos, em Mateus 20.30-34; do homem trazido a Jesus em Betsaida, em Marcos 8.22-25; dos dois cegos, em Mateus 21.14".[9]

Nos v. 27-32, Jesus restitui a visão a dois cegos. Os v. 27-31 são exclusivos de Mateus. A história enfatiza o papel vital da fé nos milagres de Jesus. Os dois cegos reconhecem Jesus como o Messias ("Filho de Davi", v. 27), mas ele põe à prova a autenticidade da fé deles (v. 28). O pedido de Jesus para não contar a ninguém o que aconteceu era impossível de cumprir (v. 31), como em alguns casos anteriores de cura.

A fé dos cegos (9.27b,28)

Esses versículos são exclusivos de Mateus. A história enfatiza mais uma vez o papel vital desempenhado pela fé das pessoas nos milagres de Jesus.

---

9. **Healing and Christianity**, p. 57.

O grito dos dois cegos é uma expressão dessa fé: "[...] tem misericórdia de nós!". Mas é uma fé madura e bem fundada sobre a convicção de que Jesus é o Messias ("Filho de Davi"). Sua teologia avançada talvez se explique pelo fato de que, por serem deficientes visuais, seus outros sentidos, especialmente a audição, eram mais aguçados. Sem dúvida, em seu posto de mendicância devem ter ouvido mais de uma vez os relatos dos milagres de Jesus e assim se convenceram de que ele era o Messias prometido. Daí a insistência, a ponto de entrarem na "casa" onde Jesus estava hospedado em Cafarnaum.

A cura dos cegos (9.29-31)

A pergunta de Jesus ("Vocês creem que eu sou capaz de fazer isso?") parece fora de lugar, porque a atitude dos cegos era prova suficiente de que tinham essa convicção. No entanto, Jesus fez a pergunta para medir e aprofundar a fé deles, porque sabia que eles acreditavam que ele podia curá-los. E, diante da confirmação, foi isso que fez. Jesus tocou os olhos deles e, para confirmar a fé deles, declarou: "Que seja feito segundo a fé que vocês têm!". Então, os olhos de ambos se abriram, "e a visão deles foi restaurada". A alegria deles transbordava de tal modo que, apesar da severa advertência de que ninguém deveria saber o que aconteceu (algo impossível), os dois homens, curados, "saíram e espalharam a notícia por toda aquela região". Note-se que o evangelho que eles pregavam não era o de sua cura, mas o de quem os havia curado.

JESUS CURA UM MUDO (9.32-34)

Os incidentes descritos nos v. 32-34 são característicos de Mateus e parecem ter sido retirados do documento Q. A passagem assemelha-se mais à de Lucas 11.14 que à de seu possível paralelo, Marcos 9.22. Pode-se presumir também certa relação com a história do surdo que tinha problemas para falar, em Marcos 7.32-37. De fato, esses casos de deficiência (surdez, mudez e cegueira) quase sempre correspondiam a patologias orgânicas decorrentes de infecções, mas também podiam ter causas psicológicas, como ocorre com surtos histéricos. Em todo caso, hoje esses males são bem conhecidos da medicina, mas nos tempos de Jesus eram atribuídos a obras demoníacas ou a pecados pessoais, como possivelmente acontecia nos casos relatados nesses textos.

Um endemoninhado (9.32)

O ministério contínuo e intenso de Jesus é impressionante. Os dois cegos curados por ele ainda não haviam se afastado quando lhe trouxeram um homem mudo, cuja deficiência era atribuída aos demônios. A palavra traduzida por "mudo" (gr. *kōfós*) também pode significar "surdo" (11.5; Lucas 7.22; Marcos 7.32, "surdo tartamudo"). A palavra hebraica correspondente é utilizada nos escritos rabínicos para se referir aos surdos e mudos. No presente caso, era uma pessoa silenciosa, já que o contexto pressupõe essa interpretação. Note-se que no caso do mudo a doença era resultado da operação de um demônio (v. 32). O mudo estava "endemoninhado" (gr. *daimonizómenon*), e "Quando o demônio foi expulso, o mudo começou a falar" (v. 33). É interessante a sequência do problema e sua solução: o homem estava endemoninhado, de tal modo que o demônio produziu um problema físico, provavelmente a surdez, por isso não podia falar. Depois que o demônio foi expulso, o homem passou a ouvir de novo. Isso lhe permitiu imitar os sons que ouvia e desse modo pôde falar.

Uma multidão maravilhada (9.33)

A multidão que testemunhou essa ação surpreendente de Jesus ficou maravilhada com o que viu e ouviu. Eles também puderam falar e testemunhar: "Nunca se viu nada parecido em Israel!". Em certo sentido, a multidão estava errada ao pensar assim e fazer tal declaração. Experiências como a que acabavam de testemunhar já haviam ocorrido em Israel muito tempo antes, nos dias dos profetas, apesar de serem muito raras na época. No entanto, a mudez do endemoninhado resultou em louvor da multidão, que não era cega e podia ver o poder de Deus manifestado por meio de Jesus. Como expressa Charles Wesley em seu famoso hino "Mil línguas eu quisera ter":

> Os surdos ouvem afinal,
> E os mudos vêm cantar.
> Os coxos andam a saltar,
> E os cegos já te veem.[10]

---

10. **Hinário metodista brasileiro**, hino nº 1.

Uma oposição desconcertada (9.34)

Em contraste com a atitude seguramente agradecida do mudo que começou a falar e da multidão maravilhada que louvou a Deus, os fariseus, opositores de Jesus, longe de celebrar o milagre, aproveitaram a oportunidade para atacar o Senhor. Jesus, o pregador e curador, estava no auge de sua popularidade no momento, mas os fariseus representavam a nuvem escura da oposição que o rodeava em escala crescente até levá-lo à cruz.

Embora não apareça em alguns manuscritos (*Códice de Beza*), o v. 34 é provavelmente original e genuíno. Não é possível que tenha sido inserido a partir de 12.24, já que Belzebu não é mencionado ali. A réplica de Jesus a essa crítica insistente dos fariseus pode ser vista em 12.25-30. Os fariseus já estavam ficando nervosos com Jesus, mas não conseguiam negar a realidade de seus milagres e curas. A única estratégia viável era tentar desacreditá-lo vinculando-o ao próprio Satanás ou insinuando o envolvimento com feitiçaria e ocultismo.

A expressão "príncipe dos demônios" (gr. *tōi árchonti tōn daimoníōn*), que Mateus põe na boca dos fariseus, coincide com o conceito que o próprio Jesus tinha de Satanás, já que em três ocasiões se refere a ele como "príncipe [gr. *árchōn*] deste mundo" (João 12.31; 14.30; 16.11). O termo *árchōn* era usado em contextos seculares para denotar as mais altas autoridades de uma cidade ou de uma região.[11] Desse modo, Jesus reconhecia Satanás como o maior poder do presente mundo caído, pelo menos no que dizia respeito à sua influência. É por isso que Jesus sempre confronta esse "príncipe" malvado como o líder de um exército relativamente unificado e perverso de poderes espirituais e demônios. É por essa razão que Satanás é chamado "príncipe dos demônios", e os anjos caídos, "seus anjos" (25.41). Com base nessa suposta unidade militar diabólica, Jesus refuta a acusação absurda dos fariseus de que expulsa demônios pelo poder de Satanás, não pelo poder de Deus. Se fosse assim, argumenta Jesus, o reino de Satanás estaria operando contra si mesmo (Marcos 3.24) e não teria o poder que demonstra neste mundo.[12]

---

11. Clinton E. Arnold, **Powers of Darkness:** Principalities and Powers in Paul's Letters, p. 81.
12. Gregory A. Boyd, **Satan and the Problem of Evil:** Constructing a Trinitarian Warfare Theodicy, p. 35.

Além disso, usando um conceito bastante difundido, os fariseus pareciam querer envolver Jesus num crime muito mais grave que simplesmente ser agente do "príncipe dos demônios". A tentativa de acusar Jesus de bruxaria é percebida por trás da acusação de expulsar demônios por meio de artes malignas, próprias do ocultismo. Se fosse assim, a acusação seria extremamente grave e, como consequência, Jesus poderia ser acusado de um crime punível com apedrejamento. De fato, em mais de uma ocasião Jesus correu o risco de ser apedrejado (Lucas 4.29; João 8.59; 10.31-36; 11.8).[13]

É interessante que os cegos do milagre anterior não conseguiram ficar em silêncio: "saíram e espalharam a notícia por toda aquela região", e o ocorrido com o mudo fez que as pessoas dissessem: "Nunca se viu nada parecido em Israel!". Desse modo, em Jesus os mudos falam dele e os cegos fazem os outros enxergar seu poder.

Na última declaração do parágrafo, fica evidente o antagonismo não só dos opositores de Jesus (os fariseus), mas também o ataque de seu inimigo por excelência, Satanás, que é nosso inimigo também. Nesse caso, o estratagema diabólico encontrou expressão nos líderes religiosos da época, que acusavam Jesus de agir "pelo príncipe dos demônios". Assim, o Rei, maravilhoso em seu ensino e poder, não pode produzir convicção de fé nas mentes preconceituosas, que distorcem suas ações de amor para creditá-las àquele que veio para roubar, matar e destruir os seres humanos. Essa advertência serve para qualquer religioso que, por preconceito, fanatismo, ignorância ou falta de fé, confunde a obra de Deus com a obra de Satanás. É o pecado da incredulidade ou "pecado imperdoável", do qual Jesus falará amplamente mais adiante (12.24-32).

JESUS CURA UM HOMEM COM A MÃO ATROFIADA (12.9-13)

Há três movimentos no cap. 12, e todos em torno do conflito entre Jesus e os líderes judeus. O primeiro é o conflito relacionado com o sábado (v. 1-21); o segundo é o conflito relacionado com seu poder (v. 22-37); o terceiro é o conflito relacionado com um sinal (v. 38-45). Quanto ao primeiro conflito — a

---

13. Joachim JEREMIAS, **Abba:** el mensaje central del Nuevo Testamento, p. 133.

discussão sobre o sábado —, convém observar que ocorreu em dois contextos diferentes: quando "Jesus passou pelas lavouras de cereal no sábado" (v. 1); quando, "Saindo daquele lugar, dirigiu-se à sinagoga deles" (v. 9). No segundo cenário, a cura do homem com a mão atrofiada também ocorreu no sábado e dentro da sinagoga (de Cafarnaum?).

Um homem aleijado (12.9,10a)

Jesus foi à sinagoga e ali encontrou "um homem com uma das mãos atrofiada" (v. 9,10a). Duas coisas se destacam aqui: a presença de Jesus e a presença do homem aleijado. O restante do povo no local logo ficou em segundo plano, embora tenha havido o reconhecimento imediato de que, diante da necessidade do aleijado, Jesus provavelmente fizesse algo. Diferentemente dos casos de cegueira, mudez e surdez, aqui está bem claro que o problema do homem não era psicológico (como um possível quadro histérico), mas físico. A mão estava "atrofiada" (gr. *xērán*, "paralítica"), não "ressequida", como traduz a *RVR* (*hē xērá* refere-se a terra; v. Mateus 23.15). Para curá-lo, Jesus teria de reconstruir sua mão.

A situação do homem com tal deficiência, como a de todo aleijado em qualquer época, era duplamente problemática, porque ele não podia trabalhar num contexto em que o trabalho com as mãos era fundamental. "É fácil negligenciarmos a importância vital dessas curas. É óbvio que não havia nada parecido com seguro-desemprego nem aposentadoria por invalidez, e qualquer doença incapacitante que impedisse alguém de ganhar seu sustento criava dificuldades insuperáveis, tanto para a família e os amigos quanto para a própria pessoa".[14] Não é de admirar que Jesus se preocupasse em curar aquela parte específica do corpo do homem tão necessária e útil para ele como sua mão (gr. *cheír*).

Uma oposição desconcertada (12.10b-12)

A disposição e a convicção curadora de Jesus acionaram o gatilho do desafio de seus inimigos, que estavam o tempo todo à procura de uma oportunidade para atacá-lo e lhe perguntaram (desafiando-o): "É permitido curar no sábado?". Havia malícia por trás dessa pergunta porque, como Mateus

---

14. Kelsey, **Healing and Christianity**, p. 56.

comenta, eles estavam "procurando um motivo para acusar Jesus", que já havia se pronunciado sobre o sábado com uma declaração extremamente ousada e desafiadora: "Pois o Filho do homem é Senhor do sábado" (v. 8). Agora eles queriam reunir mais provas de sua blasfêmia e violação da Lei.

Jesus respondeu à pergunta deles formulando outra pergunta, baseada na experiência prática (v. 11). Observe que Jesus não diz: "Se algum de vocês tiver uma ovelha [...]", mas: "Qual de vocês, se tiver uma ovelha [...]". Jesus personaliza a questão e envolve os interesses econômicos de seus oponentes. Ou seja, se *sua* ovelha cai num buraco, você a retira porque ela é *sua*. Quem possui ovelhas cuida delas e as resgata. Com isso, Jesus provoca uma mudança radical na discussão, e a questão do sábado se concentra no homem aleijado. Agora ele não diz que é o Senhor do sábado, mas que é dono do homem sofredor: "Este homem com a mão atrofiada me pertence, e estou aqui para resgatá-lo e libertá-lo de sua deficiência. Vocês, que querem me condenar, sabem muito bem que por causa de uma ovelha de sua propriedade estariam dispostos a violar o dia de repouso, por ser a ovelha de vocês. Entendam de uma vez por todas que a obra suprema do sábado é alcançar os oprimidos e libertá-los".

Toda a força do argumento de Jesus reside no conceito de propriedade. Jesus não está justificando suas ações com base numa autoridade arbitrária ou caprichosa. O que ele faz está fundamentado na necessidade real do homem sofredor. Jesus não podia deixá-lo com a mão atrofiada, porque o homem lhe pertencia, era sua criação. No entanto, apesar da clareza e da franqueza de seu argumento, seus oponentes eram moral e espiritualmente incapacitados de entendê-lo e aceitá-lo.

Um aleijado curado (12.13)

Jesus curou o aleijado pedindo-lhe para fazer algo que este não podia fazer: estender a mão. A frase "estenda a mão" (gr. *ekteinón sou tēn cheîra*) pode significar também "esticar o braço", mas não parece que todo o membro superior estivesse comprometido com a paralisia, apenas a mão. Em todo caso, o homem foi desafiado por Jesus a fazer o que até então lhe era impossível. E a cura aconteceu: a mão "foi restaurada, e ficou boa como a outra". Com um pouco de imaginação, pode-se pensar no homem levantando a mão e com o dedo indicador apontando os fariseus descrentes, que "saíram e começaram a conspirar sobre como poderiam matar Jesus" (v. 14).

Sem dúvida, os opositores de Jesus viram muito bem o que havia acontecido (Marcos 3.2), mas consideravam que ainda não havia provas suficientes para que deixassem de acusar Jesus de blasfêmia e de violar o sábado e o reconhecessem como o Messias prometido. Assim, enquanto o que fora aleijado se alegrava com sua mão saudável, os fariseus deixavam a sinagoga com o coração doente.

JESUS CURA UM ENDEMONINHADO CEGO E MUDO (12.22,23)

Esses versículos fazem parte do segundo movimento do capítulo (v. 22-37), com relação a manobras dos inimigos de Jesus para acusá-lo de um crime capital. Os v. 22 e 23 apresentam o momento da eclosão desse segundo conflito, que foi a libertação de um endemoninhado. O consenso era que ele estava possuído por um demônio e que este era responsável por duas doenças físicas: cegueira e mudez.

Um filho do Diabo (12.22)

Nos dias de Jesus, acreditava-se que toda doença ou má condição física tinha como causa o pecado da pessoa que sofria ou a operação de todos os tipos de demônios. Não obstante, o relato bíblico deixa claro que as duas doenças desse homem (cegueira e mudez) eram mesmo consequência direta de seu envolvimento com demônios. A ciência moderna tem desqualificado toda interpretação demonológica desse caso. Alega que a cegueira e a mudez do homem resultavam de condições físicas e que coisas como entidades espirituais (demônios) não existem ou então devem ser interpretadas de outra forma, não como entes que possuem vida real. O que até muito pouco tempo parecia uma verdade indiscutível tem sido bastante questionado pela prática pastoral, inclusive por abordagens científicas pós-modernas e mais recentes. Os demônios "não existem" até que alguém como Jesus os desafie, o que fez durante todo o seu ministério, e também se manifestam.

O texto não explica a raiz do comprometimento demoníaco desse homem, mas é claro em apontar suas consequências: o homem estava cego e mudo. Sem apelar para invocações mágicas ou para algum ritual de exorcismo típico da época, "Jesus o curou", e o homem "pôde falar e ver". Jesus fazia isso constantemente, pois era parte de seu ministério messiânico. Ele não perdia tempo desenvolvendo teorias sobre o mal ou elaborando alguma demonologia, apenas expulsava os demônios e curava o povo. Jesus ensinou e ordenou aos Doze que fizessem o mesmo (10.7,8; Lucas 9.1), assim como aos 72 discípulos (Lucas 10.1,9,17,19), e essa é também sua ordem para toda a Igreja hoje (Marcos 16.15-18).

O Filho de Davi (12.23)

O efeito desse milagre em particular sobre os presentes revela o verdadeiro significado das queixas e dos ataques dos fariseus. O povo, quando viu o que Jesus havia feito pelo homem sofredor, "ficou atônito". Mais importante, porém, foi a pergunta que muitos fizeram: "Não será este o Filho de Davi?", que denotava forte suspeita de messianismo por parte da multidão assombrada. Não é de admirar, portanto, que os fariseus quisessem desacreditá-lo e bani-lo do mundo.

Não foi a primeira vez que se atribuiu esse título a Jesus. Na verdade, ele era descendente de Davi (1.17) e tinha direito legal ao nome. As dúvidas e os questionamentos surgiram quando o título "Filho de Davi" passou a ser um indicador de messianismo (João 7.25-42). O mesmo acontecia com a diversidade de opiniões (22.41-46). Na verdade, o título com essa conotação messiânica já havia sido mencionado pelos dois cegos de 9.27 e se repetiu mais tarde com os dois cegos e a multidão de Jericó (20.30,31), a mulher cananeia (15.22) e o povo que saiu para recebê-lo quando ele fez sua entrada triunfal em Jerusalém (21.9). A cura do endemoninhado pelo Filho de Davi era prova suficiente de que ele era o Messias.

JESUS CURA UMA GRANDE MULTIDÃO (15.29-31)

Nos v. 29-31, vemos Jesus curando uma grande multidão. Mateus resume o conteúdo de Marcos (7.31-37), pois os curados eram gentios na maioria, porém registra que eles "louvaram o Deus de Israel" (v. 31). Em certo sentido, as curas que Jesus havia realizado entre os judeus (9.1-8,27-33) agora se repetem entre os gentios, que acabam glorificando ao Deus dos judeus. Assim, Jesus abençoou os estrangeiros da mesma forma que havia abençoado muitos de seu povo.

A multidão (15.29,30)

O regresso da região da Fenícia (Tiro e Sidom, 15.21) e a chegada à costa oriental do mar da Galileia devem ter levado várias semanas, se não meses. Tal fato permitiu que Jesus passasse algum tempo ensinando seus discípulos com mais privacidade, porém isso não está registrado em lugar nenhum. Mateus relata que Jesus, assim que chegou à Galileia, "subiu a um monte e se assentou", sem dúvida para continuar ministrando seus ensinamentos ao grupo de discípulos que o acompanhava. Os rabinos procuravam lugares tranquilos para ensinar seus discípulos e sentavam-se para ensinar as Escrituras. Jesus fez uso frequente dessa prática de ensino (13.1; 23.2; Marcos 9.35; Lucas 2.46; 4.20; 5.3; João 6.3), e essa não foi a primeira vez (5.1). Nesse caso, porém, as multidões se aproximaram rapidamente não para ouvir os ensinamentos de Jesus, mas para trazer a ele todos os doentes da região.

Quem formava essa "grande multidão"? Por toda a margem do mar da Galileia, especialmente na costa oriental, que Marcos chama Decápolis (Marcos 7.31), na tetrarquia de Herodes Filipe, havia muitos assentamentos não judeus. Isso significa que Jesus se encontrava numa região bastante helenizada, de modo que possivelmente a maioria dos que se aproximaram dele com suas necessidades físicas eram gentios. Por isso, sem dúvida, diante da evidência do poder divino que operava em Jesus para a cura, eles "louvaram o Deus de Israel". É interessante ressaltar esse fato porque, se for assim, temos aqui um exemplo do ministério de Jesus aos gentios. E o maravilhoso nessa passagem é justamente a maneira em que Jesus, cheio de compaixão e de misericórdia, atende às necessidades imediatas daqueles que não figuravam na lista dos "preferidos de Deus". Vemos nisso uma antecipação de um aspecto primordial do evangelho cristão, ilustrado logo em seguida no episódio da alimentação dos 4 mil: perante o Messias, todos os seres humanos são iguais e todos são destinatários da provisão divina (15.32-39).

As curas (15.31)

A lista de doenças registradas por Mateus é surpreendente: "os aleijados, os cegos, os mancos, os mudos e muitos outros". O catálogo de doenças é um retrato do estado de saúde de qualquer região ou cidade na Palestina dos dias de Jesus, mas também mostra o número de pessoas que foram atendidas e a variedade de patologias que foram curadas.

> **Pablo A. Deiros:** "Jesus fez da cura uma questão central de seu ministério. Os evangelhos indicam que um número significativo de pessoas recebeu de Jesus cura de todos os tipos. Além das curas individuais, há também 19 incidentes nos três primeiros evangelhos, nos quais se diz que um bom número de pessoas foi curado, sem dar muitos detalhes sobre os tipos de enfermidades atendidas. Muitas passagens dizem apenas que Jesus curou 'vários tipos de doenças' ou que ele 'os curou [os enfermos], impondo as mãos sobre cada um deles' (Lucas 4.40). Essas curas eram parte essencial do ministério e da identidade de Jesus. São próprias dele, estão inseparavelmente ligadas a ele como Salvador e Senhor e são evidência da presença do Reino de Deus nele. Embora a doença e a morte sejam reais, ambas podem ser vencidas pelo poder de Deus em Cristo, com o resultado de que as pessoas podem ver sua glória e experimentar seu Reino".[15]

O texto diz que o povo "trouxe" os doentes a Jesus. O verbo grego *érripsan* (aoristo de *hríptō*) é forte ou intensivo e literalmente significa "arrojar", "lançar" (abaixo) ou "pôr". Em desespero, as pessoas traziam seus doentes e os lançavam aos pés de Jesus (gr. *kaì érripsan autoùs parà toùs pódas autoû*). Eles não estavam fazendo isso por negligência ou falta de sensibilidade, mas por urgência e desespero, porque havia muita gente que precisava dos cuidados de Jesus.

Dita operação terapêutica em massa mostrava a fraqueza e a mentira dos deuses gentios, que não podiam fazer nada para melhorar a situação daquela gente. Jesus, pelo contrário, ao curar todos os doentes que lhe foram trazidos em caráter de emergência, mostrou que o Deus de Israel era o único e verdadeiro Deus e que ele era o Messias deles. O poder que operava em Jesus para curar não era o do Deus dos fariseus ou da religião do velho pacto, e sim o poder do Deus do Novo Israel, que se estava revelando no ministério compassivo de Jesus.

JESUS CURA DOIS CEGOS EM JERICÓ (20.29-34)

Nos v. 29-34, somos informados de que Jesus curou dois cegos perto de Jericó. Essa cidade estava situada às margens do rio Jordão e cerca de 25

---

15. **La iglesia como comunidad terapéutica**, p. 95-96.

quilômetros a nordeste de Jerusalém. O caminho até a cidade era íngreme, já que num trecho bastante curto era necessário subir mais de 1.000 metros. Embora não se possa comparar Jericó com Jerusalém, a pequena cidade era bem desenvolvida nos tempos de Jesus. É provável que Jesus tenha se aproximado pelo leste e atravessado os vaus do rio Jordão próximos da cidade. Jericó era sua última escala antes de chegar à grande cidade que Herodes, o Grande, havia embelezado com grandes obras.

Mateus menciona dois cegos em Jericó, ao passo que Marcos e Lucas mencionam apenas um, e Marcos o nomeia dando detalhes (10.46-52). Assim, ou Mateus não está claro na informação, ou Marcos se concentra no mais conhecido dos dois cegos. Outra discrepância é que, de acordo com Mateus e Marcos, Jesus e seus discípulos estavam saindo de Jericó (gr. *apò Iereichō*), ao passo que Lucas (18.35) diz que ele se aproximava ou chegava a Jericó (gr. *eis Iereichō*). A cura provavelmente ocorreu quando Jesus deixava a antiga Jericó e se aproximava da nova Jericó, construída por Herodes, o Grande, a pouca distância dali. Outra possibilidade é que os cegos tenham feito seu apelo quando Jesus se aproximava da cidade, mas só foram curados na manhã seguinte, quando Jesus estava saindo (v. Mateus 15.23-28; Marcos 8.22-26). Todos os Sinópticos concordam ao informar que um cego em Lucas, Bartimeu em Marcos, ou os dois cegos em Mateus estavam "sentados à beira do caminho" (gr. *kathēmenoi parà tēn hodòn*) e que gritaram a Jesus, que passava por eles. Nos três evangelhos, o grito é o mesmo: "Filho de Davi, tem misericórdia [...]". Além disso, Mateus diz que Jesus tocou nos olhos deles (v. 34), ao passo que Marcos e Lucas não dizem isso, embora acrescentem vários detalhes. Três coisas se destacam na versão de Mateus.

Uma grande multidão (20.29,31a)

"Grande multidão" é uma pluralidade de pessoas reunidas mais ou menos de maneira fortuita, mas que reage como um todo diante de certos estímulos suficientemente fortes. É característico de seu comportamento um tipo de contágio mútuo (*rapport*), em virtude do qual cada um reage de forma espontânea e favorável aos sentimentos dos demais. Uma multidão é sempre uma massa, mas uma massa de indivíduos não é necessariamente uma multidão. Portanto, a multidão é caótica, instável, desorganizada e suscetível de agir pela emoção.

A multidão seguia Jesus (v. 29). Mateus chama a atenção do leitor para o fato de que Jesus era seguido por "uma grande multidão" quando saía de Jericó com seus discípulos rumo a Jerusalém. "Multidão" é um ajuntamento físico e compacto de seres humanos levados a um contato direto, temporário e não organizado, que em sua maioria reagem aos mesmos estímulos e de modo semelhante. O ministério de Jesus era cercado por multidões que ouviam seus ensinos (Mateus 5.1,2; 15.10,11) e testemunhavam seus milagres (14.15-21; 15.29-39; 19.1,2; 20.29-34). Jesus teve compaixão das multidões cheias de gente necessitada (Mateus 9.26; 14.14). As multidões celebraram sua entrada triunfal na cidade de Jerusalém e o aclamaram profeta (Mateus 21.8-11). Lamentavelmente, talvez essa mesma multidão o tenha rejeitado em Jerusalém (Mateus 27.20) e pedido sua morte aos gritos (Mateus 27.21-23). A "grande multidão" de Jericó não foi exceção.

A multidão repreendeu os cegos (v. 31a). Enquanto os dois cegos sentados à beira da estrada gritavam ao Senhor apelando por compaixão a fim de serem curados, a "grande multidão" os repreendia e mandava que ficassem quietos. Provavelmente, não queriam que os dois mendigos, marginalizados pela sociedade, interrompessem a marcha triunfante de Jesus a Jerusalém ou o distraísse de fazer outros milagres entre eles. Mas os homens insistiram, e "Jesus, parando, chamou-os". Isso é muito interessante, porque nem seus discípulos nem a multidão estavam conscientes de sua missão messiânica nem de que sua ida a Jerusalém tinha o objetivo de cumprir essa missão dando sua vida pela humanidade. No entanto, os dois cegos, com seus clamores, pareciam estar pregando o evangelho do Reino. Ambos tinham uma compreensão do Reino e do Rei mais clara que a dos discípulos de Jesus e da grande multidão que o seguia.

Uma dupla de cegos (20.30,31b)

Quando saía de Jericó, Jesus encontrou os dois cegos à beira da estrada. Eles estavam em grande necessidade e arriscaram tudo para resolver seu problema. Ao ouvir o ruído da multidão que acompanhava Jesus, perceberam que aquela seria a única oportunidade de apelar a ele para serem curados. Sem dúvida, eles tinham ouvido falar de Jesus e de seus muitos milagres, talvez até mesmo da cura de outros cegos. Seus olhos estavam fechados, contudo os ouvidos estavam abertos, não só para ouvir os testemunhos do poder de cura de Jesus, mas também o que se dizia a respeito dele: que ele era o Messias prometido, o Filho de Davi. Se o grito desesperado dos dois homens foi impelido por sua fé, é algo que não sabemos, mas era o resultado da esperança deles: "Senhor, Filho de Davi, tem misericórdia de nós!". Note-se o tom messiânico de sua exclamação.

Um Jesus compassivo (20.32-34)

Mais uma vez, podemos ver em ação a atitude que levava Jesus a agir. Cada uma de suas ações estava saturada de amor pelos sofredores. Em primeiro lugar, Jesus parou. Que diferença notável dos líderes religiosos mais exaltados, em qualquer época, que só se detêm em sua carreira quando seus interesses pessoais são comprometidos! Em segundo lugar, Jesus os chamou. Eles não podiam vê-lo, mas ele os viu e os identificou e particularizou com seu chamado. Em terceiro lugar, Jesus não perguntou o que havia acontecido com eles nem qual era sua necessidade, mas foi direto: "O que vocês querem que eu faça?". De novo, que contraste com tantos líderes atuais, que esperam ser servidos em vez de servir! Em quarto, lugar, "Jesus teve compaixão deles e tocou nos olhos deles" (gr. *hēpsato tōn ommátōn*). A palavra grega *ommátōn* ("olhos") é sinônimo de *ofthalmōn*, em Marcos 8.25.

O resultado foi o que tem se repetido ao longo dos séculos sempre que Jesus age como Redentor: "Imediatamente eles recuperaram a visão e o seguiram". Mais uma vez, vemos a terapia do toque em operação. O verbo grego *háptō* ("tocar") é muito comum nos evangelhos sinópticos e geralmente aplicado ao método de Jesus de curar todos os tipos de doenças, ou seja, fazer contato físico com o sofredor. O toque da mão de Jesus deve ter servido para suavizar os olhos enquanto eram curados. Acima de tudo, porém, o gesto serviu para confirmar a fé deles, expressar o afeto de Jesus e romper com os preconceitos religiosos das testemunhas ao redor e seu medo visceral de contaminação. A cura dos dois homens foi instantânea. A primeira coisa que viram foi o Rei, e a primeira coisa que fizeram depois de vê-lo foi segui-lo como discípulos a caminho da cruz.

CAPÍTULO 9

SEU MINISTÉRIO DE MILAGRES

8.23-27; 11.20-24; 14.13-36;
15.21-28,32-39; 17.14-21; 21.18-22

A palavra grega para "milagres" é *dýnamis* ("obra de poder", "milagre"), que literalmente significa "poder". Trata-se da manifestação de um poder que não obedece a nenhuma lei física ou natural conhecida. É um acontecimento espiritual e sobrenatural produzido pelo poder de Deus, um prodígio, uma maravilha, um sinal (Atos 2.22; Hebreus 2.4). É um fato que parece desafiar toda explicação racional, envolve a superação de leis naturais conhecidas ou a intrusão do sobrenatural no reino natural, atribuído à intervenção divina. Trata-se de um ato sobrenatural no plano natural. A conversão também é um ato sobrenatural, só que no reino espiritual, e é por isso que não constitui propriamente um milagre.

O milagre é sempre um ato de poder que opera sobre as leis que regem a natureza. Uma ilustração disso é o caso de Elimas, que ficou cego com a palavra de Paulo (Atos 13.8-12). Assim, o milagre é algo que acontece pelo poder sobrenatural, porém palpável aos sentidos, que acompanha o servo do Senhor para autenticar a comissão divina. Como acontecimento ou ato incompreensível, o que é miraculoso para uma época pode se tornar comum em outra. No entanto, se Deus é o soberano de toda a criação, é lógico pressupor sua liberdade e poder para intervir nela.

Jesus baseou e confirmou sua pregação com milagres para incentivar e fortalecer a fé dos ouvintes, mas não para exercer coerção sobre eles. Ele e os apóstolos realizaram milagres com o propósito de dar um testemunho divino a favor da verdade do evangelho cristão e assim credenciá-lo perante o povo (Atos 14.3; 2Coríntios 12.12; Hebreus 2.4). O mesmo deve fazer a Igreja hoje. Os milagres são uma confirmação de que o Reino de Deus já chegou à terra. Milagre é um fenômeno observável realizado pela operação direta do poder de Deus; é um desvio impressionante das sequências ordinárias da natureza, calculado para produzir uma maravilha que provoca a fé; é uma irrupção divina que autentica um agente da revelação. Pode-se dizer simplesmente que milagre é uma interferência do poder sobrenatural de Deus na natureza.

Os evangelhos sinópticos e João registram numerosos milagres realizados por Jesus. Num sentido amplo, a lista inclui os seguintes acontecimentos sobrenaturais, entre outros: Jesus passa pelo meio de uma multidão furiosa (Lucas 4.28-30); a pesca milagrosa (Lucas 5.1-11); o filho de uma viúva é ressuscitado (Lucas 7.11-15); Jesus acalma a tempestade (Mateus 8.23-27; Marcos 4.37-41; Lucas 8.22-25); Jesus alimenta 5 mil pessoas (Mateus 14.15-21; Marcos 6.35-44; Lucas 9.12-17; João 6.5-13); a orelha de Malco é restaurada (Lucas 22.50,51); um estáter aparece na boca de um peixe (Mateus 17.24-27); Jesus transforma água em vinho (João 2.1-11); Lázaro é ressuscitado (João 11.1-44); a segunda pesca milagrosa (João 21.1-11); Jesus anda sobre o mar (Mateus 14.25; Marcos 6.48-51; João 6.19-21); Jesus liberta a filha da mulher cananeia (Mateus 15.21-28; Marcos 7.24-30); Jesus alimenta 4 mil pessoas (Mateus 15.32-38; Marcos 8.1-9); uma figueira seca (Mateus 21.18-22; Marcos 11.12-26). A lista não termina com esses exemplos.

Jesus declarou: "Foi-me dada toda a autoridade nos céus e na terra" (Mateus 28.18). O Cristo ressuscitado e vivo não nos diz que detém toda essa autoridade e poder apenas para nosso interesse e informação. Mostraria um rico sua carteira recheada a um pobre ou indigente sem lhe dar sequer uma moeda? Claro que não! É dessa maneira que Jesus nos fala de seu poder ("toda a autoridade", gr. *exousía*), porque tudo que ele possui está ao alcance de seus filhos. Todo o poder visto em Jesus enquanto ele ministrava neste mundo está à nossa disposição. Ele prometeu a seus discípulos: "[...] receberão poder [gr. *dýnamin*] quando o Espírito Santo descer sobre vocês, e serão minhas testemunhas [...]" (Atos 1.8). Ele já cumpriu sua promessa. E a tarefa que nos designou, a ser realizada no mundo, requer a operação do mesmo poder miraculoso que atuou nele. Se alguma vez uma missão exigiu um poder miraculoso, essa é a missão que Jesus nos confiou.

Assim, com as curas que fez, os milagres que realizou foram o selo mais distintivo do ministério de Jesus. O enfoque de Mateus sobre os milagres de Jesus é muito peculiar. Mateus combina os milagres com os ensinamentos e a figura de Jesus como Senhor (gr. *kýrios*) e Mestre (gr. *didáskalos*). Ao lado do poder de sua palavra (gr. *exousía*) aparece o poder de seus milagres (gr. *dýnamis*). Além disso, Mateus vê a divindade de Jesus não tanto em sua práxis (como faz Marcos), mas em sua presença pessoal. Em seu evangelho, os milagres remetem a Jesus porque apontam para o poder transcendente de sua pessoa. Sua presença é o maior milagre. Por fim, a fé é um elemento que entra na cena do milagre, mas não se trata de uma profissão doutrinal ou universal, e sim de confiança na bondade e no poder de Jesus (p. ex.: "Vocês creem que eu sou capaz de fazer isso?", 9.28). A reprovação à falta de fé (confiança, gr. *thársei*) é quase exclusiva de Mateus (v. Mateus 6.30). Dessa forma, o milagre ocorre quando a fé está em ação. Por isso, Mateus prefere trocar a provável frase de Jesus: "A sua fé o curou" por esta: "Como você creu, assim acontecerá!" (8.13; 9.29; 15.28). Seja como for, Mateus deixa claro que por trás de cada milagre está o Rei trabalhando com seu *dýnamis*. A ênfase é cem por cento cristológica.

JESUS ACALMA UMA TEMPESTADE (8.23-27)

Os v. 23-27 narram um grande milagre de Jesus. O parágrafo inteiro é uma versão abreviada de Marcos 4.36-41. Os relatos de tempestades e naufrágios circulam oralmente há milênios e enchem páginas de literatura desde que a escrita existe. Na verdade, o repertório judaico dessas histórias, incluindo a de salvação milagrosa de marinheiros atingidos por tempestades, é abundante (Salmos 18.16,17; 42.6,7; 65.7; 69.1,2; 107.28-30), e a experiência mais lembrada é a do profeta Jonas (Jonas 1—2). Dessa forma, a Bíblia menciona algumas tempestades notáveis e terríveis (Gênesis 19.24; Êxodo 9.23; Josué 10.11; Atos 27.18,20).

O barco (8.23)

Os evangelhos sinópticos relacionam o ministério de Jesus a um barco em diversas ocasiões. Na tradição cristã, o barco tornou-se um símbolo da Igreja. As viagens de Jesus através do mar da Galileia (Marcos 4.35; 5.1-21; 6.32,45,53; 8.10,14) têm como denominador comum experiências de iluminação para os discípulos, ou seja, uma crescente compreensão de quem era Jesus e por que viera a este mundo. Nesse caso, o "barco" era o meio de transporte necessário para se deslocar de um lado do mar da Galileia para o outro, da costa ocidental para a oriental. Mas não deixava de ser para Jesus um instrumento significativo na ministração de importantes lições a seus discípulos. O "barco" provavelmente pertencia a Pedro ou aos filhos de Zebedeu e estava sempre pronto para servir a Jesus, especialmente quando ele precisava procurar um lugar isolado a fim de descansar (Marcos 4.35,36).

A tempestade (8.24,25)

Tempestades como essa (v. 24) são comuns no mar da Galileia, pelo fato de este estar bem abaixo do nível do mar (-190 metros) e cercado de colinas. Isso faz que o vento proveniente do monte Hermom seja canalizado quando sopra na direção norte-sul e dê origem a fortes tempestades e ondas. Quase sempre as tempestades são súbitas, e foi o que aconteceu aqui, porque "de repente, uma violenta tempestade abateu-se sobre o mar". No tempo de Jesus, essas tempestades surpreendiam os marinheiros, principalmente os pescadores, mesmo quando a navegação era mais costeira. Os barcos, conduzidos por remos ou por uma vela, não eram muito grandes nem estáveis. Em todo caso, a tempestade que surpreendeu Jesus e seus discípulos era muito forte. A palavra grega traduzida por "tempestade" (*seismòs*) é literalmente "terremoto" ou "sismo", e o texto descreve-a como "violenta" (gr. *mégas*, "grande"). Assim, destaca-se sua natureza súbita e violenta. Marcos e Lucas (Marcos 4.37; Lucas 8.23) usam o termo grego *laîlaps* ("tempestade", "furacão"), que pode ser traduzido por "explosão furiosa".

Para os hebreus, o mar era sinônimo de caos. Em geral, tinham grande aversão à água, especialmente quando as ondas eram encrespadas e sacudidas pelo vento. De fato, os hebreus nunca foram grandes navegadores nem ousavam ir mar adentro. Tinham grande respeito pelo oceano, e, quando ele estava furioso, como numa tempestade, sua consciência de fragilidade e vulnerabilidade aumentava exponencialmente. A angústia cresceu quando parecia haver mais água dentro do barco que do lado de fora ("as ondas inundavam o barco"). No episódio narrado nesse parágrafo, o barco parecia afundar enquanto Jesus está mergulhado num sono profundo. O texto diz que ele "dormia" (gr. *ekátheuden*) profundamente, pois sem dúvida estava esgotado, morto de cansaço. O verbo gr. *katheúdō*, de acordo com o contexto, pode ser traduzido por "dormir" ou por "estar morto" (1Tessalonicenses 5.10).

O milagre (8.26,27)

Mateus está interessado em mostrar que a ação de Jesus é semelhante à ação de Deus. Só Deus pode acalmar tempestades terríveis (Salmos 89.8,9). Com o milagre narrado nessa passagem, Jesus mostra que o poder que opera nele é o mesmo do Criador sobre sua criação. Foi isso o que os discípulos finalmente aprenderam com a experiência dramática dessa incursão naval: "Quem é este que até os ventos e o mar lhe obedecem?". Marcos, sem dúvida bem informado por Pedro, que talvez fosse o proprietário do barco, oferece mais detalhes sobre a situação a bordo. Mas os três Sinópticos coincidem em enfatizar o desespero dos discípulos, que foram acordar Jesus aos gritos: "Senhor, salva-nos! Vamos morrer!". O termo "salva-nos" (gr. *sōson*) é o mesmo usado com a conotação de salvar do pecado e da sua condenação ou de curar uma doença. Aqui o verbo é um aoristo, que denota uma ação pontual e urgente ("salva-nos agora"), enquanto "vamos morrer" é um presente linear ("estamos morrendo"). Marinheiros experientes (pescadores), eles recorreram a um carpinteiro de terra firme para que os salvasse do naufrágio (v. 25)! Os discípulos reagiram diante do que parecia certa indiferença ou descuido da parte de Jesus (Marcos 4.38), que ao despertar atendeu à emergência de duas maneiras.

Jesus repreende os discípulos (v. 26a). A expressão de Jesus soa um pouco severa. Sem a mediação de uma frase introdutória, Jesus os admoesta: "homens de pequena fé" (gr. *oligópistoi*). Aqui "fé" (gr. *pístis*, "fé", "confiança", "crença") é confiança em Deus (Romanos 4.20), e diante da situação de perigo os discípulos haviam demonstrado uma confiança muito pobre e débil (gr. *olígos*, "pouco"). Aqui o Rei perfeito repreende os súditos imperfeitos, o Mestre que aperfeiçoa a disciplina para os discípulos aperfeiçoáveis. Eles eram homens, alguns deles habituados ao mar, porém estavam todos enfrentando uma incrível intempérie, que os deixou apavorados. Como acontece com frequência nas situações extremas e mais ameaçadoras da vida humana, em momentos assim sobressaem ou a firmeza de espírito ou as fraquezas ocultas que evidenciam a fragilidade humana.

A pequena fé deles era resultado do medo que os assaltava. O medo enfraquece a fé e dá lugar ao Diabo. O problema dos discípulos é que eles se achavam dominados pelo medo, apesar de estarem com Jesus, que, mesmo profundamente adormecido, os mantinha sob seus cuidados. Eles ainda não haviam entendido que enquanto estivessem cheios do amor de Jesus o medo não encontraria lugar no coração deles. Ainda não tinham sido "aperfeiçoados no amor" (1João 4.17b,18). Dessa forma, o medo que transbordou neles revelou a fraqueza de sua fé, que por sua vez evidenciou sua condição plenamente humana e frágil.

Jesus repreende a tempestade (v. 26b,27). A mesma tempestade que revelou a condição humana dos discípulos serviu para mostrar a condição divina de Jesus. O desespero dos discípulos foi a oportunidade para a manifestação do poder redentor e da autoridade soberana do Messias.

O poder de Jesus. Jesus revelou-se o Criador que tem controle sobre sua criação. As ondas e os ventos estão sob suas ordens. Ele é o Senhor de seus seguidores, mas também o Senhor de sua criação. Por esse motivo, ele podia dormir em paz enquanto ao redor o mundo natural parecia entrar em colapso. Os elementos da natureza são submissos a ele, por causa de seu poder criador. Ele tem o poder de trazer ordem ao caos, como fez desde o primeiro momento da Criação, por meio de seu Espírito (Gênesis 1.1,2). Os discípulos ainda não conseguiam entender isso e ficaram espantados ao perceber que Jesus podia controlar o clima e os elementos naturais ("os ventos e o mar"). Ele é o Criador, não uma criatura. É o Filho do homem, não um simples homem. Diante da revelação de quem ele era, "os homens ficaram perplexos". Não é de admirar, portanto, que se perguntassem: "Quem é este que até os ventos e o mar lhe obedecem?".

A autoridade de Jesus. Mateus omite as palavras da repreensão de Marcos ("Aquiete-se! Acalme-se!", Marcos 4.39a). Jesus fala às ondas e aos ventos como se fossem espíritos destrutivos capazes de liquidar o ser humano. É possível visualizar esse episódio não só como um fenômeno natural, mas também como um acontecimento sobrenatural. Isso significa que é possível uma interpretação espiritual do incidente, como o próprio Jesus parece ter feito. Com relação a isso, o verbo "repreender" (gr. *epetímēsen*, de *epitimáō*, "repreender", "ordenar", "mandar", "exigir severamente") é o mesmo utilizado na repreensão e expulsão de demônios (17.18; Marcos 1.25; 3.12; 8.33; 9.25; Lucas 4.35,39,41; 9.42). De acordo com Marcos, as ordens dadas aqui são típicas das relações de Jesus com os endemoninhados, e é interessante a semelhança entre a calma que se seguiu à repreensão e a que os endemoninhados experimentaram no episódio seguinte após serem libertos por Jesus, conforme os relatos de Marcos e Lucas (Marcos 5.15; Lucas 8.35).

Os discípulos com certeza já haviam enfrentado várias tempestades como essa, de modo que o medo que estavam sentindo era resultado direto da ação de Satanás. Daí se deduz por que os ímpios são tomados pelo espírito do medo (Jó 15.24; 18.11). Além disso, a falta ou o enfraquecimento da fé deles não parece ter sido anterior ao incidente, mas, sim, que a perderam ou viram diminuir diante dele (Lucas 8.25). A tempestade não foi um fenômeno causado pelas forças da natureza, e sim pelas forças espirituais do mal. Foi por isso que Jesus "repreendeu os ventos e o mar". Não foi um fenômeno meteorológico, mas um ato de guerra espiritual, um choque de poder e de exercício de autoridade espiritual. A seu comando, "fez-se completa bonança". Como afirma James Kallas: "Se a linguagem de alguma forma significa algo, parece que Jesus considerou essa tempestade comum no mar, esse acontecimento ordinário da natureza, uma força demoníaca, e a sufocou".[1]

JESUS REALIZA MUITOS MILAGRES (11.20-24)

A denúncia dos v. 20-24 contra as cidades impenitentes aparece em Lucas logo após a missão dos Setenta e Dois (Lucas 10.12-15). Jesus está agora em sua jornada final até Jerusalém e não retornará mais a esses lugares. As cidades denunciadas perderam sua última chance. O pensamento na época era que quem realizava milagres tinha uma conexão especial com Deus. Tais cidades se mostraram tão pagãs que chegaram até mesmo a rejeitar os sinais realizados nelas. Duas questões se destacam nessa passagem.

---

1. **The Significance of the Synoptic Miracles**, p. 65.

Indiferença (11.20,21)

Corazim provavelmente estava situada em algum lugar a uma hora de viagem ao norte de Cafarnaum e só é mencionada aqui e em Lucas 10.13. Betsaida era uma vila de pescadores na costa ocidental do Jordão. Alguns acreditam que se tratava de um distrito portuário de Cafarnaum. Não há registro do que Jesus fez nessas cidades. Esse é um exemplo interessante do fato de que os evangelhos sinópticos não registram todos os feitos e ensinamentos de Jesus, apenas alguns cuidadosamente selecionados (v. João 21.25). É provável que a incredulidade e a falta de arrependimento dessas cidades sejam o principal motivo dessa omissão.

A expressão "ai de você" traduz a palavra grega *ouái*, que expressa pena, dor a ponto de provocar raiva, porém uma raiva resultante de um coração dilacerado pela dor. Qual foi o pecado dessas cidades? Seu pecado foi que o povo se esqueceu das responsabilidades que vêm com o privilégio. Eles estiveram com Jesus e o ouviram, e foi só isso. De acordo com Mateus, foi nessas cidades que Jesus realizou "a maioria dos seus milagres" — e repete duas vezes a informação. O uso do superlativo (gr. *hai pleîstai dynámeis autoû*) destaca a abundância de milagres realizados ali, e não foram meros fenômenos sobrenaturais, já que o termo grego *dýnamis* (v. 20,21) encerra a ideia de uma grande liberação de energia (como a dinamite!). Há outras palavras que podem ser traduzidas por "milagre" no Novo Testamento; *dýnamis*, porém, é a mais poderosa.[2] O ocorrido com Corazim e Betsaida deixa muito claro, como alguns sustentam hoje, que a fórmula "quanto mais milagres, mais conversões" não funciona. Pelo menos, não foi o que aconteceu após o tremendo ministério de milagres de Jesus nessas duas cidades da Galileia.

O maior pecado delas não foi a incredulidade, mas a indiferença. Seus moradores não atacaram Jesus, mas se mostraram indiferentes a seu apelo ao arrependimento e à aceitação do Reino de Deus. Assim, estamos diante de uma grande e constrangedora verdade: também é pecado não fazer nada.

---

2. A palavra *teras* significa "maravilha", "portento", "prodígio", *miraculum* ("milagre"), como em Atos 2.19. Aparece apenas no plural e sempre ao lado de *sēmeia*. A palavra *sēmeîon* significa "sinal" (Mateus 12.38) e é recorrente no evangelho de João, assim como a palavra *érgon* ("trabalho", "tarefa"), como em João 5.36. Outras palavras similares são: *parádoxos*, da qual deriva "paradoxo" — algo estranho, incrível ou maravilhoso (Lucas 5.26); *éndoxos*, que indica algo glorioso, grandioso (Lucas 13.17); *thaumastós*, "maravilhoso", "surpreendente" (Mateus 21.15).

"Não fiz nada" é um pecado grave, assim como "Não me meto nisso" ou "Não vou opinar". Como bem disse o teólogo Harvey Cox: "Não decidir é decidir". É típico da modernidade que cada um faça o que bem deseja e creia no que quiser, sem pensar nas consequências. Cada um tem sua verdade; portanto, não há verdades absolutas. Com essa cosmovisão, é fácil chegar à indiferença, tão característica de nossos dias. Jesus condenou com veemência essa atitude, especialmente em relação a ele e a seu Reino.

Juízo (11.22-24)

Não era costume de Jesus emitir ou executar o juízo divino sobre pessoas ou cidades que repudiavam suas ações e rejeitavam as mensagens do Reino. Ele resistia a essa prática, embora alguns de seus discípulos, entre eles os irmãos Tiago e seu irmão (os "filhos do trovão", Marcos 3.17), esperassem que ele fizesse isso (João). A passagem menciona dois juízos emitidos por Jesus.

O juízo histórico. O primeiro juízo é imediato, decorrente do fato gritante da rejeição de Corazim e de Betsaida, que não se arrependeram diante da magnitude dos milagres realizados por Jesus no meio delas. Essa condenação é o resultado imediato da sentença de Jesus em face da atitude daquela gente, "porque não se arrependeram". A comparação com Tiro e Sidom é uma forma de realçar a gravidade da indiferença dessas cidades judaicas, e a menção daquelas cidades tem um efeito chocante, já que eram cidades pagãs e gentias. Se tivesse havido a mesma quantidade dos impressionantes milagres que Jesus realizou nas cidades da Galileia, provavelmente no início de seu ministério ali (imediações de Cafarnaum), "há muito tempo elas se teriam arrependido, vestindo roupas de saco e cobrindo-se de cinzas". A referência temporal mostra que não só elas foram testemunhas de muitas ações poderosas de Jesus, como tiveram tempo suficiente para se converter, ou seja, abandonar seus pecados e mudar sua conduta. "[...] vestindo roupas de saco e cobrindo-se de cinzas" era a forma tradicional de expressar arrependimento e pesar (Ester 4.1,3; Jó 2.8; 42.6; Isaías 58.5; Jeremias 6.26; Daniel 9.3; Jonas 3.6; Lucas 10.13).

O juízo eterno. Jesus faz referência ao juízo divino quando menciona o "dia do juízo" (v. 22). Esse julgamento vindouro é inapelável e, ao contrário do histórico, é definitivo, ou seja, sem novas oportunidades de recurso. Por esse motivo, o castigo será terrível e bem maior. A falta de arrependimento esgotará os prazos da paciência divina, e a sentença eterna será cumprida inexoravelmente e com todo o rigor. Cafarnaum terá a mesma sorte. Alguns dos milagres que Jesus realizou nessa cidade estão registrados nos evangelhos sinópticos. É provável que, em razão de sua prosperidade material, de seu cosmopolitismo e de seu desenvolvimento cultural helenístico, Cafarnaum se sentisse privilegiada aos olhos de Deus (como "elevada até ao céu"). No entanto, por causa de sua descrença e da rejeição ao Messias, acabaria no Hades (gr. *Háidou*; v. Lucas 16.23). Jesus aplica a Cafarnaum o mesmo juízo de Isaías sobre a Babilônia (Isaías 14.13-15). O Hades é o mundo dos mortos (heb. *Sheol*), um lugar escuro e de total esquecimento. Nesse caso, a comparação não é com cidades gentias e pagãs, mas com as cidades da história sagrada que se destacaram por sua rebelião e seu pecado, como Sodoma (e Gomorra). Note-se que seu desaparecimento da cena histórica é atribuído à punição divina. Nesse sentido, Cafarnaum também desapareceu do cenário histórico, e hoje restam apenas algumas pedras e ruínas do que já foi uma grande cidade. No entanto, Cafarnaum, como Sodoma, aguarda o julgamento definitivo e eterno.

JESUS ALIMENTA 5 MIL (14.13-21)

Nos v. 13-21, Jesus alimenta nada menos que uma multidão com mais de 5 mil pessoas. É a primeira vez que o relato de Mateus corre em paralelo com o de João (João 6.1-13), evangelho no qual Jesus é apresentado como "o pão da vida". Na verdade, é o único milagre registrado nos quatro evangelhos Trata-se de um milagre no reino natural (milagre de criação), e é impossível tentar explicá-lo de outra forma, a não ser aceitando pela fé que Jesus é verdadeiramente o Senhor do Universo, como João afirma (João 1.1-18) e Paulo confirma (Colossenses 1.15-20). Essa passagem destaca quatro necessidades.

A necessidade de Jesus (14.13)

De acordo com Mateus, Jesus retirou-se para escapar dos domínios de Herodes Antipas, que acabara de ordenar a decapitação de João Batista (v. 1-12). Assim, "ouvindo o que havia ocorrido" (v. 13), ele tratou de ficar o mais longe possível da região, mas não o fez por covardia. Jesus não tinha medo de Herodes, a quem desafiou com firmeza (Lucas 13.31-33). O verdadeiro Rei não tinha motivos para fugir do falso rei. Jesus retirou-se por prudência, já que sua hora ainda não havia chegado. Além disso, de acordo com Marcos (6.30-32) e João (6.2,3), Jesus retirou-se para evitar as multidões e descansar. É importante reconhecer a plena humanidade de Jesus no fato de seu esgotamento físico, emocional e espiritual. Jesus não era como o Super-homem, o Homem de Aço. Na verdade, os Sinópticos apresentam-no frágil e vulnerável como qualquer ser humano. No entanto, não há contradição quanto aos motivos de seu retraimento, porque ambas as necessidades (a de se afastar de Herodes e a de descansar) são uma resposta às necessidades sentidas por Jesus e pelos discípulos. Ao mesmo tempo, Jesus ainda tinha muitas coisas que ensinar a seus seguidores, e a pressão das multidões não lhe dava margem de tempo para cumprir essa tarefa inadiável.

A necessidade das pessoas (14.14,15)

Encontrar um espaço para si mesmo era quase impossível a Jesus, por mais que quisesse, pois no momento era grande a popularidade de seu ministério. Até mesmo gente de Cafarnaum, que não havia se arrependido diante da manifestação de seu messianismo (11.23,24), não queria perder o espetáculo dos milagres. Por isso, o povo se antecipou a Jesus por terra (Marcos diz que eles "correram a pé", Marcos 6.33) e chegou antes dele e de seus discípulos ao "lugar deserto" e tranquilo escolhido por ele (Lucas diz que era em Betsaida, Lucas 9.10; João diz que "Jesus partiu para a outra margem do mar da Galileia", João 6.1). Tem-se a impressão de que o número de pessoas que soube da jornada de Jesus em Cafarnaum ia crescendo à medida que passavam pelas "cidades" a caminho desse lugar isolado. A questão é que quando Jesus desembarcou já havia uma multidão enorme esperando por ele, a qual se apresentou a Jesus com duas grandes necessidades.

Alguns estavam enfermos (v. 14). As pessoas que aguardavam Jesus eram mais que espectadores passivos, pois a maioria o procurava por ter muitas necessidades, especialmente em relação à saúde física, emocional e espiritual. Eles sabiam muito bem que a cura, de qualquer tipo, era uma ação permanente no ministério de Jesus. Eles haviam testemunhado esse fato em várias ocasiões. Como em situações semelhantes, agora Jesus também "teve compaixão deles" (gr. *kaì esplagchnísthē ep' autoîs*). É precisamente essa atitude de compaixão (gr. *splagchnízomai*, "compadecer-se", "ter piedade") pelos sofredores que capacita os que ministram a cura a cumprir seu ministério com eficácia. A palavra "compaixão" é composta de duas palavras em latim que significam "sentir com", "sofrer com". Jesus sofria com o enfermo e levava sobre si todas as feridas e dores deste (Mateus 8.17; Isaías 53.4).

> **Ken Blue:** "O tipo de compaixão que Jesus sentia pelas pessoas não era apenas uma expressão de sua boa vontade, mas uma erupção das profundezas de seu ser. A palavra usada para descrever sua compaixão expressa o suspiro involuntário de dor de uma mulher assaltada pelas dores de parto. Foi dessa profunda compaixão que surgiram as poderosas obras de resgate, cura e libertação de Jesus".[3]

Assim, movido pela compaixão, Jesus "curou os seus doentes [da multidão]" (gr. *kaì etherápeusen toùs arrōstous autōn*). Lucas diz que ele "curava os que precisavam de cura" (Lucas 9.11b). Podemos presumir que, como em outras ocasiões, Jesus curou todos os doentes.

> **Pablo A. Deiros:** "Não há um único caso de um doente que tenha sido rejeitado por Jesus ou de alguém a quem ele tenha tentado convencer da benignidade da doença. Não há uma única bem-aventurança registrada para os doentes ou para os fracos. Jesus nunca fez apologia da doença ou da dor. As obras de cura de Jesus expressam sua compaixão por todas as coisas que não estão em harmonia com a vontade soberana do Pai e por todos aqueles que sofrem as consequências disso. O principal motivo das ações poderosas de cura de Jesus foi sempre e em todos os lugares a compaixão (Mateus 9.25,26; 14.14; Marcos 1.40,41; 8.1,2; Lucas 7.13)".[4]

Todos estavam com fome (v. 15). O "cair da tarde", ou seja, quando já escurecia (v. 15a), era por volta das 6 horas da tarde, a hora do jantar. Foram os discípulos que apresentaram a Jesus a segunda grande necessidade do povo ali

---

3. **Authority to Heal**, p. 76-77.
4. **La iglesia como comunidad terapéutica**, p. 177.

reunido: eles estavam com fome. O problema obviamente era que por ser um lugar afastado ninguém voltaria para casa a tempo de comer ou de comprar comida numa cidade vizinha (v. 15b). Também é muito provável que ninguém tivesse comido o dia todo — em primeiro lugar, por terem de correr até o "lugar deserto"; em segundo lugar, porque ficaram horas a fio assistindo às curas que Jesus realizava e ouvindo seus ensinamentos (Marcos 6.34; Lucas 9.11).

A necessidade dos discípulos (14.16-18)

Os discípulos procuraram Jesus para alertá-lo da necessidade de comida para o povo. Mas o motivo provável é que eles foram os primeiros a ficar com fome na ocasião e não tinham nada para comer. Estavam mais preocupados com a própria necessidade que com a multidão e se aproximaram de Jesus com a pretensão de se livrar do problema. Mas o Senhor respondeu à necessidade deles com grande ironia: "Deem-lhes vocês algo para comer" (v. 16). A falta de comida para a multidão apresentou-se como um problema grave e nada fácil de resolver. Mais grave e impossível, porém, era que os discípulos se encarregassem de alimentá-los. Como poderiam satisfazer a necessidade de "cinco mil homens, sem contar mulheres e crianças"? Para convencer Jesus do absurdo da proposta, lembraram-no da realidade gritante de seus escassos recursos, que não eram suficientes nem sequer para alimentar a eles próprios e a Jesus: "Tudo o que temos aqui são cinco pães e dois peixes" (v. 17). Jesus então lhes deu uma ordem ainda mais absurda: "Tragam-nos aqui para mim" (v. 18) Para quê?

A necessidade de todos é satisfeita (14.19-21)

É interessante como Jesus procedeu para realizar o milagre de alimentar a multidão. Ele seguiu a ordem de um bom cozinheiro: 1) pôs a mesa ("ordenou que a multidão se assentasse na grama"); 2) preparou a refeição ("Tomando os cinco pães e os dois peixes e, olhando para o céu, deu graças"); 3) serviu a refeição ("partiu os pães [...] deu-os aos discípulos, e estes à multidão"); 4) desfrutou o menu com os comensais ("Todos comeram e ficaram satisfeitos"); 5) guardaram as sobras para consumo posterior ("os discípulos recolheram doze cestos cheios de pedaços que sobraram").

Note-se que Jesus "deu graças" pela comida (v. 19) oferecendo um louvor agradecido a Deus. Parece claro a relação teológica entre a narrativa desse milagre e a celebração da eucaristia pela igreja primitiva. Como observa José

Ignacio González Faus: "Esse é o único milagre comum aos quatro evangelistas, embora provavelmente essa coincidência não se deva à presença do milagre em várias fontes, e sim à grande importância teológica que teve para todos eles, talvez por sua relação com a eucaristia".[5]

De fato, João é responsável por esclarecer que "estava próxima a festa judaica da Páscoa" (João 6.4). Nesse sentido, foi uma celebração antecipada da Páscoa, que Jesus celebrou com a multidão de seus seguidores, ou seja, foi a primeira de uma série de "última ceias" antes de ele chegar à cruz. No presente caso, ele ceou com a multidão; na casa em Betânia, ceou com os amigos (João 12.1,2); no Cenáculo, em Jerusalém, ceou com seus discípulos (Mateus 26.26-30). Jesus continua a cear com seus seguidores sempre que estes se reúnem com ele (1Coríntios 11.23-26) e continuará a fazê-lo por toda a eternidade (Apocalipse 19.9).

A passagem da alimentação dos 5 mil deixa-nos vários ensinamentos: 1) devemos libertar as pessoas de suas necessidades física e, mais ainda, das necessidades espirituais; 2) devemos crer que Jesus pode suprir todas as necessidades; 3) a fé é a condição para receber a vida que Jesus concede; 4) Cristo conta com nossa ajuda na tarefa de pregar o evangelho e servir às pessoas; 5) a bênção de Cristo precedeu o milagre; 6) devemos estar prontos para cumprir seus mandamentos e obedecer a suas ordens; 7) devemos ter o cuidado de não permitir que nada que seja útil ao corpo, à mente e à alma se perca.

JESUS ANDA SOBRE AS ÁGUAS (14.22-36)

Nos v. 22-36, temos o relato de quando Jesus andou sobre as águas. Mateus apresenta a narrativa mais completa desse episódio e mostra Jesus como Rei universal e Senhor da natureza, mas também como Messias e Filho de Deus. A passagem menciona três reinos.

O Reino em miniatura (14.22-24)

Mateus destaca o fato de que, logo após o milagre de alimentar a multidão, Jesus despediu os discípulos e os mandou de volta pelo mar, provavelmente a Cafarnaum, "enquanto ele despedia a multidão". A expressão "logo em seguida" (gr. *euthéōs*, "imediatamente", "instantaneamente") encerra a ideia de

---

5. **Clamor del reino:** estudio sobre los milagros de Jesús, p. 76.

urgência, reforçada com o verbo "insistir" (gr. *enágkasen*, "compelir", "forçar"; v. Lucas 14.23). A explicação para o uso dessa palavra forte aqui e em Marcos 6.45 é encontrada em João 6.15. Como resultado do impressionante milagre da alimentação dos 5 mil, houve uma enérgica tentativa ("pretendiam [...] à força", João 6.15) da multidão para consagrá-lo rei. Que cidade não estaria interessada em ter um governante capaz de alimentar o povo com abundância e de graça? Jesus exortou seus discípulos a sair de cena e a não se envolver com aquela compreensão tão mesquinha do Reino que ele inaugurara. Além disso, Jesus precisava subir sozinho "a um monte para orar", o que até aquele momento não conseguira fazer.

A cena seguinte a esse ato impressionante ocorreu "ao anoitecer", ou seja, após as 6 horas da tarde. A cena apresenta dois quadros simultâneos: Jesus na montanha, que "estava ali sozinho", e os discípulos, que estavam "a considerável distância da terra", no barco. Durante toda a noite, Jesus orou ao Pai, como era seu costume (26.36,39; Marcos 1.35; Lucas 9.18,28,29). Se alguma vez ele precisou da sabedoria e direção do Pai, esse momento havia chegado. A tentação de se tornar um rei deste mundo (v. 4.8,9) nunca o abandonou. A insistência da própria multidão favorecia o projeto satânico, e os discípulos não estavam longe de também dar seu apoio a um messianismo terreno e mundano (Atos 1.6).

Durante toda a noite, os discípulos tentaram ir "para o outro lado" (v. 22), no barco (que era seu pequeno reino), que era "fustigado pelas ondas, porque o vento soprava contra ele". Marcos (6.45) diz que eles estavam indo para Betsaida. Se não havia outra Betsaida, o que é improvável, a história deve ser harmonizada presumindo-se que o "monte" a que Jesus subiu para orar ficava perto de Betsaida, mas separado dela por uma baía, através da qual os discípulos teriam de navegar. Talvez pensassem que Jesus tinha a intenção de contornar a baía a pé para alcançá-los, mas o vento contrário os levou de volta a Genesaré (v. 34). Na verdade, o barco não estava no meio do mar, e sim mar adentro ("a considerável distância da terra").

O Reino em magnificência (14.25-31)

Passava das três horas da manhã (lit., "na quarta vigília da noite", ou seja, entre 3 e 6 horas da manhã), quando Jesus apareceu aos discípulos caminhando sobre a água. Os romanos dividiam a noite em quatro vigílias de três horas, a partir das 6 horas da tarde. O reino em miniatura dos discípulos (o barco), com todos os seus problemas e medos, foi abalado por um acontecimento que irrompeu com uma magnificência superior à dos ventos contrários. Mais uma vez, Jesus os surpreendeu manifestando seu controle sobre a natureza e seu poder sobre a criação. Humanamente falando, era impossível caminhar sobre o lago.

Qual foi a intenção de Jesus ao se manifestar dessa maneira aos discípulos? De acordo com Marcos, ele queria se mostrar a eles, mas não desejava entrar no barco (6.48). No entanto, as circunstâncias o obrigaram a fazê-lo. De acordo com Mateus, essas circunstâncias eram o fato de que Pedro quis andar sobre as águas também (v. 28-31). A lição que podemos aprender com esse episódio é que os seguidores de Cristo podem sempre acreditar em sua presença e na realidade de seu magnífico Reino, mesmo à noite e no meio de uma tempestade. A experiência de Pedro mostra-nos que a fé pode superar obstáculos e que a dúvida é acompanhada de desastres.

> **José Ignacio González Faus:** "O episódio em que Jesus caminha sobre o lago de Genesaré foi preservado no triplo testemunho de Marcos 6.45-52, Mateus 14.22-33 e João 6.16-21. [...] Uma leitura simultânea das três narrativas facilmente deixa a seguinte impressão: para Marcos, é um episódio que acontece aos *discípulos*, enquanto em Mateus o verdadeiro protagonista é o próprio Jesus. [...] Mateus narra de tal forma que praticamente o correlato de Jesus se torna 'o barco' no abstrato; ao passo que em Marcos 'eles' estão o tempo todo em jogo, pronome repetido cinco vezes mais que em Mateus e que também enfatiza por conta própria que 'todos' o viram. E, em contraste com esse destaque dado aos discípulos por Marcos, Mateus enfatiza Jesus, a quem ele nomeia expressamente (14.27) e informa que se retirou 'sozinho' para orar (14.23)".[6]

O Reino manifesto (14.32-36)

Quando Jesus por fim entrou no reino em miniatura dos discípulos, o vento cessou. Essa nova manifestação do poder e da autoridade de Jesus sobre a ordem natural fez que "os que estavam no barco" o adorassem. Na ocasião anterior (8.23-27), a ação de Jesus resultou em uma pergunta: "Quem é este?" (8.27). Agora, a manifestação do Reino em Jesus resultou numa resposta de fé: "Verdadeiramente tu és o Filho de Deus" (v. 32b).

---

6. Ibid., p. 72-73. Grifo do autor.

Finalmente, eles desembarcaram em Genesaré, e ali outra vez o Reino de Deus se manifestou no ministério de Jesus. E, de novo, foram os doentes que lhe deram a oportunidade de manifestar quem ele era como Messias e operar a cura como uma expressão da presença do Reino inaugurado por ele. Mais uma vez, as multidões foram as beneficiárias de sua ação redentora. Note-se que Jesus operou milagres, apesar da fé supersticiosa e mística do povo, que pensava que a cura se produziria por um toque no manto de Jesus (v. 36; cf. 9.20,21). Na Antiguidade, o fetichismo estava na ordem do dia. Fetiche é qualquer objeto reverenciado (como o manto de Jesus) por se acreditar que abrigue um poder sobrenatural ou mágico. Poderes mágicos ou sobrenaturais são atribuídos ao fetiche, que supostamente permite que quem o usa ou possua consiga obter o que deseja. Mas Jesus não é um rei político ou um mágico de ocasião. Ele é o Messias, o Filho de Deus.

JESUS CURA A FILHA DE UMA MULHER CANANEIA (15.21-28)

A chave para entender essa passagem em sua relação com o progresso das reivindicações messiânicas do Rei encontra-se no v. 21: "Saindo daquele lugar, Jesus retirou-se para a região de Tiro e de Sidom". Afirmações similares ("retirou-se", gr. *anechōrēsen*, de *anachōréō*, "retirar-se", "afastar-se") ocorrem outras vezes antes disso nesse evangelho (2.12,13,22; 3.12; 9.13; 12.15; 14.13). Aqui, porém, a passagem parece estar dizendo que Jesus se retirou da infidelidade da religião tradicional, da fé que vive fora do pacto. Jesus estava cumprindo seu ministério no meio de seu povo com grandes resultados, mas também sob crescente oposição. Agora ele se retira de tudo isso, para cumprir seu ministério no meio de um povo que não é o seu, isto é, entre os gentios. Três coisas se destacam nesse episódio.

Uma fé persistente (15.22,23)

O caso da fé da mulher cananeia, como na cura do servo do centurião romano (8.5-13), mostra uma pessoa gentil que surpreende Jesus pela tenacidade de sua fé. E isso no contexto da clara realidade do abismo que separava judeus e gentios, como o próprio Jesus admite (v. 24). A localização geográfica da história também é muito significativa. A passagem narra a jornada de Jesus a Tiro e Sidom. Tanto Mateus quanto Marcos registram o fato logo após a discussão entre Jesus e os fariseus e outros mestres da lei a respeito de refeições puras e impuras.

No debate, Jesus faz uma reinterpretação radical, na qual afirma que a diferença entre o puro e o impuro agora deve ser entendida em termos morais em vez de alimentares, ou seja, pelo que vem do coração, não do que entra pela boca. "Ao dizer isso", comenta Marcos, "Jesus declarou puros todos os alimentos" (Marcos 7.19). Mas a distinção entre puro e impuro em Israel era fundamentalmente um símbolo da distinção entre Israel e as demais nações. Portanto, se Jesus abolisse a distinção relacionada com a comida (o símbolo), estaria abolindo também a distinção entre judeus e gentios (a realidade para a qual o símbolo apontava). É ainda mais significativo que Mateus e Marcos registrem dois milagres aos gentios após essa discussão (a cura da filha de uma mulher cananeia e a de um surdo-mudo em Decápolis) e provavelmente um terceiro, se a alimentação dos 4 mil ocorreu no lado de Decápolis, junto ao mar da Galileia. Com suas palavras e sua ação, Jesus está assinalando as nações como o horizonte amplo do alcance do poder salvador de Deus.

A mulher cananeia (gr. *gynē Chananaía*) era fenícia, porque os fenícios eram descendentes dos cananeus, os habitantes originais da Palestina. Eles eram de raça semítica (como os judeus), embora pagãos. A mulher tinha um problema sério: sua filha estava endemoninhada. Note-se que a mulher se aproximou de Jesus como se ela mesma fosse a sofredora, como fizeram outros antes e depois dela: "Senhor, Filho de Davi, tem misericórdia de mim!" (9.27; 20.30,31). Os discípulos, como a multidão no caso dos dois cegos mais tarde (20.31), ficaram perturbados com os gritos dela. Mas Jesus não deixou de responder a seu clamor. Na verdade, ele esclareceu qual era a prioridade de sua missão naquele momento. Ele tinha sido enviado (gr. *apestálēn*, de *apostéllō*, de onde deriva o termo "apóstolo") pelo Pai "às ovelhas perdidas de Israel". Ao contrário dos fariseus, que se consideravam salvos por pertencer ao povo de Israel, Jesus descreve-os como "ovelhas perdidas".

Uma ação paradoxal (15.24-26)

De acordo com Marcos (7.24), Jesus entrou na casa de uma cidade pagã a fim de se esconder e sem que ninguém o soubesse. De acordo com Mateus, uma mulher cananeia (gentia) com um sério problema veio ao encontro dele na região. Jesus manteve-se em silêncio e por fim a rejeitou. Há dois pontos interessantes aqui: a demora de Jesus para curar a filha da mulher e o uso da palavra "cachorrinhos" (gr. *kynaríois*), pois os judeus usavam o termo "cães" ao tratar com desprezo os gentios. Note-se também o nítido contraste entre "ovelhas" e "cachorrinhos". Alguns pontos de vista ou explicações desses fatos são os seguintes. 1) Pode ser que Jesus estivesse testando a fé da mulher, e a palavra "cachorrinhos" veio reforçar o teste. 2) "Cachorrinhos" é na verdade um diminutivo (de "cachorros") e pode ser uma expressão de afeto, embora há quem diga que a forma diminutiva significa a mesma coisa que a normal. 3) Jesus está dando uma lição aos Doze, e a força da expressão é esta: "Meus discípulos acreditam que você é igual a um cão. O que nós dois pensamos?" 4) O incidente representa um novo estágio na missão de Jesus. Ele teve de deixar a Galileia, porque não poderia realizar sua missão no meio de seu povo, e houve resultados positivos entre os gentios. Jesus seguiu para a região de Tiro e Sidom pelo leste, ou seja, não a cruzou a partir da Galileia.

Uma oração persistente (15.27,28)

Sem dúvida, a cena desse milagre de Jesus é paradoxal. A aparente dureza de Jesus não deixa de surpreender e só pode ser entendida se interpretada como tendo um fim pedagógico, que vai além da mulher cananeia com quem Jesus está dialogando. No entanto, descobrimos que essa cena estranha é extraordinariamente coerente com tudo que Jesus ensinou sobre a oração e a necessidade de persistir nela diante de Deus. Ele mesmo conheceu essa experiência mais tarde, no jardim de Getsêmani. Esse milagre ilustra como deve ser a oração persistente do cristão. A oração não deixa de ser uma luta com o Senhor, como concebia Martinho Lutero. Na verdade, é o próprio Deus quem nos ensina a lutar com ele em oração. O próprio Jesus, embora se mostrando duro com a mulher cananeia, estava inspirando nela a fé da qual surgiu o cumprimento de seu desejo. A tenacidade da mulher era idêntica à de Jacó quando este lutou com Deus, dizendo: "Não te deixarei ir, a não ser que me abençoes" (Gênesis 32.26).

JESUS ALIMENTA 4 MIL (15.32-39)

Nos v. 32-39, encontramos o relato da alimentação dos 4 mil. A narrativa bíblica suscita de imediato uma questão: o que Jesus fez? Esse milagre (Marcos 8.1-10) não é uma duplicata do anterior, que teve a participação de 5 mil judeus ao redor do lago, além de mulheres e crianças. Aqui são cerca de 4 mil gentios das redondezas de Decápolis, mas não no território de Filipe (Traconites).

Nessa sequência, cumpre-se o ditado: "Primeiro os judeus, depois os gentios". A duplicação desses milagres em Mateus (e Marcos) é explicada pelo fato de os 4 mil serem gentios. Por isso, sobraram sete cestos (representando os sete diáconos de Atos 6.1-7). Já o caso dos 5 mil refere-se aos judeus, porque eles deixaram "doze cestos" (representando as 12 tribos de Israel, 14.20). A região de Magadã ficava a leste do mar da Galileia.

Para alimentar essa multidão ao ar livre, Jesus fez duas coisas: 1) multiplicou a quantidade de comida de maneira maravilhosa; 2) com essa ação, ensinou sobre o Reino de Deus inaugurado por ele. Desse modo, temos aqui tanto um milagre relacionado com comida quanto uma parábola dramatizada.

Um milagre de alimentação (15.32-36)

A necessidade de comida sentida pela multidão que acompanhava Jesus era mais séria que no caso da alimentação dos 5 mil, já que estavam com o Senhor havia três dias sem nada para comer. Na verdade, o próprio Jesus percebeu a possibilidade de os mais fracos desmaiarem se tentassem sair em busca de comida. É interessante que no caso dos 5 mil Jesus sentiu compaixão pelos doentes (14.14), mas aqui sente compaixão pelo fato de as pessoas que o acompanhavam não terem nada para comer havia três dias. Jesus se comovia com qualquer situação que envolvesse necessidades humanas não atendidas. A atitude dos discípulos, pelo contrário, não só parece insensível, mas também incompreensível. Teriam se esquecido tão cedo do milagre da multiplicação dos pães e dos peixes para apresentar a Jesus o mesmo tipo de preocupação? De imediato, Jesus lembrou-os do que acontecera e mais uma vez pediu a eles que providenciassem os recursos disponíveis para o milagre (v. 34). A cegueira e a amnésia dos discípulos são incríveis (v. 16.9,10).

Seja como for, os discípulos colocaram a comida que havia à disposição (sete pães e alguns peixinhos) nas mãos de Jesus, que fez uma oração e a devolveu, para ser distribuída. Desse modo, Jesus estava agindo com o poder de Deus Pai, o Criador de todas as coisas. Naquela tarde, Jesus fez o que Deus fez "no princípio" e continua a fazer por nós todos os anos, quando faz que uma pequena quantidade de semente se transforme em alimento suficiente para muitos. Mas como ele fez isso? Mateus não nos diz. O que ele informa é quem fez isso e por quê. O Messias de Deus, com seu amor redentor, agiu para atender a uma necessidade do povo naquele momento.

Uma parábola dramatizada (15.37-39)

Quando Jesus alimentou a multidão, ele estava realmente dramatizando a parábola de Lucas 14.16-24. Por meio da comida, estava mostrando àquelas pessoas que ele era o Messias, sobre quem Isaías havia profetizado. A comida, portanto, era uma forma de dizer a eles: "O Reino de Deus já começou a chegar, e vocês poderão participar de sua alegria. Na verdade, já podem receber na alma a nova vida que possuem aqueles que pertencem a esse Reino e desfrutar a provisão espiritual para nutrir seu espírito". Jesus é o Pão da vida (João 6.48), que veio ao mundo não só para alimentar os judeus, mas também os gentios, ou seja, a todo ser humano que quiser nutrir-se dele. A passagem encerra com Jesus se despedindo do povo, subindo no "barco" e partindo para a região de Magadã (ou Magdala), na costa oeste do mar da Galileia. Em suma, ele estava retornando ao território da Galileia. Marcos chama essa região de Dalmanuta (Marcos 8.10), fora do território gentílico.

JESUS CURA UM MENINO ENDEMONINHADO (17.14-21)

Nessa passagem, é narrado o que aconteceu imediatamente após Jesus e seus discípulos descerem do monte da Transfiguração (17.1-13). Os discípulos desceram do cume espiritual para o vale das sombras e da impotência diante do mal, enquanto Jesus desceu como Rei confirmado em sua missão a um Reino que estava em processo de se manifestar em meio a conflitos. Ao chegar ao lugar onde estava a multidão, qual foi a primeira coisa que ele viu?

Um pai com o filho possuído por demônios (17.14,15)

A imagem é a do microcosmo de uma experiência pessoal, que reflete o drama de toda a humanidade: a impotência diante do mal. A palavra grega que descreve a condição do menino ("ele tem ataques") é *selēniázetai* ("lunático"), pois se pensava que os sintomas da epilepsia eram agravados por mudanças na Lua (gr. *selēnē*; v. 4.24). A epilepsia era o diagnóstico médico, mas Jesus fez um diagnóstico espiritual e atribuiu a doença a um demônio (gr. *daimónion*, v. 18). O menino endemoninhado (e epiléptico) é um exemplo do método de Satanás para destruir alguém com doenças mentais ou neurológicas. Cada vez que lhe provocava um ataque (epilepsia), o menino acabava "sofrendo muito" (gr. *kakōs échei*, "passava mal"), porque em muitas ocasiões a integridade física estava em jogo ("cai no fogo ou na água"). Não é de admirar o desespero do pai, que de forma surpreendente se dirigiu a Jesus chamando-o de "Senhor" (gr. *kýrie*) e apelando para sua compaixão ou misericórdia (gr. *éleos*). O homem parece ser o único nessa cena, além de Jesus, que lida com o vocabulário do Reino de Deus.

Note-se que o filho desse homem desesperado era uma criança (gr. *ho país dè paidós*, criança com menos de 12 anos, v. 18). Esse detalhe é importante, tanto que é especialmente citado em Marcos (Marcos 9.21,24) e também se destaca em Lucas (Lucas 9.42). Alguns ensinam que uma criança não pode ficar endemoninhada ou possuída por demônios, porque Jesus declarou que o Reino dos céus é das crianças. Na verdade, trata-se de uma afirmação falsa, porque Jesus nunca disse algo assim. O que ele disse foi: "O Reino dos céus pertence aos que são semelhantes a elas" (19.14; v. Marcos 10.14; Lucas 18.16). Essa conclusão está fundamentada numa exegese e numa teologia ruins, numa missiologia equivocada e numa pastoral tão inútil quanto a dos discípulos. As crianças são precisamente o alvo favorito de Satanás, porque, ao destruí-las física, emocional e espiritualmente, ele consegue frustrar toda uma vida humana.

Alguns discípulos com pouca fé (17.16,19,20)

A pior tragédia de todo esse relato é expressa na frase do v. 16: "Eu o trouxe aos teus discípulos, mas eles não puderam curá-lo". Lucas acrescenta algo que Mateus omite — o fato de o homem informar sobre o menino: "E o único que tenho" (Lucas 9.38). É interessante que a frase em grego (*monogenēs moí estin*) é a mesma que o Pai celeste usa para se referir a Jesus (v. João 1.14,18; 3.16,18; 1João 4.9). Assim, no palco ao pé do monte, duas personagens são apresentadas. Por um lado, o Filho unigênito do Pai, que tem compaixão e poder para resolver qualquer problema; por outro lado, o filho único do homem, possuído por um demônio que o destrói.

No entanto, é impressionante que o homem tenha apelado aos discípulos antes de se aproximar de Jesus. Talvez por pensar que os seguidores de Jesus teriam a mesma compaixão e poder para resolver algo que não parecia ter solução humana. Não foi assim, no entanto. Os discípulos "não puderam curá-lo", por mais que tentassem. Qual foi o motivo? Jesus explicou a seus discípulos: "A fé que vocês têm é pequena". A expressão "fé pequena" ou "pouca fé" (gr. *oligopistían*) retrata uma fé diminuta, escassa, de tamanho inferior ao de "um grão de mostarda" (gr. *kókkon sinápeōs*; v. 13.31). Os discípulos não tinham fé suficiente para fazer germinar um milagre.

Se tivessem compaixão e fé suficientes, o resultado teria sido muito diferente. De acordo com Jesus, uma fé tão pequena quanto um grão de mostarda é tudo de que se precisa para mover um "monte". Ao dizer "um monte", pode ser que Jesus estivesse apontando para o monte da Transfiguração. É mais provável, porém, que o "monte" em questão seja o problema que deveriam ter resolvido, isto é, a saúde do menino. De acordo com Jesus, seus seguidores, pela fé, têm a mesma capacidade de realizar milagres que ele e o Pai ("Nada será impossível para vocês"; v. 19.26; Marcos 10.27; Lucas 1.37; 18.27).

Um Jesus com raiva e indignação (17.17)

A raiva e a indignação de Jesus eram evidentes e compreensíveis. O processo de treinamento de seus discípulos atingiu seu auge com a experiência da transfiguração no cume de um alto monte. Mas, agora no vale, uma multidão desorientada, um pai desenganado, uma criança destruída e um grupo de discípulos deprimidos se mostram impotentes diante da realidade do mal. O que mais irritou Jesus foi a atitude de seus discípulos, pois pareciam não ter entendido ainda que a obra de proclamar o evangelho do Reino, curar enfermos e expulsar demônios seria continuada por eles; que em seu nome eles já possuíam o poder e a autoridade para fazê-lo (10.1), pois o tinham visto agir assim centenas de vezes e sabiam o que tinham de fazer.

O diagnóstico de impotência e indolência dos discípulos não poderia ser mais severo: "Ó geração incrédula e perversa". O primeiro sintoma está relacionado com sua fé mesquinha e insuficiente (cf. v. 20). O segundo sintoma indica a falta de compromisso com ele e com o Reino. "Perversa" (gr. *diestramménē*) significa "distorcida", "dividida em dois", "corrupta", "sem autenticidade". É interessante que Mateus não tenha feito parte do grupo de três que escalou o monte com Jesus. Ele estava entre os nove que haviam permanecido no vale e não puderam curar o menino. Assim, Mateus foi o primeiro a aprender essa dura lição sobre falta de fé. Não é esse o diagnóstico que mais se encaixa na situação de muitos crentes e na da comunidade cristã de hoje?

Um menino com um milagre de cura (17.18)

A eficácia de Jesus é surpreendente. Era preciso em seu diagnóstico e preciso em sua terapia ("repreendeu o demônio"). E aconteceu o que sempre acontece quando, em nome de Jesus, enfrentamos Satanás na vida das pessoas que sofrem e o expulsamos: o demônio "saiu do menino". Como sabemos que isso aconteceu? Simplesmente porque os sintomas que o afligiam desapareceram por completo, ou seja, o menino, "daquele momento em diante, ficou curado". Já não sofria mais ataques nem estava mais "sofrendo muito". Passou a viver uma vida normal com seu pai. Hoje se debate muito se a crença em demônios corresponde a uma cosmovisão pré-científica e se é necessário ou apropriado "expulsar demônios" no mundo moderno. Em vez de discutir essas ninharias, típico dos cristãos de pequena fé, por que não usar a autoridade e o poder que recebemos de Jesus, manifestar compaixão pelos que estão aprisionados e oprimidos por Satanás e obedecer ao Senhor, expulsando os demônios que os atormentam?

JESUS SECA UMA FIGUEIRA ESTÉRIL (21.18-22)

Essa passagem mostra Jesus saindo de Betânia "de manhã cedo" a caminho de Jerusalém. O v. 18 descreve uma situação normal na vida de um ser humano a essa hora do dia: "Jesus teve fome" (gr. *epeínasen*). Talvez, como costumava fazer, Jesus tenha passado a noite em oração fora da casa e não havia feito seu desjejum. À beira da estrada, Jesus viu uma figueira (gr. *sykēn mían*) e aproximou-se dela com a intenção de apanhar alguns figos para se alimentar. Era uma atitude incomum, porque Jesus bem sabia que as figueiras não davam fruto naquela estação ("não era tempo de figos", Marcos 11.13). E mais questionável e anormal foi o que aconteceu em seguida: Jesus falou à figueira e a amaldiçoou. Sem dúvida, o leitor conhece alguém que "conversa" com as plantas, embora isso não seja muito razoável, e muito menos lógico é amaldiçoá-las por não produzirem frutos fora de época.

Um fato estranho e surpreendente (21.18-20)

Contudo, as palavras de Jesus à figueira parecem ser mais de previsão que de acusação ou condenação (como em Marcos 11.14). Em todo caso, de acordo com Mateus, a predição era muito dura: "Nunca mais dê frutos!". No entanto, à luz da condição da figueira (apenas folhas, sem nenhum fruto), Jesus parece estar dizendo: "Você nunca mais dará frutos". O duplo negativo ou *mē* com o aoristo subjuntivo (ou futuro do indicativo) é o tipo mais forte de predições negativas.[7]

---

7. Archibald Thomas ROBERTSON, **Word Pictures in the New Testament**, v. 1, p. 168-169.

Além disso, Mateus não faz distinção entre as duas manhãs, como Marcos (Marcos 11.13,20), mas usa duas vezes a expressão grega *parachrēma* ("imediatamente", v. 19; "ao verem isso", v. 20). Essa palavra é na verdade a expressão grega *parà tò chrēma*, que literalmente significa "tocar".

Entretanto, os primeiros figos apareciam na primavera, antes das folhas, e amadureciam depois delas. A principal colheita de figos era feita no início do outono (Marcos 11.14). Nesse caso, podia haver figos na figueira com as folhas. Mas essa figueira era estéril: não podia dar figos: tudo que produzia eram folhas.

Uma lição oportuna e necessária (21.21,22)

Jesus aproveitou a ocasião para dar uma lição objetiva e importante. O episódio da figueira estéril que secou era uma denúncia simbólica de Jesus à nação judaica como povo privilegiado de Deus. Soa quase como uma reedição da parábola de Lucas 13.6-9, que se aplica diretamente a Israel. O povo de Israel podia mostrar sinais externos da produção de frutos, mas era considerado estéril por causa do legalismo e do cerimonialismo vazios. Os judeus haviam se tornado o obstáculo número um ao projeto redentor de Deus por meio de seu Messias. Eles permitiram que a folhagem inútil da religião formal e legalista drenasse a sabedoria da vida e do propósito de Deus. Tinham falhado como povo em cumprir a missão messiânica que Deus havia confiado a eles e agora persistiam na tentativa de frustrar o plano de salvação fingindo salvar a si mesmos como nação e como religião obsoleta.

Existe ainda uma lição de fé aqui. Jesus se utiliza do misterioso episódio, que tanto intrigou seus discípulos, para ensiná-los que se "tiverem fé e não duvidarem" poderão realizar coisas grandes e maravilhosas. Em mais de uma ocasião, Jesus fez uso de hipérboles (exageros) como forma de fixar seus ensinamentos, como no caso do camelo que pode passar pelo fundo de uma agulha ou quando fala de ordenar a um monte: "Levante-se e atire-se no mar". Era dessa forma que os rabinos ensinavam a importância da fé, assim como os profetas do Antigo Testamento haviam protagonizado ações assombrosas (Elias, 1Reis 18.20-39; Eliseu, 2Reis 6.8-23). No presente caso, Jesus quer enfatizar o lugar central da fé na prática da oração: "E tudo o que pedirem em oração, se crerem, vocês receberão". Ao tocar nesse assunto, o evangelista João acrescenta a necessária advertência de que a oração deve ser feita em consonância com o Espírito de Jesus e a vontade do Pai (João 15.7).

CAPÍTULO 10

SEU MINISTÉRIO DE CHAMADA E ENVIO

9.9-13,35-38; 10.1-42; 28.16-20

Todos os cristãos são chamados ao serviço no Reino de Deus como testemunhas de Cristo em todos os aspectos da vida. Alguns cristãos, porém, são chamados a cumprir determinada tarefa no Reino. E, para o cumprimento desse ministério específico, em condições especiais, o chamado envolve o exercício de determinados dons do Espírito Santo. É o caso de alguém chamado para servir como apóstolo. Quem chama é o Senhor, por meio de seu Espírito Santo, e ele o faz de várias maneiras. O reconhecimento pessoal desse chamado resulta da convicção de que Deus reservou o receptor para uma tarefa especial. O resultado dessa convicção é um intenso desejo de obedecer a Deus e fazer o que ele pede. O elemento mais importante na resposta do crente ao chamado é a obediência a Cristo (2Coríntios 10.5) e o desejo de servir-lhe em seu Reino (Isaías 6.8). Outro elemento que acompanha o chamado divino ao serviço é a visão para o ministério. O chamado é um convite a seguir essa visão e torná-la uma realidade (a experiência de Moisés diante da sarça ardente, Êxodo 3; Mateus sentado na coletoria, 9.9). Quando responde ao chamado divino, o crente está se apropriando dessa visão, disposto a segui-la e cumpri-la (Atos 26.19).

"Chamado" é também o indivíduo que foi chamado. 1) A pessoa chamada é alguém que Deus escolheu (Atos 22.14,15). 2) A pessoa chamada é alguém que Deus capacitou. O Senhor deu a cada um de seus apóstolos os dons de que precisavam para servir de acordo com o chamado que receberam. Deus nos dá os dons de que necessitamos para servir-lhe. 3) A pessoa chamada é alguém que Deus preparou. Jesus preparou cada um de seus discípulos antes de enviá-los a servir em seu nome. Ele dedicou muito tempo de qualidade treinando-os para a missão da qual os incumbiu. 4) A pessoa chamada é alguém que está ocupado. Os dois primeiros discípulos a serem chamados "estavam lançando redes ao mar, pois eram pescadores" (4.18). Os dois seguintes "estavam num barco com seu pai [...] preparando as suas redes" quando Jesus os chamou (4.21). Mateus estava sentado à mesa de arrecadação, porque esse era seu trabalho (9.9). Não há lugar para os desempregados e preguiçosos no ministério. 5) A pessoa chamada é alguém que Deus precisa para seu serviço, porque "os trabalhadores são poucos" (9.37).

A primeira fase no processo do chamado divino ao ministério é o encontro pessoal com o Senhor. Foi assim com os primeiros discípulos de Jesus. A segunda fase é um diálogo pessoal com o Senhor. A experiência do chamado de Mateus é um bom exemplo desse diálogo (9.9-13). O Senhor começa chamando nossa atenção para o que estamos fazendo, seja bom, seja ruim. Mateus estava cobrando pesados impostos para os romanos. Deus não chama pessoas que estejam de braços cruzados. Ele questiona nossos planos e projetos e o rumo de nossa vida. Então, passamos a conhecê-lo pelo que ele é, ou seja, ele é o Senhor. Quando se apresenta, o Senhor traz à luz a futilidade de nossos esforços para evitar seu chamado ao serviço. Então, com temor reverente rendemos nossa vontade a seu senhorio e nos comprometemos incondicionalmente a lhe obedecer naquilo que ele quer que façamos. A terceira fase é o envio para cumprir uma tarefa. O Senhor nos dá instruções precisas sobre o passo seguinte no caminho da obediência e do serviço. O Senhor chamou seus discípulos e fez deles os maiores apóstolos e os construtores do cristianismo.

JESUS CHAMA MATEUS (9.9-13)

Mateus era um cobrador de impostos a serviço do Império Romano. Como tal, era odiado por seus compatriotas judeus, que o consideravam um traidor, uma chaga social e um corrupto por excelência. E Jesus chamou esse indivíduo desprezado e marginalizado para ser um de seus apóstolos (10.1-4).

Um homem chamado Mateus (9.10-12)

Nos v. 9-13, Mateus provavelmente dá seu testemunho pessoal do encontro que teve com Jesus, que é quem chama seus seguidores. Se alguém perguntasse o que é cristianismo e só houvesse tempo para responder com uma ou duas histórias dos evangelhos, essa deveria ser uma delas. Em seu testemunho, Mateus relata que Jesus estava passando e "viu um homem". O que Jesus viu? Enquanto todos viam um cobrador de impostos, "Jesus viu um homem chamado Mateus" e o convidou a segui-lo. Seu convite foi tão pessoal quanto sua abordagem. Não é de estranhar, então, que Mateus tenha atendido de imediato ao convite e o fez de maneira profundamente pessoal, a ponto de convidar Jesus a comer com ele em casa. Assim, somos informados de que Jesus foi convidado a ir à casa de Mateus, onde se misturou com pessoas de baixo *status* social e moral, bem como com aqueles que imaginavam ser os melhores do mundo. Isso significa que quem chama tem uma mensagem tanto para os pecadores quanto para os que se consideram justos.

A mensagem para os pecadores (v. 10). Seu chamado aos pecadores é para cura e salvação. Cobradores de impostos ou publicanos (gr. *telōnēs*) e pecadores (gr. *hamartōlós*) eram um grupo social constituído por aqueles a quem os fariseus tinham como os piores infratores da lei, por causa de seu estilo de vida. Os publicanos mencionados aqui devem ter sido colegas de Mateus. É interessante que ele os tenha convidado para lhes apresentar Jesus. Mateus começou a ser um "pescador de homens" imediatamente após conhecer Jesus e seu amor! Os "pecadores" eram assim chamados pelos fariseus. Tratava-se da palavra usada para identificar os que não eram judeus (gentios) e todos os que não guardavam as leis cerimoniais e tradicionais. Jesus não compartilhava da ideia farisaica de que quem violava aquelas leis era uma pessoa ruim. O termo, portanto, não se refere aos que Deus considera de fato "ímpios". No entanto, eles precisavam do Senhor (v. 12), precisamente por serem pecadores (Romanos 3.23).

A mensagem para os que se consideram justos (v. 11,12). Sua mensagem de juízo aos que se creem justos é para condenação. Assim como os "publicanos e pecadores" não eram tão ímpios quanto os fariseus pensavam, estes não eram tão justos e puros quanto acreditavam ser. Os "fariseus" eram os líderes de uma seita legalista que ensinava a estrita observância da Lei e a necessidade de se afastar das práticas pagãs. Opunham-se a Jesus porque achavam que ele agia como se os pecados do povo não importassem. Na opinião deles, ao comer com aquelas pessoas Jesus parecia incentivá-las a continuar pecando. Os publicanos e os "pecadores" eram considerados a chaga da sociedade pelos "justos" fariseus.

Um cobrador de impostos (9.9)

Jesus era conhecido pelos religiosos de sua época como "amigo de publicanos e pecadores" (11.19). Os publicanos eram desprezados por seu trabalho, que consistia em cobrar impostos para os romanos e por fazê-lo geralmente de forma desonesta. No entanto, Jesus declarou que os tais também eram beneficiários do Reino de Deus, que ele estava inaugurando. Também tinham direito a esse relacionamento os "pecadores", ou seja, aqueles que por ignorância ou incapacidade não conseguiam cumprir à risca as leis cerimoniais judaicas. Jesus se simpatizou com esses grupos marginais da vida religiosa. Por essa razão, respondeu com certa ironia às críticas dos fariseus (v. 12,13). Com isso, Jesus confirmou a verdade de que todos os seres humanos são pecadores (Romanos 3.10,23) e que a primeira condição para receber a salvação oferecida por ele é reconhecer essa realidade. De acordo com Jesus, o que é vital, ou seja, o que realmente importa, não é o purismo ritual, e sim um coração puro que conheça a Deus (Oseias 6.6). Os fariseus consideravam-se moralmente superiores porque cumpriam em detalhes as formalidades dos sacrifícios e as disposições tradicionais (v. 12.1-8). Quem se considera justo por meio de um projeto próprio de salvação não precisa da obra do Messias, que veio chamar os pecadores ao arrependimento (v. 13).

Um desafio para nós hoje (9.13)

Quando Jesus Cristo chama alguém para servir-lhe, seus métodos são difíceis de rejeitar. Ele chama, mas o faz com amor. É impressionante que Mateus, o cobrador de impostos, diante da ordem de Jesus tenha abandonado seu trabalho para segui-lo. A transformação foi tão radical que o levou a se expor às críticas mais cruéis entre seus concidadãos quando convidou o Mestre para uma festa em sua homenagem. Sua aceitação a Jesus foi total e, distanciando-se da ocupação desumana e opressiva que lhe valera o ódio e o desprezo de sua nação, estava agora disposto a seguir o Salvador.

A conversão de Mateus e sua aceitação do discipulado cristão ocorreram há quase dois mil anos numa região remota da Palestina. Hoje, no entanto, Cristo continua a chamar homens e mulheres para serem seus discípulos em meio a uma geração que tem fome e sede de justiça. A imprensa cotidiana alimenta-nos com notícias que refletem a injustiça humana, a exploração do ser humano pelo ser humano e imagens de extrema violência. Em suma, todos os tipos de males atormentam as pessoas porque Cristo não é o Senhor da vida delas.

É nessa realidade situacional que o Reino de Deus precisa da participação decidida de crentes em Cristo dispostos a se tornar discípulos comprometidos com seu Senhor e com o mundo a que devem servir e ao qual são enviados ("Vão [...]", v. 13). Hoje o Senhor precisa com urgência de seguidores como Mateus, homens e mulheres que deixem tudo para segui-lo e servir-lhe em situações complexas e conflituosas. O mesmo Mateus, em seu evangelho, deixou-nos ensinamentos importantes, cujo estudo e consideração podem nos ajudar a entender melhor o significado do discipulado cristão e o preparo de que precisamos para a missão de encarnação e serviço que Jesus nos incumbiu de realizar neste mundo ("aprender", v. 13).

JESUS PRECISA DE OBREIROS (9.35-38)

Necessidade e missão são duas constantes do evangelho cristão. A missão faz sentido porque se destina a atender à necessidade de um mundo em trevas. Deus não deixa a humanidade atolada no desespero e na perdição. Em vez disso, por meio de seus seguidores, apresenta a mensagem salvadora em Cristo. O discípulo cristão é alguém chamado por Deus para se associar a ele na redenção do mundo pecador, por meio de Cristo, a quem deve anunciar (1Pedro 2.9). Quando o crente cumpre sua missão evangelizadora, ele participa da missão de Cristo e contribui para o cumprimento de sua meta redentora.

Para que o objetivo de redimir a humanidade se cumpra, o Senhor precisa da participação ativa de seus discípulos nesse empreendimento, embora os obreiros disponíveis sejam poucos (gr. *hoi dè ergátai olígoi*). Jesus reconhece a necessidade de trabalhadores. Nos dias de seu ministério terreno, ele sabia que não teria muito tempo para cumprir sua missão antes de ser crucificado. Por isso, escolheu um pequeno grupo de homens e mulheres como parceiros e colaboradores. O Evangelista Mateus apresenta-nos essa história para mostrar que a Igreja cristã foi comissionada por Jesus, o Messias, para se unir a ele na obra de redenção da humanidade.

O pastor e as ovelhas (9.35,36)

Os v. 35 e 36 retratam Jesus cumprindo seu ministério nas cidades (gr. *póleis*) e chamando a atenção para a necessidade de trabalhadores para o Reino inaugurado por ele. A expressão "e povoados" (v. 35) não consta de alguns manuscritos.

Durante sua terceira e longa jornada de pregação e cura pela Galileia, Jesus ficou profundamente comovido com a condição material, física, moral e espiritual do povo. As pessoas achavam-se doentes, confusas e vulneráveis, sem um líder que as pudesse orientar. "[...] as multidões [...] estavam aflitas e desamparadas" é boa tradução (gr. *hóti ēsan eskylménoi kaì errimménoi*); "[...] como ovelhas sem pastor" (gr. *hōseì próbata mē échonta poiména*) é uma metáfora também encontrada em Números 27.17. As multidões eram como ovelhas acossadas por cães e jogadas no chão, incapazes de decidir por si mesmas. O "bom pastor" (João 10.11) não ficou indiferente àquela grande necessidade e fazia o possível para supri-la "pregando as boas-novas do Reino e curando todas as enfermidades e doenças". Note-se sua missão integral. Por sua vez, a necessidade extrema em que as ovelhas se encontravam fez que se mostrassem mais receptivas às boas-novas do Reino de Deus. Contudo, havia falta de mensageiros para proclamar a mensagem ("trabalhadores para a sua colheita", gr. *ergátas eis tòn therismòn autoû*).

A colheita (9.37,38)

O contato com a realidade, que caracterizou o ministério de Jesus, o "bom pastor", deve também definir a missão de seus discípulos. Essa realidade é patética: doença, analfabetismo, opressão, desorientação, marginalidade, fome, e assim por diante. O contraste entre a vastidão das necessidades a serem atendidas e os meios disponíveis para isso é um fato que nos comove e desafia. Como observa o escritor e estadista alemão Johann W. Göethe: "O pouco que foi feito parece nada quando olhamos adiante e percebemos quanto ainda precisa ser feito". O desafio é precisamente a manifestação do Reino de Deus. Essa foi a colheita (gr. *therismós*, "colheita", "sega", "seara" e, por extensão, "campo") em que Jesus estava trabalhando e na qual seus discípulos também devem trabalhar.

Nos v. 37 e 38, Jesus muda a metáfora do pastor e das ovelhas "aflitas e desamparadas" do v. 36 para a de um campo pronto para a colheita. Dessa forma, trata-se de um local de trabalho e de frutos abundantes para o Reino. O campo do Reino não é o refúgio de uma vida religiosa tranquila no âmbito de uma instituição eclesiástica, nem um lugar afastado do mundo e de seus males na comodidade do fundamentalismo monástico, nem a hipocrisia farisaica de uma ética irrelevante. Deus planejou atender às demandas imperiosas de um mundo em necessidade por meio da missão de seus filhos, que trabalham com muito esforço no "campo" de seu Reino. É ele quem envia os "trabalhadores" e define as diretrizes para a tarefa, a fim de satisfazer as necessidades do mundo. Este mundo carente de salvação é dele, é o campo dele, por isso não escapa à sua preocupação e interesse nem está fora do alcance da esfera de seu poder redentor e providencial. Além disso, ele é também "o Senhor da colheita" (gr. *toû kyríou toû therismoû*) e o mais interessado em que ela seja "abundante", isto é, ele deseja redimir todas as criaturas.

JESUS ENVIA OS DOZE (10.1-42)

Esse extenso capítulo relata uma importante ação de Jesus e contém boa quantidade de ensinamentos relacionados com ela. Os v. 1-16 registram a maneira pela qual Jesus fez o primeiro envio de seus discípulos em missão. Ele os enviou de dois em dois como "apóstolos" (mensageiros) para pregar aos judeus. Foi a primeira jornada missionária, já que não poderiam cumprir plenamente a tarefa (ir além do mundo judaico) enquanto Jesus vivesse. Depois que ele morresse e retornasse no poder de sua ressurreição, eles receberiam a ordem de ir também ao mundo gentio. Essa passagem pode ser considerada um discurso único, embora a maior parte dele apareça em lugares diferentes de Marcos e Lucas. De onde Mateus extraiu esse material? Ao que parece, obteve-o de Marcos e de uma fonte conhecida pelos estudiosos como Q (*Quelle*).

O envio (10.1-16)

Há uma relação estreita e significativa entre a comissão do final do capítulo anterior ("Peçam, pois, ao Senhor da colheita que envie trabalhadores para a sua colheita", 9.38) e a ação de Jesus de enviar seus discípulos, descrita aqui. Em primeiro lugar, porque os discípulos a quem ele ordenou que orassem especificamente por "trabalhadores" (gr. *ergátas*) foram os mesmos que ele enviou logo em seguida ao campo de trabalho (v. 1). Assim, o primeiro mandamento foi "orar", e o segundo, "ir". Em segundo lugar, porque há também uma relação entre a "compaixão" de Jesus (9.36) e a comissão dos discípulos (v. 5-8). Em terceiro lugar, porque existe uma correlação entre as necessidades do povo (9.35) e as "instruções" de Jesus a seus enviados (v. 5-8).

A missão (v. 1). A missão dos enviados por Jesus consistia basicamente em três ações concretas: pregar o evangelho do Reino, curar enfermos e expulsar demônios (v. Marcos 6.12; Lucas 9.1,2). Então, Jesus atribuiu aos Doze uma importante tarefa. Receberam a missão de pregar o evangelho do Reino, curar enfermos, limpar leprosos, ressuscitar mortos, expulsar demônios e dar graças. Tudo isso pode ser resumido num triplo mandato: o dever de pregar, que traz plena libertação à alma aprisionada pelo pecado; o dever de curar, que traz libertação física ao corpo aprisionado pela doença e pela morte; o dever de libertar, que proporciona libertação psíquica e espiritual a pessoas cuja vida se acha internamente desumanizada. E tudo isso com disponibilidade e entrega total.

Os missionários (v. 2-4). Nos v. 2-4, Mateus lista os apóstolos pela primeira vez aos pares, talvez correspondendo aos grupos formados por Jesus quando os enviou "de dois em dois" (Marcos 6.7). Note-se que Mateus se limita a relacionar "os nomes dos doze": não diz que eles foram escolhidos como apóstolos nessa ocasião. Marcos (3.13-19) diz que Jesus os nomeou, e Lucas (6.12-16) informa que ele os "escolheu" depois de passar uma noite em oração no monte e que o fez na manhã seguinte, antes de proferir o famoso Sermão do Monte (Lucas 6.17). A mesma lista, com poucas variações, aparece nos outros dois Sinópticos (Marcos 3.16-19; Lucas 6.14-16) e em Atos (1.13). Simão, chamado Pedro, encabeça (gr. *prōtos*) todas as listas, ao passo que Judas Iscariotes, aquele que o traiu, sempre aparece por último. Mateus é o único evangelista que se refere à profissão anterior de "Mateus" (v. 3), indicação de que se trata da mesma pessoa que o autor.

Além disso, é a primeira vez que a palavra "apóstolos" (gr. *apostólōn*) é aplicada aos discípulos de Jesus. Em Mateus, é a única vez. A palavra vem do verbo grego *apostéllō* e significa "enviar após si" ou "da parte de". A palavra indica a relação particular de cada um deles com o Senhor e com a tarefa que deveriam realizar em nome dele. O apóstolo é um delegado, um mensageiro, um representante do Rei e seu Reino, alguém que declara a palavra dele e fala com autoridade por ter sido enviado por ele. O apóstolo tem uma visão do Reino, ou seja, como o Rei, é alguém que vê que "o campo é o mundo" (13.38) e está "[maduro] para a colheita" (João 4.35).

Até aqui em seu ministério, Jesus havia se concentrado no ensino e na pregação sobre a ética do Reino e nos benefícios de viver de acordo com ela. Agora o vemos iniciando a grande tarefa de demonstrar sua autoridade e poder, como manifestações de seu Reino em desenvolvimento. Ele não poderia arcar sozinho com essa enorme responsabilidade. Por isso, organizou seus discípulos, a quem concedeu sua autoridade e seu poder para realizar o mesmo trabalho e os enviou (v. 5; gr. *apésteilen*, que tem a mesma raiz da palavra "apóstolos"; v. 10.16) não mais como discípulos, mas como "apóstolos".

Quem eram esses homens? Primeiro, "Simão, chamado Pedro", de quem temos muita informação no Novo Testamento. Em seguida, "André, seu irmão", também bastante conhecido (4.18; Marcos 1.16; João 1.40; Atos 1.13). Os próximos são "Tiago, filho de Zebedeu, e João, seu irmão", o segundo mais conhecido que o primeiro. Depois deles, Filipe (Marcos 3.18; Lucas 6.14; João 1.43; 12.22; Atos 1.13); Bartolomeu (Marcos 3.18; Lucas 6.14; Atos 1.13); Tomé (Marcos 3.18; Lucas 6.15; João 11.16; 20.24; Atos 1.13); Mateus, "o publicano" (9.9; Marcos 2.14; 3.18; Lucas 5.27; 6.15; Atos 1.13); Tiago, "filho de Alfeu" (Marcos 3.18; 6.3; Lucas 6.15; Atos 1.13; 12.17); Tadeu (Marcos 3.18; 6.3; Lucas 6.16; João 14.22; Atos 1.13; Judas 1); Simão, "o zelote" (Marcos 3.18; Lucas 6.15); Judas, "que o traiu" (Mateus 26.14,47; 27.3; Marcos 3.19; 14.10,43; Lucas 6.16; 22.3,47; João 6.71; 13.26; 18.2; Atos 1.18).

Hoje nós, cristãos de todas as nações, somos missionários se servimos aos outros e anunciamos o que Deus fez pelo mundo. A palavra "missionário" provém do latim e significa "alguém que é enviado". Não é correto usar esse termo apenas para identificar os que deixam seu país para trabalhar em outro. Ao sermos "enviados" por Cristo, tornamo-nos missionários quando fazemos o que ele planejou para nós, não o que nós planejamos. Quando isso acontece, vamos com seu poder e falamos em seu nome. Não estaremos apenas dando nossa opinião (Mateus 10.40; João 20.21). Marcos diz que Jesus enviou os Doze "de dois em dois" (Marcos 6.7). Os crentes também devem trabalhar assim, em equipe, sempre que possível (Atos 13.2; 16.25). Se a tarefa for cumprida com êxito, um poderá salvar o outro do orgulho, e, se fracassarem, um poderá salvar o outro da depressão (Eclesiastes 4.9,10).

A metodologia (v. 5-16). Essa passagem descreve o trabalho dos Doze apóstolos desde o dia em que foram enviados por Jesus pela primeira vez até o dia da crucificação. Assim, esses versículos mostram em detalhes o trabalho que tiveram de realizar de imediato. Todas as instruções apresentadas nessa seção foram dadas por Jesus e têm relação direta com a tarefa que seus discípulos deveriam realizar naquele momento. Os métodos utilizados sugerem alguns princípios missiológicos ainda em vigência, mas não constituem um modelo a ser reproduzido literalmente. Por exemplo, hoje seria contraditório e absurdo obedecer à primeira instrução de Jesus: "Não se dirijam aos gentios, nem entrem em cidade alguma dos samaritanos" (v. 5). Esses versículos suscitam algumas questões.

O que eles tinham de fazer? (v. 5a). A primeira frase do texto diz que "Jesus enviou os Doze", ou seja, o que eles tinham de fazer antes de tudo era ir, porque o Senhor os enviara. A mensagem de Mateus 1—10 é: "Jesus os chamou", enquanto a mensagem dos cap. 11—28 é: "Jesus os enviou". No original, Marcos 6.7 diz que ele "começou a enviá-los", o que indica ter sido essa a primeira de outras ocasiões semelhantes. Jesus já estava preparando os Doze havia algum tempo, para que pudessem fazer seu trabalho depois que ele partisse. Mas essa foi a primeira vez que ele os enviou sozinhos. O chamado de Jesus, portanto, tinha um propósito definido: que eles fossem certo tipo de pessoa cumprindo uma tarefa específica. Com seu exemplo pessoal e um trabalho paciente com cada um, Jesus foi pouco a pouco modelando a personalidade deles: aparou as arestas do caráter de Pedro, controlou a ira de Tiago e João, amadureceu a fé de Tomé e reorientou os interesses de Mateus. Contudo, o propósito principal da jornada missionária não era tanto preparar os discípulos, e sim advertir o povo da Galileia de que o Reino de Deus estava chegando. Esse foi também o propósito da missão dos Setenta (Lucas 10.1-16). Em Marcos 6.30, temos o registro do regresso dessa jornada missionária.

Aonde eles deveriam ir? (v. 5b,6). Nesses versículos, Jesus está dizendo a seus enviados aonde eles não deveriam ir e aonde deveriam ir. Portanto, ele lhes diz: "Não se dirijam aos gentios" (gr. *hodòn ethnōn* — lit., "caminho dos gentios"). Essa proibição foi válida apenas para essa jornada em particular. Antes de ser oferecido aos gentios, o evangelho de misericórdia e de graça (9.36) deveria ser apresentado aos judeus, que eram igualmente pecadores e não tinham outra esperança (Romanos 1.16; 2.10). Mais tarde, Jesus ordenaria que eles discipulassem todos os gentios (28.19; gr. *pánta tà éthnē*), mas por ora deveriam dar aos judeus a primeira oportunidade, a fim de não prejudicar a causa nesse estágio inicial. Para isso, Jesus não foi apenas categórico ao enviá-los, mas explicou com clareza o que não tinham de fazer e o que deveriam fazer. Ainda não era o momento estrategicamente oportuno para abrir um ministério aos gentios ou aos samaritanos. Mas havia chegado a hora de proclamar a salvação a Israel.

O que eles deveriam fazer? (v. 7,8). De acordo com os v. 7 e 8, a missão cristã no mundo é tríplice e integral. Consiste em proclamar o evangelho do

Reino (salvação), curar os doentes (cura) e expulsar os demônios (libertação). Eles foram pregadores itinerantes numa jornada de pregação como arautos (gr. *kērykós*, "pregador"), a fim de anunciar (gr. *kēryssō*, "proclamar", "dar a conhecer", "pregar") as boas-novas. A mensagem que eles tinham de pregar era a mesma que João Batista (3.2) havia pregado e com a qual Jesus havia sacudido a Galileia (4.17). Curar doentes e expulsar demônios faziam parte de sua missão e continua assim até hoje. Cada crente recebeu poder e autoridade de Deus para servir dessa forma e conta com os dons espirituais que o Senhor, por meio do Espírito Santo, lhe concede pela graça ("Vocês receberam de graça; deem também de graça", v. 8).

Como eles deveriam ir? (v. 9,10). Uma missão desse tipo exigia dos enviados total dependência do remetente (v. 9,10). No caso dos Doze, eles não deveriam levar bagagem, nem suprimentos, nem dinheiro. "Nem ouro, nem prata, nem cobre" (gr. *chrysòn mēdé árgyron mēdé chalkòn*) provavelmente é uma referência a moedas de valor decrescente guardadas numa pequena bolsa presa ao "cinto". O "saco" era usado para armazenar suprimentos e outros itens necessários para a viagem. Dessa forma, eles teriam condições de se deslocar mais rapidamente de um lugar para outro e estariam mais dependentes do Senhor, não tanto dos recursos próprios e humanos. Assim, podemos nos perguntar: "Jesus espera que obedeçamos a uma ordem como essa hoje?". Ele pede que mantenhamos os mesmos princípios missiológicos que incutiu nos apóstolos. No caso deles, funcionou perfeitamente, e o mesmo pode acontecer em nosso caso, se tentarmos. Podemos fazê-lo com a mesma confiança demonstrada pelos Doze na ocasião, com base na promessa do Senhor: "O trabalhador [gr. *ergátēs*; v. 9.38.] é digno do seu sustento [gr. *trofēs*, 'comida']". Dito isso, se trabalharmos para o Senhor, ele tratará de nos dar o merecido sustento.

O que eles podiam esperar? (v. 11-16). Eles deveriam encontrar pessoas dispostas a recebê-los e a aceitar sua mensagem e ação redentora (v. 11-13). Mas nem sempre seriam bem recebidos, e a urgência da missão não lhes permitiria permanecer num local hostil por muito tempo (v. 14,15). Em alguns casos, a oposição podia se tornar violenta e colocá-los em grave perigo. Por isso, deveriam ficar na dependência dele quando enfrentassem uma oposição cruel, mas também usar de astúcia e apelar para a humildade a fim de obter sucesso (v. 16). Na verdade, somente depois da crucificação de Jesus é que eles passaram a entender o que significava sofrer perseguição. Mesmo quando Jesus era rejeitado, o povo em geral os tratava com respeito. As multidões discutiram com eles, tentavam entender a relação entre eles e Jesus, perguntavam o que o Senhor queria dizer com certas declarações, mas nunca os perseguiam, como fizeram com Jesus. No entanto, após a crucificação, especialmente depois do martírio de Estêvão, a perseguição caiu sobre eles como um raio, a começar em Jerusalém (Atos 8.1).

O modelo (v. 5b-16). As instruções de Jesus aos Doze expressam um modelo missiológico válido para nós também. Na verdade, essas instruções são dirigidas a todos os crentes, uma vez que todos os que confessam Cristo como Senhor são "ministros", ou seja, servos à disposição do Rei para alcançar os objetivos do Reino. Essas instruções podem ser sintetizadas em quatro pontos. 1) Pregar (v. 7). A mensagem que os Doze deviam anunciar era: "O Reino dos céus está próximo". Esse era o conteúdo da própria pregação de Jesus (Mateus 4.12-17). Hoje também devemos pregar a mesma mensagem, já que o fim pode estar próximo (1Pedro 4.7). 2) Curar (v. 8). A preocupação com as necessidades físicas do povo deve acompanhar a pregação do evangelho. Não há conflito entre os objetivos 1 e 2, nem é necessário priorizar um em detrimento do outro. Ambas as ações devem andar juntas e se complementar. A Grande Comissão (Mateus 28.19,20) deve ser cumprida simultaneamente com o Grande Mandamento (Mateus 22.36-40). 3) Partir com rapidez e com pouca bagagem (v. 9,10). Não havia tempo a perder. Eles não deviam levar malas pesadas nem perder tempo procurando acomodações confortáveis. Em vez disso, deveriam se hospedar com os primeiros que se mostrassem dispostos a acolhê-los. Hoje também a Igreja pode ter muito pouco tempo para fazer a lição de casa. Por isso, devemos ter cuidado para não perder tempo com coisas que não são importantes (1Samuel 21.8b). Lembro-me de certa congregação na Argentina que passou dois meses discutindo, assembleia após assembleia, a cor com que pintariam a casa pastoral. Não há tempo para esse tipo de coisa. 4) Confiar em que Deus toca o coração das pessoas para lhes prover comida e abrigo (v. 9-11). Os Doze não precisariam levar suprimentos nem se preocupar em saber de onde viriam os recursos para realizar o trabalho. Hoje nossa preocupação e nossa ansiedade não estão relacionadas com os recursos para a missão, mas com o fortalecimento institucional (dinheiro para contratar mais funcionários, construção de um templo mais bonito, desenvolvimento de atividades internas da igreja, e assim por diante). Nada disso tem relação com a missão de proclamar o evangelho, curar doentes e expulsar demônios.

Precisamos confiar em Deus e orar mais para cumprir com eficácia nossa missão. Devemos gastar menos tempo em coisas que são instrumentos para realizar o serviço (edifícios, organização, infraestrutura, funcionários) e dedicar mais atenção ao próprio serviço. 5) Concentrar o ministério na família e desenvolver estratégias não violentas de evangelização (v. 12,13). A evangelização agressiva ou belicosa caracterizou a maior parte dos esforços de evangelização na América Latina. Devemos remover do vocabulário evangélico expressões militares e bélicas, como "cruzada", "campanha", "conquista" e "proselitismo". O evangelho é proclamado, mas não é imposto; pregamos um Cristo crucificado, não um Cristo conquistador; o evangelho é paz, não combate; não é o poder de Deus para a condenação, mas para a salvação; e, se houver guerra, "nossa luta não é contra os seres humanos", mas contra o Diabo (Efésios 6.12). 6) Ser "astutos como as serpentes e sem malícia como as pombas" ao lidar com os que se opuserem ou agirem como "lobos", na convicção de que o juízo inapelável chegará, quando todos serão julgados com justiça (v. 14-16).

As advertências (10.17-42)

O grande evangelista e pregador americano R. A. Torrey disse: "Não encontraremos um verdadeiro cristão na face da terra que não nos diga que o que ele abandonou pela causa de Cristo não foi nada, comparado com o que ele recebeu". O discipulado cristão é caro, mas vale a pena pagar o preço. Há duas coisas que todo discípulo fiel deve levar em conta: a necessidade de calcular o custo do discipulado (v. Lucas 14.28-32) e o custo efetivo do próprio discipulado (Mateus 10.17-42).

Primeira advertência: ter cuidado com as pessoas (v. 17-20). Jesus adverte seus seguidores de que segui-lo como discípulos envolve disposição para pagar o preço de perigos, ameaças e incertezas. O discípulo deve estar disposto a sofrer e, quando for perseguido, não deve ficar preocupado com o que dizer, mas confiar em que o Espírito Santo lhe dará as palavras necessárias (v. 19,20). Oposição e perseguição serão inevitáveis, mas ele deve lembrar que seu Senhor também foi desprezado e sofreu abusos e que seu ensino sempre causará divisões, principalmente entre os membros de uma família (v. 18,21,22,35,36). Para enfrentar esses perigos, o discípulo precisará fazer uso de certos recursos especiais, e isso exigirá alta cota de prudência, sabedoria, cautela, convicção e dependência do Espírito.

Segunda advertência: estar preparado para sofrer (v. 21-23). O v. 23 será mais bem compreendido se for lido como uma referência à vinda do Filho do homem em triunfo, depois de sua ressurreição, quando ordenou aos discípulos que fossem a todas as nações. Em todo caso, o texto não é de fácil interpretação. De acordo com alguns estudiosos, não se esgotarão as cidades de refúgio antes que o Filho do homem intervenha a favor de seus discípulos. Outros entendem que o trabalho dos discípulos em Israel não será terminado antes que o Filho do homem venha lhes dar outra tarefa. Para outros ainda, o texto está dizendo que, ao percorrerem as cidades de Israel com sua pregação, o Filho do homem virá ou se manifestará nas conversões. De acordo com Mateus e a igreja de sua época, isso provavelmente significa que o Filho do homem virá antes que a Igreja termine seu trabalho. Portanto, Jesus está dizendo aqui que o discípulo deve estar disposto a pagar o preço do sofrimento físico e moral. O verdadeiro discípulo é alguém disposto a afirmar que Jesus Cristo é o Senhor com o discurso e testemunho mais eloquente de todos: o derramamento do próprio sangue.

Terceira advertência: suportar os insultos (v. 24,25). Com essas palavras, Jesus pretendia animar seus discípulos. Os v. 24-33 são palavras de alento para eles. Quem quiser seguir Jesus deve estar disposto a pagar o preço da marginalização social. A escuridão não suporta o brilho da luz e fará todo o possível para frustrar seus efeitos. O discípulo não deve esperar aplausos, mas desprezo e oposição. Deve até estar disposto a assumir o risco de ter suas ações deturpadas e as obras que fizer por e para Deus interpretadas como operações do Maligno. A etimologia do nome Belzebu é desconhecida. Pode ser "senhor de uma habitação", com a ideia de "dono da casa" (gr. *oikodespótēs*), ou "senhor das moscas", "senhor do esterco" ou "senhor dos sacrifícios idólatras". No Antigo Testamento, ele se apresenta como o deus de Ecrom, uma das cinco cidades filisteias. Estando doente, o rei Acazias mandou consultá-lo sobre sua saúde, ação impedida pelo profeta Elias, que anunciou da parte de Deus a morte do monarca (2Reis 1.2-17). No Novo Testamento, apresenta-se como o governante supremo dos demônios na boca dos judeus, que acusaram Jesus de estar possuído por ele e de agir em seu nome (Marcos 3.22; Mateus 12.24; Lucas 11.15). Jesus o identifica com Satanás como seu inimigo (Marcos 3.23,24; Lucas 11.18) e rei do inferno (Mateus 12.25-29; Marcos 3.24-27; Lucas 11.17-22). No entanto, Jesus veio para derrotá-lo, tirar-lhe o poder e expulsá-lo (Mateus 12.29; Lucas 11.21,22). Seja como for, Belzebu é um termo pejorativo e um epíteto insultante (12.24).

Quarta advertência: não ter medo (v. 26-31). Nenhum tipo de perseguição impedirá que os enviados do Messias proclamem em público o que aprenderam dele em particular (v. 26,27). Eles não devem temer os que podem matar o corpo, mas não conseguem destruir a alma (v. 28). A advertência para não ter medo é repetida três vezes em poucos versículos (v. 26,38,31), mas ecoa por toda a Bíblia, de capa a capa. O medo é a arma mais efetiva de Satanás para paralisar o trabalhador cristão e só pode ser neutralizado pelo poder de um grande e perfeito amor (1João 4.18). E quem pode destruir a alma e o corpo no inferno? A frase em grego é *kaì psychēn kaì sōma apolésai en geénnēi*. Há muita discussão em torno da resposta a essa questão. As opções são Deus como juiz ou Satanás como destruidor. Pessoalmente, estou inclinado à segunda opção, porque o inferno foi criado para Satanás (25.41; Apocalipse 20.10).

Quinta advertência: reconhecer o senhorio de Cristo (v. 32,33). A salvação eterna aguarda todos os que estão sob a proteção e o cuidado amoroso de nosso Pai celestial (v. 29-31), ao passo que é certa a destruição das cidades que rejeitaram sua mensagem (v. 15). Além disso, o Mestre que os comissionou jamais os abandonará ou desonrará, desde que permaneçam fiéis a ele acima de qualquer outra coisa ou de qualquer lealdade (v. 32,33,37). A expressão "me confessar" (gr. *homologēsei en emoì*) provém do aramaico. Significa literalmente "confesso" e indica um sentido de unidade com Cristo e de Cristo com o crente, que assim o representa em público. O oposto dessa atitude de compromisso com o senhorio de Cristo é a negação ou a ignorância. Foi o que Pedro fez mais tarde, enquanto Jesus era julgado (26.69-75). Negar diante dos outros é dizer "não" para ele. Não se trata de mera indiferença, distração, postergação ou menosprezo, mas de uma firme e tenaz negação de seu senhorio na vida. Só o arrependimento profundo e uma confissão sincera podem reverter o resultado trágico dessa atitude errônea (26.75; João 21.15-19).

Sexta advertência: ser radical (v. 34-36). Como se pode notar nos v. 34-39, na Bíblia muitas vezes as consequências são expressas como se fossem intenções. As palavras de Jesus no v. 34 têm sido objeto de discussão por causa de seu radicalismo e violência. A construção da frase indica uma ação repentina e inesperada, pegando a todos desprevenidos. Todos esperavam que o Messias trouxesse "paz à terra", mas de repente ele sacou a espada, brandiu-a e começou a criar todo tipo de conflitos relacionais, especialmente nos círculos das afeições mais profundas. Onde se esperava paz, acabou havendo conflito; onde se prenunciava harmonia e unidade, agora há ruptura e inimizade. E quem parece estar provocando tudo isso é ninguém menos que o Messias!

No v. 35, o radicalismo se aprofunda e se expressa em termos positivos ["pois eu vim", gr. *ēlthon gàr*), não negativo, como no versículo anterior ("não vim"), o que torna a frase mais forte e categórica. Em vez de "paz" (gr. *eirēnēn*), o que Jesus promete é "espada" (gr. *máchairan*) e, mais especificamente, "contra" (gr. *dichásai*)]. "Ficar contra" significa literalmente dividir em dois (gr. *dicházō*, "pôr em dissensão"). Aqui Jesus está citando Miqueias 7.1-6, onde o profeta descreve o que a corrupção de seus dias provocou na cidade. O clímax dessa situação devastadora é que no núcleo fundamental das relações humanas e da convivência, que é a família, é onde se acha o campo de batalha mais trágico e desolador (v. 36).

Para entender as palavras de Jesus, é preciso ter em mente que ele está falando da relação de seus "trabalhadores" com ele, como resultado da identificação deles com seu Senhor. Ele já os havia informado de que a única coisa que tinham a temer era ele (v. 26-31), não como um Deus cruel e sanguinário, mas como alguém sensível, terno e sempre presente (v. 31). Na sequência, Jesus faz um jogo de palavras com os conceitos de identificação e separação. Identificamo-nos com Jesus quando ele nos "confessa" diante dos homens e quando nos "confessa" diante de Deus "nos céus". Esse reconhecimento só é possível "em Cristo", para usar a linguagem paulina, e é "em Cristo" que Deus nos reconhece como filhos. Estar "em Cristo" é uma realidade extraordinária. O significado de estar em Cristo nos deixa sem fôlego. Estar unido ou ligado a Cristo tem grande significado para nós: 1) em Cristo, recebemos graça antes que o mundo fosse criado (2Timóteo 1.9); 2) em Cristo, fomos escolhidos por Deus antes da Criação (Efésios 1.4); 3) em Cristo, somos amados por Deus com um amor indissolúvel (Romanos 8.38,39); 4) em Cristo, fomos redimidos, e todos os nossos pecados foram perdoados (Efésios 1.7); 5) em Cristo, fomos justificados diante de Deus, e a justiça de Deus em Cristo nos foi concedida (2Coríntios 5.21); em Cristo, fomos feitos nova criação e nos tornamos filhos de Deus (2Coríntios 5.17; Gálatas 3.26).

Note-se a intimidade e a transcendência dessa identificação. A identificação no reconhecimento aqui na terra é a identificação no reconhecimento lá no céu. Aonde quer que formos e reconhecermos (confessarmos) a verdade em Cristo, estaremos escondidos e seguros nele (Colossenses 3.3). E, enquanto estivermos nessa condição, ele estará em nós antes de o Pai nos reconhecer lá, de modo que, quando alguém o vê em nós, o Pai nos vê nele. A identificação com Cristo é uma grande responsabilidade, bem como um grande privilégio. Se o negarmos, então estaremos separados dele, e ele, por causa dessa separação, nos negará diante do Pai que está no céu.

O reconhecimento íntimo entre o Senhor e nós não afeta apenas o relacionamento com o Pai, mas também com os demais seres humanos, mesmo aqueles por quem temos maior afeição, como os membros de nossa família. Por causa de nosso relacionamento com Cristo, sempre haverá quem nos rejeite. Nossa presença criará discórdia, inimigos e espada.

Sétima advertência: ser fiel (v. 37-39). A expressão de Jesus no v. 37, de acordo com Mateus, provavelmente expressa o sentido original. A versão de Lucas é mais forte (Lucas 14.26). Igualmente radicais são as palavras de Jesus no v. 39. Quem nega a fé estando em perseguição para salvar a própria vida, ou para isso entra em acordo com o mundo, o faz ao custo da própria consciência. Não podemos nos esquecer de que, diante das divergências criadas pelo conflito e pela espada dos inimigos, que parecem estar sempre presentes, devemos em primeiro lugar ser dignos dele e fiéis a ele. Nós o amamos mais que a qualquer outro (pai, mãe, filho, filha, marido, esposa). Essa situação de conflito pode ser a cruz que temos de tomar cada dia a fim de segui-lo como discípulos (Lucas 9.23).

No v. 38, encontramos a primeira menção à cruz em Mateus. Os criminosos eram condenados à morte por crucificação. Os judeus estavam muito familiarizados com esse tipo de condenação à morte, bastante comum desde os dias de Antíoco Epifânio. Um dos reis macabeus (Alexandre Janeu) tinha crucificado cerca de 800 fariseus. Não está claro se na afirmação do v. 38 Jesus está pensando na própria crucificação ao usar a figura da cruz, embora seja bastante provável. Os discípulos na época não tinham ideia do que a cruz podia significar para eles em sua experiência pessoal.

No v. 39, Jesus apresenta um grande paradoxo, que nos evangelhos é apresentado em quatro versões: 1) Mateus 10.39; 2) Marcos 8.35; Mateus 16.25;

Lucas 9.24; 3) Lucas 17.33; 4) João 12.25. A frase parece ser um ditado popular, mas Jesus a aprofunda e expressa com maestria. Trata-se de uma das declarações mais profundas, repetida inúmeras vezes ao longo dos séculos. Para o discípulo de Jesus, que está disposto a dar a vida por ele e pelo Reino, essas palavras contêm uma promessa poderosa: ele encontrará vida em Jesus.

Oitava advertência: ser representantes de Cristo (v. 40-42). Os v. 40-42 apresentam em detalhes as prioridades e os privilégios dos discípulos como servos de Cristo. A passagem considera duas dimensões relacionais: para fora da comunidade de fé e para dentro dela. Na relação "para fora", a "recepção" dos discípulos por parte daqueles que ainda não o são é equivalente a receber Cristo, uma vez que seus discípulos o representam. Por sua vez, receber Cristo é receber aquele que o enviou, ou seja, o Pai. Se fôssemos aplicar o caráter transitivo da matemática, poderíamos dizer que receber o crente é receber Cristo e receber Cristo é receber o Pai; portanto, receber o crente é receber o Pai.

Na relação "para dentro", há três casos de "recepção" ou de relação a considerar: "profeta" (gr. *profētou*), "justo" (gr. *díkaion*) e "pequeninos" (gr. *mikrōn*). Os profetas e os justos (crentes) eram tratados com bondade e com honra no Antigo Testamento, e assim se deve fazer com os discípulos de Cristo, por mais humildes (ou "pequeninos"). Alguns acreditam que a referência aos "pequeninos", no v. 42, significa literalmente "crianças", que estavam presentes na assembleia dos discípulos. Quer sejamos profetas, quer justos ou pequeninos, sempre há uma recompensa para o crente quando ele aceita a autoridade dos primeiros, a condição espiritual dos segundos e a imaturidade e a necessidade dos terceiros.

"Se eu tivesse vivido nos tempos de Cristo, o teria seguido, teria sido um de seus discípulos, não aquele que desperdiçou a minguada herança, mas um dos fiéis, um dos bons", declarou o grande escritor equatoriano Juan Montalvo (1832-1885). Teríamos feito o mesmo? Teríamos obedecido a Jesus, como fizeram os Doze quando ele os comissionou para uma tarefa missionária? O pastor Howard Agnew Johnston declarou: "É difícil ser um discípulo de Cristo, porém custa mais não sê-lo". Poderíamos pensar em algumas maneiras de ajudar uns aos outros a fim de sermos cada dia melhores discípulos de Jesus? Que recursos divinos temos à disposição para enfrentar as demandas categóricas do discipulado cristão? Até que ponto a vida e a obra de Jesus podem nos inspirar quando pensamos no preço que nós, como seus discípulos, temos de pagar?

JESUS COMISSIONA TODOS OS SEUS DISCÍPULOS (28.16-20)

Os v. 16-20 mostram que Mateus é o único dos evangelistas que com certeza deu um final genuíno a seu evangelho (Lucas continua em Atos; Marcos e João não têm um desfecho claro). O "monte" tem mais significado simbólico que geográfico (4.8). Note-se que todos "o adoraram [gr. *prosekýnēsan*]; alguns, porém, duvidaram [gr. *hoi dè edístasan*]", que é uma observação geral (de acordo com João 20.24-29, foi Tomé sozinho quem duvidou). Isso, porém, não os desqualificou para receber o mandamento que se segue. Não se descreve o Jesus ressuscitado, mas suas palavras são enfatizadas.

Mary Slessor, grande missionária, declarou: "Cristo nunca foi apressado; ele não se precipitava, não se aborrecia pelo que tinha de fazer; ele cumpria os deveres diários, o que cada dia lhe apresentava; e deixava o resto para Deus". A vida de todo ser humano é regida pelos deveres que tem de cumprir. O discípulo de Jesus recebe dele uma ordem absoluta, que deve se esforçar para cumpri-la como condição de seu discipulado. E em que consiste o mandamento de Jesus a seus discípulos? O imperativo categórico de Jesus é triplo. Está relacionado com o dever de pregar o evangelho, ensinar sua Palavra e fazer discípulos.

O dever de ir e pregar (28.18,19a)

A cláusula "portanto" (v. 19) é significativa. A comissão de Jesus aos discípulos baseia-se no fato de que ele é agora o Messias entronizado, o Rei vivo, com todo o poder ("toda a autoridade", gr. *pāsa exousía*), tanto no céu quanto na terra (v. 18). Então, chegou a hora de eles fazerem o que ele nunca fez, exceto como antecipação: ir aos gentios ("todas as nações", gr. *pánta tà éthnē*) com a mensagem do Reino de Deus. Isso significa uma tarefa global de evangelização, cujo objetivo não é simplesmente proclamar uma mensagem, mas fazer que as pessoas a aceitem e se tornem "discípulos" (gr. *mathētēs*, "discípulo", "alunos", "seguidor") de Cristo. O objetivo não é informar ninguém, mas transformar pessoas em cidadãos do Reino de Deus.

O passo seguinte nesse processo de "fazer discípulos" é batizá-los, ou seja, confirmar sua pertença ao Reino e incorporá-los à comunidade da fé como membros ativos e comprometidos. Essa missão é descrita na linguagem da igreja, e é provável que a fórmula trinitária não seja a original ou a *ipsissima verba* (as próprias palavras) de Jesus, e sim uma adição litúrgica posterior. De fato, ao que parece os primeiros batismos foram feitos somente em nome do Senhor Jesus (Atos 2.38; 8.16). De acordo com os evangelhos, Jesus nunca administrou batismos, e os discípulos só o fizeram na ocasião mencionada em João 4.1,2.

Sobre a frase "façam discípulos", veja 13.52; 27.57. O mandamento de Jesus implica um movimento necessário do lugar em que estamos para os demais lugares. As expressões "vão" (v. 18,19; v. Marcos 16.15) e "eu os envio" (João 20.21) mostram que não são as pessoas que têm de ir ao encontro dos discípulos em busca da verdade, e sim o inverso. Devemos ir àqueles que vivem sem Deus e sem esperança e entrar na esfera da realidade na qual a vontade divina não é respeitada nem cumprida. Estando ali, devemos anunciar a eles as boas-novas sobre Jesus, o evangelho. Para isso, temos a assistência do Espírito Santo (João 20.22), ou seja, a plenitude do poder divino que operou em Jesus está à disposição dos discípulos para o cumprimento da grande tarefa que lhes foi atribuída (v. 18,20b). Essa tarefa é de grande responsabilidade, pois o destino eterno dos pecadores depende de seu cumprimento (João 20.23).

O dever de ensinar a Palavra (28.20)

O último *slogan* de Jesus para seus discípulos é "ensinando-os" (gr. *didáskontes autoùs*). Todos devem conhecer o conselho de Deus. Devem saber que há um Deus amoroso que agiu na História para a salvação de todos os seres humanos e que esses atos redentores estão registrados em sua Palavra, a Bíblia. É preciso que tudo que Deus providenciou para uma vida plenamente humana seja conhecido. Para isso, o discípulo deve não só conhecer profundamente a Palavra de Deus, mas também ser fiel a seus ensinamentos e permanecer firme nela.

> **Archibald Thomas Robertson:** "Os cristãos têm sido lentos em perceber o amplo valor do que hoje chamamos 'educação religiosa'. A tarefa do ensino pertence à casa, à igreja (sermão, escola dominical, trabalho com jovens, reunião de oração, grupos de estudo, classes de missão), à escola (sem mesclar Igreja e Estado, mas o ensino moral, quando não a leitura da Bíblia), bons livros que deveriam estar em todos os lares, a leitura da própria Bíblia. Alguns vão longe demais e situam a educação no lugar da conversão ou regeneração.

Isso significa perder o alvo. Mas o ensino é parte — e uma parte importante — da obra dos cristãos".[1]

O v. 20 descreve os ensinos de Jesus como mandamentos ("tudo o que eu ordenei a vocês"), que devem ser obedecidos como se fossem a Lei de Moisés (15.4; 19.7,17) e fazem que Jesus pareça um novo Moisés. Esses mandamentos podem incluir elementos como a eucaristia (26.26-28) e a disciplina na igreja (18.15-22). Jesus promete estar presente durante o ministério da Igreja (entre sua ascensão e a parúsia, 18.20).

O dever de fazer discípulos (28.19b)

Aceitar Cristo como Salvador e reconhecê-lo como Senhor é o primeiro passo no relacionamento pessoal com ele. O discípulo regenerado deve avançar cada dia no caminho da santificação, com a ajuda do Espírito Santo. O batismo é a expressão desse processo de amadurecimento, uma vez que significa o testemunho público do compromisso assumido com Cristo e a identificação com a comunidade de fé que serve a ele. O caminho, porém, é ainda mais longo. É preciso que o crente cresça até a "medida da plenitude de Cristo" (Efésios 4.13). O discípulo maduro ajuda os irmãos "mais jovens" a crescer com ele nesse longo processo de amadurecimento e desenvolvimento.

O projeto redentor de Deus para o mundo é extraordinariamente maravilhoso e, por sua graça, ele quis nos incluir. Se somos discípulos de Cristo, estamos sob suas ordens, as quais não admitem dúvidas nem postergações. "Fazer discípulos" é uma ordem e, como tal, não foi dada para ser discutida ou analisada, mas obedecida. Qual será nossa participação como discípulos nesse projeto?

---

1. **Word Pictures in the New Testament**, v. 1, p. 245-246.

UNIDADE QUATRO

O CARÁTER DE JESUS

Quem é Jesus? Há mais de dois mil anos, essa questão tem ocupado a mente de milhões de seres humanos e continua a ser formulada repetidamente a cada geração. É a mesma pergunta que muitos fizeram durante os poucos anos de seu ministério público, logo depois de ter começado o primeiro século da era que leva seu nome. Desde então, as respostas encontradas foram e continuam sendo incrivelmente variadas. Algumas são tão absurdas que nem vale a pena levar em conta; outras, porém, foram elaboradas com seriedade e merecem ser consideradas. No entanto, para nós, seguidores de Jesus e interessados em seu verdadeiro caráter, é mais seguro permitir que a resposta venha pelo testemunho da Palavra de Deus.

Por um lado, essa questão recebeu duas respostas, especialmente no debate contemporâneo sobre Jesus, de modo que ele tem sido interpretado como uma figura histórica, mas também como nosso Senhor contemporâneo. Alguns já tentaram encontrar diferenças de perfil entre o Jesus da História e o Cristo da fé. Tal dissecação, porém, é impossível de ser levada a cabo pela perspectiva do testemunho bíblico (1João 4.2,3). A identidade do Jesus humano não pode ser separada da personalidade do Messias divino. O Jesus de quem lemos nos evangelhos está bem identificado com a humanidade e ocupa um espaço geográfico bem definido. Hoje ninguém contesta a historicidade de sua pessoa, que, além disso, é atestada por fontes primárias exteriores ao Novo Testamento. Mais discutível é o perfil de Jesus como Messias e Senhor, ou seja, aquele que trouxe o Reino de Deus e começou sua construção no espaço e no tempo. No entanto, os documentos do Novo

Testamento dão um testemunho firme e coerente no que se refere ao filho de Maria. Ambos os perfis são conciliados num dos títulos favoritos usados por Jesus: Filho do homem (16.13-15).

> F. F. Bruce: "Nossa evidência primária com relação a ele repousa nos documentos do Novo Testamento. É interessante estudar as referências mais antigas a ele na literatura não cristã, embora sejam escassas e de pouca importância. [...] Quanto aos documentos do Novo Testamento, é tolice considerá-los evidências suspeitas por terem sido produzidos no âmbito da sociedade que confessava Jesus como Senhor. É mais provável que as lembranças de qualquer grande líder sejam lembradas e preservadas entre seus seguidores que entre aqueles que não tinham simpatia por ele. [...] Os escritos mais antigos do Novo Testamento são as primeiras cartas de Paulo. O apóstolo nunca conheceu o Jesus histórico, mas encontrou pessoas que o conheceram na intimidade. Cerca de cinco anos após a morte de Jesus, Paulo passou duas semanas em Jerusalém com Pedro, a figura mais proeminente entre os discípulos de Jesus, e também conheceu Tiago, irmão de Jesus (Gálatas 1.18,19). Paulo não escreveu um evangelho, como fizeram os evangelistas, mas em suas cartas conseguiu extrair deles tudo que precisava saber quanto ao que Jesus havia feito e dito. Em particular, ele lembra mais de uma vez a seus convertidos que em sua primeira instrução a eles 'entregou' o que havia 'recebido' no início de sua carreira cristã. Os dois verbos que ele usa denotam a transferência de uma tradição, e sua linguagem aponta para a maneira pela qual o evangelho e os ensinos de Jesus foram transmitidos, ou seja, oralmente, antes de serem registrados por escrito".[1]

Por outro lado, a pergunta "Quem é Jesus?" também recebeu duas respostas pela perspectiva do registro evangélico de sua vida e ministério. O evangelho de Mateus contém uma extraordinária riqueza de informações em torno de dois elementos importantes para delinear sua identidade: seus títulos e suas relações. Quando consideramos essas duas questões fundamentais sobre a constituição de seu caráter, descobrimos imediatamente que ele é uma figura histórica e nosso eterno contemporâneo. O caráter de Jesus não

---

1. **The Real Jesus:** Who Is He?, p. 23-24.

só manifestava o mais alto modelo de virtude e santidade, como também o mais forte incentivo à sua prática por parte de todos os que acreditam nele e o seguem. Nisso ele exerceu notável influência, embora suas palavras e suas ações tenham sido registradas apenas por um período não superior a três anos de vida ativa. No entanto, nesse curto espaço de tempo, e a partir daí, o caráter de Jesus exerceu forte impacto sobre a humanidade, mais que todas as indagações dos filósofos, as exortações dos moralistas, as ideias dos políticos, as conquistas dos militares e as fortunas dos ricos de todos os tempos. É por isso que ele é não só uma figura histórica, mas também nosso eterno Senhor contemporâneo, cujo caráter transcende o tempo e o espaço.

CAPÍTULO 11

SEUS TÍTULOS E SUAS RELAÇÕES

2.23; 11.25-30; 12.1-8,10b-12,14-24,30-50;
13.53-58; 16.13-20; 19.13-15

O evangelho de Mateus, como todo testemunho escriturístico, apresenta vários nomes ou títulos de Jesus, que descrevem sua natureza, sua posição oficial e o trabalho que determinou sua vinda a este mundo. Entre esses títulos, alguns foram pronunciados na dispensação da antiga aliança e anunciados pelos profetas do Antigo Testamento. Outros foram dados a Jesus por seus seguidores e por aqueles que foram objeto de seu ministério. Outros ainda eram títulos que o próprio Jesus deu a si mesmo, principalmente com base nas antigas profecias e em seu cumprimento, ou à luz das circunstâncias do momento.

> **Rudolf Bultmann:** "Os títulos que a comunidade aplicou a Jesus para descrever seu significado e sua dignidade foram extraídos da tradição da fé judaica messiânica, que por certo reúne motivos de origem diversa. Todos esses títulos têm em comum que, embora seu significado original possa ter sido diferente, eles designam o portador escatológico da salvação. É evidente que Jesus recebeu o antigo título de 'messias' (= rei ungido), como prova não só a tradição sinóptica, mas também Paulo pressupõe claramente isso. Apenas nessa base o duplo nome 'Cristo Jesus' (*Iēsoûs Christós*) pôde crescer no helenismo cristão".[1]

---

1. **Teología del Nuevo Testamento**, p. 93.

Quanto às suas relações, elas são significativas também para entender seu caráter singular. A maneira pela qual ele se relacionou com outros seres humanos constitui um testemunho eloquente sobre sua pessoa. José Ortega y Gasset disse uma frase que ficou famosa: "Eu sou eu e minhas circunstâncias". Podemos tomar essas palavras e aplicá-las com certa liberdade a Jesus para dizer que "ele é ele e suas relações". São precisamente suas relações com a família (Maria, José e seus irmãos e irmãs), com seus inimigos (fariseus e mestres da lei, entre outros), com seus discípulos (os Doze e as multidões que o seguiam), com as crianças e, como vimos, com os marginalizados (publicanos, "pecadores", prostitutas, leprosos, endemoninhados e outros sofredores) que falam com eloquência de seu caráter e de quem ele de fato era.

A fé cristã afirma que "Aquele que é a Palavra tornou-se carne e viveu entre nós" (João 1.14). Seu caráter como Filho de Deus tornou-se conhecido e reconhecido porque se fez humano e habitou entre nós. Desse modo, o Cristo da fé é inseparável do Jesus da História. Sua condição de Messias e Senhor é constatada e explicitada em suas relações com os mortais e pecadores. Os últimos, como Mateus, deixaram-nos o registro de suas experiências com ele, para que nós também "creiamos nele" (João 20.30,31).

SEUS TÍTULOS (2.23; 11.25-30; 12.1-8,10b-12,15-23; 13.53-58; 16.13-20)

Os grandes credos cristãos designam o Senhor com fórmulas próprias, de elaboração humana, e com a melhor intenção de caracterizá-lo da maneira mais precisa possível. Assim, o *Credo niceno* (325) confessa: "Creio [...] em um Senhor Jesus Cristo, o unigênito Filho de Deus, gerado pelo Pai antes de todos os séculos, Deus de Deus, Luz de Luz, verdadeiro Deus de verdadeiro Deus, gerado, não criado, de uma só substância com o Pai; pelo qual todas as coisas foram feitas; o qual por nós homens e por nossa salvação desceu dos céus, foi feito carne pelo Espírito Santo da Virgem Maria, e foi feito homem; e foi crucificado por nós sob o poder de Pôncio Pilatos. Ele padeceu e foi sepultado; e no terceiro dia ressuscitou conforme as Escrituras; e subiu ao céu e assentou-se à direita do Pai, e de novo há de vir com glória para julgar os vivos e os mortos".[2] Esse credo,

---

2. Apud Reinhold SEEBERG, **Manual de historia de las doctrinas**, v. 1, p. 220.

como outras fórmulas antigas pelas quais os cristãos têm tradicionalmente procurado confessar sua fé, está expresso em termos muito particulares, diferentemente da linguagem utilizada no Novo Testamento. No entanto, suas afirmações, embora únicas, são baseadas no testemunho neotestamentário, que é essencialmente o testemunho do próprio Jesus e dos que deram testemunho dele.[3]

Jesus de Nazaré (2.23)

O nome "Jesus" é a forma grega do hebraico *Jehoshua*, *Joshua* (Josué 1.1; Zacarias 3.1) ou *Jeshua* (Esdras 2.2). A origem desse nome é incerta. Acredita-se que deriva de *yasha'* ou *hoshia'*, que significa "salvar" e encerra a ideia de redenção. Se isso for correto, coincide com a interpretação de seu nome em Mateus 1.21. Alguns argumentam que o nome provém de *Jah* (*Yahweh*) e *shua* ("ajuda"). Seja como for, esse foi o nome de duas importantes personagens do Antigo Testamento (Josué e Oseias).

A expressão "de Nazaré" indica sua origem e é interpretada por Mateus como cumprimento profético (2.23). De acordo com o evangelista, várias profecias (observe-se o plural, gr. *dià tōn profētōn*) indicavam que ele seria um "nazareno". Na verdade, parece que a ênfase de Mateus recai sobre as conotações preconceituosas que a palavra "Nazaré" carregava na época (João 1.46). Isso se encaixa com o que Isaías predisse sobre o Servo do Senhor, que seria desprezado pelos homens. Assim, parte do cumprimento dessa profecia e de outras semelhantes do Antigo Testamento eram a rejeição e o desprezo que Jesus sofreu por parte das autoridades religiosas de Israel, por causa de sua associação com o que consideravam uma aldeia marginal e miserável da Galileia. Foi essa a explicação de Jerônimo para a passagem de 2.23, que provavelmente seja a correta. Seja como for, Jesus ainda é chamado e conhecido em toda a cristandade como "Jesus de Nazaré".

O Senhor (*Yahweh*)

O nome "Senhor" é o nome de Deus que aparece na *Septuaginta*. Lá é usado como o equivalente de *Yahweh*, como tradução do hebraico *Adonai* e como expressão de um título honorífico humano aplicado a Deus ("Soberano" ou "Dono", heb. *Adon*; Josué 3.11; Salmos 97.5). O nome pelo qual o Senhor era

---

3. Cf. F. F. Bruce, **The Spreading Flame**, p. 302-309.

conhecido no Antigo Testamento é *Yahweh* ("Jeová", em algumas traduções). No hebraico, o nome aparece representado por quatro consoantes, sem nenhuma vogal (*YHWH*), conhecido como tetragrama, e constituía o coração da fé e da religião hebraicas. O nome aparece em muitas passagens do Antigo Testamento, geralmente como elemento de uma palavra composta para lhe dar significado: para Abraão, o nome era *Yahweh-Jireh* ("o SENHOR proverá", Gênesis 22.14); para Moisés, era *Yahweh-Nissi* ("o SENHOR é minha bandeira" ou "o SENHOR é meu estandarte", Êxodo 17.15); para o povo de Israel, era *Yahweh-Mekaddesh* ("o SENHOR que santifica", Êxodo 31.13); para Abimeleque, era *Yahweh-Rafah* ("o SENHOR que cura", Gênesis 20.17); para Gideão, era *Yahweh-Shalom* ("o SENHOR é paz", Juízes 6.24); para Jeremias, era *Yahweh-Tsidkenu* ("o SENHOR é nossa justiça" ou "o SENHOR é nossa salvação", Jeremias 23.5,6; 33.16); para Ezequiel, era *Yahweh-Shamah* ("o SENHOR está aqui" ou "o SENHOR está presente", Ezequiel 48.35); para os profetas, era *Yahweh-Sabaot* ("o SENHOR dos Exércitos" ou "o SENHOR Todo-poderoso", 1Samuel 1.3; Jeremias 11.20); para Davi, era *Yahweh-Kaab* ou *Yahweh-Rohi* ("o SENHOR é meu pastor", Salmos 23.1); para todo o seu povo, ele era *Yahweh-Migdāl 'ez* ("o SENHOR é torre forte", Provérbios 18.10).

O nome "Jeová" ou "*Yahweh*" (que a *NVI* transcreve como "SENHOR") ocorre cerca de 6.823 vezes no Antigo Testamento, em muitos casos ligado à palavra "*Elohim*" (Deus; v. Gênesis 2.4b-9; 20.13). No tetragrama hebraico, porém, a ênfase parece recair em uma existência continuada ("Eu Sou o que Sou", Êxodo 3.14). Esse verdadeiro, único e eterno Deus foi o que se revelou na pessoa de Jesus Cristo. De tempos em tempos, durante seu ministério, Jesus se identificou como o "Eu Sou", o "SENHOR" do Antigo Testamento, como nas ocasiões em que declarava: "Eu e o Pai somos um" (João 10.30).

> **Louis Berkhof:** "No Novo Testamento, encontramos uma aplicação tripla mais ou menos similar do nome de Cristo: a) como uma forma de discurso pura e respeitosa (Mateus 8.2; 20.33); b) como uma expressão de propriedade e autoridade, sem implicar nada quanto à autoridade e ao caráter divinos de Cristo (Mateus 21.3; 24.42); c) com a conotação de autoridade superior, expressão de caráter exaltado e de fato praticamente equivalente ao nome de 'Deus' (Marcos 12.36,37; Lucas 2.11; 3.4; Atos 2.36; 1Coríntios 12.3; Filipenses 2.11). Em alguns casos, é difícil determinar a conotação exata do título.

> Sem dúvida, após a exaltação de Cristo o nome passou a ser aplicado a ele, de modo geral, no sentido mais exaltado. Contudo, há exemplos de seu uso antes mesmo da ressurreição, quando a implicação especificamente divina do título já havia sido alcançada, como evidencia Mateus 7.22; Lucas 5.8; João 20.28".[4]

Em Mateus, encontramos numerosos paralelos com o Antigo Testamento que mostram Jesus como o mesmo Salvador que *Yahweh* (Salmos 107 e Mateus 8.2,6,8,21,25). Nenhum judeu instruído poderia deixar de entender que Jesus estava afirmando ser o *Yahweh* do Antigo Testamento toda vez que fazia um pronunciamento formal utilizando a cláusula "Eu Sou" (v. esp. João 8.12,18,19,23,24,28,58). Também está claro que Jesus Cristo é o *Yahweh* do Antigo Testamento para outros escritores do Novo Testamento, pois citam textos referentes a ele e o aplicam a Jesus (p. ex., Salmos 17.15 em 1João 3.2; Salmos 16.9-11 em 2Pedro 1.11; Salmos 140.3 em Romanos 3.13). Não é de estranhar, portanto, que o título mais frequente de Cristo no Novo Testamento seja "Senhor" numa relação direta com o título "*Yahweh*" do Antigo Testamento.

A expressão "Eu Sou" é sinônimo de divindade na Bíblia. Foi o cartão de visita de Deus para Moisés no monte Horebe (Êxodo 3.13,14; v. Deuteronômio 32.39; Isaías 43.11,13). Jesus usou a mesma expressão para afirmar sua divindade (João 8.58; 9.9; 18.5,8). Da mesma forma, por causa de quem ele é (Deus), seu ser se traduz em redenção para nós em diferentes dimensões da vida. Jesus expressou esse fato adicionando complementos à frase "Eu Sou". As expressões resultantes são conhecidas como os "Eu Sou" de Jesus. Há um "Eu Sou" sem especificação (João 6.20; 8.24,28; 13.19; 18.5,6,8), que funciona como um cheque em branco em qualquer circunstância humana. Depois há outros: "Eu sou o Messias" (João 4.25,26); "Eu sou o pão da vida" (João 6.35,41,48,51); "Eu sou a luz do mundo" (João 8.12; 9.5); "Eu sou a porta" (João 10.7,9); "Eu sou o bom pastor" (João 10.11,14,15); "Eu sou a ressurreição e a vida" (João 11.25); "Eu sou o caminho, a verdade e a vida" (João 14.6); "Eu sou a videira verdadeira" (João 15.1,5); "Eu sou Jesus" (Atos 9.5); "Eu sou o Alfa e o Ômega" (Apocalipse 22.13; v. Apocalipse 1.8); "Eu sou a Raiz e o Descendente de Davi" (Apocalipse 22.16); "Eu sou a resplandecente Estrela da Manhã" (Apocalipse 22.16). Note-se que quase todos os "Eu Sou" de Jesus estão listados nos escritos joaninos.

---

4. **Systematic Theology**, p. 315.

O Filho do Pai (11.25-30)

Essa passagem expressa a elevada e íntima comunhão que Jesus tinha com Deus, a ponto de usar para este o qualificativo "Pai" (gr. *ho patēr*), ao passo que ele denominava a si mesmo como "Filho" (gr. *ho huiós*).

A palavra ao Pai (v. 25,26). Jesus ora ao Pai e o faz com muita emoção. A exclamação triunfante de Jesus foi uma reação ao retorno bem-sucedido dos Setenta e Dois (Lucas 10.17-22). O contexto explica a passagem. Eles deviam ser parabenizados porque, apesar de serem "pequeninos" (ingênuos, inocentes) e despreparados, haviam conhecido segredos que muitos profetas, reis "sábios e cultos" gostariam de ter desvendado. Aqui Jesus está falando de sua experiência pessoal. Seu entusiasmo provém do fato de que ele conhecia bem seus discípulos e reconheceu no êxito que obtiveram o poder do Pai, que desse modo quis fazer sua vontade. Aliás, Jesus não está condenando a capacidade intelectual, e sim rejeitando o orgulho intelectual. É o coração, não o cérebro, o lugar preferido do evangelho. Assim viveram os discípulos, por serem filhos de Deus e porque assim lhes revelou o Filho do Pai (v. 27).

Esse parece ser o único lugar nos evangelhos sinópticos em que Jesus afirma com clareza sua relação singular com Deus, tão fortemente enfatizada em João. Cristo é a ponte entre Deus e o ser humano. Além disso, não há outro canal pelo qual os seres humanos possam obter um conhecimento pleno e perfeito de Deus.

A palavra aos discípulos (v. 27). Nesse versículo, Jesus parece mudar o rumo de seu discurso: em vez de se dirigir ao Pai, parece estar falando a seus discípulos. A frase "Todas as coisas me foram entregues por meu Pai [gr. *patrós mou*]" expressa uma afirmação surpreendente, que não carece de mais especulação. A gramática grega ajuda a compreender seu alcance, uma vez que o verbo "entregar" (gr. *paredóthē*) está no aoristo atemporal (como em 28.18) e remete a um momento na eternidade em que o Pai o fez depositário de toda a autoridade e de todo o poder sobre toda a ordem criada. De fato, a frase implica a preexistência do Messias. A consciência messiânica de Jesus é clara e firme e descreve a profundidade do relacionamento entre Deus Pai e Deus Filho. Isso, por sua vez, implica um conhecimento que caracteriza a relação mútua entre um e outro. O verbo "conhecer" aqui (gr. *epiginōskei*) significa "conhecer plenamente" e é repetido duas vezes. Esse conhecimento íntimo da divindade só é possível a nós graças à revelação do Filho (João 1.18).

A palavra a "todos" (v. 28-30). Jesus convida seus seguidores ("todos") porque tem poder divino e possui autoridade única. Ele é o único depositário de todos os recursos do Deus infinito, e essa é a razão pela qual pode fazer esse apelo e essa oferta especial aos que estão "cansados e sobrecarregados" (gr. *kopiōntes kaì pefortisménoi*). Jesus está falando aos que tentam ser bons e com sinceridade procuram encontrar Deus e não conseguem alcançá-lo por meios próprios. Em Cristo, encontramo-nos com Deus. Nele, vemos como é Deus (João 1.18), e esse conhecimento nos liberta do jugo da Lei, que jamais pode ser satisfeita em sua totalidade ou de modo absoluto. Em vez disso, Jesus nos convida a tomar seu "jugo" (gr. *zygón*), ou seja, a nos submetermos a ele como Senhor. O jugo de Cristo é descomplicado, não é desconfortável e é fácil de pegar e de carregar (é "suave"). Não foi feito para nos apertar ou sufocar, como a Lei, que está além de nossas possibilidades. Isso torna a carga mais "leve". Tudo que Deus nos dá foi feito para atender às nossas necessidades. É um fardo leve, ou seja, colocado sobre nós com amor, e é o amor que o torna leve. O jugo de Jesus é útil para uma vida plenamente feliz e satisfatória. À luz desses versículos, há três coisas a serem consideradas.

A convocação (v. 28). As palavras de Jesus suscitam três questões. Primeira: a quem Jesus está convocando? Seu chamado ou convite ("Venham", gr. *deûte*) é um desafio a três atitudes que tendemos a assumir com relação à vida. Há os que, como João Batista, perderam em determinado momento o objetivo da vida (v. 3). Há os que, como a multidão, são indiferentes ao objetivo da vida (v. 16-19). E há os que, como as cidades impenitentes, escolheram um objetivo errado para a vida (v. 20). Se olharmos à volta, veremos que o mundo está cheio de pessoas assim.

Segunda: como Jesus descreve aqueles que ele está convocando? Trata-se dos que "estão cansados e sobrecarregados" ("os que estão cansados de seus trabalhos e de sua carga", *VP*). O primeiro termo sugere um trabalho ativo ("os que estão cansados"); o segundo descreve a natureza dolorosa desse trabalho ("sobrecarregados"). A falta de descanso produz frustração, e o trabalho se torna ainda mais pesado. Jesus não atribui essa experiência aos insensatos ou tolos, mas aos que são "sábios e cultos" (v. 25). "Sábios" (gr. *sofōn*) são aqueles dotados de habilidades naturais para fazer e entender. "Cultos" (gr. *syneton*) são aqueles capazes de unir ou montar as coisas de modo que façam sentido e sejam úteis. São os que conhecem tudo em termos humanos, mas são indiferentes ou ignoram qual é o objetivo da vida e onde ele se encontra. São pessoas que correm, mas nunca chegam; lutam, mas não alcançam a vitória; trabalham, mas não acham descanso.

Terceira: qual é a situação dos que são chamados por Jesus? As estatísticas resumem a história do desperdício daqueles que caíram ao longo da estrada da vida (drogas, alcoolismo, solidão, suicídio, neuroses, estresse, tristeza, depressão, ansiedade, e assim por diante). Em cada extremidade dessa corrida sem objetivo, podemos contemplar dois quadros lamentáveis. Num extremo, estão aqueles que abandonaram a luta para encontrar sentido na vida e mergulharam num poço de frustração e impotência. No outro extremo, estão os que chegaram exaustos ao fim da corrida e descobriram que erraram o caminho ou se desviaram por um mau caminho e agora estão cheios de frustração e culpa. Em cada extremo da corrida e no meio só há tragédia, dor e vazio. Mas não é preciso ser desse jeito se atendemos à convocação de Jesus. Ele é o único que pode dar sentido à vida e fazer que valha a pena viver.

A condição (v. 29a). As palavras de Jesus suscitam duas questões. Primeira: o que significa o "jugo" de Jesus? Alguns o veem como uma peça dupla, na qual nos colocamos ao lado de Jesus e arrastamos a vida unindo nossas forças com as dele. Mas Jesus não disse: "Levem meu jugo comigo" ou: "Puxem o jugo comigo ou para mim". Ele disse: "Tomem sobre vocês o meu jugo e aprendam de mim". As palavras de Jesus repetem uma figura de linguagem usada pelos rabinos. Quando um aluno se juntava a um mestre, dizia-se que ele estava levando o jugo deste. Jesus, portanto, está dizendo: "Tome meu jugo, seja meu aluno ou discípulo na vida e aprenda de mim como deve viver". Não somos nós que nos colocamos ao lado de Jesus; é ele que se coloca dentro de nós e por meio de nós arrasta o fardo da vida.

Segunda: qual é o jugo que Jesus está oferecendo? Em primeiro lugar, é o jugo do *compromisso* e constitui uma experiência semelhante à do novo nascimento. Jesus disse a Nicodemos: "Ninguém pode ver o Reino de Deus, se não nascer de novo". E acrescentou: "É necessário que vocês nasçam de novo" (João 3.3,7), porque essa é a única maneira de se tornar filho de Deus. Da mesma forma, ninguém pode ser discípulo de Jesus se não tomar o jugo dele. Para ser discípulo de Jesus, é preciso carregar o jugo que ele oferece.

Ambas as experiências são pontuais e iniciam um processo que, em suma, ensina que é necessário *ser* alguém para *fazer* algo. Em segundo lugar, é o jugo da *instrução* (Efésios 4.13). Quem pensa que já sabe tudo não precisa de instrução nem de mestre para ensiná-lo. Esse é o contraste entre os "sábios e cultos" e os "pequeninos" (gr. *nēpíois*, "garotinho") do v. 25. Os primeiros acreditavam já ter todas as respostas e não queriam aprender. Não estavam dispostos a carregar o jugo de Jesus nem desejavam ser seus discípulos. Os últimos, por saber que não tinham respostas, estavam dispostos a ser ensinados e a aprender como discípulos de Jesus. Em terceiro lugar, é o jugo da *disciplina*. Carregar o jugo de Jesus significa fazer o que ele quer em submissão a seu senhorio. Nenhum atleta alcança bons resultados se não pagar o preço da disciplina (1Coríntios 9.24-27). A questão aqui não é se alguém é salvo ou perdido, mas se é vitorioso ou não na carreira cristã da vida. Em quarto lugar, é o jugo de um *propósito*. Sob o jugo de Cristo, estamos unidos à sua vontade e ao seu propósito. Estamos arrastando algo de uma parte para outra, mas para isso precisamos de direção, de um objetivo. Não é apenas esforço, mas submissão e obediência ao Senhor.

A consequência (v. 29b). As palavras de Jesus suscitam duas questões. Primeira: por que estamos cansados? Talvez porque, como João Batista, tenhamos perdido o objetivo da vida ou porque, como as multidões, nunca tivemos um objetivo na vida. É possível ainda que, como as cidades impenitentes da Galileia, estejamos gastando nossas energias nos objetivos errados. Jesus nos oferece esperança, senso de direção e propósito. Ele garante: "Eu darei descanso a vocês". Além disso, ele nos oferece a força e a alegria necessárias para alcançar o objetivo de nossa vida. Ele afirma: "O meu jugo é suave, e o meu fardo é leve". Isso não significa uma vida livre de problemas. Os problemas virão, mas não estaremos mais sozinhos ao enfrentá-los. Segunda: queremos tomar o jugo de Jesus? Seu jugo é suave: não aperta o pescoço nem o coração. No entanto, é um jugo. Jesus faz importantes exigências, mas são demandas de amor e para o nosso bem. E, assim como nos pede muito, ele também nos dá muito. Ele pede toda a nossa vida, para devolvê-la em abundância. Dessa maneira, o Mestre e seus discípulos, os que carregam seu jugo, alegram-se com os resultados.

O Senhor do sábado (12.1-8,10b-12)

Esses versículos consideram duas questões a respeito do sábado. São as únicas passagens em Mateus e Marcos em que a atitude de Jesus com relação ao sábado é mostrada de maneira explícita (24.20). Lucas dedica mais espaço ao tema (Lucas 6.1-11; 13.15,16; 14.3). Ambos os blocos de ação e de ensino são apresentados na forma típica de um pronunciamento ou paradigma. O relato em si é conciso, porém eficaz, em tornar claro o pensamento de Jesus.

A autoridade de Jesus (v. 1-8). Jesus não estava a serviço da Lei nem de instituições religiosas e/ou políticas. Elas tendem a se tornar fins em si mesmas, a sufocar o desejo humano e suas necessidades e a anular as pessoas. Jesus estava a serviço dos seres humanos, a fim de conectá-los com seus desejos e necessidades e resgatar o correto papel da Lei. Jesus não pôs a Lei de lado nem a revogou, mas deu a ela seu verdadeiro significado como instrumento de bênção para o povo. É por isso que suas palavras sempre se basearam na autoridade das Escrituras, não nas interpretações humanas dos religiosos ao longo dos séculos. Nos v. 1-8, a base bíblica para a ação dos discípulos estava no Antigo Testamento (Deuteronômio 23.25; Êxodo 25.30), ao passo que a base dos argumentos dos fariseus estava na tradição dos anciãos (Lucas 13.14; 14.3; João 5.10; 7.23; 9.16). Desse modo, Jesus apresenta duas ilustrações e na segunda apela à tradição judaica. A compreensão de Mateus sobre o incidente é clara (v. 6,8). Na condição de Filho do homem, Jesus era maior que Davi e que os sacerdotes, de modo que podia passar por cima dos regulamentos do sábado e manifestar sua misericórdia. Ele era o "Senhor do sábado" (gr. *kýrios toû sabbátou*).

A ação de Jesus (v. 10b-12). Nos v. 9-13 (considerados com relação à cura do homem que tinha a mão atrofiada), o argumento está baseado outra vez num princípio rabínico, segundo o qual "se o mínimo vale a pena, o maior vale mais". A cura em questão não é apresentada como um milagre em si, mas como ilustração do princípio que Jesus quer ensinar. Ao que parece, os fariseus aprovavam a conduta ilustrada no v. 11, mas não os essênios. Mais uma vez, a ação de curar o homem doente foi dramática. Jesus disse a ele: "Estenda a mão". E, quando ele a estendeu "ela foi restaurada, e ficou boa como a outra". Foi algo tão notório que a ação de Jesus provou mais uma vez que ele era o "Senhor do sábado".

O Servo escolhido (12.15-21)

De acordo com os v. 11-14, os inimigos de Jesus tomaram uma decisão final. Jesus soube disso (pelo dom da palavra de conhecimento, v. 15), então adotou a estratégia de manter um perfil discreto por enquanto e se retirou prudentemente, a fim de evitar qualquer confronto. No entanto, muita gente o seguiu, e muitos foram curados de suas doenças. A ordem de não dizer a ninguém quem ele era não foi obedecida. O povo, naquele momento, relacionava-o com o Servo escolhido que as profecias anunciavam. A citação de Isaías 42.1-4 nos v. 18-21 dá um significado mais profundo à estratégia, agora necessária, de permanecer oculto. A citação contém marcas evidentes da reflexão exegética de Mateus sobre o texto hebraico, uma vez que se trata de uma reprodução livre com alguns matizes da *Septuaginta* (*LXX*). Mateus aplica a Cristo a profecia que se refere ao rei persa Ciro como um servo escolhido de Deus. Mais uma vez, o evangelista enxerga nos fatos ocorridos o cumprimento de palavras proféticas.

No Novo Testamento, Jesus é chamado "servo" (gr. *paîs*), mas são poucas as ocasiões. Uma delas é aqui (v. 18), na citação de Isaías 42.1 (há quatro outras referências: Atos 3.13,26; 4.27,30). Em todos esses casos, trata-se de uma tradição muito antiga. Mateus parece citar o texto hebraico de Isaías, mas no último versículo cita a *Septuaginta*. Em todo caso, a ideia de Jesus como servo parece sugerida na voz celestial ouvida em seu batismo (Marcos 1.11) e depois na transfiguração (Marcos 9.7), ocasiões nas quais as expressões "meu filho" e "meu servo" parecem intercambiáveis.[5]

Filho de Davi (12.22,23)

Nos v. 22-37, Jesus responde à calúnia dos fariseus. Essa passagem é comum aos três Sinópticos (Marcos 3.20-30; Lucas 11.14-23) e ensina-nos que o próprio Deus está trabalhando e exercendo seu domínio sobre o reino do mal e seu príncipe. Em consequência disso, o tão aguardado Reino de Deus chegou, embora não em sua plenitude. Não se pode ficar indiferente diante desse conflito espiritual. Fazer isso é "blasfêmia contra o Espírito" (v. 31). Quando negou a Jesus, Pedro agiu de maneira irresponsável ou por medo, mas não Judas: ele o fez porque "Satanás entrou nele" (João 13.27). Os fariseus, portanto, eram maus, uma geração de víboras, porque suas palavras expressavam a maldade e a incredulidade que havia em seu coração (v. 34). No v. 22, a expressão "depois disso" não significa "naquele momento". No v. 23, a resposta à pergunta retórica ("Não será este o Filho de Davi?") é "sim". No entanto, a forma da

---

5. Joachim Jeremias, **Abba:** el mensaje central del Nuevo Testamento, p. 114-121.

pergunta presume "não" como resposta, mas com certeza foi formulada desse modo em razão da hostilidade dos fariseus a Jesus. "Todo o povo", por sua vez, estava "atônito" ou extasiado (gr. *exístanto*), o que descreve a situação em tons muito vívidos. Contudo, apesar de seus milagres e dos efeitos que exerciam sobre as emoções do povo, Jesus não lhes parecia ser o Filho de Davi, pela forma em que o concebiam. Eles queriam um super-homem ou um superlíder que os libertasse da opressão romana e lhes concedesse todas as bênçãos materiais prometidas desde os tempos antigos. O Filho de Davi, de acordo com tais expectativas, não se enquadrava cem por cento nas aspirações deles.

> **José Flores:** "'Filho de Davi' é o distintivo título judaico de Jesus, conforme profetizado no Antigo Testamento, e de acordo com esse pensamento Mateus observa que o marido de Maria era da linhagem de Davi, ao passo que Lucas traça sua genealogia indicando que Jesus 'era considerado filho de José, filho de Eli, [...] filho de Davi, filho de Jessé'. Legalmente, Jesus era descendente de Davi, daí as dúvidas que se formaram na mente e no coração do povo, como lemos em João 7: 'Alguns no meio do povo disseram: "Certamente este homem é o Profeta". Outros disseram: "Ele é o Cristo". Ainda outros perguntaram: "Como pode o Cristo vir da Galileia? A Escritura não diz que o Cristo virá da descendência de Davi, da cidade de Belém, onde viveu Davi?" Assim o povo ficou dividido por causa de Jesus' ".[6]

O filho do carpinteiro (13.53-58)

Nessa passagem, Jesus é apresentado como "um profeta sem honra" em seu país e entre seus conterrâneos. Os v. 53-58 registram a rejeição de Jesus em Nazaré pelo povo de sua terra. A fórmula habitual com a qual Mateus conclui as cinco seções com seus respectivos discursos (primeira seção, 5.1—7.29; segunda seção, 8.1—11.1; terceira seção, 11.2—13.52; quarta seção, 13.53—18.35; quinta seção, 19.1—25.46) constitui aqui (v. 53-58), como o início da quarta seção, uma parte mais identificada com o material que se segue. Trata-se, portanto, de uma seção com poucas diferenças de Marcos 6—9, até Mateus chegar ao ponto em que elabora a passagem de Marcos 9.33-48 num discurso sobre a disciplina da Igreja (17.24—18.35). Uma vez que Mateus salta diretamente

---

6. **Títulos del Señor**, p. 64-65.

para o discurso sobre as parábolas e para as passagens que tratam da sabedoria (11.19,25) depois de utilizar o material de Marcos 5 em contextos anteriores, parece que as palavras sobre sua "sabedoria" e "poderes milagrosos" (v. 54) constituem um resumo do que é considerado na segunda e na terceira seções do evangelho.

Diferentemente do relato de Marcos 6.1-6 sobre a rejeição a Jesus em Nazaré, aqui ele não é chamado "o carpinteiro", mas "o filho do carpinteiro" (v. 55). Além disso, a declaração sobre sua incapacidade de realizar milagres ("não pôde fazer ali nenhum milagre", de acordo com Marcos 6.5) é atenuada com a frase "não realizou muitos milagres ali" (v. 58). Os vários manuscritos contêm variações quanto ao nome de um dos irmãos de Jesus, José (Mateus: gr. *Iōsēf*, *Iōsēs*, *Iōsē* ou *Ioánnēs*; Marcos: gr. *Iōsētos*, *Iōsē* ou *Iōsēf*).

O Filho do homem (16.13-15)

Toda a seção do evangelho de Mateus, que se inicia em 16.13 e termina em 20.28, pode ser considerada uma segunda parte do livro. A partir do momento em que Pedro declarou que Jesus era o Cristo (16.16), o Senhor passou a realizar seu trabalho de forma diferente. 1) Dedicou-se mais a ensinar os discípulos que as multidões. 2) Dedicou muito pouco tempo a curar. 3) Ensinou mais sobre si mesmo aos discípulos. 4) Falou-lhes especialmente sobre sua morte. Ao chegar à região da Cesareia de Filipe, fora da Palestina e numa das encostas do monte Hermom, Jesus iniciou uma pesquisa sobre sua identidade, expressa por meio de algumas perguntas que fez a seus discípulos. Foi uma espécie de teste de cristologia para seus alunos, em torno da identificação do "Filho do homem" (gr. *tòn huión toû anthrōpou*).

O que o povo dizia (v. 13,14). O objetivo da primeira pergunta era saber a opinião do povo a respeito do Filho do homem. De acordo com os discípulos, alguns diziam que Jesus era Elias, João Batista, Jeremias ou alguns dos outros profetas. Da mesma forma, hoje também muitos se referem a Jesus como "um dos maiores homens que já viveram, como Sócrates". Os muçulmanos consideram-no um dos grandes profetas; os judeus o estimam como um dos mestres judeus mais respeitáveis. O Novo Testamento, porém, mostra que ele era muito mais que isso (Mateus 12.14,42). Com sua vida e com sua morte, ele fez pela humanidade o que ninguém jamais havia feito.

As opiniões sobre Jesus sempre foram abundantes. Várias ideias já circulavam durante sua vida terrena. Alguns concordavam com Herodes Antipas: Jesus era João Batista que havia ressuscitado dos mortos (14.1,2). Baseavam sua opinião na coragem com a qual se conduzia. Outros diziam que ele era Elias, porque Malaquias 4.5 registrava que Elias voltaria à terra para anunciar a chegada do Reino de Deus. Outros ainda insistiam em que ele era Jeremias ou um dos profetas, porque ensinava da mesma forma que os antigos profetas, ou seja, por meio de parábolas. E todos concordaram numa coisa: "Ele é como alguém que conhecemos". Note-se, porém, que todas as respostas extraídas da opinião popular se referiam aos profetas do passado e mortos. Em suma, eram respostas padronizadas, enlatadas. Não passavam de clichês que diziam algo, mas sem compromisso.

O que Jesus queria saber (v. 15). A indagação de Jesus não foi motivada por mera curiosidade pessoal, apenas para saber o que a opinião pública tinha a dizer a respeito dele. O que Jesus queria era medir o grau de consciência do povo, especialmente de seus discípulos, quanto à sua messianidade, conforme anunciada pelos grandes e antigos profetas e pelo próprio João Batista. Em suma, sua pergunta girava em torno de sua identidade como Messias, ou seja, o Filho do homem anunciado nas profecias do Antigo Testamento (Daniel 7.13,19).

"E vocês?" [...] Quem vocês dizem que eu sou?". Essa é a pergunta mais importante já feita. Quem era Jesus para os discípulos? Apenas um homem bom? Um louco cheio de ilusões quiméricas? Um enganador muito inteligente? Ou era Deus? Ninguém podia se esquivar à responsabilidade de dar algumas dessas respostas. Muitos perguntam: "Por que Jesus não disse a seus discípulos direta e explicitamente quem ele era?". A resposta pode ser: 1) mesmo que tivesse dito, eles provavelmente não teriam acreditado; 2) não fazia sentido dizer certas coisas, pois era preciso que descobrissem a verdade por si mesmos. Os discípulos não se tornam bons mestres apenas com lições de metodologia, mas observando bons professores e praticando o que aprenderam.

Os discípulos conviveram com Jesus e o observaram. Tinham de assumir a responsabilidade de tirar as próprias conclusões e de responder a essa pergunta fundamental. Jesus queria que os discípulos decidissem por si mesmos quem ele era. E ele nos pede a mesma coisa hoje (João 18.4). Não basta saber o que os outros pensam ou opinam a respeito de Jesus, nem o que os credos tradicionais ensinam, nem que o adoremos no templo só porque nossos amigos o fazem. Devemos saber em que acreditamos. Ou seja, em quem depositamos nossa confiança, de modo que ela transforme nossa vida numa vida plenamente humana, de acordo com o eterno propósito de Deus.

O significado do título. Não há contradição entre João 1 e os Sinópticos com relação ao reconhecimento dos discípulos a respeito de Jesus como Messias. No entanto, Jesus não fazia as coisas que eles esperavam que o Messias fizesse. Talvez por essa razão Jesus tenha substituído o termo "Messias" (Cristo) por "Filho do homem".

> **Oscar Cullmann:** "Entre os títulos que Jesus confere a si mesmo, aquele que predomina não é 'Filho de Deus', e sim 'Filho do homem'. Ao tentar penetrar o segredo da consciência de Jesus sobre si mesmo, o título 'Filho do homem' deve ser completado não só por '*Ebed Yahweh*', mas também por 'Filho de Deus'. [...] 'Filho do homem' e 'Filho de Deus' são títulos que afirmam, ao mesmo tempo, soberania e humilhação. [...] A consciência que Jesus tinha de ser Filho de Deus estava unida à consciência de ser Filho do homem e simultaneamente à sua pessoa e à sua obra. A unidade do Pai e do Filho é manifestada pela ação de Jesus em trazer salvação e revelação ao mundo. Essa concepção do Filho de Deus está também na base da fé dos primeiros cristãos, que, à luz do evento da Páscoa, confessavam-no como 'Filho' ".[7]

Esse título aparece no Antigo Testamento (em Ezequiel, em várias passagens com referência ao profeta; em Daniel 7.13,19, com relação a uma personagem especial). Ezequiel utiliza o termo para indicar a própria humanidade. Em Daniel, é um homem que recebe autoridade de Deus. Nos evangelhos, a expressão ocorre cerca de 70 vezes e é o título preferido de Mateus para Jesus, já que ocorre 32 vezes em seu evangelho (8.20; 9.6; 10.23; 11.19; 12.8,32,40; 13.37,41; 16.13,27,28; 17.9,12,22; 18.11; 19.28; 20.18,28; 24.27,30,37,39; 24.44; 25.13,31; 26.2,24,45,64). Alguns dizem que a expressão aramaica indicava apenas "eu". Geralmente ocorre em dois tipos de passagens: as que retratam sofrimento (Marcos 8.31) e as que mencionam a vinda do Senhor em triunfo (Mateus 16.28).

---

7. **Cristología del Nuevo Testamento**, p. 333.

O Cristo (16.16-20)

Jesus é o nome pessoal, e Cristo é o nome oficial, o nome do Messias. O termo é equivalente ao Messias do Antigo Testamento e significa "ungido", ou seja, ele é "o Ungido". Reis e sacerdotes eram ungidos (Êxodo 29.7; Levítico 4.3; Juízes 9.8; 1Samuel 9.16; 10.1; 2Samuel 19.10). Em Israel, o rei era conhecido como "o ungido do Senhor" (1Samuel 24.10). Fala-se também de um profeta ungido (1Reis 19.16; v. Salmos 105.15; Isaías 61.1). O óleo da unção simbolizava o Espírito de Deus (Isaías 61.1; Zacarias 4.1-6), e a unção representava a transferência do Espírito para a pessoa consagrada (1Samuel 10.1,6,10; 16.13,14). Desse modo, Jesus foi ungido para seu ofício: primeiramente, em sua concepção pelo Espírito Santo (Lucas 1.35); depois, por ocasião de seu batismo (3.16). Essa unção qualificou-o para sua tarefa como Messias.

Esse título aparece na notável confissão de Pedro, mas já havia sido usado por Jesus. Até o próprio Pedro o havia mencionado antes disso (João 6.69, segundo uma variante do texto), na ocasião em que muitos de seus discípulos o abandonaram em Cafarnaum. Desde os primeiros dias de seu ministério (João 4.25,26), Jesus evitava usar a palavra "Messias", por causa das suas conotações políticas para a maioria do povo. Mas agora, em Cesareia de Filipe, Pedro declara abertamente que Jesus é o Ungido de Deus (Cristo), o Messias, o Filho do Deus vivo. Isso só pode significar uma coisa: a essa altura do ministério de Jesus, tanto Pedro quanto os outros discípulos já criam que Jesus era o Messias e o seguiam fielmente, apesar da deserção de muitos galileus (João 6.60-66). Assim, a resposta de Pedro à pergunta de Jesus sobre sua identidade foi seguida pela resposta de Jesus à declaração do apóstolo.

A resposta de Pedro (v. 16). A resposta de Pedro assumiu a forma de uma verdadeira confissão de fé. O v. 16 registra a confissão feita por Pedro em Cesareia de Filipe, ou seja, essa declaração de fé deu-se em pleno mundo gentio. Jesus queria saber que conceito seus discípulos tinham dele. Os discípulos deram várias respostas à pergunta de Jesus, mais ou menos tradicionais de acordo com as profecias do Antigo Testamento. Pedro declarou uma grande verdade, mas por revelação do Pai, e daí veio a bem-aventurança (v. 17). Pedro reconheceu Jesus como o Messias (o Cristo). Os judeus, havia muito tempo, esperavam que Deus enviasse alguém para conquistar a liberdade da nação. Essa pessoa era chamada "Messias" (ou "Cristo", gr. *ho Christós*). Pedro e os outros discípulos foram os primeiros a descobrir que Jesus era essa personagem.

A resposta de Jesus (v. 17-19). No v. 16, Pedro claramente afirma que Jesus é o Messias. Foi uma confissão grandiosa, mas, como já foi dito, o apóstolo estava repetindo afirmações que Jesus já havia feito sobre si mesmo. No entanto, Jesus se mostra entusiasmado com a resposta de Pedro e reage de acordo.

Jesus elogia Simão (v. 17). Jesus o considera "feliz" (gr. *makários e*) e o condecora com uma bem-aventurança. Jesus aceita a confissão como autêntica e correta. Então, nessa ocasião solene da revelação de sua natureza messiânica, de ele ser o Filho do Deus vivo e de ser Deus, Jesus não podia deixar de se mostrar também como "bem-aventurado". Seu discípulo Pedro acabara de expressar uma convicção positiva quanto a seu messianismo e sua natureza transcendente, no contexto das variadas opiniões do povo. Os termos com os quais ele se dirige a Pedro são cheios de ternura, generosidade e amor. O estilo de Mateus aqui não é o de um editor eclesiástico que tenta elaborar um credo oficial ou lançar as bases do poder eclesiástico, mas que registra o simples testemunho de um discípulo de Jesus. Ele destaca em termos desapaixonados a confissão simples de outro discípulo a respeito de seu Mestre, a quem seguem com admiração. Em suma, a fórmula de fé não é criação de Pedro nem edição de Mateus, mas a revelação do Pai, que deu a Pedro o discernimento para entender a pessoa e a obra de Jesus, e a Mateus, a inspiração de seu Espírito para registrar o acontecimento.

Jesus qualifica Simão (v. 18). O v. 18 tem dado lugar a muitos debates entre católicos romanos e evangélicos. A controvérsia gira em torno de definir quem ou o que é "esta pedra" (gr. *pétrai*). O posicionamento dos católicos romanos é que a pedra é Pedro, a quem reconhecem como o primeiro papa, que supostamente recebeu a mais alta autoridade sobre a Igreja diretamente de Jesus. Mas a passagem não diz nada sobre uma transferência de autoridade. Uma coisa é Pedro ter essa autoridade; outra coisa é dizer que a Igreja católica romana detém a mesma autoridade. Outros pensam que a rocha é o próprio Jesus, com base na diferença dos termos utilizados: "Você é Pedro [gr. *pétros*, 'pedra'], e sobre esta pedra [gr. *pétrai*, 'rocha']", disse Jesus apontando para si mesmo, "edificarei a minha igreja". Ma não há como provar que Jesus estava apontando para si quando afirmou isso. Outros veem nela a primeira pedra da construção da Igreja e Pedro como um símbolo disso. Segundo Paulo (Efésios

2.20), a Igreja foi edificada "sobre o fundamento dos apóstolos e dos profetas, tendo Jesus Cristo como pedra angular". De acordo com outro ponto de vista, a pedra sobre a qual o Senhor edificou sua igreja é Pedro e todos os que, como ele, confessam que Jesus é "o Cristo, o Filho do Deus vivo" (v. 16).

De fato, Cristo é o fundamento sobre o qual a Igreja está assentada (Isaías 28.16; Salmos 118.22; Mateus 21.42; Atos 4.11; Romanos 9.33; Efésios 2.20,21; 1Pedro 2.4-8), e sobre ele, como "pedras vivas" (1Pedro 2.5), edificamos os crentes com nossa confissão de fé. Além disso, a figura do "edifício" aparece no salmo 84, que é um salmo messiânico baseado em 2Samuel 7. Note-se no salmo 89 "estabelecerei" (v. 4; "firmarei"); "Rocha" (v. 26); "ungido" (v. 38); "poder da sepultura" (v. 48). O salmista refere-se à perpetuidade do trono (reinado) de Davi. Jesus aplica essa figura ao reino espiritual que ele está construindo.

"Minha igreja" (gr. *mou tēn ekklēsían*) refere-se à comunidade de crentes unidos por um pacto de fé com o Senhor. O termo "inferno" (gr. *Háidou*) aqui é na verdade uma referência ao mundo dos mortos, mas Cristo o utiliza como sinônimo do reino de Satanás e seus demônios. Ele usa essa palavra para indicar que o pecado e o mal são questões sérias que afetam não só a vida neste lado da eternidade, mas também têm seus efeitos na próxima. Tradicionalmente, a interpretação dessas palavras de Jesus é que a Igreja irá resistir ao ataque das forças do mal. O que ele está dizendo aqui, porém, é exatamente o oposto: as portas do reino das trevas não serão capazes de resistir (gr. *katischýsousin*, de *katischýō*, "prevalecer", "obter vitória sobre", "ter força", "vencer", "dominar") ao ataque da Igreja, que está bem firmada em Cristo. Ela ataca confessando Cristo como o Messias e o único Senhor.

Jesus comissiona Simão (v. 19). No v. 19, a expressão "chaves do Reino dos céus" (gr. *tàs kleîdas tēn basiléias tōn ouranōn*) é símbolo da autoridade ilimitada na casa real de Davi (Isaías 22.22) e denota proteção (Apocalipse 1.18). Na literatura rabínica, a expressão "as chaves" era usada para excluir as pessoas da comunhão. Nesse sentido, Pedro (e os crentes como ele) foi aquele que, com sua confissão, abriu os "segredos" (mistérios) do Reino, que ficaram ocultos até a proclamação do evangelho no dia de Pentecoste. O dogma católico romano encontra nesse versículo a base para pretender fazer de Pedro o primeiro papa e para reivindicar a autoridade do sacerdócio de perdoar pecados. Contudo, vale a pena perguntar: a Igreja é a mesma coisa que o Reino dos céus? Para os católicos romanos, sim; para os evangélicos, não. O interessante é que Pedro, de acordo com o Novo Testamento, nunca ocupou um lugar de destaque e no Pentecoste não foi a única testemunha. A ação de "ligar e desligar" está vinculada justamente ao testemunho redentor dos crentes por meio da proclamação do evangelho do Reino (v. João 20.23).

> **Carlos Mraida:** "Diante de um mundo fragmentado e hiperindividualista, o Reino de Deus é impulsionado por sua principal agência, que é a Igreja. A América Latina tem recebido um evangelho individualista e intimista, ao passo que o plano de Deus é a formação, por obra do Espírito Santo, de uma grande família cujos filhos sejam semelhantes a seu Filho. O evangelho individualista que importamos e alimentamos nos faz crer que o avivamento chegará por obra de um grande homem de Deus, um ungido especial, ou por meio de um sistema eclesiástico de crescimento. Essa perspectiva, no entanto, pertence também à visão da antiga aliança, por isso precisamos de uma reforma. No Pentecoste, foi-nos revelado o mistério oculto por muitos séculos: a Igreja. Trata-se de uma comunidade alternativa que não apenas vive o Reino e não só o estabelece manifestando de maneira visível e concreta sua realidade, como também o expande, fazendo que as trevas retrocedam e que as portas do Hades não suportem o avanço da agência desse Reino, que é a Igreja. Só veremos isso acontecer, todavia, se conseguirmos recuperar o caráter comunitário do evangelho e a unidade da Igreja em cada cidade. Porque o Hades não pode prevalecer contra a Igreja, a menos que esta siga dividida, pois toda casa dividida contra si mesma não prospera. Portanto, o que está vindo é uma Igreja que vive, estabelece e expande o Reino de Deus na América Latina!"[8]

SUAS RELAÇÕES (12.14,24,30-50; 19.13-15)

As relações pessoais de Jesus revelam quem ele era, qual era seu ministério e o que ele esperava dessas pessoas. Jesus estabeleceu todos os seus relacionamentos com outros seres humanos com base na horizontalidade de sua condição humana, não da verticalidade de sua natureza divina. As relações de Jesus com os que o rodeavam não vinham de cima para baixo nem obedeciam

---

8. Rumo a uma Igreja que vive, estabelece e expande o Reino de Deus, in: **Bíblia Nova Reforma:** edição de estudos e referência, p. 1410.

a uma escala hierárquica na qual ele ocupava o topo. Pelo contrário, sua atitude servil permitiu-lhe fazer contato físico, falar, olhar, ouvir e compartilhar com os outros no mesmo nível da plena existência humana, mas com todo o poder e a autoridade do céu.

Jesus e seus inimigos (12.14,24,30-45)

Jesus teve de enfrentar inimigos desde o dia de seu nascimento (o rei Herodes, o Grande, tentou matá-lo, 2.1-13), sem falar na oposição que o Diabo lhe fez pouco antes do início de seu ministério (4.1-11). Assim que começou a pregar e a ensinar, especialmente quando as multidões atraídas pelo seu ministério foram aumentando por causa de suas curas e milagres e da autoridade com que ensinava (7.28), ele passou a lidar com uma crescente oposição (9.11). O cap. 12 de Mateus mostra essa oposição em seu ápice, pois seus inimigos "começaram a conspirar sobre como poderiam matar Jesus" (v. 14).

Eles queriam matá-lo (v. 14). A conspiração dos fariseus contra Jesus tornou-se tão séria que seu único objetivo era riscá-lo do mapa, ou seja, "conspirar sobre como poderiam matar Jesus". Tudo que queriam era destruí-lo, por causa das pretensões messiânicas de Jesus e, nesse contexto, por se haver proclamado "Senhor do sábado" (v. 8), o que para eles era uma pretensão excessiva e um sacrilégio. As intenções criminosas desses religiosos hipócritas eram sérias e foram reiteradas diversas vezes. Na verdade, o fato de Jesus ter sobrevivido tanto tempo até chegar sua hora foi porque conseguiu escapar mais de uma vez dos ataques mortais e das armadilhas montadas pelos fariseus. Os piores inimigos de Jesus sempre foram os que abrigavam na mente e no coração a ideia absurda de que, ao liquidá-lo (ou a seus discípulos), suas reivindicações messiânicas seriam anuladas e o movimento inaugurado por ele se dissolveria. De modo geral, os regicidas (assassinos do Rei) eram pessoas de grande zelo religioso. O fanatismo religioso e o fundamentalismo teológico sempre foram os piores inimigos do Rei e do evangelho do Reino.

Eles o acusavam de agir em nome de Belzebu (v. 24). No v. 24, "por Belzebu" significa "com a ajuda de Belzebu". A acusação era absurda e distorcida, porque aparentemente eles eram testemunhas de como Jesus havia libertado o endemoninhado cego e mudo. Na verdade, a reação deles se deu quando viram o espanto do povo e "ouviram" que eles reconheciam Jesus como "Filho de Davi" (v. 23), ou seja, o Messias prometido. As curas e os milagres de Jesus pareciam confirmar essa ideia, mas seus inimigos não estavam dispostos a aceitar provas tão claras, como fazia a multidão assombrada. Incapaz de negar os fatos, sua estratégia era questionar a fonte da autoridade e o poder com o qual as curas e os milagres eram realizados. Por isso, acusaram Jesus de agir em nome ou como representante de Belzebu. No v. 26, Jesus considera Satanás e Belzebu a mesma pessoa.

Eles blasfemavam contra Deus para acusá-lo (v. 30-32). Longe de agir por meio de Belzebu, Jesus atuava "pelo Espírito de Deus" (v. 28). Portanto, a acusação deles transformou-se em "blasfêmia contra o Espírito" (v. 31), o que indicava, por parte de seus inimigos, falta de discernimento espiritual e perversidade moral absolutos. No v. 31, "todo [outro tipo de] pecado" é a melhor tradução. No v. 32, a melhor tradução é "nem neste mundo nem no próximo". Nesses versículos, Jesus revela a lacuna espiritual e espiritual existente entre ele e seus inimigos com palavras solenes que não deixam margem a dúvidas (v. 30). Não há meio-termo: ou a pessoa está com ele ou contra ele; ou com ele "ajunta" (gr. *synágōn*), ou então "espalha" (gr. *skorpízei*) aos quatro ventos. Ambas as ações referem-se a seu Reino e aos frutos produzidos para ele. O chamado "pecado contra o Espírito Santo" não consiste em insultar o Espírito, mas em não crer nele nem em sua ação redentora. Esse pecado não tem perdão, porque Deus não pode perdoar a incredulidade.

Eles o caluniavam com maldade (v. 33-37). O v. 33 é condicional, não imperativo, e prossegue com a ideia do fruto do v. 30. Como bom mestre, Jesus repete uma ideia que já havia mencionado (7.17-19). Ele compara as calúnias de seus inimigos com a língua das cobras. A expressão do v. 34 ("raça de víboras", gr. *gennēmata echidnōn*) é a mesma utilizada por João Batista para se referir aos fariseus e saduceus que assistiam a seus batismos e eram inimigos dele (3.7). No caso dos fariseus do v. 34, a gravidade de sua atitude residia no fato de agirem deliberadamente e assim se colocarem do lado de Satanás, a víbora por excelência (Gênesis 3.1). Dessa forma, provavam ser tão "maus" quanto seu inspirador e instigador. A boca falava com eloquência da maldade que habitava seu coração. O que brota do ser interior é o resultado do que foi armazenado ali. O coração tem uma vertente, que é a boca (gr. *stóma*), da qual brotam (gr. *ekbállei*) coisas boas ou más, dependendo do que foi acumulado (gr. *thēsauroû*) lá dentro. No v. 36, Jesus não está falando de meras palavras ociosas ou inúteis (gr. *chrēma argón*), mas da maneira de falar que exprime o transbordar de um pensamento deliberado e perverso ("do seu mau tesouro", gr. *ek toû ponēroû*). Nossas palavras revelam nossos pensamentos e constituem uma boa base para interpretar o caráter de alguém (v. 37). Aqui encontramos um juízo baseado nas palavras, assim como em 25.31-46 o julgamento está baseado nas ações. Somos moralmente responsáveis por nossas palavras e ações. O v. 37 aparece apenas em Mateus e introduz um novo pensamento.

Eles lhe pediram um sinal milagroso (v. 38-42). Os v. 38-42 dão continuação ao debate com a resposta (gr. *apekríthēsan*) dos mestres da lei e fariseus. De acordo com o argumento deles, se Jesus confirmava o que havia dito e era quem dizia ser, então tinha a obrigação de apresentar um "sinal milagroso" (v. 38). Nenhum dos evangelhos sinópticos se refere aos milagres de Jesus como "sinais milagrosos", só João o faz. O sinal em questão deveria ser algo espetacular e celestial ("um sinal do céu", 16.1). A hipocrisia e o descaramento desses homens eram inacreditáveis, porque depois de acusar Jesus de agir em nome e como agente de Belzebu passaram a exigir um milagre dele, como se todos os feitos anteriores realizados por ele não fossem milagres suficientes e autênticos, ou seja, sinais (gr. *sēmêion*). Jesus recusou-se a desempenhar o papel de milagreiro e contra-atacou acusando seus acusadores de ser uma "geração perversa e adúltera". A frase provém da denúncia profética do Antigo Testamento contra Israel por quebrar o vínculo matrimonial que os ligava ao Senhor (Salmos 73.27; Isaías 57.3-13; 62.5; Ezequiel 23.27; Tiago 4.4; Apocalipse 2.20). Ao mencionar o "sinal do profeta Jonas" (v. 39), Jesus estava afirmando seu papel de redentor. O arrependimento massivo dos ninivitas era o tipo de sinal que Jesus pretendia realizar por meio de sua obra redentora, que incluía a ressurreição (v. 40-42). O propósito do Messias era salvar, não montar um espetáculo religioso. Sua principal tarefa era pregar o Reino, não satisfazer a curiosidade humana.

Eles eram uma geração perversa (v. 43-45). No v. 43, Jesus expressa, por meio de um provérbio bem conhecido, a ideia popular sobre o que acontecia quando um espírito saía por vontade própria (gr. *exelthēi*) de uma pessoa (sem ser expulso). O Senhor não está pretendendo ministrar uma aula de demonologia com essas palavras, mas usando linguagem parabólica para ensinar uma lição fundamental: não importa quanta "purificação" religiosa seja feita, se o coração humano estiver cheio de maldade a situação só irá piorar com o tempo, a menos que haja um arrependimento sincero e uma recepção confiante do Reino de Deus. Os inimigos de Jesus eram uma "geração perversa", porque com um espírito (gr. *pneûma*) ou com sete, eles eram maus (gr. *ponērótera*) de qualquer maneira.

Jesus e sua família (12.46,47)

Esses versículos apresentam a mãe e os irmãos de Jesus, ou seja, a autêntica família carnal do Senhor. Mateus tem pouco interesse no descritivo, e o v. 47, que não aparece nos melhores manuscritos, foi acrescentado por influência de Marcos (Marcos 3.32) e Lucas (Lucas 8.20), a fim de dar mais vida ao contexto das palavras de Jesus. Em Marcos 3.31-35, a menção dos parentes de Jesus pode ser considerada a conclusão do que é dito em 3.20-22, ou seja, a tentativa deles de cuidar de seu estranho filho e irmão. A acusação dos fariseus de que Jesus era um agente de Satanás não foi levada a sério pelos seus discípulos, mas aquelas pessoas, tão mais próximas dele em afeições humanas, como sua mãe e seus irmãos carnais (filhos mais novos de José e Maria), chegaram a pensar que Jesus não estava no seu juízo perfeito (Marcos 3.21). Também é possível que o tenham visto (especialmente sua mãe) tão ocupado, sobrecarregado pela multidão e cansado que queriam que ele voltasse a Nazaré a fim descansar e relaxar um pouco. No entanto, em Mateus o interesse não é tanto mostrar a preocupação deles, e sim apresentar um contraste entre sua família carnal e sua família espiritual, ou seja, a nova comunidade messiânica ou escatológica.

> **K. P. Donfried:** "Sem o textualmente duvidoso v. 47, Mateus diz apenas uma vez que a mãe e os irmãos físicos estão lá fora; além disso, menciona especificamente os 'discípulos' no v. 49 (em contraste com os que estavam 'ao seu redor', de Marcos). Portanto, ainda na própria passagem recai o acento mateano sobre a família escatológica dos discípulos, ao passo que a família física serve mais de catalisador que de contraste. Contudo, Mateus não difere tanto de Marcos na própria passagem quanto no contexto. Toda a cena introdutória está faltando, na qual os parentes de Jesus acreditam que ele esteja fora de si. A omissão é presumivelmente deliberada e pode ser entendida se Mateus

interpretou o 'meus' de Marcos de uma forma que incluía a mãe de Jesus. Na lógica do evangelho de Mateus, a mãe de Jesus concebeu-o virginalmente; sabia, por meio de uma mensagem angélica, que ele salvaria o povo de seus pecados; tinha visto como Deus o protegera contra um rei perverso e como ele traçara uma rota terrestre para seu destino levando-o a Nazaré. Dificilmente então ignoraria a missão dele a ponto de não crer que ele estava em seu juízo perfeito. Portanto, a cena que trata da verdadeira família de Jesus é, no geral, muito mais benigna e se presta muito menos a ser lida como substituição ou rejeição à família física".[9]

Jesus e seus discípulos (12.48-50)

A pergunta de Jesus reforça a ênfase de Mateus na comunidade dos discípulos. Ao pôr seus discípulos no mesmo nível de sua família carnal, Jesus estabeleceu a hierarquia relacional que mantinha com a comunidade de seus seguidores. Note-se que ele respondeu à própria pergunta não só com palavras, mas também com um gesto muito significativo, "estendendo a mão para os discípulos" (gr. *ekteínas tēn cheîra autoû epì toùs mathētas autoû*; lit., "estendendo sua mão em direção a seus discípulos", BA, RVR, BJ). Jesus amava sua mãe e seus irmãos, mas eles não podiam interferir em seu ministério messiânico, quanto mais associar-se involuntariamente a seus oponentes. A verdadeira família de Jesus era composta por aqueles que, tendo recebido sua mensagem e decidido segui-lo com obediência, estavam prontos para proclamar seu Reino e compartilhar sua missão messiânica. No entanto, é preciso entender que para Maria, sua mãe, era muito difícil não se preocupar com o filho, pelo qual ainda se sentia responsável, ao vê-lo tão ocupado a ponto de não ter tempo nem para comer (Marcos 3.20). Fazer a vontade do Pai (v. 50), nesse contexto, talvez signifique aceitar Jesus como Senhor e obedecer a ele em vez de se submeter a uma obediência formal a certos princípios éticos.

Jesus e as crianças (19.13-15)

O contexto desses versículos é muito interessante. Mateus apresenta uma cena que parece ter sido bastante frequente no ministério de Jesus e que estava relacionada com o exercício de seu ministério como Mestre, mas, acima de

---

9. María en el evangelio de Mateo, in: R. E. Brown et al., **María en el Nuevo Testamento**, p. 102.

tudo, com seu papel como Messias. As pessoas já conheciam o poder curativo do toque de suas mãos, mas agora esse toque servia para abençoar as crianças, como Simeão havia feito com ele próprio quando criança (Lucas 2.28). Embora se tratasse apenas de "crianças" (v. 13), é provável que a multidão fosse grande. Os discípulos viram-se obrigados a agir como representantes ou secretários de Jesus e "repreendiam" o povo (gr. *epetímēsan autoîs*). Jesus não lhes pediu que agissem assim, mas eles o fizeram por interpretar de maneira equivocada Jesus, as crianças e o povo. O pior é que pretendiam se estabelecer como mediadores da bênção de Jesus.

Jesus reagiu à atitude abusiva de seus discípulos com duas ordens (os verbos estão no modo imperativo). Primeira: "Deixem vir a mim as crianças". Segunda: "não as impeçam". E fez uma declaração surpreendente: "o Reino dos céus pertence aos que são semelhantes a elas". Foi assim que Jesus abençoou as crianças, os outros componentes fundamentais do novo núcleo familiar de Jesus. O Senhor aproveitou a oportunidade para ensinar a seus discípulos a verdade vital a respeito do caráter dos membros do Reino de Deus. O Reino de Deus pertence aos que são fiéis, receptivos e amigáveis e se preservam das dificuldades, das decepções, do cinismo e do pessimismo predominantes no mundo, ou seja, pessoas que são como crianças em sua inocência e pureza (18.3,4).

> **Martinho Lutero:** "É necessário que se tomem a tempo sérias medidas não só em prol do interesse das crianças, mas também pela preservação de seu estado espiritual e temporal, para que não aconteça mais tarde que, se deixarmos passar a ocasião, tenhamos de abandonar essa obrigação, ainda que a queiramos levar a cabo e, com isso, além dos danos causados, sejamos atormentados para sempre pelo remorso. [...] O próprio Cristo, da maneira que atrai as crianças, com quanta insistência as confia a nós e enaltece os anjos que cuidam delas (Mateus 18.5,10), com isso quer nos mostrar o grande serviço que se presta ao educar bem as crianças e, em contrapartida, quão terrível será sua ira se alguém os escandaliza ou permite que se pervertam".[10]

---

10. **Bíblia Nova Reforma:** edição de estudos e referência, p. 1501, 1446.

UNIDADE CINCO

AS PARÁBOLAS DE JESUS

Uma das observações mais interessantes sobre o ministério de Jesus é registrada por Mateus em 13.3 (v. Marcos 4.2): "Jesus falou muitas coisas por parábolas, dizendo: [...]". O ministério de ensino de Jesus foi marcado profundamente pelo uso desse meio de comunicação do evangelho, que são as parábolas. De todos os recursos com que contava para dar a conhecer seu ensino sobre o Reino de Deus, o Mestre escolheu a narração de parábolas como a mais eficaz. De fato, as parábolas de Jesus compreendem cerca de um terço de seu ensino registrado nos evangelhos.

As parábolas de Jesus são bem conhecidas e apreciadas. Não se passa um dia sem que as citemos, mesmo de forma inconsciente. As expressões, frases e palavras das parábolas estão integradas ao vocabulário cotidiano, mesmo na boca de quem nunca as leu. No entanto, a familiaridade verbal ou a lembrança delas não significa que as entendemos bem ou que não as forcemos a ensinar lições que elas não ensinam.

Jesus usou as parábolas como um recurso fundamental para ensinar o evangelho do Reino, que ele nos ordenou proclamar ao mundo. Se o evangelho do Reino deve ser entendido à luz do ensinamento de Jesus nas parábolas, então é preciso que as interpretemos corretamente. Isso não é tão fácil quanto parece. As histórias são tão simples e as imagens tão vívidas que parece não haver complicação alguma na hora de interpretá-las. Nada poderia estar mais longe da verdade. A questão se complica quando nos propomos a encontrar o ensino de Jesus sobre o Reino por trás das parábolas, ou seja, quando tentamos identificar o ensino sobre o Reino que ele tinha em mente ao contar essas histórias pela primeira vez. Saber isso é fundamental para se chegar a uma compreensão clara do Reino de Deus e de suas implicações, conforme Jesus o concebia.

Além disso, como se irá sugerir mais adiante, é bem provável que pregadores e mestres tenham acrescentado as próprias interpretações às histórias simples de Jesus e que essas interpretações tenham sido "coladas" ou "infiltradas" nos materiais escritos registrados nos evangelhos sinópticos, especialmente em Mateus. Claro que não podemos provar de forma convincente que as coisas aconteceram assim. No entanto, a suspeita de que foi isso o que provavelmente aconteceu leva-nos a dizer com prudência que algo "é provável" ou "não é provável" e a manter certa cautela, especialmente ao interpretar uma parábola. Por exemplo, nos casos em que os evangelhos oferecem mais de uma interpretação para a mesma parábola, isso não prova que uma seja a original contada por Jesus e a outra não. É possível que o próprio Jesus tenha utilizado a mesma parábola de maneiras diferentes, conforme o público que tinha diante de si ou as circunstâncias em que vivia. Em todo caso, é uma das questões que temos de levar em conta ao interpretar uma parábola.

Seja como for, como se pode perceber, a interpretação das parábolas não é tão simples quanto parece à primeira vista. E, para entender o que elas estão ensinando com relação ao Reino de Deus e consequentemente conhecer bem o evangelho que proclamamos, é necessário que se faça uma interpretação correta dessas histórias. Para isso, algumas perguntas básicas são necessárias. Fazer essas perguntas e tentar dar uma resposta a elas é importante para aproveitar melhor o material desta unidade de nosso comentário.

A primeira pergunta — e a mais importante — é: o que são as parábolas? A humanidade sempre reconheceu a riqueza e o valor das parábolas de Jesus. Os pensadores mais notáveis reconhecem a sabedoria prática dos ensinos que Jesus ministrou por meio de suas parábolas.

> **David Wenham:** "O fato de Jesus ter ensinado tão pictoricamente por meio de histórias e ditos que refletiam a vida palestina do século I diz muito sobre o tipo de pessoa que ele era. Jesus não era um teólogo numa torre de marfim a expor teorias abstratas e incompreensíveis. Ele era alguém com os pés firmados no chão, capaz de falar às pessoas comuns em termos comuns.

> A doutrina cristã da encarnação é que Deus se tornou humano em Jesus. Com base no ensinamento parabólico de Jesus, é evidente que ele não era simplesmente um ser humano, mas um homem que sentia e se identificava com o mundo e com a situação de seus contemporâneos de uma forma nem sempre característica dos líderes religiosos. Isso tem um significado teológico: a encarnação não foi uma simples questão de identificação, mas também de comunicação. As parábolas de Jesus revelam-no como um grande comunicador".[1]

As parábolas são como raios de luz que iluminam conceitos abstratos e chamam a atenção para realidades profundas sobre o relacionamento entre Deus e os seres humanos. Nesse sentido, nossa abordagem a essas histórias simples contadas por Jesus poderá nos levar a descobrir o que Deus quer que saibamos, a fim de vivermos mais sincera e intensamente nosso relacionamento com ele. Dessa forma, por meio de suas parábolas, Jesus continua a nos ministrar ensinamentos sobre questões que não mudam, mas que têm grande poder de nos fazer mudar. As parábolas falam de forma eloquente dos fracassos e sucessos humanos de todos os dias, de nossos medos e esperanças, do amor e do poder que Deus nos concedeu para vivermos como ele quer que vivamos. Em suma, as parábolas são o ensino mais eloquente de Jesus sobre o Reino de Deus e sua apresentação mais convincente.

Há várias abordagens possíveis quando se trata de definir uma parábola. E uma definição simples é que se trata de uma história terrena com um significado celestial. É a definição mais tradicional, pois encerra as duas dimensões que toda parábola contém: o transcendente e o imanente; o divino e o humano; o eterno e o temporal. Numa definição mais complexa, pode-se dizer que a parábola é uma "comparação extraída da natureza ou da vida cotidiana, com o propósito de iluminar alguma verdade espiritual, sobre o fundamento de que o que é válido numa esfera também vale na outra".[2] Essa definição qualifica as dimensões nas quais a vida humana se desdobra: a natural e a espiritual. Ambas são muito importantes e estão relacionadas. Não se pode separá-las, embora a dimensão natural dependa da espiritual, que a transcende.

---

1. **The Parables of Jesus:** Pictures of Revolution, p. 13.
2. A. M. HUNTER, **Interpreting the Parables**, p. 8.

Uma definição instrumental seria dizer que a parábola é uma forma de ensinar. Quase todo método de ensino consiste em comparar o desconhecido com o conhecido, o estranho com o familiar. Na vida cotidiana, costumamos explicar tudo por meio de comparações. Isso era exatamente o que Jesus fazia quando falava do Reino de Deus: "O Reino dos céus é como [...]". Ele foi um grande mestre, e seu método de ensino ainda é de uma validade extraordinária.

Uma definição etimológica nos leva à língua grega, na qual o vocábulo *parabolē* significa "comparação" ou "analogia". Nossa palavra "parábola" vem do grego por meio do latim (*parabola*). A palavra grega é composta de um prefixo, *pará*, que significa "próximo a", e de um verbo, *bállō*, que significa "lançar" ou "colocar". Ou seja, seu significado seria "colocar uma coisa ao lado da outra para fazer uma comparação". Como essa comparação é feita por meio da fala, a ideia de falar passou pelo italiano e o francês para terminar no inglês como *parole* ("palavra dada"), *parlance* ("modo de falar") ou mesmo *parlor* ("sala de estar", onde as pessoas conversam). Outras derivações semelhantes são "parla", "parlante", "parlamento" etc., em espanhol. Entretanto, a ideia de uma comparação foi fixada na palavra "parábola" como a usamos hoje.

Uma definição histórica remonta aos antecedentes das parábolas de Jesus, que devem ser buscados no Antigo Testamento. Ali encontramos a palavra *mashal* (Números 23.7; Jó 27.1; 29.1) aplicada à profecia de Balaão e aos discursos de Jó. O texto de Ezequiel 17.21-24 assemelha-se muito às parábolas de Jesus. Em Ezequiel 24.3-8, encontramos o caso de uma parábola encenada ou dramatizada, muito semelhante à maldição contra a figueira estéril, de Marcos 11.12-14.

Uma definição literária nos permitiria ver o germe da parábola em alguns gêneros literários antigos, como provérbios ou ditos de sabedoria. No uso oriental, não se faz distinção entre um provérbio e uma parábola. Por exemplo, a palavra hebraica *mashal* (derivada do verbo "ser como") engloba uma variedade de significados. Pode ser um ditado figurativo: "Tal mãe, tal filha" (Ezequiel 16.44). Também pode ser um provérbio propriamente dito: "Saul também está entre os profetas?" (1Samuel 10.11). Também pode ser uma parábola, como a que Natã contou a Davi (2Samuel 12.1-4); ou uma alegoria, como a da vinha, em Isaías 5.1-7; ou uma previsão apocalíptica, como as "parábolas" ou "similitudes" encontradas no livro apócrifo de *Enoque*. Por fim, na

Septuaginta (*LXX*) a palavra hebraica *mashal* é traduzida por "parábola" (gr. *parabolē*) e abarca todos os significados ou expressões mencionados, sejam os ditos mais simples ou as histórias mais elaboradas.

No Novo Testamento, que segue o uso da *LXX*, são considerados parábolas provérbios como: "Médico, cura-te a ti mesmo!" (Lucas 4.23); ou histórias mais extensas, como a parábola dos talentos (Mateus 25.14-30). Assim, em seu cerne ou em sua expressão mais essencial e mínima, a parábola é um dito figurativo. Às vezes, também é expressa como uma comparação: "Sejam astutos como as serpentes" (Mateus 10.16); ou como uma metáfora: "tenham cuidado com o fermento dos fariseus e dos saduceus" (Mateus 16.6).

> **C. H. Dodd:** "[As parábolas] são a expressão natural de uma mente que vê a verdade em imagens concretas em vez de concebida em abstrações. [...] Em sua expressão mais simples, a parábola é uma metáfora ou um símile que se extrai da natureza ou do cotidiano, atrai o ouvinte por sua vivacidade ou encanto e deixa a mente duvidosa o bastante quanto à sua aplicação precisa, como para incentivá-la a um pensamento ativo".[3]

Em Mateus 13.10,11, vemos os discípulos aproximando-se de Jesus com uma questão interessante: "Por que falas ao povo por parábolas?". Sem dúvida, Jesus não utilizava esse método de comunicação do evangelho do Reino de maneira casual. As parábolas provaram-se mais efetivas para dar a conhecer ao povo o evangelho do Reino que ele proclamava. Nesta parte de nosso comentário, tentaremos descobrir o propósito original das parábolas no ministério de Jesus na visão de Mateus. Isso nos ajudará a obter uma apreciação mais acurada dos meios escolhidos pelo Senhor para comunicar sua mensagem. Ao mesmo tempo, tentaremos agrupá-las por temas, a fim de entender melhor o evangelho do Reino. Isso nos ajudará a tirar conclusões teológicas fundamentais, que serão de muito valor para nosso conhecimento de quem é Deus e de seu propósito redentor para a humanidade.

Há várias formas de organizar as muitas parábolas registradas no evangelho de Mateus para extrair delas sua riqueza de significado. Alguns autores reconhecem as dificuldades de encontrar diretrizes para classificar as parábolas,

---

3. **The Parables of the Kingdom**, p. 16.

especialmente quando se trata de lhes dar certa sistematização teológica. Há quem prefira limitar-se a ordená-las seguindo uma suposta sequência cronológica e vinculando o ensino a uma situação histórica em particular.[4] Joachim Jeremias propõe dez grupos relacionados com a mensagem e com o significado das parábolas: 1) hoje é o dia da salvação; 2) a misericórdia de Deus para com os pecadores; 3) a grande segurança; 4) a iminência da catástrofe; 5) pode ser tarde demais; 6) o desafio do momento; 7) discipulado realizado; 8) o caminho doloroso e a exaltação do Filho do homem; 9) a consumação; 10) ações parabólicas.[5]

Para os propósitos deste comentário sobre o evangelho de Mateus, dividimos as parábolas em três grupos, que julgamos os mais abrangentes e adequados: 1) parábolas sobre a vinda do Reino; 2) parábolas sobre a expansão do Reino; 3) parábolas sobre a crise do Reino.[6] Ao pensar a respeito de Jesus e suas parábolas e em como ele as utiliza, percebemos a importância de sua mensagem essencial sobre o Reino de Deus, que ele representava. Os v. 34 e 35 não estão querendo dizer que Jesus falou em parábolas apenas para cumprir as profecias. "Assim se cumpriu" seria uma boa tradução. As parábolas são ditos enigmáticos ou de difícil interpretação, o que corrobora a ideia de que nesse evangelho significam mais que uma simples ilustração ou história para entreter o povo.

---

4. V. Hugh MARTIN, **The Parables of the Gospels and their Meaning for Today**, p. 43-44.
5. **The Parables of Jesus**, p. 115-229.
6. Nessa forma de agrupar as parábolas, estaremos em parte seguindo A. M. HUNTER, **Interpreting the Parables**.

CAPÍTULO 12

A VINDA DO REINO

9.16,17; 12.25-29,43-45; 13.1-33,36-43,47-50

A vinda do Reino de Deus era o tema central dos ensinos de Jesus. Muitas de suas parábolas começam com a frase: "O Reino dos céus é como [...]". Portanto, se alguém quiser entender os ensinos de Jesus como um todo e particularmente com relação a seu Reino, é preciso atentar para o que as parábolas do Reino ensinam e de que maneira se aplicam à nossa realidade hoje.

De acordo com A. M. Hunter, a verdadeira estrutura das parábolas é o ministério de Jesus, entendido como o grande ato escatológico de Deus, no qual ele visitou e redimiu seu povo.[1] Essa afirmação merece uma reflexão mais atenta. A palavra "escatologia" vem do grego *skatós*, que indica o mais distante ou o último (final). Em seu uso tradicional, designa o estudo da doutrina das últimas coisas, do que acontecerá no final dos tempos e, em particular, por ocasião da segunda vinda de Cristo. Também inclui a ressurreição dos mortos, a imortalidade da alma, o julgamento final, o céu e o inferno.

De acordo com a *Declaração de Jarabacoa*, "a expectativa escatológica da Igreja torna relativo todo sistema econômico e toda forma de governo, pois qualquer sociedade, por muito que supere a que a precedeu, não é a pátria definitiva que os cristãos almejam: é apenas uma pátria temporal, até que venha em plenitude o Reino de Deus".[2] Portanto, a escatologia está relacionada com uma visão do futuro que determina as responsabilidades e ações do presente, particularmente com respeito à expansão do Reino de Deus.

---

1. **Interpreting the Parables**, p. 39.
2. Apud Pablo A. DEIROS (Org.), **Los evangélicos y el poder político en América Latina**, p. 349.

A escatologia é um dos temas mais importantes relacionados com a missão da Igreja de proclamar o evangelho do Reino de Deus. Esse Reino (gr. *basiléia*; aram. *malkutha*) não é outra coisa senão o governo ou o reinado de Deus. Como tal, o Reino de Deus é uma entidade escatológica, uma vez que o objetivo para o qual se move corresponde ao propósito eterno de Deus, cujo cumprimento definitivo está no futuro. Do futuro, porém, dá sentido a todos os acontecimentos históricos.

> **A. M. Hunter:** "No pensamento judaico, o Reino de Deus é a grande esperança do futuro. É outro nome para o bom tempo que virá, a era messiânica, e é essencialmente 'a semente de Deus, não a ação do homem'. Desse modo, ao ler os evangelhos, devemos pensar no Reino não como uma disposição moral do coração do ser humano ou como uma sociedade utópica a ser construída por esforço próprio, mas como a intervenção decisiva do Deus vivo no cenário da história humana para a salvação do ser humano. Esse é o primeiro ponto. O segundo é este: o cerne da mensagem de Jesus era que essa intervenção real de Deus nos assuntos humanos não era mais uma esperança brilhante no horizonte distante da História, e sim um *fait accompli*. A hora marcada havia chegado, disse Jesus. O Reino havia chegado e estava invadindo a História".[3]

A dimensão escatológica está diretamente ligada à nossa tarefa de proclamar o evangelho do Reino de Deus em três níveis. Em primeiro lugar, a proclamação do evangelho é a resposta de Deus ao fato de que o ser humano afastado de Cristo está destinado a passar a eternidade no inferno, separado de Deus. O compromisso pessoal do cristão com a proclamação do evangelho é sinal de que ele leva a sério tanto o desejo redentor de Deus pela humanidade quanto o fato de esta estar perdida e longe de Cristo. Em segundo lugar, a certeza do retorno iminente de Cristo e sua vitória definitiva sobre as forças do mal enchem os crentes de esperança. Isso lhes permite perseverar no próprio crescimento e amadurecimento como seguidores de Cristo e encoraja a Igreja ao lhe proporcionar segurança com a convicção de que ela é a noiva de Cristo e que há um casamento à espera. A esperança escatológica também

---

3. **Interpreting the Parables**, p. 39-40.

motiva os crentes a denunciar e a resistir ao reino das trevas. A agonia dos que estão a caminho de uma eternidade sem Cristo leva os cristãos a rogar-lhes: "Reconciliem-se com Deus", como diz Paulo (2Coríntios 5.18). Em terceiro lugar, a vinda iminente de Cristo motiva os crentes a agir como preservadores num mundo perdido. Essa obra de preservação não se realiza na esperança de que entre na eternidade o que foi construído e conservado, mas como expressão antecipada do que a eternidade trará consigo após o velho ter passado e o novo florescido, conforme a promessa de Deus.

As parábolas do Reino sintetizam essas ideias de modo magistral. Desvendar esses ditos e histórias de Jesus, conforme registrado por Mateus, ajudam-nos a entender a essência do Reino conforme entendido pelo Senhor. Com alguma imaginação histórica e certa abertura para o trabalho iluminador do Espírito Santo, tentaremos reviver a crise suprema e dramática pela qual Deus visitou seu povo, Israel, com bênção e juízo por meio do ministério de Jesus, e pela qual o Novo Israel, que é a Igreja, foi inserido na História.

A REALIDADE DO REINO (9.16,17)

Jesus começou seu ministério na Galileia declarando que a humanidade estava prestes a viver uma hora decisiva na História. Segundo ele, "o Reino dos céus está próximo" (Mateus 4.17; v. Marcos 1.15). Algo novo estava chegando (o Reino de Deus), e ele o estava manifestando. A grandiosa profecia de Isaías 52.7 estava se tornando realidade (v. Daniel 2.44). A era do Reino de Deus, que os profetas e reis ansiavam testemunhar, estava começando. Dirigindo-se a seus discípulos, Jesus fez questão de lhes mostrar a relevância do momento que iriam vivenciar: "[...] felizes são os olhos de vocês, porque veem; e os ouvidos de vocês, porque ouvem. Pois eu digo a verdade: Muitos profetas e justos desejaram ver o que vocês estão vendo, mas não viram, e ouvir o que vocês estão ouvindo, mas não ouviram" (Mateus 13.16,17; v. Lucas 10.23,24). Ou seja, o verão da salvação de Deus estava próximo (Mateus 24.32; v. Marcos 13.28,29). Sua colheita já estava em andamento (Mateus 9.37; Lucas 10.2).

As parábolas

É sobre essa situação que as duas primeiras parábolas que mencionamos de Mateus constituem um comentário. Ambas as parábolas falam do contraste entre o antigo e o novo. A roupa velha e a vasilha de couro velha representam o primeiro, enquanto o pano novo e o vinho novo representam o último. Com essas ilustrações claras e conhecidas da vida cotidiana, Jesus está chamando a atenção para uma realidade já presente. Uma nova era sempre provoca temor quanto ao futuro (medo do desconhecido), e é fácil querer acomodar o novo ao antigo, já que o antigo proporciona sempre mais segurança. Então, para os que pensavam assim, Jesus contou as parábolas do pano novo em roupa velha e do vinho novo em odres velhos (Mateus 9.16,17; v. Marcos 2.21,22).

De acordo com Jesus, a tentativa de misturar ou combinar o antigo com o novo nunca funciona. Essa acomodação é inútil e perigosa, como bem ilustram as duas parábolas. As imagens foram extraídas da experiência cotidiana, que os ouvintes de Jesus conheciam muito bem. Em suma, você não pode colocar um remendo novo sobre um pano velho, assim como não pode colocar vinho novo em odres velhos. Em ambos os casos, o resultado é o mesmo: o antigo não resiste à presença do novo, e a perda é dupla, porque o antigo é arruinado e o novo se estraga.

Seu significado

O significado dessas breves parábolas é claro. Jesus está apresentando a novidade radical (ou seja, algo "novo desde as raízes") do evangelho do Reino que ele prega. A vestimenta antiga do judaísmo não pode sustentar um remendo, nem suas vasilhas desgastadas podem conter o vinho da nova ordem de Deus. Não se pode misturar a graça do evangelho com o legalismo do judaísmo. Em essência, aqui está a novidade do evangelho.

> **Francis L. Filas:** "A Lei mosaica veio na verdade de Deus e cumpriu seu propósito pelo tempo que deveria durar. No entanto, agora foi superada pela nova aliança cristã entre Deus e o ser humano. Jesus sugere delicadamente que as duas alianças são tão díspares que, embora a segunda seja construída sobre a primeira, elas não podem ser misturadas sem destruir o bem que existe em cada uma delas. Você não pode ser cristão e judeu ao mesmo tempo. O novo deve substituir completamente o antigo, e só isso pode cumprir as promessas e a preparação do antigo".[4]

---

4. **The Parables of Jesus:** A Popular Explanation, p. 138.

Em qualquer caso, é importante ter em mente que a novidade do Reino deve ser digerida pouco a pouco. Essa parece ser a ênfase com a qual Lucas encerra sua versão da parábola dos odres. "E ninguém, depois de beber o vinho velho, prefere o novo, pois diz: 'O vinho velho é melhor!' " (Lucas 5.39). Essas palavras parecem ser uma afirmação de Jesus que ilustra sua compreensão a respeito das dificuldades enfrentadas pelos judeus sinceros para abandonar a Lei, que Israel havia seguido ao longo de muitos séculos e acatara como a lei de Deus. Os próprios discípulos tiveram de lidar com sua aliança fiel ao judaísmo e aprender pouco a pouco a aceitar sua nova condição de cidadãos do Novo Israel, que é a Igreja.

No entanto, convém lembrar que no processo de transição entre o antigo e o novo é necessário o exercício da paciência e da perseverança. A rejeição radical ao antigo não significa que o novo terá uma apropriação adequada. Ambos os processos devem ocorrer de maneira simultânea e gradual. Quando alguém, no tratamento de uma doença, precisa de uma transfusão de sangue, os médicos não extraem todo o sangue velho antes de injetar o novo. Ambos os processos precisam ser realizados ao mesmo tempo, do contrário o paciente morrerá. No Reino de Deus, as coisas funcionam da mesma forma.

OS INIMIGOS DO REINO (12.25-29,43-45)

O Reino de Deus não virá sem que sofra oposição e resistência por parte dos que não estão dispostos a se submeter ao Rei dos reis. A criatura rebelde persiste em sua ambição absurda de querer ser como o Criador e fazer o que bem deseja com a vida que recebeu de Deus e com a vida dos outros. Isso se aplica a Satanás e seus demônios, mas também é a realidade dos seres humanos, que com seu pecado e sua aliança com o mundo, a carne e o Diabo se rebelam contra Deus. Não é estranho, portanto, que, ao iniciar sua proclamação do evangelho do Reino e torná-lo manifesto por meio de seus milagres e ações de poder, Jesus tenha enfrentado todos esses adversários do Reino. Depois de Satanás, vieram os homens controlados pelo espírito da religião e do legalismo (os fariseus) que acompanhavam o ministério de Jesus com tal oposição que muitas vezes se mostrava feroz.

O Reino de Deus estava chegando com Jesus, porém ao mesmo tempo criando uma situação de conflito. A presença do Reino de Deus em Jesus fez que as forças de resistência e da subversão contra seu domínio se eriçassem e adquirissem uma virulência nunca vista. A realidade desse conflito cósmico, posta em evidência pelos ataques de Satanás, mas especialmente pela oposição persistente dos fariseus e de outros líderes religiosos judeus, chama nossa atenção para os inimigos do Reino e suscita a questão: contra quem o Reino está chegando?

Desde os dias de Ernest Renan (1823-1892), escritor francês cujas obras expõem sua fé na ciência e suas convicções racionalistas, autor da conhecida obra *Vida de Jesus*, tendemos a pensar no ministério de Jesus na Galileia como um período tranquilo de pregação e ensino. Jesus é representado como um mestre de grandes verdades morais e espirituais, que conseguia atrair a admiração de todos sem causar maiores conflitos. Ao contemplar esse quadro de placidez, contrastamos essa fase do ministério de Jesus com suas últimas semanas de vida, quando ele estava a caminho de Jerusalém e da Paixão. Mas na realidade seu ministério na Galileia não foi assim: estava mais para uma campanha militar. Seu ensino e sua ministração eram um verdadeiro combate espiritual contra os poderes do mal e contra oponentes de todos os tipos.

A declaração que melhor cristaliza esse aspecto combativo do ministério de Jesus foi feita por ocasião da controvérsia sobre Belzebu: "Mas, se é pelo Espírito de Deus que eu expulso demônios, então chegou a vocês o Reino de Deus" (Mateus 12.28; v. Lucas 11.20). De acordo com Jesus, a evidência mais marcante da realidade da irrupção do Reino na História foi justamente o fato de ele ter posto em retirada os agentes do reino das trevas, a fim de libertar os oprimidos do Diabo e oferecer a oportunidade de participação no Reino de Deus. O ministério de Jesus consistia basicamente em ataques contra o domínio de Satanás para libertar os seres humanos do poder do mal.

> **George E. Ladd:** "O Reino de Deus no ensino de Jesus tem uma dupla manifestação: no final do século para destruir Satanás, e na missão de Cristo para amarrá-lo. [...] De alguma forma além da compreensão humana, Jesus lutou contra os poderes do mal e obteve a vitória sobre eles, para que no final do século tais poderes pudessem ser por fim e para sempre quebrantados".[5]

---
5. **A Theology of the New Testament**, p. 66-67.

É nesse cenário de conflito ou de guerra espiritual que devemos entender as parábolas do reino dividido e do "homem forte", de Mateus 12.25-29 (cf. Marcos 3.23-27; Lucas 11.21,22). Note-se que ambos os casos envolvem conflitos de poder, ou seja, essas parábolas ilustram um estado de verdadeira guerra espiritual, não uma situação hipotética ou imaginária, típica de uma visão de mundo pré-científica ou animista. Para Jesus, os demônios eram entidades reais e o reino das trevas não era uma estrutura abstrata, e sim um sistema bem concreto do mal. Isso se torna ainda mais dramático no caso da parábola da casa vazia (12.43-45).

Um reino dividido (12.25-28)

A parábola do reino dividido expressa a campanha na qual Jesus não só proclamou a presença do Reino, como também as ações pelas quais em seu nome libertou homens e mulheres de demônios e doenças. Isso lhe acarretou a acusação de estar mancomunado com os poderes das trevas. Nessa parábola, Jesus está dizendo: "Mancomunado com meu inimigo, vocês dizem? Mas o cão não pode comer outro cão". Jesus não podia ser parceiro de Satanás, porque um reino dividido está condenado à extinção. Além disso, embora Mateus não o diga diretamente, pode-se especular que o mesmo princípio de contradição se aplica à obra de Jesus como expressão do poder de Deus. Vejamos.

Deus contra Deus (v. 25). Note-se que Mateus observa que Jesus conhecia "os seus pensamentos", ou seja, sabia o que a mente deles estava maquinando. Mateus introduz essa discussão ressaltando de início a habilidade sobrenatural de Jesus no exercício de dois dons do Espírito Santo: palavra de conhecimento ou da ciência (1Coríntios 12.8) e discernimento de espíritos (1Coríntios 12.10). Por esse motivo, Jesus era para eles um inimigo difícil de enfrentar, porque sempre se antecipava a eles e parecia ter as respostas preparadas com antecedência. Operava em Jesus e por meio dele um poder que ultrapassava as melhores habilidades deles em preparar armadilhas ou engendrar falsas acusações. Era evidente que o próprio Deus estava operando por meio de Jesus e que este nunca fizera nada contrário à vontade do Pai. Havia coerência nas ações libertadoras do Messias.

> **Gregory A. Boyd:** "Deus não estava em conflito consigo mesmo quando Jesus repreendeu os demônios. Jesus estava executando a vontade do Pai ao expulsar os demônios que supostamente estavam presentes na vida de uma pessoa porque Deus assim o desejou. Jesus afirmou que não poderia expulsar demônios por meio de Satanás, o príncipe dos demônios, porque um reino não pode estar dividido contra si mesmo (Mateus 12.25-28). A mesma lógica leva à conclusão de que Jesus não poderia expulsar demônios pelo poder de Deus se os próprios demônios estivessem ali presentes pela vontade de Deus. O Reino de Deus, assim como o reino de Satanás, não pode estar dividido contra si mesmo".[6]

Além disso, Jesus disse: "Todo reino dividido contra si mesmo será arruinado". E, ao dizer isso, pensava especificamente nos pensamentos perversos de seus acusadores, que o associavam com Belzebu. No entanto, o princípio do reino dividido e da cidade ou da casa dividida é aplicável também ao Reino de Deus, à cidade de Deus e à família de Deus. Jesus foi claro ao mencionar "todo reino" (gr. *pâsa basiléia*) e "toda cidade ou casa" (gr. *pâsa pólis ē oikía*). Observe-se a ênfase em "todo(a)" (gr. *pāsa*; sem o artigo, como nesse caso, significa "cada", "cada um", "todo tipo de", "tudo"). Isso também permite que o Reino de Deus seja incluído nesse princípio. Não é preciso regredir muito na história do testemunho cristão para encontrar numerosos exemplos do fracasso da Igreja em cumprir sua missão no mundo. As divisões no Reino de Deus também são letais.

Satanás contra Satanás (v. 26-28). O argumento de Jesus levanta a ideia absurda de Satanás lutando contra Satanás, ou seja, o reino das trevas contra o reino das trevas. E esse seria o caso se a acusação dos fariseus tivesse alguma lógica. Mas, como Jesus acertadamente argumenta, tal possibilidade é contraditória, porque a expulsão de demônios de uma pessoa é uma boa ação e uma bênção para quem é contemplado por ela, e Satanás não pode fazer o bem nem abençoar pessoa alguma. A única coisa que ele e suas hostes sabem fazer é "roubar, matar e destruir" (João 10.10a). Nesse caso em particular, até mesmo uma criança entenderia que Satanás não pode expulsar Satanás.

---

6. **Satan and the Problem of Evil:** Constructing a Trinitarian Warfare Theodicy, p. 400.

Ninguém pode exercer autoridade e poder contra si mesmo. Como diz o ditado: "Pão com pão é comida de tontos".

Além disso, Jesus contra-ataca os fariseus com o mesmo argumento usado por eles: "por quem os expulsam os filhos de vocês?". Ele tinha uma resposta positiva à pergunta deles: "É pelo Espírito de Deus que eu expulso demônios". Os fariseus não tinham a mesma convicção para retrucar Jesus. Um reino firme, coerente e unido estava se instalando por meio de Jesus, enquanto o reino religioso, dividido e instável dos fariseus estava desmoronando. Assim, por meio de parábolas, que expressavam situações diversas, sarcasmo, questões retóricas e uma lógica implacável, Jesus demoliu a hipocrisia rasa de seus oponentes e a futilidade de seus argumentos.

O "homem forte" (12.29)

A parábola do homem forte (gr. *ischyroû*, de *ischyrós*, "forte", "vigoroso", "poderoso"; a palavra "homem" não aparece no original: a expressão seria "a casa do forte") exprime uma verdade muito semelhante à de Isaías 49.24,25. Nessa parábola, Jesus está dizendo: "Minhas obras de libertação mostram que sou o dominador do Diabo. Os cativos do homem forte são resgatados, e os despojos são tomados do tirano". Jesus também é Senhor do Diabo e o único que pode subjugá-lo e nos libertar da escravidão e da opressão.

> **Ed Murphy:** "Nos relatos do evangelho, tanto Satanás quanto os demônios declaram aberta e constantemente que Jesus é o Cristo, o Santo de Deus e até mesmo o Filho do Altíssimo. Essa invasão inicial pôs em alerta o inimigo, como sempre acontece quando um ataque está para acontecer, talvez o motivo da oposição mais clara e intensa do Diabo e dos demônios contra o Reino de Deus em toda a História. Isso, por si só, explicaria por que uma parte tão grande do ministério de Jesus esteve ligada ao confronto pessoal direto com o mundo espiritual e, em particular, com os agentes malignos de Satanás, os demônios".[7]

Ele já derrotou Satanás, que está por trás de todo mal e de todas as aflições humanas (1João 3.8,12; 4.3), e graças à sua vitória nós também podemos

---

7. **Manual de guerra espiritual**, p. 337.

vencer o Maligno (1João 2.13,14) e viver livres do pecado (1João 3.6,9; 5.18). Nesse combate, não devemos admitir nada além da vitória e da destruição de nosso inimigo (Hebreus 2.14,15). Mas, antes que as cadeias da morte e do pecado possam ser quebradas, o "homem forte" que nos tiranizava com elas deve ser "amarrado" (gr. *dēsēi*, aoristo de *déō*, "atar", "sujeitar"), ou seja, limitado em sua capacidade de operar. Antes de libertar os que estão aprisionados em seu reino, ele precisa ser subjugado. Foi precisamente isso o que a morte de Cristo alcançou. Em termos joaninos, podemos dizer que a cruz "expulsou" o "príncipe deste mundo" (João 12.31) e o condenou (João 16.11). Para todos os que acreditam nessa verdade e recebem a libertação, o resultado é a liberdade.

Uma casa vazia (12.43-45)

A parábola da casa vazia pertence a essa fase combativa do ministério de Jesus (Mateus 12.43-45; v. Lucas 11.24-26). Mesmo libertada de um espírito maligno, a pessoa não poderá se sentir segura até que Deus ocupe o lar (gr. *oikós*) de sua vida. A parábola pode estar apresentando uma de três possíveis verdades importantes. Primeira: Jesus adverte um ex-endemoninhado de não dar lugar ao Diabo em sua vida para não cair outra vez. Segunda: Jesus adverte uma pessoa perdoada de seu pecado de viver em santidade e não se conformar com o fato de ter sido perdoada. Terceira: Jesus adverte seu povo, para quem o Reino de Deus "chegou" (Lucas 11.20), de que torne sua libertação em bênção e esteja pronto para segui-lo e se submeter a seu senhorio.

Essa parábola também nos adverte de que a graça não acompanha o vazio espiritual. Na dimensão espiritual, há dois poderes que competem para ocupar a interioridade do ser humano e controlar sua vontade: o poder da luz e o poder das trevas. Enquanto a casa estiver controlada pelo segundo, o primeiro não poderá mostrar toda a sua capacidade de tornar humana a vida humana. Quando a casa é liberta do ocupante que veio para "roubar, matar e destruir" (João 10.10), deve ser totalmente ocupada por aquele que veio "para que tenham vida e a tenham plenamente". A casa liberta do poder demoníaco deve ser preenchida com o poder expansivo de uma nova afeição, ou seja, de todo o amor de Deus.

A vinda do Reino

O PROPÓSITO DO REINO (13.1-23)

Se o Reino de Deus é uma realidade que se torna evidente por meio da pessoa e da obra de Jesus, qual é o significado de tudo isso? Em suma, por que o Reino de Deus vem a nós? Há momentos em que todo esforço a favor do Reino parece vão, que não há progresso nem se chega a lugar algum. O Reino está indo numa direção determinada? É bem provável que os discípulos de Jesus tivessem essas perguntas em mente. E Jesus responde com a mais famosa das parábolas sobre a expansão do Reino: a parábola do semeador (Mateus 13.1-23; Marcos 4.3-8).

A parábola do semeador: a história (13.1-9)

Sete parábolas do Reino ocupam quase todo o capítulo (v. 1-52). A característica mais importante de Mateus é que, à diferença dos outros evangelistas, ele esclarece, com as palavras de Jesus registradas nos v. 10-15, que ele deliberadamente adotou o método de ensino por parábolas. Alguns estudiosos preferem dizer que toda essa seção é uma invenção de Mateus e Marcos e que as parábolas de nosso Senhor deveriam ser entendidas em seu sentido mais simples.

Uma história complexa. Está claro nesse capítulo que as parábolas do Reino não são ilustrações gerais de verdades espirituais e morais fáceis de entender. De fato, algumas são complexas e exigem interpretação. Se a frase "Jesus saiu de casa" (v. 1) é genuína, como parece provável, pode ser evidência de que aquele a quem a casa pertencia, talvez o próprio Mateus, seja o autor do relato. De acordo com o v. 3, essa foi a primeira vez que Jesus pôs em prática a estratégia de ensinar por meio de parábolas. Na parábola dos v. 3-9, Jesus não está desenvolvendo um manual do bom agricultor, já que ele era carpinteiro, não semeador, nem dando atenção demais às minúcias de sua história (como parece ser o caso da interpretação alegórica apresentada mais adiante no texto; cf. v. 18-23; Marcos 4.10-20).

Uma história confusa. Há certos detalhes que chamam a atenção de qualquer pessoa que nos dias atuais tenha participado de um processo de semeadura semelhante ao descrito na parábola. O que aconteceu para o semeador espalhar as sementes de maneira tão pouco "profissional"? Uma vez que a semente era algo tão valioso e escasso, não deveria ter tido um pouco mais de cuidado para que ela não caísse "à beira do caminho", nem em "terreno pedregoso", nem "no meio dos espinhos"? Que tipo de preparação ele fez da terra? (Parece que alguma preparação foi feita, já que se menciona uma "boa terra".) Todo semeador mais ou menos experiente sabe que as aves podem comer as sementes. Ele também está ciente de que o solo pedregoso não é uma terra muito fértil, que por ser muito rasa não permite o crescimento e o aprofundamento das raízes e que, portanto, a planta secará. Além disso, quem iria pensar em semear entre os espinhos?

No entanto, parece que o processo de semeadura que descreve o evangelho corresponde com bastante precisão à forma em que ele foi pregado na Palestina dos tempos de Jesus. O semeador da parábola não era um neófito nem um agricultor inexperiente, apenas alguém que trabalhava de acordo com o costume da época: semeava-se primeiro e depois se arava a terra. Com isso, os espinhos eram eliminados, o calcário abaixo da camada fina de solo era exposto e qualquer parte do terreno endurecida por pisadas era amaciada de novo.

Uma história exagerada. Parece grande exagero falar de uma produção agrícola que tenha rendido "cem, sessenta e trinta por um", especialmente se levarmos em conta as condições de crescimento características da época. Parece claro, portanto, que não devemos nos ater a minúcias nem tentar explicá-las ou forçá-las a fazer sentido. A parábola, como tal, pretende tão somente ser uma história da qual possamos extrair uma lição. Nesse sentido, há uma mensagem de encorajamento a respeito da responsabilidade de pregar o evangelho, pois ficamos sabendo que sempre haverá bons resultados. A parábola é também um alerta sobre a responsabilidade de quem ouve o evangelho. No primeiro caso, o que semeia deve se perguntar: "Que tipo de semeador eu sou?". No segundo caso, o ouvinte deve se perguntar: "Que tipo de solo eu sou?".

A parábola do semeador: o motivo (13.10-17)

Nos v. 10-17, Jesus discorre sobre a razão do uso das parábolas. Tem-se discutido, com base na interpretação do v. 13 (Marcos 4.10-12), se Jesus utilizava as parábolas como método consciente para dar testemunhos velados ou enigmáticos (o gr. *parabolē* e o heb. *mashal* também significam "enigma") ou para simplificar seu argumento. Com base na declaração em aramaico, ambas as possibilidades estão abertas. Marcos (4.12) usa o termo grego *hína* ("para que"), ao passo que Mateus (v. 13) usa a palavra *hóti* ("por isso").

No entanto, a compreensão geral de Mateus sobre a utilização das parábolas por Jesus está mais próxima da primeira alternativa (uso enigmático), e não só por causa da dependência de Marcos 4.10,11, mas também por se valer de Marcos 4.25 (cf. 25.29) nesse ponto (v. 12) com referência aos "mistérios do Reino dos céus" (v. 11), dos quais não "foi dado o conhecimento" a estranhos. Essa atitude severa deve ser entendida não com relação às parábolas em geral, mas especificamente quanto às parábolas que falam do Reino e que de forma velada anunciam sua vinda. Essa ideia é reforçada pelo uso que Mateus faz das palavras de Jesus nos v. 16 e 17 (cf. Lucas 10.23,24). A citação de Isaías 6.9,10 nos v. 14 e 15 pode ser uma adição posterior como fórmula de conformidade. Se ela é original de Mateus, vemos mais uma vez que o uso das parábolas não foi adotado como recurso educativo, no sentido moderno, mas que funciona de acordo com o plano de Deus (v. 35).

A parábola do semeador: a explicação (13.18-23)

Nos v. 18-23, Jesus apresenta a explicação da parábola do semeador. Depois de contar essa parábola (v. 3-9), que continha uma verdade ou lição central, interpretou-a, quando se achou sozinho com seus discípulos (Marcos 4.10), como uma alegoria, ou seja, dando a cada parte um significado. Este "é o caso da semente que caiu à beira do caminho" (v. 19): o caminho que atravessa o campo endurece tanto com o trânsito de pessoas que, se a semente cai sobre ele, não penetra o solo. Da mesma forma, o ensino de Jesus não pode ser recebido pelos que estão "endurecidos" pelo pecado. Então, "o Maligno vem", ou seja, as forças do mal, que tentam nos impedir o tempo todo de seguir Jesus e fazer a vontade de Deus (Marcos 1.13).

"Quanto à semente que caiu em terreno pedregoso [...]" (v. 20,21): esse tipo de solo consiste em uma pequena camada de terra boa sobre um leito de pedra. A terra é fértil, mas não tem profundidade. A semente penetra, mas não consegue aprofundar as raízes. Há pessoas assim: aceitam o ensinamento de Jesus com alegria, mas não o levam a sério. Por isso, não estão preparadas para as dificuldades e tentações, nem para sofrer a zombaria dos amigos ou a perseguição dos inimigos. Em tais circunstâncias, perdem a fé em Jesus. No v. 21, "logo" significa "imediatamente", e a fé que se "abandona" significa uma fé abalada. A palavra sugere o choque súbito de descobrir que a situação é muito diferente daquela que o ser humano podia esperar.

"Quanto à semente que caiu no meio dos espinhos [...]" (v. 22): os espinhos e outras ervas daninhas impedem a pequena planta de crescer porque roubam os nutrientes do solo e bloqueiam a luz solar. Da mesma forma, a alma da pessoa pode estar tão sobrecarregada com outras coisas que não consegue receber a luz nem a nutrição do evangelho. O v. 22 menciona "as preocupações desta vida" e "o engano das riquezas" (v. Marcos 4.19; Lucas 8.14).

"E quanto à semente que caiu em boa terra [...]" (v. 23): nesse último caso, a semeadura da Palavra produz uma colheita abundante, porque o coração do ouvinte foi preparado pela convicção de pecado e pelo desejo ardente de conhecer e fazer a vontade de Deus. Em tais condições, a Palavra divina consegue levar a efeito todo o seu trabalho abençoado. Essa interpretação é a do próprio Mestre.

A parábola do semeador: a lição

Deixando de lado a explicação alegórica da parábola, que provavelmente não fazia parte da história original, devemos nos concentrar nesse caso, como em todas as parábolas do Reino, em buscar a lição central da história. Quanto a isso, duas coisas podem ser observadas.

Uma palavra de encorajamento. Muitos estudiosos modernos enfatizam a colheita abundante, não sem razão. Em 9.37, Jesus afirma que "a colheita é grande" (gr. *pol*, "abundante", "muito", "numerosa", "grande"). De fato, a história, que soa bastante negativa em razão das dificuldades de terreno enfrentadas pelo semeador, termina com uma nota muito positiva, com parte das sementes caindo em solo bom e produzindo de forma surpreendente (v. 8), como se fosse o resultado da semeadura total. O que parecia ser uma história muito pessimista transforma-se em algo bastante otimista no final. De repente, sem ninguém esperar, tem-se uma boa colheita, e o trabalho do semeador adquire significado e propósito. Nesse sentido, é uma palavra de encorajamento aos discípulos, entre os altos e baixos do ministério na Galileia. Assim, a mensagem seria: o Reino de Deus avança, apesar de tudo, e sua colheita excederá todas as expectativas. Interpretada dessa forma, a parábola aponta para a responsabilidade de pregar o evangelho. Quem recebe a parábola deve dizer a si mesmo: "Devo continuar a pregar o evangelho, apesar das dificuldades, porque sempre haverá frutos, e frutos abundantes".

> **Enrique Vijver et al.:** "Os primeiros versículos indicam que esse relato se refere à pregação de Jesus. Ele é o semeador que oferece sua mensagem de maneira abundante ao povo: a crentes e pecadores, a doentes e endemoninhados (Marcos 1—2). E é justamente essa atitude de Jesus que causa resistência. 'No momento, ainda há uma multidão seguindo Jesus, mas o que acontecerá daqui a algum tempo? A resistência contra Jesus irá crescer? Quando virá o Reino de Deus que Jesus está anunciando (Marcos 1.15)? Ou Jesus está errado? Será que toda a sua pregação não passa do sonho de um idealista? Como o Reino de Deus irá se concretizar? Como esse pequeno movimento de Jesus irá crescer? O que podemos fazer?', os discípulos se perguntam. 'Podemos levar o Reino a se concretizar se nos esforçarmos mais?' ".[8]

Uma palavra de advertência. A exegese tradicional encontra no relato um comentário parabólico da advertência "cuidado ao ouvir o evangelho e ao reagir a ele". Se entendermos assim, Jesus está dando uma palavra de advertência à multidão. A semente, que é o evangelho do Reino, é boa em si, porém germina de acordo com o solo sobre o qual cai. Interpretada dessa maneira, é uma parábola que aponta para a responsabilidade de ouvir o evangelho. Quem recebe a parábola deve se perguntar: "Que tipo de solo eu sou?". A parábola do semeador diz respeito ao Reino, sobre a revolução de Deus anunciada por Jesus e que está em andamento. A parábola está relacionada com a pregação do Reino: é "a mensagem do Reino" (v. 19). Também diz respeito à resposta do ouvinte ao Reino: "Aquele que tem ouvidos para ouvir, ouça!" (v. 9).

> **David Wenham:** "A parábola é um convite para ver o Reino em Jesus, apesar das decepções que podem levar o leitor a duvidar de Jesus; mas é também uma exortação ao leitor para que considere onde ele se encaixa nesse quadro.

---

8. **Las parábolas del reino**, p. 23.

> A parábola é sobre a pregação do Reino, mas também ela mesma é a pregação do Reino, que aguarda uma resposta. Assim, Jesus conclui a parábola: 'Aquele que tem ouvidos para ouvir, ouça!' (Marcos 4.9; Mateus 13.9; Lucas 8.8)".[9]

OS DESTINATÁRIOS DO REINO (13.24-30,36-43,47-50)

A afirmação de Jesus a respeito da vinda do Reino deve ter despertado certa ansiedade em alguns de seus ouvintes. Se o Reino de Deus estava chegando, a quem ele se destinava? A questão escapa à mera satisfação de uma curiosidade teórica para tocar mais pessoalmente os que ouviam a mensagem. A questão principal é se o Reino vinha para todos os seres humanos ou apenas para alguns. Jesus responde à inquietude deles com várias parábolas e esclarece várias questões relacionadas com os destinatários do Reino de Deus.

Convém lembrar que a parábola é uma ilustração ou comparação extraída da natureza ou da vida cotidiana. Sua finalidade é ajudar na compreensão de ideias e conceitos relacionados com o Reino de Deus. As parábolas podem ter várias formas. Um delas é a alegoria. Toda alegoria é uma parábola, mas nem toda parábola é uma alegoria. Há diferenças entre uma e outra. Na parábola, existe apenas um ponto de comparação, e os detalhes não são interessantes, ao passo que na alegoria há vários pontos de comparação, e cada detalhe tem um sentido e um significado próprio. Na parábola, os elementos utilizados são os da natureza e do cotidiano. Por exemplo, a parábola do semeador narra algo que acontece todos os dias e era uma cena bem conhecida. A alegoria, por sua vez, trabalha com coisas fantásticas ou que não se encaixam no natural ou no normal. No caso da parábola do joio, percebem-se certos elementos estranhos ao que seria normal ou natural. A proposta dos servos de arrancar o joio (v. 28) era normal e comum. Jesus, no entanto, proíbe que façam isso. Já a ideia de alguém rangendo os dentes no meio do fogo não corresponde à realidade (v. 42). Pelo contrário, o ranger dos dentes é causado pelo frio, especialmente à noite (v. Mateus 8.12). Como se pode ver, a narrativa não pretende ser um verdadeiro reflexo da realidade, mas ensinar algo por meio de suas várias ilustrações.

---

9. *The Parables of Jesus*, p. 48.

O Reino vem a um mundo de pecadores (13.24-30,36-43)

A primeira coisa que Jesus ensina é que o Reino de Deus estava chegando a um mundo de pecadores. É o que afirma a parábola do joio (13.24-30). A mensagem principal dessa parábola acha-se no final da história, no v. 30: "Deixem que cresçam juntos até a colheita. Então direi aos encarregados da colheita: Juntem primeiro o joio e amarrem-no em feixes para ser queimado; depois juntem o trigo e guardem-no no meu celeiro". O senhor do campo está pedindo paciência a seus empregados a fim de evitar um julgamento rápido e apressado.

A parábola (v. 24-30). A parábola é rica em alusões à presença do Reino de Deus na vida e no ministério de Jesus, assim como por meio dele no mundo. Nesse sentido, alguns a relacionam com Marcos 4.26-29. Embora muito diferente da história de Marcos, que trata da semente que cresce em segredo, pode ser o caso de uma tradição paralela, pela referência ao que acontece enquanto o agricultor dorme e à demanda por paciência. Duas das três parábolas do cap. 13 exclusivas de Mateus (a do joio e a da rede) dizem respeito ao "fim desta era" (v. 39,49). A própria parábola parece ter seu ponto principal na ordem de não arrancar o joio, mas esperar até a colheita. Na interpretação da parábola (v. 36-43), o tom escatológico é mais forte e inclusivo ("O campo é o mundo", v. 38) e não está posto na espera, mas na consumação. O Reino do Filho do homem, do qual "tudo o que faz cair no pecado e todos os que praticam o mal" serão arrancados, pode ser o mundo inteiro, a Igreja ou — o mais provável — Israel como centro do mundo (8.11,12). O clímax da passagem (v. 43) é uma alusão a Daniel 12.3, onde encontramos uma referência tanto aos "justos" quanto ao "que tem ouvidos" para ouvir (os que ouvem ou compreendem). Essa é uma expressão proeminente no cap. 13 (v. 13-15,19,23,51).

Suas características. É uma parábola muito peculiar, por ser um material que apresenta abundantes elementos alegóricos. A interpretação tradicional é feita nesses termos e, portanto, dá sentido a cada detalhe e tenta encontrar pontos de comparação. É importante levar em conta o caráter alegórico da passagem, para sua correta interpretação. Ao contrário da parábola do semeador, que é a ilustração de uma verdade central, aqui cada detalhe parece representar alguma coisa. Além disso, experiências passadas são descritas na parábola do semeador, ao passo que na parábola do joio são feitas alusões proféticas sobre o que acontecerá no futuro.

Seus destinatários. Por um lado, a parábola soa como a resposta de Jesus a um crítico, provavelmente um fariseu (separatista e fundamentalista) ou um zelote, que estaria se perguntando: "Se o Reino de Deus já está aqui, por que não houve uma separação entre justos e pecadores?". Jesus não queria capinar o solo indiscriminadamente. Ele não desejava executar o juízo divino antes do tempo (1Coríntios 4.5). Da mesma forma, a parábola é uma crítica aos que se separam do resto do povo fingindo ser perfeitos, iluminados, sem pecado, espirituais, sem "joio" ou livres de "ervas daninhas". Havia muita gente assim nos dias de Jesus (fanáticos, perfeccionistas, moralistas), com enfoques diferentes, porém com uma ideia em comum: acreditavam ser possível formar um grupo de perfeitos respeitadores da Lei, ou melhor, da letra da Lei ou de algum de seus aspectos morais.

O contraste entre esses grupos legalistas e os discípulos de Jesus era flagrante, porque em torno do Mestre se havia formado um grupo bastante imperfeito e questionável de "pecadores", publicanos, prostitutas, pobres marginalizados, alguns pescadores e pessoas simples que nem conheciam a Lei direito, especialmente com relação a questões cerimoniais. Todos eles pertenciam ao grupo de seguidores de Jesus. Por esse motivo, os puros, os religiosos, os que se consideravam perfeitos costumavam criticá-los e acusavam Jesus de andar com aqueles. Para tais pessoas, a moral e a religião eram uma questão de legalismo.

Por outro lado, os discípulos, ou seja, os que pertenciam ao grupo de Jesus, também tinham suas perguntas. Se era verdade, como Jesus afirmava, que nele e com ele o Reino estava chegando, como era possível haver tanto mal no mundo? Se Jesus era o Messias prometido, que iria trazer salvação e uma mensagem de libertação, como podia haver tanta injustiça e sofrimento? Os discípulos, portanto, representam uma contradição incompreensível.

A parábola do joio parece responder aos questionamentos de ambos os grupos. É uma resposta aos fariseus e aos zelotes. Ao mesmo tempo, o perfeccionismo é mostrado como inútil em nossa história, pois não dá solução aos males que nos afligem. No mundo em que vivemos, é preciso conviver com a erva boa e com a erva ruim ao mesmo tempo, assim como no campo de nossa vida e da sociedade são semeadas sementes boas e ruins.

Essa história é também uma resposta aos discípulos de Jesus, que se perguntavam se a erva não deveria ser removida a fim de eliminar o mal no mundo. Mas Jesus está ensinando a esperar e a exercitar a paciência. É neste mundo contraditório e incerto, em que o mal e o bem, a justiça e a injustiça, a paz e a violência coexistem cotidianamente, que os seguidores de Jesus devem mostrar o valor e a força da fé. Devemos ser capazes de perceber os sinais da presença do Reino de Deus em meio a essa terrível e diversificada mistura de sementes e ervas.

Seu ensino. Qual é a lição ensinada pela parábola? Em uma palavra, *paciência*. Diante da situação crítica do mal generalizado no mundo, que agride e fere a sensibilidade moral e espiritual do cidadão do Reino, Jesus pede paciência. Não se pode colher as espigas de trigo sem trazer junto as ervas daninhas, nem é possível arrancá-las sem danificar as plantas boas. Arrancar uma significaria liquidar a outra também. As raízes de ambas estão entrelaçadas abaixo da superfície. É preciso esperar até o dia da colheita e assim permitir que as ervas daninhas e o trigo cresçam juntos até o momento oportuno. O significado disso é que não podemos julgar ninguém com antecedência, porque correremos o risco de perder a espiga boa. A lição ensinada pela parábola, portanto, acha-se no v. 29. Temos uma ilustração dessa parábola no caso de Judas Iscariotes. É notável constatar que Jesus, com plena ciência da escolha errada de Judas, advertiu claramente o discípulo do erro de seu projeto traiçoeiro, mas não julgou nem sentenciou suas ações de antemão. Ele tinha paciência. Portanto, devemos postergar o julgamento para ver quem é do Senhor e quem não é. Não podemos saber ou determinar com antecedência quem é salvo ou não.

A explicação (v. 36-43). Os v. 36-43 (a explicação da parábola do joio) devem ser lidos com os v. 24-30. A parábola do joio e sua interpretação só é encontrada em Mateus. Costuma-se adotar a explicação dos v. 36-43 como base para a interpretação da parábola. Há três lições gerais que podem ser extraídas dessa interpretação.

1) A parábola fala da existência do mal entre os seres humanos (v. 38b,39). O pecado não é só uma experiência pessoal ou individual: possui também uma dimensão social. O pecado do indivíduo associa-se ao de outros para criar uma situação pecaminosa, que está além da responsabilidade moral individual.

Como avaliar as estruturas opressivas e desumanas de nosso mundo contemporâneo? A parábola aponta implicitamente não apenas para o pecado pessoal, mas também para o que poderíamos chamar "pecado social" ou "pecado estrutural".

2) A parábola contém um poderoso preceito missionário (v. 38a). Esse enfoque combina bem com a perspectiva de Mateus, que em seu evangelho apresenta uma abordagem universal à mensagem cristã (v. 28.19a). Toda a raça humana foi afetada pelo pecado, e o evangelho é uma boa notícia para todas as nações. Como Jesus ressalta: "O campo é o mundo".

3) A parábola aponta para a necessidade de se tomar uma decisão (v. 40-43). A presença do Reino de Deus operando com poder na pessoa de Cristo desafia os seres humanos e exige deles uma decisão. Como outras parábolas do Reino, essa história também foi contada por Jesus num cenário de crise. Daí a necessidade de uma decisão e a menção do juízo. A partir do momento em que essa mensagem nos alcança, passamos a ter responsabilidade para com ela. "Aquele que tem ouvidos, ouça" (v. 43). E daqueles de nós que se comprometem com a causa do Reino de Deus duas coisas são exigidas de imediato: paciência e confiança.

O Reino abrange todos os seres humanos (13.47-50)

A segunda coisa que Jesus ensina é que o Reino de Deus abrange todos os seres humanos. Isso é mostrado na parábola da rede (13.47-50). Nessa história, Jesus evoca a imagem do trabalho dos pescadores, que separam os peixes apanhados conforme forem bons ou maus. De acordo com Jesus: "Assim acontecerá no fim desta era", quando os anjos vierem separar "os perversos dos justos". A lição dessa parábola está intimamente ligada à do joio. Muito do que já foi observado aplica-se a esse caso, especialmente quanto à coexistência do bem e do mal no Reino de Deus até o dia do juízo, com sua "fornalha ardente" e com o "ranger de dentes", que aguardam os condenados.

No entanto, a diferença em relação à parábola anterior parece estar nos interlocutores de Jesus. Aqui a pergunta parece ter vindo dos discípulos, que se supunham terem sido chamados para ser "pescadores de homens" (Marcos 1.17). Jesus começa definindo seu reino como "uma rede que é lançada ao mar e apanha toda sorte de peixes". A parábola é bem fiel à realidade e sem dúvida bem compreendida por boa parte dos discípulos de Jesus, que eram pescadores profissionais. É provável que os peixes "maus" sejam aqueles pequenos demais para serem retidos ou aqueles considerados "impuros" de acordo com as leis cerimoniais judaicas ou com as que regiam os alimentos permitidos (p. ex., peixes sem escamas). A lição central da história é que os seguidores de Jesus não devem ser seletivos em sua missão. A hora da separação ainda virá. O momento é de pegar tudo que apareça e tudo que se possa. A responsabilidade do crente é proclamar o evangelho do Reino de Deus, não decidir quem entra e quem fica de fora.

> **David Wenham:** "A parábola da rede incentiva o realismo por implicação (um realismo que está em conflito com duas tendências modernas opostas — por um lado, a de considerar todos os que estão na Igreja verdadeiros filhos do Reino, em virtude de sua profissão de fé; por outro lado, identificar e tentar separar os 'peixes' bons dos ruins, de forma prematura). Ela também incentiva a paciência e a esperança. A revolução, como a vemos em Jesus, resultou numa reunião imensa e, de algum modo, indiscriminada de pessoas, como de fato seus adversários se queixavam. Mas Jesus é tão claro quanto seus oponentes sobre o fato de que a revolução significará o juízo quando a presente era da coleta terminar. Porque, como observa o autor de Apocalipse ao falar sobre a nova Jerusalém, 'nela jamais entrará algo impuro, nem ninguém que pratique o que é vergonhoso ou enganoso, mas unicamente aqueles cujos nomes estão escritos no livro da vida do Cordeiro' (Apocalipse 21.27)".[10]

A NATUREZA DO REINO (13.31-33)

A pergunta que muitos devem ter feito ao ouvir contar as parábolas do Reino com certeza era: "O que está vindo?". Ao declarar enfaticamente a vinda do Reino em sua pessoa, Jesus causou profunda inquietação em seus ouvintes. Em suma, o que estava por vir (o Reino de Deus) suscitou várias questões nos primeiros ouvintes de Jesus. Qual é a natureza desse novo e misterioso Reino? Que leis regem sua aparição e expansão?

---

10. Ibid., p. 67.

Para responder a perguntas como essas, Jesus contou algumas parábolas, cujo tema era basicamente a expansão do Reino. Para qualquer um que o estivesse ouvindo, a única evidência visível da nova era que começava consistia em um pequeno grupo de discípulos. Poderia algo tão pequeno e insignificante ser uma expressão do grande propósito redentor de Deus? Sem dúvida, muitos contemporâneos de Jesus faziam esse tipo de questionamento. O próprio João Batista enviou mensageiros a Jesus para lhe perguntar se ele era realmente "aquele que haveria de vir", porque sua situação como prisioneiro no cárcere de Herodes não se parecia muito com o Reino de Deus (Mateus 11.2,3; Lucas 7.18,19). Se o Reino de Deus significava o fim de governos opressivos como o do corrupto Herodes, o que Jesus estava fazendo para que isso acontecesse?

Sem dúvida, João não era o único a se sentir um tanto frustrado com Jesus. Os próprios discípulos sentiram a mesma impaciência pelo que lhes pareceu uma falta de ação decisiva e concreta por parte de seu Mestre (v. Lucas 19.11; Atos 1.6). Jesus deu uma resposta a essas preocupações com as chamadas "parábolas de crescimento".

O grão de mostarda (13.31,32)

A resposta de Jesus a essas perguntas é a parábola do grão de mostarda (13.31,32; Marcos 4.30-32; Lucas 13.18,19), apresentada em conjunto com a parábola do fermento (v. 33). Não é difícil entender essa parábola.

A parábola. A semente de mostarda era bem conhecida nos dias de Jesus. O fato de Jesus se referir a ela como "a menor entre todas as sementes" não é um erro botânico nem uma declaração desmedida, mas a citação de um ditado popular judaico usado para indicar insignificância ou algo muito pequeno (a semente de mostarda tem *este* tamanho: o). Jesus volta a utilizar essa figura proverbial em Mateus 17.20, para se referir à fé. Ou seja, ele usa uma hipérbole (exagero com vistas a enfatizar a força de uma ilustração) para mostrar como algo tão pequeno pode se transformar numa planta que atinge a altura de cerca de 2 metros. A esse respeito, é importante citar Joachim Jeremias: "Em Mateus 13.31, não devemos [...] traduzir a fórmula introdutória pela frase 'O Reino dos céus é como um grão de mostarda', e sim por: 'O caso do Reino dos céus é como um grão de mostarda'. Ou seja, o Reino de Deus não é comparado com um grão de mostarda, mas com um arbusto alto em cujos ramos os pássaros fazem seus ninhos".[11]

A lição. A lição da parábola parece óbvia. Da mesma forma que essa pequena semente se desenvolve e cresce até se tornar uma planta grande o suficiente para abrigar os pássaros em seus ramos (Mateus menciona uma "árvore", v. 32), o Reino de Deus cresce de começos insignificantes. Implicitamente, a parábola nos adverte de não desanimar diante das dificuldades que enfrentarmos ao divulgar as boas-novas do Reino de Deus. Desse modo, o milagre da natureza é repetido no mundo espiritual. O Reino de Deus pode parecer insignificante aos olhos de muitos, mas está destinado a se expandir por todo o mundo e alcançar até mesmo os gentios. Se a expressão "as aves" é mais que um detalhe corroborativo, pode ser uma alusão ao caráter amplo do Reino. Tanto os gentios ("as aves") quanto os judeus serão incluídos nele. A ideia do Reino de Deus como uma árvore frondosa, em cujos ramos povos de todas as nações encontram abrigo, já é encontrada no Antigo Testamento, especialmente nos profetas tardios (v. Daniel 4.10-12; Ezequiel 17.22,23; 31.6).

Uma das leis do Reino é: pequenos começos resultam em grandes finais. A parábola do grão de mostarda ressalta a imensa diferença entre o princípio e o fim de um processo de crescimento. O movimento vai do "menor" para o "maior". Esse princípio e a natureza do Reino de Deus enchem-nos de esperança. Mais uma vez, ouvimos uma mensagem que dá ânimo, coragem e força aos crentes. O Reino de Deus neste mundo ainda se mostra muito débil. De fato, Jesus pregou numa região distante dos centros de poder (ele não estava em Jerusalém nem em Roma). Os discípulos eram poucos, a resistência à sua mensagem aumentava e talvez muitos deles se perguntassem: "Como Jesus poderá transformar o mundo?". Ou: "Qual é o impacto que a mensagem do Reino de Deus pode exercer sobre o mundo?". Essa parábola nos anima a acreditar que a insignificante semente do princípio se tornará uma planta extraordinária, em cujos ramos os pássaros poderão se aninhar. Essa é a imagem de um reino que oferece segurança e proteção a seus habitantes: é o Reino de Deus, um reino de paz e justiça para todos.

---

11. **The Parables of Jesus**, p. 101-102.

> **David Wenham:** "Por meio dessa parábola, Jesus está mais uma vez encarando as dúvidas dos que tiveram dificuldade para reconhecer o Reino de Deus em seu ministério. Eles esperavam que o Reino fosse maciçamente poderoso e abrangente, mas a revolução de Jesus não era desse tipo; era pequena. A parábola de Jesus reconhece isso, mas compara o Reino com a pequena semente de mostarda, que cresce de maneira notável até se tornar uma planta delgada".[12]

O fermento na massa (13.33)

O que estava chegando também suscitou outras questões que exigiam respostas. De que maneira o Reino opera na realidade? Qual é seu destino apontado por Deus? Em suma, de que forma o Reino de Deus está vindo? Para responder a perguntas desse tipo, Jesus contou algumas parábolas relacionadas com certos crescimentos que passam despercebidos. Aos olhos do mundo, a expansão do Reino não atrai a atenção nem parece muito óbvio, mas é uma realidade em andamento. Jesus ilustra essa verdade com a parábola do fermento na massa (Mateus 13.33; Lucas 13.20,21).

A parábola. A parábola consiste numa única declaração: "O Reino dos céus é como o fermento que uma mulher tomou e misturou com uma grande quantidade de farinha, e toda a massa ficou fermentada". A imagem é bem doméstica e refere-se ao processo de levedar o pão antes de cozinhá-lo. Em tempos posteriores a Jesus, o fermento passou a ser comprado na padaria. Mas nos dias do Senhor era preparado em casa. É bem provável que a dona da casa guardasse uma pequena porção da massa cozida todos os dias, que então era misturada com a massa do dia seguinte. Os romanos preparavam a levedura com de uma mistura de suco de uva e trigo, que causava a fermentação. Em outros casos, a própria massa era deixada para fermentar. A "grande quantidade de farinha" (lit., "3 satos", nota da *NVI*), nas quais uma pequena porção de fermento era misturada, seria equivalente hoje a cerca de 22 litros. A referência a uma quantidade tão grande de farinha não só mostra que Jesus conhecia a receita para fazer o pão fermentado, como deixa claro que uma pequena quantidade de fermento é o bastante para fermentar tal quantidade de farinha.

---

12. *The Parables of Jesus*, p. 54.

No momento em que a mulher misturou o fermento na massa, o efeito foi imperceptível. Os resultados só foram vistos depois de algum tempo, e então eram bem visíveis. Nesse sentido, a importância e a influência do trabalho do Reino no interior do ser humano e da sociedade não devem ser medidas por seu início pouco evidente, e sim por seu final impressionante. Note-se que o Reino não é comparado com o fermento, mas com o que acontece quando o fermento é posto na massa. Então, ocorre uma fermentação dinâmica, algo vivo que entra em ebulição e funciona.

É provável que Jesus tenha tomado essa cena com tanta farinha da história de Gênesis 18.6, quando Abraão e Sara assam pães para seus visitantes angelicais. Em todo caso, a lição da parábola parece óbvia: uma pequena quantidade de fermento introduzida numa grande quantidade de farinha produz um ótimo resultado. Paulo diz quase a mesma coisa em 1Coríntios 5.6-8, quando encoraja os crentes a se livrar do fermento velho da malícia e da perversidade e incorporar o fermento novo da sinceridade e da verdade.

A lição. Quando Deus governa, surge um processo perturbador do qual nada nem ninguém podem escapar. "Sem pressa, mas sem pausa" é uma frase que ilustra como o Reino está se expandindo. E esse crescimento atinge "toda a massa", ou seja, tem um escopo universal e integral. A parábola pode muito bem estar apontando para uma época em que, nas palavras de Paulo, todos os inimigos de Deus serão derrotados e [se cumprirá] o propósito divino "de fazer convergir em Cristo todas as coisas, celestiais ou terrenas" (Efésios 1.10), e "Quando, porém, tudo lhe estiver sujeito, então o próprio Filho se sujeitará àquele que todas as coisas lhe sujeitou, a fim de que Deus seja tudo em todos" (1Coríntios 15.28). Ou seja, a parábola não ensina um processo evolutivo, mas mostra que a obra de Jesus era o início de um processo poderoso, pelo qual Deus estava produzindo a reconciliação e a renovação de toda a sua criação.

> **Carlos Mraida:** "O crescimento numérico da igreja evangélica tem sido uma das marcas distintivas da ação do Espírito no continente e um dos principais motivos da nossa gratidão e do nosso louvor. Mas nem sempre o crescimento da igreja equivale ao estabelecimento do Reino. Em alguns casos, tem se produzido um triunfalismo e um conformismo que impulsionam uma mentalidade e uma teologia de conquista. Na maioria deles, a intenção é

excelente e reflete o profundo desejo de que a igreja permeie todos os ambientes da sociedade. Lamentavelmente, em outros casos essa mentalidade posicionou o cristianismo não como contracultura, mas como pretensão de cultura dominante. Desse modo, deixa de ser cristianismo para se converter em cristandade; deixa de ser levedura para se transformar em massa. Toda a realidade está contaminada pelo pecado, pelo fato de ser uma produção humana; portanto, necessita do evangelho do Reino para se redimir. Assim, o desejo de penetrar todos os ambientes da sociedade é legítimo e indispensável, mas não para deter o poder sobre eles, e sim para redimi-los. A conquista é característica veterotestamentária. A característica do Novo Testamento é a redenção, não a conquista. Na América Latina, deveríamos aprender com uma igreja de 500 anos que conquistou, mas não redimiu. Devemos nos libertar desse cativeiro cultural a fim de nos tornarmos expressão redentora do evangelho por meio do serviço".[13]

---

13. Rumo a uma Igreja que vive, estabelece e expande o Reino de Deus, in: **Bíblia Nova Reforma:** edição de estudos e referência, p. 1409.

CAPÍTULO 13

A EXPANSÃO DO REINO

13.44-46,51,52; 7.9-11; 10.16; 18.23-35;
20.1-16; 21.28-32; 22.1-14

O Reino de Deus inaugurado por Jesus é dinâmico, não estático, e se expande à medida que mais pessoas e toda a realidade vão se submetendo ao senhorio de Cristo e obedecem à vontade do Rei. Nenhum território é atribuído a esse Reino nem ele cresce por causa da expansão de suas fronteiras. Sua manifestação não depende de grandes fatos políticos, militares, econômicos, culturais ou mesmo religiosos. No entanto, ele se desenvolve na dimensão espaçotemporal em que a história humana se inscreve, uma vez que, embora seja o Reino de Deus, é constituído por seres humanos, que são seus súditos.

Para ser cidadão desse Reino e participar de seu desenvolvimento, é preciso satisfazer suas demandas, que são radicais. As exigências do Reino não se limitam a atitudes pessoais nem a certos acontecimentos históricos, mas são permanentes (Lucas 9.23). É por isso que o Reino afeta todas as áreas da vida (Mateus 5.13,14,20). Trata-se de um processo contínuo de mudança (2Coríntios 3.18), transformação e renovação (Romanos 12.1,2). Assim, as demandas do Reino não só alcançam a dimensão pessoal e eclesial, como também as dimensões sociais e institucionais, sejam quais forem. Essa nova ordem em expansão não se limita à comunidade de fé, mas a transcende, porque envolve também toda a realidade humana e o Universo. A tarefa do cidadão do Reino é justamente proclamar essa realidade em processo até que a meta seja alcançada, ou seja, até que todos os reinos do mundo estejam sob o domínio do Reino do Senhor (Apocalipse 11.15; Colossenses 2.15).

Os evangelhos mostram que o Reino de Deus opera na História como fermento, que leveda toda a massa (Lucas 13.21). Paulo afirma que o Reino se manifesta impondo limites ao mal por meio das instituições políticas, que ele estabeleceu para garantir a ordem e o bem comum (Romanos 13.1-5). E, embora essas autoridades possam se corromper e até se transformar em bestas demoníacas (Apocalipse 13.1-18), o Reino de Deus nunca deixa de se expandir. As dores de parto da criação, sujeitas a esses incidentes, dão testemunho do anseio de tudo que foi criado por ver estabelecido de uma vez e de maneira definitiva o Reino que está agora em expansão (Romanos 8.22).

Neste capítulo, iremos considerar uma série de parábolas por meio das quais Jesus ilustra a expansão do Reino. É possível agrupar essas parábolas em dois grandes grupos, que versam sobre questões fundamentais em torno dessa expansão, como quem são os cidadãos do Reino e qual fator os integra (a graça de Deus).

OS CIDADÃOS DO REINO (13.44-46,51,52; 7.9-11; 10.16; 18.23-35)

Nem todas as parábolas são respostas às críticas dos fariseus e dos mestres da lei ou escribas. Muitas delas constituem incentivos à percepção espiritual, ou seja, ajudam a assimilar verdades duras ou desagradáveis. É sempre mais fácil digerir algo que foi bem temperado e bem preparado. As verdades mais profundas da vida e da eternidade não precisam ser motivo de penúria ao chegar o momento de as compreender e assimilar. Como grande Mestre que era, Jesus sabia como vestir as verdades de seu Reino e suas demandas nos trajes simples, mas eficazes, de suas parábolas.

Essas parábolas esclarecem duas coisas. Por um lado, a verdade fundamental de que o Reino de Deus existe onde Jesus está. Como diz o provérbio latino: *ubi Christus, ibi regnum Dei*. Por outro lado, ele é a personificação do senhorio de Deus. Ou seja, o próprio Jesus é o Reino e o Rei. Dessa vez apelando para o grego, trata-se de *seu* reino (*autobasiléia*). Desse modo, Rei e Reino estão consubstanciados em Jesus. Isso significa que seguir Jesus como discípulo é ser cidadão do Reino. Comprometer-se com ele e reconhecê-lo como Senhor da vida é transformar-se em filho do Reino.

Isso também significa que o Reino de Deus que Jesus proclamou não é simples e unicamente boas notícias sobre salvação, cura e libertação para todos os seres humanos, mas também o convite de Deus ao compromisso de viver uma vida plenamente humana de acordo com sua vontade. É por isso que o Reino de Deus é apresentado com certas exigências a serem cumpridas por aqueles que pretendem ser seus cidadãos.

> **Orlando E. Costas:** "O Reino de Deus não são apenas boas-novas, mas também exigências. A nova ordem de vida exige uma mudança radical. Não pode haver reconciliação sem conversão, assim como não pode haver ressurreição sem cruz, muito menos uma nova vida sem dores de parto. Por isso, Jesus veio não apenas anunciar o Reino, mas também conclamar ao arrependimento e à fé (Marcos 1.15). No nível pessoal, isso implica uma mudança de atitudes e valores, a apropriação de um novo relacionamento com Deus e com o próximo e um novo compromisso com a causa messiânica. O Reino exige uma transferência do 'eu' para o 'outro', de uma consciência individualista e egocêntrica para uma consciência orientada comunal e fraternalmente. Zaqueu é um bom exemplo: 'Olha, Senhor! Estou dando a metade dos meus bens aos pobres; e se de alguém extorqui alguma coisa, devolverei quatro vezes mais' (Lucas 19.8). Não estamos falando de salvação pelas obras; antes, de obras que autenticam a salvação pela graça. 'Hoje houve salvação nesta casa!' (Lucas 19.9), porque Zaqueu demonstrou o que cria. Suas obras eram evidência de uma mudança profunda de valores e atitudes".[1]

Jesus relatou uma série de parábolas relacionadas com os candidatos a cidadãos do Reino, suas qualidades e papéis, bem como a decisão comprometida de se tornarem os tais. O tom dessas parábolas é muito pessoal.

Os candidatos (13.44-46,51,52)

Que tipo de pessoas o Reino requer? Quem pode ser candidato a ingressar no Reino de Deus como cidadãos responsáveis? Uma dezena ou mais de

---

1. **Christ Outside the Gate:** Mission Beyond Christendom, p. 92.

parábolas respondem a essas questões chamando a atenção para temas fundamentais relacionados com o Reino e com a condição de ser seus cidadãos. Em nosso comentário sobre Mateus, daremos destaque a duas questões importantes sobre a relação que deve existir entre os candidatos a cidadãos do Reino de Deus e esse Reino e seu Rei: as exigências e as possibilidades.

As exigências (v. 44-46). Ao considerar as exigências do Reino aos que querem ser seus cidadãos, devemos levar em conta as condições estabelecidas por seu Rei. Com Jesus, o Reino de Deus foi manifesto, e ele nos convida a segui-lo como seus cidadãos. Mas esse convite é acompanhado de certas exigências, que devemos levar em consideração.

> **Ken R. Gnanakan:** "Nossa decisão de entrar em seu Reino depende de nossa obediência a Jesus (Mateus 7.24-27) e de uma disposição para se sacrificar a ponto de ser odiado pela família (Mateus 10.17-37). Não há ingresso automático no Reino, como implicado nas pretensões universalistas dos desejos de Deus, que abrangem tudo para todos, sem considerar um compromisso. Nosso ingresso nasce de nossa alegre entrega à grandeza do dom de Deus, da disposição de entregar tudo para recebê-lo (Mateus 13.44-46). Embora a entrada nesse Reino em sua plenitude esteja no futuro (Mateus 25.34; Marcos 9.43-48), a presença do Reino já está acessível na pessoa de Jesus. O compromisso com Jesus é, portanto, a experiência de seu Reino".[2]

Para ressaltar esse ponto, Jesus contou duas parábolas: a parábola do tesouro escondido (v. 44) e a parábola da pérola de grande valor (v. 45,46). As duas histórias estão intimamente relacionadas, embora possam ter sido apresentadas em diferentes ocasiões. Em ambos os casos, temos apenas um esboço ou uma síntese muito estreita do que Jesus provavelmente disse. Nos dois casos, também há o desafio de tomar uma decisão responsável e estar disposto a pagar o preço para ingressar no Reino e desfrutá-lo. Além disso, em ambas as parábolas destaca-se a nota de surpresa e espanto. Os métodos do descobrimento do tesouro e da pérola são diferentes, assim como as pessoas que encontraram esses valiosos objetos: um era muito pobre, e o outro, muito rico; um era um camponês de poucos recursos, e o outro, um comerciante

---

2. **Kingdom Concerns:** A Biblical Exploration towards a Theology of Mission, p. 105.

dono de um empório. Mas em ambos os casos eles tiveram de se desfazer do que possuíam para conseguir o que desejavam.

A parábola do tesouro escondido (v. 44). É possível que Jesus tivesse em mente um vaso de cerâmica contendo moedas de prata ou joias (pérolas). Joachim Jeremias explica: "As muitas invasões que varreram a Palestina no curso dos séculos, como resultado de sua posição geográfica entre a Mesopotâmia e o Egito, levou ao enterro de valores na terra, em face do perigo. O tesouro escondido é um dos temas favoritos no folclore oriental".[3] No caso do tesouro escondido, é digno de nota que a pessoa tropeça nele por acaso. Jesus provavelmente está descrevendo a imagem de um camponês, um pobre jornaleiro que está lavrando a terra com um boi "num campo" (gr. *en tōi agrōi*, "no campo") que não era dele e que descobre o tesouro quando o animal enfia a perna num buraco. Pode-se imaginar a surpresa e o espanto do homem. No entanto, talvez por segurança ou por não ter outro lugar para ocultá-lo, "escondeu-o de novo". É claro que ele não contou a ninguém sobre a descoberta, mas correu para comprar o campo a fim de ficar com o tesouro. Para isso, ele teve de vender "tudo o que tinha", o que não devia ser muita coisa, mas o esforço valeu a pena.

A parábola da pérola de grande valor (v. 45,46). No caso da pérola fina ou de grande valor, alguém encontrou um tesouro depois de uma longa busca. Note-se que ele era "um negociante" (gr. *anthrōpōi empórōi*, "homem negociante", "mercador"), mas não se tratava de um mero gerente de empresa, e sim de um grande comerciante, talvez alguém que negociava pérolas. Ao contrário do camponês, que não tinha dinheiro para comprar o campo e teve de vender tudo que possuía para obter o tesouro, esse comerciante possuía dinheiro investido em mercadorias (talvez pérolas) e podia comprar o que quisesse, bastando vendê-las. No entanto, ele tinha de encontrar algo que valesse a pena. Não iria comprar qualquer joia, mas "pérolas preciosas" (gr. *kaloùs margarítas*). No dia em que encontrou a mais bela e valiosa de todas, não teve dificuldade para vender as de menor valor para ficar com a mais preciosa. As pérolas eram muito desejadas na Antiguidade. A maioria delas era pescada no mar Vermelho, no golfo Pérsico e no oceano Índico. Eram usadas como ornamentos, especialmente em colares e pulseiras.

---

3. **The Parables of Jesus**, p. 198.

A lição. Nessas parábolas, Jesus está dizendo: "O Reino é uma riqueza tal que desvaloriza qualquer outro bem. Você está pronto a deixar tudo para torná-lo seu?". No caso do tesouro escondido, é digno de nota que a pessoa o encontra por acaso. Na história da pérola de grande valor, a pessoa encontra o tesouro após uma longa pesquisa. Isso quer dizer que as pessoas chegam ao Reino por caminhos diferentes. Para alguns, o caminho passa junto ao mar da Galileia (como foi o caso da maioria dos primeiros discípulos); para outros, o lugar do compromisso é o caminho para Damasco (como foi o caso de Paulo). No entanto, o acesso ao Reino pode ser resumido em termos de encontro e busca. A participação no Reino, porém, exigirá sempre que se abandone tudo ou se ponha as demais coisas em segundo plano ("vendeu tudo o que tinha").

Como parábolas do Reino, as duas histórias de Mateus 13.44-46 ilustram vários de seus aspectos. Em primeiro lugar, as parábolas descrevem o Reino como algo extraordinário e valioso, cuja descoberta produz tremenda alegria. Em segundo lugar, note-se que o tesouro em questão é algo oculto, ou seja, não está visível a todos, assim como a presença do Reino de Deus em Jesus também não era evidente para qualquer pessoa. Já os discípulos eram como o homem que encontrou um tesouro, porque reconheceram em Jesus alguém que viera de Deus, e assim foi dado a eles conhecer os mistérios do Reino (v. 13.11; 11.25). Em terceiro lugar, descobre-se um Reino de tal importância e valor que compensa investir o melhor de si para tê-lo e participar dele. A ideia de abandonar tudo pelo Reino e seguir Jesus é básica. Esse foi o desafio de Jesus ao jovem rico: "Vá, venda tudo o que você possui e dê o dinheiro aos pobres, e você terá um tesouro no céu. Depois, venha e siga-me" (Marcos 10.21).

> **David Wenham:** "A importância de ambas as parábolas repousa nas duas características óbvias que têm em comum. Primeira: a ideia de considerar algo tremendamente valioso; segunda: a ideia de vender tudo para obtê-lo. Ao anunciar e trazer para dentro de si o Reino de Deus, Jesus trouxe ao povo, em primeiro lugar, boas-novas de grande alegria, as boas-novas da prometida e libertadora revolução de Deus; em segundo lugar, fez um convite e um desafio — o convite a tomar posse de um tesouro e o desafio de deixar tudo por ele. É claro que o Reino não é algo que possa ser comprado. A esse respeito, as duas parábolas consideradas em si mesmas podem causar confusão e precisam ser complementadas por outras, como a do filho perdido.

No entanto, essas parábolas deixam claro que, ao convocar as pessoas a segui-lo e a entregar seu dinheiro e sua velha vida pelo Reino, Jesus as estava chamando a participar de um ganho incalculável e de uma grande alegria".[4]

As possibilidades (v. 51,52). Ao considerar as possibilidades inerentes ao compromisso com o Reino, devemos analisar as consequentes responsabilidades. Jesus não quer assustar nem desencorajar os que desejam segui-lo. No entanto, ele exige compromisso total, e quem quiser segui-lo deve avaliar tudo que o compromisso com o Reino implica. Devemos calcular o custo que o compromisso com o Reino representa e pesar as consequências disso. Jesus não quer discípulos levianos. De maneira solene, ele adverte os que querem segui-lo sobre as consequências de fazê-lo. Sua graça não é uma graça barata, mas a que resulta da entrega total dele próprio por amor de nós. Alguém como ele, que deu tudo por nós, espera que façamos o mesmo numa resposta de fé. No entanto, ele não nos seduz para que o sigamos, mas nos convida a fazê-lo alertando que o discipulado cristão tem um custo, que devemos calcular. Ou seja, qualquer seguidor potencial de Jesus deve se perguntar: "Quais são minhas possibilidades, se eu assumir tal compromisso?".

O seguidor de Jesus estabelece novos compromissos como resultado de seu relacionamento com o Senhor. Esses compromissos estão relacionados com a nova família da fé, com os novos valores do Reino, com uma nova esperança e com a cruz que ele deve levar cada dia. Esses novos compromissos são possíveis de assumir. Até quem parece estar mais distante do Reino pode se comprometer com ele. Apesar do rigor de Jesus com os mestres da lei, sabemos que pelo menos um deles muito provavelmente passou a segui-lo ou pelo menos se mostrou disposto a isso: "Mestre, eu te seguirei por onde quer que fores" (8.19).

O "mestre da lei instruído quanto ao Reino dos céus" (v. 52) é um discípulo de Jesus que aprendeu as verdades do Reino. As "coisas novas" o são no sentido de que só com a vinda do Messias elas foram reveladas. As "coisas velhas" o são porque dizem respeito aos mistérios que estiveram na mente de Deus desde sempre, ou seja, são coisas "ocultas desde a criação do mundo" (v. 35). Talvez a parábola do v. 52 tenha sido uma resposta a um mestre da lei que

---

4. **The Parables of Jesus:** Pictures of Revolution, p. 208.

havia expressado seu desejo de seguir Jesus, mas que tinha dúvidas se o que ele havia aprendido "debaixo da Lei" serviria de alguma coisa no Reino. Jesus está dizendo: "Um mestre da lei que se torna meu discípulo será capaz de unir a sabedoria da velha ordem com as verdades da nova".

A parábola apresenta a imagem de um homem rico que possui uma coleção de coisas preciosas, como utensílios de prata e taças de ouro, alguns deles antigos e outros de fabricação recente. Jesus quer dizer que os mestres cristãos são como os teólogos judeus em alguns aspectos. No entanto, enquanto estes se concentram no passado, especialmente na grande figura de Moisés, os discípulos de Jesus não só possuem tesouros antigos, mas também com os novos.

As qualidades (7.9-11; 10.16; 18.23-35)

Que qualidades Jesus quer ver em seus discípulos? Como devem viver os cidadãos do Reino? Essas questões têm um valor extraordinário hoje em dia. Sempre foi motivo de preocupação o que distingue um cidadão do Reino de Deus de um cidadão deste mundo. Quais são as marcas da nova vida que temos em Cristo e que resultam de seguirmos a ele? Várias parábolas enumeram essas virtudes.

Uma fé sólida (7.9-11). Os filhos do Reino devem possuir uma fé forte. Jesus ressaltou essa exigência quando descreveu seus discípulos como "homens de pequena fé" ou "de pouca fé" (gr. *oligópistoi*). A expressão é repetida várias vezes no Novo Testamento (quatro vezes em Mateus: 6.30; 8.26; 14.31; 16.8) e destaca a realidade de que a fé não é uma só nem de um só calibre. Existem medidas de fé. Paulo diz em Romanos 12.3 que a pessoa deve pensar em si mesma com moderação, "de acordo com a medida da fé que Deus lhe concedeu". A fé é um dom de Deus, não um produto da invenção humana. Mas nossa experiência e a apropriação do que Deus concede a todos pode ser diferente. Para ser bons cidadãos do Reino de Deus, precisamos ter fé, mas essa fé tem de ser sólida e abundante.

A parábola do filho pedinte (7.9-11; v. Lucas 11.11-13) nos anima a confiar mais em Deus e a fortalecer nossa fé nele. São interessantes as diferenças entre a versão de Mateus e a de Lucas dessa parábola. Ambos falam de pão/pedra e peixe/serpente. Mas Lucas acrescenta ovo/escorpião. Como o pão, o peixe e o ovo eram alimentos básicos na Palestina, é provável que Jesus tenha se referido aos três. Em todo caso, além dessas diferenças nos detalhes, o ponto principal é o mesmo em ambos os evangelhos: Jesus incentiva seus seguidores a orar, na certeza de que Deus responderá à oração, e ele responderá dando a eles o que precisam e estão pedindo. Deus é o bom Pai que ama os filhos, e é privilégio daqueles que fazem parte do Reino viver como tal: apresentar seus pedidos a ele e receber suas respostas cheias de amor. Assim, o argumento da parábola é: "Nenhum pai humano, por mais cruel que fosse, iria prejudicar o filho dando-lhe algo que lhe causasse dano ou o enganasse. Muito menos o bom Pai celestial!".

Uma sabedoria prática (10.16). Qual é a sabedoria prática que Jesus está exigindo de seus seguidores? Como definir a perspicácia necessária aos cidadãos do Reino? De alguma forma, Jesus definiu essa sabedoria prática como certa profundidade de entendimento quando incentivou seus seguidores a serem "astutos como as serpentes e sem malícia como as pombas" (v. 16). Em outra metáfora muito semelhante, Jesus expressa a mesma ideia: "Tenham sal em vocês mesmos e vivam em paz uns com os outros" (Marcos 9.50). A prudência inclui a sobriedade espiritual, o que equivale à percepção.

Quanto a isso, é preciso ser prudente como o cambista, que reconhece instantaneamente uma moeda falsa. É assim que devem ser os discípulos do Reino, para que não sejam confundidos pelos falsos profetas com os quais as multidões se deleitam. Devemos ser inocentes, não ingênuos; prudentes, não estúpidos; perspicazes, não descuidados. Alguém disse que para ser um bom servo de Deus são necessários três gês: grego, graça e garra. Se você não sabe grego, pode aprender. Se você não tem graça, pode pedir. Mas se não tiver garra... que Deus o ajude! A realidade é que nosso compromisso com o Reino nos põe em circunstâncias nas quais nos encontramos como "ovelhas no meio de lobos" (v. 16a). Isso exige grande prudência.

Um espírito perdoador (18.23-35). No coração do evangelho do Reino está a afirmação do perdão divino. Esse foi o perdão que Jesus, o perdão de Deus encarnado, mediou a favor dos pecadores. Como esse perdão é recebido gratuitamente, Jesus espera que seus seguidores também perdoem livremente. Como ele ensina em Lucas 6.36: "Sejam misericordiosos, assim como o Pai de vocês é misericordioso". E, para ensinar essa verdade, contou a parábola do servo impiedoso ou dos dois devedores (18.23-35).

A parábola. O "servo" que devia muito era um alto funcionário real. O significado da parábola é simples. Os cidadãos do Reino devem demonstrar aos outros o perdão que eles mesmos receberam. Quem se recusa a perdoar alguém que o ofende deve esperar que Deus julgue seus pecados com a mesma severidade. A dívida de alguém é uma gota no oceano de nossa dívida para com Deus. A parábola é um comentário sobre a quinta bem-aventurança: "Bem-aventurados os misericordiosos, pois obterão misericórdia" (5.7).

A parábola do servo impiedoso representa a lei do perdão, ilustrada com essa história. A parábola do devedor e do credor apresenta contrastes notáveis. Dez mil talentos equivalem a cerca de 10 milhões de dólares, enquanto 100 denários não excedem 20 dólares. Os servos da parábola são oficiais em posições um tanto elevadas a serviço do imperador. Ao que parece, são funcionários do Império Romano. O primeiro servo está desesperado com sua situação limítrofe. Por isso, ajoelha-se e pede clemência ao rei ("prostrou-se diante dele e lhe implorou", v. 26). No entanto, logo após ter sido perdoado daquela imensa dívida e deixado a presença do rei, encontra "um de seus conservos", que lhe deve uma quantia insignificante (v. 28). O v. 29 não aparece nos melhores manuscritos, mas talvez tenha sido adicionado para fazer um paralelo com o v. 26. A ênfase da parábola não recai sobre a conduta geral, mas sobre as relações fraternas, nos deveres e nas obrigações mútuas dos membros da comunidade de fé. No entanto, assim como o rei misericordioso e o Pai celeste são severos em seu julgamento, a igreja deve fazer o mesmo. Embora deva estar pronta para perdoar, ela tem a obrigação de julgar os que ameaçam a fraternidade com suas ações injustas. O relato, bem como suas personagens, apresenta certas afinidades com a parábola do administrador astuto, de Lucas 16.1-8 (v. Mateus 25.14-30), embora dificilmente sejam histórias com raízes comuns.

A lição. A parábola tece de forma brilhante diversos tópicos do ensino ético de Jesus. Por um lado, temos como ponto de partida de toda a história o imenso e imerecido amor e perdão de Deus pelos pecadores. Por outro lado, temos a afirmação de que a única resposta adequada ao amor perdoador de Deus é demonstrar amor e perdão aos demais como reflexo do que foi recebido de Deus. A essência do discipulado cristão não é simplesmente amar e perdoar os outros da maneira que gostaríamos de ser amados e perdoados por eles, mas também da maneira em que fomos amados e perdoados por Deus. A afirmação clássica desse princípio é a declaração de Jesus a seus discípulos de acordo com João 15.12: "O meu mandamento é este: Amem-se uns aos outros como eu os amei". Isso é ilustrado em cores vivas no relato de João 13, quando Jesus lava os pés de seus discípulos e os desafia a seguir seu exemplo. Quem foi perdoado e recebeu o amor de Deus deve compartilhar amor e perdão com os outros.

> **David Wenham:** "O foco da própria parábola e seu contexto no evangelho de Mateus é especificamente posto no perdão, não no amor em geral. É introduzido pela pergunta de Pedro a Jesus sobre quantas vezes deve perdoar seu irmão. Jesus rejeita a sugestão de que sete vezes seja apropriado e, em vez disso, diz 'setenta vezes sete'. Existe aqui uma reminiscência deliberada de Gênesis 4.24, em que Lameque comenta a vingança que executou contra um inimigo: 'Se Caim é vingado sete vezes, Lameque o será setenta e sete'. Tanto nesse versículo quanto no ensino de Jesus, a frase 'setenta vezes sete' pretende sugerir um número ilimitado de vezes. Assim, se Lameque buscava uma vingança ilimitada, Jesus ensinou o perdão ilimitado".[5]

A mensagem. Em Mateus 18.23-35, Jesus diz como é possível entrar no Reino dos céus. Refere-se também aos escândalos e suas consequências, bem como à responsabilidade pessoal e coletiva dos cidadãos do Reino. A passagem enfatiza o poder da oração e estabelece o perdão como norma cristã. Há três perguntas que precisam ser respondidas à luz dessa passagem.

Primeira: o que significa perdoar? O perdão é a mais alta expressão da nobreza de espírito. É ao exercer essa prerrogativa que nos assemelhamos mais a Deus, porque o perdão é divino. É algo que pode ser comparado à fragrância que a violeta imprime na sola do sapato que a pisou. O perdão está relacionado com as ofensas recebidas e contempla principalmente aquele que as causou. É algo que depende apenas da pessoa ofendida, e quando a atitude é sincera produz reconciliação. Humilhar alguém expondo seu erro sem

---

5. Ibid., p. 153-154.

piedade e depois dizer: "Eu o perdoo" não é perdoar. A remissão, para ser eficaz, tem de ser acompanhada de simpatia (Gênesis 45.5-11; Romanos 12.20) e de indulgência (Colossenses 3.13), ao mesmo tempo que se expressam bons desejos e se fazem orações pelo agressor (Mateus 5.44). Na parábola do servo impiedoso, é interessante a expressão "o deixou ir" (v. 27). Ou seja, o rei o libertou. A impressão é que o ofensor está acorrentado, preso ao próprio pecado. É um cativo, um prisioneiro que pode ser posto em liberdade por meio do perdão. O texto acrescenta que o rei "cancelou a dívida". Isso significa que a ofensa cometida é uma dívida que só pode ser paga com o perdão.

Segunda: quantas vezes temos de perdoar? A resposta está em Mateus 18.21,22, onde fica claro que nosso perdão não deve ter limite. Há tanto perdão no coração quanto o amor que o impulsiona. Quando o Espírito de Cristo está no coração, o perdão fica fácil. É por isso que os verdadeiros crentes não se vingam das ofensas de que são vítimas, mas preferem perdoá-las. Aquele a quem perdoamos é quase sempre uma evidência viva de que desfrutamos o perdão de Deus. Se não podemos abençoar os que nos perseguem e nos ofendem, o mínimo que podemos fazer é perdoá-los.

Terceira: por que é necessário perdoar? Sem perdão, não há muito caminho a percorrer. Quem pensa estar firme cuide para não cair, e digo isso porque nosso texto se refere especialmente a meu "irmão". Esse perdão não diz respeito apenas às falhas cometidas contra nós, mas às falhas em geral. Sejamos, portanto, muito discretos quanto aos erros dos outros. Sejamos tolerantes, gentis e úteis para com aqueles que foram feridos enquanto trilhavam os caminhos da vida. Façamos o trabalho do samaritano! O perdão é indispensável porque todos nós falhamos de alguma forma. Só com o perdão é possível reparar nossas deficiências. É possível consertar uma janela quebrada, mas uma palavra ruim que sai da boca não pode ser devolvida. De que precisamos para perdoar? De muita retidão de critérios e de um pouco de piedade no coração. Galileu Galilei costumava dizer: "Os benefícios devem ser gravados em bronze, e os insultos, no ar". Vingar uma ofensa é colocar-se no nível do inimigo, mas perdoar é estar acima dele. Devemos nos sentir incentivados a perdoar pela compaixão de Deus (Lucas 6.36), pelo exemplo de Cristo (Efésios 4.32; Colossenses 3.13), pelo prazer de perdoar (Provérbios 19.11) e pelo exemplo de pessoas como José (Gênesis 50.17-21), Davi (1Samuel 24.7; 2Samuel 18.5), Estêvão (Atos 7.60) e Paulo (2Timóteo 4.16).

Quarta: quais são os deveres de quem foi perdoado? Aquele que ofendeu deve pedir perdão (v. 26,33). Por sua vez, o irmão está obrigado a não desapontar a misericórdia daquele que o perdoou e a ser diferente como consequência. Quem foi perdoado deve estar disposto a perdoar da mesma forma que recebeu o perdão. Talvez seja essa a essência do v. 33 sobre o perdão: "misericórdia [...] como eu tive de você".

A GRAÇA DO REINO (20.1-16; 21.28-32; 22.1-14)

De que forma Jesus justificou seu evangelho contra seus críticos e oponentes? Nas parábolas que tratam da graça do Reino, três aspectos merecem nossa atenção. 1) Em primeiro lugar, por trás de todas essas parábolas está o ministério de reconciliação de Jesus, que lhe valeu o apelido de "amigo de publicanos e pecadores" (Mateus 11.19; Lucas 7.34). Esse é o coração do evangelho (Romanos 5.8). A vida e a morte de Cristo nos reconciliam com Deus. A morte é o clímax do ministério de reconciliação de Jesus no qual, por sua ação e sua palavra, mediou o perdão de Deus aos seres humanos. Esse ministério é o texto do qual essas parábolas se tornam um comentário. 2) Em segundo lugar, embora nessas parábolas Jesus não faça abertas reivindicações cristológicas, ele atua como representante de Deus e se apresenta como a graça divina encarnada, como se declarasse: "É por Deus ser assim que eu ajo assim". Essa pretensão de Jesus irritou profundamente alguns líderes judeus que vieram ouvi-lo pela primeira vez e acendeu sua raiva contra ele. 3) Em terceiro lugar, essas parábolas, na maioria, eram respostas a críticas a seu ministério por parte dos mestres da lei e dos fariseus. Longe de pagar os ataques com a mesma moeda ou com igual virulência, as respostas de Jesus são cheias de graça. Isso não significa que ele não tenha mostrado firmeza de convicção em suas respostas ou que elas não fossem verdadeiros golpes dirigidos ao coração de seus adversários. Mas sua firmeza estava envolvida no amor do próprio Deus. Assim que, nos lábios de Jesus, a raiva do homem transformou-se em louvor a Deus, e a dureza do coração humano foi ocasião para a manifestação da graça divina.

Um exemplo dessa notável ilustração da graça de Deus é encontrado na declaração sobre o médico e o doente: "Não são os que têm saúde que precisam de médico, mas sim os doentes. [...] Pois eu não vim chamar justos, mas pecadores" (Mateus 9.12,13). Esse pronunciamento contém o evangelho em miniatura. Expressa em essência o caráter e o propósito da vinda de Cristo ao mundo. Foi dessa forma que Jesus revelou o segredo de sua presença no mundo. Quando os mestres da lei lhe perguntaram por que ele comia e bebia com publicanos e pecadores, Jesus respondeu que eram os que mais precisavam de sua ajuda. E quem eram os chamados "pecadores" nos tempos de Jesus? Eram aqueles que viviam uma vida imoral, como os "adúlteros", os "corruptos" e os "ladrões" (Lucas 18.11), mas também os que exerciam uma profissão ou ofício que envolvia desonestidade ou imoralidade, como cobradores de impostos, tropeiros, prostitutas, vendedores ambulantes e até mesmo pastores de ovelhas. Todas essas pessoas careciam de direitos civis e religiosos.[6] Jesus direcionava sua mensagem a eles.

Assim, o tema da graça constitui o coração do evangelho. No Novo Testamento, a palavra "graça" (gr. *cháris*) refere-se ao amor redentor de Deus, que está sempre ativo para salvar os pecadores e mantê-los num relacionamento adequado com ele. Esse amor teve sua expressão superlativa e se manifestou na vida e na obra de Jesus Cristo (Colossenses 2.9). Assim, é correto dizer "graça de Deus", "a graça de nosso Senhor Jesus Cristo" ou "a graça de Deus, nosso Salvador", expressões que caracterizam o uso paulino da palavra "graça" em seus escritos.

A ênfase do Novo Testamento é que a graça é um dom gratuito da parte de Deus (Efésios 2.4-9; Romanos 3.24; 11.6), e isso não é resultado de mérito humano algum (2Timóteo 1.9). Até mesmo a resposta humana ao evangelho é baseada na boa vontade de Deus e no fato de que somos chamados pela sua graça (Gálatas 1.15). É a graça divina que nos ajuda a voltar para Deus pela fé (Atos 5.31; 11.18; 16.14; Hebreus 6.6). Até mesmo a fé, condição indispensável para a salvação, é uma dádiva da graça de Deus (Efésios 1.19; Filipenses 1.29). Desse modo, na vida cristã, desde o primeiro passo até o último, tudo é pela graça, seja a redenção (Romanos 5.2; 1Pedro 2.10), seja a santificação (1Tessalonicenses 5.23,24).

A graça é o amor gratuito de Deus pelos seres humanos, que não o merecem. É essa qualidade em Deus que concede livremente seu amor. A raiz da palavra significa "dar prazer". A graça é sempre algo que se dá; jamais algo que se mereça. A graça é um conceito relacional, não uma "força" que se impõe.

---

6. Joachim Jeremias, **The Parables of Jesus**, p. 132.

Paulo apresenta a melhor definição de graça em Efésios 2.8,9. Nesse sentido, a verdade mais real e central sobre o Reino é que seu Rei é um Pai e que seu reinado é de graça. O amor gratuito de Deus por nós, que não merecemos, é o eixo em torno do qual giram as boas-novas do evangelho do Reino. Não é de surpreender, portanto, que na maioria das parábolas a maravilhosa bondade de Deus para com a humanidade pecadora seja apresentada, afirmada e oferecida.

> **Joachim Jeremias:** "O evangelho, no verdadeiro sentido da palavra, não apenas diz que havia nascido o dia da salvação de Deus, que uma nova era começou e que o Redentor veio, mas também que a salvação é enviada aos pobres e que Jesus chegou como o Redentor dos pecadores. As parábolas desse grupo, que são as mais conhecidas e importantes, apresentam, sem exceção, uma característica especial e uma nota distintiva. [...] As parábolas, cujo tema é a mensagem do evangelho em seu sentido mais estrito, são dirigidas, aparentemente sem exceção, não aos pobres, mas aos opositores. Essa é sua nota distintiva, seu *Sitz im Leben*: seu principal objetivo não é a apresentação do evangelho, mas sua defesa e justificativa. São armas controversas contra os críticos e inimigos do evangelho, que estão indignados por Jesus declarar que Deus cuida dos pecadores, e de modo especial dirigem seus ataques contra o fato de Jesus estar à mesa com os desprezados. Ao mesmo tempo, as parábolas têm a intenção de derrotar os oponentes".[7]

A seguir, analisaremos três parábolas em Mateus que envolvem os mestres da lei e os fariseus, confirmam o ministério de Jesus entre os marginalizados e proclamam a misericórdia de Deus.

A bondade de Deus (20.1-16)

Jesus ilustrou a bondade de Deus, incompreensível e notável, com uma de suas histórias mais encantadoras: a parábola dos trabalhadores na vinha (20.1-16). Talvez seja a mais bela e desconcertante de todas as parábolas do Reino. O ponto principal de sua mensagem é que ela proclama a graça de Deus ("a extravagante e imerecida bondade de Deus"). A parábola é o tipo de história em que o clímax fica para o final, porque todo o peso recai sobre a

---

7. Ibid., p. 124.

generosidade surpreendente do empregador para com os agricultores da última hora. Isso provoca o protesto indignado dos que trabalharam na vinha ao longo do dia. Note-se que essa é a interpretação tradicional da parábola. Mais adiante, iremos oferecer uma interpretação alternativa, para o contexto latino-americano.

O contexto. É importante conhecer algo do complexo contexto que serve de cenário para a história contada por Jesus. Para a maioria de nós, urbanistas, o ambiente rural da Palestina dos dias de Jesus é desconhecido e estranho.

O contexto sociológico. Para o estudo dessa passagem, é importante observar que tanto Jesus quanto seus discípulos eram da Galileia, a parte norte da Palestina. Essa região foi segregada da Judeia, localizada ao sul, onde ficava a sede do governo religioso. É provável que alguns fariseus, sacerdotes e levitas pobres vivessem na Galileia, mas não era uma província importante na definição das políticas econômicas e religiosas da região. De fato, encontramos nos evangelhos evidências de certo sentimento de superioridade por parte dos residentes de Jerusalém (na Judeia) com relação aos de outras regiões, inclusive os galileus.

Em contrapartida, o templo era menos importante para os galileus que para os habitantes da Judeia, e tudo que estivesse relacionado com a pureza e com assuntos cerimoniais aparentemente era aplicado com menor rigidez ali que em Jerusalém. Também era óbvio que Jesus e seus discípulos estavam mais interessados na situação do povo que nos aspectos rituais da religião. A parábola do bom samaritano sugere a pouca apreciação dos galileus pelo templo e seus servos. A purificação do templo (21.12,13), feita por Jesus e apoiada pela multidão de galileus que haviam chegado para a celebração da Páscoa, é também um exemplo da oposição do povo do campo e das províncias às instituições da capital. Além do mais, o próprio Jesus era proveniente de uma região desprezada pelos judeus, de uma cidade pequena e de uma família pobre e vivia num país subjugado pelo maior império da época: o romano.

O contexto econômico. Toda a Palestina era governada por um sistema econômico que poderíamos caracterizar da seguinte maneira. 1) Era centrado na agricultura e na produção de animais menores, até mesmo ovelhas e aves domésticas. 2) Os camponeses eram os produtores. Viviam em aldeias, e alguns deles possuíam uma pequena propriedade, que cultivavam para consumo próprio. O excedente, quando disponível, era usado para pagar impostos ao Estado e ao templo. 3) Outros trabalhavam para os donos de propriedades maiores. 4) As cidades tinham interesse na produção de alimentos, e boa parte da riqueza que circulava era investida em grandes propriedades, que usavam os camponeses pobres ou seus filhos e filhas como trabalhadores.[8]

O contexto bíblico. A parábola dos trabalhadores na vinha só é encontrada no evangelho de Mateus. E é interessante observar os relatos que o evangelista inseriu imediatamente antes e depois dessa parábola. Em 18.23-35, encontramos a parábola do servo impiedoso (ou dos dois devedores), na qual há uma forte condenação ao servo rico, que buscou misericórdia, mas não teve compaixão de seu companheiro pobre (v. 18.32-35). Em 19.16-22, encontramos a história do jovem rico. Esse homem decidiu apegar-se às riquezas e ao legalismo em vez de aceitar o convite para ser pobre e seguir Jesus. O Senhor inclui amar o próximo como um importante mandamento para a vida (v. 19.19).

Segue-se a essas histórias a parábola de 20.1-16, seguida por sua vez pela passagem de 20.20-28, que registra a petição da mãe de Tiago e João e a severa condenação de Jesus a "quem quiser tornar-se importante" (v. 26) ou "ser o primeiro" (v. 27). No v. 27, a palavra grega *prōtos* ("primeiro", "líder", "proeminente" ou "mais importante") aplica-se aos que fingem ser como "os governantes das nações", que oprimem seus súditos, e "as pessoas importantes", que abusam de sua autoridade (v. 25). Jesus rejeita completamente essa atitude entre seus discípulos.

O contexto literário. A questão nesse caso é saber se essa história é uma parábola ou uma alegoria. Como vimos, o termo "parábola" significa uma figura, um símile ou um provérbio. Essencialmente, é uma comparação extraída da realidade. Ao contrário das fábulas, as parábolas são bem reais. A parábola nos diz algo que pode acontecer na vida cotidiana. No entanto, a parábola pode ser interpretada de mais de uma forma: considerando-a uma alegoria ou dando-lhe uma interpretação alegórica. No último caso, tentamos identificar cada elemento da parábola com outra figura e procurar seu significado particular, a fim de ler a história pela perspectiva teológica ou religiosa ou tentar encontrar um significado espiritual.

---

8. V. Fernando BELO, **A Materialist Reading of the Gospel of Mark** (Maryknoll, NY: Orbis Books, 1981), p. 61-62; Ched MYERS, **Binding the Strong Man:** A Political Reading of Mark's Story of Jesus (Maryknoll, NY: Orbis Books, 1992), p. 47-50.

No caso da história dos trabalhadores na vinha, o proprietário é tradicionalmente identificado como Deus, e os jornaleiros, com os pecadores convidados a participar de sua vinha (o Reino de Deus). Nessa linha de interpretação tradicional, destaca-se a realidade de que não importa o tempo que a pessoa trabalha no Reino, mas o fato de ter aceitado o generoso e amável convite de Deus (sua graça). Deus, por sua vez, recompensa cada um de acordo com sua vontade, não conforme os méritos do povo. Tradicionalmente, a misericórdia (graça) do dono da vinha — Deus, nesse caso — é enfatizada, pois ele busca trabalhadores para lhes oferecer a oportunidade de uma vida plena. A abordagem alegórica apoia de forma adequada essa interpretação espiritual do relato.

A parábola. Com a parábola dos trabalhadores na vinha, Jesus esclarece que há recompensas para os que são chamados ao discipulado e aceitam os sacrifícios decorrentes dessa decisão. É a graça de Deus, não o mérito humano, a base para a recompensa. Jesus não está interessado no aspecto comercial do assunto. Ele diz aqui que os benefícios do Reino de Deus são os mesmos para todos os que estão sujeitos ao governo do Rei, não importa quando entram em seu domínio. O rei pode fazer o que quiser com o que é dele (v. 15).

É interessante que o Senhor só tenha feito um acordo específico com os que chegaram ao amanhecer ou "de manhã cedo" (v. 2 — "um denário pelo dia" de trabalho; lit., "um denário por dia"; cf. v. 9,10,13). Com os outros, ele fez um arranjo mais genérico e prometeu-lhes um pagamento ("o que for justo", v. 4), sem especificar a quantia. Os horários de trabalho (v. 3,5,6) mencionados são: "de manhã cedo" ou 6 horas da manhã, quando o dia de trabalho começava; "9 horas da manhã" (lit., "a hora terceira"); "meio-dia" (lit., "a hora sexta"); "3 horas da tarde", ou seja, no meio da tarde (lit., "a hora nona"); "por volta das 5 horas da tarde", antes do pôr do sol (lit., "décima primeira hora"). O pagamento (v. 8), de acordo com a lei judaica, era feito às 18 horas ("ao cair da tarde"), assim que terminava o dia de trabalho (que era das 6 horas da manhã às 18 horas). O pagador começou a pagar um denário ("diária de um trabalhador braçal", nota da *NVI*) a começar dos últimos contratados até os primeiros. Estes ficaram com raiva. Um sindicalista hoje diria isso com justa razão. Obviamente, o objetivo da parábola não tem relação alguma com questões sindicais ou leis trabalhistas: a lição é outra.

A lição tradicional. O que nos ensina essa parábola, com base na interpretação tradicional? A história parece deixar claro que todos receberão a mesma recompensa de Deus, sem qualquer discriminação. O "salário" que receberão é a salvação, que é a mesma para todos os que atenderam a seu chamado e convite. Afinal, a salvação não é pelas obras, mas pela graça. Os que chegaram por último receberam o pagamento pela graça, não pelo que fizeram. O assunto parece ter surgido do comentário de Pedro em Lucas 18.28. No v. 16, algumas traduções acrescentam a frase "porque muitos são chamados, mas poucos são escolhidos". "Chamar" e "escolher" são a mesma palavra, mas aqui Jesus faz uma distinção. Deus chama a pessoa, que pode aceitar ou rejeitar esse chamado. Essa questão está relacionada com a doutrina da escolha. Deus tem o direito de fazer um vaso e depois destruí-lo ou preservá-lo. Mas Paulo não diz que Deus faz isso. A rejeição não decorre por falha de Deus, mas do ser humano. Somos salvos porque Deus nos escolheu, e nos perdemos porque queremos nos perder. Outra interpretação possível é que os servos da primeira hora representam os judeus, que ficaram com raiva ao ver os gentios se converterem na última hora.

Tudo indica que os agricultores tardios são os publicanos e os chamados "pecadores" dos dias de Jesus que aceitaram seu convite, apesar de quem eram e da falta de méritos. Também é evidente que os trabalhadores queixosos são os mestres da lei e os fariseus, que esperavam uma recompensa especial de Deus pelo que acreditavam ser e pela abundância de seus méritos religiosos. No entanto, a parábola ensina que as recompensas do Reino não são medidas por méritos humanos, mas pela graça de Deus, que ele nos concede conforme nossa necessidade, não de acordo com nossos méritos. Ele garante um lugar em seu Reino até mesmo para os pecadores que não o merecem, mas confiam nele. Com essa história, Jesus está dizendo: "É por Deus ser assim que eu ajo assim".

> **Joachim Jeremias:** "Nossa parábola está situada num período da história judaica sobre o qual pairava o espectro do desemprego [como é o caso em todo o mundo hoje]. Originalmente, [...] a parábola, narrada a homens que se pareciam com os agricultores queixosos, terminava com a pergunta crítica: 'você está com inveja porque sou generoso?' (v. 15). Deus é descrito como um empregador que tem compaixão dos que estão desempregados e de suas famílias. Ele permite aos publicanos e pecadores uma participação imerecida em seu Reino. É dessa

forma que ele haverá de agir com eles no Dia Final. 'E, porque Deus é assim', diz Jesus, 'também eu o sou; pois estou agindo sob suas ordens e em seu lugar. Vocês querem murmurar contra a bondade de Deus?'. Este é o cerne da justificativa de Jesus para o evangelho: vejam como Deus é — todo-bondade".[9]

Essa parábola sempre será escandalosa e ofensiva para quem se apoia nas regras de uma justiça estritamente retributiva, de uma economia calculista e de uma ética rigorosa. Graças a Deus, ele não nos trata dessa maneira. O amor de Deus não pode ser dividido em porções ou proporções. Trata-se da graça. É o amor de Deus, generoso, espontâneo, belo e imerecido, que opera em Jesus Cristo para a salvação de todos os seres humanos. Essa é a teologia da parábola e de todo o evangelho do Reino conforme sua interpretação tradicional.

Uma interpretação alternativa. Quando se lê essa parábola na América Latina, é possível fazer uma interpretação diferente. A parábola como tal reflete muito bem a realidade dos dias de Jesus. Havia um excedente de trabalhadores, que procuravam trabalho por um dia ou mesmo por algumas horas. Essa cena pode ser vista hoje em todo o continente, mesmo entre os hispânicos nos Estados Unidos. Em grupos numa esquina de Los Angeles, Houston, Cidade do México, Tegucigalpa, Bogotá, Lima, La Paz ou em qualquer outra cidade da América Latina, lá estão eles, todos os dias, à espera de uma oportunidade de trabalho que lhes permita levar algum dinheiro para casa.

O contexto socioeconômico original. No texto, encontramos claras evidências de um método particular de produção. Há o dono da terra, que precisa colher seus frutos. Há os trabalhadores, que precisam trabalhar para viver. São pessoas contratadas por tarefa sob condições extremamente injustas, sem nenhum tipo de segurança social ou garantia de sobrevivência. Essa é uma situação que podemos entender facilmente, porque a conjuntura retratada na parábola não é muito diferente da realidade latino-americana.

Podemos fazer as seguintes observações sobre o sistema de produção mostrado no texto. 1) O proprietário da vinha contrata trabalhadores conforme a demanda da tarefa a ser concluída em sua propriedade, não pelo desejo de oferecer trabalho aos que não têm e precisam trabalhar. 2) Podemos deduzir

---

9. **The Parables of Jesus**, p. 139.

que o produto da vinha destina-se à comercialização, não a consumo interno, já que dificilmente uma família poderia consumir tanto. 3) Embora em nosso contexto hoje e na maioria dos casos o proprietário não contrate diretamente, na parábola ele o faz. O administrador só intervém na hora de pagar (v. 8). O protagonismo do dono da vinha enfatiza o contraste entre quem tem poder de contratar e os trabalhadores que dependem dele. 4) Se lermos a parábola do ponto de vista dos trabalhadores, podemos entender o protesto dos que trabalharam o dia todo e receberam o mesmo que quem trabalhou apenas uma hora. Esse tratamento desvaloriza a única coisa que os pobres possuem: sua força de trabalho. Os primeiros trabalhadores sentiram-se desonrados com a decisão do proprietário. E, quando um deles protestou, houve represália. Essa cena é bem conhecida na experiência de muitos na América Latina.

Uma leitura atual latino-americana. Muitas interpretações dos textos bíblicos são condicionadas por conceitos teológicos que os despem de todo o conteúdo econômico e social. Pela Bíblia, podemos condenar o pobre homem que clama, justificar o rico que oprime e transformar o Reino de Deus numa realidade puramente espiritual, sem raízes neste mundo. Para evitar essas distorções e descontextualizar nossa compreensão da parábola, é importante considerar algumas pistas para uma leitura alternativa do texto, de uma perspectiva latino-americana.

Um ponto muito significativo nessa reflexão é determinar o papel do dono da vinha. Daí surgem várias questões, que exigem uma resposta fiel ao conteúdo do texto bíblico. É possível que esse homem não represente Deus, à diferença da interpretação tradicional? O que o dono da vinha leva em conta ao definir o salário dos viticultores? É sobre o que ele pode e quer pagar ou sobre o que eles precisam para sobreviver? Que atitude as palavras dele nos comunicam: "Não tenho o direito de fazer o que quero com o meu dinheiro" (v. 15)? Essa atitude é coerente com os outros ensinamentos que encontramos sobre os bens materiais no Novo Testamento? Em que se baseia o poder do dono da vinha? Ao que parece, ele tem poder porque tem dinheiro. Isso é capitalismo puro e escancarado!

Uma interpretação de aplicação imediata. Uma questão-chave para interpretar essa parábola é: contra quem a parábola foi originalmente dirigida?[10]

---

10. Rudolf BULTMANN, **The History of the Synoptic Tradition**, p. 199

Se pudermos definir isso, encontraremos com mais facilidade a chave para sua interpretação. De acordo com a abordagem alternativa latino-americana que estamos sugerindo, a parábola é uma crítica aos ricos e ao uso desumanizador de sua riqueza. Dessa perspectiva, o sinal da presença do Reino de Deus na parábola está no clamor dos trabalhadores por justiça, na exigência de que todos sejam tratados com humanidade e sejam próximos uns dos outros, a fim de que a solidariedade floresça. Nesse sentido, o dono, longe de ser medido por sua bondade, é condenado por sua injustiça na administração dos próprios recursos. Mas há também uma condenação aos trabalhadores. Os que começaram a trabalhar primeiro são honestos e parecem ter senso de justiça, mas não se solidarizaram com os que chegaram depois, que também estavam desempregados, precisavam ganhar dinheiro a fim de levar um pouco de pão para a família e não tiveram a oportunidade de ser contratados nas primeiras horas do dia.

Isso significa que a ética do Reino de Deus deve começar com fraternidade e solidariedade entre os que sofrem. O Reino significa a capacidade de ver na pessoa que sofre não um competidor pelos poucos recursos disponíveis, mas alguém que está na mesma situação que a nossa ou mesmo numa situação pior. Quando caímos no engano do sistema e pensamos que o outro está competindo pelo pão de que precisamos, estamos participando do jogo dos ricos e criando atitudes e ações incompatíveis com o Reino de Deus.

A parábola nos convida a sonhar e trabalhar por um mundo no qual não haja desemprego, nem quem tenha tudo ao mesmo tempo que outros não têm nada, nem insensibilidade para com as necessidades dos outros. A parábola nos convida a trabalhar na vinha para que todos os famintos e necessitados recebam o necessário para viver uma vida humana decente. Também nos convida a criar um novo mundo, no qual a vinha, como local de trabalho e dom de Deus, possa servir para dar vida às pessoas. Por fim, desafia-nos a participar ativamente da criação do Reino de Deus.

A salvação de Deus (21.28-32)

Por meio de suas palavras e de seu ministério, Jesus anunciou uma verdadeira revolução. Para os que estavam cientes das próprias necessidades físicas, emocionais e espirituais, a proclamação do evangelho do Reino de Deus era a melhor notícia que já tinham ouvido e da qual eram destinatários. Doentes de todos os tipos, cobradores de impostos, pessoas à margem do sistema religioso judaico (especialmente com relação às cerimônias do templo de Jerusalém), prostitutas e, acima de tudo, gentios de origens diversas — a revolução de Deus instaurada por Jesus foi a coisa mais extraordinária que lhes aconteceu. Mas toda coisa boa tem um reverso ruim; todo raio de luz encontra sombras que resistem a seu brilho. O anúncio do Reino de Deus feito por Jesus não foi uma boa notícia para os que eram complacentes na vida religiosa e se sentiam à vontade com uma arrogância hipócrita. Basicamente, esses eram os fariseus, que Jesus parece descrever na parábola dos dois filhos (21.28-32). No fundo, a questão que essa história suscita é se a graça do Reino se destina a uns poucos que se julgam merecedores contra uma massa de gente condenada ou a todos os que não a merecem contra alguns que a rejeitam. Portanto, está relacionada com o caráter gratuito da salvação.

A parábola. O caráter gratuito e universal da salvação é brilhantemente ilustrado na parábola dos dois filhos (21.28-31), que só é registrada em Mateus. A história é simples e pode muito bem ter sido extraída da realidade, tanto nos dias de Jesus quanto em nossos dias. A atitude diferente de cada um dos dois filhos parece descrever uma cena cotidiana. A identificação dos primeiros ouvintes da parábola com a situação descrita deve ter sido imediata, bem como a resposta à pergunta com a qual Jesus encerra a história: "Qual dos dois fez a vontade do pai?". Não havia espaço para especulação, e o julgamento coletivo pareceu contundente e irrefutável: "O primeiro". A resposta em uníssono deu a Jesus a oportunidade de desenvolver sua resposta à realidade moral e espiritual de seus interlocutores.

Essa parábola é uma resposta de Jesus aos que o criticaram por abrir o Reino de Deus a publicanos (cobradores de impostos) e prostitutas. A parábola resume a crítica de Jesus aos mestres da lei e fariseus, que dizem e não fazem ou, como diz o Mestre, "não praticam o que pregam" (23.3). Em contraste, os publicanos e as prostitutas reagiram melhor à mensagem comunicada por Jesus. O Senhor ilustra essa verdade com a parábola dos dois filhos, na qual o primeiro filho representa os publicanos e as prostitutas, e o segundo filho, os mestres da lei ou escribas e fariseus.

> **David Wenham:** "A história pode ser aplicada tanto aos oponentes judeus de Jesus quanto aos cobradores de impostos e prostitutas, que creram na pregação de João Batista e na de Jesus. O *establishment* religioso era representado por aqueles que proclamavam em voz alta o próprio compromisso com Deus e que, em teoria, esperavam a vinda do Reino de Deus. Mas, quando a revolução foi anunciada por João Batista, eles voltaram atrás e se recusaram a crer. Os cobradores de impostos e as prostitutas, por sua vez, aqueles cuja vida até então constituía uma rejeição às exigências de Deus, voltaram atrás nessa recusa e deram uma resposta entusiasmada às boas-novas do Reino. Era de esperar que o *establishment* religioso mudasse de opinião ao ver os bons efeitos da revolução sobre os pecadores, porém o que aconteceu foi o oposto: 'E, mesmo depois de verem isso, vocês não se arrependeram nem creram nele' (21.32)".[11]

As personagens. Além das personagens principais da história (o pai e seus dois filhos), cujo comportamento em cada caso é muito claro e contrastante, as personagens secundárias é que chamam a atenção: João Batista, os publicanos e as prostitutas e, sem dúvida, os líderes religiosos judeus. Portanto, há nos bastidores outras personagens, que não são mencionadas na história, mas fazem parte dela por implicação.

João Batista. João é mencionado porque na época já havia sido assassinado, depois de sua rejeição pelo sistema religioso por mostrar "o caminho da justiça" em sua pregação. Esse caminho não era outro senão o evangelho do Reino, a mensagem da salvação, que começa com um chamado ao arrependimento (3.2) e um convite à fé. O v. 32 conecta intimamente a parábola à discussão anterior (v. 24-27) sobre a natureza da autoridade de João. Jesus foi contundente ao esclarecer a cumplicidade dos líderes religiosos na morte de João, porque haviam rejeitado sua mensagem e seu chamado ao arrependimento (Lucas 3.10-14). Eles não só se recusaram a acreditar nele, como ainda lhe fizeram oposição, apesar de seu êxito em obter uma resposta de fé por parte do povo. Ou seja, João conseguiu o que eles, na condição de líderes espirituais do povo, jamais haviam conseguido. Jesus reconheceu abertamente que o ministério de João era de Deus (ele "veio") e tinha um propósito redentor ("mostrar o caminho da justiça").

---

11. *The Parables of Jesus*, p. 123.

Publicanos e prostitutas. Os cobradores de impostos cumpriram funções políticas e financeiras a serviço do Império Romano. Eram funcionários públicos, mas ocupavam o posto mais baixo na burocracia estatal ("publicanos", gr. *hoi telōnai*), exceto se fosse "chefe" (como Zaqueu, Lucas 19.2), que enriquecia com a corrupção. Por tudo isso, os judeus comuns tratavam-nos com desprezo e os colocavam no mesmo nível das prostitutas. As "prostitutas" (gr. *hai pórnai*) vendiam seus serviços sexuais por uma taxa. Seu lugar na sociedade era absolutamente marginal. A prostituição era proibida com severidade em Israel (Levítico 19.29; Juízes 11.1,2; Oseias 4.14; Provérbios 23.27,28; 29.3), mas não eram poucos os que se serviam dela. Jesus, que como João Batista também pregou "o caminho da justiça" (gr. *hodōi dikaiosýnēs*), foi acusado pelos líderes religiosos de estar numa espécie de associação ilícita com os publicanos e as prostitutas. Pelo menos, eles o colocaram nesse nicho marginal da sociedade da época (9.11).

Líderes religiosos. Jesus contou essa parábola no templo, e seus principais interlocutores eram "os chefes dos sacerdotes e os líderes religiosos do povo" (21.23,28). Os primeiros constituíam a hierarquia religiosa que controlava o templo e seus sacrifícios, impunham o calendário religioso e as inúmeras normas cerimoniais e determinavam o que era certo em termos morais e espirituais. Eram os representantes do povo antes dos romanos e os expoentes da Lei escrita e da tradição oral perante o povo judeu. Com os mestres da lei e os líderes religiosos do povo, eles haviam desafiado a autoridade de Jesus para ensinar no templo (21.23-27) e estavam atentos para resistir e se opor a Jesus, como fizeram com João Batista, quando rejeitaram "o caminho da justiça" proposto por ele.

Quanto aos últimos ("os líderes religiosos do povo"), eles haviam perdido importância e poder no judaísmo como um todo após o exílio babilônico, mas ocupavam um lugar de grande prestígio e influência no Conselho dos judeus (Sinédrio) em Jerusalém. Eles pertenciam às elites que decidiam sobre questões religiosas entre os judeus e administravam a justiça com base na Lei judaica. No Novo Testamento, quase sempre são mencionados em associação com os chefes dos sacerdotes e os mestres da lei (Marcos 14.43). Eram membros de famílias proeminentes e detinham certa autoridade, embora não fossem os principais líderes nos assuntos religiosos e políticos. É provável que a maioria deles fosse composta por mestres da lei e estivesse comprometida com as principais seitas judaicas, como os saduceus e os fariseus.

Os mestres da lei ou escribas eram pessoas preparadas na arte de escrever e costumavam registrar eventos e decisões (Jeremias 36.26; 1Crônicas 24.6; Ester 3.12). Eram especialistas no conhecimento das Escrituras (Esdras 7.6). Nos dias de Jesus, eles eram, na maioria, fariseus (Marcos 2.16). Estes constituíam o grupo religioso mais importante no âmbito do judaísmo. Com os mestres da lei, os fariseus eram os principais oponentes de Jesus. "Fariseu" significa "separado". Tinham como objetivo dedicar-se ao estudo das Escrituras, mas também pretendiam criar uma casta espiritual e moral superior à de qualquer outro judeu. Isso ficou evidenciado quando rotularam duramente Jesus como mestre falso e imoral, no mesmo nível dos publicanos e das prostitutas.

A lição. Ao emitir seu julgamento sobre a parábola dos dois filhos contada por Jesus, os mestres da lei e os fariseus foram apanhados na própria lógica: o anzol fisgou os lábios deles. A realidade era que os publicanos e as prostitutas ingressariam no Reino de Deus antes deles. Sem se dar conta do que estavam dizendo, aqueles religiosos que se pretendiam piedosos e santos acabaram admitindo que os cobradores de impostos e as prostitutas estavam mais próximos da graça de Deus que os eclesiásticos fanáticos que ignoravam o convite.

A ênfase do Senhor está em fazer ou não fazer a vontade do Pai, não em outras questões. A questão central na vida cristã não é falar muito e prometer mais, e sim obedecer ao Senhor em tudo. É certo que a confissão de nossa boca é fundamental para nossa salvação (Romanos 10.9,10). Mas, quando essa confissão não é seguida de ações concretas de obediência, não tem valor algum. Além disso, pode ser sinal de condenação. Jesus foi muito claro quando observou: "Nem todo aquele que me diz: 'Senhor, Senhor', entrará no Reino dos céus, mas apenas aquele que faz a vontade de meu Pai que está nos céus" (7.21).

> **Hugh Martin:** "Sem dúvida, ainda há verdadeiros hipócritas nas igrejas de hoje, pessoas que se pretendem uma bondade que não possuem e não desejam, simplesmente visando a algum tipo de ganho ou à aprovação humana. Mas há razão para suspeitar de que há quase mais hipocrisia no outro lado hoje. Não há grande vantagem mundana em ir à igreja, e, em alguns lugares,

é preciso uma boa dose de coragem moral para ser conhecido como cristão. Então, há hipócritas hoje que se pretendem um cinismo ou até mesmo uma maldade que não possuem. Eles gostam de ser vistos como 'homens do mundo', e em sua linguagem e atitudes violam os ideais que respeitam em segredo. É muito curioso que pensem ser a hipocrisia o pecado capital. 'Não quero ser santo', dizem, e quase esperam ser aplaudidos por não aspirarem à bondade. O verdadeiro hipócrita é sem dúvida alguém desprezível, porém será mais agradável fingir ser pior do que é só por não ter força mental suficiente para se manter firme em suas convicções? Se achamos que temos de fazer a vontade de Deus e de fato acreditamos que a decência e o altruísmo são importantes, então o digamos. É horrível professar seguir Cristo e negá-lo na própria vida. Mas não é menos horrível negar isso tanto na palavra quanto na vida. 'Mas na parábola Jesus não elogiou aquele que disse "não"?' Nunca! Ele elogiou aquele que se arrependeu de ter dito 'não' e foi fazer a vontade do pai. O que estamos fazendo a respeito disso?".[12]

O convite de Deus (22.1-14)

A maioria dos estudiosos hoje considera a parábola do banquete de casamento (22.1-14) e a parábola do grande banquete (Lucas 14.15-24) versões diferentes da mesma parábola. Contudo, há mais discrepâncias que semelhanças. Talvez a versão de Lucas seja a mais fiel ou a que mais bem expressa o que Jesus disse originalmente. A parábola faz parte do relato da ocasião em que um homem comentou com Jesus à mesa: "Feliz será aquele que comer no banquete do Reino de Deus" (Lucas 14.15). Foi esse comentário piedoso e calculado que provocou em Jesus uma resposta comprometedora. A história fala de pessoas convidadas para um grande banquete e que apresentam desculpas no último momento; por fim, têm seus lugares ocupados por pessoas trazidas das ruas e dos caminhos.

A parábola. A história parece tratar da extensão da oferta do Reino de Deus a outros além dos convidados originais (os judeus). Os gentios devem ser incluídos no Reino, pois o povo de Israel rejeitou o Messias. Esse é o tema dominante do evangelho de Mateus. Os v. 5 e 6 interrompem o relato e provavelmente

---

12. *The Parables of the Gospel*, p. 220-221.

são uma adição posterior à queda de Jerusalém, porque é improvável que Jesus tenha inserido os detalhes ali registrados, uma vez que não há paralelo com a parábola anterior (21.33-44), já que os lavradores queriam manter o produto para si e assim tomar posse da vinha. Aqui, os convidados mal-agradecidos apenas rejeitam o que lhes foi oferecido. É raro um rei estar disposto a lutar no dia do casamento de seu filho (cp. v. 2 com v. 7). É provável que os v. 11-13 não estivessem originalmente na sequência da passagem anterior, uma vez que não se podia esperar que um hóspede trazido da rua estivesse vestido de forma adequada para uma festa. Todos esses problemas parecem indicar que não se trata de uma única parábola, mas de várias "parábolas" (v. 1). No v. 8, os que "não eram dignos" são os mesmos do v. 5.

Além disso, certos aspectos da parábola assemelham-se a uma alegoria. Nessa linha de interpretação, o banquete preparado é o Reino de Deus. O duplo convite (o precoce e o tardio) está de acordo com os costumes orientais. Várias personagens podem ser reconhecidas numa abordagem alegórica. O "servo" [em Lucas] pode representar Jesus. Os convidados são seu povo, preparados para sua vinda pelos profetas. O dono da casa é Deus, porque na vida real não há dono de casa que aja como a personagem da parábola. Nos v. 21-23 em Lucas, a alegoria parece ser mais evidente. Quando os convidados originais recusam o convite apresentando desculpas, o servo convida primeiramente as pessoas das "ruas" e dos "becos" e depois dos "caminhos e valados". Parece que Jesus está pensando em diferentes categorias de pessoas: pecadores e gentios.

> **Christopher Wright:** "Uma vez que os convidados originais se recusaram a vir, o convite para participar da festa de casamento agora se estende a todos, e a casa está cheia de convidados. Os contornos da missão aos gentios já estão sendo delineados. A parábola de Jesus remete ao grande banquete escatológico que incluirá judeus e gentios. Mas nesse meio-tempo refeições reais na terra se tornaram símbolos dessa comunhão unificada. A questão sobre quem comeria com quem na 'comunhão à mesa' era de extrema importância no mundo antigo. [...] Para os judeus, havia a questão das leis sobre alimentos puros e impuros. Entre os judeus, assim como entre os gentios, as relações sociais e de classe foram construídas em torno da inclusão ou exclusão à mesa. Portanto, para os primeiros cristãos, a importância de comer juntos

como sinal de unidade em Cristo era bem visível e de grande significado. Essa camaradagem na igreja primitiva passava no meio da divisão entre judeus e gentios e também da divisão social pelo nível econômico".[13]

A lição. A parábola é uma advertência contra a autoilusão. Dirige-se às pressuposições religiosas do país, das quais o anfitrião é um exemplo. Jesus afirmou: "Você acha que deveria estar muito feliz por receber um convite de Deus para o banquete dele. Mas essa foi precisamente a oportunidade que você teve, e a rejeitou! Não foi Deus quem o excluiu: você se excluiu". E Jesus acrescenta: "O lugar no banquete que você não quis aceitar agora foi ocupado por outros: pecadores e gentios".

> **Francis L. Filas:** "Jesus deve ter usado muitas vezes a comparação do Reino de Deus com um grande banquete. Aqui a lição é que o convite original aos fariseus e aos escribas instruídos para aceitar a nova lei de Cristo foi rejeitado. O convite, então, será estendido às pessoas comuns, a quem aqueles líderes desprezam, e estas receberão Jesus como seu Messias".[14]

Por causa dessa verdade essencial, talvez seja necessário alterar o título da parábola e chamá-la "parábola dos convidados rebeldes". Sua lição moral é grave: se Deus convida os seres humanos para seu Reino, a salvação deles depende de aceitarem o convite. A iniciativa de nossa salvação é sempre de Deus, mas a resposta é sempre nossa. Como João 1.11,12 explica: "[Jesus] Veio para o que era seu, mas os seus não o receberam. Contudo, aos que o receberam, aos que creram em seu nome, deu-lhes o direito de se tornarem filhos de Deus".

---

13. **La misión de Dios:** descubriendo el gran mensaje de la Biblia, p. 675-676.
14. **The Parables of Jesus:** A Popular Explanation, p. 105.

CAPÍTULO 14

A CRISE DO REINO

11.16,17; 21.33-46; 24.26-28,43,45-51; 25.1-46

No último grupo de parábolas que iremos analisar nesta Unidade, vemos que o céu escurece, a tensão aumenta e o clímax da vida e do ministério de Jesus se aproxima. Jesus viu seu ministério, que foi a inauguração do Reino, movendo-se inexoravelmente para uma suprema crise na relação entre Deus e seu povo. A sucessão de acontecimentos e circunstâncias que ocorreram representam a crise do Reino. De todas as "visitações" de Deus a Israel (Êxodo, Exílio etc.), essa foi a visitação por excelência (Mateus 23.34,35; Lucas 11.49,50). Deus se faz presente na História por meio de seu enviado, Jesus, e realiza sua suprema ação redentora pelo bem de toda a sua criação e particularmente do ser humano.

É possível determinar o padrão desse processo de crise com base no ensino de Jesus. O processo resultaria em condenação e desastre para o povo judeu e o templo da parte de Roma, porque os judeus não haviam cumprido o propósito sublime de Deus para eles. O processo também significaria morte para o Messias-Servo e sofrimento para seus seguidores. Além dessa morte, todavia, estava o triunfo da causa de Deus por meio dele e a ascensão do Novo Israel como povo redimido.

Quando por fim a crise tornou-se inevitável, e da qual ninguém poderia escapar, Jesus orou pela cidade de Jerusalém (Lucas 19.41-44). Ele viveu assim o drama da hora e o peso da crise do Reino que viera anunciar. Infelizmente, o povo e especialmente seus líderes eram cegos para o que parecia óbvio e iminente. Esse é o cenário de muitas parábolas que Jesus provavelmente relacionou com o fim de seu ministério na terra. Iremos reuni-las em três grupos, de acordo com a mensagem de cada uma. A todas, porém, subjaz o mesmo tema: a crise do Reino.

> **Joachim Jeremias:** "As parábolas que tratam da crise iminente foram apresentadas numa situação singular e concreta, fator essencial à sua interpretação. Não têm como objetivo propor preceitos morais, mas sacudir a consciência de uma nação que corria o risco de ser destruída, especialmente seus líderes, teólogos e sacerdotes. Acima de tudo, porém, elas constituem um chamado ao arrependimento".[1]

JESUS DIZ: "ESTE É O TEMPO DA VISITAÇÃO DE DEUS" (11.16,17; 24.26-28)

A maioria dos ensinos de Jesus está relacionada com seu anúncio de salvação e vida nova. Na verdade, esse é o coração do evangelho do Reino, mas seus ensinos encerram também um forte anúncio do juízo divino sobre a humanidade rebelde e desobediente. Já próximo do final de seu ministério, Jesus emitiu um grito mais particular de advertência e um chamado urgente ao arrependimento, à luz do caráter iminente da crise vindoura. O número de parábolas que emitem esse som de alarme é surpreendente. Em várias ocasiões, Jesus levantou a voz com graves palavras de advertência, a fim de despertar seus ouvintes para a catástrofe que se aproximava e lhes abrir os olhos para que enxergassem o propósito amoroso de Deus.

Os meninos na praça (11.16,17)

À semelhança de outras histórias, essa parábola apresenta um contraste evidente. Foi registrada por Mateus e por Lucas, mas não por Marcos. A praça (gr. *agoraîs*, "praça principal", "mercado", "foro") à qual Jesus se refere era o centro da vida comercial, social e pública de qualquer cidade da época. Situava-se geralmente no centro da aldeia ou cidade, e era o espaço mais aberto no meio de ruas estreitas e apinhadas de casas. Na praça, os mercadores faziam seus negócios, os camponeses vendiam seus produtos e os pregadores e artistas desempenhavam seus respectivos ofícios. Os adultos

---

1. **The Parables of Jesus**, p. 169.

discutiam as últimas notícias, e as crianças se entretinham com seus jogos favoritos. A descrição feita por Jesus nessa parábola era muito familiar aos que a ouviram pela primeira vez.

A parábola. Nessa parábola, Jesus faz uma comparação entre algo bem conhecido e algo que deve ser reconhecido. O fato conhecido são as "crianças que ficam sentadas nas praças e gritam [...]". Sem dúvida, as crianças estão se divertindo com os jogos típicos da época, como se estivessem em casamentos e funerais, com suas canções e danças. É provável que a frase "tocamos flauta" (gr. *ēulēsamen*, de *auléō*, "tocar a flauta") e a referência à dança remetem a uma festa de casamento (Jó 21.11,12; Jeremias 31.13; Apocalipse 19.7). Já a frase "cantamos um lamento" claramente se refere a um funeral (Eclesiastes 12.5; Isaías 22.12; Jeremias 9.17-22; Ezequiel 26.17; Amós 5.16,17; Mateus 9.23). A "flauta" (gr. *aulós*) podia ser usada para acompanhar a dança (v. 17a), tanto numa festa de casamento quanto num funeral (v. 17b). O que se deve reconhecer por contraste é a atitude dos adversários de Jesus ("esta geração", gr. *tēn geneán taútēn*). A julgar pela história, parece que, enquanto algumas crianças estavam bem envolvidas no jogo, outras se mantinham indiferentes.

A parábola das crianças sentadas na praça (v. Lucas 7.31,32) está relacionada com a crise do Reino. Jesus contou essa parábola a todos ("esta geração"). Nela, Jesus condena a frívola irresponsabilidade de sua geração, o povo de seu tempo. Seus contemporâneos lhe lembravam as crianças que ele tinha visto brincando de casamento ou de funeral na praça do mercado, os meninos brigando com as meninas e as meninas disputando com os meninos em seus jogos, indiferentes ao que acontecia ao redor deles. Os interlocutores de Jesus eram pessoas a quem nada conseguia agradar. Alguns haviam rejeitado a pregação de João Batista e o consideravam louco ascético. Outros rejeitavam o evangelho do próprio Cristo por achar que era um *bon vivant* ("boa-vida") e amigo de pecadores. No entanto, enquanto se digladiavam por coisas infantis ou reclamavam dos que não queriam brincar com eles, coisas importantes estavam acontecendo sem que eles se dessem conta.

A lição. Para desvendar a lição dessa parábola, precisamos nos perguntar se as crianças em questão estão discutindo porque algumas delas querem brincar de algo mais divertido (tocar flauta e dançar, jogo próprio de homens) e outras querem um jogo mais melancólico (entoar canções fúnebres, algo mais comum entre as mulheres, retratado nas carpideiras da época). Ou se as crianças estão gritando com algumas que não querem brincar com elas (cf. v. 16). Essa questão não é importante, uma vez que a aplicação da metáfora varia conforme respondemos a ela. Para isso, é preciso considerar os costumes da Palestina na época e a expressão "sentadas nas praças" (gr. *katēménois en taîs agoraîs*). Tem-se a impressão de que as crianças a que Jesus se refere haviam assumido o papel de meros espectadores passivos e só queriam saber se alguns preferiam dançar ou chorar. De modo que a disputa não é entre meninos e meninas que não entram em acordo sobre o que brincar, mas entre crianças sentadas em um lado da calçada reclamando de outras que não querem fazer o que elas querem.

Assim era o povo da geração de Jesus: apenas davam ordens e como meros espectadores passivos criticavam o ministério de João Batista e o do próprio Jesus, sem perceber que ambos eram os últimos mensageiros de Deus antes da catástrofe iminente. Embora João Batista tenha se apresentado como asceta, ou seja, como um profeta do deserto, como o venerado Elias, os judeus o rejeitaram. Jesus, por sua vez, surgiu como alguém que se misturava com a gente comum de todos os níveis sociais, mas eles também o rejeitaram. Isso mostra a volatilidade dos líderes judeus e também seus pressupostos e preconceitos.

> **R. V. G. Tasker:** "Na parábola dos jogos infantis, Jesus critica seus contemporâneos por não terem percebido que o tempo que estão vivendo é, na verdade, o momento crítico da revelação divina, a era do cumprimento, na qual Deus, com sua sabedoria, está justificando seus caminhos diante dos homens por meio do ministério de duas personagens muito diferentes: João, o maior dos homens nascidos de mulher, e Jesus, o único Filho do homem".[2]

A vinda do Filho do homem (24.26-28)

O contexto desses versículos é eminentemente escatológico. Jesus não está antecipando algo que acontecerá antes de sua morte, e sim uma situação que ocorrerá após sua partida e antes de seu retorno. Já era comum em sua época o surgimento de messias de ocasião, quase sempre enredados em causas

---

2. *The Gospel According to St. Matthew:* An Introduction and Commentary, p. 110.

políticas e nacionalistas. Muitos deles foram contemporâneos de Jesus, e a maioria deles concentrava suas ações em regiões pouco habitadas ("no deserto", gr. *en tēi erēmōi*) ou se instalavam clandestinamente em casas de aldeias ou de cidades ("dentro da casa"; gr. *en toîs tameíois*, "cômodo íntimo ou privado"). Jesus adverte seus seguidores de que não os sigam e de não crer na mensagem deles. Esta é uma forma de identificar falsos cristos e falsos profetas (v. 24): eles gostam de passar despercebidos e de agir às escondidas. Mas Jesus, ao contrário, quando retornar, será de maneira bem evidente e visível, como ilustra a parábola que se segue (v. 27,28).

Os evangelhos sinópticos apresentam várias parábolas duplas, ou seja, símiles em pares que expressam a mesma ideia, porém com símbolos ou imagens diferentes. Assim, encontramos em Mateus: roupa e vasilhas de couro (9.16,17); reino e casa (12.25); sal e luz (5.13,14a); cidade e candeia (5.14b-16); aves e lírios (6.26-30); cães e porcos (7.6); pedra e cobra (7.9,10); uvas e figos (7.16); raposas e aves (8.20); serpentes e pombas (10.16); discípulo e servo (10.24,25); tesouro e pérola (13.44-46); "deserto" e "casa", no v. 26; e muitos outros casos. Na parábola que se segue, a duplicidade está entre o relâmpago e os abutres.

A parábola. Com relação à vinda do Filho do homem, tema de alto teor escatológico, Jesus apresentou algumas ilustrações dramáticas, como as dos v. 27 e 28. Convém lembrar que Jesus está falando aos discípulos, que se mostram impressionados com a magnificência dos edifícios do templo em Jerusalém (Mateus 24.1). O Mestre está dizendo a eles: "Você estão deslumbrados com o presente e passageiro, quando o eterno e permanente está prestes a irromper. Deus está vindo visitar seu povo com bênção e juízo, e não conseguem vê-lo?". Até mesmo seus discípulos pareciam cegos diante do óbvio e iminente. De acordo com Jesus, já havia fortes indícios da crise que se aproximava, porém todos viviam como se nada estivesse acontecendo. A cegueira de seus contemporâneos e até mesmo de seus discípulos era incrível. As coisas estavam acontecendo ao redor deles, e eles eram incapazes de percebê-las. "Assim como o relâmpago sai do Oriente e se mostra no Ocidente, assim será a vinda do Filho do homem. Onde houver um cadáver, aí se ajuntarão os abutres" (v. 27,28). Ninguém pode ignorar um raio, e, quando vemos abutres voando em círculos, sabemos que existe um animal morto abaixo deles. Note-se que o relâmpago é um fenômeno que "se mostra" (gr. *fáinetai*), ao contrário dos falsos cristos e falsos profetas, que escapam para o deserto e se escondem nas casas ou em tocas. O mesmo acontece com os abutres (v. Jó 39.30; Provérbios 30.17): eles podem ser vistos de longe. Algo estava acontecendo na época, e era muito visível, mas os próprios discípulos que ouviam Jesus dizer essas palavras não conseguiam ver, muito menos acreditar.

A lição. Além do sentido escatológico relacionado com a vinda do Filho do homem, as palavras de Jesus contêm ainda profunda dimensão profética. O Senhor está se referindo à sua segunda vinda, em glória. Essa dimensão escatológica de sua manifestação será caracterizada por grande expectativa. Movidas pela ansiedade, as pessoas fingirão ter encontrado Jesus Cristo em todos os lugares ("deserto", "casa"). É interessante que nos tempos de Jesus já havia pessoas indo para os lugares ermos em busca do Messias prometido ou para escapar às calamidades que estavam por vir. O historiador judeu Flávio Josefo menciona alguns que fugiram para o deserto e até nomeia alguns deles, como Simão, filho de Joras.[3] A frase "está [...] dentro de casa" sugere a doutrina oriental do Messias ou do Redentor oculto. De acordo com o v. 27, porém, a vinda do Filho do homem será pública e visível. Sobre a figura do relâmpago, veja-se Lucas 17.24; Marcos 13 não registra essa frase. Essa vinda implica um evento ou fenômeno visível. O Novo Testamento não ensina a ideia de um arrebatamento secreto dos crentes (v. 24.40,41), mas revela que os crentes vivos e mortos se encontrarão com o Senhor nos ares em sua segunda vinda (1Tessalonicenses 4.13-18). Os "ares" eram tidos como o reino demoníaco ou de Satanás (Efésios 2.2). Os crentes encontrarão Jesus no meio do reino satânico para mostrar sua total derrota e condenação. Ninguém terá dúvidas a respeito de Jesus e da realidade de seu retorno. O v. 28 (v. Lucas 17.37) significa algo como: "Onde quer que haja razão para julgamento, o julgamento ocorrerá".

JESUS DIZ: "ELES FORAM MAUS E SERÃO JULGADOS" (24.45-51; 25.14-30)

As parábolas que tratam da crise iminente foram apresentadas numa situação singular e concreta, fator essencial à sua interpretação. Não é o objetivo delas

---

3. Flavio JOSEFO, **Guerra dos judeus**, 4.9.5 e 7.

propor um novo código moral nem extrair conclusões religiosas, mas sacudir a consciência de uma nação que corria o risco de ser destruída, especialmente a de seus líderes, mestres da lei e sacerdotes. Acima de tudo, porém, elas constituem um chamado ao arrependimento. Essas parábolas nos lembram, em termos claros e inquestionáveis, que a infidelidade e a desobediência ao Senhor não ficam sem consequências. O juízo de Deus é iminente, e não há como escapar a ele, a não ser com sincero arrependimento.

O servo mau (24.45-51)

A personagem principal dessa parábola é um homem com uma responsabilidade muito grande. Ele é nada menos que o mordomo ou o braço direito de um importante proprietário. De certo modo, todos os bens do patrão foram confiados à sua administração, por isso a fidelidade e a prudência não são meros atributos, mas elementos fundamentais de seu currículo. E não só os bens materiais do patrão dependem dele (v. 47), mas também a vida e a segurança dos outros servos (v. 45). A única compensação que realmente conta para esse mordomo é o cumprimento do dever. Essa é sua fonte de alegria ("feliz", gr. *makários*; v. 46). Em sua parábola, no entanto, Jesus ressalta o caso oposto, ou seja, o "servo mau" (gr. *ho kakòs doûlos*).

A parábola. A parábola do servo mau ou infiel (Mateus 24.45-51; v. Lucas 12.42-46) é um estudo sobre a fidelidade, mas tratada de uma perspectiva negativa, para destacar a atitude positiva e esperada do discípulo de Jesus. O contexto situa a história no quadro de uma expectativa escatológica, particularmente relacionada à segunda vinda do Senhor. Depois de admoestar seus discípulos a não permitirem que suas atitudes com relação aos bens materiais os distraiam da necessária fidelidade e preparação para sua vinda (v. 45; v. Lucas 12.35-40), Jesus acrescenta que, quando ele voltar, todos os seus servos serão responsáveis perante ele com respeito à fidelidade em lidar com o que ele lhes confiou (v. 46,47; v. Lucas 12.41-48). Se a avaliação for positiva, a promessa é extraordinária e certa ("garanto [a vocês]"; gr. *amēn légō hymīn*): "Ele o encarregará de todos os seus bens" (13.12; 25.29; Lucas 19.17).

No v. 48, a frase "diga a si mesmo" é literalmente "diga em seu coração" (gr. *en tēi kardíai*). O termo grego *kardía* é usado na *Septuaginta* e no Novo Testamento para traduzir a palavra hebraica *lēb*. Esse vocábulo pode se referir a várias coisas: 1) o centro da vida física, como uma metáfora para a pessoa (Atos 14.17; 2Coríntios 3.2,3; Tiago 5.5); 2) o centro da vida espiritual ou moral (Lucas 16.15; Romanos 8.27; 1Coríntios 14.25); 3) o centro da vontade (Atos 5.4; 11.23; 1Coríntios 4.5); 4) o centro das emoções (Mateus 5.28; Atos 2.26,37; Romanos 1.24); 5) o centro da atividade do Espírito Santo (Romanos 5.5; 2Coríntios 1.22; Gálatas 4.6); 6) uma maneira metafórica de se referir à pessoa total (Mateus 22.37). Os pensamentos, motivos e ações atribuídos ao coração revelam plenamente o tipo de pessoa que alguém é. O que o servo mau pensou foi uma expressão do que ele era: um servo infiel. Suas ações eram determinadas pelos seus pensamentos e especulações. Nesse caso: "Meu senhor está demorando" (gr. *chronízei mou ho kýrios*, v. 48).

> **Archibald Thomas Robertson:** "Essa é a tentação, e dar lugar a ela é cair nos apetites carnais ou no orgulho de um intelecto superior. Na geração seguinte, os escarnecedores estariam perguntando onde estava a promessa da vinda de Cristo (2Pedro 3.4). Eles se esqueceriam de que o relógio de Deus não é como o nosso e de que um dia para o Senhor pode ser como mil anos e mil anos como um dia (3.8)".[4]

A lição. Sobre a lição da parábola, dois aspectos precisam ser levados em conta. Por um lado, a parábola do servo mau (v. 45-51) é uma advertência aos líderes da Igreja de serem fiéis no tempo que antecede o retorno de Cristo em glória. A parábola foi aplicada primeiramente aos líderes de Israel (especialmente os mestres da lei). A fidelidade deles foi posta sob julgamento, e o juiz é Deus. Como guardiões da revelação divina, os mestres da lei minimizaram-na e a distorceram com suas numerosas regras e regulamentos de minuciosidade sem sentido. Os "fardos" do legalismo pareciam estar mais orientados para alienar o povo que para fazê-lo entrar no Reino (Mateus 23.13; Lucas 11.52). Quando Jesus disse: "Venham a mim, todos os que estão cansados e sobrecarregados" (Mateus 11.28), talvez estivesse pensando nesses fardos. O cumprimento de todas as regras elaboradas em cima da Lei era simplesmente impossível.

---

4. **Word Pictures in the New Testament**, v. 1, p. 195.

Por outro lado, Jesus adverte na parábola que o dia de prestar contas a Deus está próximo, e então se revelará os que foram fiéis ou não ao que ele lhes confiou (v. Lucas 12.47,48a). De certo modo, todos os seres humanos, crentes e não crentes, receberam de Deus a vida, o corpo, o tempo e as oportunidades que lhes permitem produzir coisas boas. Todo ser humano é responsável por exercer um controle fiel de tudo que recebeu e terá de prestar contas a Deus por isso. Os crentes, no entanto, são mais responsáveis e deles se requer maior fidelidade, uma vez que receberam muito mais de Deus (salvação, perdão, dons do Espírito, aceitação, bênçãos materiais e outros). Isso significa que os crentes, como seguidores de Cristo, devem permanecer ativos, prontos e fiéis no serviço do Reino (Lucas 12.37,38; Tiago 1.12; Apocalipse 16.15). Em vez de perder tempo especulando sobre quando e como será a segunda vinda do Senhor, devemos continuar trabalhando duro a fim de cumprir a missão de que ele nos incumbiu.

O servo mau e preguiçoso (25.14-30)

A parábola dos talentos (Mateus 25.14-30) é uma das mais conhecidas e, ao mesmo tempo, uma das mais mal interpretadas e aplicadas. Essa história é a contrapartida da parábola das dez minas (Lucas 19.12-27). Para a compreensão da história original de Jesus, a versão de Mateus deve ser preferida, porque a de Lucas está misturada com outra parábola, a de um nobre que foi para o exterior receber um reino (Lucas 19.12,14,15,27). Se esses elementos forem removidos de Lucas, sua parábola dos talentos é basicamente a mesma de Mateus.

A parábola. A segunda parábola do cap. 25 de Mateus diz respeito ao uso das próprias habilidades. É conhecida como a parábola dos talentos ou parábola das moedas de ouro. O talento era originalmente uma medida de peso até se tornar medida monetária, embora não muito precisa, mas que designava certa quantidade de ouro ou de prata. Na verdade, podia se referir a qualquer cifra, mas sempre indicava uma grande soma de dinheiro (Lucas 19.13-25). Valia cerca de 3 mil siclos de aproximadamente 35 quilos cada (75.6 libras). Para se ter uma ideia desse valor, basta lembrar que um talento equivale a 6 mil denários, e um denário era o salário de um dia do soldado ou do camponês. Alguns estimam que o valor da cifra mencionada por Mateus era o equivalente a mais de quinze anos de salários de um trabalhador.

Mateus difere de Lucas (Lucas 19.12-27) e talvez tenha mudado de "minas" para "talentos" a fim de tornar sua história mais impressionante. Além disso, pode ter acrescentado alguns toques alegóricos, como no v. 30 e nos v. 21 e 23. Na Antiguidade, o dinheiro costumava ser enterrado (v. 18) por segurança (13.44). No v. 21, a frase "venha e participe" significa "compartilhe". Mateus pensa no céu ou na "vida eterna" como uma esfera na qual se pode ingressar (19.17). Como se pode perceber pelos v. 26 e 27, as taxas de juros antigas eram altas. Jesus dá a entender (v. 29) que os talentos são concedidos para serem usados. Os judeus haviam recebido muito de Deus e perderiam privilégios, caso se limitassem a guardar o que Deus lhes dera. O ensino básico da parábola aponta para nossa responsabilidade com relação aos dons e talentos pessoais que nos foram concedidos por Deus. Os servos receberam o dinheiro na proporção de sua fidelidade.

A lição. Nessa parábola, Jesus não está dando lição de moral sobre o uso correto de bens ou habilidades (talentos naturais). Tanto o contexto de Mateus quanto o de Lucas, pelo lugar em que situam a parábola na estrutura geral de seus evangelhos, fazem que ela contenha uma lição para a Igreja no tempo que antecede a segunda vinda de Cristo. Essa linha de interpretação enfatiza uma orientação moralizadora do ensino de Jesus, mas devemos nos perguntar sobre o caráter original de seu ministério, o que suscita duas questões. Por um lado, o que a história quer ressaltar? Por outro lado, a respeito de quem Jesus contou essa parábola?

Há três personagens na parábola, por isso ela deve ser interpretada de acordo com a regra desse número. Diz essa regra que o clímax da história deve recair sobre a terceira personagem: o servo da parábola que nada fez com o dinheiro que lhe foi confiado. Quem esse servo "inútil" ou irresponsável representava na mente de Jesus? Quem é esse "servo mau e negligente", que merece tão grande condenação? A resposta é que essa personagem tipifica o piedoso fariseu e o erudito mestre da lei, que preferiram entesourar a luz que Deus lhes deu (a Lei) e assim guardaram para si o que deveria ser compartilhado com toda a humanidade. Essa atitude exclusivista e egoísta não rendia a Deus nenhum juro sobre seu capital.

Desde os dias de Esdras (444 a.C.), os judeus procuraram preservar sua religião de qualquer influência pagã. Com os fariseus, desenvolveu-se um nacionalismo extremo que indispôs as outras nações contra Israel. O zelo pela pureza de sua religião chegou ao ponto da esterilização. Com seu fanatismo religioso, esses guardiões da verdade e da sã doutrina pretendiam que Deus fosse exclusividade deles. Tal atitude correspondia a defraudar Deus, e foi isso que lhes acarretou juízo. Agora, o tempo de prestar contas estava se aproximando.

JESUS DIZ: "ESTEJAM PREPARADOS" (24.43; 21.33-46; 25.1-13,31-46)

As parábolas desse grupo pertencem ao último período do ministério de Jesus. Ao contar essas histórias, Jesus está dizendo: "O Filho do homem está vindo: preparem-se!". As imagens de que Jesus se utiliza são dramáticas e causam profunda impressão na experiência pessoal da maioria de seus ouvintes.

O ladrão (24.43)

A figura do ladrão que invade uma casa à noite era tão conhecida nos dias de Jesus quanto em nossos dias. Na Argentina, esse incidente é denominado *entradera*, ou seja, a violenta irrupção de ladrões em uma residência. Jesus está se referindo exatamente a isso nesse versículo, só que ele situa o crime à noite, quando a família está dormindo. A ideia dominante no quadro pintado por Jesus é o caráter repentino e inesperado das ações do ladrão. Nos cap. 24 e 25 de Mateus, Jesus oferece vários exemplos que denotam a rapidez de sua segunda vinda e a necessidade de estar alerta (a ocorrência de um relâmpago, 24.27; o dilúvio nos dias de Noé, 24.37,38; o ladrão à noite, 24.43; o retorno do dono da casa, 24.45,46; o atraso do noivo, 25.5,6). A única opção dos crentes é estar sempre alerta, preparados em todos os momentos (24.44; 25.10,13).

A parábola. Essa parábola é encontrada em Mateus e em Lucas. Há claras indicações no Novo Testamento de que os ladrões eram muito comuns na Palestina da época. Alguns assaltavam os viajantes nas estradas (Lucas 10.30); outros quebravam as paredes de adobe das casas e entravam para roubar (Mateus 6.19); outros ainda invadiam as casas com violência (Mateus 12.29).

A pobreza generalizada, a falta de trabalho, a marginalidade, o crescente endividamento e a instabilidade tornavam o roubo um meio de vida bastante comum. Sem dúvida, a maioria das pessoas que ouviram essa história de Jesus tinha a lembrança amarga de alguma experiência com ladrões, como acontece hoje com um grande número de latino-americanos.

A parábola do ladrão (24.43; v. Lucas 12.39) parece o comentário a uma notícia real. É provável que tenha havido um assalto do qual todos estivessem falando. À luz desse acontecimento chocante, Jesus aproveitou a ocasião para atrair a atenção de seus ouvintes e dizer: "Aprendam com a desgraça alheia, pois a mesma coisa pode acontecer a vocês". Jesus parece estar pensando no período de tensão inaugurado com o clímax de seu ministério. Era um tempo que os alcançaria de repente, como o Dilúvio sobre os antediluvianos (Lucas 17.26,27). Há no contexto uma forte ênfase sobre o "dia" (gr. *hēmérai*, v. 42) e a "hora" (v. 43), ou seja, a dimensão temporal do fim é ressaltada e, em consequência disso, afirma-se a urgência de uma vigilância em expectativa. A palavra "hora" é usada de diferentes maneiras nos evangelhos: 1) como referência temporal (Mateus 8.13; Lucas 7.21; João 11.9); 2) como metáfora de um tempo de provação (Mateus 10.19; Marcos 13.11; Lucas 12.12); 3) como metáfora do início do ministério de Jesus (João 2.4; 4.23); 4) como metáfora da segunda vinda e do dia do juízo (Mateus 24.36,44; 25.13; Marcos 13.32; João 5.25,28); 5) como metáfora da paixão de Jesus (Mateus 26.45; Marcos 14.35,41; João 7.30; 8.20).

A lição. A lição dessa parábola é tripla. Em primeiro lugar, Jesus está mostrando a natureza imprevisível de seu retorno. Não é possível prever quando um ladrão entrará numa casa. Quase sempre, isso ocorre de modo circunstancial. Além disso, nenhum ladrão avisará sua vítima sobre o que ele pretende fazer. Obviamente que, se alguém fosse avisado de antemão, tomaria todas as precauções necessárias para evitar o ataque. Mas não é isso o que acontece. Da mesma forma, o Filho do homem aparecerá de repente, numa hora em que não é esperado. Jesus utiliza a tática imprevisível do ladrão para ilustrar sua vinda, porque a invasão de uma casa é um paradigma de algo inesperado.

Em segundo lugar, Jesus queria que seus discípulos estivessem preparados para seu retorno em glória. É sempre melhor estar preparado contra o possível ataque de um ladrão. Esse é o motivo pelo qual instalamos alarmes em nossa casa, iluminamos o perímetro externo, levantamos cercas e muros, instalamos dispositivos de defesa e temos um cão bravo no jardim. É sempre "melhor prevenir que remediar". Quanto melhores e mais numerosas as medidas preventivas, mais chances teremos de evitar um assalto. "Ficar de guarda para não deixar que a casa seja arrombada" também é uma boa opção. Aplicado à parábola, esse princípio corresponde a estar preparado, "porque o Filho do homem virá numa hora em que vocês menos esperam". Estar espiritualmente alerta é fundamental.

Em terceiro lugar, talvez a coisa mais óbvia sobre um ladrão é que sua presença na casa é a sensação mais desagradável que alguém possa ter. Quem já sofreu esse tipo de ataque pode dar testemunho disso. A experiência é traumática, cheia de angústia e de medo, e deixa sequelas. Muitas vezes, o dano espiritual e emocional excede em muito o dos bens roubados. Se aplicarmos essa realidade à parábola, isso não significa que a vinda do Filho do homem será um acontecimento traumático e angustiante. Contudo, será uma ocorrência grave e impressionante, exceto para os que estiverem preparados e na expectativa. Para os que não estiverem preparados, entretanto, será uma situação de julgamento e condenação.

Convém ressaltar que essa parábola talvez deva ser interpretada em dois tempos. A parábola original de Jesus sem dúvida foi dirigida a seus discípulos como um aviso, a fim de que se preparassem para os tempos difíceis e provações que estavam por vir. Mais tarde, com o aparente atraso no retorno do Senhor, a Igreja passou a usar a mesma parábola para exortar os crentes à vigilância (1Tessalonicenses 5.2). Os aspectos negativos serviam agora para indicar que o dia do Senhor seria de destruição e juízo sobre os que estavam nas trevas e dormindo (Apocalipse 3.3). Desse modo, é possível entender a parábola como um aviso e um incentivo.

> **C. H. Dodd:** "Entendida dessa maneira, essa parábola é da mesma linha que a parábola dos servos vigilantes. [...] Originalmente, ambas tinham o objetivo de se referir a uma situação já existente, mas sujeita a mudanças inesperadas a qualquer momento. Ambas tinham o propósito de alertar os ouvintes a estar preparados para tais mudanças. Quando a crise imediata passou, as parábolas foram naturalmente reaplicadas à situação em que os primeiros cristãos se encontravam após a morte de Jesus. E, uma vez que a

expectativa da segunda vinda se consolidou como dogma, os detalhes da parábola dos servos vigilantes prestaram-se a uma reinterpretação do sentido desse dogma, e a breve parábola do ladrão na noite tornou-se um simples símile sobre a natureza repentina do esperado acontecimento, como encontramos em Paulo".[5]

As dez virgens (25.1-13)

A expressão "Reino dos céus" (v. 1) é típica de Mateus (Marcos e Lucas usam "Reino de Deus"). No Antigo Testamento, *Yahweh* era considerado o Rei de Israel (1Samuel 8.7; Salmos 10.16; 24.7-9; 29.10; 44.4; 89.18; 95.3; Isaías 43.15; 44.6). Os profetas anunciaram o Messias como o Rei ideal (Salmos 2.6; Isaías 9.6,7; 11.1-5). Quando Jesus nasceu em Belém, o Reino dos céus irrompeu na história humana com poder e redenção (uma nova aliança, Jeremias 31.31-34; Ezequiel 36.17-36). João Batista corajosamente proclamou a vinda desse Reino (Mateus 3.2; Marcos 1.15). Jesus ensinou claramente que o Reino estava presente nele (Mateus 4.17,23; 9.35; 10.7; 11.11,12; 12.28; 16.19; Marcos 9.1; Lucas 21.31; 22.16,18). O Reino foi o tema central de todos os ensinamentos de Jesus. De acordo com ele, o Reino de Deus, cuja origem está "nos céus", se transformará em algum momento em seu Reino sobre toda a terra (Mateus 6.10), quando ele governará a vida do povo redimido e o Reino por fim será consumado. É precisamente nesse meio-tempo, entre o Reino já presente na vida dos crentes e o Reino que será consumado com o retorno de Cristo, que seus seguidores devem estar atentos, como ilustra uma das mais românticas e encantadoras histórias do Novo Testamento: a parábola das dez virgens (Mateus 25.1-13).

A parábola. As "virgens" seriam meninas da aldeia, talvez filhas dos vizinhos, não parte do cortejo nupcial. As madrinhas oficiais não estariam na estrada, mas com a noiva. Elas não precisariam providenciar o próprio óleo, como foi o caso das meninas, porque era fornecido pela família. Também não teriam sido excluídas da cerimônia de casamento, porque teriam sido convidadas para uma função muito especial durante a cerimônia de casamento: integrar o cortejo nupcial.

---

5. **The Parables of the Kingdom**, p. 123-124.

Joachim Jeremias: "Mateus viu nessa parábola uma alegoria da parúsia de Cristo, o noivo celestial: Dez Virgens são a comunidade cristã que aguarda; a 'demora' do noivo (v. 5) é o adiamento da parúsia; sua vinda repentina (v. 6) é o incidente inesperado da parúsia; a dura rejeição às virgens insensatas (v. 11,12) é o juízo final. Além disso, parece que em uma data muito antiga as virgens insensatas eram interpretadas como uma referência a Israel, e as virgens prudentes, aos gentios. A tradição lucana aparentemente descreve a condenação de Israel no juízo final como a recusa em admitir aqueles que haviam batido à porta tarde demais (Lucas 13.25). Mas terá sido esse o significado original da parábola? Para responder a essa questão, devemos deixar de lado o contexto de Mateus, bem como o *tóte* ('então') do v. 1, que é uma das partículas de transição favoritas e características de Mateus. Devemos também deixar de lado o v. 13, pois essa exortação final à vigilância esquece o significado [original] da parábola. Todas elas dormiram, tanto as prudentes como as insensatas! O que se condena não é o sonho, mas o erro das virgens insensatas em não providenciar óleo para suas lâmpadas. Assim, a exortação à vigilância no v. 13 constitui um daqueles acréscimos exortativos que se costumava agregar às parábolas; originalmente pertencia à parábola do porteiro (Marcos 13.35). Por isso, as referências à parúsia não fazem parte da forma original da parábola".[6]

Como entender essa bela história? O que aconteceu está bem claro: a Igreja, percebendo a frase "o noivo demorou a chegar" (v. 5), transformou o que originalmente era a história de um casamento na cidade numa alegoria sobre Cristo, o noivo celestial. Então, fez que a parábola se tornasse uma exortação aos crentes: eles deveriam estar preparados para a segunda vinda. Nos lábios de Jesus, todavia, a parábola era uma história simples e verdadeira a respeito de uma festa de casamento numa aldeia, para a qual alguns convidados se atrasaram. Jesus usou essa história para alertar os judeus da crise iminente que seu ministério havia desencadeado. Ele encerra a história de forma dramática, ao anunciar em sua parábola: "a porta foi fechada". Há um provérbio judaico que diz: "A porta que se fecha não se abre facilmente". Jesus diz: "A crise está às portas e vem com gravidade inexorável. Estejam preparados para isso".

---

6. *The Parables of Jesus*, p. 51-52.

A lição. A passagem apresenta uma parábola sobre a necessidade de estar preparado. Na história, a ideia das dez virgens é a previsão ou a importância de estar pronto. As moças ilustram a previsão e a prudência diante de um fato imprevisto e iminente. Não se sabe se o noivo veio buscar a noiva na casa dos pais dela ou se ficou esperando por ela na nova casa do casal. Alguns manuscritos antigos conservam o nome da noiva da parábola e indicam ou sugerem um cortejo da casa do pai da noiva até o novo lar. Em todo caso, a chegada da noiva poderia ocorrer a qualquer momento. Não havia como transferir as lâmpadas de uma pessoa a outra. Isso ensina que o mérito de nossos pais não pode ser transferido. Os católicos romanos chamam a isso "supererrogação", ou seja, uma ação executada acima ou além da obrigação; é pagar ou fazer mais que o devido em benefício de alguém. Não há um banco no céu com um depósito dos méritos de boas pessoas do qual possamos lançar mão.

Na literatura rabínica, a imagem do banquete era usada para descrever a alegria: um casamento era uma grande festa na Palestina. O clímax era quando o noivo chegava para buscar a noiva e levá-la para a casa do pai. É provável que Mateus pensasse em Cristo como o noivo que se atrasou (v. 5), e toda a história é uma referência à parúsia. Observe o "então" no v. 1 [implícito, mas não mencionado na *NVI*] e a ordem de vigiar no v. 13. O "então" é de Mateus, e a ordem de vigiar foi adicionada pela igreja primitiva, porque não se encaixa na parábola, uma vez que todas as moças, as prudentes e as insensatas, sucumbiram ao sono (v. 5). O mal não estava nisso, mas no fato de algumas delas não terem se abastecido com o óleo necessário antes de dormir. A parábola original pode ter encerrado no v. 10, e nesse caso a lição seria: se a preparação não for feita a tempo, será tarde demais para o Reino de Deus, como aconteceu com as moças que não se prepararam para a festa. Nos v. 11 e 12, o noivo se torna o juiz celestial. Algum dia será tarde demais para se arrepender (Hebreus 12.17). Daí a necessidade de "vigiar" (v. 13). Esse versículo foi posto aqui para relacionar a parábola com 24.42, mas aqui não é apropriado.

Os lavradores (21.33-46)

Os três Sinópticos registram a parábola dos lavradores (maus) como uma das parábolas culminantes de Jesus (21.33-46; Marcos 12.1-12; Lucas 20.9-19).

A história é apresentada com um final tão acabado e um alvo tão claro (os líderes do povo judeu do momento), que acabaram precipitando os planos de prendê-lo e acusá-lo, com o objetivo de matá-lo.

A parábola. Os v. 33-46 consideram a parábola dos lavradores ou arrendatários (maus). A história visa também a condenar o povo escolhido. "Ouçam outra parábola" indica que as três parábolas de Mateus 21 foram contadas em sequência e para o mesmo público. Mais que uma parábola, é uma alegoria. A vinha é Israel (Isaías 5.1,2); o dono é Deus; os lavradores são os líderes religiosos de Israel; os servos são os profetas; o filho é Jesus, o Messias. Alguns dizem que não se trata de uma alegoria, mas é necessário interpretá-la assim para estabelecer relação com a história seguinte (a parábola do banquete de casamento, 22.1-14). A "torre" do v. 33 é uma torre de vigia. No v. 39, Mateus indica que Jesus morreu fora de Jerusalém (Hebreus 13.2). No v. 41, os próprios fariseus e sacerdotes se condenam. O v. 43 é omitido por Marcos e Lucas. Mateus está ansioso para mostrar a seus leitores que Jesus estava interessado no problema da rejeição do Messias por Israel e na ascensão do Novo Israel, a Igreja.

Num sentido bem evidente, a parábola é uma clara figura da história de Israel, que se apresenta como a vinha do Senhor, uma metáfora bem conhecida no Antigo Testamento (Isaías 5.7; Salmos 80.8-19). Mas a reviravolta na história é que, enquanto qualquer outra parábola teria sido narrada de um modo que levaria Deus a justificar Israel e a destruir todos os inimigos externos que ameaçassem sua vinha (como no salmo 80), na história contada por Jesus os verdadeiros inimigos de Deus, o dono da vinha, são aqueles a cujos cuidados ele a confiou, ou seja, os líderes judeus. Pior ainda, em sua parábola, Jesus prediz que o dono da vinha irá tirá-la das mãos dos administradores originais e entregá-la "a um povo que dê os frutos do Reino" (v. 43). Esse é o Novo Israel, que é a Igreja.

> **Christopher Wright:** "Aqui estão dois pontos importantes. Por um lado, Jesus decreta o fim do monopólio do povo judeu sobre a vinha de Deus: outros serão chamados para servir a Deus em seu Reino. Por outro lado, existe apenas uma vinha, e o propósito de Deus é que ela dê frutos. Essa foi a missão de Israel. Deus procura um povo que produza frutos de vidas vividas

> diante dele, que reflitam seu caráter de justiça, integridade e compaixão. Esse é o fruto que Israel não produziu (v. Isaías 5.7), e Deus procurará agora uma agremiação mais ampla de 'lavradores'. Assim, esses 'outros lavradores', que representam os gentios que Deus chamará, não serão direcionados a outra vinha, com o consequente abandono da vinha original. Não, o plano de Deus é para essa única vinha: seu povo. O que está acontecendo é a extensão de sua administração para além dos primeiros 'lavradores' judeus, para o mundo mais amplo dos gentios, que cumprirão o propósito original de Deus: os frutos da vinha".[7]

A lição. Essa é uma das parábolas mais difíceis de interpretar, porque, como já foi dito, não está claro se é uma parábola ou uma alegoria. A parábola dos lavradores (Mateus 21.33-46; v. Marcos 12.1-9) é uma das mais complicadas, porque apresenta muitos elementos alegóricos e preserva a última advertência de Jesus ao Conselho dos judeus (Sinédrio) por sua rejeição ao Messias (Mateus 21.23,46). A parábola pode ser o reflexo de uma situação real, como o descontentamento dos camponeses da época. A história contada por Jesus traz uma mensagem direta de julgamento contra aqueles a quem foi dirigida (v. 45,46), mas também constitui uma síntese da história de Israel ao longo dos séculos. Deus, por sua graça, lidou com seu povo de várias formas. E o povo desobediente tratava de diferentes maneiras os mensageiros que lhe eram enviados (Mateus 23.37).

A parábola é também uma autobiografia de Jesus. O homem que contou essa história era sua personagem principal. E, alguns dias depois de tê-la contado, ela se tornou realidade. Deus enviou seu Filho Unigênito a Israel como um último apelo, e eles o mataram. Não há outra parábola que nos diga como o Messias concebeu o propósito de sua morte. No entanto, três parábolas em miniatura (ditos) de alguma forma revelam esse segredo. São as seguintes: 1) sobre o cálice: ele estava bebendo o cálice que nossos pecados encheram (Marcos 10.38; 14.36); 2) sobre o batismo: ele estava suportando um batismo de sangue para que pudéssemos ser lavados nele (Lucas 12.50; Marcos 10.38); 3) sobre o resgate: ele estava dando sua vida "em resgate por muitos" (Marcos 10.45).

---

7. **La misión de Dios:** descubriendo el gran mensaje de la Biblia, p. 675.

> **Hugh Martin:** "A parábola lança uma luz impressionante sobre a autoconsciência de Jesus, e a reivindicação implícita é ainda mais comovente porque ocorre de modo quase incidental no decorrer da história. A citação que se segue à parábola é do salmo 118 [v. 22,23], considerado pelos rabinos como aplicado ao Messias, portanto é em si mesma mais uma afirmação das pretensões de Jesus. É também uma dura advertência a seu público-alvo: eles não vão se livrar dele matando-o".[8]

As ovelhas e os bodes (25.31-46)

A parábola das ovelhas e dos bodes é encontrada apenas em Mateus. Mais que uma parábola, a narrativa é em parte um símile, em parte uma alegoria e em parte uma peça apocalíptica. A passagem é uma das supremas glórias do Novo Testamento como literatura e, apesar dos sinais de estilização e edição do Evangelista, contém muito do que parece ser material original de Jesus. A personagem que se destaca na passagem é o Filho do homem, que vem administrar o juízo final, mas a função de juiz representa apenas um aspecto do conceito total do Filho do homem.

> **Oscar Cullmann:** "Na importante passagem relacionada com o juízo final sobre 'ovelhas e bodes' (Mateus 25.31-46), o juízo é sem dúvida pronunciado pelo Filho do homem. O mesmo ocorre em Marcos 8.38, onde, à semelhança dos anjos do judaísmo tardio, ele atua como testemunha contra os que se envergonharam dele. A atribuição do juízo a Jesus (que no Novo Testamento costuma-se atribuir a Deus) está diretamente relacionada com a noção de Filho do homem. [...] A maneira pela qual Jesus adotou e transformou essa ideia de juízo mostra o que há de novo em sua concepção de Filho do homem. Tendo surgido como homem entre os homens e nessa condição assumido o papel de *Ebed Yahweh* [Servo de *Yahweh*], ele é ao mesmo tempo o Filho do homem que há de julgar o mundo; a ideia de juízo recebe aí um caráter novo e profundamente diferente, ainda que se conserve o arcabouço escatológico. Por um lado, o juízo desde então estava intimamente vinculado à obra expiatória do Servo de Deus; por outro lado, o veredicto a ser pronunciado pelo Filho do homem irá se basear na

---

8. **The Parables of the Gospel**, p. 226.

atitude dos homens para com seus semelhantes, em cuja pessoa Jesus, o Filho do homem, está presente".[9]

A parábola. A parábola das ovelhas e dos bodes integra o terceiro bloco de ensinos de Jesus, que está relacionado com o juízo final. O que é o juízo final? Trata-se da avaliação final de toda a humanidade com base em suas obras, por ocasião do retorno de Cristo (25.31,32). Os ímpios serão condenados por causa de suas más ações. A salvação é pela graça, por meio da fé (Efésios 2.8), mas o juízo final não é um juízo de salvação ou para decidir quem será salvo ou não. O juízo final porá à prova o que os crentes fizeram com sua vida de redimido (1Coríntios 3.13-15). Alguns receberão uma recompensa (Lucas 19.16-19). Desse modo, a salvação depende do que Cristo fez, mas a recompensa dos crentes está relacionada com o uso dos dons e das oportunidades que Deus lhes deu para o serviço.

Jesus contou a parábola das ovelhas e dos bodes para ilustrar a base desse juízo final. A ideia fundamental da parábola é que Jesus destaca um princípio: no juízo, será possível caracterizar e diferenciar os justos dos injustos. O princípio é que a pessoa que tem fé produzirá os frutos dessa fé. Se não há frutos, também não há fé. Deus julga o fruto. A verdadeira fé inevitavelmente produz frutos. A parábola também identifica Jesus com os crentes. Nenhuma outra passagem que registre os ensinos de Jesus expressa de forma tão eloquente e bela o espírito ético do Antigo Testamento e do judaísmo.

Alguns detalhes devem ser levados em conta com relação a essa parábola. No v. 31, o Filho do homem surge glorificado: "Quando [...] vier em sua glória". O v. 32 mostra que na Palestina havia diferenças nos rebanhos: as ovelhas eram brancas, e os bodes eram pretos. No v. 34, a expressão "meu Pai" é característica do estilo de Mateus, e a frase "preparado para vocês desde a criação do mundo" pode ser uma evidência de que Mateus acreditava que alguns estavam predestinados para o Reino (20.23), mas não se sabe com certeza. Os v. 37 e 38 mencionam a surpresa dos justos, que talvez seja a parte mais comovente da parábola. No v. 40, o Messias se identifica totalmente com os interesses e as necessidades de seus irmãos mais novos.

---

9. **Cristología del Nuevo Testamento**, p. 184-185.

Nos v. 46 e 41, a figura do "fogo eterno" (*géenna*, "inferno", o lugar do castigo e do fogo eternos) é bem convencional e repete as crenças judaicas tradicionais. Parece ser uma referência ao inferno, o lugar da morada eterna de Satanás e seus anjos. Esse lugar é descrito na Bíblia com as vívidas imagens de um "fogo eterno" (18.8; 25.41; Judas 7), de "trevas" (exteriores) (8.12; 22.13; 25.30), de estar perdido (Lucas 15.24,32), de perecer (Lucas 13.3,5; João 10.28; Romanos 2.12; 2Pedro 2.12) e expressões similares. É impossível imaginar um estado de existência que possa ser descrito de tantas maneiras diferentes. Em todo caso, é óbvio que se trata de um lugar horrível, a ser evitado a qualquer custo (Marcos 9.43). O v. 46 pode ter sido adicionado pelo evangelista.

> **Floyd V. Filson:** "Era a expectativa comum dos primeiros cristãos que todos os seres humanos, inclusive os cristãos, iriam enfrentar o juízo divino no último dia. A mensagem cristã básica anunciava que o Senhor ressuscitado atuaria em lugar do Pai nesse julgamento. Ele teria e exerceria autoridade para pronunciar o juízo divino final sobre toda a humanidade. O juízo retratado em Mateus 25.31-46, uma seção que muitos cristãos não consideram uma passagem cristológica por ensinar apenas sobre a bondade humana, indica que o próprio Jesus via seu trabalho estendido até o juízo final. Além disso, a declaração a respeito de negar diante do Pai os que o negarem também indica que sua palavra será decisiva naquele dia (Marcos 8.38; Lucas 12.8,9). Portanto, não é de surpreender que a igreja primitiva tenha tomado essa parte do ensino de Jesus e feito dele o agente autorizado do juízo final do Pai (Atos 10.42; 2Coríntios 5.10)".[10]

A lição. Como podemos interpretar essa parábola? A chave hermenêutica está na expressão "meus menores irmãos" (v. 40) ou "mais pequeninos" (v. 45), que constitui o clímax da passagem e são paralelos de Mateus 10.40-42 e Marcos 9.37. A cena de um tribunal provavelmente foi composta para apresentar um quadro vívido e dramático em torno dessas expressões. Quem são esses "menores irmãos"? Entre as possibilidades, estão os discípulos de Jesus ou as pessoas necessitadas. Na versão original, Jesus devia estar se referindo aos necessitados. A parábola é a resposta de Jesus à pergunta: por

---

10. **Jesus Christ the Risen Lord**, p. 146.

quais critérios os que não conheceram Cristo serão julgados no dia do juízo? A resposta é: eles serão julgados pelas ações de misericórdia que demonstraram para com os necessitados e marginalizados. Nos pobres e destituídos, somos confrontados com o Messias oculto: amá-los significa amá-lo. Os pagãos que demonstraram tal amor farão parte do Reino celestial, porque o único critério salvífico é o amor. Isso é o que Deus exige (Miqueias 6.8).

> **Martinho Lutero:** "Não infringe o mandamento só aquele que faz o mal, mas também aquele que, podendo fazer o bem ao próximo, quando tem condições de alertá-lo, protegê-lo, defendê-lo ou salvá-lo de algum dano corporal ou de qualquer tipo de prejuízo, não o faz. Porque se deixas alguém nu, podendo cobrir-lhe a nudez, estás deixando-o morrer de frio. Se vês alguém com fome e não lhe dás de comer, estás deixando-o morrer de fome. De igual modo, se vês alguém em perigo de morte ou em qualquer outra situação extrema e não o salvas, conhecendo os meios e os caminhos para fazê-lo, tu o mataste. De nada ajudará argumentar que apenas deixaste de contribuir com tua ajuda, conselhos ou serviço, porque lhe negaste o amor e o privaste do bem, mediante o qual poderia ainda estar vivo".[11]

Poucas passagens mostram o pensamento de Jesus como essa. Nenhuma ensina mais claramente que quem tem nas mãos o destino de todos os seres humanos se preocupa de maneira tão profunda com os mais insignificantes, os esquecidos e os perdidos. Esse é o Messias que adoramos. Ele é o Deus cheio de misericórdia pelos que padecem com a injustiça e pelos que sofrem opressão.

As parábolas são o resultado de uma campanha cujo passo final foi a entrega de Jesus na cruz. Elas iluminam as boas-novas com as quais Jesus iniciou seu ministério e mostram como se deu a chegada e a expansão do Reino de Deus. As parábolas falam da graça soberana do Pai, que nos trouxe o Reino. Elas sugerem algumas qualidades que Jesus espera dos cidadãos do Reino. As parábolas esclarecem, até certo ponto, o significado da crise suprema na qual Jesus, que encarnou em sua pessoa a soberania salvífica de Deus, foi levado à morte, por meio da qual tinha o propósito de estabelecer uma nova aliança e abrir as portas do Reino a todos os que creem.

---

11. **Bíblia Nova Reforma:** edição de estudos e referência, p. 1462.

> **A. M. Hunter:** "O que aconteceu é história. O dia do acerto de contas chegou, e o juízo de Deus, contra o qual Jesus os havia advertido, caiu sobre o templo e o povo judeu. Mas, se o Antigo Israel caiu da graça, o Novo Israel nasceu. Por meio da morte e ressurreição de Cristo, o Reino de Deus 'veio com poder' (Marcos 9.1; Romanos 1.4), o Espírito Santo desceu sobre os expectantes seguidores de Jesus, e o novo povo de Deus, que é a Igreja de Cristo, saiu do aposento [alto] 'conquistando e para conquistar' ".[12]

---

12. **Interpreting the Parables**, p. 90-91.

UNIDADE SEIS

OS ENSINOS DE JESUS

Um antigo provérbio chinês diz: "Se você quer uma colheita em um ano, plante trigo; se quiser uma colheita em dez anos, plante árvores; se quiser uma colheita em cem anos, plante seres humanos". A última foi a tarefa que Jesus se propôs em boa parte de seu ministério terreno. Ele era o Mestre por excelência e, como tal, seu propósito era formar vidas humanas que pudessem continuar o trabalho iniciado por ele. Com profundo amor, ele concentrou seus melhores esforços e sua maior atenção nessa obra. Nosso Mestre é singular. Seu poder é incomparável. Sua personalidade nos desafia, e a grandeza de seu amor nos impulsiona.

O caráter único de Jesus como Mestre repousa sobre sua autoridade, e foi resultado de sua própria experiência. O que ele ensinava não era produto de especulações ou de pesquisa bibliográfica. Ele ensinava o que vivia. Portanto, seu ensino era simples e claro, embora profundo e infinito. As verdades mais importantes e pelas quais vale a pena viver são as que podem ser expressas em termos mais simples. Hoje podemos continuar aprendendo com ele, porque sua palavra continua a nos atrair com clareza cristalina, e sua verdade se torna compreensível para nós.

No entanto, sua autoridade no ensino baseava-se acima de tudo no que ele havia recebido do Pai. O ensinamento de Jesus tinha raízes celestes, e sua grande habilidade como Mestre consistia em fazer que aquelas verdades eternas aterrissassem no terreno pantanoso da realidade humana. Ele não só ensinava e vivia o evangelho, como também era o autor da mensagem que proclamava. Por essa razão, seus discípulos vieram a reconhecê-lo como Mestre e Senhor

(João 13.13,14), que eram títulos de dignidade usados nas conversas com os rabis. Esses títulos, porém, expressavam uma realidade fundamental: o que ele realmente era.

> **John R. W. Stott:** "Se o mesmo Jesus, que ensinou com tal autoridade era o Filho de Deus feito carne, devemos obedecer à sua autoridade e aceitar seu ensino. Devemos permitir que suas opiniões se conformem às nossas e que seus conceitos alimentem os nossos, sem omitir nem mesmo aqueles ensinos que nos são desconfortáveis ou anacrônicos. [...] Jesus, além de ser Mestre, disse que era Senhor. Um mestre instrui seus alunos e talvez lhes implore que aceitem seus ensinos, mas não pode obrigá-los a isso, muito menos a obedecer-lhes. No entanto, Jesus, como Senhor, exerceu essa prerrogativa. [...] Ele esperava de seus discípulos nada menos que lealdade e supremo amor".[1]

---

1. **Las controversias de Jesús**, p. 229-230.

CAPÍTULO 15

SEU ENSINO SOBRE O PECADO E SOBRE SEUS DISCÍPULOS

15.1-20; 16.5-12; 17.24-27; 18.1-22;
19.1-12,16-30; 20.20-28

Quando lemos os evangelhos sinópticos, percebemos o uso escasso de palavras como "pecado" e "pecar". Marcos não usa o verbo "pecar" (gr. *hamartánō*) nem uma vez, e Mateus e Lucas o usam em poucos casos (v. 18.15; Lucas 17.3; 15.18,21). Em Mateus, o substantivo "pecado" aparece 5 vezes; em Marcos, 3 vezes (Marcos 2.5-10); em Lucas, 7 vezes. Vale ressaltar que nos casos em que o verbo ou o substantivo é utilizado, está sempre relacionado com a ideia do perdão. Em contrapartida, a palavra "pecador" aparece várias vezes, mas geralmente no sentido dado pelos judeus ao termo, ou seja, como referência a uma pessoa não religiosa ou que não cumpria os preceitos estabelecidos na Lei.

W. T. Conner: "É provável que Jesus também estivesse agindo de acordo com o princípio de que um conceito adequado de pecado pessoal só é possível quando comparado com a bondade de Deus, que salva do pecado. Não se trata simplesmente de uma consideração do pecado ao contemplá-lo em contraste com a justiça de Deus, que leva a um verdadeiro conceito de pecado e a seu abandono, e sim de uma consideração do pecado em contraste com a bondade de Deus revelada no evangelho da graça".[1]

Quanto aos discípulos, ou seja, aqueles cujos pecados foram perdoados e que agora os seguiam e serviam, Jesus ensinou verdades maravilhosas para ajudá-los a alcançar um crescimento pessoal e comunitário mais pleno, de acordo com a perfeita vontade de Deus. Jesus não deixou espaço para a improvisação quando orientou seus seguidores a trilhar o caminho que ele traçou para uma vida humana plenamente humana, de acordo com os valores do Reino. Ele não só ensinou a cada um o caminho de sua salvação e da plena realização pessoal (16.24,25), como também destacou o tratamento a se dispensar ao próximo. De acordo com Jesus, ninguém devia tratar os semelhantes com desprezo ou desrespeito (5.21-26). Sua advertência era de que, no juízo final, seremos avaliados conforme o tratamos na pessoa de nosso próximo (25.25-46).

Com relação ao próximo, Jesus estabeleceu a Regra de Ouro (7.12) como diretriz para as relações com qualquer pessoa. De acordo com esse ideal, significa mais que cumprir o Grande Mandamento de amar o próximo como a nós mesmos (22.37-40), até chegar ao ponto de amar os inimigos ou pessoas que acreditamos não serem merecedoras de nosso amor (5.43-47). Isso é o que mais nos custa como discípulos de Jesus; é, porém, o que mais nos aproxima da perfeição do Pai, nosso objetivo moral e espiritual (5.48). Além disso, é assim que Deus trata os seres humanos, apesar de seus pecados, e devemos fazer o mesmo. O caráter de Deus é apresentado aqui como nosso ideal, e não devemos ficar satisfeitos enquanto não o alcançarmos.

SEU ENSINO SOBRE O PECADO (15.1-20; 16.5-12)

Jesus tratou do problema do pecado destacando várias questões gerais. 1) Ele afirmou que todos os seres humanos são pecadores (7.11). Todo ser humano tem um elemento de maldade em si, e ninguém é sem pecado. 2) Ele comparou o pecado com uma dívida, ou seja, com o não cumprimento de obrigações morais e espirituais (6.12). O pecado é aquele estado ou condição em que

---

1. **Las enseñanzas del Señor Jesús**, p. 129-130.

alguém não cumpriu suas obrigações para com Deus. 3) Ele mostrou que há vários graus de responsabilidade e culpa relacionados com o pecado, os quais devem ser levados em conta (11.20-24). Esse grau é determinado pela luz e pelas oportunidades que alguém desprezou ao pecar. 4) Denunciou o perigo de pecar contra a luz do evangelho (12.24-42). Quando a luz é suficiente, o pecado pode se tornar imperdoável, se confundirmos a ação redentora de Deus com as manobras enganosas e destrutivas de Satanás. 5) Ele diagnosticou o pecado como uma questão do coração, ou seja, do ser humano interior (12.35; 15.18-20). É de um coração ruim que provêm as coisas ruins. Com isso, Jesus enfatiza a natureza interior e espiritual do pecado. Se a árvore é ruim, o fruto será ruim (7.16-18). 6) Enfatizou que o caráter de Deus são as diretrizes morais e espirituais a seguir, e tudo que está aquém dessa norma pode resultar em pecado (5.48).

Se o pecado é o oposto da justiça, quais são alguns conflitos que podem ajudar a identificá-lo?

Tradição *versus* Palavra de Deus (15.1-6)

Por todo o cap. 15 de Mateus, vemos Jesus enfrentando uma oposição crescente e cada vez mais direta e sistemática. A notícia de que Jesus estava na região da planície de Genesaré, a sudoeste de Cafarnaum (14.34), tornou possível que "alguns fariseus e mestres da lei, vindos de Jerusalém", o encontrassem (v. 1). Os fariseus e os mestres da lei de Jerusalém assumiram o papel de promotores de Jesus. Eles o abordavam com questões controversas e com a firme intenção de fazê-lo cair em alguma armadilha. Já vimos que as antíteses utilizadas por Jesus no Sermão do Monte serviam para o aguçamento da Lei até as últimas consequências, em contraste com a casuística dos mestres da lei, que tinham tendências evasivas e não tão rígidas (19.4-12). O material do capítulo não é muito diferente, embora a forma seja mais precisa que a de uma controvérsia, talvez por influência dos debates que ocorriam entre as sinagogas e as igrejas da época de Mateus. Os seis primeiros versículos preparam o palco para o primeiro debate. Note-se que esses homens vieram de Jerusalém para encontrar Jesus (v. 1) e tinham uma pergunta para ele (v. 2).

A tradição (v. 1,2). A questão de lavar as mãos antes de comer pode parecer trivial, além de nos trazer lembranças da infância, quando nossa mãe nos obrigava a fazer isso com zelo quase farisaico. Nesse caso, entretanto, não se tratava de um necessário hábito de higiene, e sim de um cerimonial anacrônico nem sempre fácil de cumprir, pelo menos não com o fanatismo dos fariseus. A delegação dos fiscais de cerimônias de Jerusalém prova que a essa altura a cidade se havia tornado a sede da conspiração contra Jesus, na qual os fariseus ocupavam a liderança. Esses judeus fundamentalistas e os mestres da lei fingiam ser os guardiões da mais antiga tradição religiosa hierosolimita, ou seja, "a tradição dos líderes religiosos". Essa "tradição" (gr. *tēn parádosin*) consistia em leis cerimoniais que, desde os tempos antigos, os "líderes religiosos" ou "anciãos" (gr. *tōn presbytérōn*) haviam transmitido oralmente e que depois codificaram na obra conhecida como *Mishná*. Não há uma única lei no Antigo Testamento que mande lavar as mãos antes de comer; os rabinos, porém, transformaram essa prática de higiene num rito religioso obrigatório, com conotações morais. O rito da lavagem das mãos era uma "tradição dos líderes religiosos" preservada com muito zelo pelos fariseus. A prática era obrigatória para os sacerdotes (Levítico 22.1-16), mas não para os judeus comuns, embora os fariseus lhe tivessem dado força de lei. É por isso que, para eles, o fato de os discípulos de Jesus comerem sem lavar as mãos era uma violação muito grave da tradição. Na verdade, para esse grupo de inquisidores detectar a violação de um preceito ritual não era o que mais interessava, e sim acusar Jesus de permitir tal coisa e não assumir a responsabilidade por isso.

A Palavra de Deus (v. 3-6). Jesus responde à inquirição viciada de seus oponentes elevando o debate do nível das tradições rituais humanas para o nível da Palavra de Deus e de sua vontade. No v. 3, Jesus desafia o princípio da tradição oral dos fariseus e o considera hipócrita por estar em conflito com os mandamentos básicos de Deus. Os fariseus e os mestres da lei enalteciam tanto a tradição dos antigos que deixavam a Lei e os Profetas (Palavra de Deus) em segundo plano. A resposta de Jesus foi categórica. Ele começou dizendo a eles: "E por que vocês também [...]?" (gr. *dià ti kaì hỹmeîs*). A NVI omite a palavra "também" (gr. *kaì hỹmeîs*), importante aqui, pois indica que Jesus admite que seus discípulos estão transgredindo as tradições rabínicas. Longe de condená-los, porém, ele justifica a conduta deles e com isso se posiciona contra a tradição dos anciãos. Ou seja, os discípulos não tinham deixado de lavar as mãos por esquecimento: eles o tinham feito de propósito (é provável que o próprio Jesus não tenha lavado as mãos também e que o ataque tenha sido contra ele de forma indireta, por meio dos discípulos).

A resposta de Jesus é uma pergunta que desnuda a grave condição moral e espiritual de seus oponentes: "E por que vocês transgridem o mandamento de Deus?". De acordo com Jesus, eles haviam trocado a obediência à Palavra de Deus pela submissão à tradição religiosa. Os fariseus e os mestres da lei ilustraram seu argumento com uma coisa que os discípulos haviam deixado de fazer ("não lavam as mãos" antes de comer). Jesus contra-argumenta também com algo que os religiosos haviam deixado de fazer: não obedecer ao "mandamento de Deus" para seguir as tradições. De fato, uma dessas tradições dizia que, se alguém declarasse algo seu como "Corbã" (oferta dedicada a Deus), estava livre da obrigação de cumprir o mandamento de honrar os pais, o único acompanhado de uma promessa (Efésios 6.2). Dessa forma, a tradição violava o mandamento de Deus, e quem o fazia tinha a pretensão de ser um religioso de alto nível. Desse modo, Jesus demonstrou que a tradição podia levar a pessoa a romper seu relacionamento com Deus e a desobedecer à Palavra.

Hipocrisia *versus* autenticidade (15.7-9)

Os v. 7-9 apresentam uma tradução livre de Isaías 29.13, baseada na *Septuaginta* e adaptada para a comunidade judaica helenística. Jesus baseia suas críticas nas ofrendas votivas que se faziam no templo para substituir o cuidado com os pais (v. 4-6), exigido pela Lei. Há uma grande dose de sarcasmo na aplicação direta da profecia de Isaías a esses pseudopiedosos. Tais religiosos de papel (fariseus e mestres da lei) eram culpados de uma falsa religião, que resultou em duplo crime espiritual.

Honra hipócrita (v. 7,8). Ao evocar e remodelar com cuidado as palavras do profeta, Jesus deu um golpe certeiro na consciência deles ao afirmar que eram "hipócritas" (gr. *hypokritaì*). É interessante que Jesus tenha particularizado sua interpretação e aplicação da profecia ("profetizou [...] acerca de vocês"), de modo que a própria Palavra de Deus, que eles tinham violado ao seguir as tradições humanas, os condenava. Eles estavam muito distantes de Deus, imaginavam-se que ele poderia estar satisfeito com a hipocrisia e a falta de autenticidade de sua religiosidade da boca para fora. A realidade era que "seu coração está longe de mim" (gr. *hē dè kardía autōn pórrō apéchei ap' emoū*).

Adoração vã (v. 9). O culto que eles ofereciam carecia de sentido, e a razão era que seus ensinos não passavam de normas de fabricação humana. Jesus foi muito direto ao afirmar que os ensinos contidos na tradição dos antigos não passavam de "regras ensinadas por homens" (gr. *didaskalías entálmata anthrōpōn*), ou seja, preceitos humanos ou mandamentos de elaboração humana. Com isso, ele trouxe à luz o conflito permanente entre o relacionamento divino e a religião humana. O primeiro é a iniciativa de Deus de se relacionar com o ser humano; a segunda é o esforço humano para estabelecer um relacionamento com Deus. Como tal, a religião é condicionada por coisas externas, por isso fracassa ao tocar os aspectos essenciais da vida. O relacionamento divino começa com o essencial da vida e, desse centro, avança para as coisas externas. Ninguém se torna mais espiritual ou piedoso por meio de exercícios carnais e humanos. A hipocrisia religiosa expressa precisamente a frustração produzida por essas vãs tentativas. A espiritualidade que nasce e se alimenta de um relacionamento pessoal e genuíno com Deus acaba colocando a máscara da religião falsa sobre o rosto do hipócrita.

Impureza *versus* pureza (15.10–20)

Nos v. 10-20, Jesus considera o contraste entre contaminação ritual e contaminação real. Mateus faz desses versículos uma unidade fechada, quando retorna, no v. 20, à questão surgida no v. 2. O tema da contaminação era da maior seriedade para os cerimonialistas rabínicos. Havia uma lista interminável de coisas que continham impureza. No entanto, longe de trazer uma pureza profunda, a religião hipócrita só conseguia disfarçar o câncer interior.

A multidão (v. 10,11). Depois de citar alguns exemplos de como os líderes religiosos judeus violavam a Lei com suas tradições, Jesus criticou a questão da lavagem das mãos em bases internas e morais (v. 10,11). Note-se que nesse caso Jesus se afastou do debate com os fariseus e se dirigiu à multidão, que ele convidou a se aproximar. É provável que a maioria dos presentes já tivesse ouvido o debate entre Jesus e os fariseus e mestres da lei, mas agora o Mestre falava diretamente a eles para garantir que escutassem bem e entendessem melhor o que ele considerava importante, ou seja, a condenação de uma religiosidade meramente exterior e o valor de um relacionamento com Deus "em espírito e em verdade" (João 4.24). No v. 10, usam-se os verbos "ouvir" e "entender" (gr. *akoúete kaì syníete*), que tecnicamente se aplicam às parábolas do cap. 13. Dessa forma, Jesus convida-os a fazer uma clara distinção entre impureza e pureza, entre o que de fato contamina e o que não contamina.

No v. 11, Jesus declara à multidão um importante princípio da ética do Reino: "O que entra pela boca não torna o homem impuro; mas o que sai de sua boca, isto o torna impuro". A impureza moral é que torna impuro o ser humano e o contamina. Essa é a razão pela qual a hipocrisia da religião é perigosa, pois apenas cobre a raiz do problema. Com isso, Jesus vai além da tradição dos anciãos e praticamente anula as distinções levíticas entre puro e impuro.

Os discípulos (v. 12-14). Agora são os discípulos que de forma indireta expressam a própria confusão, porque certamente não estavam longe da multidão nem dos fariseus quanto ao entendimento da verdadeira religião. Por isso, preferem dizer que "os fariseus ficaram ofendidos" com as palavras de Jesus (v. 12). Agora, o que de fato ofendeu (gr. *eskandalísthēsan*) os fariseus (como também a multidão e os discípulos): o que Jesus disse ou o que ele insinuou? Ficaram ofendidos por Jesus ter dito que eram "hipócritas" ou por ter desnudado sua falsa religiosidade? Assim, Jesus dá uma dupla resposta a seu público escandalizado e sobe o nível no radicalismo de sua denúncia. Em primeiro lugar, os fariseus não têm nenhuma relação pessoal com Deus (são "planta que meu Pai celestial não plantou"), por isso serão "arrancad[os] pelas raízes". Em segundo lugar, os fariseus "são guias cegos" (expressão proverbial do Antigo Testamento) e "cairão num buraco" com seus seguidores (v. 13,14).

Pedro (v. 15-20). No v. 15, Pedro faz referência ao v. 11 como se o que Jesus disse tivesse o formato de uma parábola curta. No entanto, é difícil considerar o v. 11 uma parábola ou um enigma. Na verdade, ao que parece foi a interpretação de Jesus (o que ela implicava) que os ofendeu (v. 13). De acordo com esse versículo, "toda planta que meu Pai celestial não plantou" pode se referir a outras pessoas (os escolhidos em contraste com os descrentes). Alguns pensam que aqui Jesus parece aplicar a frase às regras dos fariseus (como não plantadas por Deus) e parece relacioná-la com o provérbio sobre os líderes cegos (v. 14; Lucas 6.39; Romanos 2.19).

Em todo caso, não ficou claro para Pedro o que Jesus queria dizer, daí sua pergunta. A reação de Jesus manifesta sua frustração, pois parecia que todos os seus esforços em ser claro e direto em seu ensino colidiam com camadas e camadas de conceitos distorcidos sobre a ética e a teologia verdadeiras do Reino, acumuladas na mente de seus ouvintes ao longo de séculos de tradições elaboradas pelo homem. A falta de entendimento era o denominador comum entre os fariseus, as multidões e os discípulos. Foi por isso que Jesus quase desafiou seus discípulos ao perguntar se ainda não haviam entendido (gr. *asynetoí*, "que não entende", "insensato", "néscio"). De fato, os discípulos haviam sido educados num ambiente farisaico e tinham a religiosidade desse grupo como modelo. Eles ainda careciam de inteligência ou discernimento espiritual, que receberiam após a ressurreição, por obra do Espírito Santo (Lucas 24.31,32).

Jesus viu-se forçado a ilustrar seu argumento com uma breve parábola ou provérbio que faz referência ao processo natural de engolir, digerir e evacuar (v. 17), algo que eles podiam entender muito bem. Mas no v. 18 ele transporta sua lição de fisiologia humana para o nível ético e espiritual: o que sai da boca (gr. *toû stómatos*) vem do coração (gr. *kardía*). Se o que sai é ruim, é porque o coração (o ser humano interior) é ruim, e é isso que "torna [o homem] impuro". A lista de pecados do v. 19 é consideravelmente mais curta que a de Marcos, embora Mateus acrescente "os falsos testemunhos". Estes, com as "calúnias" (gr. *blasfēmíai*, "blasfêmias"), podem muito bem ter mais sentido religioso que ético para Mateus. Em suma, os fariseus, com suas calúnias contra Jesus, estão em pior situação (mais impuros) que os discípulos com a atitude de não lavar as mãos antes de comer (v. 20).

Doutrina falsa *versus* doutrina verdadeira (16.5-12)

Os v. 5-12 registram a conversa de Jesus com seus discípulos sobre o fermento. Na verdade, há dois temas sobre a mesa. O primeiro está relacionado com a referência ao pão e sua provisão; o outro diz respeito à metáfora do fermento com relação aos fariseus e saduceus. Possivelmente, há uma combinação de dois elementos da tradição unidos por uma referência comum à levedura do pão.

A confusão dos discípulos (v. 5-10). Jesus avisou: "tenham cuidado com o fermento dos fariseus e dos saduceus". Com isso, alertava-os contra certo tipo de corrupção, que se desintegrava e, em contato com outras coisas, iniciava um processo de decadência. Jesus desafiou-os a pensar, a discernir, a conhecer e a atentar para esse perigo (gr. *horáō*, "ver", "olhar que", "ter cuidado"). Ele recomendou também: "Estejam atentos" (gr. *proséchō*, "prestar muita atenção em", "ter cuidado de", "evitar"). Como já foi dito, o aviso era enfático e duplo e presumia um grave perigo relacionado com a influência dos fariseus e dos saduceus (v. 6). Os discípulos, porém, não entendiam assim. Pensaram (gr. *dialegízonto*, "arrazoaram") que Jesus se referia à provisão de pão que, na pressa de atravessar o lago, eles haviam esquecido (v. 7). Sem dúvida, a mente dos discípulos estava do outro lado do lago enquanto Jesus argumentava com seus oponentes. E, por sua vez, faltava-lhes a fé necessária no poder e na autoridade de Jesus, já que se mostravam preocupados por causa de alguns pães. Além disso, a confusão deles era absurda. Em primeiro lugar, porque Jesus foi claro em indicar os fariseus (representantes do tradicionalismo) e os saduceus (representantes do racionalismo). Em segundo lugar, porque também havia deixado claro que Jesus estava se referindo a eles, à luz dos debates que tinha tido com membros dos dois grupos.

A corrupção dos fariseus e dos saduceus (v. 11,12). Três vezes nessa passagem se faz referência ao "fermento dos fariseus e dos saduceus". Jesus queria proteger seus discípulos do que considerava um grave perigo de corrupção e desintegração. A fé de seus seguidores tinha de ser vacinada contra a religião dos inimigos mais insidiosos de todos os tempos. Jesus sabia muito bem que as duas coisas que mais podiam causar dano à fé cristã no decorrer do tempo eram o acréscimo da tradição e a subtração do sobrenatural. Esses dois extremos se manifestaram na esfera teológica ao longo dos séculos, tanto no "fermento" do fundamentalismo quanto no "fermento" do liberalismo. O primeiro é bem ilustrado pelos fariseus, e o segundo, pelos saduceus. Hoje não há cristãos usando filactérios e repetindo como papagaios credos que não vivem, mas há muitos cristãos hipócritas que dizem: "Você deve fazer isso [o que Deus não ordenou, mas são mandamentos de homens], ou não estará fazendo o que Deus ordena". Há cristãos fundamentalistas que ainda discutem quantos anjos cabem na ponta de um alfinete e que sustentam uma teologia seca e dogmática. Há também "saduceus" que forçam o naturalismo, o relativismo e o liberalismo como autoridade sobre a Palavra de Deus e que fazem da fé cristã um mero assentimento a certos princípios éticos, mas que negam as grandes verdades bíblicas. Trata-se daqueles cristãos que racionalizam a fé e rejeitam tudo que nela seja sobrenatural.

SEU ENSINO SOBRE OS DISCÍPULOS (17.24-27; 18.1-22; 19.1-12,16-30; 20.20-28)

Depois da confissão de Pedro em Cesareia de Filipe (16.13-16), Jesus abandonou os debates e as controvérsias com os fariseus, com os mestres da lei e com os saduceus e concentrou-se no ensino sobre o Reino aos discípulos, a fim de prepará-los para os acontecimentos que logo se precipitariam e culminariam em sua morte e ressurreição (16.21). A seguir, iremos analisar seus ensinamentos mais importantes, especialmente os relacionados com os discípulos como seguidores de Jesus e futuros continuadores de sua obra. Como devem ser os discípulos de Jesus?

Devem ser bons cidadãos (17.24-27)

Os v. 24-27 tratam da questão do pagamento do imposto do templo em Cafarnaum, que consistia em duas dracmas (gr. *tà dídrachma*), que equivalem a um denário, ou seja, o salário de um trabalhador por um dia de trabalho. Cada judeu com mais de 20 anos de idade deveria pagar esse imposto, que era usado para manter o templo de Jerusalém. Mas não era um imposto obrigatório, como o que os publicanos cobravam para os romanos. O pagamento era feito no mês de adar (março).

Os que cobravam o imposto (v. 24). Os cobradores do imposto do templo em Jerusalém, que faziam a coleta em Cafarnaum, de alguma forma foram informados de que Jesus tinha uma dívida fiscal. Por isso, esses oficiais judeus a serviço do templo "vieram a Pedro", que provavelmente também estava em débito, para exigir o pagamento de Jesus (v. 24). É provável que o imposto já tivesse expirado cerca de seis meses antes, porque Jesus e seus discípulos haviam estado fora da Galileia a maior parte desse tempo. Além disso, o pagamento tinha de ser feito em moeda judaica, que só podia ser obtida no templo ou com cambistas autorizados (v. 21.12,13). Talvez por essa razão os cobradores, quase todos corruptos, foram em busca de Pedro, não de Jesus: "O mestre de vocês não paga o imposto do templo?". Talvez o fizessem na esperança de receber algum suborno ou um pagamento "extra" da parte de um empresário como Pedro. Como de costume, Pedro tomou conta da situação e respondeu por Jesus, que provavelmente tinha o hábito de pagar o imposto em dia (v. 25a).

Os que pagavam o imposto (v. 25,26). Ao que parece, os devedores eram Pedro e Jesus, mas os cobradores não se atreveram a encarar Jesus com sua legítima exigência. Na expressão "na casa", note-se o artigo (gr. *tēn oikían*), que indica uma casa particular e conhecida, talvez de propriedade de Pedro (v. 8.14). Então, mais uma vez, Jesus manifesta seu dom da palavra de conhecimento (1Coríntios 12.8) antecipando-se com sua pergunta à preocupação de Pedro (v. 25b). Jesus parece querer confundir o discípulo com seu argumento, que contém uma profunda verdade teológica. Com sua pequena parábola, Jesus está dizendo. "Se eu sou o Rei, o Filho de Deus, então não tenho a obrigação de pagar o imposto do templo de meu Pai, que por sinal vocês dedicaram como a casa dele". As famílias reais não pagavam impostos, mas os cobravam dos estrangeiros e de seus súditos. Se assim for, Jesus está afirmando aqui, de forma indireta, sua condição divina.

Um bom cidadão paga impostos (v. 27). Ainda que os cobradores do imposto do templo provavelmente fossem oficiais corruptos, que mantinham parte do dinheiro para si, Jesus submeteu-se à exigência deles, a fim de não "escandalizá-los" (gr. *skandalísōmen*), ou seja, fazê-los cair em pecado (de difamação, como os fariseus?). Jesus não queria dar a impressão de que ele e seus discípulos menosprezavam o templo e sua adoração. O que realmente "escandaliza" muitos leitores desse evangelho é a instrução que Jesus deu a Pedro para pagar o imposto (v. 27b). Pedro era pescador, e Jesus o mandou obter os recursos para pagar essa obrigação com o próprio trabalho do discípulo, embora não em grande escala, como costumava fazer, mas com um anzol. Mais uma vez, Jesus surpreende com o exercício do dom da palavra de conhecimento, quando diz: "Tire o primeiro peixe que você pegar, abra-lhe a boca, e você encontrará uma moeda de quatro dracmas".

A moeda em questão era o estáter (gr. *statēra*), equivalente a quatro dracmas, ou seja, Jesus pagou o dobro do que devia (provavelmente por ele e por Pedro). A ação descrita no v. 27, caso tenha acontecido, não está em sintonia com os outros milagres de Jesus. Sua finalidade era fornecer o dinheiro necessário para pagar um imposto. A primeira impressão é que o milagre não tinha um propósito redentor nem envolvia uma bênção a um terceiro, mas satisfazia uma necessidade pessoal. No entanto, Jesus, como bom cidadão, preferiu cumprir a obrigação de pagar o estáter, mas o fez pensando no bem-estar dos outros. Esse é o princípio que encontramos em Paulo quando ele discorre sobre a carne oferecida aos ídolos ("para não escandalizá-los", v. 27; 1Coríntios 8.9-13). Ao mesmo tempo, Jesus não tirou dinheiro de ninguém, e encontrar uma moeda desse valor na boca de um peixe é coisa rara (ou impossível). O milagre foi Jesus saber precisamente o que iria acontecer. A propósito, se para alguns estudiosos da Bíblia o que aconteceu não foi um milagre, para Pedro e para os cobradores do imposto do templo com certeza foi.

Devem ser como crianças (18.1-6)

Os discípulos estavam discutindo sobre qual deles era o mais importante e quem teria os cargos mais elevados quando Jesus começasse a reinar. Tal discussão era evidência de que eles ainda pensavam que Jesus reinaria em Jerusalém. Talvez alguns dos discípulos tenham ficado com ciúmes por Jesus ter escolhido apenas três deles para subir o monte com ele (17.1). Jesus explica quem são os "grandes" em seu Reino. De acordo com o Mestre, são verdadeiramente grandes ou importantes aqueles que servem ao próximo com a ingenuidade de uma criança (18.1-6) e os que são capazes de perdoar (18.15-22).

Nesse capítulo de seu evangelho, Mateus reúne o ensino de Jesus relacionado de maneira mais direta com o comportamento dos discípulos como membros da nova sociedade criada por ele, a comunidade messiânica. Nos v. 1-9, Jesus discorre sobre a humildade. "Naquele momento" (v. 1) significa literalmente "naquela hora" (gr. *en ekeínēi tēi hōra*). Jesus não deu uma resposta direta à pergunta dos discípulos, mas chamou a atenção para as condições que deveriam satisfazer antes de se tornarem notáveis (v. 3). Jesus ensinou que as crianças são o exemplo mais eloquente de humildade. Note-se que ele disse: "a não ser que vocês se convertam [ou seja, se não mudarem de direção] e se tornem *como* crianças [ou seja, isto é, semelhante a elas em humildade]". Isso não significa cair em infantilismos ou assumir um comportamento imaturo. "Esta criança" (v. 4) não significa ser igual à criança mostrada em particular (para nós desconhecida), mas se tornar uma pessoa humilde como ilustrado por ela. "Em meu nome" (v. 5) quer dizer "pelo meu amor" e "no meu lugar". Levar alguém a "cair no pecado" ou a "tropeçar" (v. 6; ofender ou escandalizar) é fazer algo que prejudica a consciência de alguém, como explicado nos v. 8 e 9 ("fizerem tropeçar"). Parece que o evangelista, recordando o ensinamento de Jesus sobre o pecado de ofender alguém, deseja lembrar seus leitores do que Jesus dissera sobre não ficar ofendido e não fazer o próximo tropeçar (v. 8,9). Nos v. 1-6, duas coisas merecem atenção.

A capacidade de ser como criança. A disputa entre os discípulos girava em torno de saber qual deles era o maior com relação ao Reino que Jesus estava estabelecendo. Eles queriam ocupar posições nas quais recebessem honra dos demais. Queriam dar ordens e exercer poder sobre os outros. Se pudessem fazer tais coisas, pensavam, seriam importantes ou "o maior". Isso é o que muitos pensam hoje. O ensino de que os discípulos precisavam — e nós também — está registrado em Marcos 9.35 e, de maneira mais completa, em Mateus 20.20-28.

As crianças são a melhor ilustração da verdade que Jesus quer nos mostrar. "Entrar no Reino" é o mesmo que "receber o Reino" (Marcos 10.15), "entrar na vida" (18.8,9) e "ser salvo" (19.25). Todas essas frases significam "viver o mais pleno, alegre e melhor tipo de vida". De acordo com Jesus, podemos ter essa vida (como um dom de Deus) se formos como crianças. "Tornar-se como crianças" significa "ser como uma criança". Devemos ser tão confiantes e dependentes de Deus quanto as crianças confiam e dependem dos mais velhos. Elas sabem que dependem da bondade e do conhecimento dos outros. Não se preocupam com o futuro, porque confiam que os mais velhos cuidarão delas. As crianças têm consciência de que sabem pouco e querem aprender mais. Além disso, o Reino de Deus é para os que sabem que são fracos, ignorantes e pecadores e aceitam agradecidos o perdão, a força e a orientação que Deus lhes dá (5.6; Efésios 2.8). No entanto, devemos reconhecer que aqueles dentre nós que não são mais crianças nem sempre agem assim. Não gostamos de admitir nossa dependência de Deus para tudo que é bom (João 9.41b). Então, precisamos mudar de atitude e voltar a ser como crianças. Precisamos "nascer de novo" (João 3.3).

Mesmo assim, as exigências de Jesus, embora claras e indesculpáveis, não são fáceis de cumprir. Ser como uma criança é uma exigência difícil de satisfazer em nossos dias. Basicamente, o que se está pedindo é humildade, um produto que brilha pela sua ausência no mercado do mundo das virtudes cristãs.

É preciso ter a humildade de uma criança para aprender. A criança está consciente de sua ignorância e inexperiência, por isso explora, experimenta, pergunta e aplica tudo que lhe é novo. Precisamos dessa disposição para ser ensinados e guiados pelo nosso Mestre. Devemos reconhecer que, embora tenhamos alcançado a "maioridade" em certas coisas, ainda temos muito que aprender sobre questões morais e espirituais. Também precisamos da humildade da criança para obedecer e aplicar o que aprendemos. Pecamos quando temos a pretensão de saber melhor que o Senhor o que mais se adapta à nossa vida e a seu Reino. Ele tem um propósito eterno, no qual há espaço para nossa vida.

O interesse de Jesus pelas crianças.[2] Jesus considerava as crianças os primeiros herdeiros da bênção de Deus. Com isso, ele nos incentiva a não nos esquecermos de nossos filhos, assim como Deus não se esqueceu de seus filhos e lhes deu um lugar preferencial. É interessante o que diz N. K. Davis: "A literatura clássica nada sabe sobre crianças, enquanto a literatura cristã está cheia delas". Jesus revolucionou conceitos sobre crianças e atitudes a respeito delas. Ele tomava as crianças nos braços (Marcos 10.16a); tocava nelas, curava-as e lhes dava vida (Mateus 9.25); impunha as mãos sobre elas e as abençoava (Mateus 19.13,15; Marcos 10.13); usava-as como exemplos em seus ensinos (Mateus 18.2); na semana que antecedeu sua morte, foi consolado pelos louvores que emitiam (Mateus 21.15,16).

Algumas das declarações mais surpreendentes de Jesus estão relacionadas com crianças, como as registradas nos cap. 18 e 19 de Mateus. Em cada caso, Jesus chama uma criança e ensina a seus discípulos verdades fundamentais, que devemos ter em mente. 1) A menos que os adultos mudem e se tornem como crianças, eles não entrarão no Reino de Deus, muito menos serão considerados grandes ou importantes no Reino. A humildade como a de uma criança é essencial (v. 1-4). 2) Quem recebe "uma destas crianças" em nome dele, a ele recebe também (v. 5). 3) Qualquer um que fizer "tropeçar" ou "cair no pecado um destes pequeninos" que creem nele será melhor que morra (v. 6). 4) Não se deve desprezar nenhuma criança, porque no céu seus anjos contemplam a face de Deus Pai o tempo todo (v. 10). 5) A vontade de Deus é

---

2. José Luis Martín Descalzo, **Vida y misterio de Jesús de Nazaret**, v. 2, p. 223-229.

que nenhum desses "pequeninos" se perca (v. 14). 6) Os discípulos erraram ao tentar impedir que as pessoas levassem seus filhos pequenos a Jesus para que ele impusesse as mãos sobre eles e os abençoasse (19.13-15).

Devem ser íntegros (18.7-9)

Esse foi um dos maiores desafios de Jesus a seus discípulos. Como é difícil para o cristão viver uma vida tão plena quanto a do Senhor! Nesses versículos, mais uma vez Jesus mede a grandeza de seus discípulos de acordo com sua integridade.

Algumas advertências (v. 7). Diante de tal desafio, não é de estranhar que surjam pedras de tropeço, armadilhas, dificuldades e obstáculos, que são inevitáveis e cujo propósito infelizmente é incitar o pecado e criar as condições para isso. À luz dessa realidade, Jesus lança um duplo alerta, introduzido por uma dupla exclamação de lamento (gr. *ouái*). A primeira advertência é dirigida ao mundo (gr. *tōi kósmōi*), sobre as "coisas que fazem cair no pecado". Nesse caso, o mundo, o sistema de valores e estilos de vida que se opõe à perfeita vontade de Deus, é a pedra de tropeço. A segunda advertência é dirigida a pessoas que levam outros a pecar ou tropeçar. Nesse caso, a pedra de tropeço são os que provocam o pecado dos outros e o fazem consciente e ardilosamente. Talvez o mundo use essas pessoas para levar outras a pecar, mas é bem provável que Jesus esteja pensando em duas possíveis fontes de agências do mal. Daí os dois ais de lamento (não de condenação) e as duas advertências.

Alguns conselhos (v. 8,9). Em suas advertências, Jesus está falando de ofensas que vêm de fora do círculo dos discípulos, mas nesses versículos as ofensas são as que os próprios discípulos provocam contra si, em prejuízo da própria integridade. Nesses versículos, encontramos outro exemplo das parábolas duplas de Mateus (5.29,30) e do hábito de Jesus de repetir essas declarações radicais e muitas vezes hiperbólicas. Em todo caso, a falta de integridade causa grande dano não só à pessoa afetada, mas também aos membros da comunidade de fé que a rodeiam.

> **William Barclay:** "Essa passagem pode ser considerada em dois sentidos. Pode ser tomada no sentido puramente pessoal. Pode estar dizendo que vale

a pena qualquer sacrifício e qualquer renúncia para escapar do castigo de Deus. [...] Todavia, também é possível que essa passagem não seja tomada de forma tão pessoal, mas com relação à igreja. Mateus já usou essa declaração de Jesus num contexto diferente em 5.30. Aqui pode haver uma diferença. Toda a passagem se trata de crianças e talvez especialmente de meninos na fé. O texto pode estar dizendo: 'Se existe alguém em sua igreja que exerça má influência; se existe alguém que seja mau exemplo para os jovens na fé; se existe alguém cuja vida e comportamento está prejudicando o corpo da igreja, ele deve ser arrancado e jogado fora'. Esse pode ser o significado. A igreja é o corpo de Cristo; se esse corpo for saudável e salutar, tudo que contenha as sementes de uma infecção cancerígena ou venenosa deve ser removido cirurgicamente".[3]

Devem ser inclusivos (18.10-14)

Essa passagem registra a parábola da ovelha perdida. Dos v. 10-14 e até o final do capítulo, Mateus apresenta material próprio e se torna mais específico quando se trata de vida comunitária, talvez tendo como guia a frase "vivam em paz uns com os outros" (Marcos 9.50). Essa parábola é muito semelhante à de Lucas 15.1-7. Em Mateus, porém, ela não se aplica ao ministério de Jesus aos pecadores, mas ao ministério da igreja aos membros perdidos.

Inclusivos para amar o crente marginalizado (v. 10). Jesus refere-se a esses fiéis como "pequeninos" (gr. *tōn mikrōn*). A ideia não é de crianças pequenas, mas de pessoas imaturas na fé. O termo também pode ter um sentido sociológico, como "de pouca importância", "insignificante" ou "humilde". Em todo caso, trata-se de pessoas discriminadas e marginalizadas na igreja; mantidas nas sombras e que contam apenas como números. Para Jesus, isso não é mero descuido, algo involuntário, mas uma ação repreensível: "desprezarem" (gr. *katafronēsēte*, "desprezar", "tratar com desprezo", "olhar com desdém") com atitude de superioridade. Jesus corrige esse pecado com um argumento que chama a atenção e não é fácil de interpretar: "Os anjos deles nos céus estão sempre vendo a face de meu Pai celeste". Jesus se refere a "anjos" (gr. *ággeloi*) de posição elevada ("estão sempre vendo a face de meu Pai celeste"), que cuidam

---

3. **The Gospel of Matthew**, v. 2, p. 182-183.

dos crentes mais pequeninos e humildes. Desse modo, Jesus apresenta esses anjos guardiões como "gêmeos espirituais" deles. Os judeus acreditavam que cada nação tinha um anjo da guarda (Daniel 10.13,20,21). Cada uma das sete igrejas de Apocalipse 1.20 tem um anjo, seja lá como se interprete a expressão. Essa declaração suscita algumas questões. No pensamento de Jesus, teria cada crente um anjo especial postado diante do trono de Deus para interceder por esse crente (cf. Lucas 1.19)? Ou com essa expressão Jesus quer dizer apenas que os anjos estão interessados no bem-estar de cada membro do povo de Deus (Hebreus 1.14)? Em todo caso, a verdade é que a declaração de Jesus nos enche de confiança e coragem, por sabermos que, enquanto confiarmos no Pai, ele cuidará de todos nós, sejamos fortes ou fracos.

Inclusivos para buscar o crente desgarrado (v. 12-14). O v. 11 possivelmente foi adicionado mais tarde e talvez extraído de Lucas 19.10 (algumas traduções o mantêm como nota de rodapé). O propósito da parábola da ovelha perdida em Mateus é diferente do de Lucas (Lucas 15.4-7). Em primeiro lugar, porque, como já vimos, no contexto o termo "pequeninos" refere-se a crentes imaturos ou mais novos ou a qualquer um que não se sobressaia na congregação. Em segundo lugar, é dito três vezes que a "ovelha" (gr. *próbata*) "se perdeu" (v. 12b,13), conceito importante para Mateus na descrição da apostasia (24.4,5,11,24). Em terceiro lugar, Mateus evita o termo grego *metánoia* ("arrependimento"), usado por Lucas (15.7; 17.3,4), que para ele está vinculado à experiência inicial da conversão. Desse modo, Mateus considera a situação do crente desgarrado ou enganado, o irmão que caiu ou está prestes a cair, ou o que está afastado da comunidade de fé. Assim, a parábola introduz a perícope, o relato que se segue com seus regulamentos mais específicos sobre como lidar com as questões disciplinares na igreja. No v. 14, não está claro se a leitura correta é "meu Pai" ou "seu Pai". Em todo caso, é interessante que a frase tem sentido com ambas as leituras.

Essa passagem é de importância vital em nossos dias para o conjunto das igrejas evangélicas da América Latina. Ouso afirmar que hoje há mais crentes fora das igrejas do que dentro. É astronômico o número de pessoas, até mesmo de pastores e líderes, que deixaram a comunhão de suas congregações — não negando a fé, mas renegando a Igreja como instituição. Há uma decepção generalizada que não para de crescer. Em grande parte, isso se deve a liderança autoritária, abuso de poder, exigências legalistas e religiosas quase impossíveis de cumprir, escândalos de todos os tipos, falta de ensino bíblico e de uma doutrinação adequada, frouxidão moral e espiritual, discriminação social e cultural, falta de oportunidades para servir... e a lista continua. É urgente levar as advertências de Jesus a sério e dar-lhes expressão na vida concreta da comunidade de fé. Note-se que na versão de Lucas (15.1-7) a resposta positiva de um pecador arrependido é que no céu há "mais alegria". Já em Mateus, Jesus diz: "O Pai de vocês, que está nos céus, não quer que nenhum destes pequeninos [crentes afastados do rebanho] se perca" (v. 14).

Devem ser perdoadores (18.15-17,20-22)

Esses versículos tratam do caso do irmão que peca contra outro. Os v. 15-35 contêm algumas instruções sobre como tratar bem o irmão que pecou contra nós. Os v. 15-20 versam sobre questões de disciplina eclesiástica. A expressão "contra você" (v. 15) não aparece no *Códice sinaítico* nem no *Códice vaticano*, dois manuscritos importantes do Novo Testamento. A menção da "igreja" (v. 17) leva-nos a perguntar: quando a Igreja foi fundada? A referência a uma igreja (ou congregação) parece ser uma adição posterior.

A capacidade de perdoar. É possível que alguém esteja entre os seguidores do Messias, mas não pertença de fato ao rebanho. Quando se torna claro que uma pessoa não pertence ao Reino de Deus, a comunidade dos redimidos deve agir com responsabilidade, embora sem atitudes egoístas, e considerá-la excluída da comunhão dos santos. No entanto, deve-se tomar grande cuidado para evitar qualquer engano. O Novo Israel, ao contrário do Antigo, não está sob a Lei, e sim sob a graça. Contudo, nem por isso deixa de ser uma sociedade e, como tal, precisa de regras, o que envolve o privilégio e o dever de "ligar" e "desligar", ou seja, definir o que é permitido e o que é proibido. Os discípulos devem entender que suas decisões nunca devem ser expressões arbitrárias de opiniões pessoais, mas convicções obtidas após a oração unida ao Pai celestial. Só assim tais resoluções serão eternamente sancionadas (v. 18-20).

A comunidade messiânica é, antes de tudo, a comunidade dos redimidos. Deve sua existência ao perdão redentor que Cristo tornou possível com sua morte. É a comunidade de homens e mulheres por quem Cristo morreu. Por causa disso, um dever fundamental pesa sobre cada crente e nunca deve ser esquecido nem negligenciado: o dever de perdoar como foram perdoados. A sociedade dos redimidos não fará sentido se os que foram perdoados de seus pecados por Deus se mostrarem incapazes de perdoar as ofensas dos outros (v. 21,22).

A possibilidade de perdoar. A capacidade de perdoar é impossível de obter sem uma atitude de sincera humildade. É incrível a capacidade que as crianças têm de perdoar. Sua humildade é a base dessa disposição. A vida nos endurece e entorpece, mas em Cristo há o renascimento, que torna possível ao coração de pedra tornar-se um coração de carne, e, como consequência, o perdão deixa de ser um elemento estranho ou impossível à experiência do crente. Nos v. 19 e 20, o contraste não é entre dois ou três e muitos, mas entre um, dois ou três. No Novo Testamento, não há salvação isolada. Deus não salva uma pessoa sozinha ou de maneira exclusiva. Sua salvação é a que incorpora a comunidade (1Timóteo 2.4). São princípios que devem ser entendidos com clareza para o justo exercício da disciplina eclesiástica, que hoje brilha por sua ausência, mas que é extremamente necessária.

> **Dietrich Bonhoeffer:** "Onde o espírito de fraternidade e serviço está ausente, torna-se difícil alcançar o terceiro nível. Porque se um irmão cair abertamente em pecado, seja por palavra, seja por ação, a igreja deve ter autoridade suficiente para tomar medidas disciplinares formais contra ele. [...] O método de aplicar essa disciplina há de variar a cada caso, mas o propósito é constante, ou seja, levar o pecador ao arrependimento e à reconciliação. Se o pecado é do tipo que pode permanecer em segredo entre você e o pecador, não cabe a você divulgá-lo, mas apenas aplicar a disciplina em particular e chamá-lo ao arrependimento, então 'você ganhou seu irmão'. Mas, se ele não o ouvir e se mantiver irredutível, você ainda não deve tornar público o pecado dele, mas escolher uma ou duas testemunhas (18.16), que são necessárias por dois motivos. Primeiro: são necessárias para estabelecer o próprio pecado, ou seja, se a acusação não puder ser provada e for negada pelo membro da congregação, deixe o assunto nas mãos de Deus; pressupõe-se que os irmãos devam ser testemunhas, não inquisidores. Mas, em segundo lugar, elas são necessárias para provar a recusa de quem cometeu o erro em se arrepender. O segredo da ação disciplinar tem como propósito ajudar o pecador

a se curvar ao arrependimento. E, se ainda assim ele se recusar a ouvir ou se seu pecado já for de domínio público no meio de toda a congregação, então a congregação inteira deverá chamar o pecador ao arrependimento e exortá-lo (18.17; cp. com 2Tessalonicenses 3.14)".[4]

Devem ser intercessores (18.18-20)

A oração de intercessão é o grande recurso que os discípulos e a igreja possuem para o cumprimento de seu ministério com relação a outras pessoas. É esse aspecto da oração que permite ao crente fazer súplicas específicas a Deus por si mesmo e especialmente por outras pessoas ou grupos. De modo geral, a expressão refere-se à oração oferecida em benefício de outros por um crente. Esses versículos destacam três grandes verdades sobre o ministério da intercessão.

Ligar e desligar (v. 18). Essa é a ação da oração intercessora. Os crentes receberam do Senhor autoridade para amarrar Satanás e para não permitir que ele opere em sua tarefa de roubar, matar e destruir. Receberam também autoridade para liberar a bênção de Deus sobre as pessoas mantidas cativas pelo pecado. Observe-se a repercussão dessas ações, pois têm impacto "no céu", ou seja, elas envolvem o próprio Deus. O exercício de ligar e desligar está relacionado também com a proclamação do evangelho do Reino para a salvação. Quando o crente em oração intercede pelos que ainda não são salvos e lhes anuncia o evangelho, ele está amarrando o Diabo e o pecado na vida deles e liberando o amor redentor de Deus, que os salva. Reter a oração e o testemunho significa deixar pessoas em cativeiro (amarradas), e isso com efeitos eternos ("no céu"). O oposto também tem efeitos eternos e glorifica a Deus. À luz de 16.19, parece claro que a metáfora de ligar e desligar está vinculada a outra metáfora, a de entrar ou não entrar no Reino de Deus ("chaves do Reino dos céus").

Pedir e receber (v. 19). Esse é o poder da oração de intercessão. Os crentes receberam do Senhor poder para pedir coisas que estejam em conformidade com a vontade soberana do Pai, que age quando esses pedidos resultam do consenso de seus filhos. A unidade dos crentes na oração é fundamental para que o poder de Deus seja plenamente manifesto (Atos 1.14; 2.1-4). O acordo

---

4. **El costo del discipulado:** la dicotomía entre gracia barata y gracia sublime, p. 332-333.

entre os discípulos ("se [...] vocês concordarem", gr. *symfōnēsōsin*) é fundamental para que a intercessão seja atendida (Malaquias 3.16a). A palavra "sinfonia" vem desse termo grego. Não se trata de uniformidade (todos fazendo a mesma coisa), nem de unanimidade (todos sentindo a mesma coisa), nem de unicidade (sendo todos exclusivistas), mas de unidade (todos participando da mesma coisa), como o próprio Jesus orou e intercedeu (João 17.21). E essa participação comum deve estar na missão de proclamar o evangelho do Reino.

Reunião e presença (v. 20). Esse é o resultado da oração de intercessão. Os crentes receberam do Senhor a promessa de sua presença real sempre que se reunirem em nome dele. Essa é a carta magna ou a Constituição da Igreja e expressa duas verdades fundamentais. Primeira: a realidade da presença do Senhor com seu povo onde quer que esteja rompe com a ideia de um lugar específico para o encontro de adoração com Deus. O local de culto não é o templo, a catedral ou a capela, mas onde os crentes estiverem reunidos em nome dele, assim como a Igreja não é um edifício, mas a assembleia dos discípulos do Senhor. Segunda: a reunião dos crentes no Espírito de Cristo e em nome do Senhor (gr. *eis tò emòn ónoma*) manifesta a realidade de que eles são seus discípulos.

Devem ser fiéis (19.1-12)

Toda essa passagem discute a questão da fidelidade. Os v. 1-11 apresentam a questão do divórcio, ou seja, a quebra da fidelidade entre os cônjuges. É uma passagem difícil de interpretar. O v. 12 apresenta um caso singular de extrema fidelidade ao Reino dos céus, como o dos que não se casam para se dedicar com maior consagração à tarefa do Reino.

A questão dos fariseus e a resposta de Jesus (v. 3-6). Os fariseus queriam propor a Jesus um dilema (v. 3). Sua motivação era sinistra, pois desejavam "pô-lo à prova" (gr. *peirázontes*, "tentá-lo"). Talvez por isso a pergunta específica dos fariseus não seja respondida imediatamente. Em todo caso, a questão do divórcio era um problema todos os dias também naqueles tempos e era objeto de debate. De fato, havia duas escolas rabínicas que tinham opiniões diferentes sobre o assunto, especialmente na interpretação de Deuteronômio 24.1. A escola de Hillel, mais liberal e popular, argumentava que Moisés permitia o divórcio com base na incompatibilidade de temperamento ou diante de uma desculpa qualquer — contra as mulheres, é claro. A escola de Shammai, mais rigorosa e menos popular, argumentava que havia apenas uma causa para o divórcio, que era a infidelidade.

A resposta de Jesus é uma pergunta (v. 4-6). A resposta de Jesus foi: "Se vocês querem dizer 'por alguma razão válida', minha resposta é sim; se querem dizer 'por qualquer motivo', minha resposta é não". Jesus lembra-lhes a verdade de que o propósito dos dois sexos na criação era a solidariedade, a continuidade e a felicidade da raça humana e que, para alcançar esse objetivo, o casamento devia ter como base a união física (completa) do homem e da mulher. Qualquer coisa que impeça isso opõe-se ao plano de Deus. Desse modo, o argumento de Jesus baseia-se no desígnio divino original para o relacionamento entre homem e mulher no contexto do casamento. Com isso, Jesus vai além de Hillel e Shammai, e até mesmo além de Moisés, e volta ao desejo original do Criador ("no princípio"). Tudo que foi dito desde então não passa de opinião humana. O propósito divino para o ser humano sempre foi um homem e uma mulher unidos por Deus para sempre.

A objeção dos fariseus e a resposta de Jesus (v. 7-9). Os fariseus então fizeram outra pergunta (v. 7), que era na verdade uma objeção formulada nos termos da disputa entre eles. Sua pergunta visava saber por que Moisés havia ordenado o que ordenara e quais os fundamentos dessa permissão. A "certidão de divórcio" (gr. *biblíon*) era um rolo de papiro ou um documento em pergaminho que garantia certa proteção à mulher repudiada, mas que lhe impunha restrições de conduta com relação a outros homens. Em suma, a mulher não podia pedir o divórcio.

A resposta de Jesus foi formulada com uma referência histórica importante (v. 8,9). No v. 8, Jesus diz que Moisés estava no propósito divino como Legislador, mas foi por causa da pecaminosidade do ser humano que permitiu o divórcio. A expressão "pela dureza do coração de vocês" (gr. *pròs tēn sklērokar – dían hymōn*) é literal e evoca a imagem de um coração seco (gr. *sklērós*), duro e obstinado. No entanto, Jesus aponta para o ideal divino e permanente que vem do "princípio" (gr. *ap' arhēs*). A vontade original de Deus é a união, não a separação, e isso não perdeu a validade, apesar das concessões que ele mesmo fez por causa da obstinação humana. Portanto, a ordem original ainda permanece: jamais foi anulada nem se tornou obsoleta. Com isso, Jesus se põe bem acima do debate mesquinho e sectário dos fariseus.

Além disso, Jesus assume a posição mais conservadora e acrescenta uma cláusula de exceção: "[...] exceto por imoralidade sexual" (gr. *mē epì pornéiai*; v. 5.32), que pode ser a fornicação ou o adultério. Só Mateus registra essa cláusula, razão pela qual alguns estudiosos a consideram uma adição posterior, uma vez que não concorda com o espírito do contexto. Devemos ainda distinguir entre casamento (contrato humano e legal) e matrimônio (compromisso moral e de amor). Nem todos os casados são unidos por Deus (v. 6), mas um casamento vinculado pelo amor e fortalecido pela fidelidade satisfaz a vontade original de Deus para o homem e para a mulher, e não haverá motivo para que se divorciem. Em todo caso, Jesus aqui não está criando uma lei, mas destacando o ideal divino do relacionamento matrimonial, ou seja, um homem e uma mulher unidos por ele em amor e para sempre. No entanto, ele também reconhece que tanto o homem quanto a mulher continuam sendo as mesmas criaturas caídas.

A opinião dos discípulos e a resposta de Jesus (v. 10-12). Como já vimos, Jesus acreditava que havia chegado a hora de aplicar o ideal de Gênesis quanto à questão da indissolubilidade matrimonial, com todas as suas exigências, tal como Deus desejava desde o princípio. Os discípulos perceberam esse radicalismo, por isso ficaram surpresos (v. 10). O ideal de Jesus estava longe da opinião dos fariseus, mas parecia elevado demais para seus discípulos. Assim, chegaram à conclusão de que era "melhor não casar", ou pelo menos não era conveniente fazê-lo.

A resposta de Jesus deve ter soado estranho ou pelo menos incompreensível (v. 11,12). De acordo com ele, Deus até então havia tolerado o divórcio por tomar em consideração a dureza do coração humano, mas agora a humanidade contava com um dom extraordinário, graças ao qual seria possível tornar realidade a utopia de Gênesis (Gênesis 2.24). Antes disso, era preciso usar esse dom para "aceitar" a vontade original de Deus ("somente aqueles a quem isso é dado"). A expressão verbal "é dado" traduz o verbo grego *dídōmi*, o mesmo usado para se referir aos dons do Espírito Santo (1Coríntios 12.7,8; Tiago 1.5; 2Pedro 3.15). Paulo, escrevendo aos crentes de Corinto sobre o divórcio, declarou enfaticamente que esse, não outro, era o ensino de Jesus (1Coríntios 7.10,11). Está claro que para Jesus era necessária na nova lei a tendência ao ideal de casamento antecipado em Gênesis, segundo o qual o homem e a mulher não são mais dois, mas um só em definitivo.

Alguns intérpretes hoje são favoráveis ao divórcio praticamente sem restrições. No entanto, o ideal do casamento monogâmico e permanente é sem dúvida o princípio ensinado por Jesus. Essa ideia ainda apela aos mais elevados sentimentos éticos de nosso tempo. Qual é a necessidade de regras detalhadas para melhor promover o ideal? Qual é o menor dos males quando esse ideal é violado e tornado impossível? Essas são questões que devem ser respondidas pela consciência moral, pela experiência e pelo juízo prático do presente.

Devem ser consagrados (19.12)

No v. 10, os discípulos expressam a voz do perfeccionista ou do asceta radical, mas Jesus lhes responde no v. 12, afirmando que ficar solteiro também tem seu valor.

Ascetismo não é consagração. Nem o ascetismo dos monges nem o celibato imposto aos padres católicos romanos constituem solução para o problema do divórcio, muito menos para suas possíveis causas (fornicação e adultério). Pelo contrário. Em todo caso, a decisão de permanecer celibatário deve ser tomada com liberdade e por uma razão superior, como o Reino dos céus. Das três opções mencionadas por Jesus no v. 12, a última é a que ele aprova. As outras duas estão fora do exercício responsável da vontade humana ("nasceram assim" e "foram feitos assim"). Mais importante que o celibato (não se unir no casamento), porém, é a consagração do discípulo, que ele mesmo deve expressar. Mesmo assim, de acordo com Jesus, a decisão de não se unir em matrimônio como forma de expressar consagração só funciona com quem consegue permanecer celibatário. Só nesse caso Jesus admite tal decisão. O apóstolo Paulo acrescentou que isso é possível, mas só se a pessoa tiver o dom da graça divina para isso (v. 1Coríntios 7.7-9).

Castração não é consagração. Essa admoestação de Jesus tem sido mal interpretada ao longo dos séculos, a ponto de muitos crentes fiéis se castrarem como forma de expressar sua consagração ao Reino de Deus. A castração é uma prática que se enquadra no âmbito mais amplo da esterilização, um ato da livre vontade que tende a produzir no homem ou na mulher uma situação de esterilidade. Chama-se "castração" a esterilidade obtida pela amputação cirúrgica das glândulas sexuais. A castração é uma prática antiga. A palavra vem do sânscrito *ssastram* ("faca") e *ssasati* ("cortar") e designa uma operação que consiste essencialmente em suprimir os órgãos genitais (testículos no homem e ovários nas mulheres). Na Bíblia, o castrado ou eunuco é um ser diminuído, pois de acordo com o sentimento dos antigos ele não só perdia a capacidade de se reproduzir, como também a energia e o vigor próprios do homem. Por motivos ascéticos, a castração surgiu nos primeiros séculos do cristianismo, levada a efeito por alguns que interpretavam literalmente a declaração do v. 12. Foi o caso de cristãos famosos, como Orígenes de Alexandria, Abelardo e os *skoptzi* da Rússia e da Romênia do século XVIII. Na Bíblia, condena-se a castração de qualquer tipo, seja de seres humanos, seja de animais (Deuteronômio 23.1; Levítico 22.24).

Devem ser generosos (19.16-30)

Os v. 16-30 registram a história do jovem rico e o ensino sobre o custo do discipulado. O relato de Mateus sobre o jovem rico e a recompensa dos discípulos apresenta pequenas, mas significativas, diferenças com relação a Marcos e Lucas. Essa passagem segue a lógica das anteriores.

A indagação do jovem (v. 16-24). O jovem começou mal sua investigação sobre como obter a vida eterna, porque perguntou: "Que farei de bom para ter a vida eterna?" em vez de perguntar: "Como devo ser?". Ou seja, como ser obediente à vontade de Deus. Em sua resposta, Jesus ressalta esse fato e muda a abordagem ética do jovem do fazer para o ser. No v. 17, "Por que você me pergunta sobre o que é bom?" (*NVI*; gr. *perì toû agathoû*) às vezes é traduzido por: "Por que você me chama bom?". Na verdade, o jovem tinha uma ideia bem clara do que era bom ou pelo menos era capaz de associar o bem à vida eterna. No entanto, parece evidente que, para ele, "bom" era obedecer a todos os mandamentos existentes. A pergunta dele ("Quais?", v. 18) revela o desejo de se certificar de que tinha a lista completa dos mandamentos e não se esquecia de obedecer a nenhum deles ou que temia haver algum mandamento conhecido que ele não cumprisse.

Jesus está tentando confrontar o jovem com a realidade de que é impossível cumprir todos os mandamentos por esforço humano ou com as melhores intenções. Mais uma vez, ele ressalta a necessidade de ser uma pessoa boa em vez de fazer coisas boas. Marcos enfatiza os últimos seis mandamentos do Decálogo, ou seja, a segunda tábua da Lei. Mateus acrescenta "Amarás o teu próximo como a ti mesmo". Com isso, Jesus confronta o jovem com seu verdadeiro problema. Ele cumpria todos os mandamentos, exceto o mais importante, que era amar o próximo. Jesus mostra ao jovem essa necessidade da maneira mais radical possível: "vá, venda os seus bens e dê o dinheiro aos pobres". Ou seja, o jovem teria de colocar seu dinheiro nas mãos de Deus e administrá-lo de acordo com a vontade divina como forma de expressar amor ao próximo. "Ser perfeito", no v. 21 (gr. *téleios*, "completo", "perfeito", "íntegro", "maduro", "bem desenvolvido"), não quer dizer ser melhor que alguém, mas alcançar o objetivo proposto por Deus. Infelizmente, o jovem descobriu que o poder de seus bens era maior que seu desejo de cumprir todos os mandamentos e obter a vida eterna. Na verdade, estava mais interessado em ter "muitas riquezas" na terra que em possuir "um tesouro nos céus". E seguir Jesus deixando tudo não lhe pareceu tão "bom" quanto continuar com sua religião de cumprimento escrupuloso de mandamentos. Por isso, ao ouvir a proposta de Jesus, "afastou-se triste". Talvez não tenha sido esse o fim do jovem rico, mas foi o fim da história. O v. 24 não aparece nos melhores manuscritos e provavelmente é um glosa ou interpretação marginal.

A perplexidade dos discípulos (v. 25,26). Os judeus acreditavam que a posse de riquezas era uma prova do favor divino, e os discípulos provavelmente pensavam a mesma coisa. Jesus, porém, afirmou o contrário (v. 23,24). Daí a pergunta dos discípulos no v. 25, que "ficaram perplexos" (gr. *exeplēssonto*), ou seja, em choque ou desconcertados. Jesus percebeu que estavam confusos ("olhou para eles", gr. *emblépsas*) e, diante da pergunta deles ("Neste caso, quem pode ser salvo?"), respondeu: "Para o homem é impossível". A salvação é impossível aos seres humanos, "mas para Deus todas as coisas são possíveis". De fato, a maior demonstração do poder de Deus é a salvação dos pecadores seres humanos (Romanos 1.16). Não fosse o poder de Deus, ninguém poderia ser salvo.

A reação explosiva de Pedro (v. 27-30). Pedro assume uma atitude egoísta no v. 27 e faz uma pergunta mercenária: "Que será de nós?". No v. 28, Jesus responde não com um desafio, mas diz que, embora eles tenham certa supremacia e recompensa, outros também desfrutarão a vida eterna. O último a entrar no Reino receberá a mesma recompensa do primeiro (v. 29). Na verdade, a maior recompensa é a vida eterna, que é igual para todos. Jesus ilustra esse fato com a história que se segue: a parábola dos trabalhadores na vinha (20.1-16).

Devem ser servos (20.20-28)

O pedido de uma mãe é o fato que Mateus registra em 20.20-28. Era a mãe de Tiago e João, os filhos de Zebedeu, que provavelmente acompanhava Jesus em suas viagens com outras mulheres. É provável que ela tivesse em mente o que Jesus dissera sobre seus discípulos sentados "em doze tronos, para julgar as doze tribos de Israel" (19.28) e queria um *upgrade* para seus filhos. Essa mulher pode ter sido Salomé, talvez uma irmã de Maria, mãe de Jesus (João 19.25). Se for assim, ela estava querendo se aproveitar da relação de parentesco para obter algum privilégio no Reino inaugurado por Jesus.

A imaturidade de Tiago e João (v. 20,21). Esses versículos mostram a ambição e a inépcia de Tiago e João. De acordo com Mateus, a imaturidade deles era dupla (v. 20,21). Em primeiro lugar, porque não haviam entendido a natureza do Reino de Deus. Em segundo lugar, porque infantilmente recorreram à mãe para que ela administrasse o desejo deles. Confrontado pela imaturidade dos dois discípulos e pelo seu pedido absurdo, Jesus respondeu com grande paciência. Em Mateus, o pedido é feito pela mãe; em Marcos (10.35), por Tiago e João. A versão de Marcos é a mais correta, pois o pedido deve ter vindo mesmo dos apóstolos, uma vez que logo os outros dez se irritaram com eles (v. 24). Apesar da arbitrariedade do pedido dos filhos de Zebedeu, Jesus pergunta amorosamente à mãe deles: "O que você quer?". É assim que o Senhor sempre nos trata. Ainda que estejamos errados, ele sempre espera o melhor de nós e está disposto a nos atender. Jesus não negou o pedido de seus discípulos, mas o corrigiu. A parte boa do pedido deles é que esses homens acreditavam que o Reino havia chegado com Jesus e que era o Reino dele ("no teu Reino"). A única coisa ruim é que o pedido expressava um conceito equivocado do Reino de Deus. No pensamento deles, como no dos judeus em geral, era um reino de caráter material e nacional. Por isso, os dois homens não tinham ideia do que estavam fazendo. Sua ignorância competia com sua autoconfiança, e isso os impediu de enxergar a natureza do Reino e a necessidade de serem servos.

A natureza do Reino (v. 22). Há dois fatos aqui: eles não entenderam a verdadeira natureza do Reino e não estavam satisfeitos com a promessa, feita por Jesus, de uma recompensa final. Eles se sentiam tão confiantes que se acreditavam capazes de sofrer vergonha e perseguição por amor dele. Geralmente se imaginava o "cálice" (gr. *tòpotērion*) com um líquido amargo ou que causava dor (Isaías 51.17; João 18.11). Algumas traduções, seguindo o *Textus receptus*, acrescentam: "e ser batizados com o batismo com que eu sou batizado". O "batismo" (ou "águas", Isaías 43.2) era tido como perigoso (Lucas 12.50). As duas palavras juntas ("cálice" e "batismo") significam "sofrimento e perigo". Muitas vezes, somos incentivados a "ser como Jesus". Eis uma forma de todo cristão ser como ele: por meio do sofrimento voluntário (2Coríntios 1.5; Colossenses 1.24; Mateus 10.25). Na verdade, essa foi a experiência dos filhos de Zebedeu: Tiago foi martirizado por Herodes Agripa I em Jerusalém (Atos 12.2), e João serviu ao Mestre e mais tarde foi enviado para o exílio na ilha de Patmos (Apocalipse 1.9). Além disso, Jesus prevê a participação comprometida de seus discípulos em seus sofrimentos redentores ao cumprirem sua missão. Diante do sofrimento, portanto, há dois tipos de expectativas. Tiago e João tinham a expectativa errada no momento, por isso responderam: "Podemos". Ou seja: "Não estamos preocupados: o sofrimento não nos alcançará". A resposta correta seria: "Não se preocupe: o sofrimento pode nos alcançar, mas com a ajuda do Senhor o venceremos" (v. 2Reis 6.16).

A necessidade de ser servo (v. 23-28). Jesus nos deixou um grande ensinamento no v. 23. O significado desse versículo é: "Vocês não podem ser líderes no meu Reino simplesmente vindo me pedir em particular uma posição elevada. Deus reservou há muito tempo os lugares de liderança para determinado tipo de pessoas". A indignação dos outros dez discípulos contra os dois irmãos (v. 24) prova que eles também concebiam o Reino de maneira equivocada e estavam muito longe de entender a necessidade de serem servos. A ansiedade por um lugar no Reino era evidência de que João e Tiago (e também os dez) não entendiam o sentido em que o termo "importante" deveria ser aplicado à "gloriosa companhia dos apóstolos". No Reino, o termo "importante" aplica-se àqueles que, inspirados pelo exemplo de Jesus, entregam-se ao serviço do próximo.

Aqui (v. 23b), Jesus faz duas afirmações. Primeira: "Não cabe a mim conceder". Isso não significa que ele se considerasse inferior ou menor que Deus Pai. Jesus era plenamente Deus, mas enquanto estava na terra foi obediente ao Pai celestial (Marcos 13.32; João 12.50b). Segunda: "Esses lugares [...] foram preparados por meu Pai". Isso não significa que desde a eternidade Deus já determinou que alguns de nós seríamos bons cristãos e que ele arbitrariamente enviaria outros para o inferno (1Timóteo 2.4). Todos nós somos livres para escolher ser o tipo de pessoa que Jesus descreve nos versículos seguintes (v. 25-28), mas é certo que nem todos decidirão ser como Jesus. Nesses versículos, Jesus explica que tipo de pessoa ou como são os discípulos que ocuparão esses cargos.

Note-se que Jesus não condena o desejo de "tornar-se importante", porque é uma ambição legítima. Há pessoas "importantes" ou "grandes" (gr. *megáloi*) tanto entre os cristãos quanto entre os pagãos. O problema é querer ser grande para dominar os outros ("as dominam", gr. *katakurieúousin*) ou tornar-se ditador ("exercem poder", gr. *katexousiázousin*). Infelizmente, as igrejas da América Latina são atormentadas por líderes que adoram dominar, comandar e abusar do povo. No entanto, de acordo com Jesus, a verdadeira grandeza é ser "servo" (gr. *diákonos*), e o caminho para ser servo é ser "escravo" (gr. *doūlos*) dos outros. Ele mesmo é o modelo por excelência do que ensina (v. 28).

CAPÍTULO 16

SEU ENSINO SOBRE QUESTÕES CONTROVERSAS E AS COISAS FUTURAS

22.15-46; 24.1-25,29-51

Durante todo o seu ministério, conforme registrado no evangelho de Mateus, Jesus sustentou várias controvérsias, especialmente com seus oponentes. Muitos de seus discursos foram debates com os líderes religiosos dos judeus. Acima de tudo, eles se opunham às pretensões de Jesus, que afirmava ser o Messias, o Filho de Deus ou o Filho do homem, expressões de grande conotação messiânica que sugeriam a ideia de divindade. Mas eles também se opunham ao reconhecimento do povo à pessoa dele como Filho de Davi ou como um profeta enviado por Deus por causa das curas e dos milagres que realizava. Alguns ensinamentos e práticas de Jesus feriam princípios, dogmas e valores que eles consideravam supremos, como o respeito ao sábado, a submissão a diversas leis cerimoniais ou a conformidade meticulosa às tradições dos líderes religiosos.

Acima de tudo, as controvérsias com Jesus expunham a religiosidade hipócrita, a religião formal e estéril, a piedade superficial, a corrupção moral e a decadência espiritual de seus oponentes. Todo o esforço deles consistia em fazer coisas para agradar a Deus, enquanto Jesus salientava que o mais importante era ser um tipo particular de pessoa, caracterizado pela obediência fiel à vontade revelada de Deus. Outro elemento que se destaca na leitura desse evangelho é que Jesus tinha uma visão do Reino de Deus, ao passo que seus oponentes não conseguiam olhar para além da mesquinhez de seus próprios interesses ou compromissos sectários, na condição de fariseus, saduceus, herodianos ou mestres da lei. Esse mesmo sectarismo punha em evidência um terceiro fator nas controvérsias, a saber, o fanatismo, o fundamentalismo e o dogmatismo de seu posicionamento contra a atitude de Jesus, que era muito mais reconciliadora, inclusiva, pluralista, tolerante e saturada de aceitação e amor. A quarta questão a considerar é que, enquanto seus adversários buscavam a controvérsia, a fim de prender Jesus ou de tentar enredá-lo no debate, Jesus tentava evitar a discussão fútil, pois era um desperdício de tempo e poderia distraí-lo de sua missão. A vocação de Jesus era mais a busca da unidade que a promoção de disputas, mais a reconciliação que a discórdia, mais a união que a desunião e mais a salvação que a condenação.

Sobre as últimas coisas, Jesus cumpriu seu ministério como profeta anunciando o que iria acontecer com relação a seu Reino. Sua intenção não era traçar um mapa do futuro ou promover uma escatologia popular. Ele tinha como objetivo encorajar a esperança de seus seguidores em seu glorioso retorno e incentivá-los a trabalhar por seu Reino com uma atitude vigilante durante o tempo de espera. A esse respeito, Jesus não revela todos os detalhes que o povo gostaria de saber, apenas o suficiente para não serem tomados de surpresa no dia final. Longe de impressionar seus seguidores com medo e angústia, o panorama do futuro que lhes apresentou incentivava-os a agir em seu nome e a fazer com seu poder e sua autoridade o possível para garantir que todas as nações recebessem o testemunho de seu evangelho.

SEU ENSINO EM QUESTÕES CONTROVERSAS (22.15-46)

Como cristãos, enfrentamos hoje uma infinidade de questões que estão em debate na arena pública. Se existe algo que caracteriza a cultura pós-moderna, é seu relativismo, segundo o qual a autoridade das metanarrativas expirou e a multiplicidade de verdades afeta todas as esferas da realidade. Nos dias de Jesus, diversas questões também faziam parte da agenda de discussão pública, e ele estava envolvido nesses debates. Considerar algumas dessas questões à luz do registro de Mateus pode nos ajudar a identificar o método utilizado por Jesus para enfrentá-los e responder de acordo com os valores do Reino de Deus.

A questão dos impostos (22.15-22)

Os v. 15-46 apresentam algumas questões, formuladas principalmente pelos líderes judeus, com a intenção de enganar Jesus. De acordo com essa passagem, as três perguntas dos líderes judeus mostram a variedade dos oponentes de Jesus, e três coisas se destacam: 1) esses homens não conheciam Jesus; 2) eles não entendiam as questões que eles mesmos apresentavam a Jesus; 3) o Senhor os conhecia muito bem e soube responder às questões que lhe apresentaram.

O problema (v. 15-17). Com respeito à primeira questão, relacionada com o pagamento de impostos a César, encontramos uma das perguntas mais controversas da Palestina do século I. Nesse caso, foram alguns discípulos dos fariseus e os herodianos (partidários de Herodes, Marcos 3.6) que se aproximaram de Jesus para interrogá-lo. É estranho ver os fariseus e os herodianos unidos contra Jesus, uma vez que eram de ideologias opostas, especialmente nos assuntos políticos — e a questão era de natureza política. No entanto, os representantes dessa coalizão não eram exímios jogadores. Do lado dos fariseus, pelo menos, os que desafiavam Jesus eram "seus discípulos" (gr. *toùs mathētas autōn*), enquanto seus mestres, que já haviam sido derrotados no debate sobre o divórcio (19.3-9), ficaram nos bastidores. Note-se a adulação dos debatedores improvisados: "Mestre, sabemos que és íntegro" (v. 16). Evidentemente, eles não conheciam Jesus nem sua capacidade de lhes antecipar as manobras (v. 18).

Qual era a dúvida? Eles queriam a opinião de Jesus sobre uma questão legal: a obrigação de pagar impostos a César (gr. *Káisaros*) por parte de todo judeu. O legal nesse caso não estava sendo visto à luz do direito romano, mas, sim, da lei hebraica. A sutileza da pergunta reside no dilema em que pretendiam enredar Jesus. Se ele respondesse: "Sim, é certo", então, segundo eles, Jesus não poderia ser o Messias prometido, pois este jamais concordaria com tal jugo sobre seu povo. Se ele respondesse: "Não, não é certo", poderiam acusá-lo de sedição contra Roma e prendê-lo.

A proposta (v. 18-20). A resposta à pergunta deveria ser "sim" ou "não", sem meio-termo. Além disso, se ele respondesse "sim", os herodianos concordariam, mas os fariseus jogariam a opinião popular contra Jesus. Se dissesse "não", os fariseus concordariam, mas ele seria acusado de sedição pelos herodianos, que eram "pró-governo". Jesus, porém, surpreendeu-os com uma proposta que os deixou sem ação (v. 22). Ele respondeu que não se tratava de pagar imposto a César ou não, e sim de devolver a César o que era dele. Por isso, pediu-lhes que mostrassem "a moeda usada para pagar o imposto". Note-se que Jesus não mostrou uma moeda sua, que talvez nem tivesse, mas pediu a deles. A moeda em questão era um denário de prata romano com a imagem do imperador e seu nome cunhado no anverso (*Tibérios Káisaros*). Não era uma moeda judaica, porque nesse caso não teria uma imagem cunhada (Êxodo 20.4; Deuteronômio 4.15,16).

Com perspicácia, Jesus pergunta a eles: "De quem é esta imagem e esta inscrição?". Desse modo, Jesus obrigou-os a dizer quem havia cunhado a moeda e consequentemente a quem ela pertencia. Ou seja, a moeda era um meio de pagamento que era propriedade do Estado romano, e os impostos eram o pagamento dos habitantes do Império Romano pelos serviços prestados por ele. Com o pagamento dos impostos, os judeus devolviam a Roma (ou davam ou devolviam a César, gr. *apódote*) os serviços que ela lhes prestava (*Pax*: a paz romana; *Lex*: a lei romana; *Via*: as estradas e os canais de comunicação romana; *Rex*: a ordem institucional e o governo; *Ars*: a arquitetura e a arte romanas).

O princípio (v. 21,22). Em sua resposta aos discípulos dos fariseus e aos herodianos, Jesus ressaltou um princípio fundamental. Por um lado, fez clara distinção entre o sagrado e o secular. O cristão tem, perante Deus, a responsabilidade de ser um cidadão de ambas as esferas. Por outro lado, Jesus reconheceu o papel do Estado e as obrigações com ele. Ele não era um anarquista nem pretendia isolar seus seguidores do mundo e de seus compromissos. No entanto, seu Reino não era deste mundo e estava acima de qualquer reino terrestre. Nós, cristãos, devemos estar no mundo e cumprir nossas obrigações cívicas, mas também precisamos ter consciência de que somos cidadãos de um Reino que transcende a História e o lugar em que vivemos.

A pergunta sobre a ressurreição (22.23-33). Ainda sobre questões controversas e "naquele mesmo dia", coube aos saduceus, "que dizem que não há ressurreição", apresentarem-se para pressionar Jesus e tentar desfazer sua autoridade. A questão dos saduceus dizia respeito ao casamento após a ressurreição, que, para eles, era uma fantasia teológica, pois eram racionalistas em questões religiosas. Também negavam a existência de anjos e espíritos (ou demônios), ou seja, opunham-se a tudo o que lhes parecesse sobrenatural.

O argumento (v. 23-28). Os três Sinópticos registram que os saduceus se apresentaram com sua pergunta após a questão dos impostos de César, mas só Mateus informa que isso aconteceu "naquele mesmo dia" (v. 23). O propósito dos saduceus era desacreditar Jesus como teólogo (v. 24-33). Eles começaram com a citação bombástica de um mandamento de Moisés, conhecido como a lei do levirato (Deuteronômio 25.5,6; v. Gênesis 38.8). Então, como bons advogados, apresentaram um caso que evidentemente não era real, mas um exagero inventado por eles, uma situação absurda e grotesca. É bem provável que fosse o argumento usado por eles em suas discussões com os fariseus, que acreditavam na ressurreição. Note-se o sarcasmo e a ironia em sua pergunta, pois pareciam convencidos de estar ridicularizando a crença na ressurreição, também pregada por Jesus.

O princípio (v. 29-32). Jesus responde à pergunta deles destacando, em primeiro lugar, o princípio divino a respeito do casamento entre um homem e uma mulher e, em segundo lugar, a respeito da ressurreição dos mortos.

Sobre o matrimônio (v. 29,30). Jesus contestou o argumento dos saduceus afirmando que não era uma ideia escriturística e que, portanto, eles estavam errados, pois não é correto circunscrever o poder de Deus. A resposta de Jesus estava fundamentada no propósito original de Deus no próprio ato da criação do ser humano (Gênesis 1.27,28). No Éden, houve matrimônio, mas não casamento; houve uma união matrimonial, não um contrato de matrimônio. De igual modo, no céu não há casamento na forma de contrato matrimonial, porque não haverá mais lei. A obediência à vontade de Deus será perfeita, ou seja, como a dos anjos ("são como os anjos"). O fato de não haver casamento no céu não significa que não haja união matrimonial, pois esse foi o propósito original de Deus na Criação, o qual foi frustrado com o pecado humano, que tornou necessária a lei do casamento para evitar abusos (assim como a lei do divórcio). No contexto do mundo pecaminoso, homens e mulheres são unidos por certo tempo pelo rigor da lei. No contexto do Reino de Deus, homens e mulheres são unidos para sempre pelo amor de Deus.

Sobre a ressurreição dos mortos (v. 31,32). Jesus recorre às Escrituras, que evidentemente os saduceus desconheciam. Para eles, o Pentateuco era a parte mais importante das Escrituras. Além disso, pensavam que Moisés não acreditava na vida futura, por isso negavam a ressurreição e a vida eterna. Os fariseus criam na ressurreição e na vida eterna, mas acreditavam que na vida futura não haveria casamento, porque na ausência da morte a reprodução não seria mais necessária. Jesus respondeu que essas teorias eram o resultado de dupla ignorância: das Escrituras e do poder de Deus (v. 29). Ele ainda mencionou um credo oficial, que os saduceus aceitavam sem questionar: "Eu sou o Deus de Abraão, o Deus de Isaque e o Deus de Jacó" (v. Êxodo 3.6), mas o usou para demonstrar que Deus "não é Deus de mortos, mas de vivos". Com isso, provou a ressurreição dos mortos, em concordância com a teologia hebraica mais ortodoxa. Não é de estranhar que ao ouvir essas palavras a multidão tenha ficado espantada com seu ensino (v. 33).

A pergunta sobre o maior mandamento (22.34-40)

Diante da fracassada tentativa dos aprendizes dos fariseus e dos herodianos (v. 22) e depois dos saduceus (v. 33), que ficaram sem palavras, os fariseus "se reuniram" a fim de elaborar uma estratégia mais agressiva e preparar uma armadilha definitiva. Para isso, escolheram como seu "campeão" um membro da seita tido como "perito na lei". O tema óbvio para a armadilha não podia ser diferente de algo relacionado com a Lei judaica, ou seja: "Qual é o maior mandamento da Lei?".

O "maior mandamento" (v. 34-36). Ao que parece, os fariseus também foram surpreendidos com maneira pela qual Jesus calara os saduceus (v. 34), mas voltaram ao ataque com uma pergunta sobre o "maior mandamento", ou seja, o mandamento mais importante da Lei (v. 35,36). A questão consistia num exame teológico, na esperança de que Jesus desse uma resposta não ortodoxa e assim pudesse ser acusado de blasfêmia. Em Marcos (12.28-31), a ênfase não está na resposta de Jesus, como em Mateus, mas na aprovação do mestre da lei. Lucas difere de ambos quase totalmente. Mateus apenas sugere que o perito na lei "o pôs à prova". No entanto, do ponto de vista técnico, a questão apresentada por ele fazia sentido. Deve-se levar em conta que, segundo os mestres da lei, havia 248 preceitos afirmativos (correspondente às diferentes partes do corpo humano) e 365 preceitos negativos (tantos quantos os dias do ano) — 613 mandamentos ao todo, o mesmo número das letras hebraicas do Decálogo.

Em sua resposta, Jesus atravessou o emaranhado de regulamentações e foi ao âmago do problema. A simplicidade e a força da resposta de Jesus deixam claro que há duas dimensões éticas e espirituais que não podem ser separadas: a vertical (o amor a Deus) e a horizontal (o amor ao próximo). De acordo com Jesus, toda a Escritura pode ser resumida na observância dessas duas dimensões (v. 40).

> **Martinho Lutero:** "Agradamos a Cristo quando dedicamos inteiramente nossa vida, com toda a diligência possível, ao serviço do próximo. Desce, desce, disse Cristo, e me encontrarás entre os pobres. Tu estás subindo muito se não me buscares entre eles. Por isso, esse grande mandamento deve ser escrito sobre a fronte dos pobres com letras de ouro, a fim de que percebamos quão perto de nós está Cristo na terra".[1]

O mandato cultural (v. 37-40). Em missiologia, o conceito hoje é entendido como a ordem de Jesus de nos preocuparmos com a situação do próximo. Trata-se da missão e do ministério da Igreja expressos em sua preocupação e seu compromisso com o social. Tem relação com a responsabilidade social cristã. O mandato cultural é expresso na bênção do Antigo Testamento com a obrigação que o acompanha (Gênesis 1.28). Domínio não significa dominação arbitrária, mas administração responsável da criação. A humanidade é responsável diante de Deus pela administração da criação, pela colheita de seus frutos e pela preservação de suas criaturas e do meio ambiente. A expressão do mandato cultural no Novo Testamento é encontrada nas palavras de Jesus em resposta à pergunta dos fariseus sobre o maior mandamento da Lei.

O debate sobre o Cristo (22.41-46)

A quarta série de perguntas (v. 41-46) foi feita pelo próprio Jesus aos fariseus, e não tiveram uma resposta adequada (v. 46). Eles tinham uma concepção errada do Messias, por isso não conseguiam enxergá-lo em Jesus, que se declarou Filho de Davi, Filho de Deus e único Senhor. Para nós, hoje, essas palavras de Jesus podem parecer as mais sombrias que ele proferiu. É possível, mas se tratam também de uma de suas declarações mais importantes. Embora à primeira vista não se possa compreender todo o seu significado, dá para perceber a aura de mistério e transcendência que a rodeia. Ao ler os evangelhos, constatamos

---

1. **Bíblia Nova Reforma:** edição de estudos e referência, p. 1456.

que Jesus, repetidas vezes, recusa-se a permitir que seus seguidores o proclamem Messias antes de lhes ensinar tudo que o messianismo significa. As ideias dos discípulos a respeito do Messias precisavam de uma mudança radical.

O título mais comum do Messias era "Filho de Davi". Por trás desse título, estava a esperança de que um dia surgisse um príncipe descendente de Davi, que esmagasse os inimigos de Israel e levasse o povo à conquista de todas as nações. O Messias era pensado em termos nacionalistas, políticos e militares, com graus de poder e grande glória. Essas palavras constituem outra tentativa, da parte de Jesus, de mudar esse conceito e essa expectativa, que os próprios discípulos pareciam alimentar.

A pergunta de Jesus (v. 41-45). Jesus perguntou aos fariseus o que eles pensavam sobre o Messias ("o Cristo", gr. *toû Christós*) e de quem seria filho. Eles responderam, como Jesus sabia que iriam responder: "É filho de Davi". Jesus então citou Salmos 110.1, que segundo ele se referia ao Messias: "O Senhor disse ao meu Senhor: 'Senta-te à minha direita até que eu ponha os teus inimigos debaixo de teus pés' ". Todos aceitavam esse versículo como messiânico. O primeiro "Senhor" refere-se a Deus, ao passo que o segundo, ao Messias. Mas, se o Messias é filho de Davi, como Davi chama "Senhor" a seu próprio filho?

A conclusão óbvia do argumento é que chamar o Messias "filho de Davi" não é adequado. Ele não é filho de Davi: é o Senhor de Davi. Quando Jesus curou os dois cegos de Jericó, eles o chamaram de "Filho de Davi" (20.30). Quando ele entrou em Jerusalém, a multidão aplaudiu-o como "Filho de Davi" (21.9). E aqui Jesus está dizendo: "Não basta chamar o Messias de 'Filho de Davi'. Não é suficiente pensar nele como um príncipe descendente de Davi, um conquistador terreno ou um líder de exércitos humanos. Vocês precisam ampliar sua compreensão do Messias, porque ele é o Senhor de Davi".

O que Jesus quis dizer com isso? Só podia ter um significado: que a única descrição verdadeira do Messias é como Filho de Deus. O título tradicional "Filho de Davi" não é uma expressão adequada ou de amplo alcance. Só como Filho de Deus isso é possível. E, se era esse o caso, o messianismo de Jesus não devia ser visto como uma conquista davídica ou como um projeto histórico específico, mas como uma expressão do amor divino e sacrificial por toda a humanidade. É nesse ponto que Jesus faz sua reivindicação essencial. Cumpria-se nele a promessa de um Messias, não de um gestor militar ou de um político que reproduziria os grandes triunfos militares de Davi, mas do Filho de Deus, que daria uma demonstração do amor divino na cruz.

O silêncio dos fariseus (v. 46). Com esses argumentos, Jesus está apontando para o mistério de sua Pessoa (sua condição de ser plenamente divino e plenamente humano). É provável que os fariseus ainda não houvessem considerado essa possibilidade, por isso não puderam dar uma resposta a ele. Sem dúvida, poucos naquele dia seriam capazes de entender o significado das palavras de Jesus. Mas diante delas até a pessoa mais obtusa estremeceu em face do mistério eterno. A sensação de terem ouvido a voz de Deus causou-lhes medo e desconforto e por um momento puderam contemplar a face do próprio Deus no homem Jesus. Agora a pergunta de Jesus atravessa as barreiras dos séculos e chega até nós exigindo igualmente uma resposta: "O que vocês pensam a respeito do Cristo?". Essa questão diz respeito a nós também, e a resposta que lhe dermos depende de nossa resposta a outra questão fundamental: o que faremos com Cristo?

SEU ENSINO SOBRE AS COISAS FUTURAS (24.1-25,29-51)

Esses versículos são os mais difíceis de interpretar em todo esse evangelho, e a diversidade de opiniões é surpreendente. Nosso posicionamento com relação a essa profecia do Senhor deve ser determinado por nossa atitude com relação às profecias do Antigo Testamento. Quanto a isso, há pelo menos três correntes de pensamento. Em primeiro lugar, há os que acreditam haver nessa profecia registros autênticos do que os profetas ensinaram, embora seja possível observar algumas imprecisões, uma vez que anteciparam coisas que nunca haviam acontecido. Mas isso põe em dúvida o conceito de inspiração divina das Escrituras. Em segundo lugar, há os que entendem que as profecias não têm relação alguma com o cumprimento histórico literal no antigo Israel e que devem ser aplicadas a assuntos espirituais que encontram seu cumprimento na história da Igreja cristã. Essa é a opinião mais popular com respeito às profecias do Antigo Testamento, mas não significa que seja a interpretação correta. Além disso, esse conceito não é universalmente aplicável e causa confusão quando se tenta definir se uma profecia é literal ou espiritual. Em terceiro lugar, há os que afirmam que tudo que os profetas disseram a respeito de Israel e que ainda não foi cumprido será literalmente cumprido nos dias por vir. Essa é a opinião dos que acreditam não haver nos escritos antigos palavras que não serão cumpridas, motivo pelo qual não temos o direito de minimizar o significado das declarações proféticas espiritualizando-as ou esvaziando-as de significado.

No comentário desse capítulo de Mateus, aplicaremos o terceiro critério: a profecia de Jesus é literal, e os acontecimentos que ele anuncia terão seu cumprimento histórico de forma inexorável. Por um lado, isso significa que Deus não abandonou Israel completamente, mas, como Paulo ensina, Deus retirou esse povo infiel do centro de sua missão redentora no mundo e pôs em seu lugar a Igreja, o Novo Israel. No entanto, o povo de Israel será restaurado, mas em Cristo. Por outro lado, o Senhor aponta para a atual responsabilidade da Igreja. Por fim, considera o julgamento final das nações.

Sinais do fim do mundo (24.1-22)

Esse capítulo de Mateus inicia o quinto discurso longo de Jesus (24.1—26.2), que é dirigido aos discípulos. Ele trata do fim do mundo e de acontecimentos futuros e faz um resumo geral das coisas que acontecerão nos últimos tempos. A passagem tem dois propósitos: ensinar que Jesus voltará e que, mesmo havendo certa demora, devemos estar prontos quando ele vier. A parte mais longa do discurso (24.2-44) é uma repetição de Marcos 13. O ensino dessa passagem é que o mundo, tal como constituído agora, chegará a um fim catastrófico, possivelmente logo depois de esse evangelho ter sido escrito, de acordo com o evangelista. E quais são esses sinais?

A destruição do templo (v. 1-3). Não é necessário insistir muito nos três primeiros versículos, nos quais vemos os prolegômenos do discurso de Jesus e a ocasião em que o apresentou. Todos os discursos, desde 21.23, foram pronunciados no átrio do templo. Mas Jesus decidiu sair dali após sua contundente denúncia contra os mestres da lei e os fariseus (cap. 23). Com isso, pôs fim a seu ensino público. Fora de sintonia com as emoções de seu Mestre, os discípulos aproximaram-se dele como turistas encantados pela maravilha arquitetônica do templo de mármore branco construído por Herodes, o Grande, e que ainda não estava concluído (João 2.20). Jesus aproveitou a oportunidade para transmitir sua primeira profecia dramática: "Não ficará aqui pedra sobre pedra". Em contraste com a impressão positiva de seus discípulos, Jesus profetiza a destruição total do edifício, que se havia tornado um ídolo para os judeus: "Serão todas [as pedras] derrubadas". Assim, nos v. 1-3, Jesus abre seu discurso com uma pergunta: "Vocês estão vendo tudo isto?". E depois afirma: "Eu garanto [...]" — uma profecia que aponta diretamente para o templo. A pergunta de Jesus (v. 2) e a dos discípulos (v. 3) são os gatilhos do discurso escatológico. Longe de considerar essa catástrofe com satisfação (v. 2), Jesus contempla-a com muita dor. No v. 3, Mateus é mais explícito que Marcos (13.4) ao mencionar a "tua vinda" e o "fim dos tempos". A "vinda" (gr. *parousía*) refere-se à visita de um monarca e só aparece nesse capítulo (v. 3,27,37,39).

Deixando o átrio do templo na direção leste e atravessando o vale do Cedrom, chegava-se ao monte das Oliveiras. Jesus foi para lá com seus discípulos, que lhe fizeram perguntas mais específicas, às quais Jesus respondeu nesse discurso: o tempo da destruição do templo ("Dize-nos, quando acontecerão essas coisas?"), "o sinal da tua vinda" (gr. *parousía*) e o sinal "do fim dos tempos" (gr. *syntelêias toû aiônos*). Tem-se a impressão de que os discípulos estavam com medo, talvez por pensar que tudo aconteceria imediatamente e ao mesmo tempo. Jesus, no entanto, parece profetizar a destruição do templo — que de fato ocorreu, no ano 70 —, como símbolo ou sinal de sua vinda e do fim do mundo, que aconteceriam mais tarde.

Jesus adotava o ponto de vista da História aceito por quase todos os judeus, que chamamos de "escatológico". Ele rejeitava todo conhecimento específico do esquema exato dos acontecimentos que precederão o fim. Assim, aceitava o ponto de vista judaico do mundo escatológico, mas o utilizava apenas como incentivo ao esforço moral e espiritual por parte de seus discípulos. O mundo caminha na direção de crises e desastres, por isso temos de ficar atentos e trabalhar. Os v. 1-35 contêm uma profecia detalhada a respeito de sua vinda e do fim do mundo.

Os falsos cristos (v. 4-8). Os v. 4-8, com os v. 15-22 e 29-31, são muitas vezes chamados "pequeno apocalipse". Alguns desses versículos podem vir de uma profecia datada por volta do ano 40 d.C., quando judeus e cristãos temiam que Calígula profanasse o templo colocando ali uma estátua sua. Os v. 4-8 apresentam os primeiros sinais do fim. O aviso do v. 4 ("que ninguém os enganem", gr. *hūmãs planēsēi*) deve-se ao desejo dos cristãos de ver "um dos dias do Filho do homem" (Lucas 17.22) e permeia todo o discurso. A escatologia tem sido uma das matérias que mais se prestam ao engano por parte de mestres inescrupulosos, que inventam todo tipo de esquemas para exercer domínio sobre os crentes (escatologia popular ou de ficção científica). As palavras de Jesus no v. 5 provavelmente foram adicionadas pelo evangelista, embora destaquem um dos mais graves problemas que o cristianismo tem enfrentado ao longo dos séculos: o surgimento de falsos cristos, que temerariamente pregam, ensinam e agem "em meu nome" (gr. *epì tōi onómati mou*).

Pela perspectiva de Mateus (v. 6), por mais terrível que fosse a guerra dos judeus contra os romanos, o fim ainda não havia chegado. A linguagem desse versículo é tipicamente escatológica (2Tessalonicenses 2.2). Duas coisas são dignas de nota aqui. Primeira: todas as catástrofes são temidas e causam terror, principalmente os "rumores", destinados a produzir apenas isto: terror. Segunda: Jesus é muito claro em afirmar que, mesmo quando essas tragédias acontecerem, "ainda não é o fim" (gr. *all' oúpō estin tò télos*). As "dores" do v. 8 são dores de parto. A expressão é a mesma que os judeus aplicavam ao Messias, mas também pode se referir às dores que antecedem a morte (Salmos 18.5; Atos 2.24). E Jesus declara que essa angústia é apenas o começo do processo que levará ao fim.

A perseguição e a apostasia dos crentes (v. 9-12). Os v. 9-14 falam de perseguição (gr. *thlīpsin*, "aflição", "angústia", "tribulação", "situação difícil", "sofrimento"; 13.21) e apostasia ("ficarão escandalizados", gr. *skandalisthēsontai*). O v. 9 é um resumo de Marcos 13.9-13. Os cristãos chegarão ao ponto de se verem odiados "por todas as nações", e a razão desse ódio será o fato de agirem como representantes de Cristo ("por minha causa" ou "por causa do meu nome", gr. *dià tò ónomá mou*). Com os v. 10-12, Mateus pretende mostrar que antes do retorno de Cristo muitos irão se afastar, numa ampla deserção da causa cristã. A frase "trairão e odiarão uns aos outros" indica uma cisão ou uma divisão séria entre os cristãos. Parece evidente que os "falsos profetas" (gr. *pseudoprofētai*) já estavam operando quando Mateus escreveu seu evangelho (v. 11). Jesus já havia advertido seus discípulos contra eles no Sermão do Monte (7.15). O v. 12 é uma previsão dramática: por causa da maldade (gr. *anomían*, "maldade", "desobediência", "pecado"; daí deriva a palavra "anomia"), o amor "esfriará" (gr. *psygēsetai*, "esfriará", "morrerá").

A proclamação global do evangelho do Reino (v. 13,14). De acordo com o v. 13, serão salvos os que nos dias de Mateus suportarem o período de provas, quando, apesar da apostasia, o evangelho será pregado a todo o mundo habitado como testemunho do amor de Deus (v. 14). O contexto desses versículos é de sinais que precedem o fim, que será de engano, guerras, tribulação, frieza espiritual, apostasia, martírio e falsos profetas, porém com uma bela promessa no v. 13: "aquele que perseverar até ao fim será salvo". É em meio a esse caos que serão proclamadas as boas-novas, "este evangelho do Reino" (gr. *tò euaggélion tēs basiléias*). No evangelho de Mateus, o Reino é essencialmente apresentado como o domínio de Cristo, seu reinado e controle, sua autoridade sobre a História. Cristo iniciou esse reinado durante sua vida terrena, mas obviamente seu povo ainda não o experimenta de forma plena. Isso acontecerá mais tarde, quando seu reinado se manifestar em sua plenitude. Por isso, é correta a expressão "já, mas ainda não" a respeito de seu Reino.

O evangelho desse Reino está vinculado ao anúncio da Grande Comissão (28.16-20) e à sua prática apostólica (Filipe em Atos 8.12 e Paulo em Atos 28.23). Além disso, Cristo e seus apóstolos foram rejeitados ao proclamá-lo (4.17; Atos 28.28-31). Contudo, a proclamação salvífica do Reino de Cristo não se reduz a uma estratégia ou a um programa evangelístico em particular, muito menos a um conjunto de atividades de natureza religiosa. A pregação do evangelho do Reino tem um alcance que supera as melhores estratégias e programas humanos, porque tem lugar "em todo o mundo" habitado (gr. *en hólēi tēi oikouménēi*) e abrange "todas as nações" (gr. *pāsin toîs éthnesin*). Com isso, Jesus está querendo dizer que sua mensagem ultrapassará todas as limitações geográficas e irá além da cultura judaica para alcançar os confins da terra, e isso afetará todas as esferas (política, econômica, social, cultural, étnica e religiosa) do mundo habitado. O evangelho do Reino não pode ser limitado a uma área geográfica ou a um grupo étnico. Ele é para todos.

No entanto, o "fim" (gr. *télos*) a que Jesus se refere está relacionado com o "fim" dos v. 3 e 13 e com a "vinda" do v. 3. Provavelmente, refere-se à conclusão da História, que culmina com a segunda vinda de Cristo. Isso deve ter soado como um sonho impossível para os primeiros seguidores de Jesus, mas não para nós. O evangelho do Reino já foi "pregado em todo o mundo" e "a todas as nações" em mais de uma ocasião. De fato, Paulo afirma em Colossenses 1.5b,6 que ainda em sua época o evangelho estava "por todo o mundo [...] frutificando e crescendo", e há testemunhos históricos suficientes dessa realidade.

Guillermo D. Taylor: "Em suma, nossa passagem declara, sem ambiguidades, que a proclamação salvífica da mensagem transformadora de Cristo tem de ser proclamada em todo o mundo, e, quando o soberano considerar essa meta alcançada, Cristo regressará. Mas existe, sim, uma relação entre a proclamação global e o retorno de Cristo. Misteriosamente, ou, melhor dizendo, milagrosamente, Deus estabeleceu historicamente uma conexão entre o *chrónos* da proclamação e o *kairós* do retorno de Cristo".[2]

O "sacrilégio terrível" (v. 15-22). Os v. 15-22 falam de dois acontecimentos associados, ou de um como parte do outro: o "sacrilégio terrível" (ou "abominação da desolação") e a grande tribulação. Os fatos narrados ocorrem na Judeia.

O "sacrilégio terrível" (v. 15-20). "Assim" (gr. *hótanoūn*) indica que os v. 15-22 são uma explicação adicional. Esses fatos não irão ocorrer após os v. 9-14, mas possivelmente antes, e são situações óbvias e observáveis na dimensão espaço-temporal ("quando vocês *virem*", gr. *ídēte*). É bem provável que o próprio Mateus tenha testemunhado esses acontecimentos. "No Lugar Santo" é uma referência a qualquer lugar sagrado, porque a guerra judaica começou com a profanação da sinagoga de Cesareia. O resultado da profanação é a guerra (v. 16-18). "O sacrilégio terrível" (lit., "a abominação da desolação"; gr. *tò bdélygma tēs erēmōseōs*) traduz uma expressão que aparece em Daniel 9.27, 11.31 e 12.11. Há duas maneiras de entender essa referência ao "sacrilégio terrível" ou à "abominação da desolação".

Por um lado, pode ser entendida como um fato histórico (passado). Historicamente, a expressão refere-se à profanação do templo realizada por Antíoco Epifânio (Antíoco IV), rei da Síria, no ano 168 a.C. O sacrilégio consistiu em que esse monarca erigiu um altar pagão e colocou a imagem de Zeus no recinto sagrado do templo de Jerusalém (v. 1Macabeus 1.54,59; 6.7; 2Macabeus 6.1-13). Como o imperador Calígula tentou erigir uma estátua de si mesmo no templo, em 38 d.C., considera-se que seja esse o ato de impiedade mencionado em 24.15 (Marcos 13.14). Contudo, a referência a um ídolo ou a uma estátua erigida no templo não parece estar relacionada com o contexto desse versículo, pois aqui a aparição do "sacrilégio terrível" é vista como a

---

2. La inminencia escatológica y las misiones, in: COMIBAM Internacional (Org.), **Las misiones latinas para el siglo XXI**, p. 50.

primeira indicação de um iminente ataque militar a Jerusalém e como sinal para que os habitantes da região da Judeia fujam para os montes vizinhos (Lucas 21.20). A ideia da profanação do templo com idolatria e sua destruição por exércitos pagãos é confirmada pelo historiador judeu Flávio Josefo. Ele informa que os romanos incendiaram o templo e ofereceram sacrifícios a seus estandartes colocados ao lado da porta Oriental, quando proclamaram Tito Vespasiano imperador. Isso aconteceu no ano 70. Os v. 19 e 20 expressam profunda dor e arrependimento. O v. 20 parece indicar que a igreja para a qual Mateus escreve ainda guardava o sábado judaico.

Por outro lado, a referência pode ser entendida como um acontecimento profético (futuro). É mais coerente considerá-la em sentido profético. Foi o que Jesus provavelmente fez: usou a expressão para se referir a um futuro ato de sacrilégio no templo de Jerusalém. Nesse sentido, a frase se refere à futura destruição do templo, no ano 70, à manifestação profana do anticristo escatológico (2Tessalonicenses 2.3-12) ou a ambas. Os que defendem a segunda hipótese argumentam que a expressão tem dupla aplicação, uma vez que os elementos da profecia de Jesus se estendem para além da destruição realizada pelos romanos no ano 70 e evidentemente parecem aludir à sua segunda vinda (24.29,30,36-44).

A *"grande tribulação"* (v. 21,22). A expressão refere-se ao tempo de angústia que precederá a segunda vinda de Cristo (Apocalipse 7.14). Jesus advertiu que essa tribulação seria tão intensa que as calamidades quase dizimariam a vida no Planeta (Marcos 13.19,24). As palavras de Jesus no v. 29 podem se referir a Daniel 12.1. Essa alusão sugere o caráter escatológico de toda a passagem sobre a "grande tribulação". No entanto, nem todos os intérpretes bíblicos têm a mesma opinião sobre esse acontecimento futuro. A visão que se tem do Milênio (Apocalipse 20.2-4) costuma determinar a interpretação do momento e da natureza desse período de intensa tribulação. Os pós-milenaristas e os milenaristas acreditam que a "grande tribulação" é um período breve e indefinido no final desta era, geralmente identificado com a rebelião de Gogue e Magogue (Apocalipse 20.8,9). Os dispensacionalistas pré-milenaristas identificam essa tribulação como a 70ª semana da profecia de Daniel 9.27, um período de sete anos, cuja segunda metade seria a "grande tribulação". O arrebatamento da Igreja precede uma tribulação de sete anos, seguida pela segunda vinda de Cristo. Os pré-milenaristas históricos (pós-tribulacionistas) afirmam que a tribulação será um tempo de grande angústia que precederá imediatamente o Milênio e ensinam que os crentes e os descrentes passarão por ela. Como se pode perceber, as interpretações do "como" e "quando" da "grande tribulação" são diversas e díspares. Em essência, no Novo Testamento os crentes são incentivados a concentrar sua atenção em Cristo e a fixar sua esperança nele, não nos acontecimentos que envolvem sua vinda (1João 3.3). Talvez seja o melhor a fazer para bem entender essa passagem e não contaminá-la com pressuposições e construções teológicas humanas.

A vinda do Filho do homem (24.23-25,29-51)

O conteúdo desses versículos parece ser especificamente escatológico e relacionado com a segunda vinda de Cristo. Com essas palavras, Jesus adverte, em primeiro lugar, sobre o perigo de falsos anúncios de seu retorno em glória e depois descreve com mais detalhes como será sua vinda. O propósito da advertência e da caracterização de sua vinda nos ajudará a estar mais bem preparados para recebê-lo quando ele retornar.

Uma falsa vinda do Cristo (v. 23-25). Essa passagem constitui uma advertência ("Vejam que eu os avisei antecipadamente", v. 25) contra uma falsa parúsia do Filho do homem. Os falsos profetas (v. 11) já haviam sido classificados por Jesus como enganadores, cujas trapaças visam tirar proveito da ingenuidade dos crentes. Mas agora a denúncia é contra os falsos cristos (gr. *pseudóchristos*), que prometiam uma saída fácil para os problemas e para a tribulação. O nível de ansiedade de um povo sofredor e confuso se manifesta no fato de passarem gritando "Ali está ele!" sempre que um falso messias surgir anunciando suas panaceias para os males públicos — políticos, religiosos, morais ou espirituais. Vemos na América Latina messias de todos os tipos, que prometem soluções fáceis e milagrosas para as múltiplas crises que assolam o povo. "Vejam, aqui está o Cristo [a solução]!" — é a proposta de mais de um movimento político ou religioso dos dias de hoje.

Jesus chega a advertir que esses falsos cristos e falsos profetas serão capazes de fazer "grandes sinais e maravilhas" (gr. *sēmeîa megála kaì térata*), a fim de enganar o povo (v. 24) e, se possível, "até os eleitos" (gr. *toùs eklektoùs*). Nessa expressão, Jesus utiliza duas das três palavras mais usadas no Novo Testamento para se referir a acontecimentos sobrenaturais (João 4.48; Atos 2.22; 4.30; 2Coríntios 12.12; Hebreus 2.4). Os "sinais" (gr. *sēmeîa*) são evidências do propósito redentor de Deus. As "maravilhas" (gr. *térata*) são ações maravilhosas ou prodígios. Há uma terceira palavra, "poderes" (gr. *dýnameis*), que indica obras poderosas. É interessante que, ao contrário do que pensam alguns líderes religiosos de hoje, "sinais e maravilhas" não são prova suficiente do poder de Deus, uma vez que os falsos profetas (charlatães) e os falsos cristos (falsos messias) são capazes de realizar com grande eficiência esses prodígios, a ponto de se acreditarem capazes de enganar os crentes, o que não é possível ("se possível", gr. *ei dynatón*).

> **Martinho Lutero:** "O ministro de Deus deve ser um 'servo bom e fiel' (Mateus 25.21,23). Aquele que não se esforça para ser o primeiro, ou seja, para ser um servo prudente, poderá tornar-se um ídolo inerte, um preguiçoso, uma pessoa indigna do honroso título 'servo de Deus'. Portanto, aqueles que com uma humildade mal compreendida tentam se dar bem com todos e aspiram à popularidade entre os paroquianos acabam invariavelmente perdendo a autoridade que como regentes deveriam possuir, e a familiaridade engendrará o desprezo".[3]

A verdadeira vinda do Cristo (v. 29-51). Aqui Jesus retoma o tema da grande tribulação e prevê os fenômenos que ocorrerão antes de sua vinda por meio de um vocabulário com fortes tons apocalípticos. Não é aconselhável tomar literalmente essas descrições poéticas das passagens de Isaías 13.10 e 34.4, assim como Pedro não interpretou de forma literal a profecia de Joel 2.38-32 em seu discurso no dia de Pentecoste (Atos 2.17-21). É preciso ter muito cuidado ao interpretar trechos da profecia apocalíptica, para não transformar o testemunho da Escritura em escatologia popular ou em mera ficção científica. Em todo caso, a passagem oferece-nos algumas pistas para entendermos como será o dia do retorno glorioso de nosso Senhor.

Será um acontecimento pós-tribulação (v. 29). Talvez seja um período específico de tribulação, de acordo com as variadas vertentes do dispensacionalismo, ou um tempo de provações e conflitos para os crentes antes do retorno de Cristo. O advérbio "imediatamente" (gr. *euthéōs*) não ajuda muito na interpretação. Essa palavra, recorrente no evangelho de Marcos como o advérbio *euthýs* ("em seguida", "no momento"; "logo", "depois"), apresenta problemas quando se

---

3. **Bíblia Nova Reforma:** edição de estudos e referência, p. 1460.

enfatiza o elemento temporal. A questão é quanto tempo se passa entre "a tribulação daqueles dias" e as catástrofes cósmicas descritas em seguida. É provável que Jesus tenha usado a expressão não com sentido temporal, mas indicando uma sequência. João parece fazer o mesmo em Apocalipse 1.1, quando diz que a revelação que registrou em seu livro é "o que em breve há de acontecer".

Será um acontecimento notório (v. 30,31). Esses versículos destacam vários elementos que descrevem esse acontecimento como algo notório, ou seja, que não passará despercebido. Em primeiro lugar, será um fenômeno celestial: "aparecerá no céu o sinal do Filho do homem" (v. 30a). Já foram elaboradas diversas teorias sobre essa frase (gr. *tò sēmeīon toū huioū toū anthrōpou en ouranōi*). Pode-se tratar de uma referência a Daniel 7.13,14, e nesse caso o sinal seria o próprio Cristo, o que seria confirmado pelo que diz a segunda metade do versículo: "[...] e verão o Filho do homem" (v. 16.27; 26.64). Os judeus costumavam pedir esse tipo de sinal (12.38; 16.1; João 2.18).

Em segundo lugar, será um fenômeno terrestre: "todas as nações da terra se lamentarão". A parúsia será visível a todos os seres humanos, sem discriminação, e o impacto será igual para todos os povos do mundo.

Em terceiro lugar, será um fenômeno visual: "verão o Filho do homem vindo nas nuvens do céu com poder e grande glória". O verbo "verão" (gr. *ópsontai*) tem o sentido de ver com os olhos físicos (Apocalipse 1.7), não na imaginação ou em visões. Até pouco tempo, parecia ridículo pensar num fenômeno visual que pudesse ser visto em todo o mundo e ao mesmo tempo. Hoje isso já acontece na transmissão de uma Copa do Mundo de futebol ou na entrega do Oscar. Muito mais visível globalmente será o retorno glorioso de Cristo! Sem dúvida, um evento de tal magnitude estará nas telas ao redor do mundo.

Em quarto lugar, será um fenômeno apoteótico: "com poder e grande glória" (gr. *metà dynámeōs kaì dóxēs pollēs*). Nuvens, poder e glória são indicações de que Cristo é exaltado no céu e reconhecido pelos poderes celestes. Mas, na apoteose de sua vinda, ele será reconhecido na terra pelos seres humanos que testemunharem seu retorno.

Em quinto lugar, será um fenômeno audível: "ele enviará os seus anjos com grande som de trombeta". A "trombeta" (gr. *sálpigx*) é que despertará os fiéis da morte. Não se mencionam os maus, cujo poder temporal será engolido com o poder da morte pela vida dos eleitos em Cristo, convocados a se reunir desde os quatro pontos cardeais. Essa passagem é apocalíptica e indica que a trombeta é também um toque de clarim que convoca o exército celestial ("ele enviará os seus anjos") — como ocorria com o povo no Israel antigo — a marchar para a batalha final, que resultará no estabelecimento definitivo do Reino de Cristo (Apocalipse 11.15). Por sua vez, a estridente trombeta anunciará a vitória do Rei e proclamará o triunfo final de Cristo e de seu Reino (Isaías 27.13).

Em sexto lugar, será um fenômeno cósmico: "[Os anjos] reunirão os seus eleitos dos quatro ventos, de uma a outra extremidade dos céus". Será o encontro mais numeroso e espetacular dos crentes de todos os tempos. As grandes concentrações de cristãos, especialmente na segunda metade do século XX, são uma débil amostra dessa reunião dos eleitos com seu Senhor, num cenário que já não é na terra, mas que ocupará um espaço que irá "de uma a outra extremidade dos céus", algo muito difícil de imaginar.

Será um acontecimento iminente (v. 32-35). Os v. 32 e 33 apresentam a parábola da figueira (gr. *tēs sykēs*). O exemplo da figueira refere-se a uma árvore comum na Palestina. Sua germinação era um sinal claro da chegada da primavera. A expressão "está próximo" (gr. *eggýs estin*, v. 33) não esclarece se é "ele" (Cristo) que está próximo ou o acontecimento mencionado. O original talvez se referisse ao fim do mundo ou à condenação de Jerusalém. Nesse sentido, "todas estas coisas" (gr. *pánta taūta*) seriam os sinais mencionados anteriormente.

De acordo com os v. 34 e 35, o tempo exato desses acontecimentos é imprevisível. Mateus provavelmente acreditava que o fim chegaria antes que todos os contemporâneos de Jesus morressem (v. 34). A declaração pode ser genuína, mas sua força é incerta. A questão-chave para entender esse texto é: o que Jesus quer dizer com "esta geração" (gr. *hē geneà haútē*)? Há várias interpretações para essa expressão. A verdade é que Jesus usa um elemento próprio da profecia, assim como o cumprimento múltiplo, ou seja, o significado profético pode unificar na mesma passagem dois momentos diferentes de cumprimento. Um exemplo disso é encontrado na profecia de Joel, que se cumpriu em parte no dia de Pentecoste (Atos 2), mas cujo cumprimento pleno é aguardado para o futuro. Dessa forma, alguns aspectos da profecia de Jesus foram cumpridos com a destruição de Jerusalém e do templo, e muitos outros terão seu cumprimento com a parúsia. Muitos daquela "geração", que ouviram Jesus pronunciar essas palavras, estavam presentes quando a cidade foi destruída pelos romanos no ano 70. Também é possível que o Senhor estivesse fazendo referência à sua segunda vinda e ao fim do mundo. No primeiro caso (a destruição de Jerusalém), o cumprimento seria literal. No Antigo Testamento, calculava-se que uma geração durava quarenta anos, com os quais alcançamos o ano 70. No segundo caso, a expressão deve ser entendida em sentido profético.

Nesse sentido, a primeira geração ("esta geração", gr. *hēgeneà haútē*) pode se referir a uma raça ou a um setor em particular da população — nesse caso, os judeus — o que quer dizer que os acontecimentos terminais anunciados não ocorreriam antes de suceder tudo o que foi previsto profeticamente e em linguagem apocalíptica. Outros sugerem que a referência é à raça humana em geral ou a "este tipo de geração" ou de pessoas (geração incrédula e de coração duro, ou de espírito bom). Pode também se referir a uma geração ou a um tipo de discípulo que estará vivendo o momento histórico em que ocorrerão os fatos ligados à parúsia. Outra vertente interpretativa afirma que, quando os sinais do fim forem cumpridos, o fim virá de forma relativamente rápida, ou seja, no tempo dessa geração.

Será um acontecimento repentino (v. 36-41). Note-se que Jesus afirmou que "ninguém sabe" sobre o "dia" nem a "hora" desses acontecimentos. Nem mesmo os anjos, nem ele, "senão somente o Pai". A expressão "o Pai" (v. 36) é formulada nos moldes do pensamento cristão posterior, mas a ideia pode incluir o próprio Jesus. Note-se também que Jesus se refere precisamente "ao dia e à hora", não a um período mais longo de tempo (semana, mês, estação, ano, quinquênio ou década). Assim, embora não possamos fixar uma data, podemos ter uma ideia bem aproximada de quando esses fatos podem ocorrer. A metáfora da figueira confirma isso (v. 32,33). Hoje podemos dizer que o Senhor poderá retornar em qualquer época como a descrita aqui. Portanto, devemos sempre estar preparados, porque na verdade ele pode retornar a qualquer momento. Embora Jesus afirme que o dia e a hora são desconhecidos, a passagem de 24.37—25.13 ensina sobre a necessidade de estar preparado para a vinda do Senhor.

Os v. 36-41 advertem que muitos serão pegos desprevenidos. Nas tradições judaicas, acreditava-se que os milagres de Moisés seriam repetidos na era messiânica e que a vida vindoura seria como no jardim do Éden. Por isso, pensava-se que o julgamento seria como nos dias de Noé (v. 37). Naqueles dias, não havia nada de errado em comer e beber. O ruim era que isso os havia absorvido, e eles não atentaram para o iminente e súbito julgamento divino.

Será um acontecimento que requer vigilância (v. 42-44). Por se tratar de um acontecimento iminente e súbito, seria necessário vigiar e estar preparado

(v. 42-44). Essa é a força das advertências de Jesus. É interessante notar, no v. 43, o tempo passado da ação (em grego), sinal de que Jesus está falando de um episódio recente e conhecido de todos. No v. 44, a afirmação original de Jesus referia-se à catástrofe do v. 39, não à jubilosa vinda do Filho do homem. A breve parábola do v. 43 parece o desfecho de uma história da vida real. É provável que tenha havido um assalto, do qual todos estavam falando. À luz desse incidente dramático, aproveitando a oportunidade para atrair a atenção de seus ouvintes, Jesus estava dizendo: "Aprendam com o infortúnio do vizinho, ou a mesma coisa pode acontecer a vocês". Jesus parece estar pensando no momento da tensão inaugurado pelo clímax de seu ministério. Seria um tempo que os alcançaria de modo repentino, como o Dilúvio sobre os antediluvianos (Lucas 17.26,27). Jesus queria que eles estivessem preparados para os acontecimentos. Mais tarde, quando o retorno do Senhor parecia tardar, a Igreja usou a mesma parábola para exortar à vigilância (1Tessalonicenses 5.2).

Será um acontecimento para juízo (v. 45-51). Os v. 45-51 falam de servos fiéis e infiéis. Jesus estabelece clara distinção entre o servo bom e o mau, ou entre os servos fiéis e os infiéis. É característica de Mateus concluir toda essa seção escatológica não com um esquema apocalíptico, mas com uma ênfase na qualidade moral do juízo de Deus. Provavelmente, Jesus contou a parábola visando aos chefes dos sacerdotes e a outros líderes judeus. Temos de cumprir com fidelidade as tarefas que nos foram confiadas e devemos estar prontos para prestar contas. No v. 51, se tomarmos a palavra grega *dichotomēsei* ("cortá-lo em pedaços" ou "partir ao meio [ou em dois]") de forma literal, a parábola se transforma numa alegoria do juízo final. Em suma, é uma advertência aos líderes da Igreja, para que sejam fiéis no tempo que precede o retorno de Cristo em glória. A parábola foi aplicada primeiramente aos líderes de Israel (especialmente os mestres da lei). Sua fidelidade foi posta sob julgamento, e o juiz era Deus. Como guardiões da revelação divina, os mestres da lei minimizaram-na e a distorceram com suas numerosas regras e regulamentos com minuciosidades sem sentido. Os "fardos" do legalismo pareciam estar mais orientados para alienar o povo que para fazê-los entrar no Reino (Lucas 11.52; Mateus 23.13). Quando Jesus disse: "Venham a mim, todos os que estão cansados e sobrecarregados" (Mateus 11.28), talvez estivesse pensando nesses fardos. O cumprimento de todas as regras elaboradas em cima da Lei era simplesmente impossível.

UNIDADE SETE

A MISSÃO DE JESUS

Nesta unidade, o termo "missão" está relacionado com a presença e o testemunho de Jesus conforme registrado nas páginas do evangelho de Mateus. A palavra "missão" deriva do termo latino *mittere* (que é a raiz de várias palavras em nosso idioma: "per-mitir"; "e-mitir"; "re-mitir" etc.), que significa "enviar". Isso nos leva a pensar que a missão de Jesus tem um sentido básico de encarnação e serviço no mundo, cujo objetivo é reconciliar a humanidade consigo mesmo e redimi-la. Nesse sentido, a missão de Jesus está intimamente ligada aos marcos mais importantes de sua vida e de seu ministério, que constituem os principais acontecimentos salvíficos: sua encarnação, sua morte na cruz, sua ressurreição no terceiro dia, sua ascensão, o derramamento do Espírito Santo no Pentecoste e a parúsia.

O primeiro desses marcos foi a encarnação. Todos os evangelhos sinópticos e especialmente João começam seu relato sobre a missão de Jesus com o fato primordial e histórico de sua encarnação. A irrupção redentora de Deus na história humana ocorreu em certo espaço e num determinado tempo e foi conjugada num ser humano em particular chamado Jesus de Nazaré. Todos os fatos salvíficos subsequentes têm sua raiz na encarnação: "Aquele que é a Palavra tornou-se carne e viveu entre nós" (João 1.14). Na linguagem de Mateus: "Foi assim o nascimento de Jesus [...]". A missão de Jesus, o Cristo, teve este mundo como cenário, embora por natureza o transcendesse.

O segundo marco foi a morte na cruz. Esse fato é a essência do evangelho. O próprio Jesus definiu-o em termos claros: "O Filho do homem [...] não veio para ser servido, mas para servir e dar a sua vida em resgate por muitos"

(20.28; Marcos 10.45). Para Mateus, Cristo era o novo local da expiação, que substituiu o templo, e o novo sacrifício, que substituiu o cordeiro pascal. Aqueles que o aceitam como Salvador recebem o perdão dos pecados. No entanto, a morte de Jesus na cruz não deve ser isolada de sua vida nem de seu ministério. De fato, quase todo o evangelho de Mateus aponta para a história da Paixão. A *kenosis* de Jesus (do gr. *kenós*, "vazio"), seu autoesvaziamento e humilhação, começou no instante de seu nascimento.

O terceiro marco foi sua ressurreição no terceiro dia. Deve-se ter em mente que não pode haver ressurreição se não houver morte prévia, e a morte assume um caráter redentor quando seguida pela ressurreição. A morte de Jesus na cruz não teria significado sem a ressurreição, da mesma forma que a ressurreição exigiu sua morte. No entanto, a cruz e a ressurreição não estão em equilíbrio no que concerne à missão de Jesus, uma vez que a segunda tem ascendência e vitória sobre a primeira. A fé em seu trabalho expiatório na cruz só faz sentido porque ele ressuscitou. Assim como a cruz foi a mais alta expressão de seu amor por nós, sua ressurreição nos emitiu o maior fator de esperança.

O quarto marco foi sua ascensão. Esse fato redentor simboliza, acima de tudo, a entronização do Cristo crucificado e ressuscitado, que agora reina como Rei. Mais uma vez, ele subiu ao céu porque primeiramente ressuscitou e antes foi crucificado. Sem a cruz e sem o túmulo vazio, a ascensão teria sido pura fantasia. É da perspectiva do atual reinado de Cristo à direita do Pai que contemplamos sua morte e ressurreição e avançamos para a consumação de todas as coisas.

O quinto marco foi o derramamento do Espírito Santo no Pentecoste. O ministério de Jesus foi exercido no poder do Espírito Santo (Lucas 4.18,19), e ele prometeu a seus discípulos o mesmo poder (Atos 1.8), promessa cumprida no dia de Pentecoste (Atos 2.4). O mesmo Espírito que encheu Jesus de ousadia (Marcos 8.32; João 11.14; gr. *parrēsia*, "confiança", "firmeza", "inteireza") para enfrentar a adversidade e seus oponentes, e de poder e autoridade para cumprir sua missão, é o Espírito que Jesus enviou a seus seguidores para o cumprimento da missão deles no mundo.

O sexto marco foi a segunda vinda. O futuro não estava ausente em Jesus nem no cumprimento de sua missão. Além disso, ele pensava e agia no presente de acordo com as promessas do passado, mas pela perspectiva do futuro. O estabelecimento do Reino era seu objetivo, pelo qual o futuro tinha primazia para ele. Sua missão neste mundo fez sentido porque o Cristo ressuscitado tem um futuro, e esse futuro envolve todos os seres humanos. O Reino de Deus já foi vitorioso em todos os estágios anteriores da missão de Jesus, mas o objetivo futuro também já está cumprido, embora ainda não possamos ver todos os seus resultados. É por isso que a visão do Reino definitivo de Deus, que é de justiça e paz, funciona como um ímã poderoso, não porque o presente seja vazio, mas precisamente porque o futuro de Deus já o invadiu em Cristo.

Mais da metade do evangelho de Mateus é dedicada a contemplar a missão de Jesus. Da enorme quantidade de material voltada para essa questão, a maior parte está relacionada com sua missão considerada cumprida por meio de sua morte e ressurreição, embora os outros atos redentores sejam registrados. Nos próximos capítulos, iremos nos deter a considerar o testemunho do evangelista sobre esses fatos redentores fundamentais.

CAPÍTULO 17

JESUS A CAMINHO DE SUA MISSÃO

16.1-4,21-28; 17.1-13,22,23; 20.17-19; 21.23-27

O evangelho de Mateus é essencialmente um texto missionário. Tem-se a impressão de que foi uma visão missionária o que motivou Mateus a escrevê-lo. Por isso, é fácil seguir os passos de Jesus no cumprimento de sua missão à luz dessas páginas. Para fundamentar suas conclusões, o evangelista cita direta e indiretamente as profecias do Antigo Testamento. O propósito, portanto, é provar que Jesus é o Messias e que, como tal, cumpre as Escrituras. Assim, Mateus usa o Antigo Testamento como testemunho contra os teólogos de seus dias (fariseus e mestres da lei) e contra a maneira pela qual entendiam e aplicavam as Escrituras.

Mateus é também o mais judaico de todos os evangelhos. No entanto, é o evangelista que destaca com mais entusiasmo a missão de Jesus entre os gentios. Ou seja, parece que Mateus está mais interessado em Jesus e em sua missão que em seus destinatários. Muitos estudiosos concordam em que todo o evangelho aponta para os últimos versículos (28.19,20), nos quais a missão redentora, já consumada, torna-se a missão da Igreja redimida. É como se todos os fios do tecido de Mateus a partir do cap. 1 convergissem para lá. A segunda metade do evangelho é especialmente clara na descrição do caminho apressado e do drama crescente que envolveu a aproximação dos fatos culminantes da missão de Jesus na terra: sua morte e sua ressurreição. Por isso, é apropriado dar a este capítulo de nosso comentário o título "Jesus a caminho de sua missão".

> **David J. Bosch:** "O evangelho de Mateus trata de um ponto de vista bastante singular e importante sobre a interpretação e a experiência da missão por parte da igreja primitiva. No entanto, nos círculos missionários (especialmente — mas não exclusivamente — no protestantismo) a grande prioridade dada ao significado e à interpretação da chamada 'Grande Comissão', que aparece no final do evangelho (28.16-20), obscurece tristemente boa parte da discussão sobre a contribuição missiológica de Mateus. [...] O primeiro evangelho é, em essência, um texto missionário. Foi a visão missionária que levou Mateus a escrever seu evangelho. Ele não empreendeu esse projeto para compor uma 'vida de Jesus', e sim com o intuito de fornecer orientação a uma comunidade em crise sobre como devia entender seu chamado e sua missão".[1]

O CARÁTER DE SUA MISSÃO (16.1-4)

Nessa passagem, vemos a última aproximação dos oponentes de Jesus, antes de o Mestre romper com eles, com a nação e com as multidões e passasse a se dedicar a seus discípulos e a se preparar para o cumprimento de sua missão redentora. Nesse texto, encontramos sua última resposta a mais uma tentativa, por parte dos líderes judeus, de capturá-lo durante esse período de provações. A partir de agora, seu relacionamento com os fariseus, saduceus, herodianos e mestres da lei será o de juiz, e sua mensagem será de denúncia contra os pecados e a hipocrisia deles. Jesus não lidará mais com eles, exceto, direta ou indiretamente, para enfatizar a condenação em que haviam caído como nação por terem-no rejeitado e à sua missão.

A aliança da oposição (16.1)

A primeira coisa que o texto mostra é a coalizão dos oponentes de Cristo, nesse caso integrada por fariseus e saduceus. É a primeira vez que temos a aliança entre os dois partidos, que, apesar de arqui-inimigos, odiavam mais Jesus que uns aos outros. Esses homens vieram tentá-lo e testá-lo pedindo que Jesus lhes mostrasse "um sinal do céu" (gr. *sēmeîon ek toû ouranoû*). O comportamento desses líderes sectários e ações desse tipo foram constantes

---

1. **Misión en transformación:** cambios de paradigma en la teología de la misión, p. 81, 83.

durante todo o ministério de Jesus (12.38,39; 16.1,3,4; 24.3; Marcos 8.11,12; 13.4; Lucas 11.16,29; 21.7; 23.8; João 2.18; 4.48; 6.2,26,30; 7.31; 9.16; 11.47; 12.37). No entanto, apesar da coincidência de propósito, os dois partidos eram muito diferentes.

Os fariseus e os saduceus (v. 1a). Os fariseus eram os ritualistas ou tradicionalistas da época e constituíam o maior e mais importante grupo entre as seitas ou partidos dos judeus. O historiador Flávio Josefo informa que os fariseus contavam mais de 6 mil na sua época. Eles monitoravam as sinagogas e exerciam controle estrito sobre o povo em geral. Acreditavam em Deus, na obra do Espírito Santo, na pureza e na santidade de Deus, em anjos e demônios, na ressurreição e na vida eterna. No entanto, sua espiritualidade era pura hipocrisia. Sua religiosidade era formal e legalista. Sua teologia era fundamentalista e desprovida de graça e de amor ao próximo. "Fariseus" significa "os separados", o que confirma a intenção de permanecerem isolados das massas e de se dedicarem ao estudo e à interpretação da Lei. No entanto, eram missionários e faziam proselitismo de sua seita (Mateus 23.15). Eles se opunham a Jesus basicamente por ele não aceitar sua interpretação da lei oral.

Os saduceus eram os racionalistas ou os teólogos liberais da época. Aristocráticos em seu modo de ser, formavam o partido dos ricos e das famílias dos sumos sacerdotes. Geralmente, pertenciam aos setores mais instruídos da sociedade — até mesmo o sumo sacerdote era saduceu. Eles estavam no comando do templo, de seu serviço e das concessões comerciais. Alegavam ser descendentes do sumo sacerdote Zadoque, da época de Salomão. Opunham-se aos fariseus porque não acreditavam em espíritos, nem em anjos, nem na ressurreição, nem em recompensas e punições após a morte. Negavam todos os elementos sobrenaturais da religião, que para eles não passavam de mero código de ética. O dever religioso consistia em ser fiel a certos princípios elevados e nobres, mas sem relação alguma com o transcendente. Os saduceus defendiam os costumes do passado, mas se opunham à lei oral e só aceitavam o Pentateuco como autoridade definitiva. Eram materialistas e não acreditavam que Deus estivesse interessado no comportamento dos seres humanos, que por sua vez tinham total liberdade de ação. Tinham influência na política e apoiavam o governo da situação. Seu principal interesse era a posição social, o bem-estar econômico e o poder político.

Não havia acordo possível entre os dois grupos sectários, que se discriminavam mutuamente. No entanto, eles se associaram contra Jesus. Os fariseus o consideravam blasfemo, por varrer para longe a tradição, e os saduceus o consideravam irracional, por insistir em coisas espirituais e sobrenaturais. O propósito de seu estratagema era perverso: preparar uma armadilha para ele ("o puseram à prova", gr. *peirázontes*).

A armadilha contra Jesus (v. 1b). A coligação de opostos aproximou-se de Jesus, a fim de pô-lo à prova, que consistia em pedir "um sinal do céu". A ênfase deve ser posta na expressão "do céu" (gr. *ek toū ouranoū*). Os fariseus ensinavam que os demônios e os falsos deuses podiam dar sinais da terra, mas consideravam os sinais do céu a prova definitiva da obra de Deus. Os saduceus não acreditavam em nenhuma dessas coisas, mas estavam dispostos a considerar autêntico algo que os deixasse sem resposta ou sem uma explicação racional. Para eles, todos os milagres e curas de Jesus podiam ser explicados racionalmente, porque estavam relacionados com situações humanas ou terrenas e podiam ser o resultado de leis do Universo ainda desconhecidas. De fato, o denominador comum de sua associação ilícita era precisamente que ambos os grupos "o puseram à prova". Não acreditavam que ele lhes pudesse dar um sinal do céu. O que pretendiam era deixá-lo numa situação em que parecesse ridículo ou mostrasse que na realidade agia pelo poder de Belzebu (12.24; Marcos 3.22).

A resposta de Jesus (16.2-4)

De acordo com alguns estudiosos, os v. 2 e 3 podem ser uma interpolação posterior e não muito genuína com relação ao texto original. De fato, eles são omitidos em alguns importantes manuscritos antigos, como o *Códice sinaítico*, o *Códice vaticano* e a antiga versão siríaca. Além disso, o quadro meteorológico descrito não corresponde ao clima na Palestina. No entanto, os dois versículos podem ser admitidos se forem interpretados como uma expressão irônica de Jesus em sua resposta à exigência arbitrária de seus oponentes. Ou seja, ele não está aqui dando a previsão do tempo, como num noticiário de televisão!

O sinal do céu (v. 2,3). Não foi a primeira vez que seus inimigos lhe pediram um sinal. Os fariseus e mestres da lei já haviam feito isso (12.38), mas aqui os fariseus e os saduceus exigiam um "sinal do céu". O que queriam dizer com isso? Talvez, como Satanás nas tentações (4.5,6), quisessem que Jesus providenciasse um espetáculo insuperável, que produzisse incríveis fenômenos cósmicos, como o Messias deveria fazer, de acordo com o que previam alguns apocalipses judaicos. Ele deveria se apresentar como um extraterrestre de origem desconhecida (João 7.27b), comportar-se como o maior dos taumaturgos (João 7.31) ou provocar fenômenos cósmicos fantásticos, como parar o Sol, escurecer a Lua ou causar trovões e relâmpagos.

No entanto, Jesus não caiu na provocação deles e respondeu com uma metáfora muito simples: a cor do céu ao anoitecer ou de manhã indica como será o tempo. Essa ilustração era parte de um ditado popular, que de um jeito ou de outro chegou a nós por meio de culturas muito diversas. Um antigo ditado italiano, muito popular na Argentina, diz: *Rosso di sera; bel tempo si spera; nube a pecorelle, pioggia a catinelle*.[2] Esses homens podiam ser especialistas em meteorologia popular, mas não eram capazes de discernir "os sinais dos tempos" (gr. *Tà sēmeia tōn kairōn*). Os fariseus e os saduceus mostraram-se incapazes de entender o momento crucial que estavam vivendo. Eram cegos e surdos para discernir (gr. *diakrínein*, "julgar", "avaliar", "reconhecer", "discernir", "distinguir") a situação como o cenário da intervenção direta de Deus na história humana.

A realidade da terra (v. 4). Essas palavras são as mesmas de 12.39, exceto pela expressão "do profeta". Os que criticavam Jesus aproximaram-se dele para pedir um sinal do céu, mas Jesus os questionou mostrando-lhes a realidade da terra: eles eram parte de uma "geração perversa e adúltera". Vieram criticá-lo, mas foram eles os criticados. Vieram julgá-lo, mas foram eles os julgados. Ele sabia muito bem a medida de sua incapacidade, bem como o grau de sua maldade. Consideravam-se especialistas na observação e no julgamento das coisas terrenas, mas se mostravam ignorantes crônicos na percepção das coisas celestiais. A realidade de seu pecado na terra não lhes permitia enxergar

---

2. *À noite avermelhado, marinheiro deslumbrado; nuvens madrugadoras, chuvas arrasadoras* [tradução livre]. [N. do R.]

a realidade do sinal do céu, que era Jesus. Na verdade, a missão dele consistia em demonstrar a presença do Reino dos céus por meio de sua proclamação e de seu ensino do evangelho do Reino, das diversas curas e milagres que realizava e do combate vitorioso contra o reino das trevas e seu príncipe.

O PROGRAMA DE SUA MISSÃO (16.21-28)

Se existe algo que nos surpreende quando lemos a respeito de Jesus e de como cumpriu sua missão, é o fato de não haver improvisação no exercício de seu ministério. Cada passo é apresentado com uma articulação perfeita, que leva ao nível seguinte e mais elevado. De fato, as palavras introdutórias dessa passagem indicam um novo começo na missão do Rei: "Desde aquele momento Jesus começou a [...]" (gr. *apò tóte ērxato*), e segue uma agenda precisa de ações redentoras, até culminar com sua ressurreição. Três temas podem ser destacados desses versículos.

O anúncio de Jesus (16.21)

Esse foi o momento apropriado para Jesus dar a conhecer o maior segredo sobre sua morte. Estamos a apenas seis meses de sua morte na cruz. Os discípulos precisavam estar preparados para essa crise iminente. A importante confissão de Pedro (v. 16) de alguma forma preparou o palco para essa revelação progressiva dos detalhes de sua morte redentora.

A predição. No v. 21, Jesus prediz seu sofrimento, morte e ressurreição, ou seja, os fatos históricos fundamentais da história da salvação. O versículo descreve a natureza do messianismo de Jesus, e é o primeiro anúncio que ele faz de sua morte. Depois da confissão de Pedro, Jesus começou a declarar-se mais abertamente como o Messias. Era necessário que ele morresse, por isso desafiou Pedro e o fez no mesmo tom de quando estava no deserto sendo tentado por Satanás. Ele deveria carregar a cruz, e o mesmo deveriam fazer seus discípulos. Ele os havia preparado e se revelara a eles como o Messias. Agora estava dizendo o que iria acontecer.

O significado. Nesse versículo, Jesus explica que o Messias é alguém que sofrerá e morrerá antes de reinar e que seus seguidores devem estar dispostos a sofrer o mesmo destino. Essa condição de sua messianidade significava que: 1) era da vontade do Pai que a humanidade fosse salva por meio dos sofrimentos do Messias; 2) era algo que as Escrituras (o Antigo Testamento) afirmavam repetidas vezes (Isaías 53; Lucas 24.46). Com isso, Jesus não estava afirmando a existência de um poder chamado "destino", mais forte que Deus, e que ele o sofreria. Esse poder não existe. Então, quando teve de sofrer, não ficou surpreso. No entanto, era algo novo para seus interlocutores. Nenhum judeu jamais havia ensinado que o Messias sofreria e morreria. Eles o consideravam um conquistador vitorioso e invencível. É certo que passagens como Isaías 53 falavam do "Servo de Deus", que sofreria pelos outros, mas ninguém pensava que o Servo e o Messias fossem a mesma pessoa. Portanto, o que Jesus estava ensinando parecia sem sentido para eles, a saber: 1) que as duas personagens bíblicas eram a mesma pessoa; 2) que por causa de seu sofrimento ele era o Messias. Sua grande conquista e sua vitória aconteceriam após sua morte e ressurreição.

A reação de Pedro (16.22)

A reação de Pedro foi uma manifestação eloquente do fato óbvio de que os conflitos individuais quase sempre são reflexos da guerra espiritual que se desenrola num nível cósmico. Sua atitude de chamar o Senhor à parte e repreendê-lo é muito semelhante ao que Satanás pretendia fazer com Jesus quando estava sozinho com ele no deserto e o sujeitou à tentação (4.1).

A réplica. Foi tão chocante a revelação de Jesus sobre o que o aguardava (v. 21) que Pedro o repreendeu: "Nunca, Senhor! Isso nunca te acontecerá!". Pedro agiu dessa maneira ("chamando-o à parte", gr. *proslabómenos autòn ho Pétros*) como se tivesse alguma autoridade. De fato, ele se portou não apenas com certa familiaridade e audácia, mas como se tivesse algum direito de fazê-lo, talvez por ainda se sentir um herói teológico após sua confissão (v. 16,17). A verdade é que, com sua atitude, Pedro estava tentando Jesus a fugir do sofrimento, o que acabou contradizendo o que ele havia confessado anteriormente ("Tu és o Cristo"). O mesmo homem que o havia confessado por revelação divina estava agora se opondo a ele por revelação satânica. Foi por isso que Jesus o repreendeu. Assim como o v. 21 manifesta o antagonismo que Jesus sofreria por parte "dos líderes religiosos, dos chefes dos sacerdotes e dos mestres da lei", o v. 22 mostra o antagonismo dentro do grupo de seus discípulos mais próximos. Se eles queriam levar Jesus à cruz, um de seus discípulos, Pedro, queria afastá-lo dela.

A realidade. Ambos os antagonismos (o de seus oponentes e o de Pedro) coincidem num ponto, que Jesus muito habilmente ressaltou: o contraste entre as "coisas de Deus" e as "dos homens" (v. 23b). Foi o bastante para que Jesus passasse a expor o plano de Deus para sua missão messiânica, o que fez Pedro manifestar-se em oposição à ideia. As "coisas de Deus" tinham determinado salvar o mundo pela morte do Messias, mas as coisas "dos homens" tinham outro plano de salvação. Jesus entendeu que a vontade de Deus era a salvação por meio da cruz, mas Pedro propôs uma salvação sem a cruz. As coisas de Deus são o caminho da cruz, cujo final é a vitória da ressurreição. As coisas dos homens são o caminho do egoísmo, cujo final é a derrota da segunda morte.

A repreensão de Jesus (16.23-28)

Ao que parece, Pedro chamou Jesus para longe do grupo e começou a repreendê-lo. Mas Jesus "virou-se" para ele (gr. *ho dè straféis*) numa ação rápida e fulminante e deu-lhe uma ordem típica da expulsão de um demônio: "Para trás de mim, Satanás!". Essa passagem suscita algumas questões que precisam ser esclarecidas.

Repreensão a Pedro ou a Satanás? (v. 23). A evidente contradição entre o desejo e a quase ordem de Pedro com respeito ao que Jesus estava convencido de ser a vontade do Pai celestial levou-o a repreender severamente o discípulo, como se ele estivesse endemoninhado. Em suma, Jesus repreendeu e expulsou o demônio que estava falando por meio de Pedro ("Para trás de mim, Satanás!"). A atitude de Jesus foi a mesma que ele demonstrou, de acordo com o testemunho dele próprio, por ocasião das tentações do deserto (4.10). Mateus é o único evangelho sinóptico a descrever com clareza o incidente como um confronto e um ato de libertação espirituais. Ou seja, em sua repreensão Jesus não estava se dirigindo a Pedro, mas ao espírito maligno que estava controlando as palavras do discípulo. Por isso, ele se dirigiu a "Satanás".

Como um ser humano real e completo, Jesus foi tentado durante toda a sua vida terrena. Satanás queria induzi-lo a pecar e, se possível, levá-lo a assumir compromissos espirituais mais profundos com obras demoníacas, como a escravidão e a opressão. Mas ele nem sequer passou da primeira etapa, porque Jesus reagiu a tempo contra as tentações e em todos os casos, como aqui, repreendeu Satanás. Mais uma vez, note-se que a repreensão foi contra Satanás, não contra Pedro. O discípulo de Jesus nem sabia o que estava dizendo.

Em todo caso, Pedro não estava isento de responsabilidade por sua reação ao anúncio de Jesus. Ele provavelmente pensava que Jesus estava delirando ou vivendo uma fantasia messiânica e que precisava de ajuda para pôr os pés de volta à realidade. Sem dúvida, Pedro também pensava saber mais que Jesus e considerou oportuno dar bons conselhos ao líder e mestre. O modo de pensar de Pedro era humano e não correspondia à vontade divina (Isaías 55.8,9). Portanto, Pedro queria que Jesus salvasse (libertasse), mas sem sofrimento. Essa é uma das grandes diferenças entre os planos do ser humano (e de Satanás) e os de Deus. Deus sabia que a humanidade só podia ser salva pelo ministério de alguém disposto a sofrer por ela. Jesus sabia muito bem que teria de morrer para salvar a humanidade. Não era suficiente ensinar boa conduta aos seres humanos curá-los de seus males, fazer milagres e surpreendê-los com sinais maravilhosos.

Salvar a vida ou perder a vida? (v. 24-26). Nesses versículos, Jesus reafirma os termos do discipulado cristão. De acordo com ele, o discipulado não começa por admirar Jesus, amá-lo, querer imitá-lo, permitir ser ensinado por ele ou segui-lo. Na verdade, o primeiro passo é: "Negue-se a si mesmo". E o segundo: "Tome a sua cruz". Então, o terceiro: "Siga-me". O primeiro passo significa muito mais que autonegação ou anulação pessoal, como um sacrifício por Cristo e para Cristo. Sacrificar-se dessa maneira por ele não faz sentido e não é o que ele exige. Ele espera que submetamos nosso eu a seu senhorio e que o deixemos ocupar o trono de nossa vida, a ponto de podermos dizer com o apóstolo Paulo: "Assim, já não sou eu quem vive, mas Cristo vive em mim" (Gálatas 2.20b). O segundo passo significa ser participante dos sofrimentos e da morte de Cristo, de modo que estejamos dispostos a ser obedientes e fiéis a ele até a morte. Como Paulo também afirma: "Fui crucificado com Cristo" (Gálatas 2.20a). O terceiro passo significa segui-lo a cada passo da vida, por meio de um serviço frutífero em nome dele, confiando em seu poder. Como o apóstolo destaca: "A vida que agora vivo no corpo, vivo-a pela fé no filho de Deus, que me amou e se entregou por mim" (Gálatas 2.20c). São esses três passos que devem caracterizar o verdadeiro discípulo de Jesus, e, se forem dados, o discípulo encontrará a vida plena e com propósito que o Senhor lhe promete.

Recompensa celestial ou terrena? (v. 27). De acordo com Jesus, há uma recompensa, embora ela não seja distribuída de forma indiscriminada. A recompensa será dada após um julgamento, ou seja, será o resultado de uma avaliação que acontecerá por ocasião do retorno glorioso do Filho do homem com seus anjos. Note-se que essa avaliação, assim como a recompensa, não é coletiva nem massiva, mas pessoal ("a cada um", gr. *hekástō*). Note-se também que esse critério de avaliação para a recompensa não é um teste de ortodoxia, pureza ética, acumulação religiosa de méritos, lealdade institucional ou filiação a uma denominação ou seita em particular. O critério está relacionado com ações concretas ("de acordo com o que tenha feito", gr. *katá tēn prāxin autoū*). No entanto, não se trata de fazer "boas ações" ou qualquer outra coisa para ganhar o prêmio. A palavra grega *prāxis* de fato significa o que alguém faz, executa ou opera, mas com base num propósito específico. Nesse caso, refere-se ao que foi feito para o Reino de Deus, ou seja, o grau de participação do discípulo no projeto redentor de Deus para a humanidade ou sua identificação pessoal com a missão de Jesus.

Pentecoste ou segunda vinda? (v. 28). Tem suscitado muito debate a declaração: "Garanto a vocês que alguns dos que aqui se acham não experimentarão a morte antes de verem o Filho do homem vindo em seu Reino" (v. 28). As respostas envolvem a transfiguração, a ressurreição, o grande dia de Pentecoste, a destruição de Jerusalém, a segunda vinda e o juízo final. A versão de Marcos ("antes de verem o Reino de Deus vindo com poder", Marcos 9.1) provavelmente se refere ao triplo evento da Páscoa, da ascensão e do Pentecoste, fatos redentores que inauguraram a era cristã. Mateus sem dúvida está se referindo à segunda vinda. Além de uma resposta precisa à dificuldade hermenêutica representada pela declaração de Jesus, parece claro que ele tinha certeza de sua vitória final, que poderia ser tipificada e simbolizada de várias maneiras. O simbolismo escatológico e apocalíptico utilizado por Jesus aqui não é o que predominava em seu ensino. Ele o usava apenas ocasionalmente, para ilustrar o triunfo do Reino, não para estabelecer uma doutrina em particular a respeito deste. O Reino de Deus já estava no coração das pessoas, mas haveria momentos culminantes e de consumação.

A CONFIRMAÇÃO DE SUA MISSÃO (17.1-13)

Os v. 1-13 narram a impressionante experiência da transfiguração de Jesus. Esse episódio é um dos dois grandes auges que formam a vertente da narrativa dos evangelhos sinópticos: a confissão de Pedro e a preparação dos Doze; a transfiguração de Jesus, que deveria dar força e encorajamento ao Senhor, pois estava a caminho da morte na cruz. Em todo caso, não é fácil saber com precisão o que aconteceu, mas é possível destacar alguns aspectos interessantes e impressionantes desse acontecimento.

O cenário da transfiguração (17.1)

Havia se passado quase uma semana desde que Jesus revelara aos discípulos que teria de sofrer e morrer e que eles também deveriam estar preparados para passar por uma experiência dolorosa e de aflição (Marcos 8.31-35). Jesus não utilizou uma linguagem elusiva ou metafórica para expressar essas circunstâncias, mas "falou claramente" (Marcos 8.32). Para que tanto ele quanto seus discípulos pudessem se curvar em obediência a Deus e orar por orientação e força, Jesus dirigiu-se com três deles a um lugar onde pudessem ficar sozinhos.

Tempo e lugar (v. 1a). Sobre o tempo, Mateus informa que foram "seis dias depois" de Pedro ter confessado que Jesus era o Cristo e de este ter previsto que iria morrer (16.13-28). Lucas diz "aproximadamente oito dias depois" (Lucas 9.28). O mais provável é que o episódio teve lugar uma semana após aquele fato. Jesus levou consigo (gr. *paralambánein*) três de seus discípulos "a um alto monte", provavelmente o Hermom, localizado ao norte de Cesareia de Filipe e fora da Palestina. A cena lembra Moisés subindo a montanha sagrada com Arão, Nadabe e Abiú (Êxodo 24.1). No entanto, o lugar e a hora não são importantes, e sim o fato de que foi nesse local e nesse momento que a vida humana de Jesus alcançou sua coroação e sua glória. O processo da vida humana de Jesus pode ser resumido em três palavras: inocência, santidade e glória. A inocência é a condição original da natureza humana, não só porque alguém não pecou, mas porque permanece sem pecado. Assim foi Jesus como ser humano. A santidade é a condição de alguém que disse "não" ao pecado, como Jesus fez toda vez que foi tentado, e se dedicou a servir exclusivamente ao Pai. A glória é a condição de manifestar a própria natureza de Deus, que é perfeito aos olhos humanos. Foi o que aconteceu no monte da Transfiguração: Jesus tomou outra forma diante de seus discípulos, e estes viram a glória de Deus brilhar por meio de Jesus.

As testemunhas (v. 1b). O texto destaca Pedro, Tiago e João, membros do grupo íntimo de discípulos de Jesus, como aqueles a quem ele "tomou consigo". Provavelmente, os três haviam alcançado uma compreensão maior de seus ensinamentos. Antes disso, no caso da menina morta (Marcos 5.37), e mais tarde, no jardim do Getsêmani, Jesus fez o mesmo (26.37). O depoimento de Pedro, personagem importante em todo o episódio, foi depois registrado por Marcos, seu discípulo, e por meio deste por Mateus, que o utilizou como fonte. O testemunho de João também é importante, porque ele escreveu um evangelho, mas é impressionante que não registre esse episódio. Quanto a Tiago, ele não teve tempo de registrar nada, em razão de sua morte prematura nas mãos de Herodes (Atos 12.2). Isso significa que dependemos do que foi dito por Pedro para saber o que de fato aconteceu no monte da Transfiguração, o que é interessante, porque esse Pedro, testemunha da glória da transfiguração, foi o mesmo que confessou Jesus como o Cristo e logo em seguida tomou uma atitude para que ele agisse como tal.

Os acontecimentos na transfiguração (17.2-8)

Jesus e três de seus discípulos escalaram um dos contrafortes do monte Hermom, que era a montanha mais alta da região e a única a manter a neve durante o ano todo em seu cume. No lugar aonde chegaram, Jesus e os discípulos conseguiram achar sossego e solitude. Enquanto oravam, o Senhor "foi transfigurado diante deles": os discípulos provavelmente tiveram uma visão coletiva.

Jesus se transfigurou (v. 2). O verbo grego *metamorfóomai* significa "transformar", "mudar de aparência". Os três Sinópticos registram essa experiência (17.1-3; Marcos 9.2-13; Lucas 9.28-36), em que os discípulos de Jesus presenciaram ("diante deles", gr. *émprosthen autōn*) uma manifestação da aparência de Jesus diferente da normal. O verbo grego é o mesmo usado para casos de metamorfose na mitologia grega. A ideia básica é a mudança (gr. *metá*) de forma (gr. *morfē*), em que a essência do que mudou continua a mesma, embora a forma em que se manifesta seja diferente (v. Romanos 12.2; cp. 1Coríntios 7.31; 16.12). Na teologia cristã, o termo "metamorfose" foi deixado de lado por causa de suas implicações pagãs. Adotou-se o termo latino *transfiguratus est*, que passou a todas as línguas. A evidência de mudança, de acordo com as testemunhas, foi: "Sua face brilhou como o sol, e suas roupas se tornaram brancas como a luz". Note-se que o brilho do rosto de Jesus era diferente do de Moisés (Êxodo 34.29), que era um reflexo da glória divina. No caso de Jesus, porém, era a própria glória divina brilhando "como o sol". Além disso, suas roupas pareciam uma nuvem de luz.

Moisés e Elias apareceram (v. 3). Os três discípulos ainda estavam absortos em contemplar a imagem transfigurada do Senhor, quando em visão viram-no acompanhado pelo que entendiam se tratar de Moisés e Elias conversando com ele. De acordo com o v. 9, a transfiguração foi uma visão que os discípulos tiveram. Como sabiam que as duas personagens que conversavam com o Senhor eram Moisés e Elias? Talvez Jesus lhes tenha dito ou eles tenham se apresentado. Também pode ser que todo o episódio seja uma visão, não um acontecimento real, posteriormente interpretado de forma simbólica. De fato, a apocalíptica judaica previa que Moisés e Elias iriam reaparecer. Além disso, ambos os líderes tiveram mortes inusitadas: nunca se soube onde Moisés foi enterrado (Deuteronômio 34.6), e Elias foi levado para o céu (2Reis 2.11). A presença de Moisés e Elias na visão sugere a superioridade de Jesus sobre a Lei e os Profetas. Para os leitores judeus de Mateus, tratava-se de um detalhe muito importante, pois, assim que surgiu a nuvem resplandecente, Moisés e Elias (Lei e Profetas) partiram, deixando Jesus sozinho.

Pedro queria ficar ali (v. 4). Para os discípulos, a experiência foi muito significativa, porque Jesus os levou consigo para que participassem dela. É impressionante que os três simples pescadores tenham visto exatamente a mesma coisa. No entanto, Pedro queria ficar ali para adorar (sugeriu que construíssem um albergue improvisado para as três personagens da visão), mas teve de aprender que no Reino é preciso unir duas funções importantes: adoração e serviço. Os discípulos que tinham ficado no vale não tinham podido curar um menino possuído por demônios. Haviam trabalhado (serviço), mas não orado (adoração). Pedro, ao contrário, havia adorado, mas não estava fazendo nada pelo endemoninhado lá embaixo. "A Deus orando e com o martelo dando" é a fórmula que melhor define a missão no Reino.

Uma voz foi ouvida (v. 5). A experiência atingiu seu clímax quando todos ouviram uma voz, que dizia: "Este é o meu Filho amado de quem me agrado. Ouçam-no!". E de repente a visão terminou. O que aconteceu parece ter sido importante para Jesus e para os discípulos. Para Jesus, a experiência foi importante em sua preparação para a morte (Lucas 9.31). Mas na realidade a voz da nuvem luminosa que os envolveu (gr. *epeskíasen*; v. Lucas 1.35; Atos 5.15) dirigiu-se mais aos discípulos que a Jesus. A mensagem da voz destacava três pontos. Em primeiro lugar, revelou: "Este é (gr. *houtós estin*) o meu Filho amado". No batismo de Jesus (3.17), essas palavras foram dirigidas a ele, mas agora, na nuvem, dirige-se aos discípulos para falar de Jesus, aos quais apresenta com seu título mais exaltado: Filho de Deus. Em segundo lugar, declarou que ele era alguém "de quem me agrado". Mais uma vez, a segunda parte da declaração batismal é repetida, mas agora para que os discípulos a ouçam. Em terceiro lugar, ordenou: "Ouçam-no!". O imperativo (gr. *akoúete autoū*) é oportuno, pois o que Jesus tinha a dizer no momento não era muito animador. Tudo que ele falava agora estava relacionado com sua morte. Portanto, a ordem era também uma espécie de repreensão a Pedro, que queria transformar o local num "monte de oração" ao estilo coreano e assim evitar o drama do sofrimento e da morte.

Os discípulos ficaram aterrorizados (v. 6-8). A manifestação visível e audível da glória divina sempre assusta os humanos. Os discípulos ficaram atônitos e assustados ao ver Jesus com roupas resplandecentes, depois com o aparecimento de Moisés e Elias em visão, mais tarde com a experiência de serem envolvidos por "uma nuvem resplandecente" e por fim com a voz que lhes comunicou uma mensagem tão transcendente. A frase "prostraram-se com o rosto em terra" (gr. *épesan epì prósōpon autōn*) descreve um fenômeno físico registrado muitas vezes na Bíblia e ao longo da história do testemunho cristão, de vez em quando como resultado de uma forte manifestação divina. Em tempos mais recentes, tem havido muita discussão sobre a autenticidade de "cair" pelo poder do Espírito. Experiências como a do monte da Transfiguração podem nos ajudar a entender o assunto. O verbo *piptō* significa "cair", "prostrar-se", "cair de joelhos" (em atitude de adoração). Uma tradução literal da frase bíblica pode ser "eles caíram de bruços com o rosto" ao chão.

A reação de Jesus ao ver seus discípulos caídos ao chão é digna de nota: "Jesus se aproximou, tocou neles" (gr. *kaì hapsámenos autōn*). Impressiona a ternura de sua atitude para com seus discípulos nesse momento de alto teor emocional. O contato de Jesus dissipou o medo e a confusão deles e trouxe-os de volta à realidade. Suas palavras também os encheram de ânimo: "Levantem-se! Não tenham medo!". Quando olharam para cima ("erguendo eles os olhos"), tudo que viram foi Jesus ao lado deles. Sem dúvida, as roupas dele já não resplandeciam, nem seu rosto brilhava, mas sem dúvida era ele, o mesmo Jesus com quem haviam subido àquele lugar. Moisés e Elias também não estavam mais ali: com certeza partiram com a nuvem resplandecente da visão. Mas a experiência que tiveram foi suficientemente marcante, de modo que nenhum deles jamais a esqueceu.

Os efeitos da transfiguração (17.9-13)

O episódio da transfiguração teve importância especial para Jesus e seus discípulos. O fato de os três homens terem visto e ouvido a mesma coisa numa visão foi em si um grande milagre, digno de ser lembrado para sempre. Mas o que essa experiência singular significou de fato para Jesus e seus discípulos?

Para Jesus (v. 9,11,12). A experiência foi uma preparação para a morte de Jesus (Lucas 9.31). Também serviu para confirmar que a fase final de sua peregrinação era a morte seguida pela ressurreição. Por isso, ele advertiu seus discípulos: "Não contem a ninguém o que vocês viram, até que o Filho do homem tenha sido ressuscitado dos mortos". Esse era o foco e o propósito da transfiguração. O objetivo do fenômeno não era exibir Moisés e Elias, mas, sim, confirmar Jesus em sua missão. Mas os discípulos ficaram extasiados com a presença de Elias, não com a confirmação da missão messiânica de Jesus. Por esse motivo, enquanto desciam da montanha, Jesus esclareceu o significado da presença das duas personagens, especialmente Elias. Jesus interpretou a presença de Elias identificando-o com João Batista, provavelmente à luz de Malaquias 3.1 e 4.5. É interessante notar que foram os discípulos que chegaram à conclusão de que Jesus estava se referindo a João Batista nesse caso (v. 12). Para os três discípulos, esse foi um exercício teológico interessante.

Para os discípulos (v. 10,13). A transfiguração foi uma incrível revelação aos discípulos sobre quem era Jesus. Num curto espaço de tempo, eles ficaram sabendo que ele era o Cristo (de acordo com o fenômeno de sua transfiguração), que ele era superior à Lei e aos Profetas (de acordo com a visão de sua conversa com eles), que ele era o Filho de Deus (de acordo com a voz da nuvem resplandecente) e que ele era o Filho do homem (de acordo com as palavras do próprio Jesus). Desse modo, a experiência da transfiguração resultou numa aula magistral de teologia para eles. A lição teve um complemento quando eles desceram da montanha e contaram a Jesus o conteúdo da visão — e ficaram surpresos com o fato inexplicável de que a experiência de cada um coincidia com a dos outros dois nos detalhes. Entre essas coisas sublimes, também aprenderam com Jesus que, no percurso de sua missão, esta culminaria com sua morte redentora e com sua gloriosa ressurreição.

O CENTRO DE SUA MISSÃO (17.22,23; 20.17-19)

Na passagem de 16—20, Jesus prediz três vezes sua morte e ressurreição. A primeira foi após a confissão de Pedro (16.21-28); a segunda quando estavam a caminho da Galileia depois da transfiguração (17.22,23); a terceira a caminho da Galileia rumo a Jerusalém (20.17-19). A primeira previsão já foi analisada; agora comentaremos as outras duas.

Jesus prediz sua morte e ressurreição pela segunda vez (17.22,23)

A ocasião (v. 22a). O texto indica que Jesus e seus discípulos estavam reunidos (gr. *systrefoménōn*) na Galileia. Eles haviam deixado os domínios de Herodes Antipas (de acordo com Marcos, faziam isso em segredo porque Jesus não queria que ninguém soubesse; 9.30b) e chegaram a Cafarnaum, naquela que seria sua última visita à cidade. Sem dúvida, era um encontro íntimo, provavelmente na casa de Pedro. Tem-se a impressão de que Jesus estava reunindo os seus (não apenas os Doze) em grupos, a fim de prepará-los para a viagem a Jerusalém, em peregrinação para celebrar a Páscoa. O contexto e o ambiente eram propícios para que Jesus alertasse seus seguidores sobre o que aconteceria em breve: sua morte e ressurreição. Jesus queria que seus discípulos estivessem preparados para esses fatos inevitáveis, os quais eram o centro de sua missão.

O anúncio (v. 22b,23a). Não foi essa a primeira previsão de sua morte e ressurreição (v. 16.21-28), mas a primeira vez que Jesus anunciou que seria "entregue nas mãos dos homens", ou seja, que seria traído. O verbo grego aqui é *paradothēsomai*, que no futuro passivo significa "ser preso", "trair", "entregar para ser condenado à morte". Talvez tenha sido essa revelação o motivo da profunda tristeza que se apoderou deles (v. 23b). Diante desse chocante anúncio, a boa notícia de que ele ressuscitaria no terceiro dia ficou em segundo plano. E não era para menos, porque Jesus não explicou em detalhes o que aconteceria.

O resultado (v. 23b). O texto diz que os discípulos "ficaram cheios de tristeza" (gr. *kaì elypēsethēsan sfódra*). O anúncio da prisão, condenação e morte do Messias mergulhou-os numa profunda melancolia. Em grande medida, isso ocorreu porque eles não haviam prestado atenção na segunda metade do anúncio, que falava de sua ressurreição no terceiro dia. Isso é o que acontece sempre que deixamos de pregar um evangelho completo. Quando isso acontece, a boa notícia torna-se má notícia. A obra redentora de Cristo não consiste apenas em sua morte na cruz, mas também no túmulo vazio. Ambas as ações redentoras devem ser mantidas em equilíbrio teológico, como as duas asas de um avião, de modo que, longe de uma tristeza profunda, o resultado seja uma salvação alegre e completa.

Jesus prediz sua morte e ressurreição pela terceira vez (20.17-19)

Nos v. 17-19, encontramos a terceira predição da morte e ressurreição de Cristo. Jesus prevê outra vez as três experiências mais notáveis que o aguardavam em Jerusalém: ser entregue às autoridades judaicas e gentias (romanos), ser crucificado e ressuscitar. Essa terceira predição é introduzida com uma frase solene de Jesus: "Estamos subindo para Jerusalém". Essa passagem consiste em um anúncio curto, formulado em frases simples. Jesus apresenta as etapas seguintes de seu caminho de sofrimentos. Os Doze figuram como meros ouvintes. A fonte é Marcos 10.32-34, embora Mateus a resuma e insira pequenas modificações. As mudanças com relação a Marcos são fáceis de entender, bem como a redação e a edição de Mateus.

O anúncio (v. 17,18a). O v. 17 marca o início da parte final de Mateus 19 e 20. Jesus está a caminho de Jerusalém, seu destino final. O que em 16.21 foi mero anúncio, agora está se tornando realidade dramática. O fim está próximo. Jesus chama os Doze à parte e faz um comunicado chocante. Seu anúncio sobre a etapa seguinte do caminho do Filho do homem até a morte e a ressurreição é parte da instrução que Jesus quer dar aos discípulos. Seus adversários judeus e os habitantes da cidade aparentemente nem imaginam o que está acontecendo nessa viagem. É digno de nota que, à diferença de Marcos 10.32-34, o narrador está interessado apenas em Jesus, não nos discípulos. A única questão é a próxima etapa, sua peregrinação até a morte. Mas esse caminho é parte do plano de Deus que ele veio cumprir.

O destino (v. 18b,19). O anúncio de que Jesus seria "entregue" a seus adversários não foi tão dramático diante das experiências que eles já haviam tido. Mas a informação de que "eles o condenarão à morte" e tudo que se seguiria (escárnio, açoites, crucificação) foi aterrorizante. Essas palavras, porém, expressam a firmeza de Jesus em sua jornada para o cumprimento do centro de sua missão. Marcos diz que os discípulos estavam com medo, e talvez seja essa a razão da terceira profecia (Marcos 10.32-34), que Jesus parece ter compartilhado apenas com os Doze. Em geral, parece que os discípulos tinham em mente apenas o fato de irem a Jerusalém celebrar a Páscoa juntos. Eles estavam dispostos a reviver a dura oposição dos líderes religiosos judeus. No entanto, havia um clima de medo entre eles, pelo fato de não saberem muito bem o que aguardava Jesus — e também a eles — na cidade. Por isso, o Filho do homem "chamou [os Doze] em particular" (gr. *parélaben* [...] *kat' idían*), para ter certeza de que eles tivessem pelo menos uma ideia mais clara do que estava para acontecer. Ele estava passando por um grave conflito interior (Marcos 10.32) e queria de alguma forma que seus discípulos compreendessem sua angústia. A impressão que se tem é que a essa altura dos acontecimentos eles estavam mais preocupados consigo mesmos que com Jesus.

A AUTORIDADE PARA SUA MISSÃO (21.23-27)

Jesus não está nesse momento fora da Palestina, nem na região mais cosmopolita da Galileia, mas no coração do mundo judaico, em Jerusalém, e no centro de sua religião, o templo. Em ocasiões anteriores, ele teve de enfrentar seus inimigos, mas em campos de batalha distantes de sua fortaleza. Nesse caso, Jesus estava bem no meio do ninho das cobras que havia denunciado na Galileia (12.34). Para piorar as coisas, depois que os ataques furiosos dos fariseus, dos saduceus e dos mestres da lei se intensificaram, Jesus reiterou sua acusação contra eles (23.33) ainda com mais vigor.

O contexto (21.23a)

Convém lembrar que Jesus entrou em Jerusalém, purificou o templo, expulsando mercadores e cambistas, e retornou no dia seguinte após pernoitar tranquilamente perto de Betânia. Todos esses acontecimentos ocorreram em dois ou três dias, e em cada um houve uma clara demonstração de sua autoridade. Com essa mesma autoridade, Jesus estava sentado no templo (agora purificado) para ensinar, e o povo se reuniu para ouvir. Mas também estavam ali seus inimigos, que já haviam decidido eliminá-lo a qualquer custo. Então, enquanto ensinava a multidão, "aproximaram-se dele os chefes dos sacerdotes e os líderes religiosos do povo". O templo era a casa deles, cuja presença era permanente. Era seu território de autoridade e poder. Eles eram membros do Sinédrio dos judeus (ou Conselho), a autoridade suprema da nação em assuntos civis e religiosos. Jesus era um intruso ali. Então, quando se aproximaram dele com suas perguntas, não o fizeram por mera curiosidade, como parte da plateia de Jesus, mas como os auditores ou inquisidores que representavam a religião oficial do templo. Queriam interrogá-lo sobre o assunto mais sensível em questão: a autoridade dele para ensinar o que estava ensinando. Supunha-se que, no templo, eles eram a autoridade, e não haviam autorizado Jesus a ensinar. Além disso, agora parecia que Jesus estava questionando a autoridade deles, algo que por muitos anos ninguém se atrevera a fazer.

As perguntas (21.23b)

Os líderes judeus sentiram-se ameaçados pelos ensinamentos de Jesus e fizeram-lhe duas perguntas sobre a autoridade que ele tinha para o cumprimento de sua missão. Eles tinham todo o direito de interromper as preleções de Jesus e de questioná-lo, já que eram tidos como a autoridade suprema em assuntos civis e religiosos dos judeus e estavam no território deles, ou seja, no templo.

Primeira pergunta: "Com que autoridade estás fazendo estas coisas?". Com essa pergunta, os líderes judeus não estavam negando que Jesus ensinava com autoridade, mas perguntando sobre a natureza dela. Tratava-se de autoridade humana, de produto de seus estudos, de sabedoria e conhecimento? Tratava-se de autoridade espiritual, resultado de revelação divina, de visão celestial ou inspiração profética? Sua autoridade tinha base política, social, econômica ou religiosa? Essa pergunta parece lógica, mas obviamente não era o que mais os preocupava. Por isso, fizeram uma segunda pergunta.

Segunda pergunta: "E quem te deu tal autoridade?". A presença de Jesus no templo ensinando às pessoas não era o resultado de uma decisão dos líderes judeus. Jesus não tinha pedido a permissão deles, como autoridades supremas, para fazer o que estava fazendo. Além disso, ainda podiam ouvir as palavras de Jesus quando expulsara os comerciantes e cambistas do átrio do templo, palavras essas que foram para eles extremamente perturbadoras: "A *minha* casa será chamada casa de oração" (v. 13, grifo nosso). Com que autoridade aquele nazareno denominava de sua casa um edifício que era reconhecido como casa de Deus e casa deles, como seus líderes religiosos? A resposta de Jesus a essa pergunta poderia ter finalmente justificado sua prisão por blasfêmia e tê-lo levado a julgamento, pondo assim fim à sua missão.

As respostas (21.24-27)

Jesus formula uma contrapergunta, ao estilo de contestação das controvérsias da Antiguidade, e faz que sua resposta dependa da réplica de seus interlocutores. A pergunta está relacionada com a origem da autoridade de João Batista. Jesus põe os adversários diante da alternativa: essa autoridade vem de Deus ou é meramente humana? Os leitores do evangelho conhecem a resposta, porque já sabem que João Batista não foi apenas o precursor de Jesus, cuja vinda anunciou (3.11,12; 11.3), mas também parte do Reino por ele anunciado (11.12,13), bem como pelo próprio Jesus (3.2; 4.17); além disso, teve o mesmo destino de sofrimento que o Senhor (11.18,19; 14.3-11; 17.12). João e Jesus estão profundamente ligados um ao outro no evangelho de Mateus, porque sua autoridade tem a mesma origem. No entanto, esse relato, à semelhança de muitos outros, tem sido interpretado de maneira muito superficial. É preciso adentrar mais no espírito dele.

Primeira resposta (v. 24-26). A primeira resposta de Jesus consistiu numa pergunta bem específica, acompanhada de uma promessa: a de responder à primeira pergunta deles, que era sobre a origem de sua autoridade. Jesus então faz uma pergunta a respeito da origem do batismo de João (gr. *to báptisma tò Iōánnou*), ou seja, qual era a natureza e a procedência desse batismo, o mesmo com o qual ele havia sido batizado. Em sua interrogação, Jesus combina as duas perguntas dos líderes judaicos e as aplica ao batismo de João. Ao contrário de Jesus, que respondia de imediato às perguntas de seus oponentes e os surpreendia com suas respostas, esses eruditos bíblicos e religiosos exaltados, a nata do templo, tiveram de fazer uma consulta para decidir qual resposta dar a Jesus. O v. 25b diz que "eles discutiam entre si" (gr. *dielogízonto*, "pensar", "refletir", "considerar", "discutir", "perguntar-se"). O tempo verbal (imperfeito) indica uma tarefa inútil e sem sentido. Note-se o caráter puramente especulativo desses teólogos. Eles não estavam refletindo de maneira teológica e responsável em busca da verdade: queriam apenas encontrar argumentos que não os comprometessem. No entanto, estavam enfrentando um dilema insolúvel, como o texto deixa claro. Por fim, envergonhados e humilhados, eles não tiveram alternativa senão reconhecer a última coisa que estavam dispostos a admitir: "Não sabemos" (gr. *Ouk oídamen*). Os "sabe-tudo" tiveram sua hipocrisia e sua falsidade desmascaradas ao responder à primeira e única pergunta de Jesus.

Segunda resposta (v. 27). A segunda resposta de Jesus foi brusca e deixou-os sem palavras: "Tampouco direi com que autoridade estou fazendo estas coisas". Note-se que Jesus interrompe a inquisição e não responde à segunda pergunta deles, que era a mais importante: "Quem te deu tal autoridade?". Em todo caso, Jesus respondeu de forma indireta a essa questão perguntando se o ministério de João viera do céu ou da terra: assim como era claro que a autoridade de seu antecessor, João Batista, fora concedida por Deus, a dele, na condição do anunciado Filho do homem, também provinha da mesma fonte. A autoridade de Jesus estava intimamente relacionada com a de João, seu antecessor.

CAPÍTULO 18

JESUS EM JERUSALÉM E EM BETÂNIA

21.1-17; 23.1-39; 26.1-13

Essas passagens registram o último ato no drama da vida de Jesus. A festa da Páscoa estava sendo celebrada em Jerusalém e em toda a região circundante, e a cidade achava-se invadida por peregrinos. Trinta anos mais tarde, um governador romano fez um recenseamento dos cordeiros sacrificados em Jerusalém nessas comemorações e descobriu que o número não ficava abaixo de 250 mil. Essa cifra sem dúvida é exagerada, porque a regulamentação da Páscoa estabelece que cada cordeiro deveria ser o sacrifício equivalente a dez pessoas. Se esses números estivessem corretos, isso significaria que Jerusalém comportava na Páscoa uma multidão de nada menos que 2,5 milhões de pessoas, o que parece absurdo. Em todo caso, é provável que por ocasião da festa a cidade recebesse mais de 100 mil peregrinos.

A Lei estabelecia que todo homem judeu adulto que vivesse num raio de cerca de 30 quilômetros de Jerusalém tinha de comparecer à festa na cidade. Mas não eram só os judeus da Palestina que acorriam para lá: compareciam também os judeus da Diáspora, ou seja, de todos os cantos do mundo conhecido, que não queriam perder a maior festividade religiosa nacional.

JESUS ENTRA EM JERUSALÉM DE MANEIRA TRIUNFAL (21.1-11)

Jesus e seu povo estão diante de Jerusalém, o objetivo de sua jornada final. Jerusalém é a Cidade Santa de Israel e, ao mesmo tempo, a cidade de sua paixão (16.21; 20.17,18). A vila de Betfagé, segundo a tradição rabínica, estava localizada no distrito urbano, a cerca de 1 quilômetro de Jerusalém, na encosta do monte das Oliveiras. Jesus agora toma as rédeas da situação, para que tudo que aconteça seja conforme sua ordem. Essa ordem também indica que ele milagrosamente sabe de antemão tudo o que irá acontecer (dom da palavra de conhecimento ou da ciência), não por terem chegado a um acordo com o proprietário da jumenta, que evidentemente era um conhecido dele. Jesus até prevê uma possível e compreensível objeção do dono dos animais. Mas para tranquilizá-lo bastará dizer que "o Senhor", a quem um dia os céus e a terra estarão sujeitos (28.18), precisa deles. O homem acabará emprestando os animais. Note-se que Jesus reivindica um bem alheio aqui, como um rei que solicita algo de seus súditos. Para os leitores, fica claro que Jesus mostrará sua majestade no episódio que se segue.

O episódio

Os v. 1-11 relatam a entrada triunfal em Jerusalém, também registrada nos outros evangelhos (Mc 11.1-11; Lucas 19.28-40; João 12.12-19). Jesus entrou na cidade pelo lado leste, depois de ter descido através da Pereia e assim evitado Samaria, como deveria fazer o bom judeu. Mateus não menciona Samaria, exceto em 10.5. Ele atravessou o monte das Oliveiras, que era importante na escatologia judaica, por ser o lugar da aparição do Messias e da ressurreição universal (27.52,53). O próprio Jesus fez os preparativos para sua entrada, que foi pública e notória, além de provocativa (cap. 21—23). Mateus acompanha Marcos na história, mas ignora alguns detalhes sobre o jumentinho (Marcos 11.4,5) e só registra a ordem de Jesus (v. 2,3). O "Senhor" pode ser Jesus ou Deus. A citação do Antigo Testamento é de Zacarias 9.9, com palavras introdutórias de Isaías 62.11, e baseia-se no texto hebraico e seu paralelismo característico ("num jumento, num jumentinho"). Quanto ao uso do plural na frase "sobre estes Jesus montou", pode-se dizer que o termo refere-se ao animal e aos mantos colocados em cima dele. Mateus não menciona os "ramos de palmeira" (João 12.13), o que corresponderia melhor com a festa das cabanas (ou dos tabernáculos) e suas procissões e hosanas, ou com o Chanucá (heb. *Hanukkah*), a festa da reconstrução do templo (1Macabeus 13.51). A segunda levaria naturalmente à purificação do templo, ao passo que a primeira se encaixa bem na conexão entre os tabernáculos e as expectativas messiânicas.

Nos v. 9 e 15, a exclamação "hosana" vem de Salmos 118.25,26, que fazia parte do chamado *Hallel* (Salmos 113—118), cantado na festa das cabanas e no Chanucá, bem como na Páscoa (26.30). O termo hebraico *hosia* significa "ajuda" ou "assistência", e o sufixo *na* indica um sincero apelo. "*Hosia na*, Senhor" significa "Oh, Senhor, ajuda!" ou "Oh, amado Senhor, auxilia-nos!". É também de *hosia* que deriva o nome de Jesus, que em hebraico significa "auxiliador" ou "salvador" (Mateus 1.21). *Hosia*, Jesus e Josué soam de maneira muito semelhante em hebraico. Josué é o mesmo nome que Jesus. Em Mateus, "hosana" tornou-se um grito litúrgico de alegria e parece ter perdido seu significado hebraico original de "Salve agora!". De acordo com o v. 11, Jesus foi seguido por uma multidão entusiasmada, cuja maioria era da Galileia. Ele foi saudado como Jesus, o profeta de Nazaré, e seguiu para o templo, onde imediatamente procedeu à segunda purificação (v. 12-17).

Significado

Um dos elementos mais impressionantes no dramático episódio da entrada triunfal de Jesus em Jerusalém era a atmosfera de alegria que saturava o ambiente. Ao cumprimento da palavra profética, que anunciava a entrada do Messias na Cidade Santa montado num jumentinho, acrescentou-se o fato do majestoso desfile da vitória do aguardado Rei, e tudo isso no contexto extremamente festivo da celebração da Páscoa. Milhares e milhares de peregrinos lotavam as ruas de Jerusalém, na grande expectativa da celebração religiosa mais importante do calendário judaico. O clima era de grande alegria. Tudo era festa. Todos estavam dispostos a externar sua alegria de forma expansiva, ainda mais quando havia motivos para isso.

Jesus não poderia ter escolhido melhor momento para entrar na grande cidade. O povo estava repleto de expectativas messiânicas e pronto para receber o prometido Messias com alegria transbordante. Como Jesus havia planejado e previsto, a grande multidão acolheu-o como rei. Lançavam suas capas pelo caminho diante dele, como convém a um monarca triunfante; cortaram ramos de palmeiras para improvisar um tapete de honra e agitá-los como forma de expressar uma saudação honrosa.

A esses gestos, somavam-se suas vozes, que o saudaram como todo peregrino que comparecia à festa: "Bendito é o que vem em nome do Senhor!" (Salmos 118.26). Mas em sua aclamação adicionaram exclamações muito especiais: "Hosana ao Filho de Davi!"; "Hosana nas alturas!". Essas expressões têm um significado singular. "Hosana" significa "salve agora", e era o pedido de socorro que o povo em situação de desespero dirigia a seu rei ou a Deus. Essa aclamação do povo é uma citação de Salmos 118.25: "Salva-nos, Senhor! [...] Faze-nos prosperar, Senhor!". A frase "Hosana ao Filho de Davi" é de natureza especificamente messiânica, ou seja, refere-se ao Messias. Já a frase "Hosana nas alturas!" significa algo como: "Que os anjos que estão nas alturas do céu também clamem a Deus: Salve agora!".

Em todo caso, essas exclamações foram emitidas por um povo oprimido e desesperado, mas que irrompeu em alegria ao pensar em Jesus como o Messias triunfante, que fizera sua entrada na cidade santa de Jerusalém, como previsto nas Escrituras. O grau de emoção foi explosivo. O texto diz: "Quando Jesus entrou em Jerusalém, toda a cidade ficou agitada". O nível de expectativa estava ao máximo. Todos perguntavam animados a respeito de Jesus: "Quem é este?". E o entusiasmo crescia à medida que se configurava uma resposta marcadamente messiânica: "Este é Jesus, o profeta de Nazaré da Galileia" (v. 11).

A alegria e os decibéis da aclamação popular alcançaram o auge quando Jesus mais tarde entrou no templo. Após expulsar todos os comerciantes e interromper seus negócios profanos, Jesus passou a curar todos os doentes. E, enquanto cegos e coxos eram curados em clima de espanto popular e de ciúmes e inveja por parte dos chefes dos sacerdotes e dos mestres da lei, um grande grupo de crianças e jovens o aclamavam aos gritos, repetindo: "Hosana ao Filho de Davi". Se a entrada do Messias Jesus trouxera alegria à cidade, muito mais alegria trouxeram sua entrada no templo e sua ação salvífica na vida do povo. Ao entardecer, Jesus deixou a cidade para descansar na casa de amigos em Betânia. As ruas de Jerusalém ainda estavam cheias de crianças, jovens e adultos que riam, dançavam, cantavam e celebravam com louvores o fato de Deus ter se lembrado deles em sua opressão e miséria e ter enviado seu Messias para trazer-lhes a salvação. O primeiro Domingo de Ramos foi um momento de celebração e grande alegria.

Os resultados

Jesus não poderia ter escolhido momento mais dramático para fazer sua entrada triunfal em Jerusalém. Mas seria esse episódio pleno de entusiasmo e de exaltação apenas um desafio para as autoridades religiosas judaicas ou era simplesmente, como Jesus dissera, uma oportunidade para ele ser entregue nas mãos de seus executores? Em suma, a entrada triunfal de Jesus em Jerusalém foi realmente um triunfo? Há duas respostas negativas e uma positiva a essa questão.

A entrada não foi triunfal para Jerusalém. A cidade estava festejando. A Páscoa era a primeira das três maiores festas no calendário litúrgico de Israel. Celebrava a libertação do povo de Israel do Egito e o início da colheita. Era celebrada na primavera. A festa tradicional abafava com seu ruído mundano a festa de Jesus com os seus. Não foi a melhor preparação para receber um Rei, cujo reino não é deste mundo. Assim, por não entender o caráter do Reino do Senhor, o povo recebeu-o como um general conquistador numa apoteose (v. 8,9). Por isso, quando Jesus deixou de cumprir suas expectativas mundanas, eles o rejeitaram e acabaram exigindo sua crucificação. Note-se que Jerusalém já havia rejeitado Jesus, e o fizera porque Jesus havia reprovado seus erros (23.37) e denunciado sua hipocrisia. Jesus se manifestara contra seu orgulho e sua vaidade (Lucas 19.41-44) e denunciava abertamente seu pecado (Lucas 21.20-22).

A entrada não foi triunfal para muitos de seus seguidores. Quem o seguia? Era uma multidão de pessoas, e as multidões são todas iguais. Para as multidões, tanto faz seguir um boneco no carnaval quanto seguir a imagem de Cristo em uma peregrinação da Semana Santa. As multidões são capazes de gritar: "Hosana!", mas também de exigir: "Crucifica-o!". Além disso, as multidões não são verdadeiras em suas crenças e carecem de convicções. Nem todos os que vão atrás de um santo numa procissão acreditam em seu poder intercessor, assim como nem todos os que carregam uma Bíblia debaixo do braço a leem e obedecem a ela. Nem todos os que seguem Jesus são seus discípulos, assim como nem todos os que dizem "Senhor, Senhor" entrarão no Reino dos céus (7.21).

Então, podemos nos perguntar por que eles o seguiam. Muitos seguiam Jesus por curiosidade. Estavam sempre esperando um "sinal" da parte dele

(João 6.30). Na verdade, ele sempre teve mais espectadores que seguidores. Muitos seguiam Jesus por interesse (João 6.26). Seus olhos não podiam se desviar das coisas da terra para ver em Jesus as coisas dos céus. Como disse Crisóstomo: "Os seres humanos estão pregados aos interesses desta vida". Muitos seguiam Jesus para o mal. Estavam sempre esperando uma ocasião para desacreditá-lo (Lucas 6.11) ou que ele desse um passo em falso, a fim de levá-lo a julgamento e condená-lo (16.1; 22.15; Lucas 11.53,54; 20.19,20). Essa gente má procurava uma oportunidade para matá-lo (12.14; 26.3,4; 27.1; João 5.16; 12.13; Lucas 19.47).

A entrada só foi triunfal para determinado número de seguidores. Em primeiro lugar, foi triunfal para os que acompanhavam Jesus de longe e tinham sofrido com ele as dificuldades do caminho. Por ocasião da Semana Santa, muitos vão ao templo para cantar "Hosana!", mas esses não desfrutam o prazer e o triunfo do Senhor. Apreciam mais a bênção de Deus aqueles que fazem de cada semana de sua vida uma Semana Santa.

Em segundo lugar, foi triunfal para os que queriam servir-lhe com amor e estenderam suas roupas para dar maior conforto a Jesus (v. 6,7). A fé autêntica não é revelada nos gritos, na exaltação ou na excitação do momento. Muitos também estenderam "seus mantos pelo caminho, outros cortavam ramos de árvores e os espalhavam pelo caminho". Mas foi uma atitude momentânea, hipócrita e vazia. A fé autêntica é revelada no serviço humilde e constante ao Senhor. Os discípulos agiram com obediência e humildade, movidos por amor sincero ao Senhor. Essa é a atitude que Deus espera de seus filhos. Por esse motivo, a entrada foi triunfal para eles.

Em terceiro lugar, foi triunfal para aqueles que cheios de alegria e fé o saudaram como Messias e Salvador do mundo. A cidade inteira estava esperando pelo Messias, tal como fora anunciado pelos profetas, mas nutriam uma esperança equivocada a respeito dele e não entendiam o caráter de sua missão. Muito poucos reconheciam o Filho de Deus em Jesus. Era algo que até os discípulos de Jesus tiveram dificuldade para entender (João 14.8,9). A confissão de Pedro foi como um raio de luz (16.13-16), mas não foi o bastante na hora do teste final. No entanto, com exceção de Judas, os discípulos acabaram por entender o caráter messiânico de Jesus.

Em quarto lugar, foi triunfal para os que amavam Cristo e abriram o coração para ele entrar. Só quem recebeu a Cristo em sua vida pode entender o triunfo da cruz (1Coríntios 1.18) ou, como se diz, "a vitória paradoxal da cruz".

JESUS PURIFICA O TEMPLO DE JERUSALÉM (21.12-17)

Jesus marcou presença no templo de Jerusalém. Esse incidente ocorreu logo após sua entrada triunfal na cidade. Depois disso, foi direto para o templo. A festa da Páscoa estava prestes a começar, por isso havia milhares de peregrinos na cidade e no templo. Jesus ficou indignado ao ver a condição do lugar sagrado: material, moral e espiritualmente poluído. O povo havia corrompido o verdadeiro propósito e significado do templo, sem levar em conta que, acima de tudo, era o lugar da presença de Deus no meio de seu povo.

> **Ulrich Luz:** "Sobre o significado da expulsão de cambistas e comerciantes do templo por Jesus, há um forte e interminável debate na investigação. A discussão não gira em torno do significado da expulsão do templo em Mateus ou em outro evangelho sinóptico, mas do significado desse incidente na vida de Jesus. De modo geral, admite-se hoje que a passagem revisita algo que marcou realmente a vida de Jesus, mas se discute como isso de fato aconteceu e qual a intenção de Jesus com seu comportamento. Há duas opiniões conflitantes. 1) Alguns consideram a purificação do templo uma ação política de grande alcance, mais tarde encoberta pelos evangelistas. 2) Outros acreditam ter sido um sinal profético de Jesus, cujo significado, por sua vez, tem sido objeto de diferentes interpretações".[1]

O relato do incidente

A história do sinal profético de Jesus em sua ação purificadora do templo aparece nos três Sinópticos (21.12-17; Marcos 11.15-17; Lucas 19.45,46). Mateus omite alguns detalhes de Marcos (11.15-19), especialmente 11.16 e a referência aos gentios na citação de Isaías 56.7. Estudos mais recentes chegaram ao amplo consenso de que a ação de Jesus no templo foi muito mais que uma "purificação". Teria sido também um sinal profético que previa a destruição

---

1. **El evangelio según San Mateo**, v. 3, p. 248.

iminente do próprio templo.² Sem dúvida, foi a primeira acusação pela qual as autoridades judaicas passaram a querer a morte de Jesus. No entanto, Jesus vinculou sua ação a duas passagens das Escrituras que esclarecem sua atitude e mostram seu significado mais amplo. A citação de Jeremias 7.11 sobre a comparação do templo com um "covil de ladrões" provém do famoso sermão de Jeremias no primeiro templo, quando prevê sua destruição pelas mãos do próprio Senhor, por causa da maldade impertinente dos que declaravam adorar a Deus ali, mas cujas práticas eram idólatras. A outra citação, de Isaías 56.7, sobre a intenção de Deus de que sua casa fosse "chamada casa de oração" (Marcos acrescenta "para todos os povos", 11.17) mostra que Jesus tinha em mente não só um juízo sobre o sistema do templo na época, mas também a visão profética mais ampla sobre o significado universal da presença do Senhor em Israel. Sua ação foi o anúncio da hora do juízo sobre o templo e seus líderes e da hora da salvação das nações, que daquele momento em diante, independentemente do templo, passariam a adorar o Deus de Israel.³

Além disso, para Jesus a purificação do templo foi simplesmente uma epifania majestosa, não uma reivindicação de um local de culto no templo para os gentios (v. Malaquias 3.1-5). Note-se que Jesus ainda estava cercado por uma multidão que o aplaudia. A referência a várias curas (v. 14) reforça a conotação messiânica. A citação de Salmos 8.2 no v. 16 foi extraída da *Septuaginta* ("louvor", ao passo que o Texto Massorético diz "força"). Durante a festa da Páscoa (v. 17), muitos peregrinos tinham de ficar fora da cidade, uma vez que estava repleta de gente.

A aplicação do incidente

Há quatro lições que podemos aprender sobre a vontade de Deus com relação ao templo ou ao local em que ele era adorado e, por extensão, ao crente como templo vivo do Senhor (1Coríntios 3.16,17).

Deus quer um templo de pureza (v. 12). Note-se, por um lado, a falta de pureza. Com o que Jesus deparou logo depois que entrou no templo? O lugar em questão era o átrio ou o pátio dos gentios, o único local permitido

---

2. Cf. N. T. WRIGHT, **Jesus and the Victory of God**, p. 405-428.
3. Eckhard J. SCHNABEL, **Early Christian Mission**, v. 1, p. 341-342.

aos gentios para se aproximar do templo. Era também o caminho mais curto para chegar ao centro de Jerusalém, ou seja, a artéria mais movimentada da cidade e ponto ideal para fazer negócios de todo tipo, tanto relacionados com as ofertas (troca de dinheiro) quanto com os sacrifícios (pombos). Em vez de pureza, o lugar estava cheio de pecado. Note-se, por outro lado, a exigência de pureza. A reação de Jesus parece ter sido muito drástica e desproporcional: ele expulsou os mercadores e derrubou as mesas. Mas Jesus era radical quanto a isso: ele exigia pureza total (Mateus 5.48). Convém observar, além disso, a experiência da pureza. Nenhum de nós é puro nem pode viver uma vida de pureza perfeita. O pecado em nossa vida é uma realidade que não podemos negar nem esconder, a não ser que sejamos hipócritas. A contradição entre o ideal de uma vida pura e a realidade do pecado sempre presente é avassaladora (Romanos 7.21-24).

No entanto, o que não podemos fazer o Senhor faz por nós (Romanos 7.25). Cristo pode fazer em nós o que não podemos fazer (Filipenses 4.14). A pureza vem como resultado de um ato de consagração. As coisas consagradas são consideradas puras e dedicadas ao uso exclusivo de propósitos sagrados (como um templo dedicado ao Senhor ou nosso corpo consagrado a ele). Os veículos do governo são "para uso oficial exclusivo". Nosso corpo também deve receber o rótulo "Para uso divino exclusivo". Isso nos ajudará a ser puros e a viver em pureza.

Deus quer um templo para orações (v. 13). O templo de Jerusalém era essencialmente uma "casa de oração". Fora consagrado como o único lugar onde os gentios podiam se aproximar de Deus para orar (Isaías 56.6,7). A oração a Deus é a atividade religiosa mais universal que existe. Deus não discrimina ninguém que ore com sinceridade a ele. O templo de Jerusalém deve ser uma expressão dessa universalidade da presença divina no âmbito da oração. Por esse motivo, nossa vida, como templo de Deus, deve ser uma vida de oração.

O que é a oração para nós? Não poucos responderiam que se trata de algo por meio do qual agradamos a Deus com palavras de louvor; ou lhe relatamos situações que ele já conhece; ou o bombardeamos com pedidos; ou insistimos para que ele nos abençoe; ou tentamos acalmar sua ira com muitas palavras, para não sermos punidos. Mas a oração não é nada disso. Não existe para informar Deus de nossos problemas ou necessidades, porque ele já sabe de tudo. Orar é reconhecer o verdadeiro valor de Deus em nossa vida. A oração é mais que simplesmente comunicar-se com Deus — é adorar a Deus. Como e por que você ora revela a medida de sua compreensão e de sua fé em Deus. Portanto, a verdadeira essência da oração é a submissão total. O problema de muitos de nós é que queremos apenas a bênção de Deus, mas não estamos dispostos a entregar-lhe a vida em obediência. Pedimos-lhe que nos abençoe, mas não queremos que ele interfira em nossas decisões, além de ignorarmos o que ele exige de nós. Não nos ajustamos a ele. Costumamos dizer: "A oração muda as coisas". Mas é melhor dizer: "A oração muda a minha vida". Não oramos para mudar as coisas ou para mudar Deus, mas para nós mesmos sermos transformados. Que mudanças a oração está fazendo em sua vida?

Deus quer um templo de poder (v. 14,15). A presença de Jesus é a presença do poder. Ao saber que Jesus estava no templo, os necessitados se aproximaram. Cegos e coxos vieram até ele e foram curados. Note-se que Jesus fez essas coisas maravilhosas no templo. O templo foi o cenário da manifestação do poder divino que operava em Jesus. Deus manifestou seu poder glorioso em muitas ocasiões, tanto no tabernáculo quanto no templo de Jerusalém. Nossa vida deve ser o palco e o canal da demonstração do poder de Deus. Se o Deus todo-poderoso habita em nós, então cada um de nós recebeu poder e autoridade para agir em nome dele para salvação, cura e libertação dos que estão ao nosso redor. Deus quer demonstrar seu poder por meio de nós, porque somos templos do Espírito Santo, que habita plenamente em nós.

Nossa vida deve ser a habitação e a expressão do poder de Deus. No entanto, nem sempre isso acontece. Por quê? Por que nossas orações não têm resposta? Por que nosso testemunho é impotente? Por que Satanás e seus demônios mais de uma vez se saem bem? Por que não podemos fazer coisas maravilhosas? A resposta é muito simples: porque caímos no mesmo erro cometido pelos chefes dos sacerdotes e pelos mestres da lei. Convertemos o templo do Espírito Santo "em covil de ladrões". Fizemos de nossa vida um instrumento para a satisfação egoísta de nossos apetites e interesses. Esquecemo-nos de que Deus deveria ser o único residente em seu templo e o enchemos de lixo e de falsos deuses. É preciso entronizar o Senhor outra vez em nosso ser interior e encher esse templo com "a aba de sua veste" (Isaías 6.1).

Deus quer um templo de paixão (v. 15,16). A presença de Jesus no templo despertou uma paixão santa. Ao ver Jesus no templo, as crianças ali presentes irromperam em gritos no recinto sagrado. O que elas estavam fazendo no templo? Não é estranho que as crianças aplaudissem Jesus, porque ele as amava profundamente e declarou que o Reino dos céus pertencia a elas. Devemos ser como essas crianças em nossa fé e gritar em voz alta que Jesus é o Messias, o Cristo de Deus. A presença de Jesus em nossa vida deve despertar uma paixão santa. As crianças louvavam ao Senhor com um louvor perfeito: e como é o nosso? O templo é lugar de louvar e adorar a Deus pelo que ele é e pelo que faz, mas o louvor não é algo que devamos guardar dentro de nós. Como templos de Deus, devemos nos transformar em caixas acústicas perfeitas e proclamar que Cristo é Rei e Senhor, de modo que nossa mensagem seja conhecida por todos. Deus espera que cada um de nós, como templo dele, viva uma vida de pureza, seja cheio de poder, faça orações e esteja disposto a adorá-lo com uma paixão comprometida.

JESUS DENUNCIA OS LÍDERES DE JERUSALÉM (23.1-39)

É bem provável que nesse capítulo de seu evangelho Mateus esteja registrando material fornecido por Jesus em diferentes ocasiões, mas sempre contra os fariseus e mestres da lei. O pior nesses líderes religiosos é que, ao aderir à tradição dos anciãos, eles acabaram transformando os códigos morais e espirituais em verdadeiros labirintos, pelos quais era impossível transitar. O resultado mais imediato da frustração de não se poder suportar um fardo tão pesado foi a hipocrisia moral e religiosa. O princípio do "Faça o que eu digo, mas não faça o que eu faço" tornou-se generalizado, e eles foram os primeiros mestres nesse processo. Note-se que nem todos os fariseus e mestres da lei foram enquadrados na denúncia de Jesus. Assim como acontece com os cristãos hoje, havia bons e maus, sinceros e hipócritas, bem-intencionados e mal-intencionados. A denúncia de Jesus era dirigida aos últimos.

Jesus denuncia os mestres da lei e os fariseus (23.1-12)

Esse longo capítulo de Mateus é dirigido "à multidão e aos seus discípulos". Os mestres da lei e fariseus aparecem como atores secundários no drama ou, em todo caso, como exemplos de como não devem ser as pessoas que desejam viver de acordo com a vontade de Deus. Em sua denúncia, Jesus não está atacando a religiosidade desses homens, mas sua hipocrisia religiosa. Ele não critica seu zelo religioso, mas seu fanatismo religioso. Não reclama de sua doutrina conservadora, mas de seu fundamentalismo obtuso. Não zomba de seu rigor ético, mas de seu legalismo e literalismo excessivos. Não se mostra condoído por seu cuidado em cumprir a Lei, mas por sua falta de amor, de misericórdia e de senso comum quando o fazem. Esse será o último discurso público de Jesus registrado por Mateus, que parece enxergar Jesus, o Messias, como uma espécie de segundo e maior Moisés, que denuncia severamente os pecados dos líderes do povo, mas que acaba por expressar a dor de seu amor frustrado.

A religião tradicional (v. 2,3). Jesus começou ressaltando que a tarefa dos mestres da lei (escribas) e dos fariseus era boa e que as palavras deles deveriam ser respeitadas, mesmo que o comportamento de alguns fosse incompatível com seu ensino. Esses homens eram responsáveis por interpretar as leis atribuídas a Moisés, ou seja, eles "se assentam na cadeira de Moisés" (gr. *epì tēs Mōuséōs kathédras ekáthisan*). Eram os herdeiros da autoridade de Moisés no que dizia respeito à interpretação e aplicação da Lei, que era a base da vida civil e religiosa do povo. Seus pronunciamentos não tinham apelação e eram de cumprimento obrigatório. No entanto, não legislavam de acordo com suas convicções, mas eram governados pela tradição dos antigos, ou seja, pela forma em que a Lei fora entendida e aplicada ao longo dos séculos, o que incluía inumeráveis acréscimos e contradições. O conjunto dessas interpretações da Lei constituía a religião tradicional dos judeus.

É interessante que Jesus não tenha condenado esse tipo de religião, e sim os que a representavam. O tradicionalismo não era ruim em si, mas muitos tradicionalistas o eram, porque não praticavam aquilo em que diziam crer. Na condição de mestres, ocupavam um lugar de autoridade, e o que ensinavam podia ser muito bom, mas era preciso ter cuidado para não seguir o mau exemplo deles. Por isso, Jesus recomendou a seus discípulos a respeito do ensino dos líderes religiosos: "Obedeçam-lhes e façam tudo o que eles dizem a vocês" (v. 3a). Contudo, denunciou severamente os representantes dessa religião tradicional: "Não façam o que eles fazem, pois não praticam o que pregam" (v. 3b). O ensino podia ser bom, mas as obras ("não praticam", gr. *mē poieīte*) eram más. Em suma: "Não façam o que eles praticam".

A falsa religião (v. 4-7). Jesus pressiona um pouco mais seu argumento e demonstra que a religião tradicional de alguns mestres da lei e fariseus acabou se transformando numa religião falsa. Em seu fundamentalismo hipócrita e legalismo obtuso, atavam "fardos pesados" e os colocavam "sobre os ombros dos homens", porém eles mesmos não estavam dispostos "a levantar um só dedo para movê-los" (v. 4). A última frase é um provérbio muito sugestivo, que descreve alguém levantando o dedo indicador e dando ordens, mas não fazendo nada. Esses líderes agiam como chefes da religião, mas não como seus servos úteis. Dessa forma, tornaram-se opressores da humanidade no momento em que passaram a se dedicar às minúcias da Lei e não deixaram de ser bons guias para o povo (v. 4). Todos os seus ensinos e ações eram centrados neles próprios e visavam ganhar o favor do povo e aumentar seu prestígio (v. 5). Consideravam-se grandes religiosos, mas eram moral e espiritualmente miseráveis. Tudo que faziam era "para serem vistos pelos homens" (gr. *pròs tò theathēnai toîs anthrōpois*; v. 6.1). Acreditavam que a ostentação de símbolos religiosos e de artefatos os tornava mais religiosos. Grandes filactérios, franjas vistosas, locais de honra, primeiros assentos e cumprimentos formais eram o máximo para esses pigmeus morais. A religião falsa é caracterizada por muito espetáculo religioso e pouca obediência a Deus. Hoje, parte disso é visto em líderes que, à semelhança dos de outrora, que amavam ser tratados como "mestres" (v. 7), chamam a si mesmos "doutores", quando não o são, ou então "reverendos", quando não o merecem, ou ainda "apóstolos", mesmo não tendo recebido de Deus nem o dom nem o ministério apostólicos.

A verdadeira religião (v. 8-12). De acordo com alguns estudiosos, os v. 8-10 foram adicionados posteriormente, porque não são dirigidos aos escribas e fariseus, mas aos discípulos. A verdadeira religião não é uma questão de títulos humanos ("rabino", "padre", "mestre", "pastor", "reverendo", "apóstolo", "servo ungido" etc.). Em essência, é um relacionamento interno e invisível entre a alma humana e Deus, que tem sua expressão externa e que deve ser natural e anônimo. De fato, na religião verdadeira existe apenas um Pai, e é Deus; existe apenas um Mestre, e é Cristo. Os demais somos todos irmãos. As declarações dos v. 11 e 12 constituem uma advertência severa aos cristãos de todos os tempos que com sinceridade aspiram a viver e dar testemunho de uma religião verdadeira. Todos os esforços e aspirações dos fariseus concentravam-se em vestir-se e em agir de maneira que pudessem atrair a atenção do povo para si. Toda a preocupação dos cristãos, ao contrário, deve ser negar e humilhar a si mesmos, de modo que, ao verem suas boas obras, as pessoas glorifiquem o Pai que está nos céus, não a eles. Qualquer religião que promova ou termine em ostentação e orgulho é falsa. A verdadeira religião manifesta-se no serviço humilde e na humildade obediente.

Jesus se entristece por causa dos mestres da lei e dos fariseus (23.13-36)

Nos v. 13-36, Jesus pronuncia uma série de "ais" (gr. *ouái*) contra os fariseus e os mestres da lei. Os oito "ais" devem ser reduzidos a sete, uma vez que o v. 14 não aparece nos melhores manuscritos (v. *NVI*, nota). Talvez Mateus tenha usado originalmente o simbolismo do número. Além disso, há na passagem uma referência ao "inferno", que vale a pena considerar (v. 33).

O que são os "ais"? (v. 13-32). Essas exclamações, que em geral são mais expressões de pesar ou de lamento que de maldição, aqui funcionam como sérias denúncias num julgamento. Em Lucas 6.20-26, a frase "ai de vocês" parece estar em contraste com "bem-aventurados vocês". Pôr essas lamentações em contraste com as bem-aventuranças nos fornece boas lições. Embora Jesus pareça ameaçador em suas comiserações, não parece estar emitindo um juízo definitivo sobre seus inimigos, como é o caso das cidades que não se arrependem (11.21). No entanto, os "ais" aqui estão bem alinhados com a tradição profética (Isaías 5.8-24; 10.1-11; Habacuque 2.6-20; Amós 5.16—6.11; Apocalipse 9.12; 11.14; 18.10,16,19). As denúncias aumentam em gravidade, e o perfil dos denunciados vai se tornando cada vez mais obscuro.

O primeiro "ai" está relacionado com a hipocrisia (v. 13). A hipocrisia dos mestres da lei e dos fariseus se expressava de muitas maneiras, especialmente porque não aceitavam a oferta de Deus apresentada por Jesus e insistiam em obras meritórias. Essa primeira denúncia é um ataque generalizado contra os pseudorreligiosos, que não só erram nas questões apontadas, como impedem o acesso do povo ao Reino dos céus. O "ai" profético de Jesus não é um "ai" de lamento por uma situação triste, e sim o anúncio de um castigo que sobrevirá aos hipócritas. Mateus repete seis vezes a denúncia contra os "hipócritas". Esses homens eram inimigos de Jesus e, ao mesmo tempo, os principais representantes da maioria do povo de Israel que não creu que ele era seu Messias.

O segundo "ai" está relacionado com o proselitismo (v. 15). No caso dos mestres da lei, a intenção era impor seu sistema exclusivista às sinagogas liberais. O resultado foi que os convertidos tendiam a se perverter tanto quanto eles próprios (v. 15). Essa segunda denúncia é uma ampliação da primeira, pois afirma que os mesmos mestres da lei e fariseus que impediam o acesso ao Reino dos céus percorriam o mundo para ganhar um prosélito, que logo se convertia em "filho do inferno". Ambas as denúncias apontam para a relação entre os mestres da lei e fariseus com outras pessoas e a salvação delas. Isso os tornava ainda mais responsáveis, porque não só punham em risco a própria entrada no Reino, como também incluíam outros na mesma condenação. Não há registro de que os mais letrados ou os fariseus tenham empreendido grandes viagens missionárias na época, como os apóstolos do cristianismo primitivo. Portanto, essa declaração, como outras nesse contexto, parece mais uma hipérbole, um exagero para desqualificar o proselitismo farisaico. Seja como for, esses líderes hipócritas eram capazes de mover céu e terra ("percorrem terra e mar") a fim de ganhar adeptos para sua causa.

O terceiro "ai" está relacionado com o juramento (v. 16-22). Seguem-se três denúncias que atacam a *Halaca* dos mestres da lei e dos fariseus: juramentos, dízimos e pureza.[4] As acusações não são tão duras aqui, porque nos três casos a práxis dos adversários não é discutida como tal, embora essa prática omita o essencial e sustente o secundário. Era o caso da legislação sobre os juramentos, denunciada no terceiro "ai". A distinção entre juramentos obrigatórios e não obrigatórios era uma interpretação errônea de Deus como Criador e Governante do Universo (v. 22). No v. 16, Jesus acusa essas pessoas (ele omite a expressão "mestres da lei e fariseus, hipócritas") de serem "guias cegos" (gr. *hodēgoì tyfloí*). Esses religiosos, com suas regras sobre o dinheiro dedicado à tesouraria, encobriam o mandamento de honrar os pais, muito claro

---

4. No judaísmo, a *Halaca* refere-se a todas as leis e regulamentos elaborados desde os tempos bíblicos para reger a adoração e a vida diária do povo judeu. Ao contrário das leis escritas na *Torá*, a *Halaca* representa uma tradição oral, que nos evangelhos é chamada "tradição dos líderes religiosos" ou "tradição dos anciãos". Essas leis foram transmitidas de geração a geração antes de serem escritas, nos séculos I a III da era cristã, numa compilação denominada *Mishná*, que se tornou a base do *Talmude*.

no Decálogo. A cegueira deles era espiritual (9.27-31; 11.5; 12.22-24; 15.31; 20.29-34; 21.14). Os fariseus já haviam rejeitado duas vezes a cura de cegos físicos (9.34; 12.24; cf. 21.15,16), mas agora parecem rejeitar também a possibilidade da cura de sua cegueira espiritual. O mais grave era que incluíam outros em seu pecado. Não eram apenas "cegos insensatos" (v. 17,19,26): eram também "guias cegos" (v. 16,24). Eles mantinham as pessoas em sua cegueira, contra o que pretendiam ser: guias de cegos, especialmente dos pagãos. Portanto, eles estavam no extremo oposto do único Mestre, Jesus, que cura a cegueira física e liberta da cegueira espiritual.

O quarto "ai" está relacionado com o dízimo (v. 23,24). A falta de um senso de proporção entre o importante e o fictício ou efêmero é o que se denuncia aqui. O dízimo ou a décima parte de algo era uma prática comum entre os judeus (Lucas 18.12), e o próprio Jesus parece tê-lo aprovado. O que Jesus condena aqui não é o dízimo, mas a atitude dos fariseus que o praticaram de maneira legalista, esquecidos da misericórdia. Jesus estabelece um nítido contraste entre dízimo das ervas de uma horta (especiarias) e o descuido quanto ao mais importante na Lei. A Bíblia menciona apenas o dízimo "da terra — seja dos cereais, seja das frutas" (Levítico 27.30), o que inclui o trigo, o vinho e o azeite (Deuteronômio 14.22,23). No entanto, a *Mishná* estabelece em vez disso a norma de que se deve dar o dízimo de tudo que é cultivado, colhido, armazenado e depois comido. Isso inclui plantas como a hortelã, o endro e o cominho. As três ervas mencionadas no texto são exemplos de plantas aromáticas, em geral sujeitas ao imposto do dízimo, porém não são especialmente diminutas.

> **Ulrich Luz:** "O rigor para com os preceitos das Escrituras resultou na adição de diversos dízimos bíblicos: o dízimo dos levitas e dos sacerdotes (Números 18.21-32; cf. Neemias 10.37-39); o dízimo deuteronômico ou segundo dízimo, que os israelitas deviam consumir ou pagar durante as festas de peregrinação em Jerusalém (Deuteronômio 14.22-27); o dízimo dos pobres, tributado duas vezes num ciclo de anos sabáticos (Deuteronômio 14.28,29; 26.12,13). Desse modo, os dízimos serviam para o sustento dos levitas e dos sacerdotes e eram por sua vez a principal fonte de renda da cidade santa de Jerusalém. Por trás do dízimo, havia uma dupla crença, importante para todos os israelitas: de um lado, a Lei e, de outro lado, o templo e seu culto, fundamentais para todo

o Israel. Os dízimos eram importantes também para os fariseus, mas, ao que parece, estes não eram extremistas nesse assunto. Uma questão distinta, naturalmente, era até que ponto o dízimo era de fato pago".[5]

O quinto "ai" está relacionado com a pureza (v. 25,26). O escrupuloso cuidado com o aspecto externo da religião é o que Jesus condena aqui. Ele acusa os mestres da lei e os fariseus de limpar os copos e os pratos do lado de fora, enquanto o interior está cheio de roubo e devassidão. A distinção entre o interior e o exterior dos recipientes era conhecida dos que estavam familiarizados com as normas higiênicas dos mestres da lei da época. Os rabinos distinguiam a face interna e a face externa dos recipientes, de modo que, em caso de impureza externa, o conteúdo não fosse descartado. Mas Jesus não está falando da mera pureza ritual. A denúncia do v. 25c representa uma virada bem característica: "por dentro eles estão cheios de ganância e cobiça". A ideia é que os copos e os pratos estão sujos por conter bens roubados dos pobres. Os donos dos copos e dos pratos, os ricos e poderosos, não conseguiam dominar a própria devassidão e mandavam tudo para a barriga (e para o bolso). Essa é a verdadeira impureza do "interior" denunciada por Jesus. Portanto, a denúncia é de natureza ética e está relacionada com a pureza interior. A limpeza exterior de nada vale se não houver em primeiro lugar uma limpeza interior autêntica.

O sexto "ai" está relacionado com a aparência (v. 27,28). A sexta e a sétima denúncias contêm acusações básicas, que não deixam margem a nenhuma justificativa por parte dos acusados, uma vez que eles não são o que aparentam. A sexta denúncia está entrelaçada aqui com os opostos "por dentro" e "por fora" ou "exterior" e "interior" da quinta denúncia e o completa. Agora já não resta nada de bom nos mestres da lei e nos fariseus, que, de acordo com os v. 23-26, pelo menos observavam o preceito dos dízimos e as normas de pureza ritual. A sexta denúncia revela um conformismo religioso exterior com aparência de vida espiritual ativa. Em vez de herdar o melhor, eles ficaram com o pior de seus antepassados. Não obstante, na versão de Mateus a metáfora dos sepulcros inverte a ilustração dos copos e dos pratos, pois naqueles a limpeza está por fora ("sepulcros caiados") e a sujeira, por dentro ("estão

---

5. **El evangelio según San Mateo**, p. 429.

cheios de ossos e de todo tipo de imundície"). Assim, os mestres da lei e os fariseus não se parecem com sepulturas indetectáveis, mas com "sepulcros caiados". Entre os gregos e os judeus, havia o costume de pintar e decorar os túmulos em honra dos defuntos. Obviamente, a aparência "bonita" de um túmulo pintado e decorado não anulava a podridão horrível dentro dele. O fato de que esses falsos religiosos "parecem justos" não é o bastante para cobrir a corrupção de sua "hipocrisia e maldade".

O sétimo "ai" está relacionado com a falsidade (v. 29-32). A sétima denúncia, igualmente severa, remete ao passado. A "ilegitimidade" dos mestres da lei manifesta-se no fato de serem os verdadeiros descendentes dos assassinos dos profetas, mas os leitores ainda não sabem por quê. O texto aqui contém uma lacuna que o transcende e que é preenchida pela declaração ameaçadora dos v. 34-36, a qual está vinculada ao sétimo "ai" por meio de várias palavras-chave. A punição será a destruição de Jerusalém, que não são palavras de vingança, mas de lamento, uma verdade falada com amor. Lucas afirma que Jesus disse isso em lágrimas (Lucas 19.41). Ele podia protegê-los da ira que estava por vir, embora estes não o quiseram.

> **Ulrich Luz:** "A denúncia pressupõe a ideia deuteronomista do assassinato de profetas: Israel sempre perseguiu e matou seus profetas. Essa ideia está bem difundida na tradição de Jesus (Marcos 12.1-9; Lucas 13.31-33). [...] A 'vida dos profetas' da época continha o nome de vários deles que haviam morrido como mártires. A denúncia também pressupunha que os sepulcros desses profetas e de outras figuras religiosas eram conhecidos e mantinham, para muitos, a memória dos grandes profetas de Israel. Sabemos disso por meio de numerosos testemunhos literários e arqueológicos da época dos últimos macabeus e do período herodiano. Com a construção dessas tumbas, a aristocracia rica tinha um modo fácil de demonstrar sua religiosidade e seu sentimento nacionalista. Portanto, a culpa dos mestres da lei e dos fariseus consiste principalmente em suas ações no presente, não na forma de lidar com o passado. A denúncia só se torna compreensível quando se leva em conta esse conjunto de experiências".[6]

---

6. Ibid., p. 444-445.

O que é o inferno? (v. 33-36). A "condenação ao inferno" é a punição que aguarda os ímpios no futuro. É a perda de todo bem, seja físico, seja espiritual (10.28). É a miséria de uma vida ruim banida da presença de Deus e da comunidade dos santos (Romanos 6.23). De acordo com a teologia bíblica tradicional, é viver sob a maldição de Deus por toda a eternidade. O ímpio, ao morrer, entra num estado de consciência do sofrimento, que a ressurreição e o juízo final só farão aumentar e transformarão em permanente. A Bíblia afirma a realidade da recompensa e do castigo futuros (Lucas 12.47,48; Romanos 2.5,6; 2Coríntios 5.10; 11.15; 2Timóteo 4.14; Apocalipse 2.23; 18.5,6). O castigo futuro dos ímpios no inferno exclui qualquer chance de restauração. A doutrina do purgatório não é bíblica. Não há possibilidade de salvação após a morte (Hebreus 9.27). Além disso, o castigo futuro dos ímpios será eterno (Apocalipse 20.10). Toda vez que a Bíblia se refere a essa condição, usa a palavra grega *aión* ou *aiónios*, que fala de eternidade. Assim como a vida e a bênção dos santos não terão fim, a vida de sofrimento dos ímpios jamais irá terminar. A realidade do inferno também suscita outras questões.

Como é o inferno? O castigo eterno não consiste necessariamente em tormentos físicos. Pode ser um sofrimento interno e espiritual. Em virtude das leis naturais, o pecador impenitente colherá o que semeou (Gálatas 6.7,8). A dor e o sofrimento do inferno não são necessariamente causados por Deus. Eles podem resultar do senso de perdição, da separação de Deus e de acusações da consciência. O castigo eterno não implica necessariamente uma sucessão infinita de sofrimentos. O inferno não significa uma sequência de tormentos sem fim. Da mesma forma, assim como a eternidade de Deus não é mera infinitude, não estaremos para sempre sujeitos à lei do tempo.

Como a Bíblia descreve o inferno? O inferno ou estado final dos ímpios é descrito de várias maneiras: "fogo eterno" (25.41); "poço do Abismo" (Apocalipse 9.2,11); "fora, nas trevas" (8.12); "tormento" (Apocalipse 14.10,11); "castigo eterno" (25.46); "dia da ira" (Romanos 2.5); "segunda morte" (Apocalipse 21.8); "destruição eterna" (2Tessalonicenses 1.9); "pecado eterno" (Marcos 3.29). Devemos ter cuidado ao interpretar as metáforas bíblicas, que são basicamente construídas com base em experiências terrenas e temporais.

Quem irá para o inferno? De acordo com o relato de Mateus (25.41), primeiramente o Diabo (o "fogo eterno" foi "preparado para o Diabo"). Deus preparou o inferno para ele. Se o ser humano vai para o inferno, é por decisão e escolha próprias, por rejeitar o amor de Deus. O Diabo vai para o inferno, mas não quer ir sozinho. Portanto, incita os seres humanos a pecar, e é ele quem os envia para o inferno (Lucas 12.5). Portanto, os anjos rebeldes também vão para o inferno ("e seus anjos"; v. 2Pedro 2.4; Judas 6). Os anjos rebeldes são aqueles que se identificam com a oposição do Diabo a Deus e integram as hostes malignas. Esses seres irão para o inferno também por terem tomado a decisão de rejeitar o amor de Deus e de não querer estar em sua presença por motivo de orgulho e ambição pelo poder. Por fim, todos os pecadores impenitentes e desobedientes que rejeitaram a bondade, a tolerância e a paciência de Deus irão para o inferno. São pessoas que deste lado da eternidade se mostraram obstinadas e determinadas a fazer o oposto à vontade revelada de Deus (Romanos 2.1-6).

JESUS LAMENTA POR JERUSALÉM (23.37-39)

Na vida de todo ser humano e de toda nação, chega o momento em que é preciso tomar uma decisão na luta entre a verdade e a mentira. A escolha do bom ou do mau caminho é inevitável e crucial. Essa hora chegou para a nação da Judeia, que falhou no teste ao não tomar a decisão correta. Como a Babilônia na Antiguidade, a nação judaica foi posta na balança e achada em falta. O que poderia ter sido o melhor momento de sua história veio a ser sua hora mais terrível. Depois de infinitas oportunidades, Deus estava dando a última e a maior delas ao lhe enviar o Messias Jesus. No entanto, ela o rejeitou de maneira definitiva, e a única coisa que restou foi o pronunciamento de um juízo, que não foi expresso em tons de ira, mas com os suspiros de um coração partido.

Num sentido muito real, o juízo pronunciado por Jesus sobre Jerusalém marca o fim de uma era na história universal. Isso não significou o fim da História, mas, sim, o fim de uma nação no que dizia respeito ao propósito de Deus para ela. De acordo com as próprias palavras de Jesus, o Reino de Deus foi tomado dessa nação e entregue a outro povo escolhido por ele (21.43). É sempre doloroso e trágico ver uma nação morrer ou uma cidade entrar em colapso. E esse é o pensamento por trás das palavras de dor emitidas por Jesus sobre Jerusalém. Algumas particularidades nessas palavras devem ser analisadas.

O sentimento (23.37a)

O profundo sentimento de Jesus por sua cidade encontrou expressão dramática no clamor: "Jerusalém, Jerusalém!". Jesus estava de coração partido por ver sua nação morrendo. Seu sentimento é de profunda dor. A nação de Jesus havia sido escolhida por Deus. Fora eleita nação sacerdotal e profética a fim de levar as outras nações a se aproximar de Deus. No entanto, em algum lugar e em algum momento Israel perdeu-se de seu caminho e de sua vocação (1Samuel 8.19,20). Com isso, foi perdido seu senso de propósito: começou a buscar poder econômico, político e militar para si em vez de se dedicar a propagar a mensagem de Deus às nações pagãs. Em vez de guiar as outras nações a Deus, permitiram que as nações pagãs o afastassem de Deus. Em diversas ocasiões, Deus lhes enviou mensageiros para fazê-los retornar ao propósito divino; eles não só os ignoraram, mas ainda, como disse Jesus, Jerusalém "mata os profetas e apedreja os que são enviados a vocês" (v. 37a). Desse modo, a nação abençoada por Deus de uma maneira singular estava agora à beira da destruição. Não é de surpreender que Jesus tenha expressado profundamente seus sentimentos, lamentando: "Jerusalém, Jerusalém!".

O suspiro (23.37b)

Os lábios de Jesus emitiram um suspiro que quase soava como um gemido: "Quantas vezes eu quis reunir os seus filhos, como a galinha reúne os seus pintinhos debaixo das suas asas, mas vocês não quiseram".

Observemos a cena. A situação é a de uma galinha que vê uma tempestade se aproximando e desesperadamente chama seus filhotes para abrigá-los sob suas asas. Jesus notou que uma grande tempestade se aproximava de seu povo. A rebelião dos judeus contra o Império Romano foi instaurada em Jerusalém: o único caminho que se estava considerando era o da subversão armada. Em diversas ocasiões, Jesus apresentou-se como o Messias espiritual de sua nação, mas eles o rejeitaram porque aguardavam um Messias político e militar. Quando perceberam que Jesus não empunhava uma espada, rejeitaram o caminho de paz e justiça que ele lhes oferecia e o crucificaram. Em seu lugar, escolheram Barrabás, um líder subversivo e violento. Finalmente, no ano 70, Jerusalém e toda a Palestina foram devastadas pelos exércitos de Tito Vespasiano, e a nação de Israel desapareceu da História.

Consideremos a advertência. Jesus viu a tempestade que ameaçava as nações do mundo inteiro e suspirou — porque ele sempre quer nos salvar, mas o mundo insiste em rejeitar Jesus e seu caminho. Se persistirmos nessa atitude de rebeldia e desobediência, tudo que podemos esperar é a morte de nossa nação e a aniquilação de nosso mundo. Cada uma das forças que destruíram o Império Romano está em operação em nosso país e no mundo. Edward Gibbon, em sua conhecida obra *Declínio e queda do Império Romano*, lista cinco motivos para essa queda: 1) imoralidade sexual, divórcio e decadência da família; 2) impostos abusivos e corrupção, enquanto as autoridades romanas continuavam gastando os fundos públicos a seu critério; 3) hedonismo e desejo de sucesso fácil, que levaram a todo tipo de perversões e frivolidades; 4) corrida armamentista sem levar em conta os elementos destrutivos dentro das fronteiras da própria nação; 5) declínio da religião com o consequente abandono dos valores espirituais e morais. A tempestade está se formando, e Jesus continua a nos chamar desesperadamente para que nos abriguemos sob suas asas protetoras, mas parece que permanecemos surdos a seu apelo.

O abandono (23.38)

Com profunda dor, Jesus profetiza sobre a cidade amada. Suas palavras são terríveis: "Eis que a casa de vocês ficará deserta".

O que significam essas palavras? É interessante que a palavra "deserta" (gr. *érēmos*) não figure nos melhores manuscritos desse versículo nem na passagem paralela de Lucas 13.35. Desse modo, Jesus está dizendo: "A casa de vocês irá cair". Ou seja, Deus irá retirar sua mão protetora de cima de nossa nação, e seremos deixados à própria sorte. Se como nação queremos viver da maneira que bem desejamos e nos esquecermos de Deus, chegará o tempo em que ele irá se esquecer de nós também. O começo do pecado é o esquecimento de Deus; o fim do pecado é Deus se esquecendo de nós, e isso vale tanto para o indivíduo quanto para a nação. Romanos 1 ilustra essa realidade: sobre os ímpios, três vezes é repetido que "Deus os entregou" (v. 24,26,28). A misericórdia de Deus é paciente, mas chega o momento em que sua ira irrompe contra os que insistem em desafiá-lo. Pode ser uma catástrofe que leve a nação a cair num único dia ou um longo processo de declínio, em que o poder preservador de Deus é retirado.

Quão sérias são essas palavras? Para os que as ouviram pela primeira vez, talvez parecessem tolas, por isso caíram em ouvidos surdos — nem os próprios discípulos de Jesus compreenderam sua profecia de juízo sobre Jerusalém (24.1), por isso ele lhes respondeu com as palavras de 24.2. Foi necessário que se passasse apenas uma geração até sua profecia ser cumprida. Cometeremos hoje a mesma loucura de nos tornarmos surdos ao clamor de Jesus, que quer ser nosso único Senhor e Salvador? Em quem iremos depositar nossa confiança e nossa esperança? O Senhor está nos chamando para que nos arrependamos como povo e retornemos para ele com fé e obediência.

O silêncio (23.39)

Como consequência da rejeição ao Messias de Deus pela cidade e pelo povo de seu templo e por terem abandonado seu Salvador, a presença salvadora do Senhor seria removida da cidade e do templo. Assim, nesse versículo, Jesus profetiza um grande silêncio em Jerusalém e no templo, que se manifestaria de duas maneiras. Por um lado, em poucos anos a cidade seria totalmente destruída pelos romanos: não restaria pedra sobre pedra no templo, e permaneceria assim por muito tempo. Por outro lado, ele próprio desapareceria da vista de seus interlocutores no templo dias depois ("vocês não me verão mais"). No entanto, esse silêncio em Jerusalém e no templo termina com um acontecimento glorioso, que tem o próprio Jesus como centro e protagonista: sua segunda vinda. O silêncio em Jerusalém e no templo durará "até que digam: 'Bendito é o que vem em nome do Senhor' " (Salmos 118.26).

JESUS FICA SABENDO DA CONSPIRAÇÃO EM JERUSALÉM (26.1-5)

Os três últimos capítulos de Mateus apresentam os últimos episódios da missão do Rei. Nessas passagens, a paixão de Deus e a paixão dos seres humanos entram em conflito e em comunhão. Parece contraditório, mas é uma verdade que perpassa a história da salvação. Jesus demonstrou sua autoridade e seu poder nas esferas material, mental e moral, como o único Rei que exige lealdade a seu reinado. E agora iremos vê-lo participando das cenas que tanto confundiram e assombraram seus discípulos. Nesses versículos, vemos o Rei se aproximando de sua paixão. Jesus encerra, assim, um longo ministério de ensino popular e se concentra em seus discípulos, a fim de comunicar-lhes que depois de apenas dois dias ele será crucificado. Enquanto compartilhava essa informação com eles, o Sinédrio dos judeus, com todos os seus membros, estava reunido em algum lugar para conspirar contra ele.

Há um ponto de concordância e um de diferença entre os dois cenários mostrados nessa passagem. O Conselho dos judeus (ou Sinédrio) era um tribunal religioso oficial. Na ocasião, estava reunido em plenário no palácio de Caifás, o sumo sacerdote. Tratava-se de um conclave de todos os inimigos de Jesus, que concordaram em prendê-lo e matá-lo, mas não durante a festa. No outro cenário, Jesus diz a seus discípulos que em dois dias ele será entregue e crucificado. Eles disseram: "Não durante a festa" (v. 5), mas Jesus disse que seria durante a festa (v. 2). A determinação dos líderes judeus e a determinação de Jesus coincidiram quanto à sua morte, embora discordassem quanto ao tempo.

O anúncio aos discípulos (26.1,2)

Os v. 1 e 2 contêm um resumo e a profecia da prisão de Jesus e dão início à quinta parte do evangelho de Mateus, que trata da morte e ressurreição do Senhor. No entanto, esses fatos salvíficos fundamentais não poderiam ocorrer sem que Jesus primeiramente completasse os estágios anteriores de sua missão, que incluía seus ensinos. Por isso, a passagem começa dizendo: "Quando acabou de dizer essas coisas [...]". Era necessário que Jesus concluísse seus ensinos e fizesse um último pronunciamento sobre sua morte e ressurreição antes que os fatos anunciados se precipitassem. No momento em que fez esse terceiro anúncio, Jesus estava no limiar dos acontecimentos de sua paixão, que se precipitariam numa velocidade incrível.

Depois de ele cruzar esse limiar, percebem-se duas forças que se movem de forma inexorável em direção à morte de Jesus. Ninguém melhor que Pedro entendeu isso mais tarde, quando em seu discurso no dia de Pentecoste, perante a multidão e as autoridades judaicas, declarou: "Jesus de Nazaré foi aprovado por Deus diante de vocês por meio de milagres, maravilhas e sinais que Deus fez entre vocês por intermédio dele, como vocês mesmos sabem. Este homem foi entregue por propósito determinado e pré-conhecimento de Deus; e vocês, com a ajuda de homens perversos, o mataram, pregando-o na cruz" (Atos 2.22,23).

Com essas palavras, Pedro reconhecia duas coisas. Em primeiro lugar, Jesus "foi entregue por propósito determinado e pré-conhecimento de Deus". Esse é um lado da história, o lado espiritual e celestial da morte de Jesus. Em segundo lugar, "vocês, com a ajuda de homens perversos, o mataram, pregando-o na cruz". Esse é o lado histórico e humano da crucificação de Jesus. Aqui, num mistério que quase nos sufoca, podemos ver o Deus santo e os homens maus trabalhando juntos pelo mesmo objetivo: a cruz de Cristo.

A conspiração contra Jesus (26.3-5)

Os v. 3-5 mostram o complô dos líderes judeus contra Jesus. Mateus pensa numa reunião de todo o Sinédrio (ou Conselho) (2.4; 16.21) ou pelo menos num número significativo de seus membros. Mais uma vez, porém, eles não seriam as personagens mais importantes nessa cena, e sim Jesus, que estava a caminho de ser crucificado. Os membros do Sinédrio também avançavam para o mesmo fim trágico: peregrinavam para a cruz com sua conspiração. Ali ocorreria o encontro final, e o que buscavam era alcançar seu objetivo de maneira "oficial" ou "legal". Eles queriam matá-lo, mas de acordo com a Lei, sua Lei, no tempo e no lugar mais oportunos. Para isso, tinham apenas de evitar fazê-lo "durante a festa". O temor deles era de um possível motim entre o povo por causa da popularidade de Jesus. A palavra "tumulto" ou "motim" ("para que não haja tumulto entre o povo", gr. *hína mē tótybos génētai en tōi laōi*) é usada por Josefo para se referir às insurreições sangrentas da Palestina do século I. Ao mesmo tempo, os líderes judeus não queriam prender e matar Jesus durante a festa precisamente para evitar uma repressão dos romanos.

Desse modo, a graça e a maldade seguiam na mesma direção: a graça na pessoa do Cordeiro de Deus, que devia ser imolado na cruz; a maldade nos líderes do povo, que queriam matá-lo na cruz. Quando contemplamos as duas cenas, a de Jesus no meio de seus discípulos e a dos líderes no palácio do sumo sacerdote, vemo-las tão distantes quanto o céu e o inferno, quanto o amor e a malícia, quanto a justiça e a injustiça, uma tão clara quanto uma ação autêntica e outra tão sombria quanto a pior das mentiras. Não obstante, ambas se moviam na mesma direção, embora a vitória definitiva fosse conquistada pelo Senhor.

JESUS É UNGIDO FORA DE JERUSALÉM (26.6-13)

O episódio do jantar em Betânia possivelmente está fora do contexto cronológico, à luz da evidência interna. Em Mateus, a história começa com uma indicação cronológica precisa fornecida pelo próprio Jesus ("estamos a dois dias da Páscoa", v. 2), mas no evangelho de João a indicação de tempo é outra: "Seis dias antes da Páscoa" (João 12.1). Isso significa que provavelmente o episódio do jantar tenha ocorrido quatro dias antes de Jesus dizer aos discípulos que em dois dias ele seria preso e crucificado. Em seu registro, Mateus destaca dois gestos muito significativos.

O gesto de Maria (26.6,7)

Os v. 6-13 relatam a unção de Jesus em Betânia, na casa de Simão, o leproso, que provavelmente havia sido curado de sua doença por Jesus e agora oferecia uma festa em sua homenagem. Tudo naquela noite fora feito para honrar e reconhecer Jesus. No entanto, as teorias mais absurdas já foram tecidas em torno desse banquete. O nome Simão (gr. *Símōnos*) era muito comum na época (Lucas 7.36-47). Alguns acreditam que ele pode ter sido o pai ou o marido de Marta, que a casa seria dela, pois era ela quem servia (João 12.2). Outros identificam Maria de Betânia com a pecadora de Lucas 7 e Simão como o dono da casa (Lucas 7.36-50). Outros ainda pensam que se trata de Maria Madalena. Não há como chegar a uma conclusão segura e definitiva. Em todo caso, esse detalhe é pouco importante.

O mais importante é o gesto dessa mulher, que tomou um frasco de alabastro (pedra semipreciosa de cor branca ou amarelo-pálido proveniente do Egito) cheio de um "perfume muito caro" (gr. *mýrou barytímou*). Um vidro desse perfume era um presente digno de um rei — foi um dos cinco presentes enviados pelo rei Cambises da Pérsia ao rei da Etiópia.[7] Possivelmente, Jesus estava de pernas cruzadas no chão ou reclinado num divã, por isso era fácil para a mulher derramar o unguento sobre a cabeça dele (v. 7; Marcos 14.3). João diz que foi sobre os pés (João 12.3). Pode ter sido sobre ambos, já que o verbo "derramar" (gr. *katachéō*) significa "derramar sobre".

---

7. Heródoto, **Histórias**, 3.20.

Com sua ação, Maria foi um instrumento de graça e a expressão de um amor agradecido pelo Senhor. Todo o gesto estava iluminado com a luz do amor de Maria pelo Mestre. Ela pensava no "sepultamento" (v. 12) de Jesus, uma vez que a unção que lhe aplicou foi além da morte dele. Ela chegou mais perto do coração de Jesus que qualquer outra pessoa antes da experiência do Pentecoste. Quando apareceu com seu frasco de alabastro e derramou o perfume sobre a cabeça de Jesus, estava oferecendo a ele o que tinha de mais caro e precioso: seu amor.

A reação dos discípulos (26.8,9)

É possível que os v. 9-11 pertençam a um estágio posterior da tradição, em que as igrejas palestinas já haviam desenvolvido uma profunda sensibilidade social à luz das circunstâncias. Na versão joanina desse episódio, quem protagonizou o protesto foi Judas Iscariotes (João 12.1-6). João acrescenta detalhes à objeção do traidor, que, no entanto, foi consentida pelos outros discípulos. Seja lá quem tenha levantado a voz em desacordo com o gesto de Maria, o importante é que foi considerado um "desperdício" (gr. *hē apōleia hautē*), pouco mais que uma demonstração de amor superficial e meloso, que não servia para nada. Sem dúvida, essas palavras partiram o coração de Maria, que deve ter sacrificado anos de trabalho e de economia para poder comprar um perfume tão caro. Em sua cotação, Marcos afirma que valia "trezentos denários" (Marcos 14.5; gr. *hepánō dēnaríon triakosíon*, "mais de trezentos denários"), enquanto Mateus diz apenas que custava um "alto preço" (gr. *polloū*).

Com essa reação, os discípulos e Judas foram um instrumento de pecado e uma expressão de egoísmo insensível e de falsa sensibilidade social. Todo o seu gesto foi obscurecido pelas sombras do egoísmo dos discípulos, que estavam mais atentos aos próprios interesses que às necessidades do próximo e ao propósito de Jesus. O egoísmo não lhes permitiu sequer entender o sentido de sua morte. Os discípulos e Judas, com sua indignação, demonstraram incrível incompetência apostólica. O argumento da generosidade para com os pobres era na realidade a peruca de sua hipocrisia, uma tentativa de cobrir a calvície de sua obscurecida consciência moral e espiritual. Desse modo, todos se mostraram tão traidores dos valores do Reino que Jesus proclamava quanto Judas Iscariotes.

A resposta de Jesus (26.10-13)

A primeira surpresa é sua afirmação na forma de pergunta: "Por que vocês estão perturbando essa mulher?". Isso é surpreendente porque essa frase está ausente nos escritores e pensadores gregos. Ninguém demonstrava o menor respeito ou consideração pelas mulheres, que eram mantidas como objetos sexuais e serviam apenas para ter filhos. Com sua pergunta, Jesus defende Maria e as mulheres de todos os tempos e lugares para defender sua condição de seres humanos e valorizar sua contribuição para o Reino de Deus. Que boa pergunta para tantos líderes religiosos que negam às mulheres um lugar no ministério cristão, que as desvalorizam diante dos homens, que não as levam em conta na tomada de decisões nem estimam a contribuição única e substancial que podem dar à comunidade humana!

A segunda surpresa é sua avaliação do gesto da mulher, que, segundo ele, "praticou uma boa ação para comigo". Quantas "boas ações" estão perdidas no Corpo de Cristo, a Igreja, por não ser dado às mulheres o lugar que lhes corresponde e que Jesus lhes outorgou! O Espírito Santo que habita nelas é o mesmo que habita plenamente nos homens, e os dons que o Senhor distribuiu não as excluem. Contudo, as igrejas estão cheias de Judas Iscariotes e de discípulos carnais que protestam toda vez que uma mulher quer servir ao Senhor com os dons que ele lhe deu e negam a ela toda oportunidade de fazê-lo.

A terceira surpresa é a interpretação que Jesus faz do gesto da mulher: "ela o fez a fim de me preparar para o sepultamento" (gr. *pròs tò entafiásai me*). Parece que Maria foi a única que entendeu o que Jesus dissera repetidas vezes sobre sua morte iminente e sua ressurreição. Nesse sentido, Maria foi a primeira teóloga cristã! Os discípulos estavam tão envolvidos em sua noção de reino político que não conseguiram entender Jesus enquanto estavam a caminho de sua morte e do seu sepultamento. Não foi assim com Maria, que dramatizou de antemão o que mais tarde José de Arimateia e Nicodemos (João 19.40) fariam com o corpo de Jesus antes de enterrá-lo. Maria foi justificada por Jesus, e seu nobre gesto continua sendo um exemplo não só para as discípulas, mas também para os homens. Este é o significado das palavras finais de Jesus: "o que ela fez será contado, em sua memória".

A quarta surpresa é a convicção de Jesus a respeito de sua morte, sepultamento e ressurreição, que se manifesta em torno do gesto da mulher. Por toda a passagem, Jesus fala com confiança, manifesta nas frases: "Percebendo isso,

Jesus [...]" (v. 10; gr. *gnoòs dè ho Iēsoũs*); "Eu asseguro [...]" (v. 13; gr. *amēn légō hymĩn*). Além disso, no v. 12, Jesus insinua que ser ungido rei sobre Israel naqueles dias era quase uma sentença de morte. Jesus percorria um caminho que não tinha retorno. A palavra "evangelho" (v. 13) é usada por Marcos oito vezes; Lucas e João não a empregam, e Mateus a utiliza em outras quatro passagens (4.23; 9.35; 11.5; 24.14).

CAPÍTULO 19

JESUS EM SUAS ÚLTIMAS HORAS

26.14-75; 27.1-31

As passagens que comentaremos neste capítulo dizem respeito às últimas horas da vida de Jesus. O Senhor está caminhando rapidamente para o fim de sua vida, e aqui está a raiz dessas horas trágicas, porque o terrível não é a chegada da morte, mas o término da vida. Jesus sabe que precisa dar sua própria vida para redimir a humanidade de seus pecados. Mas isso não significa apenas morrer e fazê-lo como resultado de um sofrimento extremo. Implica também abandonar as profundas experiências humanas de enormes limitações, mas de grandes alegrias; de dores profundas, mas de imensas satisfações; de lutas acirradas, mas de vitórias surpreendentes.

Jesus enfrentou e passou suas últimas horas na plenitude de sua humanidade. E precisamente confirmou sua condição de ser humano total vivendo esse momento como qualquer ser humano, talvez com uma intensidade superlativa. Foi assim que teve de suportar a traição de um de seus discípulos, escolhido por ele (Judas Iscariotes), mas pôde desfrutar a comunhão da ceia pascal com os outros 11. Teve de digerir a negação de seu discípulo mais confiável (Pedro), mas recebeu a confirmação do Pai celestial sobre sua missão redentora. Teve de suportar o tratamento de criminoso que lhe dispensaram, mas não perdeu a dignidade, nem sua autoridade diminuiu. Teve de passar pelo julgamento de judeus e gentios, mas permaneceu firme em seu compromisso de dar a vida em resgate por muitos. Teve de sofrer o escárnio de seus torturadores, que zombaram de suas pretensões reais e lhe colocaram uma coroa de espinhos, mas ele provou ser o Rei dos reis e Senhor dos senhores ao permitir ser crucificado por eles. Portanto, foi nessas últimas horas que a magnitude de sua pessoa e a grandeza de seu espírito são intensificadas, e Jesus se mostra em todo o seu esplendor e autoridade, poder e graça.

A TRAIÇÃO DE JESUS (26.14-16; 27.1-10)

O império das trevas já havia se tornado evidente na atitude de Judas Iscariotes contra a oferta generosa de Maria durante o jantar em Betânia, na casa de Simão, o leproso (26.8,9; v. João 12.4-6). Seu egoísmo e sua ambição excessiva levaram-no pouco a pouco a apressar o pior dos pecados: a traição ao Senhor. Isso aconteceu no início da Páscoa e foi o prelúdio de várias outras traições e negações a Jesus, que se tornaram parte de seu sofrimento redentor pela salvação da humanidade (Isaías 53.3).

Judas trai Jesus (26.14-16; 27.1-10)

Jesus sabia de antemão que seu discípulo Judas iria traí-lo. Estava ciente disso porque exercia plenamente o dom da palavra de conhecimento (ou da ciência) e o dom profético (1Coríntios 12.9), mas também porque as profecias do Antigo Testamento já o previam (Zacarias 11.12,13; Jeremias 18.18; 32.6-15).

A conspiração (v. 14-16). De acordo com esses versículos, Judas concordou em trair Jesus. Os v. 14-16 registram o acordo entre Judas Iscariotes e os inimigos do Senhor. O discípulo concordou em vender ou trair Jesus em troca de "trinta moedas de prata" (gr. *triákonta argýria*). Sem dúvida, ele foi o responsável pela prisão de Jesus e fez isso do modo mais traiçoeiro que se possa imaginar, não só porque vendeu seu Mestre por dinheiro, como também porque, apesar de ser um discípulo próximo dele, estava disposto a fazê-lo. O uso do pronome "eu" (gr. *egō*) na frase "se eu o entregar a vocês" é como dizer: "Eu, apesar de ser um dos discípulos dele, estou disposto a entregá-lo a vocês se me pagarem o suficiente". Os chefes dos sacerdotes, então, segundo o costume, pesaram o metal (as "moedas" eram siclos de prata, uma medida de peso) numa balança e o entregaram a Judas. Esse era o valor que costumava ser pago pelo proprietário de um touro que chifrasse alguém ou por um escravo estrangeiro (Êxodo 21.32) e era equivalente ao preço de um escravo no mercado na época. Esse foi o preço pago pela vida de Jesus, cuja morte libertou do pecado toda a humanidade.

O motivo (v. 15a). Quais foram os motivos para a traição? Se Judas recebeu dinheiro, provavelmente foi porque as autoridades queriam "fechar negócio" dessa forma, selar o acordo de traição e entrega e obrigar Judas a cumprir o trato. No âmbito judicial, sempre se tenta esclarecer as motivações do criminoso para ter cometido o crime. No caso de Judas, não é fácil chegar a uma conclusão sobre o que o motivou a praticar tão terrível ato de traição. Quatro possibilidades são sugeridas.

1. Judas era um homem ambicioso e escravo de seu apetite por dinheiro. A primeira coisa que ele perguntou aos chefes dos sacerdotes foi: "O que me darão?" (v. 15). Esse foi também o diagnóstico de João ao comentar sua atitude com relação à oferta de Maria. Para ele, o derramamento de perfume era um valor de "trezentos denários" que poderia ser "dado aos pobres". Na verdade, de acordo com João: "Ele não falou isso por se interessar pelos pobres, mas porque era ladrão; sendo responsável pela bolsa de dinheiro, costumava tirar o que nela era colocado" (João 12.6).

2. Judas era um discípulo com uma ideia equivocada de quem era Jesus, o Messias. Judas acreditava nele como tal, mas sua ideia sobre o Messias era igual à da maioria do povo, pois pensava que Jesus, de alguma forma, iria se manifestar com todo o poder, insurgir-se contra as autoridades judaicas elitistas e as forças romanas de ocupação e estabelecer um reino político, no qual poderia muito bem ser o ministro da fazenda ou administrar as finanças públicas. Em suma, Judas não acreditava que Jesus iria morrer.

3. Judas era um discípulo frustrado. O motivo era que, apesar de ver Jesus fazer coisas maravilhosas e ensinar com grande autoridade, este não estava se provando o herói que ele esperava. Talvez achasse que era preciso dar uma mãozinha a Jesus e colocá-lo numa situação extrema para que ele finalmente agisse de acordo. Sua decepção com Jesus transformou-se em desprezo e depois em ódio. Por pensar que Jesus era uma causa perdida, tentou tirar o melhor proveito da situação e o entregou em troca de dinheiro.

4. Judas seguia Jesus, mas sem lhe entregar o coração (todo o seu ser interior). Seu relacionamento com Jesus não se tornou tão profundo nem tão

íntimo para que o Senhor o protegesse das armadilhas do Diabo. Essa vulnerabilidade espiritual foi bem explorada pelo Inimigo, que tomou posse dele (de sua alma) e o manipulou como uma marionete até o levar a cometer traição. Talvez essa tenha sido a razão pela qual ele não reagiu às várias advertências de Jesus e acabou por entregá-lo com um beijo. Depois que ele fez isso, o Diabo veio cobrar a conta matando-o, apesar de seu arrependimento, que na minha opinião era sincero (27.1-10). É bem provável que todos esses motivos tenham se combinado para resultar na traição de Judas a Jesus.

O suicídio (27.1-10). "De manhã cedo" (gr. *prōías*), foram acionadas as engrenagens para acabar com a vida de Jesus. "Todos" (gr. *pántes*) os líderes religiosos se reuniram e "tomaram a decisão de condenar Jesus à morte" (v. 1). Dessa forma, ratificaram o julgamento ilegal da noite anterior (Marcos 15.1; Lucas 22.66-71). O texto de Lucas contém mais detalhes sobre essa segunda sessão. De acordo com o v. 2, Jesus estava preso como um criminoso que oferecia risco de fuga, por isso o entregaram a Pilatos. Foi uma ação de natureza oficial por parte do Sinédrio dos judeus. Não se fez menção alguma do que acontecera na noite anterior, e as descrições são as mesmas de 12.14 e 22.15.

Os v. 3-10 narram a morte de Judas Iscariotes. Com isso, o autor parece entender que a decisão do Sinédrio (ou Conselho) foi crucial para a decisão de Judas ("viu que Jesus fora condenado", v. 3). É provável que Judas tenha testemunhado todo o processo e percebido a gravidade do que estava acontecendo quando os líderes judeus entregaram Jesus às autoridades romanas. Talvez não imaginasse que os judeus iriam chegar tão longe ou que Jesus se deixasse prender e ser tratado como criminoso sem mover um dedo. A imagem de Jesus numa atitude passiva enquanto era transferido e tratado como delinquente causou forte impressão sobre Judas. Em primeiro lugar, o golpe levou-o a sentir "remorso" (gr. *metamelētheis*, de *metamélomai*, "arrepender-se", "sentir pesar ou remorso", "mudar de ideia"; 21.30). Em segundo lugar, Judas tentou quebrar o acordo com o Sinédrio e "devolveu [...] as trinta moedas de prata". Em terceiro lugar, confessou que havia cometido um pecado e disse isso publicamente e em detalhes, além de alegar a inocência de Jesus e a culpa de seus juízes corruptos: "Pequei, pois traí sangue inocente" (v. 4). Em quarto lugar, agiu de acordo com seu arrependimento e sua confissão e tentou reparar o mal que havia feito: "jogou o dinheiro dentro do templo" e saiu (v. 5).

Até aí, na verdade, Judas fez o que Pedro faria mais tarde, depois de negar Jesus três vezes com maldições (v. 69-75). A única diferença é que Judas não esperou para ser restaurado por Jesus, como aconteceu com Pedro, então "foi e enforcou-se".

As análises dessa ação são numerosas e diversas, e talvez tenhamos aqui um drama em aberto. Cada um deve julgar Judas com a misericórdia com a qual Jesus certamente o julga, não com a crueldade e a injustiça com que os líderes judeus o corromperam e com as quais Satanás tirou a própria vida (v. comentário sobre 26.14-16).

Depois que Judas se arrependeu do que havia feito, os religiosos do templo mostraram-se ainda mais impiedosos e hipócritas (v. 6). As trinta moedas de prata queimavam-lhes as mãos, tanto por terem a consciência pesada quanto pela necessidade de encontrar um destino profano para elas — sem levar em conta que haviam saído de seu bolso impuro para corromper Judas. Então, decidiram comprar um pedaço de terra chamado "campo do Oleiro" (v. 7-10). Mateus liga o presente ("ele se chama Campo de Sangue até o dia de hoje") com o passado ("se cumpriu o que fora dito pelo profeta Jeremias"), para comprovar que os acontecimentos estavam de acordo com os planos de Deus ("como o Senhor me havia ordenado").

A citação do v. 9 é de Zacarias 11.12,13 com certas alusões a Jeremias 18.2,3 e 32.6-15, e isso ajuda Mateus a sintetizar a compreensão da Igreja sobre o papel de Judas no processo da Paixão: ele recebeu o pagamento por sua traição (Marcos 14.11). O que Judas fez foi em conformidade com as Escrituras (Marcos 14.21; Mateus 26.24; Atos 1.16), e sua morte violenta foi relacionada a um cemitério chamado Campo de Sangue (Atos 1.15-20). Infelizmente, desde então e de acordo com o julgamento dos homens, Judas foi excluído de toda possibilidade de salvação. O julgamento de Deus será tão severo? Seria a traição de Judas o pecado imperdoável?

A última ceia de Jesus (26.17-30)

Os v. 17-35 registram todos os fatos relacionados com a última ceia de Jesus e seus discípulos. Jesus queria comer a Páscoa (gr. *fageīn tò páskha*) com eles. Na verdade, eram duas festas em uma: a Páscoa e a festa dos pães sem fermento. Os nomes eram usados de forma intercambiável. Nesse caso, parece que se faz referência à ceia pascal. A pergunta dos discípulos (v. 17b) diz respeito aos preparativos para esse evento fundamental na tradição de Israel. Mais uma vez, Jesus surpreende com o exercício do dom da palavra de conhecimento (1Coríntios 12.9) e passa a seus discípulos instruções precisas sobre o dono da casa na qual iriam celebrar a ceia (v. 18). É provável que Jesus tenha dado a eles o nome desse "certo homem". Marcos 14.13 e Lucas 22.10 o descrevem como alguém carregando um pote de água. A casa em questão pode ter sido a de Maria, mãe de João Marcos, onde provavelmente mais tarde ocorreu o Pentecoste.

Os preparativos (v. 17-19). Esses versículos dizem respeito aos preparativos da ceia pascal. O "primeiro dia da festa dos pães sem fermento" é o dia 15, de nisã, que começa no entardecer do dia 14. Essa data está em conflito com João, pois ele informa que a crucificação ocorreu no dia 14 de nisã. A maioria dos estudiosos acredita que a data de João está correta. Relacionamos a seguir alguns argumentos contra os Sinópticos. 1) As autoridades não queriam ter problemas durante a festa. 2) É estranho que os membros do Sinédrio, Jesus e seus seguidores tivessem tanta atividade naquela noite santa. 3) O *Talmude* registra uma tradição, segundo a qual Jesus sofreu na tarde da Páscoa. 4) A maior parte das características da Páscoa não é mencionada no relato do Sinópticos. Há quem identifique o dia da crucificação de Jesus como a sexta-feira de 7 de abril do ano 30 — seria o correto se os judeus de Jerusalém estivessem seguindo o calendário babilônico para datar a Páscoa. De acordo com os v. 18 e 19, Jesus tinha amigos de confiança na cidade (Marcos 14.13-16). Como uma profecia sobre a crucificação, Mateus acrescenta a frase: "O meu tempo está próximo" (v. 18).

A conversa (v. 20-25). A ceia começou da maneira tradicional, após as seis horas da tarde, ao pôr do sol ("ao anoitecer", gr. *opsías*). Os comensais (Jesus e os Doze) estavam reclinados em almofadas, apoiados no braço esquerdo e com o direito livre para comer os alimentos. O cordeiro pascal já estava preparado e tinha de ser comido na totalidade (Êxodo 12.4,10), por isso havia muita comida. Jesus interrompeu a quietude à mesa com uma frase explosiva e enfática: "Digo que certamente um de vocês me trairá" (v. 21b). Os discípulos já tinham provas suficientes de que Jesus exercia o dom da palavra de conhecimento com precisão superlativa. Não havia espaço para nenhum tipo de especulação. Não é de admirar, portanto, que todos tenham sido tomados de tristeza e começado a afirmar, em desespero: "Com certeza não sou eu, Senhor!". É provável que Judas tenha ficado quieto porque, se houve alguém que sentiu o golpe direto para o coração, foi ele. Em resposta, Jesus dá uma pista, que não era nem um pouco clara: "Aquele que comeu comigo do mesmo prato" (gr. *ho embápsas met' emoū*). O fato é que todos haviam mergulhado o pão no prato, já que não havia talheres. A consciência de Judas, porém, acusou-o de modo que não pôde resistir à declaração de Jesus e foi o último a dizer: "Com certeza não sou eu, Mestre!". Note-se que, enquanto todos usaram o título "Senhor", Judas tratou-o por "Rabi" ("Mestre"). Talvez aqui esteja a diferença abismal entre ele e os Onze. Apesar de todos os seus defeitos e pecados, estes continuavam a crer que Jesus era o Senhor, enquanto para Judas Jesus não passava de um "Mestre" de belas verdades. A resposta de Jesus foi devastadora: "Sim, é você". É provável que os Onze nem tenham percebido isso, mas foi o bastante para Judas se retirar da ceia (João 13.30,31a).

Mateus omite as alusões a Salmos 41.9 (Marcos 14.18). Quanto ao restante, Mateus segue Marcos e acrescenta uma resposta direta ("Sim, é você", v. 25) à dúvida dos discípulos sobre quem entregaria Jesus ("Com certeza não sou eu, Senhor!", v. 22) e particularmente à declaração de Judas Iscariotes ("Com certeza não sou eu, Mestre!"). A tradução literal do aramaico para o grego significa "sim", mas também pode significar "Tu mesmo o disseste" (cf. v. 64; 27.11).

A celebração (v. 26-30). Nesses versículos, Jesus institui a ceia do Senhor. O nome mais antigo desse rito é "eucaristia" ("ação de graças") porque Jesus "deu graças" (gr. *eukharistēsas*) antes de oferecer o cálice a seus discípulos (v. 27). As palavras institucionais de Mateus acompanham Marcos 14.22-24 de perto, embora sejam mais simétricas, e a frase descritiva de Marcos 14.23b seja transformada numa ordem, ou seja, foi desenvolvida como fórmula sagrada com a adição da expressão "para perdão de pecados", fórmula que falta em 3.2, mas que Marcos e Lucas mencionam com respeito ao batismo de João (Marcos 1.4; Lucas 3.3). Para Mateus, o perdão dos pecados estava ligado à "[nova] aliança" por intermédio de Cristo (v. 28; 6.11,12). O v. 29 lança luz sobre a natureza da eucaristia e seu uso repetido na igreja para a qual Mateus escreve. Essa ceia foi uma antecipação do banquete messiânico que Jesus celebrará em seu Reino. Mateus acrescenta "com vocês" (v. 5.6; 8.11; Lucas 22.29,30, onde o banquete é combinado com os tronos dos apóstolos; v. 19.28). "Até aquele dia" destaca o intervalo entre o agora e a parúsia. A Páscoa era seguida pelo canto da segunda parte do chamado *Hallel* (Salmos 115—118).

Há cinco coisas que devemos lembrar com relação a esse episódio. Em primeiro lugar, foi um ato de comemoração. Jesus disse: "façam isto em memória de mim" (Lucas 22.19). Em segundo lugar, foi um ato de comunhão. Jesus convidou todos os seus discípulos a participar: "Tomem e comam; [...] Bebam dele todos vocês" (v. 26,27). Em terceiro lugar, foi um ato de convênio. Jesus caracterizou-o como uma "nova aliança" em seu sangue (Lucas 22.20). Em quarto lugar, foi um ato de celebração. Como tal, envolve uma bênção ("tomou o pão [e o abençoou]"), ação de graças ("deu graças"), participação ("o deu aos seus discípulos"; "o ofereceu aos discípulos"), esperança (v. 29) e louvor (v. 30). Em quinto lugar, foi um ato de comunicação do evangelho: "Isto é o meu sangue [...], que é derramado em favor de muitos, para perdão de pecados".

A NEGAÇÃO DE JESUS (26.31-35,69-75)

Se Judas foi marcado na história por sua traição a Jesus, Pedro é o arquétipo da negação de Jesus. No entanto, o fim de sua ação desleal foi diferente do de Judas. Pedro soube esperar até ser restaurado por Jesus e viveu para contar sua experiência de ser perdoado e posto de volta no caminho da missão do Reino.

Jesus prediz a negação de Pedro (26.31-35)

A expressão "Ainda esta noite" (gr. *tóte*) é uma indicação enfática e temporal que aponta para o fato de a predição de Jesus ter sido feita no contexto da ceia pascal. Essa segunda predição foi tão dramática quanto a primeira, que revelou a traição de Judas: "todos vocês me abandonarão". Nos v. 31 e 32, outra predição, a da dispersão dos discípulos, é reforçada pela citação adaptada de Zacarias 13.7. O v. 32 parece interromper a sequência entre o v. 31 e o 33 porque, embora seja uma terceira previsão, é de caráter diferente e traz esperança.

A promessa de Pedro (v. 33,35). No v. 33, vemos Pedro prometendo, de maneira egoísta e presunçosa, não ser motivo de escândalo (gr. *egō oudépote* *skandalisthēsomai*). Com isso, o impulsivo Pedro esqueceu-se da profecia de Jesus a respeito da ressurreição e do prometido encontro na Galileia (v. 32). Ele também não ficou impressionado com a profecia de Zacarias citada por Jesus (v. 31). De alguma forma, colocou-se acima dos outros ("Ainda que todos te abandonem") e, além de não levar em conta o fato de que era tão fraco quanto os outros, inclusive Judas, atreveu-se a ignorar o aviso de que negaria Jesus prometendo algo que jamais poderia cumprir — em primeiro lugar, porque não estaria disposto a acompanhar Jesus em seu martírio, como os outros discípulos (v. 56b); em segundo lugar, porque não era a vontade de Deus que ele morresse, pois Jesus o incumbira de uma missão e ainda não a havia cumprido (16.18,19), à semelhança dos demais discípulos (28.19,20).

A afirmação de Jesus (v. 34). Diante da explosão de Pedro, Jesus resolveu ser mais específico e retratou em tons fortes os detalhes do que iria acontecer: "Asseguro que ainda esta noite [...]" (gr. *Amēn légō soi hóti en taútēi tēi nyktì*). Mais uma vez, Jesus usa o dom da palavra de conhecimento com grande precisão. Assim, no v. 34 anuncia a tripla negação de Pedro "antes que o galo cante" ("um galo", Marcos 14.30) ao amanhecer. O sinal da negação seria inconfundível, porque os judeus não costumavam permitir a presença de galos na cidade. Pedro era um dos discípulos mais destacados de Jesus, mas não aceitou a palavra do Senhor e, longe de se humilhar e pedir para ser fortalecido por ele, resolveu dobrar a aposta: "Mesmo que seja preciso que eu morra contigo, nunca te negarei" (v. 35). Não foi difícil para os outros o contágio com tal atrevimento, pois não queriam ficar para trás, por isso "disseram o mesmo". Pedro foi o primeiro a propagar sua tolice e arrastou os outros consigo.

Pedro aparece em primeiro lugar nas quatro listas dos discípulos de Jesus (Mateus 10.2; Marcos 3.16; Lucas 6.14; Atos 1.13). Não é coincidência: indica a posição de destaque que ele ocupava no grupo apostólico. De acordo com os evangelhos, Pedro deixou tudo para seguir Jesus. E, quando Jesus perguntou: "Quem vocês dizem que eu sou?", ele respondeu: "Tu és o Cristo, o Filho do Deus vivo" (16.16). Dessa forma, fez uma das afirmações teológicas mais profundas de todo o Novo Testamento. Os primeiros capítulos do livro de Atos apresentam-no como personagem principal, e o Novo Testamento contém duas cartas atribuídas a ele, cujo conteúdo é muito profundo.

Pedro nega Jesus (26.69-75)

Apesar de ser uma personagem tão proeminente, Pedro não era perfeito, porque descobrimos nele a fraqueza humana. Ele errou muitas vezes e em certa ocasião foi tão longe a ponto de negar ao Senhor. Esse costuma ser o episódio mais lembrado de sua vida. Assim, nos v. 69-75 encontramos a negação de Pedro, que Mateus relata com mais equilíbrio e progresso dramático que Marcos. A referência a seu sotaque galileu (v. 73) é mais explícita, e Mateus mantém o imediatismo das ações (como faz Marcos) por motivos dramáticos (v. 74). A derrota espiritual de Pedro, porém, não foi repentina, pois seguiu um processo lento. Toda essa passagem de Mateus 26, do v. 31 em diante, mostra o caminho de seu fracasso espiritual. Quais foram os passos dados por Pedro que culminaram na negação de Jesus?

Primeiro passo: confiar muito em si mesmo (v. 33). Por um lado, ele menosprezou o que Jesus disse, ou seja, a Palavra de Deus. Pedro não deu atenção ao aviso de Jesus e demonstrou pouca consideração pela própria Escritura (v. 31). A Palavra de Deus sempre nos adverte com seriedade (1Coríntios 10.12). Precisamos ouvir suas advertências, vigiar e rogar ao Senhor que nos ajude a permanecer firmes (1Pedro 5.8,9). Por outro lado, ele subestimou os outros discípulos (v. 33). Pedro comparou-se com os companheiros e concluiu que era superior a eles (Provérbios 29.23). Golias cometeu o mesmo erro quando, cheio de orgulho e ostentação, subestimou o jovem Davi e foi derrotado. No conflito espiritual, o primeiro passo para a derrota é o orgulho (Provérbios 16.18). Além disso, Pedro caiu numa inverdade (v. 35a). Ele chegou a um exagero que beirava a mentira para satisfazer seu ego inflado. O peixe que alguém pesca é sempre maior que o pescado pelo vizinho. Por fim, veio a ser um obstáculo para os outros (v. 35b). Ele não só pecou, como fez os outros pecarem pelo seu mau exemplo. Ser um obstáculo para os outros é um pecado grave, de acordo com a Bíblia (Lucas 17.1).

Segundo passo: negligenciar a oração (v. 40-42). Na sequência do drama dos discípulos, vamos encontrá-los agora no Getsêmani. Jesus se afastou para orar. Pedro, Tiago e João ficaram por perto, mas, enquanto Jesus orava, eles dormiam. Parar de orar é um passo na direção da derrota espiritual, porque a oração é uma ordem divina (1Crônicas 16.11). Daniel orava três vezes ao dia (Daniel 6.10), e os cristãos não podem fazer menos que isso. Além disso, a oração é agradável a Deus (Apocalipse 8.3). Lutero orava três horas por dia e lamentava não poder orar mais. A oração é uma necessidade (Lucas 18.1), não uma obrigação. Precisamos orar para vencer a tentação (v. 41) e conhecer a vontade de Deus (v. 42). A oração é também um grande recurso para enfrentar as provações (Hebreus 4.16).

Terceiro passo: confiar em armas carnais (v. 51). João 18.10 afirma que Pedro, no momento da prisão de Jesus, desembainhou a espada. Pedro acreditava firmemente no Reino de Deus e não podia aceitar que seu Rei fosse preso ou morto (16.21,22). À semelhança dos outros Sinópticos, é possível que Mateus tenha omitido o nome de Pedro por prudência, talvez porque enquanto escrevia seu evangelho o apóstolo ainda vivesse. João, que escreveu no final do século I, menciona-o pelo nome. A espada em questão era uma das duas carregadas pelos discípulos (Lucas 22.38). É possível que a intenção de Pedro não fosse cortar a orelha do servo do sumo sacerdote, mas o pescoço. Se tivesse conseguido, teria matado o homem, que de acordo com João se chamava Malco — provavelmente alguém que se tornou um cristão conhecido nas igrejas para as quais esse apóstolo escreveu. As armas carnais não se prestam à expansão do Reino de Deus nem ajudam na obra redentora de Jesus. O método de Deus não é esse (Zacarias 4.6). O uso de armas carnais na guerra espiritual é um passo importante para a derrota (2Coríntios 10.4).

Quarto passo: seguir Jesus de longe (v. 56b,58a). Depois que Jesus foi preso, a coragem de seus discípulos esvaiu-se como fumaça... e eles também. O quadro pintado por Mateus é vergonhoso e lamentável: "Então todos os discípulos o abandonaram e fugiram" (v. 56b). No entanto, algo positivo pode ser visto na atitude imediata de Pedro: ele "o seguiu de longe" (v. 58a). A propósito, ele sabia muito bem do enorme risco que corria e com certeza agia de modo furtivo. Em todo caso, foi o único que se atreveu a seguir Jesus. Quem de nós teria feito o mesmo em tais circunstâncias? Mas também há algo negativo em sua atitude, porque ele seguiu Jesus de longe deixando-o sozinho. Após sua prisão, Jesus não teve o apoio de ninguém nem o consolo da presença das pessoas que ele mais amava e pelas quais dera tudo. Existem tais crentes em nossa igreja?

Quinto passo: ficar entre os inimigos de Jesus (v. 58b). Pedro fez o oposto do homem bem-aventurado de Salmos 1.1. Ele seguiu o conselho dos ímpios, pôs-se no caminho dos pecadores e cultivou a amizade dos blasfemadores (v. 57,58). Pior ainda, não demonstrou a menor sensibilidade para com Jesus nem foi solidário com ele. Em vez disso, "sentou-se com os guardas" tentando passar despercebido, a fim de acompanhar as novidades ("para ver o que aconteceria", gr. *ideīn tò télos*). Ele teve a coragem de não entrar em pânico e seguir Jesus até chegarem ao lugar do julgamento, provando ser mais corajoso que os outros discípulos, mas não o suficiente para cumprir o que havia prometido: "Mesmo que seja preciso que eu morra contigo, nunca te negarei". Assim, preferiu a companhia dos "guardas" em vez de ficar perto de Jesus. Como crentes, estamos no mundo, mas não somos do mundo (João 17.15,16). Cristo costumava associar-se com os pecadores, mas com a finalidade de salvá-los. Podemos ter amigos não crentes, mas com o fim de ganhá-los para Cristo, não "para ver o que acontece". A Bíblia nos exorta a não ficar entre os inimigos de Cristo (2Coríntios 6.14-17).

Sexto passo: negar ter qualquer associação com Jesus (v. 74). Na história da queda de Pedro, o último passo foi sua total negação de Jesus. E não foi só isso. Como Jesus havia previsto, ele o negou três vezes, mas na última vez foi como se estivesse endemoninhado: "ele começou a lançar maldições e a jurar" (gr. *tóte ērxato katathematízein kaì omnýein*). Ele reiterou sua negação com insultos para provar que estava falando a verdade em vez da mentira que todos sabiam que ele estava dizendo. A cada negação, ele se afastava cada vez mais da graça do Senhor e também da própria dignidade, porque acabava insultando (gr. *katathematízein*) a si mesmo. Em sua desesperada irritação, ele acabou perdendo a compostura e se expondo aos presentes. O apóstolo que fora capaz de declarar Jesus como "o Cristo, o Filho do Deus vivo" (16.16), agora se referia a ele simplesmente como "esse homem" (gr. *tòn ánthrōpon*) e afirmava não conhecê-lo. Nesse exato momento, "um galo cantou", e o canto da ave foi como um tapa no rosto, que o fez voltar a si. Nós também corremos esse risco (1Coríntios 16.13). Pedro arrependeu-se do que fez (v. 75), e Jesus o perdoou. O Senhor nos oferece a mesma oportunidade hoje.

A ORAÇÃO DE JESUS (26.36-46)

Nos v. 36-46, encontramos Jesus no Getsêmani e temos o registro de sua agonia e de sua oração. A história é galvanizada com emoção e nos introduz profundamente no ser interior de Jesus. A narrativa é tão vívida que só pode ser explicada como o testemunho de uma testemunha oculta, que pode muito bem ser o jovem nu que acompanhou Jesus desde a casa da última ceia em Jerusalém até o Getsêmani e que também testemunhou sua prisão (Marcos 14.50-52). É bem provável que se tratasse de João Marcos, filho de Maria.

O lugar (26.36)

O lugar que Jesus escolheu para se retirar com seus discípulos depois da refeição pascal era um jardim conhecido pelo nome de Getsêmani. Esse nome significa "lagar de azeite" e era um horto cercado, localizado fora da cidade de Jerusalém, do outro lado do vale de Cedrom e ao pé do monte das Oliveiras (26.36-56; Marcos 14.32-52; Lucas 22.39-53 João 18.1-14). Ali, Jesus pediu aos discípulos que o acompanhassem em sua vigília de preparação espiritual para o que ele sabia que iria acontecer nas próximas horas. Ele precisava orar e passar por aquela hora de agonia interior, e o jardim silencioso e solitário parecia ser o lugar mais apropriado. Jesus, porém, não queria fazer a angustiosa vigília sozinho. É bem provável que não tenha sido a primeira visita de Jesus e seus discípulos a esse jardim. Na verdade, Judas Iscariotes, que naquela noite guiou os inimigos de Jesus até ali, onde o prenderam para levar a julgamento, conhecia muito bem o lugar.

Os companheiros (26.37a,40,41,43,45,46)

O grupo de três (Pedro e os filhos de Zebedeu, 17.1-8) aparece perto de Jesus nesse momento de angústia, e Pedro parece ser o líder (v. 40; 17.4). Os outros oito discípulos provavelmente ficaram nos portões do jardim cuidando para que ninguém interrompesse o momento de quietude de Jesus e também descansavam após um dia muito agitado ("Sentem-se aqui"). Jesus levou consigo Pedro, Tiago e João e pediu: "Fiquem aqui e vigiem comigo". Os três haviam estado com ele no monte da Transfiguração, e agora Jesus queria que eles o acompanhassem no vale escuro da angústia. O grupo dos oito acabou vencido pelo sono, e os três escolhidos também não conseguiram se manter acordados. Ou seja, todos adormeceram. O único que estava bem desperto era Judas, o traidor.

A situação (26.37b,38)

Mateus segue Marcos cuidadosamente, mas suaviza a linguagem. Jesus "começou a entristecer-se e a angustiar-se" (v. 37). Essas foram apenas algumas das várias emoções que o acometeram (Marcos acrescenta: "Começou a ficar aflito e angustiado", 14.33). A linguagem de Marcos é mais dramática e intensa que a de Mateus: "Prostrou-se com o rosto em terra" (lit., "atirou-se ao chão", Marcos 14.35; gr. imperfeito, ação repetida). A angústia de Jesus tornou-se severa. A expressão grega (*adēmoneīn*) é de etimologia incerta. O adjetivo *adēmos* é igual a *apodēmos* e significa "não em casa", "longe de casa". A ideia é de intensa inquietude, uma preocupação profunda ("angustiado", Filipenses 2.26), que cria um estado de turbulência emocional insuportável e grande insegurança. Somou-se a isso uma grande tristeza (gr. *lypeīsthai*). Marcos 14.33 acrescenta: "Começou a ficar aflito e angustiado". Jesus compartilhou como pôde esse estado de ânimo com os três de maneira dramática: "A minha alma está profundamente triste, numa tristeza mortal".

A oração (26.39,42,44)

Nessas condições, Jesus se afastou dos três, atirou-se ao chão e começou a orar. Evidentemente, ele não queria que seus discípulos mais próximos o vissem nesse estado desesperador e precisava transitar apenas na companhia do Pai celestial. O "cálice" ou "trago amargo" (gr. *tò potērion toūto*) que ele menciona em sua oração é uma metáfora para sua morte iminente. Jesus já havia usado essa figura (20.22), mas agora havia chegado o momento de beber até a última gota, e isso significava que ele tinha de chegar à cruz se quisesse cumprir a vontade do Pai. Sem dúvida, Satanás o estava atacando com todas as suas forças para impedir que isso acontecesse, de modo que ele não pudesse cumprir sua missão redentora. Esses versículos descrevem um dos episódios mais amargos da guerra espiritual contra as forças do mal. Mas Jesus sairia vitorioso dessa batalha e pronto para enfrentar a batalha final na cruz.

No entanto, seus discípulos, os oito e especialmente os três que deviam acompanhá-lo em vigília nessas horas angustiosas, não estavam fortalecidos o bastante para superar esse conflito com vitória. O motivo, apontado pelo próprio Jesus, foi: "A carne é fraca". Os três estavam cansados (Jesus também), e "seus olhos estavam pesados" (talvez os de Jesus também). Eles tinham boa disposição espiritual ("O espírito está pronto"), mas não possuíam o poder espiritual que sustentou Jesus no julgamento. "Tentação" (gr. *peirasmón*), no v. 41, é "prova" ou "ataque do inimigo" (6.13). A declaração sobre o espírito voluntário e o corpo fraco deixa isso claro, pois assim fica impossível resistir a esses ataques. No relato básico, Jesus está sozinho e abandonado até mesmo por seus discípulos mais próximos, mas Deus ainda está com ele (cf. 27.46). A experiência no Getsêmani é descrita como uma vitória sobre a tentação, não como um fortalecimento por meio da oração (como em Lucas 22.31-34).

O JULGAMENTO DE JESUS (26.47-68; 27.11-31)

Essas passagens apresentam Jesus diante da justiça humana. Depois de orar ao Pai, Jesus estava pronto para enfrentar o que viesse. Ele sabia em detalhes tudo que o aguardava. E, além de suportar o enorme fardo da própria angústia, teve de lidar com a incapacidade de seus discípulos de entender quanto era crucial cada minuto que estavam vivendo. De fato, os que ficaram de guarda no portão do jardim dormiam tão profundamente que nem perceberam a turba entrando com Judas para prender Jesus. Com clareza e pela última vez, Jesus revelou aos discípulos o que aconteceria logo em seguida: "Chegou a hora! Eis que o Filho do homem está sendo entregue nas mãos de pecadores" (v. 45), mas eles ainda pareciam imersos em seu sonho. Mais uma vez, Jesus teve de tomar a iniciativa: "Levantem-se e vamos! Aí vem aquele que me trai!".

A prisão de Jesus (26.47-56)

Os v. 47-56 referem-se à entrega e prisão de Jesus. Depois de seu tempo de prova e de oração, do qual saiu vitorioso, Jesus estava preparado para enfrentar sua paixão. Ele sabia muito bem o que aconteceria nos próximos minutos, quando seu discípulo Judas apareceu acompanhado por uma multidão para prendê-lo. A prisão não o pegou de surpresa.

Judas e sua traição (v. 47-50). Foi um momento caracterizado pela emoção quando Jesus ficou face a face com o discípulo Judas e a horda de mercenários de todos os matizes que o acompanhava ("uma grande multidão armada de espadas e varas"). Tratava-se de soldados da fortaleza Antônia (João 18.3) e da guarda do templo (Lucas 22.52). Judas é descrito como "um dos Doze" em todos os Sinópticos (Marcos 14.43; Lucas 22.47). Para beijar Jesus, Judas teve de se aproximar dele e cumprimentá-lo como se nada tivesse acontecido ("Salve, Mestre!"). Em seguida, ele "o beijou", que era uma forma comum de saudação, só que o fez de modo intenso (gr. *katefílēsen*). As palavras de Jesus a Judas são estranhas. O quadro geral do relato da Paixão segundo Mateus sugere uma expressão majestosa de Jesus (v. João 13.27) em vez de uma pergunta ("Amigo, o que o traz?", ou "Amigo, para que você veio?", nota *NVI*). A frase é difícil de traduzir e interpretar. Jesus sabia muito bem o que Judas viera fazer.

Pedro e sua espada (v. 51-54). A ação intempestiva de um de seus discípulos (v. 51) complicou ainda mais a situação. Mateus omite o nome de Pedro, mas João revela que foi ele quem desembainhou a espada (João 18.10), que era uma faca longa usada em conexão com a ceia pascal. Jesus ordenou que Pedro devolvesse a espada à bainha, pois era evidente que ele não havia entendido o ensino de Jesus (Lucas 22.38; Mateus 5.39; v. João 18.36). O provérbio de Jesus é de validade universal e sobrevive aos séculos. É apropriado lembrar aqui as palavras de Martinho Lutero: "Não quero que recorram às armas nem à matança para defender o evangelho. Pela Palavra, foi vencido o mundo; pela Palavra, salvou-se a Igreja; pela Palavra, deverá ser reformada. [...] Não desejo outro protetor senão Cristo".[1]

No v. 52, Mateus não menciona a cura do servo (como Lucas e João), mas acrescenta a frase de Jesus sobre a espada e seu direito de convocar as legiões angélicas. Na época de Augusto, uma legião romana contava com 6.100 soldados de infantaria e 726 de cavalaria. Jesus, porém, via mais de doze legiões (gr. *legiōnas*) de anjos sob suas ordens (v. 2Reis 6.17). Ele estava bem seguro de qual era sua missão após a vitória obtida no Getsêmani. O cumprimento da profecia de 26.31 (v. 54) implicava que o grupo o prendesse desta maneira: em local aberto em vez de fazê-lo no templo, onde ele estivera todos os dias (v. 55).

---

1. **Bíblia Nova Reforma:** edição de estudos e referência, p. 1465.

Jesus e sua entrega (v. 55,56). A maneira pela qual Jesus interpreta os fatos — como o cumprimento do que estava previsto pelas Escrituras — chama atenção em toda essa passagem. Mateus, talvez mais e melhor que qualquer outro evangelista, captou essa interpretação e provavelmente elaborou o relato dos acontecimentos ligados à paixão de Jesus de acordo com ela. É bem provável também que essa fosse a interpretação da igreja primitiva, ou seja, a crença de que as Escrituras concernentes a Cristo tinham um *télos*, uma finalidade que foi cumprida em detalhes (Lucas 22.37). A história da Paixão havia sido antecipada pelos profetas: "O Filho do homem vai, como está escrito a seu respeito" (Marcos 14.21; Lucas 24.25-27,44; Atos 3.18,24). Tudo que se desenrolava no drama da Paixão, nos detalhes, era "por propósito determinado e pré-conhecimento de Deus" (Atos 2.23). Em Mateus 26.53,54, o próprio Jesus afirma isso, e nos v. 55 e 56 diz aos que tinham vindo prendê-lo com espadas e varas que "tudo isso aconteceu para que se cumprissem as Escrituras dos profetas". Os vívidos detalhes da entrega de Jesus demonstraram o princípio de que tudo que fora escrito a respeito dele estava se cumprindo (Lucas 22.37). Parece que os discípulos também entendiam assim, uma vez que diante da reiteração da palavra sobre o cumprimento das Escrituras eles o abandonaram e fugiram ("Então [...]", gr. *toûto*; v. 56). De fato, isso também foi cumprimento de profecias (Isaías 53.3,8; Salmos 88.8; Jeremias 10.19,20).

O julgamento de Jesus pelos judeus (26.57-68)

Todos os interrogatórios e julgamentos são motivo de grande angústia, especialmente para os acusados de um crime, ainda mais quando o suposto criminoso é inocente. Note-se que Jesus não tem um advogado de defesa, exceto ele mesmo.

Jesus perante o Sinédrio (v. 57-61). Nos v. 57-68, encontramos Jesus diante do sumo sacerdote Caifás e do Sinédrio dos judeus (ou Conselho). O foco do processo contra Jesus nos Sinópticos difere do de João. Em Mateus, a ênfase recai sobre o procedimento formal do Conselho, que não agiu o tempo todo de acordo com a legislação aplicável (p. ex., os trâmites do julgamento deveriam acontecer de dia, não de noite; em dois dias consecutivos e com interrogatórios privados das testemunhas). O relato evidencia a pressa em realizar todo o procedimento e a responsabilidade dos líderes judeus na morte de Jesus. As autoridades judaicas efetuaram a prisão de Jesus de maneira improvisada, porque ainda não haviam montado o caso. Queriam a morte dele, mas não sabiam sob qual acusação. Além disso, não contavam com provas autênticas para acusá-lo, daí a necessidade urgente de obter testemunhas e provas falsas (v. 59), provavelmente à custa de suborno.

Incapazes de obter até mesmo uma prova falsa, recorreram a "muitas falsas testemunhas", mas obviamente seus testemunhos eram tão contraditórios e absurdos que não teriam valor algum em um julgamento mais ou menos sério. Os v. 60 e 61 parecem sugerir que as duas testemunhas mencionadas não deram falso testemunho, mas relataram uma profecia que Mateus reconhece como verdadeira. Em todo caso, não se tratava de um crime consumado, mas da palavra de alguém que poderia passar por excêntrico ou louco. Além disso, em sua profecia, Jesus não estava se referindo ao templo de Herodes, mas ao templo de seu próprio corpo (João 2.19), que eles haviam conspirado para destruir. A referência à ressurreição estava em harmonia com a crença dos fariseus — condenar Jesus por ter essa esperança era condenar a si mesmos. E, como se isso não bastasse, as duas testemunhas apresentadas nem sequer eram coerentes em seu testemunho (Marcos 14.59).

Jesus e sua declaração (v. 62-64). A essa altura, os juízes de Jesus perceberam que sua única chance de incriminá-lo era conseguir o que eles já haviam tentado em várias ocasiões, ou seja, fazer Jesus depor contra si mesmo ao dizer algo sumariamente condenável. Por isso, resolveram fazer-lhe algumas perguntas diretas sobre sua identidade escatológica (v. 62,63). Tais perguntas foram feitas não por falta de testemunho categórico, mas por causa do silêncio de Jesus, um elemento proeminente nos relatos da Paixão (Isaías 53.7). A expressão "o Cristo, o Filho de Deus" (v. 63b) parece mais linguagem da Igreja que dos líderes judeus da época ("Filho do Deus Bendito", Marcos 14.61). A solenidade de Caifás é mera dramatização, feita de propósito ("Exijo que você jure pelo Deus vivo [...]") para elevar o nível do interrogatório e ressaltar a gravidade da acusação. Que absurdo! Um homem que se considera mediador entre Deus e os seres humanos pretende interrogar em nome de Deus nada menos que o "Filho de Deus" com relação à sua identidade como Messias. Jesus, que estava no tribunal sob juramento, respondeu afirmativamente com seu silêncio às duas primeiras perguntas (v. 62b: quem cala consente). Mas agora ele responde de forma indireta, numa reviravolta que transforma Caifás em confessor da verdade: "Tu mesmo o disseste" (gr. *sỳ eîpas*), que é uma resposta afirmativa.

Tanto Mateus quanto Lucas evitam a resposta clara e direta de Jesus (v. 64), à diferença de Marcos: "Sou" (gr. *eimí*; Marcos 14.62). Tem-se a impressão de que Mateus pensa que Jesus não queria se identificar como o Messias diante dos líderes judeus, mas pretendia dar mais destaque a si mesmo como o Filho do homem entronizado (Salmos 110.1). E isso não foi tudo que Jesus disse a Caifás. Jesus afirmou que iria chegar o dia em que ele, "assentado à direita do Poderoso", seria o juiz de Caifás". A expressão "Chegará o dia" refere-se à situação da Igreja, que tem o Filho do homem como Senhor e Rei, e reformula a segunda parte da citação de Daniel 7.13 para prever sua parúsia no devido tempo.

Jesus e sua condenação (v. 65-68). As autoridades judaicas não precisavam de mais nenhuma evidência além das próprias palavras de Jesus para condená-lo como blasfemo. Jesus se incriminara por proferir blasfêmia (gr. *eblasfēmēsen*) ao declarar que era o Messias, o Filho de Deus. Na verdade, não era blasfêmia que o Messias declarasse ser quem era, embora eles não reconhecessem Jesus como o Messias que aguardavam. Para Jesus, não havia como voltar atrás, e a única coisa à frente era a morte certa: "É réu de morte!". O único problema a ser resolvido pelos juízes era quem iria matá-lo, já que eles, por ordem dos romanos, não podiam fazer isso. De acordo com a lei judaica, a morte era a punição para a blasfêmia (Levítico 24.15). No entanto, de maneira covarde, alguns membros do Sinédrio aproveitaram a oportunidade para descarregar seu ódio contra Jesus, cuspindo-lhe no rosto, dando-lhe socos e bofetadas e zombando de sua pretensão de ser o Cristo. Todos esses atos eram humilhantes e, aliados ao falso veredicto, deram início a uma série de tormentos que Jesus padeceu antes de chegar à cruz. Os v. 67 e 68 (27.27-31) pressupõem que eles lhe cobriram o rosto, como registra Marcos. Mateus acrescenta "Cristo", e isso não é incoerente com a resposta evasiva de Jesus. Sem dúvida, Jesus era o Messias, mas foi julgado como um falso messias.

O julgamento de Jesus pelos gentios (27.11-31)

O julgamento das autoridades judaicas não foi o único a que o Senhor foi submetido. Das mãos do Sinédrio (ou Conselho), Jesus foi transferido para a jurisdição das autoridades romanas, nesse caso para o governador ou procurador Pôncio Pilatos.

Jesus diante de Pilatos (v. 11-26). Os v. 11-26 tratam da interação entre Jesus e Pilatos. Ao contrário do relato de João 18.33-37, Jesus nunca esteve sozinho com Pilatos. A cena descrita nessa passagem apresenta duas alterações significativas na relação entre Jesus e Pilatos.

Mudança de acusação: de blasfêmia religiosa para subversão política (v. 11-23). Diante do governador, mudou-se o expediente criminal de Jesus: de blasfêmia religiosa, por declarar que era "o Cristo, o Filho de Deus" (26.63-66) para o crime de subversão política por declarar que era "o rei dos judeus" (v. 11). Em ambos os casos, Jesus respondeu da mesma forma: "Tu o dizes", e então guardou completo silêncio (v. 12-14; v. João 18.34). A abordagem política tornou-se mais aguda com a escolha entre Jesus e Barrabás (v. 15-23). Barrabás era um líder subversivo (Marcos 15.7), ou seja, estava sob o mesmo tipo de acusação que Jesus. Não era um criminoso, mas um fanático. No v. 17, Mateus enfatiza a escolha entre os dois. No v. 18, põe menos ênfase que Marcos no ciúme ou na inveja dos chefes dos sacerdotes e dos líderes religiosos.

Uma mudança de atitude: da defesa da inocência ao ato de lavar as mãos (v. 19,24-26). Há dois incidentes que só Mateus relata: o sonho da esposa de Pilatos (v. 19), que o considerava "inocente", e o famoso gesto de Pilatos de lavar as mãos (v. 24), lançando assim a responsabilidade da morte de Jesus sobre os ombros dos líderes judeus. Com isso, Mateus, como os outros evangelistas, afirma que foram os judeus que crucificaram seu Messias (Atos 3.13-15). Desde então, "lavar as mãos" significa evitar a responsabilidade. Quatro coisas podem ser percebidas nesse gesto.

Em primeiro lugar, esse gesto foi uma expressão de covardia. Pilatos provou ser um covarde. Ele não queria condenar Jesus e tentou por vários meios libertá-lo, mas no momento decisivo não teve coragem de se opor aos exaltados judeus: preferiu ceder à pressão dos líderes religiosos, com medo de perder sua posição de poder. Preferiu perder sua dignidade e sua honra a pôr em risco seu cargo político. Não há pessoas como ele hoje? São aquelas que por indiferença e egoísmo deixam o inocente sofrer injustiça, enquanto os culpados se safam. São elas que crucificam o próximo com seu silêncio covarde e com a ladainha incessante: "Não quero me intrometer"; ou: "Lavo minhas mãos".

Em segundo lugar, esse gesto foi uma expressão de irresponsabilidade. Pilatos sabia muito bem o que estava em jogo no julgamento de Jesus. Sabia também que o haviam entregado por inveja (v. 18). Sabia ainda que seu dever como funcionário era agir de acordo com a lei romana. Mais de uma vez, havia declarado em atos públicos: *Fiat iustitia, ruatcaelum*, ou seja, "Que se faça justiça, ainda que os céus caiam". Mas ele não julgou Jesus conforme a lei, e sim de acordo com os gritos do povo. A lei cedeu a outros interesses. Pilatos tem muitos seguidores hoje. São os que têm a responsabilidade de fazer prevalecer a lei, mas a pervertem. São os corruptos que lavam as mãos diante da dor dos oprimidos e do clamor dos pobres.

Em terceiro lugar, esse gesto foi uma expressão de injustiça. No julgamento de Jesus, Pilatos cometeu uma grande injustiça. Além de ser objetável formalidade do julgamento, todo o processo foi injusto. A acusação fundamental do Sinédrio, ou Conselho, era de blasfêmia, porque Jesus afirmava ser o Filho de Deus (Marcos 14.61-63). O caráter religioso dessa acusação, porém, não tinha peso na corte romana. Era necessário tratar-se de um crime político. Por isso, acusaram Jesus de fingir ser rei e de não pagar impostos (Lucas 23.1,2). Os líderes judeus utilizaram-se da mentira para condenar Jesus, apresentaram falsas testemunhas (Marcos 14.55,56) e incitaram o povo a fazer pressão (27.20). Pilatos sabia de tudo isso. Estava bem ciente de que o julgamento contra Jesus havia fugido ao controle; ele estava convencido da inocência de Jesus (Lucas 23.22). Ainda assim, condenou Jesus à morte (1Pedro 3.18).

Em quarto lugar, esse gesto foi uma expressão de culpa. Pilatos condenou o Inocente porque *ele*, Pilatos, era culpado. É evidente que não queria condenar Jesus, mas foi pressionado pelos líderes religiosos, que ameaçaram denunciá-lo a César; aqueles tinham motivos para denunciá-lo: mau comportamento, corrupção, violência, abuso de poder. Consciente dos erros do passado, ele não teve escolha senão lavar as mãos, com isso acrescentando outro pecado à sua consciência (v. 24). Quantos hoje rejeitam Jesus não tanto por incredulidade, mas por causa da culpa! Eles não querem aceitar Jesus como Salvador e Senhor, porque isso significa reconhecer que são pecadores e que estão perdidos. Não querem receber Jesus como Salvador e Senhor, porque isso significa renunciar ao orgulho e obedecer a ele em tudo. Preferem morrer nos próprios crimes e pecados em vez de levar a cruz de Cristo todos os dias, para viver por ele.

Jesus diante dos soldados (v. 27-31). Os v. 27-31 abrem o relato da crucificação e do sepultamento de Jesus e mostram como ele foi coroado de espinhos. A zombaria dos membros do Sinédrio dos judeus (26.67,68) foi uma antecipação do escárnio dos soldados romanos. Jesus foi entregue a eles por Pilatos para ser crucificado, e eles o levaram ao Pretório (o palácio onde residia o governador). Ali, enquanto preparavam o ato de execução na cruz, os soldados ("toda a tropa") zombaram de Jesus mais uma vez. Eles o humilharam, tirando-lhe as roupas e colocando um manto vermelho sobre ele. Tratava-se de um manto usado por soldados, oficiais militares, magistrados, reis e imperadores (2Macabeus 12.35; Josefo, *Antiguidades*, 5.1.10) e indicação de autoridade. Assim, Mateus apresenta o motivo da realeza num tom sarcástico por parte dos soldados com a imagem do "manto vermelho", da "coroa de espinhos" e da "vara em sua mão direita" (à maneira de cetro). Depois de zombar dele, cuspindo e batendo nele, os soldados o despiram dos emblemas reais, exceto da coroa de espinhos (v. 31).

CAPÍTULO 20

JESUS EM SUA MORTE E RESSURREIÇÃO

27.32-66; 28.1-15

Os dois fatos mais importantes no relato do evangelho da obra redentora de Cristo a favor da humanidade são sua morte e ressurreição (Atos 3.15; 4.10; 10.39b,40; 17.3; Romanos 4.25; 6.5; 7.4; 8.34; 14.9; 2Coríntios 5.15; 1Tessalonicenses 4.14 etc.). Entre esses dois pólos, outros acontecimentos tiveram lugar, mas só adquirem significado como parte das experiências extremas de que Jesus foi o protagonista por ocasião de sua morte redentora. Nesse sentido, a morte de Jesus não foi como a de qualquer outro ser humano. Além dos fatores físicos da condição humana de Jesus, sua morte adquiriu uma dimensão transcendente, e o motivo é que ela se deu entre sua crucificação e sua ressurreição.

A morte por crucificação é um dos tormentos mais cruéis inventados pelo ser humano. Não havia no mundo antigo forma de morrer mais terrível que a morte por crucificação. Os próprios romanos, que a popularizaram, tinham horror a ela. Consideravam-na um castigo tão humilhante que era reservada apenas para escravos e estrangeiros e sempre em conexão com crimes graves, como assassinato, traição ou sedição. Cícero declarou que era "a morte mais cruel e horrível". Tácito dizia que era "uma morte desprezível". Originalmente, a crucificação era um método de execução usado na Pérsia. Possivelmente, o adotaram porque para os persas a terra era sagrada e não queriam correr o risco de contaminá-la com o corpo de um criminoso ou de uma pessoa má.

Por isso, pregavam o condenado numa cruz e o deixavam morrer ali. Então, esperavam até os abutres e outras aves de rapina completarem o trabalho. O povo de Cartago (os fenícios) copiaram a prática da crucificação dos persas, e os romanos a aprenderam com os cartagineses. A crucificação era usada como método de execução na Itália, mas só aplicada aos escravos e aos não romanos. Era inconcebível que um cidadão romano morresse dessa forma. Cícero dizia: "É um crime um cidadão romano ser acorrentado; é um crime pior ele ser açoitado; é quase um parricídio ele ser morto, que dirá se for morto numa cruz! Uma ação nefasta como essa é impossível de descrever com palavras, porque não há palavra adequada para descrevê-la".

A ressurreição de Jesus, ou seja, seu ressurgimento e sua transformação da condição de morto para tornar a não morrer jamais, não só demonstrou o grande poder de Deus para dar vida, como deu sentido a todos os acontecimentos que ele havia protagonizado pouco antes. A ressurreição é mais que ressuscitação, já que esta significa que a pessoa torna a viver depois de morta, porém volta a morrer tempos depois. O ressuscitado não morre outra vez (Romanos 6.9). Jesus ressuscitou no terceiro dia depois que morreu, mas seu corpo foi transformado. Ele não estava mais sujeito às limitações de sua vida terrena anterior (Lucas 24.16,31; João 20.19). A ressurreição de Jesus após sua morte expiatória na cruz é fundamental para a fé cristã e sua mensagem (1Coríntios 15.14-19). De acordo com as promessas de Deus, os crentes também serão ressuscitados da mesma forma que ele (1Tessalonicenses 4.16; 1Coríntios 15.42-57). Essa é nossa esperança e o centro do evangelho que proclamamos. Assim, o evangelho de Mateus dá testemunho de que Jesus foi crucificado, morreu e foi sepultado, mas no terceiro dia ressuscitou (v. a confissão cristã no *Credo apostólico*).

A CRUCIFICAÇÃO (27.32-44)

Quando Jesus nasceu, os romanos ocupavam a Palestina havia várias décadas, e entre as várias novidades que haviam introduzido estava a crucificação como método de punição dos rebeldes. Por isso, ao ser condenado à morte pelas autoridades romanas, Jesus acabou morrendo numa cruz. Se os judeus o tivessem matado, ele provavelmente teria sido apedrejado, uma vez que a pena de morte dos judeus era a lapidação, como vemos no episódio da adúltera que eles queriam apedrejar na frente de Jesus (João 8.5), nas ocasiões em que tentaram apedrejar o próprio Jesus (João 10.31; 11.8) e quando mataram Estêvão com pedras (Atos 7.59).

A lapidação não era menos cruel que a crucificação. No entanto, o procedimento de crucificação era de uma crueldade extrema. Eles cravavam as mãos da vítima na viga transversal e os pés na viga vertical, enquanto o corpo se apoiava numa estaca. A vítima poderia levar vários dias para morrer, mas às vezes os carrascos aceleravam a morte quebrando as pernas do condenado. Para ter certeza da morte, furavam a vítima no flanco com uma lança (João 19.31-34). Mas o que tornava a crucificação tão terrível? Era o fato de o condenado morrer após um lento e pavoroso processo de asfixia, porque o crucificado ficava com os braços estendidos ao máximo e em tensão, de modo que os músculos do peito mantinham o ar viciado no interior dos pulmões e o impediam de ser expelido. Desse modo, ele sofria uma sufocação progressiva, ou seja, era como se o estivessem estrangulado pouco a pouco. A crucificação de Jesus foi o ponto culminante de sua vida redentora e de seu ministério (Mateus 20.19; 26.2; Marcos 16.6; Lucas 24.7,20; João 19.6,10,15,20,41).

O que os homens fizeram (27.32-44)

Essa passagem trata a crucificação e a morte de Jesus como um acontecimento trágico, com várias e importantes personagens.

Simão de Cirene (v. 32,33). Para Mateus, Simão de Cirene (cidade da Líbia, no norte da África) é apenas um nome ("um homem de Cirene, chamado Simão"), mas parece que Marcos o conhecia melhor (Marcos 15.21). É possível que Simão fosse africano e, portanto, um homem negro. Os soldados romanos que o obrigaram a carregar a cruz agiram de acordo com seu direito de exigir esse tipo de serviço (5.41). O texto diz que eles "o forçaram" (gr. *ēggáreusan*). A palavra é de origem persa e refere-se aos portadores ou carregadores (gr. *ággaros*). Sem dúvida, Jesus devia estar exausto e incapaz de continuar carregando o madeiro. A "cruz" (gr. *staurón*) era a trave sobre a qual as mãos dos condenados eram amarradas ou pregadas e que depois era fixada a um poste já erguido no Gólgota. O lugar tinha a forma de um crânio, daí seu nome, porque Calvário vem do latim da *Vulgata* (*Calvarieae locus*, "lugar da caveira").

Os soldados romanos (v. 34-38). Esses versículos descrevem várias ações, todas rotineiras e desprovidas de sensibilidade, realizadas pelos soldados romanos. Para eles, a crucificação de Jesus fazia parte de uma rotina bastante regular, que seguia certos procedimentos já estabelecidos e regulamentados.

Em primeiro lugar, "lhe deram para beber vinho misturado com fel" (v. 34). Alguns manuscritos falam de vinagre em vez de vinho. Os soldados queriam aliviar Jesus das dores da crucificação e lhe ofereceram uma bebida sedativa, que Mateus descreve como "vinho misturado com fel" e que de acordo com Marcos era "vinho misturado com mirra" (Marcos 15.23). Qualquer que tenha sido o caso, a mistura agia como narcótico ou analgésico. Tratava-se de um líquido obtido de uma árvore e servia para amenizar a dor (Provérbios 31.6). O procedimento era rotineiro, mas demonstrava certo grau de misericórdia. Por que Jesus rejeitou o analgésico? Sem dúvida, porque queria estar com a mente lúcida tanto quanto fosse possível para orar ao Pai. Além disso, ele se havia proposto viver e sofrer como qualquer pobre ser humano (Hebreus 2.9) e se dispôs a beber todo o cálice amargo (fel) das mãos do Pai (João 18.11).

Em segundo lugar, eles o crucificaram (v. 35a). Mateus não explica como procederam à crucificação (nem dá detalhes sobre a crucificação dos dois ladrões, v. 38). No entanto, sabemos que alguns procedimentos eram seguidos quando um prisioneiro era crucificado. O madeiro que o condenado havia arrastado até o local da execução era pregado a uma viga mais longa (c. 2,8 metros), de modo que formavam um "T". O condenado era deitado nu sobre a cruz e amarrado ou pregado nela. Em seguida, pregava-se uma placa que consignava o motivo da condenação (v. 37). A cruz era levantada por meio de cordas, e sua extremidade inferior se encaixava num buraco. Esse era o momento mais doloroso. O prisioneiro era deixado ali para morrer, pendurado pelas mãos e com a cabeça caída sobre o peito. A morte se dava por perda de sangue, dor, exaustão e basicamente asfixia ou parada cardíaca. Era assim que os romanos puniam os escravos e os piores criminosos não romanos. Jesus foi pregado na cruz às 9 da manhã e morreu depois de ficar ali cerca de seis horas.

Em terceiro lugar, "dividiram as roupas dele, tirando sortes" (v. 35b). Os condenados eram crucificados nus, exceto por uma tanga. As roupas do criminoso tornavam-se propriedade dos soldados como uma espécie de compensação ou gorjeta. Na verdade, não havia muito que se pudesse apropriar de Jesus, já que a roupa mais valiosa que ele possuía era um manto sem costura, que sua mãe provavelmente fizera para ele.

> **William Barclay:** "Todo judeu se vestia com cinco peças de roupa: sapatos, turbante, cinto, roupa íntima e manto externo. Desse modo, havia cinco artigos de vestuário e quatro soldados. Os quatro primeiros artigos eram de valor semelhante, mas o manto externo era mais valioso. Foi pelo manto externo de Jesus que os soldados tiraram a sorte, como diz João (João 19.23,24). Depois que dividiram as vestes, os soldados sentaram-se e ficaram de guarda até o final. Assim, havia no Gólgota um grupo de três cruzes, com o Filho de Deus no meio e de cada lado um bandido. De fato, ele estava com os ímpios em sua morte".[1]

Em quarto lugar, "sentando-se, vigiavam-no ali" (v. 36). Os soldados o vigiavam como se de alguma forma Jesus pudesse escapar do lugar de sua sentença e morte. O fato de manterem vigilância denuncia seu temor, por algum motivo, de que Jesus pudesse de fato aceitar o desafio insistente de seus zombadores (incluindo eles próprios) e descer da cruz (v. 40,42). Também podia ser pelo receio de que alguns de seus seguidores tentassem resgatá-lo antes que ele morresse. Afinal, algumas horas antes, no momento de sua prisão, um de seus discípulos mais afoitos (Simão Pedro) havia desembainhado a espada para impedir tal ação e cortara a orelha direita de um servo do sumo sacerdote (João 18.10).

Em quinto lugar, "Por cima de sua cabeça, colocaram por escrito a acusação feita contra ele" (v. 37). A placa ou letreiro (gr. *títlos*, "título"; João 19.19) com a acusação contra ele (gr. *tēn aitían autoũ*) registrava o crime pelo qual o prisioneiro estava sendo crucificado. Como de costume, a vítima carregava a placa na mão ou pendurada ao pescoço a caminho da execução. Ali, ela era pregada acima da cabeça do condenado para que todos pudessem lê-la e saber por que ele havia sido crucificado. No caso de Jesus, a placa informava seu nome ("JESUS"), lugar de origem ("NAZARENO", de acordo com João 19.19) e principalmente a causa pela qual ele foi condenado ("REI DOS JUDEUS"). Os quatro evangelhos coincidem com a última informação e variam quanto aos elementos anteriores. Mateus e Lucas adicionam um quarto elemento, que funciona como indicador de identificação ("ESTE É"). A versão completa da

---

1. **The Gospel of Matthew**, v. 2, p. 367.

placa seria: "ESTE É JESUS NAZARENO, O REI DOS JUDEUS". Apenas João menciona que a placa foi escrita em três idiomas (19.20), isto é, latim para os romanos, hebraico ou aramaico para os judeus, e grego para o restante do mundo. Note-se que, na verdade, a causa da crucificação de Jesus foi por motivos políticos, não religiosos.

Em *sexto lugar*, *"Dois ladrões foram crucificados com ele" (v. 38).* Os quatro evangelistas registram que dois delinquentes foram crucificados com Jesus e que a cruz dele era a do meio. Esses criminosos (gr. *lēistaí*; v. Marcos 15.27) não eram ladrões de fato (gr. *kléptēs*; Lucas identifica-os como "criminosos" ou malfeitores, gr. *kakoūrgoi*; Lucas 23.39), e sim insurgentes ou subversivos (cf. 26.55), talvez membros do bando de Barrabás, em cujo lugar Jesus foi condenado. Ou seja, Jesus foi crucificado como alguém que se opunha ao regime imperial romano (com sua pretensão de ser rei e representar um reino) ao lado de outros dois subversivos radicalizados. Esse fato não foi circunstancial: também estava de acordo com as Escrituras. É impressionante que nenhum dos evangelistas mencione isso, uma vez que a crucificação de Jesus entre dois criminosos cumpriu a profecia de Isaías 53.12: "[...] e foi contado entre os transgressores".

Os passantes e as demais pessoas (v. 39-44). Ao ser crucificado, Jesus teve de ouvir as zombarias e os insultos por parte de quase todos a seu redor, como testemunhas de seu tormento: "os que passavam", "os chefes dos sacerdotes", "os mestres da lei e os líderes religiosos", e "igualmente o insultavam os ladrões que haviam sido crucificados com ele". Lucas acrescenta os soldados a essa lista (Lucas 23.36,37). De todas as zombarias e insultos, este era o comentário mais doloroso: "Salvou os outros, mas não é capaz de salvar a si mesmo!" (v. 42). À vista de todos os seus escarnecedores, Jesus parecia um fracasso, porque não podia salvar a si mesmo. Em consequência disso, não podia também ser o Messias que alegava ser, mas 1Coríntios 1.23-27 demonstra a verdade oposta. Jesus é poderoso para nos salvar precisamente porque se dispôs a morrer como criminoso. Os judeus não acreditaram nele porque ele não desceu da cruz; nós acreditamos nele porque ele resolveu ficar ali até morrer.

A única coisa que Jesus não pôde fazer (27.42)

O Novo Testamento não deixa dúvidas de que Jesus possuía poder infinito. Mas chegou o momento em sua vida que os homens exigiram dele o impossível, algo que ele não podia fazer. O homem que tinha poder e autoridade para convocar 12 legiões de anjos se precisasse de ajuda não tinha como atender à exigência deles. E qual foi essa exigência? Nós a encontramos no v. 42: "Salvou os outros, mas não é capaz de salvar a si mesmo! E é o rei de Israel! Desça agora da cruz, e creremos nele". Sim, a única coisa que Jesus não pôde fazer foi precisamente "descer da cruz". O motivo era que naquela cruz ele estava realizando a obra mais poderosa de Deus.

A exigência. Todos os seus escarnecedores passaram a exigir aos gritos: "Desça agora da cruz!". Essa exigência de seus escarnecedores suscita quatro questões.

Primeira: quem fazia tal exigência? Enquanto pendurado na cruz, três grupos de pessoas zombaram de Jesus. 1) A primeira zombaria veio da multidão dos que passavam pela cruz e "lançavam-lhe insultos, balançando a cabeça" (v. 39). O insulto deles era duplo, porque consistia em palavras (gr. *eblasfēmoun*) e em gestos simbólicos, como mover a cabeça de um lado para outro (gr. *kinoūntes tàs kefalás*). Esses espectadores anônimos olhavam para Jesus como um fracassado e liquidado, carente de coragem e de esperança. Podemos qualificar esse primeiro grupo de escarnecedores como pecadores ignorantes. 2) A exigência também veio dos chefes dos sacerdotes, mestres da lei e líderes religiosos (v. 41,42). Por um lado, o desprezo desses líderes religiosos fazia referência ao nome de Jesus ("Salvador"): "Salvou os outros, mas não é capaz de salvar a si mesmo!". Por outro lado, a zombaria visava à intimidade da relação entre Jesus e o Pai celeste: "Ele confiou em Deus. Que Deus o salve agora!". Podemos qualificar esse primeiro grupo de escarnecedores como pecadores religiosos. 3) A exigência também veio dos dois ladrões crucificados com ele (v. 44). A ironia dos criminosos ou subversivos, que sofreram a mesma condenação e a mesma acusação pública que Jesus, tornou-se ainda mais dramática, se levarmos em conta o momento crucial a que se referiam. Podemos qualificar esses dois zombadores como pecadores condenados.

Segunda: o que eles pretendiam com tal exigência? Todos eles exigem a mesma coisa: que Jesus descesse da cruz ("Desça da cruz!"). Não foi a primeira vez que esse clamor foi ouvido, nem a última. Os descrentes sempre quiseram ou exigiram um Cristo sem a cruz. É interessante que esse pedido impertinente também pretendia ter um cumprimento imediato, além das circunstâncias pelas quais Jesus estava passando. O v. 42 diz literalmente: "Desça *agora* da cruz" (gr. *katabátō nỹn*). Além disso, o "agora" é uma referência irônica ao fato de Jesus estar pregado, imóvel, fraco e moribundo numa cruz com a pretensão, como indicava a placa acima de sua cabeça, de ser o Rei de judeus: "Vamos ver se ele agora é capaz de descer da cruz em tais condições!".

Terceira: qual era a base de tal exigência? Toda vez que exigiam que Jesus descesse da cruz, repetiam a frase: "[...] se é Filho de Deus!". Note-se que é o mesmo argumento do Diabo em sua primeira tentação a Jesus no deserto da Judeia: "Se és o Filho de Deus [...]" (4.3). É evidente que nessa frase há uma alusão às declarações de Jesus sob juramento diante do Sinédrio dos judeus, em reposta à solene inquirição do sumo sacerdote: " 'Exijo que você jure pelo Deus vivo: se você é o Cristo, o Filho de Deus, diga-nos'. 'Tu mesmo o disseste', respondeu Jesus" (26.63b,64a).

Quarta: que atitude é refletida em tal exigência? Por um lado, era a expressão de certa imaturidade ou infantilismo espiritual, especialmente por parte das autoridades religiosas judaicas (os chefes dos sacerdotes, os mestres da lei e os líderes religiosos), dos quais se diz que zombavam de Jesus da mesma forma que os outros. O vocábulo "zombavam", no v. 41, é o grego *empaízontes* (combinação de *en* e *paízō*, que vem de *paīs*, "menino"). Esses homens circunspectos e sérios comportavam-se como se fossem meninos que gostam de se provocar e de brigar quando estão juntos, e haviam feito o mesmo durante o julgamento (26.67). Por outro lado, havia uma atitude de esnobismo intelectual, como era o caso dos gregos, que consideravam a cruz "loucura" ou tolice (1Coríntios 1.23). Uma religião baseada na redenção por sangue ofendia seu bom gosto estético e intelectual. Além disso, era uma atitude espiritual de indiferença que, à semelhança dos judeus, considerava a cruz um "escândalo" ou uma distração (1Coríntios 1.23). Essa era também a atitude da multidão que não se importava com o que estava acontecendo na cruz e passava "balançando a cabeça" (v. 39).

Havia também uma atitude de interesse pessoal, como se percebe nos criminosos condenados com Jesus, que viram na cruz a última e mágica oportunidade de salvar a pele (v. 44). Eles não estavam interessados em Jesus nem em seu sofrimento, apenas o pressionavam para ver se ele podia salvá-los da morte. Havia ainda uma atitude de complacência social, como a dos chefes dos sacerdotes (saduceus), plutocratas associados aos romanos, pois consideravam a cruz um meio de se livrar de Jesus, que ameaçava sua posição privilegiada.

A única coisa que os interessava era preservar o *status quo*. Por fim, havia uma atitude de frustração política ou social, compartilhada com os mestres da lei, com os fariseus e com os líderes religiosos, segundo a qual se considerava a cruz uma contradição com a ideia de um Messias militar e político, que conduziria seu povo à vitória contra os romanos. Um homem morrendo numa cruz romana não podia ser seu Messias.

Quinta: o que revela tal exigência? Essa exigência revela a raiz de todo problema humano: o pecado. E em nenhum lugar a pecaminosidade humana foi revelada com tanta clareza quanto no Calvário. Se o pecado humano é tão terrível a ponto de exigir tal morte de uma pessoa tão maravilhosa, então é mesmo repulsivo. O fato de a maldade humana atingir tais extremos é evidência de que o pecado humano não é uma piada. No entanto, o clamor absurdo da humanidade ainda é ouvido através dos séculos: "Desce da cruz!".

O dilema. As testemunhas insensíveis da morte de Jesus não apenas fizeram exigências numa hora crucial, como também expressaram um dilema de fundamental importância. Seu pedido impertinente deixou isso claro: "Que ele desça agora da cruz, e nós acreditaremos nele". O dilema em questão está relacionado com dois caminhos de redenção bem distintos.

O caminho de Jesus. O caminho de Jesus era o caminho da cruz, porque o desejo dele era que o povo acreditasse nele. Durante todo o seu ministério, ele se esforçou para isso, mas suas palavras, seus milagres, seus sinais e maravilhas caíram em corações descrentes, que não estavam dispostos a confiar nele. Ele escolheu cumprir sua missão de conquistar o mundo inteiro para si e confirmar o direito de Deus à soberania no coração dos seres humanos e na marcha das nações pelo caminho da cruz. No entanto, o caminho da cruz não foi o único possível nem o único proposto. Os evangelhos registram a proposta de dois caminhos: o caminho de Satanás e o caminho de Deus. O primeiro exige um Cristo sem cruz; o segundo exige um Cristo na cruz.

O caminho de Satanás. O caminho de Satanás é um caminho triplo. Em primeiro lugar, Satanás propôs que Jesus se curvasse e o adorasse (Mateus 4.8,9). Ou seja, Deus concordaria com Satanás e legitimaria suas reivindicações de soberania, e o mundo então aceitaria Jesus. Em segundo lugar, Satanás usou as multidões de judeus após a alimentação dos 5 mil para propor que Jesus se esquecesse de sua missão espiritual e assumisse uma missão política

(João 6.15). Em essência, isso significava mudar a situação social sem mudar a vida do povo. Em terceiro lugar, Satanás, por meio de Simão Pedro, propôs que Jesus se retirasse em uma torre de marfim e salvasse a própria pele, evitando, assim, a cruz e deixando a humanidade abandonada à sua própria sorte (Mateus 16.22; 17.4).

O caminho de Satanás continua a tentar o Corpo de Cristo. O mundo continua a dizer à Igreja: "Façamos um acordo com relação à nossa maldade e ao nosso pecado, e aceitaremos seu Jesus". O mundo insiste: "Esqueçam a pregação da cruz e gastem suas energias na condução de nossas cruzadas sociais a favor de nossos interesses. Esqueçam a transformação de pessoas e dediquem-se a mudar a sociedade. Então, creremos em seu Jesus". O problema é que a própria Igreja diz: "Escondamo-nos nas torres de marfim de nossas discussões teológicas, instituições decadentes e ritualismos vazios. Vamos aproveitar nossa religião e evitar a todo custo o estigma da cruz. E então, se o mundo acreditar em nosso Jesus ou não, pelo menos não nos incomodará".

O caminho de Satanás é um caminho de morte. Há morte em cada uma de suas propostas. Comprometer-se com o mundo é ser absorvido por ele; retirar-se do mundo e de suas necessidades é ignorá-lo. Nosso ministério como Igreja aos seres humanos não deve tomar o desvio do ativismo social, ou seja, deixar a estrada do propósito eterno de Deus para tomar o desvio dos desígnios e projetos humanos. Isso não significa que nosso Senhor não esteja interessado nas necessidades sociais do ser humano, mas, se tratarmos o sintoma em vez da doença, perderemos o paciente. Jesus não se propôs mudar o ser humano mudando a sociedade, e sim mudar a sociedade transformando as pessoas. Ele vê todos os seres humanos como pecadores necessitados de perdão e de salvação. Para que essa salvação fosse obtida, Jesus não promoveu uma cruzada social ou política, mas carregou uma cruz vergonhosa. A Igreja hoje deve fazer o mesmo. Jesus subiu na cruz como sacrifício e desceu dela como Salvador. Só poderemos trazer salvação e bênção às pessoas se nos atrevermos a seguir o caminho do Calvário.

O caminho de Satanás é o caminho da perdição eterna. O grito "Desça da cruz" foi um grito satânico, mas não porque Satanás não desejasse a morte de Jesus. Na verdade, ele tentou matar Jesus em muitas ocasiões: quando nasceu (2.16); quando iniciou seu ministério em Nazaré (Lucas 4.29,30); com uma tempestade (Marcos 4.37); no Getsêmani (Lucas 22.43,44); torturado por soldados (27.26). Satanás queria que Jesus morresse, mas não na cruz. Portanto, sua última tentativa foi incitar o povo ao redor da cruz a gritar: "Desça da cruz!". Por que ele fez isso? Por que Satanás queria matar Jesus, mas não pela crucificação? Porque a morte de Jesus na cruz era o caminho pelo qual Deus pretendia salvar o mundo perdido (Salmos 22; Isaías 53). Foi por isso que Jesus repetidas vezes evitou situações de perigo e violência, dizendo que sua "hora" não havia chegado. Mas no Getsêmani ele finalmente disse aos discípulos: "Chegou a hora! Eis que o Filho do homem está sendo entregue nas mãos de pecadores" (26.45). E ele deu sua vida na cruz para salvar todos os que confiassem nele e o reconhecessem como Senhor de sua vida. Contudo, Satanás ainda está gritando: "Desce da cruz!", porque ele não quer a salvação do ser humano, mas sua perdição. Satanás continua a seduzir a Igreja, dizendo: "Façam qualquer coisa, mas não pregue sobre Cristo morrendo na cruz". A Igreja deve responder: "[...] pregamos Cristo crucificado, o qual, de fato, é escândalo para os judeus e loucura para os gentios, mas para os que foram chamados, tanto judeus como gregos, Cristo é o poder de Deus e a sabedoria de Deus" (1Coríntios 1.23,24).

A decisão. Diante da exigência de seus escarnecedores e do dilema que enfrentou, Jesus tomou a decisão de confiar em Deus. Os próprios escarnecedores acabaram reconhecendo isso de forma indireta, quando disseram: "Ele confia em Deus" (v. 43). Os provocadores e zombadores foram os primeiros a reconhecer uma grande verdade na experiência de Jesus: sua confiança no Pai e em seus propósitos eternos. Pela mesma razão, Jesus não queria descer da cruz. Fisicamente, ele poderia ter feito isso. Para começar, poderia tê-la evitado, mas "partiu resolutamente em direção a Jerusalém" (Lucas 9.51) e declarou que ninguém lhe tiraria a vida, mas que ele a entregaria de maneira voluntária (João 10.18). No entanto, ele não podia descer da cruz, apesar dos clamores da multidão. Por quê? A razão pela qual ele não podia descer da cruz não era porque estava preso a ela com cordas ou pregos. A impossibilidade não era física, mas espiritual. Ele foi mantido na cruz pela vontade de Deus. Os homens zombavam dele e o insultavam, mas ele permaneceu na cruz. Eles exigiram um Cristo sem a cruz, mas ele morreu crucificado porque essa era a vontade do Pai. A cruz revela a brutalidade do pecado humano, assim como atesta a profundidade do amor divino (Romanos 5.8).

Jesus em sua morte e ressurreição

A MORTE (27.45-56)

O julgamento anterior ao de Pilatos aconteceu às 6 da manhã, de acordo com a forma em que os romanos marcavam as horas do dia. A crucificação ocorreu às 9 horas da manhã ("hora terceira", Marcos 15.25, nota da *NVI*), "E houve trevas sobre toda a terra [gr. *epì pāsan tēn gēn*] do meio-dia [gr. *apò dè héktēs hōras*, "da hora sexta", nota da *NVI*] às 3 horas da tarde [gr. *héōs hōras enátēs*, "até a hora nona", nota da *NVI*]". Essa precisão de tempo afirma a autenticidade de Mateus como testemunha dos acontecimentos relacionados à morte de Jesus.

A realidade de sua morte (27.45-50)

Todos os evangelhos registram detalhes pontuais que comprovam que Jesus, como ser humano, morreu de morte real, embora cercado por fenômenos surpreendentes e com significado transcendente.

A escuridão (v. 45). Incontáveis explicações foram dadas para a escuridão que houve "sobre toda a terra" do meio-dia até as três horas da tarde (v. 45). A mais comum é que ocorreu um eclipse (do qual não há registro nem comprovação). Outra ideia é a de uma grande nuvem de poeira ou de nuvens escuras sobre o lugar, no entanto nenhuma nuvem poderia ter durado tanto tempo sem se dissipar com vento (três horas!). Há nisso um significado espiritual e simbólico possível, se levarmos em conta que Satanás está associado com a escuridão e que seu reino e seus demônios são "as forças espirituais do mal nas regiões celestiais" (Efésios 6.12). Talvez Mateus e os outros evangelistas estejam querendo dizer que, nesse momento crucial da batalha decisiva entre o Filho de Deus e o reino das trevas, a concentração das forças do mal foi tão intensa que o fenômeno espiritual teve um efeito físico ("houve trevas sobre toda a terra"). Em suma, Jesus já havia antecipado, no momento de sua prisão, que isso aconteceria (Lucas 22.53).

O grito (v. 46). Por volta das 3 da tarde, Jesus "bradou em alta voz", em aramaico, sua língua materna (v. 46; Salmos 31.5; v. Lucas 23.46). A frase é uma transliteração das palavras de Salmos 22.1 em hebraico. Essa é a única das sete palavras de Jesus na cruz registrada por Marcos e Mateus. As outras seis aparecem em Lucas e João. Por sua vez, é a única frase no idioma aramaico em todo o evangelho de Mateus, exceto pela ocorrência de algumas palavras isoladas ("amém", "Corbã", "Mamom", "Páscoa", "racá", "Satã", "Gólgota"). Esse grito de desolação, ao fim de três horas de trevas e de tortura, exprime a profundidade da rendição de Jesus em prol dos seres humanos pecadores (João 3.16). Na cruz, Deus tratou seu Filho como pecador e, por causa de sua santidade, afastou-se dele. Ao mesmo tempo, porém, mostrou-nos a grandeza de seu amor redentor.

"Meu Deus! Meu Deus! Por que me abandonaste?" — dois detalhes merecem atenção ao interpretarmos essas palavras de Jesus. Primeiro: podemos entender muito pouco do que se passava na mente de Jesus quando ele as proferiu. Segundo: ele estava sofrendo grande dor física no momento, e seu grito deve ser entendido à luz dessa circunstância. No entanto, suas palavras revelam algo sobre seu sofrimento. Ele se tornou um com toda a humanidade e assumiu a culpa de todos os pecados humanos. Por essa razão, sentiu-se apartado do Deus santo — como nos sentimos quando pecamos. Entretanto, há uma diferença entre Jesus e o restante da humanidade: ele nunca pecou (2Coríntios 5.21). Além disso, ele sofreu muito mais no espírito que no corpo. Houve quem suportasse dor física muito mais intensa que ele, contudo ninguém sofreu assim no espírito. Isso mostra quanto ele nos ama, já que estava disposto a sofrer assim.

As testemunhas (v. 47-49). Chama a nossa atenção a insensibilidade dos que serviram de testemunhas ao redor da cruz. Estes se comportaram como se fossem meros espectadores de um espetáculo público. Suas ações destacam sua indiferença e crueldade. Em primeiro lugar, interpretaram as palavras de Jesus em aramaico como se ele estivesse invocando Elias (gr. *elõi, elõi*; heb. Elí Elí, v. 47), para que viesse salvá-lo (v. 49). É bem possível que fossem judeus. Em uma época de tanta sensibilidade messiânica como aquela, o nome de Elias aparecia com frequência, como sublinha Mateus ao longo de todo o seu evangelho. Em segundo lugar, nunca faltam voluntários improvisados que, com boa ou má vontade, pretendem ter uma participação de destaque no espetáculo. Portanto, "um deles" (talvez um dos soldados) saiu correndo para dar a Jesus um pouco de vinagre — em velado gesto de humanidade. Segundo o relato de João, tudo indica que Jesus tomou o vinagre embebido em uma esponja, que lhe fizeram chegar com a ponta de uma vara, o que lhe teria dado forças para exclamar suas palavras finais (João 19.30).

O óbito (v. 50). Desde as 9 da manhã, quando Jesus foi pregado na cruz, até o momento de falecer (às 3 da tarde), tinham se passado seis horas.

Na realidade, a média de pessoas crucificadas podia sobreviver ao tormento da cruz por mais tempo. Mas, do ponto de vista físico, Jesus tinha sido profundamente torturado, fato ao qual se aliaram o estresse emocional de sofrer como um inocente e a luta espiritual contra o Inimigo para não ceder à tentação de evitar a morte, usando para isso sua autoridade e seu poder divinos. Nesse versículo, destacam-se dois gestos de Jesus.

Jesus deu um grito forte. O texto diz que Jesus gritou outra vez "em alta voz". Se ele tivesse morrido após o primeiro grito, teria expirado com uma nota de derrota e angústia. Mas ele gritou "novamente", e dessa vez seu grito foi uma canção de vitória. É interessante que seu último grito foi registrado em todos os evangelhos sinópticos (Marcos 15.37; Lucas 23.46), e João registra o que ele gritou: "Está consumado!" (gr. *tetélestai*; João 19.30). Seu trabalho expiatório estava concluído, e sua missão redentora fora cumprida. Foi o grito de um campeão triunfante; o grito de alguém que havia cumprido sua tarefa; o grito de quem tinha emergido vitorioso após uma árdua luta; o grito de um ser humano que passara pelos vales escuros e alcançara a plenitude da luz; o grito de um homem que tinha sabido suportar uma coroa de espinhos e que agora usa uma coroa de glória. Dessa maneira, Jesus morreu como vencedor, com um grito de triunfo nos lábios.

Jesus entregou o espírito. Mateus registra que, após seu grito em alta voz, Jesus expirou ("entregou o espírito"). O grito forte pode ser Salmos 31.5, conforme registrado em Lucas 23.46. Como já foi dito, a versão de João é diferente e mais curta (João 19.30). É provável que Jesus tenha feito as duas declarações e na ordem indicada; no entanto, ele não morreu por lenta asfixia, mas "entregou o espírito" com um grito de vitória. Note-se que ele parou de viver porque quis, quando quis e como quis. Embora os evangelhos apresentem certas discrepâncias ao registrar a morte de Jesus, todos concordam em que foi ele quem decidiu morrer. Mateus 27.50 diz que ele "entregou [seu] espírito" (gr. *aphēken pneūma*), Marcos 15.37 e Lucas 23.46 dizem que ele "expirou" (gr. *exépneusen*) e João 19.30 diz que ele "entregou o espírito" (gr. *parédōken tò pneūma*).

Os sinais de sua morte (27.51-53)

O véu do santuário (v. 51a). O véu do templo ficava entre o Santo Lugar e Lugar Santíssimo (Êxodo 26.31-37). Os evangelhos não oferecem uma interpretação teológica do que aconteceu (o que é feito em Hebreus 6.19; 9.12,24; 10.19-22):

limitam-se a registrar os fatos. Para Mateus, pode ter sido um sinal de como o templo seria destruído por Jesus (26.61,62) ou mesmo de uma nova era, em que os gentios seriam membros plenos do povo de Deus por terem livre acesso a ele. Tanto Marcos (15.38) quanto Lucas (23.45) mencionam esse fato, que deve ter se tornado de domínio público imediatamente e praticamente sempre relacionado com a morte de Jesus. Muitos peregrinos em Jerusalém e talvez os líderes religiosos judeus devem ter pensado uma vez mais nas possíveis consequências de terem levado Jesus à morte com tanta injustiça e crueldade.

O terremoto (v. 51b). À diferença dos outros evangelistas, Mateus relaciona a ruptura ("rasgou-se em duas partes", gr. *eschísthē*) do véu do santuário do templo com um terremoto ("A terra tremeu", gr. *hē gē eseísthē*) tão violento que "as rochas se partiram". O historiador judeu Flávio Josefo (*Guerras dos judeus*, 6.299) menciona um terremoto no templo antes de sua destruição, e o *Talmude* também fala de um tremor ocorrido cerca de quarenta anos antes da destruição do templo, no ano 70. É provável que Mateus esteja certo ao relacionar o tremor de terra com a ruptura do véu do santuário, porque esta pode ter sido mesmo consequência daquele.

Os sepulcros foram abertos (v. 52,53). O que Mateus informa nesses dois versículos representa uma verdadeira dor de cabeça para os estudiosos. É provável que a abertura de algumas tumbas também esteja ligada ao terremoto ("as rochas se partiram"). O que não parece ter qualquer explicação é que "os corpos de muitos santos que tinham morrido foram ressuscitados" e saíram dos sepulcros (v. 53). Há quem classifique esse incidente como lenda, uma vez que só Mateus o menciona. Outros o entendem como simbólico, ou seja, uma metáfora de grandes verdades espirituais: pela morte e ressurreição de Jesus, os santos do Antigo Israel, os profetas que anunciaram sua vinda, uniram-se numa íntima comunhão com os crentes do Novo Israel a tal ponto que, depois da ressurreição de Jesus, ele mesmo, como "as primícias entre aqueles que dormiram" (1Coríntios 15.20), e os que ressuscitaram na hora de sua crucificação apareceram a muitos na Cidade Santa. Na mesma linha de interpretação, há quem entenda que isso simplesmente indica o triunfo de Jesus sobre a morte. Ao morrer e viver outra vez, Jesus destruiu o poder da sepultura. Por causa de sua vida, morte e ressurreição, o sepulcro perdeu seu poder, a tumba não inspira mais terror e a morte deixou de ser uma tragédia. E todos os crentes sabem de uma coisa: porque ele vive, nós também viveremos.

Em suma, nos v. 51-53, Mateus informa com exclusividade o que pode ter sido uma cristologia primitiva. A ressurreição dos justos ("muitos santos") era aguardada como um dos grandes acontecimentos do fim dos tempos. Esperava-se que ocorresse em Jerusalém, quando o monte das Oliveiras se partisse em dois. O terremoto associado com a morte de Jesus (v. 28.2) foi a primeira parte desse acontecimento, enquanto a aparição dos santos mortos foi a segunda parte. A mensagem é clara: com Cristo, a ressurreição geral já começou, a qual será continuada com a ressurreição dos justos por ocasião de seu retorno em glória.

As testemunhas de sua morte (27.54-56)

O centurião (v. 54). No v. 54, o centurião romano testemunha os fenômenos cósmicos, e isso o leva a uma confissão de fé, a primeira feita por um gentio. A confissão do centurião ao pé da cruz (Marcos 15.39) é um testemunho da universalidade do evangelho. É provável que Mateus (assim como Marcos) pretendesse fazer soar uma nota de ironia em seu relato da crucificação: num momento em que os líderes dos judeus se recusavam a reconhecer a identidade de Jesus e estavam determinados a se livrar dele, um representante dos gentios exclamou: "Verdadeiramente este era o Filho de Deus!". E, embora seja óbvio que não podemos interpretar essa declaração como um surto repentino de iluminação trinitária e embora com a expressão "filho de Deus" o homem provavelmente estivesse dizendo a mesma coisa que diria do imperador, ainda é significativo que um soldado romano, que devia fidelidade a César, se referisse com tais palavras ao homem que acabara de cravar na cruz. Nesse caso, um gentio reconheceu a verdade sobre um crucificado, enquanto os líderes judeus o rejeitavam. É provável que João quisesse transmitir uma ironia semelhante em seu relato da interação entre Pôncio Pilatos e Jesus e com as palavras que o governador mais tarde mandou fixar acima da cabeça do Senhor. Mesmo na forma de sarcasmo, os gentios reconheceram o que os inimigos e os crucificadores de Jesus negaram.

As mulheres (v. 55,56). As mulheres dão continuidade à história (cf. v. 61; 28.1-10). Aqui, como nas listas dos Doze (10.2-4) e dos irmãos de Jesus

(13.55), há discrepâncias entre os nomes dos homens, presumivelmente discípulos, e essas mulheres, que provavelmente eram as mães deles (Lucas 8.3; João 19.25). Mateus informa que eram "muitas mulheres" (gr. *gynaîkes pollaí*). Enquanto quase todos os discípulos do sexo masculino fugiram, elas permaneceram leais, perto da cruz ("observando de longe"), e foram as primeiras à porta do sepulcro. Lucas diz que "todos os que o conheciam, inclusive as mulheres que o haviam seguido desde a Galileia, ficaram de longe" (Lucas 23.49). Mateus registra o nome de três mulheres: Maria Madalena (Lucas 8.2; prestando serviço: Marcos 15.40,41; na crucificação: Marcos 15.40; João 19.25; na ressurreição: 27.61; 28.1; Marcos 16.1,9; Lucas 24.10; João 20.1); Maria, mãe de Tiago, "o mais jovem", e de José, mulher de Clopas (27.61; 28.1; Marcos 15.40,47; João 19.25); a mãe dos filhos de Zebedeu, ou seja, Salomé (20.20; Marcos 15.40). Elas não corriam nenhum perigo, porque a sociedade não tinha consideração alguma pelas mulheres: não tinham valor político, econômico, social ou cultural. No entanto, em Jesus e por meio dele, foram dignificadas e, por ocasião de sua morte e ressurreição, desfrutaram privilégios únicos. Mateus não menciona Maria, mãe de Jesus, que ocupa um lugar importante na história de João (João 19.25-27).

A SEPULTURA (27.57-66)

O processo de sepultamento do corpo de Jesus seguiu os meticulosos regulamentos estabelecidos pela tradição judaica. A Lei não permitia que um cadáver permanecesse insepulto durante a noite (Deuteronômio 21.22,23), e no caso de Jesus isso era ainda mais imperativo porque o dia seguinte era sábado. Os romanos deixavam os cadáveres se decompor, a menos que os parentes os reivindicassem. A família de Jesus não pôde fazer isso porque eram todos galileus e não tinham túmulo em Jerusalém.

O sepultamento de Jesus (27.57-61)

Os v. 57-61 relatam o sepultamento de Jesus. Mateus não tem interesse em apresentar José de Arimateia, como fazem Marcos, Lucas e João (19.38-42), como sendo membro honorário do Sinédrio judaico (Lucas 23.50) favorável a Jesus, porque não havia concordado com a decisão de matá-lo (Lucas 23.51). O v. 57 descreve-o como "um homem rico" e "discípulo de Jesus", que possuía um túmulo nas vizinhanças. Foi ele quem reivindicou a Pilatos o corpo de Jesus, que, como João Batista, foi sepultado por seus discípulos (14.12). Mateus não menciona o Dia da Preparação (Marcos 15.42) nem a espanto de Pilatos (Marcos 15.44). Limita-se a dizer que José "tomou o corpo, envolveu-o num lençol limpo de linho e o colocou num sepulcro novo" de sua propriedade. Note-se que o túmulo era "novo" (v. 60), o que indica a convicção de José quanto à inocência de Jesus, pois, segundo a Lei, se Jesus fosse um criminoso, o túmulo não poderia ser usado outra vez. Ao mesmo tempo, foi a forma de um homem rico honrar Jesus. Além disso, o túmulo era muito valioso, porque era cavado na rocha. José provou ser muito generoso, mas também muito corajoso, porque agiu a favor de Jesus contrariamente às decisões do Sinédrio, de Pilatos e do povo judeu. Desse modo, entrou para a História como o homem que providenciou um túmulo para Jesus.

A vigilância do sepulcro (27.62-66)

Os v. 62-66 preparam a cena para 28.11-15, e ambas as passagens são exclusivas de Mateus. É difícil imaginar que os líderes judeus tenham se encontrado com Pilatos no sábado ("No dia seguinte", o primeiro dia da festa dos pães sem fermento, v. 62), que começou oficialmente às 6 horas da tarde da sexta-feira. Dessa forma, os principais sacerdotes e os fariseus quebraram o descanso sabático e fizeram isso para se reunir com um gentio na casa de um gentio! Eles estavam desesperados para encerrar o caso de Jesus e muito ansiosos por temer as profecias de Jesus a respeito de sua ressurreição no terceiro dia. É óbvio que não foi isso que disseram a Pilatos. Tinham um argumento muito mais lógico e aceitável para apresentar ao governador: os discípulos de Jesus poderiam roubar o corpo de Jesus do sepulcro e depois dizer que ele havia ressuscitado. Ingenuamente, pensavam que, se Pilatos mandasse selar o túmulo e reforçar a guarda, a ressurreição não ocorreria. Mateus é preciso ao registrar esse fato como uma tradição cristã de caráter apologético, a fim de refutar a versão corrente entre os judeus de que o corpo de Jesus fora roubado por seus discípulos (28.15). A resposta de Pilatos no v. 65 é irônica e demonstra seu conhecimento de qual seria o desfecho se Jesus fosse mesmo quem dizia ser: nenhuma "grande pedra sobre a entrada do sepulcro", nem milhares de selos oficiais, nem muitos soldados de guarda poderiam impedi-lo de voltar à vida e deixar a sepultura. Não há sepultura no mundo que possa deter o Senhor ressuscitado.

A RESSURREIÇÃO (28.1-15)

A história do túmulo vazio é a mais pungente e poderosa já contada. Casos de reanimação foram muitos ao longo da história da humanidade, e o próprio Jesus foi um poder que operou mais de um. Mas sua ressurreição foi e permanece única, porque ele voltou à vida para nunca mais morrer.

A ressurreição de Jesus (28.1-10)

O relato de Mateus sobre a ressurreição de Jesus segue basicamente o de Marcos, não o de Lucas nem o de João. As mulheres receberam uma mensagem angelical (v. 7), enquanto lhes foi prometida uma aparição na Galileia (26.32; v. 16), à diferença de Lucas e João, que se concentram nas mensagens dos anjos e nas aparições em Jerusalém. Os v. 2-4 constituem uma descrição elaborada do que aconteceu na ressurreição, embora não mencionem Jesus. Os dois versículos foram inseridos entre a cena das mulheres que foram "ver o sepulcro" (v. 1) e a resposta do anjo diante do espanto delas (v. 5). Nos v. 5-8, o "anjo" ("um jovem vestido de roupas brancas", Marcos 16.5) é o mesmo ser celestial e poderoso dos v. 2-4. Mateus não menciona Pedro (como faz Marcos 16.7). De acordo com Marcos 16.8, as mulheres mantiveram silêncio sobre o que tinham visto "porque estavam amedrontadas"; Mateus 28.8 diz que elas, "amedrontadas e cheias de alegria, [...] foram correndo anunciá-lo aos discípulos de Jesus". Note-se que nos v. 9 e 10 Jesus se refere a seus discípulos como "irmãos" (12.49; 25.40).

O episódio da ressurreição contém uma mensagem poderosa, de valor extraordinário para nós que somos discípulos de Jesus. Em primeiro lugar, a ressurreição de Jesus nos anima a confiar em vez de temer: "Não tenham medo! Sei que vocês estão procurando Jesus, que foi crucificado. Ele não está aqui" (v. 5b,6a). Em segundo lugar, a ressurreição de Jesus nos anima a acreditar em vez de duvidar: "Ele não está aqui; ressuscitou, como tinha dito. Venham ver o lugar onde ele jazia" (v. 6). Em terceiro lugar, a ressurreição de Jesus nos anima a compartilhar em vez de ficar em silêncio: "Vão depressa e digam aos discípulos dele: Ele ressuscitou dentre os mortos" (v. 7a). Em quarto lugar, a ressurreição de Jesus nos anima a que nos congreguemos em vez de fugir do compromisso: "[Jesus] está indo adiante de vocês para a Galileia. Lá vocês o verão" (v. 7b). Em quinto lugar, a ressurreição de Jesus nos anima a conhecer a mensagem em vez de ignorá-la: "Notem que eu já os avisei" (v. 7c). Em sexto lugar, a ressurreição de Jesus nos anima a nos contentarmos em vez de ficar temerosos: "As mulheres saíram depressa do sepulcro, amedrontadas e cheias de alegria, e foram correndo anunciá-lo aos discípulos de Jesus" (v. 8). Se entendermos a ressurreição de Jesus dessa maneira, descobriremos que o Jesus ressuscitado vem ao nosso encontro, nos saúda e permite que nos aproximemos dele, que o abracemos e o adoremos (v. 9).

O relatório dos guardas (28.11-15)

De acordo com a versão de Mateus, os soldados romanos não foram relatar a Pilatos o que aconteceu, e sim às autoridades judaicas (v. 11-15). A intenção de Mateus é refutar a versão corrente entre os judeus naqueles dias, segundo a qual o corpo de Jesus fora roubado por seus discípulos. Em todo caso, a questão não é se o túmulo estava vazio, mas como foi deixado vazio. O túmulo vazio foi o argumento convincente dos primeiros cristãos para defender e proclamar a ressurreição física de Jesus. Desse modo, os planos sinistros das autoridades judaicas foram frustrados e morreram com eles, ao passo que os discípulos de Jesus continuam — há mais de dois mil anos — anunciando ao mundo que ele está vivo.

A missão dos discípulos (28.16-20)

Há certas experiências que exerceram influência decisiva sobre a História. A cena que encerra o evangelho de Mateus é de grande importância. Jesus está rodeado por cerca de 500 discípulos numa montanha na Galileia. Ali ele profere as palavras que a Igreja consagrou há muito tempo como a Grande Comissão. Essas palavras têm inspirado muitas pessoas a empreender grandes coisas para Deus em milhares de ocasiões.

A convicção de Jesus (v. 16,17). O episódio registrado por Mateus apresenta uma das dez ou mais aparições de Jesus após sua ressurreição. O próprio Jesus fez os preparativos para esse encontro, que reuniu os 11 apóstolos e 500 outros crentes (1Coríntios 15.6). A ressurreição de Jesus já era um fato bem estabelecido, por isso o número de discípulos aumentou consideravelmente. A atitude deles com relação a Jesus também mudou. Agora, ao vê-lo, eles "o adoraram" (gr. *proseknēsan*). Esse verbo é bem forte e denota um profundo reconhecimento da divindade de Cristo. A plena certeza de que Jesus havia ressuscitado dos mortos veio com o tempo. Alguns discípulos oscilavam entre a fé plena e suas dúvidas. Jesus não os censurou, mas também lhes deixou uma palavra de desafio e de compromisso.

A afirmação de Jesus (v. 18). Estamos tão acostumados a ler e ouvir essas palavras que elas já não nos impressionam. Na verdade, temos aqui uma das mais surpreendentes declarações já feitas. Se fosse a declaração de outra pessoa, teria parecido presunção ou insanidade. Mas não questionamos o direito de Jesus de afirmar tal coisa de si mesmo. O Cristo ressuscitado tem plena autoridade sobre o céu e a terra. A palavra "autoridade" (gr. *exousía*) encerra algumas questões significativas para nosso Mestre e para nós.

> **George A. Buttrick:** " 'Toda a autoridade' significa o direito supremo de nomear para um cargo: como consequência, surge a Grande Comissão. Significa o direito de exigir obediência em virtude do amor derramado até a morte e agora triunfante no reino eterno. Significa o direito de governar tanto na terra quanto no céu. A verdadeira fé não é a que os seres humanos escolhem, e sim a que escolhe os seres humanos. Não é uma roupa que possamos vestir ou tirar, mas uma verdadeira vida. Cristo afirma ser o Senhor da vida".[2]

A confiança de Jesus (v. 19a). Aqui encontramos Jesus com um imperativo inadiável a seus discípulos: "Vão" (gr. *poreuthéntes*). Uma pequena reflexão sobre essa cena nos causará impacto com relação à confiança de Jesus no futuro de seu Reino. Aqui vemos um grupo de homens e mulheres sem armas nem estratégias, sem dinheiro nem recursos materiais, sem organização nem estrutura institucional. Mas há o Senhor ressuscitado com todo o seu poder e com um programa para conquistar o mundo para seu Reino. Ele enviou a multidão de seus seguidores para manifestar a presença de seu Reino por meio da proclamação do evangelho, da cura dos enfermos e da libertação dos oprimidos por Satanás. Ele enviou os embaixadores de seu Reino (2Coríntios 5.20) para representá-lo com poder e autoridade em todas as esferas da existência humana, agindo com justiça, promovendo a paz, proclamando a liberdade, falando a verdade e expressando amor a todos os seres humanos.

---

2. Exposition, in: George A. BUTTRICK (Org.), **The Interpreter's Bible**, v. 7, p. 622.

A estratégia de Jesus (v. 19b,20a). Sobre a base da autoridade de Jesus e de sua clara vontade com relação a seus seguidores, eles foram comissionados a ir e fazer discípulos "de todas as nações" (gr. *pánta tà éthnē*). O destino para o qual os discípulos foram enviados é chamado "todas as nações". Os quatro evangelhos registram essa comissão universal de Jesus (Marcos 16.15; Lucas 24.46-49; João 20.21). Portanto, não é de surpreender que o Jesus ressuscitado tornasse explícitas as implicações universais de sua identidade como Messias e de sua missão a Israel e às nações. A linguagem da Grande Comissão (especialmente em Mateus) é imbuída de vocabulário e conceitos da aliança do Antigo Testamento.[3] Desse modo, Jesus adotou a posição do Senhor cósmico, *Yahweh*. Ele também estabeleceu as condições para seus novos parceiros de aliança: o dever de fazer discípulos, batizar e ensinar as nações. Então, concluiu com a grande promessa do pacto: sua presença pessoal até o fim. As limitações do ministério terreno de Jesus e das primeiras viagens missionárias dos discípulos às fronteiras de Israel foram removidas por completo. O Messias ressuscitou, e as nações agora deveriam ouvir o evangelho e ser levadas a firmar um pacto por fé e obediência (de acordo com Mateus) e por arrependimento e perdão (de acordo com Lucas).

Esse é o programa mundial do cristianismo e, portanto, resume a estratégia de Jesus para criar uma nova humanidade. Há nesses versículos três verbos que dizem qual método devemos utilizar para alcançar esses objetivos. 1) "Faça discípulos" (gr. *mathēteúsate*) significa a evangelização no sentido mais amplo. Compreende mais que campanhas evangelísticas ou evangelização em massa. A melhor evangelização é a do contato pessoal, do interesse pessoal, da persuasão pessoal e do testemunho pessoal. 2) "Batizando-os" (gr. *baptízontes autoús*) significa exatamente o que Jesus disse. A ordenança do batismo é de grande importância, tanto para o crente quanto para os demais. Trata-se de um símbolo que não pode ser descartado sem graves consequências. 3) "Ensinando-os" (gr. *didáskontes autoús*) faz parte do plano de Jesus de conquistar o mundo para seu Reino.

A promessa de Jesus (v. 20b). Há muitas coisas que Jesus não prometeu a seus seguidores que percorrem o mundo em seu nome, porém ele nos prometeu algo de fato necessário, essencial: "Eu estarei sempre com vocês, até o fim

---

3. V. James LaGrand, **The Earliest Christian Mission to "All Nations" in the Light of Matthew Gospel**; Martin Goldsmith, **Matthew and Mission:** The Gospel through Jewish Eyes.

dos tempos" (gr. *kaí idoù egō meth' hymōn eimí pásas tàs hēméras*). Ele estará sempre conosco! Ele vive e caminha com todo seguidor seu que se dedique a obedecer a seu mandamento no mundo. Sua presença é tudo de que precisamos para cumprir a missão que ele nos confiou! Desse modo, cumpre-se o método divino, que consiste em que as melhores coisas aconteçam nos piores momentos. As palavras registradas nos últimos versículos do evangelho de Mateus foram de alguma forma pronunciadas no pior momento. Jesus proferiu as maravilhosas palavras registradas em Mateus 28.16-20 em tempos que pareciam ser os piores da História. Eram tempos de paganismo, crueldade e violência; tempos de totalitarismo e de aparatos militares repressivos; tempos de escravidão e opressão; tempos de divórcios e de lares destruídos; tempos de luxúria e do amor livre; tempos de corrupção e de mentiras. No entanto, foi em tempos como esses que Deus preparou as melhores coisas. Foram nesses "piores momentos" que os primeiros discípulos saíram para fazer as melhores coisas, de acordo com a vontade divina. Tem-se a impressão de que para eles toda coisa ruim no mundo era o impulso de que precisavam para fazer o bem. Foi justamente por sentir que estavam vivendo num mundo ruim e mergulhado na escuridão que aqueles crentes se convenceram de que tinham de proclamar a mensagem da luz do evangelho.

BIBLIOGRAFIA

ALAND, Barbara et al. **The Greek New Testament.** 4. ed. Stuttgart: Deutsche Bibelgesellschaft, 2001.

ALBRIGHT, William F. The Names "Nazareth" and "Nazorean". **Journal of Biblical Literature**, n. 65, p. 397-440, 1946.

ALBRIGHT, W. F.; MANN, C. S. Matthew. In: **The Anchor Bible.** Garden City, NY: Doubleday, 1982.

ALDAY, Salvador Carrillo. **El evangelio según San Mateo.** Estella: Editorial Verbo Divino, 2010.

ALEXANDER, Joseph A. **The Gospel According to Matthew.** New York, NY: Charles Scribner's Sons, 1861.

ALLAN, G. He Shall Be Called a Nazirite? **Expository Times**, n. 95, p. 81-82, 1983.

ALLEN, Willoughby C. A Critical and Exegetical Commentary on the Gospel According to St. Matthew. In: TUCKETT, Christopher M.; DAVIES, Graham (Org.). **The International Critical Commentary.** Edinburgh: T. & T. Clark, 1957.

ALLISON JR., Dale C. **The New Moses:** A Matthean Typology. Edinburgh: T. & T. Clark, 1993.

ARGYLE, A. W. **The Gospel According to Matthew.** Cambridge: Cambridge University Press, 1963.

ARNOLD, Clinton E. **Powers of Darkness:** Principalities and Powers in Paul's Letters. Downers Grove, IL: InterVarsity Press, 1992.

BACON, B. W. **Studies in Matthew.** New York, NY: Henry Holt, 1930.

BARCLAY, William. **The Gospel of Matthew.** Ed. rev. Philadelphia, PA: The Westminster Press, 1975. 2 v.

BARNHOUSE, Donald G. **His Own Received Him Not, but...** New York, NY: Fleming H. Revell, 1933.

BARTINA, S. Y desde Egipto lo he proclamado hijo mío (Mateo 2.15; Oseias 11.1). **Estudios Bíblicos**, n. 22, p. 157-160, 1970.

BATLLE, R. Agustín. **Jesús presente hoy en sus enseñanzas.** Santiago de Chile: Editorial y Librería El Sembrador, 1978.

BAUER, David R. The Structure of Matthew's Gospel: A Study in Literary Design. In: **The Library of New Testament Studies.** Sheffield: Sheffield Academic Press, 1989, v. 31.

BEARE, F. W. **The Gospel According to Matthew:** Translation, Introduction, and Commentary. Peabody, MA: Hendrickson, 1987.

BEATON, R. Messiah and Justice: A Key to Matthew's Use of Isaiah 42.1-4? **Journal for the Study of the New Testament**, n. 75, p. 5-23, 1999.

_____. **Isaiah's Christ in Matthew's Gospel.** Cambridge: Cambridge University Press, 2002.

BERKHOF, Louis. **Systematic Theology.** 4. ed. rev. Grand Rapids, MI: Eerdmans, 1962.

BERNARD, Thomas Dehaney. **El desarrollo doctrinal en el Nuevo Testamento.** México: Publicaciones de la Fuente, 1961.

BÍBLIA. **Bíblia Nova Reforma:** edição de estudos e referência. *Nova Versão Internacional*. Editada por Pablo A. Deiros. Tradução de Reginaldo de Souza e Judson Canto (notas e artigos). São Paulo: Vida, 2017.

BLOMBERG, Craig L. Matthew: An Exegetical and Theological Exposition of Holy Scripture. In: **The New American Commentary.** Nashville, TN: Broadman & Holman Publishers, 1992, v. 22.

BLUE, Ken. **Authority to Heal.** Downers Grove, IL: InterVarsity Press, 1987.

BOICE, James Montgomery. **The Parables of Jesus.** Chicago, IL: Moody Press, 1983.

BONINO, José Míguez. **El mundo nuevo de Dios:** estudios bíblicos sobre el Sermón del Monte. Buenos Aires: Federación Mundial Cristiana de Estudiantes, 1955.

BOSCH, David J. **Misión en transformación:** cambios de paradigma en la teología de la misión. Grand Rapids, MI: Libros Desafío, 2000.

BOYD, Gregory A. **Satan and the Problem of Evil:** Constructing a Trinitarian Warfare Theodicy. Downers Grove, IL: InterVarsity Press, 2001.

BONHOEFFER, Dietrich. **Ethics.** London: Fontana Library, 1966.

_____. **El costo del discipulado:** la dicotomía entre gracia barata y gracia sublime. Buenos Aires: Editorial Peniel, 2017.

_____. **Letters and Papers from Prison.** London: Fontana Books, 1966.

BONILLA, Plutarco. **Los milagros también son parábolas.** Miami, FL: Editorial Caribe, 1978.

BONNARD, Pierre. **Evangelio según San Mateo.** Madrid: Ediciones Cristiandad, 1983.

BORNKAMM, Günther; BARTH, Gerhard; HELD, Heinz J. **Tradition and Interpretation in Matthew.** London: SCM Press, 2014.

BOVER, José M. **El evangelio de San Mateo.** Barcelona: Editorial Balmes, 1946.

BROADUS, John A. **Comentario sobre el evangelio según Mateo.** El Paso, TX: Casa Bautista de Publicaciones, s.d.

BROWN, R. E. et al. **María en el Nuevo Testamento.** Salamanca: Ediciones Sígueme, 1982.

BRUCE, Alexander B. **The Training of the Twelve.** Grand Rapids, MI: Kregel Publications, 1976.

BRUCE, F. F. **The Real Jesus:** Who Is He? London: Hodder & Stoughton, 1987.

BRUNNER, Emil. **Nuestra fe.** Buenos Aires: Editorial La Aurora, 1959.

BULTMANN, Rudolf. **Jesus and the Word.** New York, NY: Charles Scribner's Sons, 1958.

_____. **Teología del Nuevo Testamento.** Salamanca: Ediciones Sígueme, 1981.

BUTLER, B. C. **The Originality of St. Matthew:** A Critique of the Two-Documents Hypothesis. Cambridge: Cambridge University Press, 2011.

BUTTRICK, George A. Exposition. In: **The Interpreter's Bible.** Nashville, TN: Abingdon Press, 1951, v. 7, p. 622.

CALVIN, John. **A Harmony of the Gospels:** Matthew, Mark, and Luke. Editado por D. W. Torrance e T. F. Torrance. Grand Rapids, MI: Eerdmans, 1972.

CARBALLOSA, Evis L. **Mateo:** la revelación de la realeza de Cristo. Grand Rapids, MI: Editorial Portavoz, 2007.

CARPENTER, H. J. Minister, Ministry. In: RICHARDSON, Alan (Org.). **A Theological Word Book of the Bible.** London: SCM Press, 1965.

CARSON, David A. Matthew. In: **The Expositor's Bible Commentary.** Grand Rapids, MI: Zondervan, 1984, v. 8.

CARTER, Warren. **Mateo y los márgenes:** una lectura sociopolítica y religiosa. Estella: Editorial Verbo Divino, 2007.

CERFAUX, L. **Mensaje de las parábolas.** Madrid: Ediciones Fax, 1969.

CHAPMAN, Dom John. **Matthew, Mark, and Luke:** A Study in the Order and Interrelation of the Synoptic Gospels. Editado por John M. T. Barton. London: Longmans, Green, 1937.

CLADE III. **Todo el evangelio para todos los pueblos desde América Latina.** Quito: Fraternidad Teológica Latinoamericana, 1992.

CONNER, W. T. **Las enseñanzas del Señor Jesús.** El Paso, TX.: Casa Bautista de Publicaciones, 1975.

Cook, Guillermo. **The Expectation of the Poor:** Latin American Basic Ecclesial Communities in Protestant Perspective. Maryknoll, NY: Orbis Books, 1985.

Cope, Lamar. The Death of John the Baptist in the Gospel of Matthew, or The Case of the Confusing Conjunction. **Catholic Biblical Quarterly**, v. 38, n. 4, p. 515-519, 1976.

_____. **Matthew:** A Scribe Trained for the Kingdom of Heaven. Washington: The Catholic Biblical Association of America, 1976.

Corley, Bruce C. (Org.). **Colloquy on New Testament Studies:** A Time for Reappraisal and Fresh Approaches. Macon, GA: Mercer, 1983.

Costas, Orlando E. **Christ Outside the Gate:** Mission Beyond Christendom. New York, NY: Orbis Books, 1984.

Cox, G. E. P. **The Gospel According to St. Matthew:** A Commentary. London: Collier Books, 1962.

Cullmann, Oscar. **Cristología del Nuevo Testamento.** Buenos Aires: Methopress, 1965.

Dahl, Nils A. Die Passionsgeschichte bei Matthäus. **New Testament Studies**, n. 2, p. 17-32, 1955-1956.

Daves, W. D.; Allison Jr.; Dale C. A Critical and Exegetical Commentary of the Gospel According to Saint Matthew. In: Tuckett, Christopher M.; Davies, Graham (Org.). **The International Critical Commentary.** Edinburgh: T. & T. Clark, 1994.

Deiros, Pablo A. **La iglesia como comunidad terapéutica.** Buenos Aires: Certeza Argentina, 2009.

_____. (Org.). **Los evangélicos y el poder político en América Latina.** Buenos Aires: Nueva Creación; Grand Rapids, MI: Eerdmans, 1986.

Descalzo, José Luis Martín. **Vida y misterio de Jesús de Nazaret:** El mensaje. 6. ed. Salamanca: Ediciones Sígueme, 1988, v. 2.

Dodd, C. H. **The Parables of the Kingdom.** London: Fontana Books, 1965.

Dods, Marcus. **The Parables of Our Lord.** New York, NY: Fleming H. Revell, s.d.

Donaldson, Terence L. **Jesus on the Mountain:** A Study of Matthean Theology. Sheffield: Journal for the Study of the Old Testament Press, 1985.

Driver, Juan. **Militantes para un mundo nuevo.** Barcelona: Ediciones Evangélicas Europeas, 1978.

_____. **Siguiendo a Jesús:** comentario sobre el Sermón del Monte, Mateo 5—7. 2. ed. Bogotá: Editorial Clara-Semilla, 1998.

Edersheim, Alfred. **The Life and Times of Jesus the Messiah.** New York, NY: Longmans, Green, 1903. 2 v.

ELLIS, P. F. **Matthew:** His Mind and Message. Collegeville, MN: Liturgical Press, 1974.

ENGEN, Charles Van. **God's Missionary People:** Rethinking the Purpose of the Local Church. Grand Rapids, MI: Baker Book House, 1995.

ENGEN, Charles Van; GILLILAND, Dean S.; PIERSON, Paul (Org.). **The Good News of the Kingdom:** Mission Theology for the Third Millennium. Maryknoll, NY: Orbis Books, 1993.

ENSLIN, Morton Scott. **The Literature of the Christian Movement:** Part III of Christian Beginnings. New York, NY: Harper & Brothers Publishers, 1956.

ERDMAN, Charles R. **El evangelio de Mateo:** una exposición. Grand Rapids, MI: 1974.

FAUS, José Ignacio González. **Acceso a Jesús.** Salamanca: Ediciones Sígueme, 1979.

_____. **Clamor del reino:** estudio sobre los milagros de Jesús. Salamanca: Ediciones Sígueme, 1982.

FENTON, John C. The Gospel of St. Matthew. In: **The Penguin New Testament Commentaries.** London: Penguin Books, 1964.

FERNÁNDEZ, Marta García. **Mateo:** guías de lectura del Nuevo Testamento. Estella: Editorial Verbo Divino, 2015.

FIEDLER, Peter. Das Matthäusevangelium. In: **Theologischer Kommentar zum Neuen Testament.** Stuttgart: Kohlhammer Verlag, 2006, v. 1.

FILAS, Francis L. **The Parables of Jesus:** A Popular Explanation. New York, NY: Macmillan, 1959.

FILSON, Floyd V. **A New Testament History.** London: SCM Press, 1978.

_____. The Gospel According to St. Matthew. In: CHADWICK, Henry (Org.). **Black's New Testament Commentary.** London: Adam and Charles Black, 1971.

_____. **Jesus Christ the Risen Lord.** New York, NY; Nashville: Abingdon Press, 1956.

FINDLAY, J. Alexander. **Jesus and His Parables.** London: Epworth Press, 1957.

FLICHY, Odile. **La Ley en el evangelio de Mateo.** Estella: Editorial Verbo Divino, 2017 (Cuaderno Bíblico 177).

FLORES, José. **Títulos del Señor.** Madrid: Literatura Cristiana, 1958.

FONSECA, Adolfo M. Castaño. **Evangelio de Marcos, evangelio de Mateo.** Biblioteca Bíblica Básica, n. 15. Estella: Editorial Verbo Divino, 2010.

_____. **"Y abriendo su boca les enseñaba diciendo…":** reflexiones en torno al Sermón de la Montaña (Mateo 5—7). México: PPC Editorial, 2018.

FOSTER, Rupert C. **Studies in the Life of Christ.** Grand Rapids, MI: Baker Book House, 1971.

FRANCE, Richard T. **Jesus the Radical:** A Portrait of a Man. Leicester: InterVarsity Press, 1989.

_____. **Matthew:** Evangelist and Teacher. Downers Grove, IL: InterVarsity Press, 1998.

_____. The Gospel of Matthew. In: BRUCE, F. F. (org.). **The New International Commentary on the New Testament.** Grand Rapids, MI: Eerdmans, 2007.

FRANKEMÖLLER, Hubert. **Matthäus Kommentar.** Düsseldorf: Patmos Verlag, 1997. 2 v.

_____. **Das Matthäusevangelium:** neu übersetzt und kommentiert. Stuttgart: Katholisch Bibelwerk, 2010.

FUENTE, Tomás De La. **Jesús nos habla por medio de sus parábolas.** El Paso, TX: Casa Bautista de Publicaciones, 1978.

FUMAGALLI, Anna. **Gesù crocifisso, straniero fino alla fine dei tempi:** una lettura di Mt 25.31-46 in chiave comunicativa. Frankfurt: Verlag Peter Lang, 2000.

GAEBELEIN, Arno Clemens. **Gospel of Matthew.** Wheaton, IL: Van Kampern Press, 1910, v. 1.

GAECHTER, Paul von. **Das Matthäus-Evangelium.** Viena; Munich: Tyrolia Verlag Innsbruck, 1963.

GATTI, Nicoletta. **Perché il "piccolo" diventi "fratello":** la pedagogia del dialogo nel cap. 18 di Matteo. Roma: Pontificia Universidad Gregoriana, 2007.

GIBSON, J. M. **The Gospel of St. Matthew.** 2. ed. London: Hodder & Stoughton, 1892.

GLASSCOCK, Ed. Matthew. In: **Moody Gospel Commentary.** Chicago, IL: Moody Press, 1997.

GLASSER, Arthur F. **Announcing the Kingdom:** The Story of God's Mission in the Bible. Grand Rapids, MI: Baker Academic, 2003.

GLATZER, N. N. **Hillel el sabio:** surgimiento del judaísmo clásico. Buenos Aires: Editorial Paidós, 1963.

GNANAKAN, Ken R. **Kingdom Concerns:** A Biblical Exploration towards a Theology of Mission. Ed. rev. Bangalore: Theological Book Trust, 1993.

GOLDSMITH, Martin. **Matthew and Mission:** The Gospel through Jewish Eyes. Carlisle: Paternoster, 2001.

GOODSPEED, Edgar J. **An Introduction to the New Testament.** Chicago, IL: University of Chicago Press, 1958.

_____. **Matthew:** Apostle and Evangelist. Philadelphia, PA; Toronto: John C. Winston, 1959.

GREEN, F. W. The Gospel According to St. Matthew. In: BLUNT, A. W. F. (Org.). **The Clarendon Bible.** 2. ed. Oxford: Clarendon Press, 1945.

GREEN, H. Benedict. **The Gospel According to Matthew.** Oxford: University Press, 1980.

GRELLERT, Manfred; MYERS, Bryant L.; MCALPINE, Thomas H. (Comp.). **Al servicio del reino.** San José: Visión Mundial Internacional, 1992.

GRILLI, Massimo. **Comunità e missione:** le direttive di Matteo. Frankfurt: Verlag Peter Lang, 1992.

GRILLI, Massimo; LANGNER, Cordula. **Comentario al evangelio de Mateo.** Estella: Editorial Verbo Divino, 2011.

GRILLI, Massimo; DORMEYER, D. **Palabra de Dios en lenguaje humano:** lectura de Mateo 18 y Hechos 1—3 a partir de su instancia comunicativa. Estella: Editorial Verbo Divino, 2004.

GUNDRY, Robert H. **Matthew:** A Commentary on His Handbook for a Mixed Church under Persecution. Grand Rapids, MI: Eerdmans, 1994.

_____. **The Use of the Old Testament in St. Matthew's Gospel:** With Special Reference to the Messianic Hope. Leiden: E. J. Brill, 1967.

GUTHRIE, Donald. **New Testament Introduction.** Leicester: InterVarsity Press, 1970.

HAGNER, Donald A. Matthew. In: METZGER, Bruce M. (Ed. ger.). **Word Biblical Commentary.** Dallas, TX: Word Book Publishers, 1993. 2 v.

HARGREAVES, John. **A Guide to the Parables.** London: S. P. C. K., 1975.

HAWTHORNE, Gerald F. **The Presence and the Power:** The Significance of the Holy Spirit in the Life and Ministry of Jesus. Dallas, TX: Word, 1991.

HENDRIKSEN, William. **Comentario al Nuevo Testamento:** Exposición del evangelio según San Mateo. Grand Rapids, MI: Libros Desafío, 2001.

HILL, David. The Gospel of Matthew. In: **The New Century Bible Commentary.** Grand Rapids, MI: Eerdmans, 1982.

HOSKYNS, Edwyn; DAVEY, Noel. **El enigma del Nuevo Testamento.** Buenos Aires: Editorial La Aurora, 1971.

HUGHES, R. Kent. **The Sermon on the Mount:** The Message of the Kingdom. Wheaton, IL: Crossway Books, 2001.

HUNTER, A. M. **Design for Life:** An Exposition of the Sermon on the Mount, its Making, its Exegesis and its Meaning. London: SCM Press, 1965.

_____. **Interpreting the Parables.** London: SCM Press, 1966.

_____. **Introducing New Testament Theology.** London: SCM Press, 1966.

_____. **Introducing the New Testament.** London: SCM Press, 1980.

IBARRONDO, Xabier Pikaza. **Evangelio de Mateo:** de Jesús a la Iglesia. Estella: Editorial Verbo Divino, 2017.

IRONSIDE, Harry A. **Estudios sobre Mateo**. Barcelona: Editorial Clie, s.d.

JEREMIAS, Joachim. **Abba:** El mensaje central del Nuevo Testamento. Salamanca: Ediciones Sígueme, 1981.

_____. **Jerusalén en tiempos de Jesús:** estudio económico y social del mundo del Nuevo Testamento. 3. ed. Madrid: Ediciones Cristiandad, 1985.

_____. **Las parábolas:** interpretación de las parábolas. Estella: Editorial Verbo Divino, 1982.

_____. **The Parables of Jesus**. Ed. rev. New York, NY: Charles Scribner's Sons, 1963.

JOHNSON, Sherman E. The Gospel According to St. Matthew: "Introduction" and "Exegesis". In: **The Interpreter's Bible**. New York, NY; Nashville, TN: Abingdon Press, 1951, v. 7.

KALLAS, James. **The Significance of the Synoptic Miracles**. Greenwich, CN: Seabury Press, 1961.

KEENER, Craig S. **A Commentary on the Gospel of Matthew**. Grand Rapids, MI: Eerdmans, 1999.

KELSEY, Morton T. **Healing and Christianity:** A Classic Study. Minneapolis, MN: Augsburg Fortress, 1995.

KILPATRICK, G. D. **The Origins of the Gospel According to St. Matthew**. Oxford: Clarendon Press, 1946.

KIM, J.-R. **"Perché io sono mite e umile di cuore" (Mt 11.29):** studio esegetico-teologico sull'umilità del Messia secondo Matteo. Roma: Gregorian & Biblical Press, 2005.

KINGSBURY, Jack Dean. **Matthew as Story**. 2. ed. Fortress Press, 1988.

KNOX, J. **The Early Church and the Coming Great Church**. Nashville, TN: Abingdon Press, 1957.

LADD, George E. **A Theology of the New Testament**. Grand Rapids, MI: Eerdmans, 1983.

LAGRAND, James. **The Earliest Christian Mission to "All Nations" in the Light of Matthew Gospel**. Grand Rapids, MI: Eerdmans, 1995.

LANGE, Johann P. **The Gospels of St. Matthew and St. Mark**. Edinburgh: T. & T. Clark, 1862. 3 v.

_____. Matthew. In: **Commentary on the Holy Scriptures**. Grand Rapids, MI: Zondervan, s.d.

LENSKI, Richard C. H. **The Interpretation of St. Matthew's Gospel**. Minneapolis, MN: Augsburg Publishing House, 1964.

LUZ, Ulrich. **El evangelio según San Mateo**. Salamanca: Ediciones Sígueme, 2003 (Biblioteca de Estudios Bíblicos). 4 v.

MACKAY, Juan A. **Prefacio a la teología cristiana**. Buenos Aires: Editorial La Aurora; México: Casa Unida de Publicaciones, 1957.

MANZANARES, César Vidal. **El primer evangelio:** el Documento Q. Barcelona: Editorial Planeta, 1993.

MARTIN, Hugh. **The Parables of the Gospels and their Meaning for Today.** London: SCM Press, 1962.

MCCLEIN, Alva J. **The Greatness of the Kingdom.** Grand Rapids, MI: Zondervan, 1959.

MCCROWN, Chester Charlton. *Ho tektōn*. In: CASE, Shirley Jackson (Org.). **Studies in Early Christianity.** New York, NY; London: The Century Co., 1928.

MCNEILE, Alan H. The Gospel According to St. Matthew. In: **Thornapple Commentaries.** Grand Rapids, MI: Baker Book House, 1980.

MCQULKIN, Robert C. **"Explícanos...":** estudios en las parábolas del Señor. San José: Editorial Caribe, 1964.

MELLO, Alberto. **Evangelo secondo Matteo:** commento midrashico e narrativo. Magnano, Italia: Qiqajon, 1995 (Spiritualità Biblica).

MENKEN, Maarten J. J. **Mattthew's Bible:** The Old Testament Text of the Evangelist. Lovaina: Lovaina University Press, 2004.

MERUZZI, Mauro. **Lo sposo, le nozze e gli invitati:** aspetti nuziali nella teologia di Matteo. Asis: Cittadella, 2008.

MICHELLINI, Giulio. **Il sangue dell'alleanza e la salvezza dei peccatori:** una nuova lettura di Mateo 26—27. Roma: Pontificio Istituto Biblico, 2010 (Analecta Gregoriana).

MILLOS, Samuel Pérez. **Mateo.** Vigo: Biblioteca de Estudios Teológicos, 2005. 2 v.

MOLTMANN, Jürgen; HURBON, Laënnec. **Utopía y esperanza:** diálogo con Ernst Bloch. Salamanca: Ediciones Sígueme, 1980.

MONTEFIORE, C. G. **The Synoptic Gospels.** 2. ed. London: Macmillan, 1927. 2 v.

MORGAN, G. Campbell. **The Crisis of the Christ.** Old Tappan, NJ: Fleming H. Revell, 1936.

_____. **The Gospel According to Matthew.** New York, NY: Fleming H. Revell, 1929.

MORRIS, Leon. The Gospel According to Matthew. In: **The Pillar New Testament Commnentary.** Grand Rapids, MI: Eerdmans, 1992.

MURPHY, Ed. **Manual de guerra espiritual.** Miami, FL: Editorial Betania, 1994.

NAVARRO, L. Sánchez. **La enseñanza de la montaña:** comentario contextual a Mateo 5—7. Estella: Editorial Verbo Divino, 2005.

NEAL, C. L. **Parábolas del evangelio y bosquejos de sermones.** El Paso, TX: Casa Bautista de Publicaciones, 1948.

Nicole, Roger. Citas del Antiguo Testamento en el Nuevo Testamento. In: Turnbull, Rodolfo G. (Org.). **Diccionario de la teología práctica:** hermenéutica. Grand Rapids, MI: Subcomisión Literatura Cristiana, 1976.

Núñez, Emilio Antonio. La misión de la iglesia. In: Ortiz, Israel (Org.). **Teología y misión:** perspectivas desde América Latina. San José: Visión Mundial Internacional, 1996.

Oesterley, W. O. E. **The Gospel Parables in the Light of their Jewish Background.** New York, NY: Macmillan, 1938.

Pasala, Solomon. **The "Drama" of the Messiah in Matthew 8 and 9:** A Study from a Communicative Perspective. Frankfurt: Peter Lang Verlag, 2008.

Pentecost, J. Dwight. **El Sermón del Monte.** Grand Rapids, MI: Editorial Portavoz, 1981.

_____. **The Words and Works of Jesus Christ:** A Study of the Life of Christ. Grand Rapids, MI: Zondervan, 1981.

Pettingill, William L. **Estudios sencillos sobre Mateo.** Barcelona: Editorial Clie, 1986.

Plummer, Alfred. An Exegetical Commentary on the Gospel According to St. Matthew. In: **Thornapple Commentaries.** Grand Rapids, MI: Baker Book House, 1982.

Richardson, Alan. **An Introduction to the Theology of the New Testament.** London: SCM Press, 1979.

Ríos, Asdrubal. Evangelio según San Mateo. In: **Comentario Bíblico Continente Nuevo.** Miami, FL: Editorial Unilit, 1994.

Rivas, Luis H. **Qué es un evangelio.** Buenos Aires: Editorial Claretiana, 1981.

Robertson, Archibald Thomas. **Una armonía de los cuatro evangelios.** El Paso, TX: Casa Bautista de Publicaciones, s.d.

_____. **Word Pictures in the New Testament:** The Gospel According to Matthew. Nashville, TN: Broadman Press, 1930, v. 1.

Robinson, T. H. The Gospel of Matthew. In: **The Moffatt New Testament Commentary.** New York, NY: Doubleday, Doran, 1928.

Ropes, J. H. **The Synoptic Gospels.** Cambridge, MA: Harvard University Press, 1934.

Ryle, J. C. **Los evangelios explicados:** San Mateo. New York, NY: Sociedad Americana de Tratados, s.d., v. 1.

Sakr, Michel. **Le Sèvére Sauveur:** lecture pragmatique des sept "Οὐαί" dans Mt 23, 13-36. Frankfurt: Peter Lang Verlag, 2005.

Schmid, Josef. El evangelio según San Mateo. In: **Comentario a la Sagrada Escritura.** Barcelona: Editorial Herder, 1981, v. 92.

SCHNABEL, Eckhard J. **Early Christian Mission:** Jesus and the Twelve. Downers Grove, IL: InterVarsity Press; Leicester: InterVarsity Press, 2004, v. 1.

SCHNACKENBURG, Rudolf. **The Moral Teaching of the New Testament.** London: Herder and Herder, 1967.

SCHWEITZER, Albert. **The Psychiatric Study of Jesus:** Exposition and Criticism. Boston: The Beacon Press, 1948.

SCOTT, E. F. **The Literature of the New Testament.** New York, NY: Columbia University Press, 1963.

SENIOR, D. **The Passion Narrative According to Matthew:** A Redactional Study. Lovaina: Leuven University Press, 1975.

SIMON, Marcel. **Las sectas judías en el tiempo de Jesús.** Buenos Aires: EUDEBA, 1962.

SOWELL, Sidney M. **Las parábolas de Jesús.** Buenos Aires: Junta de Publicaciones de la Convención Evangélica Bautista, 1947.

STAGG, Frank. **Teología del Nuevo Testamento.** El Paso, TX: Casa Bautista de Publicaciones, 1976.

STEFFEN, Daniel. El Reino de Dios y los reyes de la tierra: hacia una contextualización de Mateo 1—2. In: CAMPOS, Oscar (Org.). **Teología evangélica para el contexto latinoamericano.** Buenos Aires: Ediciones Kairos, 2004.

STEGEMANN, Ekkehard W.; STEGEMANN, Wolfgang. **Historia social del cristianismo primitivo:** los inicios en el judaísmo y las comunidades cristianas. Estella: Editorial Verbo Divino, 2008.

STONEHOUSE, N. B. **The Witness of Matthew and Mark to Christ.** London: Tyndale Press, 1944.

STOTT, John R. W. **El Sermón del Monte.** 3. ed. Buenos Aires: Certeza Unida, 2007.

_____. **Las controversias de Jesús.** Buenos Aires: Ediciones Certeza, 1975.

TASKER, R. V. G. The Gospel According to St. Matthew: An Introduction and Commentary. In: **The Tyndale New Testament Commentaries.** London: The Tyndale Press, 1963.

TAYLOR, Guillermo D. La inminencia escatológica y las misiones. In: COMIBAM Internacional (Org.). **Las misiones latinas para el siglo XXI.** Miami, FL: Editorial Unilit, 1997.

TOUSSAINT, Stanley D. **Behold the King:** A Study of Matthew. Grand Rapids, MI: Kregel Publications, 1980.

TRENCH, Richard C. **Exposition of the Sermon on the Mount.** 4. ed. London: Kegan Paul, Trench, 1886.

_____. **Notas sobre las parábolas de nuestro Señor.** Grand Rapids, MI: Subcomisión de Literatura Cristiana, 1987.

Vijver, Enrique et al. **Las parábolas del reino.** Buenos Aires: Ediciones La Aurora, 1988.

Vos, Geerhardus. **The Teaching of Jesus Concerning the Kingdom of God and the Church.** Phillipsburg, NJ: Presbyterian and Reformed, 1972.

Weber, Stuart K. Matthew. In: **Holman New Testament Commentary.** Nashville, TN: Broadman & Holman Publishers, 2000.

Wenham, David. **The Parables of Jesus:** Pictures of Revolution. London: Hodder & Stoughton, 1989.

Whale, J. S. **Christian Doctrine.** London: Fontana Books, 1965.

Wright, Christopher. **La misión de Dios:** descubriendo el gran mensaje de la Biblia. Barcelona: Ediciones Certeza Unida, 2009.

Yoder, John Howard. **The Politics of Jesus.** Grand Rapids, MI: Eerdmans, 1985.

PRESENTES EXCLUSIVOS DA
EDITORA VIDA
para colecionadores

Adquira os volumes 1 a 14 da coleção
NOVO COMENTÁRIO BÍBLICO VIDA
e ganhe* o **15º volume (Apocalipse)** e esta linda
caixa de madeira personalizada para você colocar
todos os seus comentários bíblicos.

* Para ganhar Apocalipse e a caixa de madeira personalizada, recorte a última folha de cada volume e envie as 14, via Correios, para Rua Conde de Sarzedas, 246 - Sé - São Paulo/SP - CEP 01512-070. Contatos: (11) 2618-7000 | atendimento@editoravida.com.br.

Volume 1
MATEUS: O EVANGELHO DO REINO